La Culture générale POUR LES NULS

La Culture générale pour les Nuls

ISBN : 978-2-7540-0503-6
Dépôt légal : 4e trimestre 2007

Ouvrage dirigé par Benjamin Arranger
Correction : Bérengère Cournut, Benoît Virot
Mise en page : Marie Housseau
Illustrations : Marc Chalvin
Couverture : KN Conception
Production : Emmanuelle Clément

Imprimé en France

Nous nous efforçons de publier des ouvrages qui correspondent à vos attentes et votre satisfaction est pour nous une priorité. En avant-première, nos prochaines parutions, des résumés de tous les ouvrages du catalogue. Alors, n'hésitez pas à nous faire part de vos commentaires :

Éditions First
2 *ter*, rue du Chantiers
75005 Paris – France
Tél. : 01 45 49 60 00
Fax : 01 45 49 60 01
E-mail : firstinfo@efirst.com
Site internet : www.efirst.com

La Culture générale POUR LES NULS

Florence Braunstein
Jean-François Pépin

FIRST
Editions

À propos des auteurs

Florence Braunstein, docteur ès lettres et conférencière des Musées nationaux, est professeur en classes préparatoires aux grandes écoles scientifiques et économiques. Auteur de nombreux ouvrages publiés aux éditions Armand Colin, Bréal, Ellipses, L'Harmattan, Vuibert et aux Presses universitaires de France, ainsi que d'un roman, *Le Roi Scorpion*, paru en 1995 au Mercure de France, elle dirige la collection « Le corps en question » aux éditions L'Harmattan.

Jean-François Pépin, professeur agrégé d'histoire, docteur ès lettres et docteur en égyptologie, enseigne en classes préparatoires aux grandes écoles de commerce. Auteur de nombreux ouvrages parus aux éditions Armand Colin, Bréal, Ellipses, L'Harmattan, Vuibert et aux Presses universitaires de France, il a consacré plusieurs essais à l'œuvre de Romain Gary.

Ils sont notamment les auteurs du *Guide de culture générale*, paru en 1990 chez Ellipses et maintes fois réédité depuis.

Remerciements

Un grand merci à Nathalie B. qui n'a jamais reculé devant la saisie de l'un de nos manuscrits, preuve manifeste de sa tendance à l'héroïsme.

Sommaire

Introduction

Culture générale : promotion spéciale ! Mesdames, Mesdemoiselles, Messieurs, par ici s'il vous plaît. Tout le monde est là ? Bien, allons-y !

Rez-de-chaussée : devant vous l'univers, sa naissance, les planètes et les étoiles. Sur votre droite, la Terre, ses cinq continents, ses milieux, ses climats. Plus loin, l'homme, dans les rayons « Préhistoire à nos jours » et « Grandes civilisations ». Et c'est reparti.

Premier étage : ici les arts. La musique et la danse, au fond à gauche ; dans l'allée centrale, la peinture, la sculpture et l'architecture ; sur les grandes étagères, à droite, la littérature. Attention à la fermeture des portes, merci.

Deuxième étage : voici la science, les grands chercheurs, les explorateurs. Quelques mètres plus loin, nous voilà dans l'espace « Corps humain ». Pressons, pressons, l'ascenseur repart.

Troisième étage : poussez-vous un peu pour laisser cette dame descendre à l'étage « Divertissements ». Un espace ludique qui s'étend sur près de 1 000 mètres carrés : le sport, le cinéma, les spectacles, le théâtre, l'opéra et, sur un stand spécial, la télévision.

Quatrième étage : attention, dernier étage, tout le monde descend. Allons, du calme, les rayonnages sont encore pleins : religion, philosophie, sciences humaines et société.

Profitez-en, c'est l'ouverture, tout le monde sera servi !

À propos de ce livre

Véritable « grand magasin » de la connaissance, ce livre est dédié à la culture sous toutes ses formes. Son propos est d'offrir à l'esprit le plus fascinant des voyages, de l'étincelle du big-bang aux pyramides d'Égypte, des vierges de Raphaël aux bonds de Nijinski, en passant par les romans de Balzac et la philosophie d'Emmanuel Kant. Outre l'histoire, les arts, les sciences, la religion et la philosophie, il aborde également les sports et les loisirs. Car la culture, qu'on la dise « noble » ou « populaire », avec un grand ou un petit *c*, forme un tout indissociable qui se nourrit des multiples activités humaines, sans exclusive ni hiérarchie.

Comme dans tous les voyages on ne peut malheureusement pas tout voir ni tout faire, ainsi ce livre ne prétend pas être exhaustif. Qui nous le reprocherait, d'ailleurs ! Dans la mesure du possible, nous avons simplement mis en valeur ce qui nous a semblé devoir former le socle culturel de base de tout individu. On prête à Édouard Herriot, homme d'État et fin lettré, ce propos avisé : « La culture, c'est ce qui reste quand on a tout oublié. » Dans la vie courante, en société ou dans un contexte d'apprentissage, on n'est en effet jamais suffisamment armé contre l'ignorance et l'oubli !

En espérant, grâce à ce livre, semer et faire croître en vous la graine du savoir, nous vous incitons donc à poursuivre par la suite votre voyage, au gré de vos goûts et de vos envies, pour en apprendre encore davantage sur un aspect de la peinture, un courant littéraire ou un exploit sportif.

En attendant, bonne route à tous. Et que les muses soient avec vous !

Les conventions utilisées dans ce livre

Dans un souci de simplicité, nous avons utilisé un certain nombre de conventions qui faciliteront votre lecture :

- Les titres d'œuvres sont indiqués en *italique*, comme *La Joconde* de Léonard de Vinci.
- Lorsqu'un terme technique ou spécialisé est mentionné pour la première fois, il apparaît en *italique* (nous expliquerons ainsi ce qu'est le *surréalisme*).
- C'est aussi le cas pour les mots étrangers ou termes latins ou grecs, par exemple le *romancero*, dont la traduction française est toujours donnée entre parenthèses (dans ce cas précis, romances espagnoles).
- Les siècles sont indiqués en caractères romains (le VIIIe siècle), contrairement aux dates (753 av. J.-C. pour la fondation de Rome).

Comment ce livre est organisé

L'intérêt de la culture générale, c'est sa diversité ; elle traite de tous les domaines. Mais pas de panique, un ordre solide, un fil d'Ariane, vous servira ici de guide. Les thèmes abordés sont regroupés en cinq grandes parties : l'histoire et la géographie ; les arts et la littérature ; les sciences, les techniques et la vie quotidienne ; le sport, les loisirs et les divertissements ; puis la religion, la philosophie et la société.

À l'intérieur de chaque partie, le traitement est le plus souvent chronologique et le texte s'accompagne de tableaux récapitulatifs permettant de se repérer facilement.

Première partie : Terre des hommes : histoire et géographie

L'explosion première donne naissance à l'univers. Galaxies, étoiles, planètes, tout est en place. Manque seulement l'homme pour les contempler et les étudier. Allons, un peu de patience, quelques milliards d'années et, sur une Terre divisée en cinq continents, le voici prêt à prendre son envol. Enfin, si les risques naturels lui en laissent le temps.

Le voici donc, ce petit homme, hors de sa grotte préhistorique, bâtisseur de civilisations. Ziggourats de Mésopotamie, pyramides d'Égypte, tout lui est bon pour faire preuve de son talent. Mais déjà, faisant exploser le cadre de la cité grecque qui l'a précédée, Rome étend son Empire au monde connu.

Parallèlement, ailleurs en Afrique, en Asie et en Océanie, les mondes extra-européens s'éveillent, se développent. Les conflits locaux seront désormais mondiaux.

Deuxième partie : Plus belle la vie : arts et littérature

La musique adoucit les mœurs, dit-on. Ouvrons donc grand les yeux et les oreilles, pour assister à la naissance de la danse et de la musique. Réservées aux dieux à l'origine, elles contribuent peu à peu à embellir la vie des hommes, envahissant scène et fosse d'orchestre.

D'un art à l'autre, exercez votre œil à la peinture, celle des grottes de Lascaux ou des abstractions de Kandinsky. De la couleur avant toute chose ! C'est aussi la devise de l'architecture, des temples d'Égypte ou des cathédrales au musée Beaubourg. Tout est peint de vives couleurs, sculpté, de style en école, d'architrave en chapiteau. Ces termes ne vous disent rien ? Dans quelques pages, ils vous révèleront leurs secrets. Tout est en place, du sol au plafond, richement peint, musiciens et danseurs à leur affaire. Le bonheur total. Total ? Non, vous aspirez à un moment de solitude, d'évasion absolue entre les pages d'un livre. Pour vous, la littérature, styles et formes, du rire aux larmes, déploie les chefs-d'œuvre de divers temps et lieux.

Troisième partie : Comment ça marche ? Sciences, techniques et vie quotidienne

La science, idole du XIXe siècle. Bien sûr, après les deux guerres mondiales et les bombes atomiques, nous voici plus méfiants que nos aïeux. Mais ne boudons pas notre plaisir devant ses grandes avancées, les chercheurs prestigieux, Pasteur, Pierre et Marie Curie. Suivons pas à pas les progrès et leurs applications, dans les domaines variés de la médecine, de la physique, ou de la géologie.

Connaître scientifiquement, c'est aussi découvrir, explorer le monde. Exaltante ambition des Colomb, Champlain, Stanley et Livingstone, forçant les portes des continents inconnus, élargissant l'horizon à grands coups de machette pour que naissent des cartes nouvelles. Leurs successeurs délaissent galions et canons pour l'intelligence artificielle, conquérants d'une nouvelle frontière, celle de la communication, abolissant espace et temps.

Souvent oublié injustement, un monde peu connu est à notre portée chaque jour : le corps humain et ses mystères, fascinante mécanique qui semble fonctionner sans nous. Découvrons-le ensemble, de l'anatomie au cerveau, siège de l'âme, s'il en est un ici-bas.

Quatrième partie : Pour le plaisir : sport, loisirs et divertissements

Le monde moderne est celui du loisir. Qui s'en plaindrait ? Le sport tout d'abord, individuel ou collectif, planétaire comme le football ou confidentiel comme la boxe anglaise, sanctifié par les jeux Olympiques ou pratiqué seul en salle, s'affirme comme un domaine incontournable de la vie quotidienne.

Les spectacles, ensuite, du très populaire cinéma à l'aristocratique opéra, du théâtre de boulevard à celui des revendications politiques. C'est un monde, un univers entier recréé, reconstitué, magnifié, les vies multiples, innombrables, des personnages que nous allons voir vivre sur l'écran ou à la scène.

Comment ignorer la télévision ? Instrument sérieux d'une culture savante à ses débuts, elle évolue vite vers l'information et le divertissement. Le monde du spectacle, du sport à la télévision, est aussi celui des récompenses. De festivals en remise de palmes, d'oscars en médailles d'or, suivons le parcours exemplaire de celles et ceux qui élèvent leur pratique au rang d'un art.

Cinquième partie : En quête de sens : religion, philosophie et société

La religion a longtemps été l'élément structurant fondamental des sociétés. Entrez dans le monde des trois grands monothéismes, judaïsme, christianisme, islam, partagez leurs racines et leur héritage commun. Puis, tournez-vous vers les spiritualités orientales, hindouisme aux dieux par milliers, bouddhisme de l'impermanence de toute chose, shintoïsme national au Japon. Ce tour d'horizon serait incomplet sans les religions des forces naturelles, du feu mazdéen de l'antique Perse au vaudou antillais.

Pour apaiser les esprits, rien ne vaut la philosophie. Se nommant elle-même « science de la sagesse », elle aide à découvrir les raisons et fondements ultimes du Beau, du Bien, du Vrai. Suivons-là, nos pas dans ceux des péripatéticiens, ceux qui « marchent de long en large », de Socrate aux Nouveaux philosophes.

Puis, retrouvons l'homme, objet des sciences dites humaines, anthropologie, ethnologie, sociologie, pour reconstituer habitat, modes de vie et de sociabilité à travers les âges et les espaces.

Car l'homme est bien un animal social, créateur de lois, règlements, régimes politiques. Suivons-le dans le lent apprentissage de la démocratie, l'ouverture d'un nouvel horizon européen, et l'exercice de la justice, aux prises, aussi, avec les grands enjeux de son temps.

Sixième partie : Partie des dix

Ce rendez-vous traditionnel de la collection « Pour les Nuls » s'ouvre sur l'Ancien Testament et dix notions fondamentales dont les mentalités de nos contemporains sont encore fortement imprégnées.

Pour finir, dix nombres d'or vous révèlent leur mystère. Lancez les dés du hasard, chaque numéro est gagnant !

Les icônes utilisées dans ce livre

Des icônes placées dans la marge vous permettront tout au long de ce livre de repérer d'un coup d'œil le type d'informations proposées selon les passages du texte ou les encadrés… Elles peuvent ainsi guider votre lecture selon vos envies.

De l'insolite à l'incroyable, du drolatique au méconnu, le meilleur moyen de tester vos connaissances avant d'épater les autres.

Cette icône signale un point fondamental. En moins de temps qu'il n'en faut pour le dire, vous voici au cœur d'une religion, d'un monument, d'une symphonie.

Ce symbole pointe une information spécifique ou un détail un peu obscur qui sera rapidement éclairci.

Par où commencer ?

Si vous cherchez une information précise, reportez-vous au sommaire ou à l'index, au début et à la fin de l'ouvrage. Autrement, faites-vous plaisir et musardez au fil des pages. Le quattrocento, les pyramides d'Égypte, Goethe ou la philosophie des Lumières ? Un homme de science, un grand personnage, les jardins suspendus de Babylone, le Bauhaus ou une page du *Léviathan* ? Pourquoi choisir, quand à tout endroit une bonne surprise vous attend ? Laissez-vous aller, feuilletez le livre au hasard et, dès qu'un passage accroche votre regard, foncez : c'est l'entrée en matière idéale pour découvrir en s'amusant !

Première partie

Terre des hommes : histoire et géographie

Dans cette partie...

Projetons-nous il y a cinq milliards d'années, pour guetter le tout premier instant de l'Univers, quand l'étincelle du *big bang* déchaîne des forces immenses, donnant naissance, entre autres, à notre système solaire. Puis, de l'infiniment grand à notre bonne vieille Terre, venez explorer notre galaxie, au nom si poétique de *Voie lactée*. Vénus, Mars, Saturne, le Soleil, tous attendent pour révéler petits et grands mystères. Et l'homme dans tout cela ? Il vient, à l'échelle des âges géologiques, à peine d'apparaître. Et pourtant que de chemin parcouru ! Laissons-le découvrir sa planète, prendre possession des continents, s'habituer aux climats et milieux, survivre aux risques naturels.

Ça y est, il est là, survivant d'époques terribles. Obstinément, contre le froid des glaciations, contre l'ours ou l'auroch, il chemine, quitte les cavernes, domestique le feu et les animaux, se lance dans l'aventure agricole. Le revoici, bâtisseur de civilisations incomparables. Il nous fait signe, de profil comme il se doit, entre deux pyramides, ou deux ziggourats. C'est lui, encore, en toge sur les rostres du forum. Mais pourquoi s'agite-t-il ainsi ? César est mort ! Nous sommes aux ides de mars 44 avant J.-C. La vieille Rome de la République se meurt, la gloire de l'Empire commence à poindre. Et avec elle, la Grèce revivifiée dans les arts et les lois.

Bien sûr, il n'est pas toujours pacifique : suivons les armées entre guerres méconnues et grands conflits, de la « guerre fleurie » aztèque à 1914-1918. Puis, dans un horizon élargi, après le voyage dans le temps, vient l'espace, l'autre et l'ailleurs dans la richesse foisonnante de leur diversité, des fastueuses dynasties chinoises ou de l'austère Japon des samouraïs, des femmes-soldats, les amazones du royaume d'Abomey, au dernier Inca, étranglé dans sa cellule après avoir payé la plus riche rançon de tous les temps.

Mais... l'air s'échauffe, les ténèbres se dissipent, les particules s'affolent... Il n'est que temps, l'Univers palpite, sous peu il va vivre enfin. En route !

Chapitre 1

La tête dans les étoiles : l'Univers

Dans ce chapitre :

- La naissance de l'Univers
- Galaxies et planètes vous révèlent leurs secrets

L'Univers infini est une création récente. Pendant longtemps, il a été perçu comme une voûte ou un espace plan, ayant la terre pour centre. Or, nous savons aujourd'hui qu'il est formé de matière, depuis les plus petits éléments jusqu'au gigantisme des galaxies. Né il y a 16 ou 17 milliards d'années, l'Univers, formé de matière et n'étant pas éternel, disparaîtra un jour, dans 100 milliards d'années selon la théorie du *Big Crunch*. Avant même la disparition de l'Univers, notre Soleil, parmi des milliards d'autres étoiles, s'éteindra dans 5 milliards d'années, quand il aura épuisé toute son énergie, c'est-à-dire mis fin à la succession de réactions nucléaires qui l'entretiennent. Mais pas d'affolement inutile, car d'ici-là les progrès de la science nous auront peut-être permis de réaliser le rêve de découvrir une autre terre parmi les milliards de planètes qui peuplent l'Univers.

L'origine de l'Univers

Vaste question ! S'interroger sur l'origine de l'Univers, ce n'est ni plus ni moins qu'aborder la question fondamentale de l'humanité tout entière – une question pour laquelle des hommes se déchirent depuis la nuit des temps ! Mais pas de panique, nous ne nous égarerons pas ici dans des conjectures métaphysiques abstraites. Notre démarche est plus modeste et surtout plus pragmatique. Elle consiste à exposer, de façon schématique, l'état actuel des connaissances scientifiques sur le sujet.

La conception de l'Univers

La conception de l'Univers, avant la mise au point de la méthode scientifique, au XVIIe siècle, relève d'une vision théologique. Des dieux, puis un Dieu, mettent en place planètes et étoiles, puis donnent naissance aux hommes, après avoir prévu sur Terre tout ce qui est nécessaire à leur survie. Le XXe siècle procure les moyens de vérifier, de manière expérimentale, avec des instruments précis, la structure et la naissance, puis le développement de l'Univers. Les scientifiques peuvent proposer différents modèles d'Univers.

Jusqu'à une époque assez récente, quatre théories distinctes s'affrontaient :

- **L'Univers en expansion :** né d'une explosion gigantesque il y a 16 milliards d'années, le fameux « big bang », il est en expansion continue et ne connaît aucune limite.
- **L'Univers en pulsations :** comme dans l'hypothèse précédente, l'Univers est en expansion continue, mais jusqu'au point où il va se contracter pour reprendre son espace d'origine, et exploser de nouveau. Il est dit en pulsations parce que contraction et expansion alternent. C'est ce que l'on appelle, en opposition au big bang, le « big crunch ».
- **L'Univers multiple :** il existerait une infinité d'univers, chacun étant en phase de big bang ou d'expansion à des moments différents.
- **L'Univers stationnaire :** en dépit de possibles modifications, l'Univers serait celui que nous connaissons, infini et éternel.

La théorie de l'Univers stationnaire, soutenue notamment par le célèbre physicien **Albert Einstein (1879-1955)**, a prévalu jusque dans les années 1960. Mais aujourd'hui, la majorité des scientifiques s'est ralliée au modèle du big bang.

Figure 1-1 : La Voie lactée.

LE SAVIEZ-VOUS ?

Lemaître en la matière

C'est un chanoine belge, **Georges-Henri Lemaître (1894-1966)**, astrophysicien et mathématicien qui a, le premier, élaboré un modèle de l'Univers en expansion. D'après cette théorie, issu d'une déflagration géante, d'une explosion qui correspondrait à celles de millions de bombes atomiques, l'Univers s'étend ou se contracte. Comme quoi, on peut enseigner à l'Université catholique de Louvain et s'intéresser à l'origine matérielle de l'Univers… Lemaître ne nomme pas sa découverte « théorie du big bang », mais « hypothèse sur le premier atome ». Sa réflexion se fonde sur les travaux d'Einstein qui, pourtant, soutenait la théorie d'un Univers stationnaire. Les résultats de Lemaître sont publiés entre 1927 et 1933 et retiennent très rapidement l'intérêt de la communauté scientifique.

Une théorie explosive : le big bang

C'est parce qu'il veut un Univers compatible avec les lois de la physique qu'Albert Einstein l'envisage comme stationnaire, éternel. D'après lui, « il est incompréhensible que l'Univers soit compréhensible ». Il faut donc rejeter l'idée que la structure et le fonctionnement de l'Univers relèvent du chaos et trouver les lois de la physique qui y règnent, afin d'avancer une explication. Ceci satisfait notamment aux exigences de la théorie de la relativité générale, formulée en 1916. Pour expliquer son état stationnaire, il forge le concept de « constante cosmologique ». G. H. Lemaître et George Gamow remettent en cause cette expression en s'appuyant sur des observations astronomiques faites par Hubble dans les années 1930, et développent la théorie dite du big bang et de l'Univers en expansion.

LE SAVIEZ-VOUS ?

Le grand « Bang ! »

L'expression *big bang* (de l'anglais *big*, grand, et de l'onomatopée « bang ») a été utilisée la première fois par Fred Hoyle, chroniqueur de la BBC dans un exposé de 1950, intitulé « The Nature of Things ». Elle désigne une explosion provoquée par un échauffement de l'Univers, avec une température de plusieurs milliards de degrés, qui s'est produite il y a 16 milliards d'années. Selon cette théorie, il est possible de retracer l'histoire de l'Univers à partir de la constatation de l'éloignement mutuel des galaxies. En utilisant la théorie d'Einstein de la relativité générale, on parvient à l'idée que plus l'Univers était jeune, plus il était à la fois chaud et dense. Les modifications ultérieures de température et de pression permettent alors de définir les âges, ou phases d'expansion de l'Univers.

Figure 1-2 : Albert Einstein.

Les grandes phases de l'Univers, selon la théorie du big bang

La théorie du big bang permet également de dater l'apparition d'un temps, en fonction de ses phases. En effet, le big bang lui-même se produit à 10^{-43} s., puis est suivi de plusieurs étapes : à 10^{-35} s apparaît la matière ; à 10^{-33} s. la température s'abaisse ; à 10^{-4} s. l'annihilation prend le pas sur la création de particules. Puis le temps s'accélère, à + 3 minutes, un quart des protons et des neutrons se combinent en noyaux d'hélium ; à + 2 milliards d'années, les galaxies se forment.

Même si elle domine dans la communauté scientifique moderne, la théorie du big bang se heurte toujours à une limite restée à ce jour non franchie, celle du temps. Notre connaissance s'arrête en effet à un moment très précis, à savoir 10^{-43} secondes après le big bang, au tout début du refroidissement, au moment où les quatre forces fondamentales (gravitationnelle, électromagnétique, nucléaire faible, nucléaire forte) s'individualisent.

Avant ces 10^{-43} secondes, elles sont confondues, la théorie de la gravitation ne s'applique pas. C'est ce que l'on appelle le *temps de Planck*, du nom du physicien allemand **Max Planck (1858-1947)**, prix Nobel de physique, qui développa cette théorie. Un jour, une autre théorie ira plus loin, proposant une nouvelle explication de la naissance de l'Univers. En attendant, il est impossible de parler d'un temps « d'avant le big bang », puisque notre temps commence avec lui.

Et Dieu dans tout ça ?

Selon l'Ancien Testament, au livre de la Genèse, Dieu fit le monde en six jours. C'est au troisième jour que le Soleil et la Lune sont créés : « Il y eut un soir, il y eut un matin : troisième jour. Dieu dit : Qu'il y ait des luminaires au firmament du ciel pour séparer le jour et la nuit; qu'ils servent de signes, tant pour les fêtes que pour les jours et les années; qu'ils soient des luminaires au firmament du ciel pour éclairer la terre et il en fut ainsi.

« Dieu fit les deux luminaires majeurs : le grand luminaire comme puissance du jour et le petit luminaire comme puissance de la nuit, les étoiles. Dieu les plaça au firmament du ciel pour éclairer la terre, pour commander au jour et à la nuit, pour séparer la lumière et les ténèbres, et Dieu vit que cela était bon » (Genèse 1, 13-18 trad. Bible de Jérusalem).

Certains groupes religieux, témoins de Jéhovah, baptistes, particulièrement aux États-Unis, refusent les théories scientifiques expliquant la naissance de l'Univers. Pour eux, toute création est le seul fait de Dieu, d'où leur nom de *créationnistes*. C'est donc le refus de l'évolutionnisme prôné par C. Darwin. S'appuyant sur la Genèse, premier chapitre du Pentateuque, le premier livre de la Bible, ils affirment que Dieu créa tout ce qui existe en six jours. Selon eux, il ne peut y avoir aucune évolution, seulement la disparition de certaines espèces. Ce dernier point, l'évolution, est cependant admis par l'Église catholique, et pensé dans le cadre de la foi en une création.

La fin des temps

Si la question des origines de l'Univers prête encore à controverses, celle de sa disparition semble disposer de fondements plus sûrs.

- **Première hypothèse : l'Univers est ouvert**. Les galaxies sont formées d'étoiles et de gaz. D'ici 1 000 milliards d'années, les étoiles auront consommé tout le gaz et mourront à leur tour, comme les planètes. Dans un ultime jaillissement de lumière, les étoiles s'effondreront dans un trou noir hypergalactique, c'est-à-dire à la taille de plusieurs galaxies, dans 10^{27} ans.

  L'extinction de la dernière étoile annoncera le temps de la nuit et du froid. Dans 10^{100} ans, les trous noirs à leur tour s'évaporeront en énergie, répandue dans le vide, qui demeurera seul, en l'absence de toute matière.

- **Deuxième hypothèse : l'Univers est fermé.** Dans 50 milliards d'années, l'expansion se ralentira, cessera, avant de s'inverser. L'Univers se contractera, les galaxies se rapprocheront, vireront du rouge au bleu. Un dégagement de chaleur à son point extrême provoquera une fusion de la masse entière de l'Univers et son effondrement, c'est le *big crunch*.

Quant à savoir quelle hypothèse est la bonne, seul l'avenir le dira !

LE SAVIEZ-VOUS ?

Rendez-vous dans mille ans

Au début du chapitre XX du livre de l'Apocalypse, dans la Bible, est annoncée la *parousie*, le retour du Christ sur Terre, inaugurant un règne de mille ans, le *millenium*. D'où découle le *millénarisme*, mouvement de pensée qui annonce, en principe tous les mille ans, la fin du monde. C'est l'alternative suivant cette parousie qui pose problème : s'agit-il de mille ans de bonheur, sous la direction du Christ, ou de mille ans de chaos, le Christ étant précédé d'un Antéchrist dont il triomphera.

Heureusement, un spécialiste a tout prévu, **Michel de Notre-Dame, dit Nostradamus (1503-1566)**. Médecin de formation, alchimiste, consulté par la reine Catherine de Médicis, il a laissé un ouvrage de prédictions, les *Centuries*. Hélas, il s'y exprime en quatrains si obscurs que leur interprétation provoque encore aujourd'hui de vives tensions entre spécialistes. Toutefois, même si l'auteur prévoit la fin de l'Univers vers l'an 6000, il annonce d'abord celle de la Terre en 3797, qui disparaîtra, absorbée par le Soleil, après l'écrasement des météorites et même des planètes sur elle. Profitons vite des 1790 années qui nous restent !

La carte du ciel

Avant la disparition programmée de l'Univers, il nous reste tout de même suffisamment de temps pour lever les yeux vers le ciel et l'admirer. Le ciel, c'est l'espace infini, le rêve, mais aussi les étoiles, regroupées depuis l'Antiquité mésopotamienne en figures appelées constellations, découvertes au fil du temps et des progrès de l'observation. Les astrologues les utilisent pour déterminer le destin d'un individu depuis la naissance, puis au fil des jours. Les astronomes en dressent la carte, les mesurent, les décrivent, eux aussi de la naissance à la mort. Maîtresses de notre avenir ou manifestations physiques des Univers, elles ne peuvent laisser indifférent.

Les constellations

Ce sont des groupes d'étoiles brillantes voisines que l'on peut observer depuis la Terre. Leur liste a été dressée par l'Union astronomique internationale (UAI) et publiée en 1930. Elle comprend 88 constellations et définit chacune d'entre elles comme l'une des 88 régions divisant le ciel. La division s'est effectuée à partir de lignes droites ascendantes imaginaires, en tenant compte de la déclinaison : c'est l'ascension droite (AD), équivalent dans le ciel de la longitude pour la terre. Elle est mesurée en heures, minutes et secondes.

Conventionnellement, une constellation est désignée par son nom latin. Représentées par des figures constituées d'une succession de points reliés entre eux, elles se répartissent entre l'hémisphère Nord (39) et l'hémisphère Sud (46). Trois d'entre elles étant invisibles dans un hémisphère donné, on en compte 85.

En fonction de leur position sur la sphère céleste, les constellations sont dites boréales, australes ou zodiacales :

- **Les constellations boréales** (hémisphère Nord) : au nombre de 39, elles comprennent notamment La Grande Ourse, la Lyre, le Cygne, Cassiopée, Pégase et Andromède.
- **Les constellations australes** (hémisphère Sud) : au nombre de 46, elles comptent parmi elles Orion, la Carène, la Croix du Sud, la Baleine.
- **Les constellations zodiacales** : au nombre de 12, ce sont le Bélier, le Taureau, les Gémeaux, le Cancer, le Lion, la Vierge, la Balance, le Scorpion, le Sagittaire, le Capricorne, le Verseau et les Poissons.

UN PEU DE TECHNIQUE

Les mots de l'astronomie

Amas : groupe d'étoiles physiquement liées par la gravitation.

Année-lumière : distance parcourue par la lumière en une année, soit environ 9,46 mille milliards de km.

Superamas : groupe d'amas.

Galaxie : ensemble d'étoiles.

Trou noir : corps céleste qui se forme après la mort d'une grande étoile, très dense. Sa densité est si grande que sa vitesse de libération est supérieure à celle de la lumière. Pris dans son attraction, rien ne peut s'en échapper.

Étoile : formation qui naît de la contraction d'une nébuleuse de gaz et de sa poussière interstellaire.

Astéroïde : corps céleste (astre) du système solaire, qui n'émet pas de lumière et tourne autour du soleil.

Comète : astre possédant un noyau composé d'un mélange de glaces et de roches, entouré d'une nébulosité, comme un amas de nuages.

Neutrino : comme le neutron, particule électriquement neutre, mais beaucoup plus petite. Elle est émise par les réactions nucléaires du Soleil.

Les étoiles

Une étoile est une boule de gaz, surtout de l'hydrogène, porté à incandescence, qui évolue au fil de réactions de fusion nucléaire, et dégage de la chaleur et de la lumière. Brillant au-dessus de nos têtes, au sommet du sapin, ou au firmament de Hollywood, elles accompagnent notre vie et n'ont pas fini de nous faire lever le nez. Elles naissent à partir de la contraction de nuages de matière interstellaire de très grande étendue, mais de faible densité. La seule force de la gravitation suffit à réunir ce nuage en une boule de matière. Plus cette masse se contracte, plus sa température s'élève.

On distingue plusieurs types d'étoiles : les plus grandes, les mortes, celles qui sont en cours d'activité, ou celles s'effondrent sur elles-mêmes :

- **La géante rouge** est une étoile qui, ayant épuisé en son cœur tout l'hydrogène disponible, brûle son oxygène. Quand la combustion de l'oxygène est achevée, elle a atteint sa plus grande taille.
- **La naine blanche** est une ancienne géante rouge, une étoile en fin de vie qui a consumé toutes ses réserves de combustible nucléaire, mais n'atteint pas la taille d'une nova (étoile invisible, puis très brillante, puis de moins en moins) et s'effondre sur elle-même, sous l'effet de la gravitation, au fur et à mesure qu'elle perd son énergie, ce qui provoque son rayonnement.
- **La naine brune** est un corps céleste resté à un stade intermédiaire, entre nuage gazeux et étoile. Son rayonnement est nul.
- **La naine noire** est une naine blanche morte, après avoir perdu toute son énergie. Elle n'émet donc plus aucun rayonnement.
- **La nébuleuse** est un nuage (*nebula* en latin) de gaz et de poussières accumulées. S'il se contracte suffisamment, il peut engendrer une étoile.
- **La proto-étoile** est une étoile en cours de formation.
- **La nova** est la phase d'explosion d'une étoile (elle est appelée *supernova* si elle est très massive), qui se traduit par un intense rayonnement lumineux.

De toutes les étoiles, la plus lumineuse serait Carinae, 6 millions de fois plus lumineuse que le Soleil, mais elle est située à 6 400 années-lumière, nous ne voyons pas son éclat. La plus éloignée serait dans la galaxie C 11358 62, située à 13 milliards d'années-lumière, identifiée en 2001 par une photographie prise à partir du télescope spatial Hubble.

Faites un vœu

Les *étoiles filantes* sont d'infimes poussières qui pénètrent dans l'atmosphère terrestre à grande vitesse, et qui se désintègrent par frottement. En se consumant, elles dessinent dans le ciel des séries de stries lumineuses. Ce sont des traînées lumineuses qui apparaissent brusquement au milieu des étoiles. Elles paraissent s'écouler sur la voûte céleste, puis disparaissent, parfois presque aussi vite qu'elles sont apparues. Leur couleur et l'intensité de leur éclat sont très variables. Elles apparaissent à des altitudes de 120 km et disparaissent vers 90 km. Leur vitesse de déplacement est de l'ordre de 70 km/s.

Ce phénomène survient en permanence, même s'il est plus facile à observer par une belle nuit d'été. D'après la tradition, lors de leur passage, il faut prononcer un vœu qui ne manquera pas d'être exaucé dans l'année !

Les météorites

Les météorites sont des fragments de corps célestes qui deviennent chaleur et lumière en pénétrant l'atmosphère terrestre. Plusieurs centaines percutent la Terre chaque année, de taille variable, depuis le petit caillou jusqu'à celle capable de creuser un cratère. Les météorites portent le nom de la constellation dans laquelle elles évoluent, en un groupe appelé *essaim*, les *Léonides* dans la constellation du Lion, par exemple.

Attention, chute de pierres !

Les météorites frappent l'imagination. Il semble que le ciel nous tombe réellement sur la tête ! Les plus marquantes sont conservées, au musée ou dans les mémoires.

La confrérie des Gardiens de la météorite d'Ensisheim, conservée au palais de la Régence, en Alsace, garde une météorite de plus de 100 kg, tombée le 7 novembre 1492. Chaque année, au mois de juin, la confrérie organise un rassemblement de passionnés du monde entier, pour une bourse d'échanges.

Le 30 juin 1908, à 7 h 15 heure locale, une gigantesque explosion se produit dans la forêt de la Tongouska, en Sibérie. Le bruit en fut perçu jusqu'à Saint-Pétersbourg, à 2 000 km de là, les arbres brûlés sur 10 km, déracinés sur 100 km. Il s'agirait d'une météorite ayant explosé dans notre atmosphère, entre 9 et 6 km d'altitude, pesant environ 1 tonne, mais aucun débris n'a été retrouvé sur place. L'énergie dégagée par l'explosion équivaut à 1 000 fois celle de la bombe larguée sur Hiroshima.

Le 18 janvier 2000, une météorite explose au-dessus de la province du Yukon, à l'ouest du Canada, à 25 km d'altitude. La violence de l'explosion est évaluée par les scientifiques à l'équivalent de plus de 2 000 tonnes de TNT. Des centaines de débris atteignent le sol, sans faire de victime.

Les comètes

Les *comètes* sont de petits astres composés de roches, de glace et de poussières (eau mêlée d'ammoniac, d'oxyde de carbone, de méthane…). Elles gravitent autour du Soleil en suivant des orbites très allongées. Apparues par condensation, il y a environ 4,5 milliards d'années, elles mettent plusieurs millions d'années à tourner autour du Soleil. Déviées de leur trajectoire par un choc avec un autre corps, par exemple, elles s'approchent du Soleil ; les matériaux qui les composent s'échauffent – on dit qu'ils se subliment (passage de l'état solide à l'état gazeux, sans passer par l'état liquide) –, donnant naissance, autour du noyau, à une auréole lumineuse, la *chevelure*. Puis naissent, à l'opposé du Soleil, une *queue de gaz*, bleutée et fine, et une *queue de poussière*, jaunâtre et large.

Figure 1-3 : La comète de Halley.

On en recense de nouvelles tous les ans, depuis 3 ou 4 jusqu'à plus de 200 en 2005. Elles sont de mieux en mieux observées grâce à la puissance accrue des télescopes. Elles le sont scientifiquement depuis 1705, date à laquelle **Edmund Halley (1656-1742)** dresse la première table des orbites de 24 comètes, publiée dans le *Astronomiae Cometicae Synopsis*.

La plus célèbre d'entre elles, la *comète de Halley*, fait partie du groupe de 50 comètes environ qui reviennent périodiquement se faire admirer. Elle nous fait l'honneur d'une visite tous les 76 ans environ ! Venue en 1531, 1607, 1682, 1758, 1835, 1910, 1986, son retour est annoncé pour le mois de juillet 2061. Il ne nous reste plus qu'à nous armer de patience, à faire preuve d'optimisme et à attendre…

Le système solaire

Notre système solaire se compose d'une étoile, le Soleil, et de planètes (Mercure, Vénus, Terre, Mars, Jupiter, Saturne, Uranus, Neptune et Pluton). Il comporte également les satellites de ces planètes, ainsi que les astéroïdes et les comètes. L'ensemble de notre système solaire gravite à l'intérieur de notre galaxie, la *Voie lactée*.

La Voie lactée

En se refroidissant, l'Univers s'est divisé en différentes galaxies, dont la nôtre, appelée *Voie lactée*, gigantesque concentration d'étoiles en forme de spirale.

Tableau 1-1 : Les caractéristiques de la Voie lactée

Âge	12 milliards d'années
Temps de rotation	200 millions d'années
Diamètre	100 000 années-lumière
Épaisseur au centre	20 000 années-lumière
Masse totale	100 milliards de fois celle du Soleil
Nombre total d'étoiles	100 milliards environ (dont notre Soleil)
Longueur	34 000 parsecs (1 parsec : 3,36 années-lumière). Elle est si vaste que la lumière met 100 000 ans à la parcourir d'une extrémité à l'autre.

Figure 1-4 : Le système solaire d'après Copernic.

Le Soleil

Niché dans la Voie lactée, le système solaire est apparu il y a 4,5 ou 5 milliards d'années, il s'est formé à partir d'un nuage de gaz, dont une partie provenait de l'explosion d'une étoile plus ancienne, le reste étant composé d'hydrogène et d'un peu d'hélium. Le Soleil représente à lui seul 99 % de toute la matière du système solaire. Pour en faire le diamètre, il faudrait 109 Terres. L'énergie solaire naît au cœur du Soleil, à une température de 15 millions de degrés et une pression 340 milliards de fois supérieure à celle existant sur Terre. L'énergie ainsi amassée se déplace ensuite vers la surface et est libérée sous forme de chaleur et de lumière. Cette opération prend environ un million d'années.

Le Soleil est composé des éléments suivants :

- **Le noyau**, au centre, où se déroulent les réactions thermonucléaires.
- **L'enveloppe**, où se produit le transfert d'énergie vers la surface.
- **L'atmosphère**, divisée en trois couches : la photosphère, couche la plus profonde qui émet la majeure partie du rayonnement ; la chromosphère, moins lumineuse et animée d'une intense activité, de projections de matière de plusieurs milliers de kilomètres ; la couronne, que nous voyons à l'œil nu, autour du disque.

Figure 1-5 : Le Soleil.

Tableau 1-2 : Les caractéristiques du Soleil

Âge approximatif	4,6 milliards d'années
Diamètre	1,4 million de km
Masse	328 900 x Terre (2 milliards de milliards de milliards de tonnes)
Densité moyenne	1,4 (à peine supérieure à celle de l'eau : 1)
Composition	70 % hydrogène, 28 % hélium, 2 % atomes lourds (carbone, azote, oxygène…)
Fin de vie	Dans environ 5 milliards d'années
Volume	1 300 000 x Terre
Température de surface	6 000 °C
Température centrale	Environ 15 000 000 °C
Période réelle de rotation	25,38 jours
Période apparente de rotation	27,28 jours
Distance moyenne de la Terre	149 600 000 km
Révolution autour du centre galactique	225 millions d'années
Distance de l'étoile la plus proche	4,3 années-lumière
Distance du centre de la galaxie	30 000 années-lumière

UN PEU DE TECHNIQUE

SOHO et pourtant si proche

La sonde SOHO (Solar and Heliospheric Observatory) a été lancée le 2 décembre 1995 de la base de Cap Canaveral, aux États-Unis. Elle est le fruit d'une collaboration entre Européens et Américains. Elle livre des observations sur le Soleil depuis 1996 et termine sa mission en 2007. Équipée d'instruments de recherche, elle a un objectif, l'étude de la structure interne du Soleil, du vent et de l'atmosphère solaires. SOHO a fait très peur à ses papas, en disparaissant du 25 juin au 23 juillet 1998. Retrouvée, elle a été remise en activité en septembre 1998, et ne présente pas de séquelles, en dépit de six semaines d'hibernation à -40 °C. Le premier résultat le plus marquant de SOHO est fourni en septembre 2003, quand la mesure de la rotation interne du Soleil montre que l'intérieur du Soleil tourne d'un seul bloc, comme un corps solide.

Une *éclipse* désigne le moment où la Lune se trouve placée entre le Soleil et la Terre, événement qui ne survient que lors d'une nouvelle Lune. Une partie de la Terre se trouve de ce fait être dans l'ombre de la Lune. Pour qu'une éclipse se produise, il faut que, dans cet ordre, trois planètes soient alignées sur un même axe : le Soleil-la Lune-la Terre. L'éclipse commence quand l'ombre de la Lune mord sur le disque solaire.

Il existe trois types d'éclipse du Soleil :

- **L'éclipse partielle** : le soleil n'est qu'en partie recouvert par la Lune.
- **L'éclipse annulaire** : la Lune recouvre le soleil, mais pas complètement, laissant un rond lumineux en forme d'anneau.
- **L'éclipse totale** : la Lune recouvre totalement le Soleil.

Les planètes

Traditionnellement, le Soleil est entouré de 9 planètes, nées comme lui d'un nuage de matière interstellaire. Classées d'après leur proximité au Soleil, ce sont : Mercure, Vénus, la Terre, Mars, Jupiter, Saturne, Uranus, Neptune et Pluton. Toutefois, depuis août 2006, ce classement a subi quelques transformations : suivant les décisions de l'Union astronomique internationale (UAI), Pluton est rétrogradé au rang de *planète naine*. Cérès, Charon, 2003 UB 313, qui devrait prendre le nom de Xena, entrent également dans cette catégorie. La nouvelle liste des 12 planètes, toujours selon le critère de leur distance par rapport au Soleil, est donc : Mercure, Vénus, la Terre, Mars, Cérès, Jupiter, Saturne, Uranus, Neptune, Charon, Pluton et 2003 UB 313 (Xena).

Mercure

Connue déjà dans l'Antiquité, Mercure est la première planète du système solaire, la plus proche du Soleil. C'est une petite planète, Pluton seule étant encore plus petite. Très proche du Soleil, la chaleur du jour mercurien est intense, supérieure à 400 °C. Mais comme son atmosphère est nulle, les nuits y sont très froides, la température descend à -180 °C. Cet écart de température est le plus important de toutes les planètes connues. Dépourvue de satellite, Mercure est connue depuis l'Antiquité, à Sumer.

Sur les clichés photographiques, Mercure présente la même apparence désolée que la Lune. Sous une croûte épaisse d'environ 500 km, le noyau de la planète est constitué de métaux ferreux et pourrait être en partie liquide. Le pourcentage de fer sur Mercure est plus important que sur tout autre objet du système solaire.

Tableau 1-3 : Les caractéristiques de Mercure

Diamètre équatorial	4 878
Volume	0,054 x volume Terre
Densité moyenne	5,4 (eau = 1)
Masse	0,055 x masse Terre
Pesanteur	0,37 x pesanteur Terre
Distance moyenne au Soleil	58 000 000 km
Durée de rotation	59 jours
Période de révolution	88 jours
Vitesse orbitale	47,9 km/seconde
Satellites	Aucun
Température de surface	430 °C le jour, -180 °C la nuit
Atmosphère	Fine couche d'hydrogène et d'hélium
Durée de la journée mercurienne d'ensoleillement	3 mois environ
Durée de la nuit mercurienne	3 mois environ

Vénus

Déjà l'étoile du matin des Anciens, Vénus, présente de nombreuses analogies avec la Terre : même taille, même volume, même densité et même origine. Toutefois, cette planète est dépourvue de mers ou d'océans mais surtout, son atmosphère est composée pour l'essentiel de dioxyde de carbone, les nuages y libèrent des pluies d'acide sulfurique. Vénus préfigure ce que pourrait être la Terre si l'effet de serre parvenait à son apogée : une température en surface avoisinant les 500 °C.

La surface de Vénus présente de très grandes plaines recouvertes de coulées de lave et des hautes montagnes : 85 % de la surface est recouverte de roches volcaniques. L'activité des volcans a dû y être très intense, puisque certains d'entre eux offrent des cheminées de plus de cent kilomètres de diamètre. À l'inverse de toutes les autres planètes du système solaire, la rotation de Vénus est *rétrograde*, c'est-à-dire qu'elle tourne dans le sens inverse des aiguilles d'une montre.

Tableau 1-4 : Les caractéristiques de Vénus (nom commun : étoile du Berger)

Diamètre équatorial	12 140 km
Volume	0,88 x volume Terre
Densité moyenne	5,2 (eau = 1)
Masse	0,82 x masse Terre
Pesanteur	0,88 x pesanteur Terre
Distance moyenne au Soleil	108 000 000 km
Durée de rotation	243 jours
Période de révolution	225 jours (= 1 année vénusienne)
Vitesse orbitale	35 km/seconde
Vitesse de libération	10,3 km/seconde
Satellites	Aucun
Température de surface	Environ 500 °C le jour
Atmosphère	95 % dioxyde de carbone (gaz carbonique), 2 à 4 % azote, traces d'oxygène

LE SAVIEZ-VOUS ?

Vénus, déesse de l'amour… vache !

Déesse de l'Amour dans la mythologie gréco-romaine, Vénus est balayée en permanence par des vents dont la violence augmente avec l'altitude : environ 4 km/h au sol, 300 km/h à 11 km. Et il y pleut… de l'acide sulfurique.

La température y est en permanence comprise entre 450 °C et 500 °C. Pourtant, en raison de la lenteur de sa rotation, la nuit vénusienne dure plus de cent jours… mais sans baisse notable de la température. Les vents sont d'une violence telle qu'ils se transforment en tornades. Les nuages jaunes, gorgés d'acide sulfurique, réfléchissent davantage la lumière du Soleil et concourent à l'augmentation de la température. Les orages vénusiens sont quasiment permanents, accompagnés d'intenses décharges électriques et de gigantesques éclairs rouges. Ils sont rendus d'autant plus redoutables par un formidable bruit de tonnerre.

La Terre

Seule planète connue du système solaire à abriter la vie, la « planète bleue » se présente spontanément comme une boule d'océans et de mers, d'où émergent quelques terres. Son nom semble bien mal lui aller : Océanos était plus exact, car elle est recouverte de 70 % d'eau. Mère protectrice, son noyau de nickel et de fer en fusion génère un champ magnétique, lequel, avec l'atmosphère, renvoie les radiations dangereuses du Soleil.

La température moyenne sur Terre est de 15 °C, et sa vitesse de déplacement, de plus de 100 000 km/h, ne gêne en rien la joie de l'habiter. Bien que son atmosphère soit composée à 78 % d'azote, les 21 % d'oxygène assurent le développement de toutes les formes de vie. Surnommée *Gaïa* chez les Grecs et les Romains, elle est notre promise de toute éternité. (Pour le détail des caractéristiques de la Terre, voir Chapitre 2.)

Mars

Planète du dieu de la guerre, en raison de la couleur de son sol, Mars est désignée souvent comme étant « la planète rouge ». Pendant longtemps, les traces affleurant à sa surface ont fait penser qu'il avait pu y avoir des cours d'eau, voire des fleuves sur Mars. Poussant l'hypothèse plus loin, certains y ont vu une autre planète habitée de notre système solaire. Étrangement, les habitants supposés ne sont pas rouges, mais du plus beau vert, dans leur figuration la plus commune. Depuis 1976, des sondes et des engins d'exploration sont régulièrement envoyés, mais rien ne permet de croire à ce jour à l'existence d'une quelconque forme de vie sur Mars la rouge.

Tout comme la Terre, Mars est dotée de deux calottes polaires, mais qui ne sont pas permanentes, elles fondent au printemps martien. La composition interne de Mars semble aussi la rapprocher de celle de la Terre, avec un noyau, un manteau et une croûte. La géographie est marquée par la présence d'immenses vallées et canyons, comme ceux de *Valles Marineris*, longs de plus de 3 000 km. Certains scientifiques envisagent l'hypothèse d'anciennes vallées glaciaires.

N'OUBLIEZ PAS !

« Et pourtant, elle tourne… »

Galileo Galilei, dit Galilée (1564-1642), connaît une brillante carrière scientifique, protégée à la fois par le pape Urbain VIII et l'ordre des jésuites. Mais tout se gâte avec la tenue du concile de Trente (1545-1563). Devant les progrès enregistrés par la Réforme et le protestantisme, l'Église catholique réaffirme ses positions, notamment en matière de démarche scientifique ! Désormais, l'interprétation des résultats scientifiques relève du seul domaine de l'Église. En 1616, le système héliocentrique de **Copernic (1473-1543)**, qui place le Soleil au centre de l'Univers, est condamné par l'Église, condamnation rendue publique en 1633. Or, en 1631, Galilée publie son *Dialogue*, œuvre maîtresse dans laquelle il évoque à mots couverts l'erreur de Ptolémée et d'Aristote, plaçant la Terre au centre de l'Univers, selon le système *géocentrique*. Il développe, avec une sympathie évidente, le système de Copernic. En 1633, le procès de Galilée s'ouvre à Rome. Accusé d'hérésie, menacé de finir brûlé vif, Galilée, âgé de 69 ans, cède et renie l'œuvre d'une vie, abjurant ses théories hérétiques. Il meurt à Florence, à 78 ans. L'histoire lui prête cette phrase fameuse, qu'il n'a certainement jamais prononcée, au sortir de l'abjuration solennelle : « Et pourtant, elle tourne… » évoquant la rotation de la Terre sur elle-même, inadmissible pour l'Église qui voulait des astres fixes. En 1822, le Vatican retire les œuvres de Galilée de l'*Index*, liste des ouvrages interdits, et, en 1984, le pape Jean-Paul II laisse libre ceux qui le veulent d'accepter la théorie de Galilée… sans la reconnaître formellement.

Figure 1-6 : Mars.

Tableau 1-5 : Les caractéristiques de Mars

Diamètre équatorial	6 790 km
Volume	0,15 x volume Terre
Densité moyenne	3,95 (eau = 1)
Masse	0,11 x masse Terre
Pesanteur	0,38 x pesanteur Terre
Distance moyenne au Soleil	228 000 000 km
Durée de rotation	24 h 37 min
Période de révolution	687 jours
Vitesse orbitale	24,1 km/seconde
Vitesse de libération	5 km/seconde
Satellites	2
Température de surface	-20 °C le jour (en été) -80 °C la nuit
Atmosphère	Dioxyde de carbone (gaz carbonique)

LE SAVIEZ-VOUS ?

Mars attaque !

L'étude de l'Univers donne lieu, dans l'imaginaire collectif, à de nombreux fantasmes, peurs et conjectures qui trouvent écho dans la science-fiction, un genre qui fait florès en littérature ou au cinéma depuis le XIXe siècle.

Le 30 octobre 1938, veille d'Halloween, le jeune Orson Welles fait vivre à ses auditeurs, sur la radio américaine CBS, l'adaptation radiophonique du roman de Herbert Wells, la *Guerre des mondes*. Il y met une telle fougue, annonçant l'arrivée des Martiens dans le New Jersey, près de Princeton… qu'il déclenche une panique, au fil des bulletins d'information, qui pousse des milliers d'Américains à fuir leur domicile. Les rappels de la nature fictive de l'émission, avant, pendant et après, ne font qu'accroître la peur, les auditeurs y voient une ruse des Martiens pour débarquer sans rencontrer de résistance !

Cérès

Cérès, connue depuis 1801, fait partie de la ceinture d'astéroïdes localisée entre Mars et Jupiter. D'un diamètre d'environ 950 km, elle accomplit une rotation autour du Soleil en 4,6 années terrestres. Sa masse est de $9{,}445 \times 10^{20}$ kg, et elle présente une rotondité qui a joué en sa faveur pour son adoption au rang de nouvelle planète du système solaire, décision de l'Union astronomique internationale en août 2006. Son statut officiel est celui de *planète naine*.

Jupiter

Digne du nom du roi des dieux, Jupiter est la plus énorme planète de notre système solaire, environ mille fois plus grosse que la Terre. Elle possède à la fois des anneaux, invisibles depuis la Terre, et 16 satellites. Constituée principalement d'hydrogène et d'hélium, Jupiter est une gigantesque masse gazeuse, agitée par une zone de tempête appelée la « grande tache rouge », qui tourne dans le sens inverse des aiguilles d'une montre. La surface est également parcourue par des éclairs géants et des *aurores boréales*, comme la Terre en connaît, quand il y a une interaction entre le champ magnétique de la planète et les bombardements de particules provenant du Soleil.

L'anneau de Jupiter, composé de minuscules particules de poussière, entoure la planète. Il est large d'environ 6 500 km, pour une épaisseur d'environ 10 km. Jupiter possède quatre lunes : Amalthée, Io, Europe, Ganymède.

Figure 1-7 : Jupiter.

Tableau 1-6 : Les caractéristiques de Jupiter

Diamètre équatorial	142 600 km
Volume	1 316 x volume Terre
Densité moyenne	1 34 (eau = 1)
Masse	317,8 x masse Terre (2 millions de milliards de milliards de tonnes)
Pesanteur	2,64 x pesanteur Terre
Distance moyenne au Soleil	778 000 000 km
Durée de rotation	9 h 50 min
Période de révolution	11,9 années
Vitesse orbitale	13,1 km/seconde
Vitesse de libération	60 km/seconde
Satellites	16
Température au sommet de la couche nuageuse	- 150 °C (à 30 km de profondeur : 30 °C, à 100 km de profondeur : 100 °C)
Atmosphère	98 % hydrogène et hélium et pour environ 2 % de méthane, éthane, ammoniac, acétylène

LE SAVIEZ-VOUS ?

La planète perdue

Les astronomes s'interrogent sur une bien étrange situation. Il y a, entre Mars et Jupiter, plusieurs centaines de milliers d'astéroïdes, qui tournent autour du Soleil. Cérès, le plus grand, a un diamètre d'environ 1000 km. L'ensemble est appelé la « ceinture d'astéroïdes ». Les hypothèses se multiplient à son propos : une planète en cours de formation, qui ne serait pas encore parvenue à sa masse critique ? Une planète de grande taille qui, à un moment de son histoire, serait entrée en collision avec Jupiter ? Frappée par une météorite géante, comme on en trouve la trace à la surface d'autres planètes de notre système solaire ? Elle aurait, selon des astronomes russes, pu être victime d'une implosion, provoquée par des éruptions volcaniques à l'échelle de la planète entière, entrant en contact avec les masses d'eau des océans. À défaut de preuve de son existence, la planète perdue a tout de même trouvé un nom, Phaéton, du nom du malheureux qui voulut conduire le char de son père, le Soleil, en perdit le contrôle, embrasant ciel et terre avant d'y perdre la vie…

Saturne

La sombre Saturne est, après Jupiter, la plus grosse planète du système solaire. Seule planète avec une densité inférieure à l'eau d'environ 30 %, elle est dotée d'une atmosphère composée surtout d'hydrogène. Sa particularité est d'être en permanence balayée par des vents d'une extrême violence, qui dépassent 1 800 km/h. Elle tourne très vite sur elle-même, en une dizaine d'heures.

Figure 1-8 : Saturne.

Le fait le plus remarquable, ce sont ses anneaux, deux très lumineux et un troisième qui l'est moins. Perçus comme des anneaux uniques, ils sont, en réalité, composés de centaines d'anneaux plus petits. Il pourrait s'agir des débris d'anciens satellites de Saturne. Un fait intrigue fort les astronomes : au lieu d'être composés de seules poussières, ils comprennent une quantité importante d'eau, sous forme de véritables icebergs ou de masses plus petites, de la taille d'une boule de neige.

Tableau 1-7 : Les caractéristiques de Saturne

Diamètre équatorial	120 200 km
Volume	755 x volume Terre
Densité moyenne	0,70 (eau = 1)
Masse	95,2 x masse Terre (569 000 milliards de tonnes)
Pesanteur	1,2 x pesanteur Terre
Distance moyenne au Soleil	1 427 000 000 km
Durée de rotation	10 h 14 min
Période de révolution	29,5 ans
Vitesse orbitale	9,6 km/seconde
Vitesse de libération	36 km/seconde
Satellites	18
Température (couche nuageuse)	- 180 °C (à 100 km de profondeur : 0 °C, à 30 000 km de profondeur : 8 000 °C)
Atmosphère	98 % hydrogène et hélium et pour environ 2 % méthane, éthane, ammoniac, acétylène, éthylène, phosphine
Anneaux	Saturne est entourée de plusieurs anneaux, constitués de poussière de glace et de roche, de blocs rocheux de quelques décimètres de diamètre, couverts de givre. Les trois plus grands sont visibles de la Terre.

Uranus

Découverte par **William Herschel (1738-1822)** en 1781, Uranus est la troisième plus grosse planète du système solaire. Composée d'hydrogène et d'hélium pour l'essentiel, elle est entourée d'une couche de méthane qui lui donne sa couleur bleutée. Elle se caractérise par une inclinaison prononcée, surprenante, peut-être consécutive à une collision avec une météorite ou un corps astral pendant la formation du système solaire.

Uranus est entourée d'anneaux, dont neuf sont connus. L'anneau extérieur, le plus brillant, nommé *Epsilon*, est pour l'essentiel composé de blocs de glaces de quelques mètres de diamètre. Il est maintenu dans ses limites par deux lunes d'Uranus, *Cordelia* et *Ophelia*, de par leur force d'attraction gravitationnelle, phénomène connu sous le nom de *satellites bergers* ou *satellites gardiens* de l'anneau.

Tableau 1-8 : Les caractéristiques d'Uranus

Diamètre équatorial	52 000 km
Volume	64 x volume Terre
Densité moyenne	1,25 (eau = 1)
Masse	14,5 x masse Terre (86 000 milliards de tonnes)
Pesanteur	0,90 x pesanteur Terre
Distance moyenne au Soleil	2 870 000 000 km
Durée de rotation	17 heures
Période de révolution	84 ans
Vitesse orbitale	6,8 km/seconde
Vitesse de libération	22 km/seconde
Satellites	27
Température au sommet de la couche nuageuse	-21 °C
Atmosphère	Hydrogène, hélium et méthane
Année uranienne	Pendant une demi-année uranienne (42 ans), une région polaire est plongée dans la nuit, l'autre région polaire connaît le jour continuel

Neptune

Découverte par **J.G. Galle (1812-1910)** en 1846, Neptune est encore une planète gazeuse géante, 60 fois plus grosse que la Terre. Si, à l'extérieur, Neptune est composée d'un mélange de gaz chaud, composé d'hydrogène, d'hélium et de méthane – qui lui donne sa couleur bleue –, à l'intérieur, le cœur de Neptune est fait de roche fondue, d'ammoniaque, de méthane liquide et d'eau.

Neptune est parcourue, comme Jupiter, par de violents ouragans, rendus manifestes à sa surface par la présence de taches noires. La plus importante d'entre-elles, la *Grande tache sombre*, est de la taille de la planète Terre. Ces taches se déplacent à la surface de Neptune, accompagnées de vents d'une violence inouïe, atteignant les 2 000 km/h.

Neptune est entourée de quatre anneaux, faits de particules de poussières de taille infime, provenant du choc de météorites sur la surface des satellites de Neptune.

Tableau 1-9 : Les caractéristiques de Neptune

Diamètre équatorial	49 400 km
Volume	54 x volume Terre
Densité moyenne	1,6 (eau = 1)
Masse	17,2 x masse Terre (100 000 milliards de tonnes)
Pesanteur	1,4 x pesanteur Terre
Distance moyenne au Soleil	4 497 000 000 km
Durée de rotation	16 heures
Période de révolution	164,8 années
Vitesse orbitale	5,4 km/seconde
Vitesse de libération	25 km/seconde
Satellites	11
Température au sommet de la couche nuageuse	- 220 °C
Atmosphère	Hydrogène, hélium et méthane

LE SAVIEZ-VOUS ?

Le feu sous la glace

Neptune est entourée d'anneaux, et possède un certain nombre de lunes, ou satellites. La plus grosse est Triton, un monde si glacé (-235 °C) que son atmosphère a gelé en surface. Paradoxalement, Triton est le siège d'une intense activité volcanique, manifestée par des éruptions de gaz et de poussières. Lune devenue folle, l'orbite de Triton est rétrograde autour de Neptune, c'est-à-dire qu'elle tourne d'est en ouest. Les scientifiques supposent que ces anomalies s'expliquent par la capture de Triton par l'attraction de Neptune. À l'origine elliptique, l'orbite de Triton se serait peu à peu circularisée. La surface de Triton est étrangement veinée, comme la peau d'un melon, peut-être les traces d'anciennes marées.

Charon

L'existence d'un grand satellite de Pluton, Charon, fait qu'on les considère parfois comme une planète double, d'autant plus que la distance qui les sépare est faible, seulement 17 000 km environ (la planète la plus proche du Soleil, Mercure, en est distante de 58 millions de km).

D'un diamètre de 1 270 km, soit la moitié de celui de Pluton, Charon se déplace autour de Pluton en 6,4 jours, la même période de rotation que Pluton, et son orbite est dite *géostationnaire*, le satellite demeurant à la même place.

Habituellement, dans le système solaire, les satellites d'une planète sont considérablement plus petits qu'elle. La taille de Charon, à peine la moitié de celle de Pluton, conduit certains astronomes à considérer ce satellite comme une planète à part entière, formant soit une planète double avec Pluton, soit la dixième planète de notre système solaire. Cette situation un peu floue a été tranchée par une décision d'août 2006, de l'Union astronomique internationale, qui donne à Charon le statut de planète du système solaire.

Pluton

Longtemps dernière planète du système solaire, Pluton est aussi la plus petite. Découverte le 18 février 1930 par **Clyde William Tombaugh (1906-1997)**, elle est la plus éloignée. D'une orbite très allongée contrairement aux autres planètes, au cours de sa période de révolution de 247,7 ans autour du Soleil, elle s'approche de ce dernier jusqu'à 4,4 milliards de km ou s'en éloigne jusqu'à 7,4 milliards de km. Vue d'un télescope, Pluton présente une couleur jaunâtre. Elle serait constituée d'un noyau rocheux entouré d'une couche de méthane solidifié par le froid, avec une température en surface de - 230 °C.

Tableau 1-10 : les caractéristiques de Pluton

Diamètre équatorial	2 400 km
Masse	0,17 x masse Terre
Pesanteur	0,38 x pesanteur Terre
Densité	2,1 (eau = 1)
Distance moyenne au Soleil	5 900 000 000 km
Durée de rotation	153 heures (6,4 jours)
Période de révolution	247,7 ans
Vitesse orbitale	4,7 km/seconde
Vitesse de libération	5 km/seconde
Satellites	3
Température de surface	- 230 °C
Atmosphère	Aucune

LE SAVIEZ-VOUS ?

Plutôt non

L'Assemblée générale de l'Union astronomique internationale s'est réunie à Prague, en août 2006, pour procéder à un réexamen du nombre et de la qualité des planètes. Qualité est le mot juste, car de nouveaux critères, notamment de taille, ont été mis en place : désormais, ne peut être planète qu'un astre en orbite autour d'une étoile, à condition de ne pas en être une et de présenter un diamètre de plus de 800 km et une masse suffisante pour que ses forces de gravité lui donnent à peu près la forme d'une sphère. Ils ont été fatidiques à Pluton, rétrogradée de son statut de planète à celui de planète naine, dénommée désormais également une « pluton », catégorie à laquelle appartiennent Charon et 2003 UB 313.

2003 UB 313

Découverte en 2005 par l'astronome américain **Michael Brown (né en 1965)**, 2003 UB 313, qui prendra peut-être le nom de *Xena*, si l'Union astronomique internationale accède à la demande faite en ce sens par ses découvreurs, est classée dans la catégorie des planètes naines. C'est la planète la plus éloignée du système solaire. Faite de glace et de méthane, son diamètre serait proche des 300 km. Située à 97 ua (1 ua mesure environ 150 millions de km) du Soleil, elle tourne autour de ce dernier en environ 557 ans.

La Lune

Compagne de nostalgie, la Lune n'est certes pas une planète, mais en tant que satellite unique de la Terre et compte tenu de son rang dans notre imaginaire, il convient de lui réserver une place de choix. Sa proximité, la facilité de son observation lui confèrent un aspect familier. La Lune est d'autant plus liée à la Terre que non seulement elle tourne autour d'elle, mais toutes deux effectuent une révolution autour du Soleil et sa trajectoire suit celle de notre planète.

Tableau 1-11 : les caractéristiques de la Lune

Âge	4,6 milliards d'années
Diamètre équatorial	3,476 km
Superficie	37 960 000 km^2
Masse	0,012 x masse Terre (1/81è)
Densité	3,3 (eau = 1)
Distance moyenne de la Terre	384 000 km
Température de surface	100 °C le jour, 150 °C la nuit
Mois lunaire (entre deux nouvelles lunes)	29 jours 13 heures (lunaison)
Vitesse orbitale moyenne	1 km/seconde
Vitesse de libération	2,4 km/seconde
Pesanteur	16,6 % de la gravité terrestre
Atmosphère	Aucune
Durée de rotation	27 jours 7 h 43 min
Longueur du jour et de la nuit	Environ 14 jours terrestres chacun
Atmosphère	Aucune

Les phases de la Lune

Elles sont connues depuis la plus haute Antiquité. Le changement d'aspect de la Lune est provoqué par l'absence d'émission lumineuse. Elle n'émet pas elle-même de lumière mais reflète celle du Soleil. En fonction de sa position par rapport à ce dernier, nous voyons dans le ciel une fraction plus ou moins grande de l'hémisphère lunaire qui est éclairée :

- Quand la Lune se trouve entre la Terre et le Soleil, l'hémisphère que nous voyons est totalement obscur, c'est la *nouvelle Lune*.
- Après 7 jours et demi, l'angle compris entre l'axe Terre-Soleil et l'axe Terre-Lune est de 90°. Nous voyons alors la moitié de son hémisphère éclairé. C'est le *premier quartier*.
- Placée à l'opposé exact du Soleil par rapport à la Terre, tout l'hémisphère est éclairé : c'est la *pleine Lune*.
- Puis, elle décroît peu à peu, quartier par quartier, jusqu'au dernier.

N'OUBLIEZ PAS !

« Un bon de géant pour l'humanité »

Le 16 juillet 1969, la mission Apollo 11 quitte le Kennedy Space Center en Floride avec trois hommes à son bord : Neil Armstrong (commandant), Edwin « Buzz » Aldrin (pilote du module lunaire) et Michael Collins (pilote du module de commande). Leur mission (ils l'ont acceptée) : se poser sur la Lune. Le 20 juillet à 20 h 17 UTC, c'est chose faite. Six heures plus tard, Armstrong descend du LEM. Premier terrien à fouler le sol lunaire, le 21 juillet 1969 à 2 h 56 min 15 s UTC, il prononce alors cette phrase restée dans les annales à l'adresse des millions de spectateurs qui assistent en direct à l'événement retransmis à la radio et, nouveauté pour l'époque, à la télévision : « *That's one small step for [a] man, one giant leap for mankind* » (« C'est un petit pas pour l'homme, mais un bond de géant pour l'humanité »).

La marée

La marée est un mouvement oscillatoire, d'avant en arrière, du niveau de la mer, provoqué par les effets de l'attraction de la Lune et du Soleil sur les particules liquides. L'importance de la marée varie avec la masse de l'astre et sa distance. C'est ainsi que le Soleil, dont la masse est de presque 329 000 fois celle de la Terre, exerce une attraction 2 à 3 fois moindre que la Lune (dont la masse est seulement de 1/81e de celle de la Terre), car il est beaucoup plus éloigné, plus de 149 millions de km contre un peu plus de 384 000 km.

LE SAVIEZ-VOUS ?

Les amours tragiques de la Lune

La déesse Lune, *Séléné* pour les Grecs, *Luna* pour les Latins, est représentée comme une belle jeune femme. Son visage est d'une blancheur si rare, si éclatante, que devant lui tous les autres astres pâlissent. Elle parcourt le ciel sur un char d'argent traîné par deux chevaux. Déjà amante du roi des dieux, Zeus, et du dieu Pan, Séléné connaît un unique et tragique amour. Apercevant le berger Endymion, attirée par sa beauté extraordinaire, elle s'éprend de lui, le séduit et lui donne de nombreux fils et 50 filles.

Afin d'arracher son amant à la condition humaine, elle supplie Zeus de lui accorder la réalisation d'un vœu. L'imprudent Endymion choisit l'immortalité. Elle ferait de lui un dieu, ce que Zeus ne peut accepter. Il ne peut pas non plus renier sa promesse. Il octroie donc à Endymion une terrible immortalité en le plongeant dans un sommeil éternel, qui le maintient dans l'éclat de sa jeunesse et de sa beauté. Chaque nuit, Séléné vient caresser de ses doux rayons, le corps immobile de son amant, étendu sur une montagne, le couvre de baisers, et se lamente en vain sur sa demande irréfléchie.

Chapitre 2

Les pieds sur terre : la planète Terre

Dans ce chapitre :

- La Terre, notre planète
- Une planète, cinq continents
- La tectonique des plaques
- Milieux et climats
- Les risques naturels

Contrairement à nombre d'autres planètes du système solaire, la Terre ne doit pas son nom à une déesse de la mythologie grecque ou romaine. Plus modestement, son nom provient du latin *terra*, qui désigne non seulement la matière elle-même, mais aussi le sol, la surface sur laquelle se déplacent les hommes.

Enveloppée par une ceinture de gaz, son surnom affectueux de *planète bleue* lui vient des océans, qui occupent 71 % de sa superficie. Mais si des conditions particulièrement favorables ont permis l'apparition de la vie il y a environ 3,8 milliards d'années, l'activité permanente de son sous-sol et de son atmosphère, combinée aux effets de l'exploitation intensive de ses ressources par l'homme, en fait aussi parfois un endroit dangereux à habiter.

La Terre, notre planète

La Terre est la troisième planète du système solaire d'après sa position par rapport au Soleil, après Mercure et Vénus, et la cinquième d'après sa taille, après Jupiter, Saturne, Neptune et Uranus. Sa naissance, il y a environ 4,55 milliards d'années, serait consécutive à la contraction d'un nuage de gaz et de poussières en rotation dans l'espace. Devenue une boule de matière en fusion, elle se refroidit en surface, quand le cœur liquide demeure porté à très haute température (plus de 5 000 °C).

Figure 2-1 : La Terre.

Tableau 2-1 : Les caractéristiques de la Terre

Âge	4,5 milliards d'années
Masse	6 000 milliards de tonnes (6 billions de tonnes)
Diamètre	De pôle à pôle, en passant par le centre de la Terre : 12 719 km ; sur le plan équateur, par le centre de la Terre : 12 757 km
Circonférence	En passant par les pôles : 40 020 km ; au niveau de l'équateur : 40 075 km
Superficie	Terres : 152 024 880 km^2 - 29 % de la surface totale ; eaux 358 003 850 km^2 - 71 % de la surface totale
Volume	1 084 milliards de km^3
Volume des océans	1 321 000 000 km^3
Hauteur moyenne des terres	840 m
Profondeur moyenne des océans	3 795 m
Densité	5,52 (eau = 1)
Température moyenne	15 °C (obtenue par la moyenne de la température sur toute la surface, océans et continents, sur toute l'année)
Longueur de l'année	365 jours 1/4
Période de rotation	23 h 56 min
Distance moyenne au Soleil	149 600 000 km
Vitesse orbitale moyenne	29,8 km/seconde
Vitesse de libération	11,2 km/seconde
Atmosphère	Essentiellement composée d'azote (78,5 %) et d'oxygène (21 %), d'argon (0,9 %), de dioxyde de carbone (0,01 à 0,1 %)
Écorce	40 km d'épaisseur. Principalement constituée d'oxygène (47 %), silicium (28 %), aluminium (8 %) et fer (5 %)
Satellite	Un seul, la Lune

Un homme précis

Astronome alexandrin, **Ératosthène (284-192 av. J.-C.)** est à Assouan, dans le sud de l'Égypte, quand il entreprend son calcul de la circonférence de la Terre. Au moment du solstice d'été (21 juin), à midi, le Soleil est à son zénith. La preuve en est fournie au moment où il éclaire le fond d'un puits. Au même moment, à Alexandrie, à 5000 stades de là (1 stade grec = 160 m), des amis mesurent l'ombre d'un obélisque dont la hauteur est connue, afin de calculer l'angle que font les rayons du Soleil avec la verticale. Le résultat est de 7,2°. L'astronome effectue le calcul suivant:

360° (circonférence du cercle, ici la Terre ronde) x 5000 (distance Assouan-Alexandrie) / 7,2 (angle calculé) = 250 000 stades

Il en déduit que la circonférence de la Terre est de 250 000 x 160 m, soit environ 40 000 km. Par rapport aux calculs modernes, Eratosthène ne s'est trompé que de… 75 km (la circonférence à l'équateur est de 40 075 km) ! Et tout cela au IIIe siècle avant J.-C. Chapeau !

La structure de la Terre

La structure de la Terre est composée d'une succession de couches concentriques : la croûte continentale, la croûte océanique, le manteau et le noyau, ces deux derniers étant eux-mêmes subdivisés :

- **La croûte continentale**, partie la plus « ancienne » de l'écorce terrestre. Son épaisseur varie entre 50 et 100 km, sa température est inférieure à 500 °C et sa densité est de 2,8. De consistance solide, elle représente 2 % du volume terrestre.
- **La croûte océanique**, partie la plus « jeune » de l'écorce terrestre. Elle est constituée de roches plus denses où dominent silicium et magnésium. Elle est d'une densité de 2,8 ; sa température est inférieure à 500 °C et son épaisseur varie entre 10 et 50 km.
- **Le manteau**, couche intermédiaire entre la croûte terrestre et le noyau, est, à cause de propriétés physiques différentes, lui-même subdivisé en manteau supérieur et manteau inférieur. Le premier a une épaisseur de 700 km, une consistance pâteuse, et une densité de 4,3 ; température : 1400 °C. Le second a une épaisseur de 2200 km, une consistance solide, et une densité de 5,5 ; il y règne une température de 1700 °C.
- **Le noyau** est aussi décomposé en *noyau externe* et en *noyau interne*. Le premier, de consistance liquide, a une densité de 10, une épaisseur de 2250 km ; il y règne une température de 5000 °C. Le second, de consistance solide, a une densité de 13,6, une épaisseur de 1300 km. Il y règne une température de 5100 °C.

L'atmosphère terrestre

Elle enveloppe la Terre sur environ un millier de kilomètres d'épaisseur. Plus l'altitude s'élève, moins l'atmosphère contient de gaz. Au niveau de la Terre, elle est composée de 78 % d'azote, 21 % d'oxygène et 1 % de gaz rares. L'atmosphère s'est formée il y a environ 3 milliards d'années, après que des pluies torrentielles se sont abattues sur la Terre. Au fil du temps, elle s'est enrichie en oxygène et a développé, à 25 km d'altitude, une couche d'ozone (gaz bleu toxique à forte odeur), véritable écran qui filtre les rayonnements mortels, les rayons ultraviolets émis par le Soleil, et laisse passer ceux dont nous avons besoin pour le maintien de la vie. Chaque jour, 12 à 15 m^3 d'air nous sont nécessaires pour respirer.

Voici comme se décompose l'atmosphère :

- **La troposphère**, partie de l'atmosphère située à 15 km d'altitude en moyenne (7 km au-dessus des pôles, 18 km au-dessus de l'équateur). C'est là que se forment les nuages car elle concentre 90 % de la masse d'air et de la vapeur d'eau. Sa composition est identique à celle de l'atmosphère. La température y est de - 56 °C dans la zone qui la sépare de la stratosphère.

Les phénomènes météorologiques s'y produisent et s'y développent (tonnerre, éclairs, foudre, anticyclones, dépressions, orages, tornades, typhons, ouragans, pluie, neige).

- **La stratosphère**, située entre 15 km et 50 km d'altitude environ. La température s'y élève, pour atteindre presque 0 °C à 50 km alors qu'elle est de - 80 °C à la limite d'avec la troposphère. C'est là que se trouve la couche d'ozone, qui absorbe les dangereux rayons solaires ultraviolets. D'une grande stabilité, ses diverses couches sont maintenue par la hausse régulière de leur température interne. Bougeant peu, les différentes couches ressemblent à des couches de terre empilées, ou strates, d'où son appellation.
- **La mésosphère**, littéralement « sphère moyenne », située entre 50 et 80 km d'altitude environ. Troisième couche d'atmosphère la plus élevée, elle constitue la séparation véritable entre le domaine terrestre et celui de l'espace intersidéral. La température recommence à décroître et atteint -80 °C à 85 km. En la traversant, les météores et les poussières s'enflamment, donnant naissance aux étoiles filantes.
- **La thermosphère**, « qui chauffe la sphère », est la couche externe de l'atmosphère. Elle s'étend au-delà de 85 km d'altitude. La température s'élève encore en fonction de l'altitude, pour atteindre 500 °C vers 250 km, 1 600° C vers 500 km. D'une très faible densité et ne comportant pas d'air, elle ne brûle pas les objets qui la traversent. Au-delà de 10 000 km, la thermosphère devient l'exosphère, ou atmosphère externe. Il s'agit d'une partie complexe, car elle tend à se mélanger à l'espace dont il est difficile de la séparer nettement.

Une planète, cinq continents

Les terres émergées représentent environ 30 % de la surface de la Terre. Traditionnellement, elles sont regroupées en cinq continents. Ce sont, par ordre de superficie décroissante : l'Europe et l'Asie (formant ensemble l'Eurasie), l'Afrique, les deux Amériques et l'Océanie (l'Antarctique et l'Australie). Il est possible de considérer l'Antarctique comme un sixième continent, car il s'agit de terre en permanence recouverte d'une épaisse coupole de glace.

En bon *anthropocentriste*, plaçons une fois encore l'homme au centre de *son* univers, cette terre solide qu'il foule aux pieds. Solide ? Rien n'est moins sûr. Il a fallu 200 millions d'années pour rassembler tous les morceaux d'un continent unique, la *Pangée*, et 200 millions d'années de plus pour séparer les éléments de ce continent et leur permettre de devenir les continents actuels. Attention, cette séparation se poursuit, provoquant raz-de-marée et tremblements de terre !

Pangée, Laurasie et Gondwana

Il y a 300 millions d'années, tous les continents actuels n'en formaient qu'un, d'un seul tenant, la Pangée. Lorsqu'elle se fragmente en deux grands ensembles, 100 millions d'années plus tard :

- Le Nord devient la **Laurasie**, qui regroupe encore en un seul bloc l'Amérique du Nord, l'Europe et l'Asie.
- Le Sud devient le **Gondwana**, qui regroupe l'Afrique, l'Amérique du Sud, l'Arabie, l'Inde, Madagascar, l'Australie et la Nouvelle-Zélande.

Les continents se séparent ensuite il y a environ 65 millions d'années.

L'histoire des océans se développe en parallèle. Le plus ancien, appelé *Lapetus*, est refermé par la formation de la Pangée. Puis, quand elle se sépare en deux, apparaît un nouvel océan, *Thétys*. Il se referme à son tour il y a environ 80 millions d'années quand s'amorce le mouvement de séparation de nos actuels continents. L'océan Thétys est remplacé par l'ouverture des actuels océans Atlantique Sud et Indien. Ensuite se forment le Pacifique et l'Atlantique Nord.

L'Europe

Son nom nous vient du grec *europos*, « aux larges yeux » ou « au large visage ». Une fois l'unanimité faite sur son nom, tout devient plus compliqué. Ses frontières géographiques tout d'abord : doit-on ou non la faire finir à l'est au mont Oural, considérer que le détroit du Bosphore l'isole de l'Asie ou intégrer la Turquie à l'ensemble européen ? La limite au sud est plus nette, avec la Méditerranée et le détroit de Gibraltar qui la séparent de l'Afrique. L'Islande, éloignée du continent par quelques centaines de kilomètres de mer, ou Chypre, en Méditerranée, sont pourtant européennes. Politiquement, ensuite, car l'immense Russie est en grande partie asiatique. Il semble toutefois possible, dans ce vaste ensemble de plus de 10 millions de km^2, d'envisager de privilégier la masse du continent accolée à l'Asie, et de parler de *continent eurasiatique*.

Tableau 2-2 : Les caractéristiques de l'Europe

Superficie	10 millions de km^2 sans la Russie (moins de 7 % des terres émergées)
Pays le plus vaste	Russie (17 millions de km^2)
Pays le plus petit	État du Vatican (0,44 km^2)
Point culminant	Mont Elbrouz dans le Caucase (5 642 m)
Point le plus bas	Mer Caspienne, - 28 mètres au-dessous du niveau de la mer
Le plus grand lac	Mer Caspienne, mer fermée (394 000 km^2)
Fleuve le plus long	En Russie, la Volga (3 701 km) ; le Danube (2 857 km)
Population (Russie comprise)	833 millions d'habitants en 2000 et 930 millions d'habitants en 2 075 (prévision)
Densité	Environ 100 hab. km^2 en 2000 (monde : 45)

LE SAVIEZ-VOUS ?

Un taureau entreprenant

Dans les *Métamorphoses* d'Ovide (chant XIV), la déesse Europe, fille d'Agénor, se promène avec ses compagnes sur une plage de Tyr, en Phénicie, sur la côte de l'actuel Liban. Séduit par sa beauté, Zeus, le roi des dieux, se transforme en un taureau d'un blanc immaculé et s'approche d'Europe. D'abord effrayée par le puissant animal, la jeune fille ne tarde pas à s'en approcher et à orner son cou de colliers de fleurs. Enhardie, elle grimpe sur son dos. Zeus, qui n'attendait que cela, se jette impétueusement dans les flots et nage jusqu'en Crète, où il s'unit à elle sous une forme humaine. Versatile, il se lasse d'elle et l'offre en mariage au roi de Crète, Astérion, auquel elle donne trois fils, Minos, Sarpédon et Rhadamante. L'héroïne de cette idylle, brève mais charmante, donna son nom à notre continent. Pendant ce temps, l'amant inconstant revint aux cieux pour y donner naissance à la constellation du Taureau.

L'Asie

Son nom vient d'une racine sémitique, *esch*, qui désigne le lieu où se lève le Soleil. Pour les Grecs, elle est l'épouse du titan Prométhée. Géographiquement, l'Asie forme une continuité territoriale avec l'Europe, la frontière du mont Oural est purement conventionnelle. Elle est, en revanche, plus nettement séparée de l'Amérique par le détroit de Behring. C'est le plus vaste des continents, avec plus de 44 millions de km^2. Cette immensité explique qu'il est préférable de parler des Asies :

- **L'Asie Mineure**, partie orientale de la Turquie.
- **Le Moyen-Orient**, étendu entre la Méditerranée orientale et l'Iran, le Pakistan, l'Afghanistan.
- **Le Proche-Orient** : Israël, Liban, Syrie.
- **L'Asie centrale**, depuis la mer Caspienne jusqu'au désert du Taklamakan, au nord-ouest de la Chine.
- **L'Asie du Sud**, pour l'essentiel l'Inde et les pays frontaliers de l'Ouest (Pakistan) du Nord (Népal) et de l'Est (Bhoutan, Bangladesh).
- **L'Asie du Sud-Est**, depuis la péninsule indochinoise jusqu'aux îles qui s'étendent entre l'Asie et l'Océanie.

Tableau 2-3 : Les caractéristiques de l'Asie

Superficie	44 millions de km^2 (le plus grand des continents)
Pays le plus vaste	République populaire de Chine, R.P.C. (9,56 millions de km^2)
Pays le plus petit	Maldives (298 km^2)
Point culminant	Mont Everest, ou Chomolungma, dans l'Himalaya (8 840 m)
Point le plus bas	Mer Morte, Israël (- 393 m)
Le plus grand lac	Mer Caspienne (394 000 km^2) en Russie d'Asie
Fleuve le plus long	Yangzijiang, en R.P.C. (4 989 km)
Population	3,9 milliards d'habitants en 2002 et 5,6 milliards d'habitants en 2075 (prévision)
Densité	Environ 70 hab./km^2 (monde : 45)

L'Afrique

Son nom provient de celui d'une tribu berbère, les *Afrii*, ainsi nommés par les Romains. Ils étaient installés dans la région de Carthage, dans l'actuelle Tunisie. Pour les Romains, l'Afrique désigne une province de l'Empire, comprenant la Tunisie et l'est de l'Algérie. Il faut attendre le XVe siècle pour que le terme désigne tout le continent. La superficie de l'Afrique, un peu plus de 30 millions de km^2, représente 20 % de celle des terres émergées. Elle se présente comme un bloc homogène de 7 000 km environ du nord au sud et d'un peu moins d'est en ouest.

L'Afrique peut être, géographiquement, scindée en cinq zones :

- **L'Afrique au Nord** : Maghreb (Maroc, Algérie, Tunisie) ; Machrek (Libye, Égypte).
- L'immense désert du **Sahara** (8 millions de km^2).
- **La corne de l'Afrique** : Éthiopie et territoires frontaliers.
- **La zone soudano-sahélienne** : au sud du Sahara.
- **L'Afrique centrale et du Sud**, à laquelle on peut adjoindre l'île de Madagascar, en dépit de l'absence de continuité territoriale.

Tableau 2-4 : Les caractéristiques de l'Afrique

Superficie	30,2 millions de km^2
Pays le plus vaste	Soudan (2,5 millions de km^2)
Pays le plus petit	Seychelles (280 km^2)
Point culminant	Mont Kilimandjaro, Tanzanie (5 895 m)
Point le plus bas	Lac Assal, république de Djibouti (-170 m)
Le plus grand lac	Lac Victoria, partagé entre l'Ouganda, le Kenya et la Tanzanie (69 485 km^2)
Fleuve le plus long	Nil (6 670 km)
Population	900 millions d'habitants en 2004 et 1,6 milliard d'habitants en 2075 (prévision)
Densité	Environ 25 hab./km^2 (monde : 45)

L'Amérique

Ce continent doit son nom à **Amerigo Vespucci (1451-1512)**, le navigateur florentin à qui le géographe Martin Waldseemüller en attribue la découverte. Dans sa *Cosmographie* (1507), celui-ci propose en effet de dénommer Amérique la « quatrième partie du monde ». D'une superficie totale de 41,9 millions de km^2, elle se divise en trois grandes zones géographiques (Amérique du Nord, Amérique du Sud, Amérique centrale) respectivement d'une superficie de 21,3 millions de km^2, 17,7 millions de km^2 et 2,9 millions de km^2.

LE SAVIEZ-VOUS ?

Erik le Rouge, découvreur de l'Amérique

Une saga nordique relate les exploits d'un héros nommé Erik le Rouge. En 982, proscrit par ses pairs, celui-ci fuit l'Islande, met le cap à l'ouest et atteint le Groenland. Après de multiples aventures, il retourne en Islande et met sur pied une expédition conséquente. C'est à la tête de plusieurs centaines de colons, répartis sur vingt-cinq bateaux, qu'il retourne alors au Groenland, la « Terre verte », pour y fonder une communauté, forte de 12 000 membres au XIIe siècle. Dommage pour Colomb…

L'Amérique du Nord

L'Amérique du Nord est composée du Canada, des États-Unis et du Mexique. Les États-Unis sont composés de 50 États, dont 48 en continuité territoriale, et deux isolés : l'Alaska, à l'ouest du Canada, et les îles Hawaii, à près de 4 000 km des côtes californiennes, dans l'océan Pacifique. Leur superficie totale est de 9,6 millions de km^2, pour une population de 269 millions d'habitants environ en 2005. La densité moyenne y est de 30 hab./km^2.

Pays situé le plus au nord des deux Amériques, le Canada est composé de dix provinces (dont le Québec majoritairement francophone) et de trois territoires. Sa superficie totale est de 9,9 millions de km², pour une population de 32 millions d'habitants environ en 2005. La densité humaine y est remarquablement faible, avec seulement 3 hab./km².

Le Mexique, transition avec l'Amérique centrale, est séparé des États-Unis par le Rio Grande et de l'Amérique centrale par le Guatemala et le Belize. Sa superficie totale est de 1,9 million de km², pour une population de 106 millions d'habitants environ en 2005. La densité moyenne y est de 54 hab./km².

Tableau 2-5 : Les caractéristiques de l'Amérique du Nord

Superficie	21,3 millions de km² (24,2 millions de km² avec l'Amérique centrale)
Pays le plus vaste	Canada (9,9 millions de km²)
Pays le plus petit	Saint-Kitts-et-Nevis, Fédération de Saint-Kitts-et-Nevis (262 km²)
Point culminant	Mont Mac Kinley, Alaska, États-Unis (6 194 m)
Point le plus bas	Lac Salton, Californie, États-Unis (- 90 m)
Le plus grand lac	Lac Supérieur, États-Unis/Canada (82 814 km²)
Fleuve le plus long	Mississippi-Missouri-Red Rock (6 700 km)
Population	481 212 000 d'habitants en 2000 et 510 millions d'habitants en 2075 (prévision)
Densité	Environ 27 hab./km² (monde : 45)

L'Amérique du Sud

L'Amérique du Sud est composée de 12 États, par ordre alphabétique : Argentine, Bolivie, Brésil, Chili, Colombie, Équateur, Guyana, Paraguay, Pérou, Surinam, Uruguay, Venezuela. Il y faut ajouter la Guyane, un département d'outre-mer.

- **Argentine** : 2,7 millions de km² ; 38,5 millions d'hab. (2005) ; capitale Buenos Aires.
- **Bolivie** : 1 million de km² ; 8,9 millions d'hab. (2005) ; capitale La Paz (administrative), Sucre (constitutionnelle).
- **Brésil** : 8,5 millions de km² ; 186 millions d'hab. (2005) ; capitale Brasília.
- **Chili** : 757 000 km² ; 18 millions d'hab. (2005) ; capitale Santiago.
- **Colombie** : 1,1 million de km² ; 48 millions d'hab. (2005) ; capitale Bogotá.
- **Équateur** : 283 000 km² ; 13,4 millions d'hab. (2005) ; capitale Quito.
- **Guyana** : 215 000 km² ; 830 000 hab. (2005) ; capitale Georgetown.
- **Paraguay** : 406 000 km² ; 6 millions d'hab. (2005) ; capitale Asunción.
- **Pérou** : 1,3 million de km² ; 28 millions d'hab. (2005) ; capitale Lima.
- **Surinam** : 163 000 km² ; 530 000 hab. (2005) ; capitale Paramaribo.
- **Uruguay** : 176 000 km² ; 3,4 millions d'hab. (2005) ; capitale Montevideo.
- **Venezuela** : 916 000 km² ; 27 millions d'hab. (2005) ; capitale Caracas.

L'Amérique centrale

Pour des raisons de proximité linguistique et culturelle, il est possible de rattacher à l'Amérique du Sud l'Amérique centrale, en considérant alors l'ensemble du monde d'Amérique latine, fondé sur l'usage de l'espagnol et du portugais comme langues dominantes. Les sept pays d'Amérique centrale sont, par ordre alphabétique : Belize, Costa Rica, Guatemala, Honduras, Nicaragua, Panamá, Salvador.

- **Belize** (anc. Honduras britannique) : 23 000 km^2 ; 270 000 hab. (2005) ; capitale Belmopan.
- **Costa Rica** : 51 000 km^2 ; 4 millions d'hab. (2005) ; capitale San José.
- **Guatemala** : 109 000 km^2 ; 13,5 millions d'hab. (2005) ; capitale Guatemala City.
- **Honduras** : 112 000 km^2 ; 6,7 millions d'hab. (2005) ; capitale Tegucigalpa.
- **Nicaragua** : 130 000 km^2 ; 5,5 millions d'hab. (2005) ; capitale Managua.
- **Panamá** : 78 000 km^2 ; 3,1 millions d'hab. (2005) ; capitale Panama City.
- **Salvador** : 21 000 km^2 ; 6,7 millions d'hab. (2005) ; capitale San Salvador.

Tableau 2-6 : Les caractéristiques de l'Amérique du Sud et de l'Amérique centrale

Superficie	17,7 millions de km^2 (20,3 millions de km^2 avec l'Amérique centrale)
Pays le plus vaste	Brésil (8,5 millions de km^2)
Pays le plus petit	Guyane française (91 000 km^2) ; sur le plan administratif, la Guyane est un département
Point culminant	Mont Aconcagua, Argentine (6 960 m)
Point le plus bas	Rio Negro, Brésil (- 30 m)
Le plus grand lac	Lac Maracaïbo, Venezuela (13 280 km^2)
Fleuve le plus long	Amazone (7 025 km)
Population	300 millions d'habitants en 2000 et 600 millions d'habitants en 2075 (prévision)
Densité	Environ 58 hab./km^2 (monde : 45)

L'Océanie

L'Océanie, le plus petit des continents, doit son nom au géographe d'origine danoise **M.C. Brunn (1775-1826)**, qui baptisa *Océanie*, ou continent-océan, cet espace peu pourvu en terre. Les deux principaux pays en sont l'Australie et la Nouvelle-Zélande, suivis de la Papouasie-Nouvelle-Guinée.

- **Australie** : 7,7 millions de km^2 ; 20 millions d'hab. (2005) ; capitale Canberra.
- **Nouvelle-Zélande** : 269 000 km^2 ; 4 millions d'hab. (2005) ; capitale Wellington.
- **Papouasie-Nouvelle-Guinée** : 463 000 km^2 ; 5 millions d'hab. (2005) ; capitale Port Moresby.

Tableau 2-7 : Les caractéristiques de l'Océanie

Superficie	9 millions de km^2. Australie (7,7 millions de km^2) et Nouvelle-Zélande (268 700 km^2) en représentent 95 %
Pays le plus vaste	Australie (7,7 millions de km^2)
Pays le plus petit	Nauru, petite île du Pacifique, à l'ouest des trois archipels de Kiribati (21 km^2)
Point culminant	Mont Carstensz, Nouvelle-Guinée-Indonésie (5 040 m)
Point le plus bas	Lac Eyre, Australie (- 12 m)
Le plus grand lac	Lac Eyre, Australie (8 900 km^2)
Fleuve le plus long	Murray, Australie (2 570 km)
Population	30 millions d'habitants en 2000 et 40 millions d'habitants en 2075 (prévision)
Densité	Environ 4 hab./km^2 (monde : 45)

L'Antarctique

L'Antarctique doit son nom à la constellation de l'Ourse, grande et petite, *arktos* signifiant « ours » en grec, comme l'Arctique, auquel il est opposé. C'est le plus petit des continents, à l'exception de l'Europe. Couvert de glace, il est totalement dépourvu d'habitants. Seuls d'héroïques scientifiques en mission, environ mille par an, y installent des bases pour y recueillir les informations nécessaires à l'avancement de leurs travaux. L'exploration du continent se fait à partir de la seconde moitié du XIXe siècle, notamment à l'initiative du Français **Dumont d'Urville (1790-1842)**, qui l'atteint en 1840.

Par le traité de Washington, daté du 1er octobre 1959, l'Antarctique est placé sous statut de territoire internationalisé. Ceci signifie que les activités de recherches scientifiques y bénéficient d'une totale liberté. En revanche, les activités militaires y sont formellement interdites. Depuis 1988, une exploitation des ressources minières est envisagée.

Tableau 2-8 : Les caractéristiques de l'Antarctique

Superficie	14 millions de km^2
Couverture	glace à 98 %
Épaisseur maximale de la glace	4 km
Volume de la glace	30 millions de km^3 (90 % des réserves d'eau douce de la Terre)
Terre libre de glace	280 000 km^2 sous forme d'affleurement de roches

LE SAVIEZ-VOUS ?

La planète bleue

Nous avons tendance à l'oublier, mais les mers et les océans recouvrent l'essentiel de notre planète (environ 70 %) et leur gigantisme laisse loin derrière les continents. D'où le nom familier de *planète bleue*, par référence à la couleur de la terre vue du ciel.

Traditionnellement, on dénombre quatre océans, à savoir le Pacifique, d'une superficie de 165 millions de km^2 ; l'Atlantique, vaste de 82 millions de km^2 ; l'océan Indien avec ses 73 millions de km^2 ; et enfin l'océan Glacial Arctique fort de 14 millions de km^2.

Des chiffres qui offrent d'inépuisables perspectives à la thalassothérapie !

La tectonique des plaques

C'est le chercheur allemand **Alfred Wegener (1880-1930)** qui émet, en 1915, l'hypothèse de continents portés par des sortes de radeaux qui dérivent car ils sont posés sur une couche plus profonde de roches visqueuses. Ces radeaux mouvants sont appelés *plaques tectoniques*. D'une épaisseur de 100 km seulement, les plaques, mues par la chaleur du magma, se déplacent de quelques centimètres tous les ans, entre 2 et 5 cm en moyenne. Ce mouvement peut écarter ou rapprocher les plaques et s'accompagne de modifications de la structure de l'écorce terrestre :

- **Les failles** se produisent lorsque deux plaques s'éloignent l'une de l'autre. La plus célèbre est celle de San Andreas en Californie, située au point de rupture entre la plaque américaine et la plaque de Nazca (une de celles de l'océan Pacifique).
- **Les séismes** ou tremblements de terre surviennent quand deux plaques se rapprochent, provoqués par la violence du frottement.

LE SAVIEZ-VOUS ?

Le continent englouti

L'Atlantide est évoquée pour la première fois par Platon dans deux dialogues, le *Timée* et le *Critias*. Il s'agit d'un continent « plus grand que la Libye et l'Asie mises ensemble », situé au-delà des colonnes d'Hercule (notre détroit de Gibraltar), qui aurait été englouti dans un cataclysme 9000 ans avant l'époque de **Platon (428-348 av. J.-C.)**. Critias en connaît l'existence par le récit de son grand-père, lequel le tenait d'un prêtre égyptien.

Riche, administrée par de sages rois, habitée par des hommes vaillants, l'Atlantide devient la référence de toute société idéale. Le mythe est repris et adapté par de nombreux auteurs dès le XVIIIe siècle, notamment par Olof Rudfeck qui exalte les valeurs des peuples nordiques dans *Atland* ou *Manheim* (1702), par le poète catalan Verdaguer, qui l'identifie à l'Amérique dans *Atlantida* (1876), par Pierre Benoît qui la localise dans le Sahara avec *L'Atlantide* (1919) ou encore par Michel de Grèce qui y voit la Crète dans *La Crète, épave de l'Atlantide* (1972).

Amérique, Crète, île de Santorin, ou même Bahamas, chacun peut à ce jour localiser sa propre Atlantide, son idéal, en l'absence de toute certitude archéologique.

Au cours des années 1960, la théorie de la tectonique des plaques est dépassée par celle de la tectonique globale, selon laquelle il faut différencier une croûte continentale et une croûte océanique. Plus lourde, plus dense, la croûte continentale se déplace moins vite que la croûte océanique (5,6 km/s. contre 6,5 km/s.), ce qui crée des tensions et provoque la dérive des continents :

- Lorsque deux plaques s'écartent, une déchirure, ou *rift*, se forme.
- Lorsque deux plaques entrent en collision, une *fosse océanique* naît.
- Lorsqu'une plaque en chevauche une autre, une *ligne de faille* s'installe (par exemple, la faille de San Andreas en Californie).

N'OUBLIEZ PAS !

Tous aux abris !

Comme le préconisait Horace (*Odes*, I, II, 8), *Carpe diem !* Profitons de ce jour qui passe, suivons le conseil des anciens Romains, car... dans 50 millions d'années, l'Amérique aura reculé de 1000 km par rapport à l'Europe, la Californie sera devenue une île au cœur du Pacifique, la Méditerranée aura disparu, Espagne et Maroc ne formant plus qu'un, la France sera réduite des deux tiers, submergée par l'Atlantique ; une immense chaîne de montagnes ira des Pyrénées jusqu'au Tibet et la planète sera à moitié recouverte d'eau peu profonde... et dans 200 millions d'années, les continents se ressouderont en un seul, gigantesque désert aride. Il fera près de 50 °C le jour et -30 °C la nuit !

Milieux et climats

Les hommes ne sont pas tous soumis à des conditions de vie identiques. Le ciel leur réserve bien des surprises. Dès 2 700 avant notre ère, en Chine, le physicien chinois **Nei Tsing Su Wen** donne ainsi les toutes premières prévisions météorologiques.

Car l'atmosphère, la couche d'air autour de la Terre, se déplace continuellement. Selon sa position par rapport au Soleil, elle est plus ou moins réchauffée : air chaud à l'équateur, froid au-dessus des pôles. Son rôle est essentiel, à la fois comme filtre des rayons solaires ultraviolets et comme cocon qui contrôle la température sur Terre.

UN PEU DE TECHNIQUE

La pluie et le beau temps

Le mot météorologie vient du grec *meteoralogos* qui désigne la « science des choses de l'air ». Son objectif est à la fois d'expliquer les mécanismes de l'atmosphère à basse altitude (moins de 30 km) – c'est l'observation –, et de prévoir le temps qu'il fera dans les jours à venir – c'est la prévision. Mais les instruments précis pour le faire manquent. Il faut attendre l'invention de la girouette orientée selon la direction des vents par **Léonard de Vinci (1452-1519)** et la mise au point, par **Anders Celsius (1701-1744)**, un physicien suédois, d'une échelle de mesure des températures, encore utilisée sous ce nom de nos jours. Certes, dès l'Antiquité, **Aristote (384-322 av. J.-C.)** s'intéresse à la météorologie, mais c'est pour lui dénier tout caractère scientifique. Il faut attendre la publication du *Meteographica* de l'Anglais **Francis Galton (1822-1911)** pour disposer d'un ouvrage posant les fondements scientifiques de la météorologie. Et entre les deux, me direz-vous ? La grenouille, avec ou sans échelle, avait ses bons côtés…

Les types de milieux et leurs caractéristiques

Les milieux sont fondamentaux car ils déterminent la possibilité pour l'homme d'y vivre ou pas. Il existe donc une classification des milieux, depuis ceux qui sont vides d'hommes, jusqu'à ceux qui présentent les conditions les plus favorables pour l'implantation des sociétés humaines. La voici :

- **Le milieu polaire** est celui du froid intense (-40 °C en hiver), des 10 mois d'hiver, 2 mois d'été (+ 10 °C maximum), et de la longue nuit polaire : 6 à 8 mois.
- **Le milieu aride** connaît de faibles pluies (-de 250 mm par an), irrégulières et violentes. Le milieu tropical humide est le lieu de la chaleur constante,

d'une absence d'hiver, de pluies de moins en moins importantes de l'équateur vers les tropiques : on y distingue le milieu équatorial, sans saison sèche véritable, et le milieu tropical, avec une courte saison sèche.

- **Les milieux tempérés** sont ceux des climats à moyenne thermique annuelle comprise entre -10 °C et + 20 °C, à quatre saisons, deux marquées (hiver, été), deux intermédiaires (automne, printemps). On y distingue trois variantes : tempéré océanique (humide, températures douces) ; tempéré continental (grande différence des températures moyennes été/hiver) ; méditerranéen (étés chauds et secs).

LE SAVIEZ-VOUS ?

Chauffe, Marcel !

Afin d'apprécier à leur juste valeur les chiffres exposés, il convient de se rappeler que la température moyenne diurne, durant la journée, est de 15 °C, et la température moyenne nocturne de 5 °C. La température la plus élevée, 58 °C, a été relevée à El Azizia (Libye), le 13 septembre 1922. La température la plus basse, -89,2 °C, à été enregistrée à Vostok (Antarctique), le 21 juillet 1983. La plus grande amplitude thermique : 106,70 °C (de -68 °C à +36,7 °C) a été constatée à Verskhoiansk (Sibérie, Russie). L'amplitude de jour la plus forte, 55,5 °C (de 6,7 °C à -48,8 °C), a été relevée à Browning (Montana, États-Unis), le 23 janvier 1916. Le réchauffement le plus rapide, de -20 °C à + 7,2 °C, s'est produit en 2 minutes à Spearfish (Dakota du Sud, Etats-Unis), le 22 janvier 1943

Les différents types de climats et leurs caractéristiques

Ils évoluent en fonction de la latitude, position par rapport à l'équateur qui se traduit par des cercles imaginaires allant des pôles à l'équateur. Ceci permet de déterminer trois grandes zones climatiques en partant de celui-ci : chaude, tempérée, froide. Chacune de ces zones recouvre à son tour une variété de climats. Si l'on y ajoute les particularités liées à l'altitude (climat alpin ou montagnard), on peut distinguer :

- **Le climat froid** et ses variantes : glaciaire, toundra (végétation basse, sans arbres), possibles gelées en été.
- **Le climat tempéré** qui peut être continental, semi-pluvieux, continental aride, atlantique, méditerranéen.
- **Le climat chaud** qui peut être équatorial humide, tropical (avec 1 ou 2 saisons humides), semi-aride, désertique.
- **Le climat alpin,** c'est-à-dire montagnard, le froid augmentant avec l'altitude.

N'OUBLIEZ PAS !

Avec ou sans glace ?

La *banquise* est une croûte de glace faite d'eau de mer gelée. Elle se forme lors des 6 à 8 mois d'hiver polaire, quand la température de l'eau de mer est inférieure à 0 °C. L'épaisseur de glace peut être de 2 m, et, à partir de ce stade, une partie ne fondra plus, souvent protégée par une couche de neige. Quand la température remonte, la banquise se fractionne. L'*inlandsis* est la calotte glaciaire, constituée d'eau douce, qui recouvre le continent antarctique et le Groenland. Il n'en existe donc plus que deux, vestiges d'*inlandsis* préhistoriques beaucoup plus importants encore. L'*inlandsis* du Groenland, qui mesure pourtant 2400 km de long sur 1000 km de large, recouvrait toute l'Amérique du Nord entre -65000 et - 10 000. Celui de l'Antarctique recouvrait lui toute l'Amérique du Sud à la même période. Quant aux *icebergs,* ils en sont des fragments détachés qui flottent sur la mer. Ils sont classés en fonction de leur taille, depuis le plus petit, le *Bourguignon* (moins d'un mètre au-dessus de la mer, moins de 120 tonnes) jusqu'au *très gros iceberg* (plus de 75 mètres au-dessus de la mer, plus de 2 millions de tonnes).

L'évolution du climat : réchauffement ou refroidissement ?

Les spécialistes du climat évoquent tous pour leurs contemporains et leurs descendants des jours sombres, mais ne sont pas d'accord sur la cause des catastrophes qui nous attendent : réchauffement et *effet de serre* pour les uns, refroidissement et pluies acides pour les autres.

Pour les tenants du réchauffement, les activités humaines, surtout depuis la révolution industrielle du XIXe siècle, rejettent de plus en plus de gaz carbonique ($C0_2$) dans l'atmosphère. Ce CO_2 provoque l'effet de serre, en empêchant, la nuit, le passage des rayons infrarouges, qui permettent d'évacuer le surplus de chaleur accumulé pendant la journée. Il y aura hausse des températures de 0,5° à 10 °C en moyenne entre 2000 et 2050. Le niveau de la mer montera de 20 cm d'ici à 2050, et de 70 cm avant 2100.

Pour les tenants du refroidissement, la pollution fera obstacle aux rayons du Soleil, la température baissera de 0,5 °C en moyenne entre 2000 et 2050. Elle s'accompagnera d'une augmentation des pluies acides, dues aux feux allumés pour l'*écobuage*, la fertilisation des sols par les cendres après incendie dans les forêts tropicales.

N'OUBLIEZ PAS !

Au chevet de la planète

Pollution, effet de serre, réchauffement de la planète, catastrophes engendrées par l'activité humaine placent l'écologie parmi les préoccupations majeures des États qui tentent de s'organiser pour y faire face de manière collective, mais les efforts restent laborieux.

La conférence des Nations unies sur l'environnement et le développement s'est tenue à Rio de Janeiro, au Brésil, du 3 au 14 juin 1992. Elle réunit les représentants de 178 pays (dont 117 chefs d'État). Le concept de « développement durable » est exposé dans les 27 points de la Charte de la Terre, qui affirme la nécessité du développement économique et social actuel, tout en préservant la planète pour les générations futures. En signant une Convention climatique, 150 pays s'engagent à diminuer leurs émissions de gaz à effet de serre. Mais elle demeure floue et peu concluante, les États-Unis et la Chine, comptant parrmi les plus gros pollueurs, ayant refusé de la signer.

La conférence de Kyoto sur le réchauffement se déroule à Kyoto, au Japon, du 1er au 10 décembre 1997. Elle rassemble 159 pays qui se penchent sur la réduction des émissions de gaz à effet de serre. Le protocole de Kyoto prévoit une réduction moyenne de 5,2 % de ces émissions (Union européenne 8 % ; États-Unis 7 % ; Japon 6 % ; Canada 6 %). Les pays du Sud, en voie de développement, ne sont pas concernés. Un permis de polluer, réclamé par les États-Unis, permet de racheter à des pays moins industrialisés un certain pourcentage d'émissions de gaz à effet de serre.

La conférence de Buenos Aires, du 2 au 13 novembre 1998, réunit 160 pays. Elle ne provoque pas de changement notable, si ce n'est la signature du protocole de Kyoto par les États-Unis. La conférence de La Haye, en novembre 2000, est un échec : prévue pour que les délégués de 55 pays, représentant 55 % des émissions de gaz à effet de serre, s'accordent sur la mise en œuvre des résolutions prises à Kyoto, elle se heurte à l'opposition des États-Unis, de la Chine et de la Russie, les trois plus gros pollueurs de la planète.

Du 6 au 17 novembre 2006 s'est tenue à Nairobi la douzième conférence des Nations unies sur le climat, réunissant 6 000 participants venus de 188 pays. Les résultats en sont minces : les émissions de gaz à effet de serre devront être divisés par deux d'ici 2050 ; la prolongation du protocole de Kyoto après 2012, date de son échéance. Mais la Chine et l'Inde, dont les émissions cumulées devraient dépasser celles des Etats-Unis en 2012, maintiennent leur refus de toute diminution au nom de leur droit à la croissance économique. D'ici la fin du siècle, la planète connaîtra un réchauffement d'au moins 2° C.

Figure 2-2 : Chute d'iceberg dans l'Antarctique.

Les risques naturels

Avec cette partie, nous allons découvrir les catastrophes naturelles qui menacent notre sécurité, depuis les plus tristement connues – tremblements de terre, volcans en éruption, tsunamis –, jusqu'aux moins souvent envisagées, comme un astéroïde percutant la Terre. De mieux en mieux pris en compte dans les pays riches et développés, l'exposition aux risques naturels demeure l'une des causes flagrantes d'inégalité avec les populations des pays en développement. À défaut d'être totalement évité, le risque naturel peut-être encadré par une politique de prévention, d'information, d'organisation des secours.

Les astéroïdes

Entre Mars et Jupiter circulent plus de 4000 astéroïdes, dont certains s'approchent de l'orbite terrestre, ou la croisent (les *astéroïdes géocroiseurs*). Baptisés *Near Earth Asteroids* en anglais, ils menacent de rentrer en collision avec la Terre. Ce sont soit des fragments d'astéroïdes plus gros, éclatés à la suite d'un choc entre eux, soit des résidus de la matière apparue lors de la formation de notre système solaire.

Leur taille varie, depuis un diamètre heureusement rare de 1 000 km, une majorité dont le corps est de dimension supérieure à 1 km, et les plus petits, qui mesurent quelques mètres. Ils forment une ceinture et risquent de frapper la Terre.

Deux événements historiques précis le prouvent :

- Il y a 50 000 ans environ, un astéroïde de 60 mètres environ a formé le *cratère Barringer* (ou *Meteor Crater*) en Arizona (États-Unis), d'un diamètre de 1,5 km, de 200 m de profondeur, bordé de falaises de 50 m de haut.
- En 1908, un astéroïde de même taille explose au-dessus de la Tongouska, en Sibérie. Il provoque un tremblement de terre de magnitude 5, détruit 2 000 km^2 de forêt, une secousse est ressentie à Saint-Petersbourg, à plus de 1 000 km de là. Le bruit de l'explosion est entendu à 8 000 km de là.

LE SAVIEZ-VOUS ?

Un choc de titans

C'est entre la fin du Crétacé (-65 millions d'années) et les débuts de l'ère tertiaire (-65 à 1,6 million d'années) qu'un astéroïde de 10 km de diamètre aurait heurté la Terre. Il provoque une explosion gigantesque : une énorme quantité de poussière est projetée dans l'atmosphère, le ciel tout entier devient noir, un volcanisme violent naît. Certaines espèces disparaissent, les reptiles géants, les dinosaures. La preuve ? La présence, de l'Italie jusqu'en Nouvelle-Zélande, à une dose 160 fois supérieure à la normale, d'*iridium*, un élément de la famille du platine, métal rare sur la Terre, dans une couche de sédiments, datée de la fin du tertiaire. Or l'iridium est très abondant dans les astéroïdes, qui deviennent des météorites en franchissant notre atmosphère. La couche retrouvée serait le dépôt, après explosion, de la météorite réduite en poussière par la violence du choc.

En dessous de 50 m de diamètre, l'astéroïde a toutes les chances d'être détruit en rentrant dans l'atmosphère. C'est à partir d'un diamètre d'1 km que l'objet atteindrait la Terre. À 2 km de diamètre, l'explosion produite dégagerait l'énergie d'une bombe d'un million de mégatonnes. Un corps de 15 kilomètres provoquerait une explosion équivalente à une bombe de 100 millions de mégatonnes. Toute vie disparaîtrait de la surface de la Terre. Rappelons que la bombe larguée sur Hiroshima n'était puissante que de 20 kilotonnes… Heureusement, les fréquences d'impact diminuent avec la taille des astéroïdes : 200 à 300 fois par an pour des corps inférieurs à 10 m qui se désintègrent dans l'atmosphère ; un impact pour plusieurs millions d'années au-delà.

Vents et tempêtes

Espérés, redoutés, les vents rythment la vie des hommes depuis l'aube des temps. Examinons-les, du doux à l'effroyable :

- **Les alizés** sont des vents réguliers, du Nord-Est dans l'hémisphère Nord et du Sud-Est dans l'hémisphère Sud. Ils soufflent à environ 20 km/h.
- **L'anticyclone** est une zone de pression élevée, les nuages sont renvoyés en hauteur, il fait beau.
- **Le cyclone** est une dépression tropicale qui se déplace sur la mer vers l'Ouest. Au centre se trouve l'œil, zone calme (environ 30 km de diamètre), où les vents soufflent faiblement (0 à 30 km/h). Autour, des vents tourbillonnants dévastateurs peuvent atteindre 400 km/h. Dans l'hémisphère Nord, les vents tournent dans le sens rétrograde, à l'inverse des aiguilles d'une montre ; dans l'hémisphère Sud, ils tournent dans le sens des aiguilles d'une montre.
- **Le hurricane** est le nom du cyclone dans la zone américaine. Il devient, en français, l'ouragan.
- **La mousson** est un courant atmosphérique. Pour la *mousson d'hiver*, le terme désigne le vent sec qui souffle du continent (plus froid) vers les mers (plus chaudes) d'octobre à avril. Lors de la *mousson d'été,* il désigne le vent chargé d'humidité qui souffle des mers et océans, vers le continent, de mars à septembre.
- **La tornade** est une colonne d'air formant un tourbillon circulaire, de faible diamètre (100 m à 1 km). Elle se déplace à 20-60 km/h. Le danger naît de la violence du courant ascendant, jusqu'à 300 ou 500 km/h.
- **Le typhon** est le nom donné au cyclone en Asie du Sud-Est. Dans la mythologie grecque, Typhon est une créature moitié homme, moitié lion. Chacun de ses bras se terminait par cent têtes de dragons. Vaincu par Zeus, il est prisonnier sous une montagne, peut-être l'Etna en Sicile, d'où il crache régulièrement sa colère.

Son et lumière

Un *orage* est une colonne d'air qui monte brutalement. Air chaud et air froid s'affrontent, provoquant éclair et tonnerre. Quand l'air froid l'emporte, il stoppe l'ascension de l'air chaud, et l'orage cesse.

La *foudre* est une gigantesque décharge électrique, entre un nuage et le sol, entre deux nuages, ou à l'intérieur du même nuage. Les nuages d'orage accumulent des charges négatives, attirées par les charges positives de la terre. Lorsque l'accumulation des charges électriques est trop forte, une décharge se produit, sous forme d'éclair.

L'*éclair* est la lueur résultant de l'échauffement de l'air traversé par la décharge électrique. Il peut atteindre 30 km de long, se déplacer à plus de 100 000 km/s, même si, en moyenne, il circule à 40 000 km/s. Il peut apparaître comme terminé par plusieurs langues, mais en réalité il s'agit de plusieurs éclairs se déplaçant sur un seul canal électrique, mais bien trop vite pour que l'œil parvienne à les différencier.

Le *tonnerre* est le bruit de la dilatation de l'air. Les ondes sonores sont produites par l'expansion et la compression brutales de l'air. La lumière se déplace plus vite que le son (300 000 m/s contre 340 m/s), donc quand vous voyez un éclair, chaque seconde qui passe avant d'entendre le tonnerre représente une distance de 300 m par rapport à l'endroit où la foudre va frapper.

C'est en 1805 que l'amiral britannique **Francis Beaufort (1774-1857)** propose une échelle qui donne la force du vent pour une hauteur standard de 10 m au-dessus d'un terrain plat et découvert. Elle est échelonnée de 0 à 12. Marin, Beaufort conçoit son échelle pour aider les navires à évaluer la force des vents en mer, en utilisant pour ce faire la forme des vagues et ses modifications. Par la suite, son échelle est adoptée également pour mesurer la force des vents à terre :

- 0 : calme ; la fumée s'élève verticalement ; quelques rides.
- 1 : très légère brise ; la fumée, déviée, indique la direction du vent ; vaguelettes.
- 2 : légère brise ; vent perçu sur le visage ; la girouette bouge ; vaguelettes plus serrées.
- 3 : petite brise, feuilles et rameaux agités ; drapeaux déployés ; des moutons sur les vagues.
- 4 : jolie brise ; poussières, papiers soulevés ; rameaux agités ; petites vagues, moutons.
- 5 : bonne brise ; les arbustes se balancent ; les drapeaux ondulent ; vagues moyennes, embruns.
- 6 : vent frais ; grandes branches agitées ; les drapeaux claquent ; lames, crêtes d'écume.
- 7 : grand frais ; arbres courbés ; marche contre le vent pénible ; lames déferlantes, traînées d'écume.

- 8 : coup de vent ; branches cassées ; marche contre le vent impossible ; grosses lames déferlantes.
- 9 : fort coup de vent ; légers dégâts ; cheminées et ardoises arrachées ; lames déferlantes énormes, visibilité réduite par les embruns.
- 10 : tempête ; dégâts importants ; arbres déracinés ; lames de 9 m de haut ; aucune visibilité ou presque.
- 11 : violente tempête ; très gros ravages ; lames de plus de 10 m de haut.
- 12 : ouragan : effets dévastateurs ; creux de 14 m.

N'OUBLIEZ PAS !

Katrina

Ouragan de classe 5, avec des vents dépassant les 280 km/h, le supercyclone *Katrina* ravage plusieurs États américains entre le 28 et le 31 août 2005 : Mississippi, Alabama, Louisiane et Floride. Il submerge la Nouvelle-Orléans, fait plus de 2 000 victimes, des milliers de blessés, près de 80 milliards de dollars de dégâts estimés (contre 30 milliards pour Andrew, en 1992). Certes, Katrina est d'une exceptionnelle ampleur, avec un rayon de plus de 650 km et un œil large de 40 km. Mais le cyclone le plus meurtrier aux États-Unis reste toutefois celui de Galveston, au Texas, qui provoqua plus de 6 000 morts en 1900.

Les éruptions volcaniques

Une éruption volcanique est la remontée de *magma*, roche en fusion, vers la surface, à une température proche de 1 000 °C. Si le magma contient peu de gaz, l'éruption se traduit par des coulées de lave qui descendent le long des pentes du volcan. En revanche, s'il y a beaucoup de gaz, l'éruption est violente, car les gaz se dégagent brutalement et projettent des fragments de roche en fusion.

Par convention, les volcans sont classés en cinq types :

- **Le type vulcanien**, du nom du volcan Vulcano, dans les îles Éoliennes, au sud de l'Italie. Laves visqueuses et épais panaches de cendres.
- **Le type strombolien,** du nom du volcan Stromboli, situé sur l'île du même nom, proche de la Sicile. Explosions répétées et violentes, avec projection de débris, parfois coulée de lave.
- **Le type péléen,** du nom de la Montagne Pelée, en Martinique. Explosions multiples, très violentes, accompagnées de nuages de cendres brûlantes (plusieurs centaines de degrés) mêlées de débris en fusion, appelés nuées ardentes. Son éruption en 1902 occasionna près de 30 000 décès.
- **Le type vésuvien,** du nom du volcan Vésuve, au sud de Naples, en Italie. Explosions violentes, à cratère ouvert. Panache de cendres et de pierres ponces de plusieurs kilomètres de hauteur, qui détruit tout en retombant.
- **Le type hawaiien,** du nom des volcans des îles Hawaii, États-Unis. Éruption accompagnée d'une émission de lave très fluide, qui dévale les pentes du volcan à grande vitesse.

Figure 2-3 : Éruption de l'Etna (25 juillet 2001).

LE SAVIEZ-VOUS ?

« À peine étions-nous assis… »

Pline le Jeune (61-114) sort de l'adolescence lorsque, avec son oncle, **Pline l'Ancien (23-79)**, qui commande la flotte romaine mouillant à Misène, au nord de la baie de Naples, il observe, depuis Misène, l'éruption du Vésuve et la destruction de Pompéi, le 24 août 79 de notre ère. Tel un reporter, il relate l'événement dans ses *Lettres* : « À peine étions-nous assis et voici la nuit, comme on l'a, non point en l'absence de la lune et par temps nuageux, mais bien dans une chambre fermée, toute lumière éteinte. On entendait les gémissements des femmes, les vagissements des bébés, les cris des hommes ; les uns cherchaient de la voix leur père et leur mère, les autres leurs enfants, les autres leurs femmes, tâchaient de les reconnaître à la voix. Certains déploraient leur malheur à eux, d'autres celui des leurs. Il y en avait qui, par frayeur de la mort, appelaient la mort. Beaucoup élevaient les mains vers les dieux ; d'autres, plus nombreux, prétendaient que déjà il n'existait plus de dieux, que cette nuit serait éternelle et la dernière du monde. »

Les séismes ou tremblements de terre

Un séisme, ou tremblement de terre, est produit par les déplacements et les chocs entre les plaques tectoniques de la croûte terrestre. Il s'en produit des milliers tous les jours, que nous ne ressentons pas. Pour que ce soit le cas, il faut que l'énergie libérée, sa magnitude, soit au moins égale à l'indice 3 sur l'échelle de Richter.

L'*échelle de Richter* est mise au point par l'Américain **Charles Francis Richter (1900-1985)**, en 1935, afin d'estimer l'énergie libérée au foyer d'un tremblement de terre et de pouvoir comparer entre eux les différents séismes en Californie. Appliquée depuis partout dans le monde, elle permet de mesurer la magnitude (énergie libérée) d'un tremblement de terre en son centre, son origine en surface, appelé épicentre. Un séisme de magnitude 5 correspond par exemple à l'énergie libérée par la bombe atomique au moment de son impact sur Hiroshima. Voici le détail :

- Inférieur à 2 : micro tremblement de terre, non ressenti ; environ 8 000 par jour.
- De 2 à 2,9 : généralement non ressenti mais détecté et enregistré ; environ 1 000 par jour.
- De 3 à 3,9 : souvent ressenti mais causant rarement des dommages ; environ 49 000 par jour.
- De 4 à 4,9 : secousses notables d'objets à l'intérieur des maisons, bruits d'entrechoquement ; environ 6 200 par an.
- De 5 à 5,9 : peut causer des dommages majeurs à des édifices fragiles dans des zones restreintes, légers dommages aux édifices bien construits, 800 par an.
- De 6 à 6,9 : pouvoir destructeur dans des zones jusqu'à 180 kilomètres à la ronde ; 120 par an.
- De 7 à 7,9 : peut provoquer des dommages sévères dans des zones plus vastes ; 18 par an.
- De 8 à 8,9 : peut causer des dommages sérieux dans des zones à des centaines de kilomètres à la ronde ; 1 par an.
- De 9 à plus : comme l'échelle mesure l'énergie libérée, l'indice 9 est théorique, il n'y a pas de véritable limite supérieure. D'où le nom d'échelle « ouverte » de Richter ; 2 à 5 par siècle.

Figure 2-4 : Le tremblement de terre de Kobé.

LE SAVIEZ-VOUS ?

« Voici le dernier jour du monde ! »

Le 1er novembre 1755, un séisme d'une magnitude comprise entre 8,5 et 9 sur l'échelle ouverte de Richter dévaste Lisbonne, provoquant des dizaines de milliers de victimes (60 000 estimées). Le tremblement de terre est ressenti jusqu'à Hambourg en Allemagne. Il est suivi d'un tsunami qui détruit les ports du golfe de Cadix, avec des vagues hautes de plus de 10 mètres. La vague géante du raz-de-marée qui dévaste la ville est suivie par un incendie gigantesque ravageant la capitale portugaise pendant trois jours.

Dans *Candide*, Voltaire relate cet épisode : « À peine ont-ils mis le pied dans la ville en pleurant la mort de leur bienfaiteur, qu'ils sentent la terre trembler sous leur pas ; la mer s'élève en bouillonnant dans le port, et brise les vaisseaux qui sont à l'ancre. Des tourbillons de flammes et de cendres couvrent les rues et les places publiques ; les maisons s'écroulent, les toits sont renversés sur les fondements, et les fondements se dispersent ; trente mille habitants de tout âge et de tout sexe sont écrasés sous des ruines. [...] "Voici le dernier jour du monde !", s'écriait Candide. »

Les raz-de-marée ou tsunamis

Le mot *tsunami* vient du japonais et signifie « vague qui atteint le port ». Il s'agit du déplacement d'une énorme masse d'eau, depuis le fond de l'océan en direction des côtes. Ce mouvement se produit lors d'un tremblement de terre sous-marin, d'une magnitude égale ou supérieure à 7 sur l'échelle de Richter.

Au large, on n'aperçoit rien, la masse d'eau en mouvement se déplace en profondeur, à une vitesse qui peut atteindre plus de 600 km/h. Lorsqu'elle vient buter contre la côte et la plate-forme continentale, l'eau forme une vague gigantesque, parfois de plusieurs mètres de haut. Elle retombe alors avec violence, détruisant tout sur son passage. Un tsunami peut se propager sur plusieurs milliers de kilomètres. Ce n'est pas tellement la hauteur de la vague ou des vagues qui importe, mais l'importance de la masse d'eau déplacée. Celle-ci permet au tsunami de se déplacer loin à l'intérieur des terres, en l'absence de reliefs pour l'arrêter.

N'OUBLIEZ PAS !

Alerte au tsunami

Le 26 décembre 2004, à 0 h 58 (temps universel ou GMT), 7 h 58 heure locale, un séisme d'une magnitude 9 sur l'échelle ouverte de Richter se produit dans l'océan Indien, au large de l'île indonésienne de Sumatra. Il provoque un tsunami (raz-de-marée) qui frappe principalement l'Indonésie, le Sri Lanka, le sud de l'Inde, le sud de la Thaïlande, mais aussi traverse l'océan Indien et atteint les côtes africaines de la Somalie et de la Tanzanie. Les vagues successives ont entre 3 m et 15 m de haut. Selon les Nations unies, la catastrophe fait 223 492 victimes. Quatre autres séismes ont connu une magnitude égale ou supérieure : 9 au Kamtchatka en 1952 ; 9,1 en Alaska en 1957 ; 9,2 en Alaska encore en 1964 ; 9,5 au Chili en 1960.

Les inondations et les crues

Les *inondations*, responsables de plus de 60 % des décès provoqués par les catastrophes naturelles, se définissent comme l'envahissement par l'eau, douce ou salée, de zones normalement situées au-dessus des eaux. Une *crue* est l'élévation du niveau d'un cours d'eau au-dessus de son niveau moyen. Elle peut être régulière et bénéfique, comme la crue du Nil dans l'antiquité égyptienne, ou soudaine et dévastatrice.

Les raisons qui accroissent les risques d'inondation sont bien connues. Elles peuvent être naturelles, comme les pluies diluviennes des moussons en Asie du Sud-Est. Elles peuvent également provenir des sociétés humaines, avec la multiplication des constructions en zones inondables, en raison de l'accroissement de la pression démographique.

LE SAVIEZ-VOUS ?

Que d'eau, que d'eau !

En janvier 1910, Paris connaît une crue centennale de la Seine, celle qui ne se produit qu'une fois par siècle. Après des pluies très abondantes à la fin de novembre 1909, de nouvelles précipitations, dans les quinze derniers jours de décembre 1909, gonflent l'Yonne, le Loir, la Marne. La situation, qui n'est pas encore catastrophique, le devient avec un nouvel épisode pluvieux intense vers le 20 janvier. La Seine envahit Paris, et monte le 28 janvier à son maximum, à 8,62 mètres. Le fameux zouave du pont de l'Alma a de l'eau jusqu'aux épaules et menace de se noyer. La voie ferrée Austerlitz-Orsay est totalement envahie par les eaux, qui occupent un tunnel en construction du métro, pour ressortir à la gare Saint-Lazare. Les Parisiens sont privés d'électricité, de gaz, de téléphone, d'eau potable et de chauffage. Les transports en commun, tramways, trains, métro ne circulent absolument plus. Seuls les autobus tirés par des chevaux parviennent encore à se déplacer.

Chapitre 3

Il était une fois… : l'homme de la préhistoire à nos jours

Dans ce chapitre :

- L'histoire avant l'histoire
- Les événements qui ont fait l'histoire
- En marge de la grande Histoire
- Les grandes civilisations

Suivez ici notre propre aventure, depuis l'apparition de l'homme il y a 3 millions d'années. Il faudra, hélas, en passer par les guerres et les conflits, mais le choix se portera sur les moins connus, les plus insolites, les plus poétiques parfois, à l'image de la *Xoxiyaoyotl*, la « guerre fleurie » des Aztèques. Puis, place à l'insolite, à l'indiscret, aux secrets de l'Histoire, savamment gardés, patiemment débusqués…

La préhistoire

La préhistoire commence avec l'apparition de l'homme. On peut parler d'homme véritable à partir du moment où deux conditions au moins sont réunies : la *bipédie*, le fait de marcher sur ses deux jambes, et la fabrication et l'utilisation d'outils.

Traditionnellement, la préhistoire se divise en trois grandes périodes liées à l'évolution des industries de la pierre et de la technologie : le *paléolithique* (« ancien âge de la pierre »), dont l'appellation recouvrait au XIXe siècle l'époque où était utilisée la pierre taillée ; le *mésolithique*, période charnière, où les transformations climatiques vont notamment diversifier l'activité de chasse et de pêche et entraîner le perfectionnement des techniques ; le *néolithique* (« nouvel âge de la pierre »), longtemps désigné comme âge de la pierre polie, où, plus ou moins précocement selon les conditions de son environnement (apogée au VIe millénaire av. J.-C. dans le Proche-Orient, IVe millénaire en Europe), l'homme devient éleveur, agriculteur et producteur, commençant par ailleurs à se sédentariser. La préhistoire prend fin au moment où commence l'Histoire, avec l'apparition de l'écriture, aux environs de 3300 av. J.-C.

LE SAVIEZ-VOUS ?

Restons modestes

Bien sûr, la naissance de l'homme conditionne à nos yeux le seul moment vraiment intéressant de l'Histoire, mais si on la replace dans le contexte des âges géologiques, depuis la naissance de l'Univers, elle devient toute relative. Admettons que le temps écoulé, depuis la naissance de l'Univers, il y a environ 15 milliards d'années, se resserre en une seule année. À quel moment les grands événements, dont l'apparition de l'homme, prennent-ils leur place ?

- 1er janvier, 00 h 00 et 1 seconde : big bang, naissance de l'Univers.
- 2 septembre : naissance du système solaire et de notre bonne vieille Terre.
- 7 octobre : la vie apparaît sur Terre sous forme de bactéries.
- 31 décembre, 22 h 00 : le premier homme à adopter la bipédie se dresse fièrement sur ses deux jambes.
- 31 décembre, 23 h 59 et 56 secondes : naissance de Jésus, dit le Christ, mais 33 ans plus tard.
- 31 décembre, 00 h 00 et 0 seconde : nous y sommes ! c'est aujourd'hui !

Sur les traces des premiers hommes

L'homme de Cro-Magnon a tenu pendant longtemps la vedette dans le monde de la préhistoire avant d'être détrôné par ses cousins africains, les australopithèques. Qu'est-ce qui a permis de considérer l'Afrique comme le sexe du monde d'où seraient nés les premiers hominidés ? Comment peut-on comprendre comment ont eu lieu les grandes migrations préhistoriques ? Pendant longtemps, on a supposé que les primates s'étaient éteints en Amérique du Nord, en Asie, à la fin de l'éocène, entre 55 millions d'années et 35 millions d'années. Or ces derniers, semblerait-il, n'auraient pas survécu ailleurs qu'en Afrique. De nouvelles découvertes ont mis au jour des restes de primates à Java et celles faites en Asie pourraient peut-être laisser entrevoir d'autres lieux pour repenser l'origine du monde.

UN PEU DE TECHNIQUE

Toi Jane, moi Tarzan

Le chimpanzé est proche de l'homme, et même encore plus proche qu'on ne le pense. Les recherches ont montré que les macromolécules protéiques de l'un et de l'autre étaient identiques à 99 %. Le plus éloigné de l'homme est l'orang-outan, avec ses 3,46 % de divergence moléculaire, puis le gorille avec 1,84 % et le chimpanzé avec seulement 1,61 % de différence. Finalement, nous sommes plus proches de Cheeta que de King-Kong !

Un berceau à roulettes : le Tchad

C'est dans la vallée de l'Afar, en 1974, que le squelette presque entier d'une petite femelle prénommée Lucy a été retrouvé. À l'époque, daté de trois millions et demi d'années, c'était le plus ancien fossile connu – branche sans descendance en raison du changement climatique expliqué par **Yves Coppens (né en 1934)** et sa théorie de l'*East Side story.* Il y a 4 millions d'années, à la suite d'un changement climatique, les territoires à l'est du Rift deviennent plus chauds et plus secs. Pour échapper aux prédateurs, l'hominidé se redresse, car les arbres ont fait place aussi aux graminées. Ces herbes, moins hautes, l'obligent à voir le plus loin possible afin d'identifier les prédateurs.

LE SAVIEZ-VOUS ?

La ruée vers l'os

En 1995, dans le secteur fossilifère de Koro Toro au Tchad, une nouvelle espèce d'australopithèque est décrite, la première connue à l'ouest de la Rift Valley. Découvert par le paléontologue Michel Brunet, ce nouvel hominidé baptisé *Australopithecus bahrelghazali* par les scientifiques, est connu sous le nom d'Abel. Plus récemment encore, en 2001, la région fossilifère de Toros Menalla nous a livré *Sahelanthropus tchadensis*, appelé Toumaï. C'est le plus ancien hominidé connu, il est vieux de 7 millions d'années. Déjà, au milieu des années 1960, le paléanthropologue français Yves Coppens avait découvert dans la même région le crâne d'un hominidé vieux d'un million d'années, proche d'*homo erectus.* L'Afrique de l'Est n'est plus le seul berceau de l'humanité.

La famille australopithèque

Au Kenya, la découverte en 2001 des restes (fémurs incomplets, os du bras, dents), du premier bipède, *Orrorin tugenensis*, a révélé un hominidé, vieux de 6 millions d'années, soit plus vieux de 3 millions d'années que Lucy. Sa taille était celle d'un chimpanzé. Ceci tend à montrer que les australopithèques ne sont pas nos ancêtres directs, mais appartiennent à une branche latérale.

Les *australopithèques* ont été découverts pour la première fois en 1924 en Afrique de l'Est et en Afrique du Sud, et plus récemment au Tchad. *Lucy* est le plus connu de tous ces fossiles.

Habile homme, l'homo habilis

L'*homo habilis* fut découvert en 1964 en Tanzanie. Il aurait vécu vers -2,4 millions d'années et aurait probablement taillé le silex, en fait des galets fluviatiles ou *chopper*, les *chopping tools,* outils de galets. Sa capacité crânienne est plus importante que celle des espèces précédentes, autour de 600 cm^3, mais il est toujours d'une petite stature, soit 1,25 m environ.

L'*homo habilis* apparaît entre une période d'environ 2 millions à 1 million et demi d'années et ne cesse d'évoluer pendant un million d'année ensuite environ. Le volume de son cerveau est d'environ 600 cm^3. Il montre une bipédie plus affirmée et la forme de ses mains est proche de celles de l'homme actuel.

L'homme qui marche, homo erectus

L'*homo erectus* s'est tellement déplacé qu'on le retrouve à Java (*Pithecanthropus erectus*), en Chine (*Sinanthropus pekinensis*) ainsi qu'en Afrique de l'Est et du Sud. D'une apparence différente, il est plus grand et sa capacité crânienne est comprise entre 1 250 cm^3 et 1 500 cm^3 environ. Son plus grand apport à l'humanité est la découverte du feu, dont il reste des témoignages datant de -500 000 ans, et la taille du biface, une industrie de l'époque acheuléenne. Il aurait disparu vers -400 000 ans, mais les dates ne cessent de se modifier au fur et à mesure des découvertes nouvelles.

Toujours plus loin : l'homme de Néandertal

Sa découverte remonte au milieu du XIXe siècle. Très large, son aire de diffusion s'étend d'Israël au Proche-Orient à l'Allemagne en Europe du Nord, où il fut découvert en 1856. Les vrais néandertaliens apparaissent vers -120 000 ans comme l'homme retrouvé à Tautavel dans les Pyrénées-Orientales. Il faut toutefois distinguer les néandertaliens du Proche-Orient (-200 000 ans) de ceux d'Europe (vers -120 000 ans). Ils mesuraient dans les 1,60 m avec une capacité crânienne de 1 800 cm^3, proche de celle de l'homme moderne. Pour la première fois dans l'histoire de l'humanité, l'homme de Néandertal enterre ses morts, comme sur le site de La-Chapelle-aux-Saints en Corrèze.

Homo sapiens sapiens (nous voilà !)

Vers -100 000 ans, il apparaît en Afrique du Sud, puis plus récemment en Europe. Vers -40 000 ans, en Europe, c'est l'homme de Cro-Magnon que l'on rencontre. Son nom lui vient de l'abri sous lequel ses restes ont été découverts. C'est le plus connu des hommes de la préhistoire, mais il s'agit d'un *homo sapiens*, d'un homme qui pense. Il vit à la même époque que les néandertaliens, dont l'espèce disparaît peu à peu.

UN PEU DE TECHNIQUE

Les premiers Français

Les plus anciens fossiles retrouvés en France sont ceux de Montmarin, en Haute-Garonne ,et les restes de l'homme de Tautavel, une grotte des Pyrénées-Orientales. Les premiers seraient datés entre 500 000 et 400 000 ans et appartiendraient à des *homo erectus*.

Le site de Chilhac près de Brioude, en Haute-Loire, est daté de 1,8 million d'années. La grotte du Vallonnet à Roquebrune Cap-Martin, dans les Alpes-Maritimes, a été datée de -950 000 ans en raison de son outillage rudimentaire. Les premières traces d'habitat organisé ont été mises au jour à Soleilhac près du Puy, en Haute-Loire, où des blocs de basalte et de granit délimitaient une zone d'occupation sur les rives d'un lac, il y a 800 000 ans.

Tableau 3-1 : Les grandes dates de la préhistoire

Date	*Événement*
-7 millions d'années	Apparition de *Toumaï Sahelanthropus tchadensis* (Tchad)
-6 millions d'années	Apparition de *Millenium ancestor* (collines Tugen au Kenya)
-5 millions d'années	Apparition de l'australopithèque
-4,4 millions d'années	Apparition de l'ardipithèque (vallée de l'Omo, Éthiopie)
-4,2 millions d'années	Apparition de l'*Australopithecus anamensis* (Kenya)
-3,9 millions d'années	*Lucy, Australopithecus afarensis* (Éthiopie), omnivore, jusqu'à 2,8 millions d'années
-3,5 millions d'années	*Abel* (Tchad)
-3,5-2,5 millions d'années	*Australopithecus africanus* (Afrique du Sud)
-3 000 000 à 130 000 ans	Pléistocène ancien : *homo habilis - homo erectus*
-2,4 millions d'années à 1,5 millions d'années	*Homo habilis* Tanzanie, ancêtre possible de l'*homo sapiens*
-1,9 million d'années	Apparition de l'*homo erectus*, premiers spécimens d'hominidés hors d'Afrique
-1,8 million d'années	Homme de Java
-600 000 années	Homme de Pékin à Zhoukoudian, Chine. Sur le même site, des restes d'*homo sapiens sapiens*, datés d'entre - 18 000 et - 11 000

La vie quotidienne pendant la préhistoire

Mais au fait, comment vivaient nos aïeux ? Pour avoir une idée plus précise du mode de vie aux temps préhistoriques, effectuons maintenant un voyage au cœur du quotidien des hommes du paléolithique.

L'habitat préhistorique

Contrairement à une idée reçue, l'homme de la préhistoire n'était pas un troglodyte invétéré, il ne s'installait pas systématiquement au fin fond d'une grotte. Les abris sous roche qu'il a aménagés sont nombreux. Dès l'acheuléen supérieur (-100 000 ans), il a même préféré les auvents exposés, le plus souvent en plein sud. Ils ont l'avantage, par rapport aux autres gisements, objets de fouilles, d'avoir une stratigraphie peu remaniée. Leurs parois ont été décorées de peintures ou de sculptures au paléolithique supérieur (-35 000 à -10 000 ans). En France, la plupart d'entre eux sont localisés entre la Loire et les Pyrénées. Formés sous l'action du gel et du dégel, les abris sous roche fournissent un habitat à l'abri des intempéries, mais plus ouverts sur l'extérieur que les grottes.

LE SAVIEZ-VOUS ?

La grotte du Lazaret

Certains de ces habitats montrent un meilleur aménagement intérieur, comme celui de Terra Amata, dans les Alpes-Maritimes, en l'occurrence des constructions légères implantées sur le littoral d'une plage aux alentours de -380 000 ans. D'après les trous de poteaux, on peut penser que l'ensemble était recouvert d'un toit léger. De petits foyers étaient installés à même le sol ou sur un dallage.

La grotte du Lazaret, datée de -150 000 ans, a permis de reconstituer une habitation de 11 mètres de long sur 3,5 m de large. L'amoncellement, devant l'habitat, de détritus et de restes de pierres débitées montre que ces activités avaient lieu en dehors. Située sur le versant occidental du mont Boron, à Nice, elle s'ouvre sur une corniche, à 26 mètres au-dessus du sol. Profonde de 35 m et d'une largeur maximale de 14 m, elle a été utilisée par des groupes de chasseurs, comme le prouvent les restes animaux et les pierres taillées, parsemés sur une hauteur de plus de 7 m de sédiments.

La conquête du feu

La maîtrise du feu est sans doute l'une des grandes découvertes de l'humanité. Le feu protège, réchauffe, permet de ne pas se plier au rythme des journées, de cuire sa nourriture. Son rôle social a été capital, puisqu'il permet le regroupement des individus et ainsi la première forme de cohésion. Les archéologues situent sa maîtrise aux alentours de -450 000 ans. En Europe, les principaux foyers ont été retrouvés à Terra Amata, à Nice, et à Menez-Dregan, en baie d'Audierne, datés d'entre -450 000 et -250 000 ans.

Néanmoins si l'*homo erectus* a su entretenir des foyers, il faut attendre le paléolithique supérieur (-35 000 à -10 000 ans) pour que les briquets préhistoriques fonctionnent par percussion de la *marcassite*. La marcassite est un minerai de fer qui produit des étincelles lorsqu'il est frappé avec un silex. De véritables « briquets à percussion » de ce type ont été trouvés en Belgique et en Allemagne sur des sites datés d'environ -30 000 ans. Ensuite, au néolithique, vers -9 000 ans environ, est mise au point la méthode par friction. Il s'agit de frotter une tige de bois taillée en pointe sur un morceau de bois. Par échauffement dû au mouvement, la chaleur créée enflamme un combustible placé au bon moment à la base de la tige.

N'OUBLIEZ PAS!

Allumer le feu

En 2004, des scientifiques de l'institut d'archéologie de l'Université hébraïque de Jérusalem ont prouvé que la plus ancienne maîtrise du feu pourrait dater de **790 000** ans en Israël. En effet, des graines, du bois, des silex brûlés sur le site archéologique de Gesher Benot Ya'aqov ont été retrouvés en groupes de petits fragments. D'après le regroupement des matériaux, on a pu déduire que le feu n'était pas accidentel, mais provoqué et entretenu. Avant cette découverte, les chercheurs pensaient que les premières traces de foyers entretenus se trouvaient en Chine, à Zhoukoudian, et étaient datées de -**400 000** ans. Il s'agit de pièces en os durcies au feu pour être plus résistantes et servir d'armes de chasse plus efficaces.

La taille des silex

Les plus anciens outils sont des galets fluviatiles. Mais c'est à partir de l'*homo habilis*, il y a deux millions d'années, que la variété des outils ne cesse de croître et de se diversifier. La mémoire de l'humanité se transmet à travers les outils et les objets qui se spécialisent de plus en plus, en fonction du travail à effectuer : aiguilles en os pour coudre, harpons en os, etc. La grande étape se fait vers -600 000 ans avec la fabrication des bifaces par l'*homo erectus*.

Le biface, autrefois appelé « coup de poing », est un gros éclat de pierre qui obtient sa forme définitive par une succession de chocs qui détachent des éclats sur ses deux faces. Réalisés dans des matériaux rocheux aussi variés que le quartz, le silex et l'obsidienne, les bifaces servent à de multiples usages, armes de chasse, outils pour dépecer un animal. Les exemplaires les plus anciens, datés de -1,5 million d'années environ, ont été retrouvés en Tanzanie, sur le site d'Olduvai.

Des « papas » bricoleurs

L'expérimentation, en préhistoire, s'étend à des domaines très variés. Outre la taille du silex, il s'agit du façonnage d'une aiguille à chas en os, des techniques pour allumer un feu, ou de la manière de lancer une sagaie avec un propulseur, bâton adapté qui permet de l'envoyer beaucoup plus loin.

Le *propulseur à crochet* est un bâton dont l'extrémité est munie d'un crochet que l'on introduit dans l'orifice percé à l'arrière de la sagaie, sorte de lance. Ils étaient utilisés pour propulser des sagaies au loin. Taillé dans du bois de renne, il présente une tige rectiligne, terminée par un œillet, lequel était souvent décoré de l'image d'un bison, d'un bouquetin, ou d'un cheval. Ils sont très localisés géographiquement, puisqu'on ne les trouve que dans le Périgord et les Pyrénées, et ce pendant la période du magdalénien. Leur efficacité est redoutable pour augmenter la vitesse initiale de la sagaie et permettre ainsi d'atteindre, en étant beaucoup plus éloigné d'elle, la proie convoitée. Son utilité est également grande s'il s'agit d'atteindre un animal féroce ou particulièrement redoutable, en se ménageant une stratégie de fuite permise par une plus grande distance.

Les *bâtons perforés* semblent perdurer à l'aurignacien et au magdalénien. Ils sont faits aussi dans le bois de renne. Il y a un trou au milieu d'une enfourchure, parfois, mais plus rarement, plusieurs trous. L'hypothèse émise, parmi d'autres, est qu'ils servaient à redresser à chaud les pointes de sagaie en os. Celles-ci étaient chauffées au feu, et donc moins rigides, puis étaient passées dans le trou du bâton perforé, ce qui les redressait petit à petit. Cette opération était rendue nécessaire soit en raison de la courbe naturelle de l'os d'animal utilisé pour la pointe de sagaie, soit à la suite d'une déformation due au choc lorsque la sagaie avait atteint l'animal chassé.

L'art pariétal

Paradoxalement, la *peinture* dite *pariétale*, c'est-à-dire ornant les parois des grottes, n'a retenu l'intérêt qu'à partir du siècle dernier. Près de trois millions d'années séparent les premiers outils des premières représentations sur les parois des grottes. L'art, en effet, n'apparaît qu'entre -40 000 et -30 000 ans. Mais ce n'est pas le propre de l'Europe, comme longtemps on a eu tendance à le croire. D'après les récentes datations de milliers de gravures rupestres sur le site de Pilbarra en Australie, celles-ci sont contemporaines des nôtres. L'abondance et la variété de leurs thèmes (vie quotidienne, sexualité et magie) ont soulevé de nombreuses hypothèses concernant leur origine : réunions magiques, plan de chasse futur, lieux d'initiation, esquisse d'une religion, pur plaisir esthétique sont autant de pistes possibles.

Le jeudi 12 septembre 1940, quatre adolescents découvrent ce qui devient pour tous un des lieux les plus exceptionnels de l'art pariétal, Lascaux, où se rend quelques jours plus tard le préhistorien **Henri Breuil (1877-1961)**. Entre 1952 et 1963, 900 gravures furent relevées. Mais c'est véritablement à la fin du XXe siècle que plusieurs voies de recherches se précisent : répartition spatio-temporelle des figures, technologie des gravures et des peintures, étude de l'utilisation du milieu naturel. Les datations au carbone 14 ont révélé la haute ancienneté de ces figures rupestres, datées d'autour de -15000 ans. D'autres sanctuaires témoignent aussi de l'ancienneté encore plus haute de leurs figures : l'abri Labattut, les grottes de la Mouthe et de la Grèze, situés en Dordogne, notamment.

Figure 3-1 : La grotte de Lascaux.

Avec **André Leroi-Gourhan (1911-1986)** naît l'hypothèse que les représentations pariétales sont organisées selon un ordre précis, destinées les unes au fond ou à l'entrée, d'autres aux panneaux centraux. Mais surtout, il envisage une dualité fondamentale femelle/mâle, représentée par le couple symbolique bison ou auroch/cheval, à la fois opposé et complémentaire. Toutes les représentations figurées, et quelle qu'en soit la nature, relèveraient de cette division essentielle entre le masculin et le féminin. Pensée religieuse, actes fondateurs de l'existence, accompagnement des défunts, monde animal suivraient cette dualité.

LE SAVIEZ-VOUS ?

Mammouth écrase les cris

Jacques Boucher de Crèvecœur de Perthes, connu sous le nom de **Boucher de Perthes (1788-1868)**, est le père de la préhistoire. A une époque où l'on s'accorde à penser que l'apparition de l'homme remonte à -4000 ans, il prouve par ses fouilles que l'homme et le mammouth ont vécu au même moment ! C'est tout le propos de son célèbre discours *De l'homme antédiluvien et de ses œuvres* : non seulement l'homme a connu le mammouth avant le Déluge, mais il l'a fait dans la vallée de la Somme où s'ébattaient les hippopotames, à une époque où le climat était tropical. Violemment contesté, Boucher de Perthes connaît la consécration peu de temps après son discours, quand, en 1864, est découverte en Dordogne la grotte de la Madeleine, où l'homme préhistorique a gravé un mammouth.

Ces événements qui ont fait l'histoire

L'invention de l'écriture, vers 3300 av. J.-C. en Mésopotamie du Sud marque la fin de la préhistoire et inaugure l'entrée de l'homme dans l'histoire à proprement parler car elle est liée au formidable développement de la civilisation urbaine. L'histoire, chacun le sait, ce sont des événements et les dates correspondantes, un peu comme : « 1515 ? – Marignan ! » Mais un fait tout seul nous apprend peu de choses. Il faut s'élever, avoir une vue d'ensemble. Que devient la Chine pendant le règne de Louis XIV ? Quels sont les événements contemporains les plus marquants en Europe, en Asie, en Afrique, en Amérique ? Voici une machine à remonter le temps, une initiation aux grands faits et aux grands hommes, dans le monde entier. Bien sûr, il ne s'agit pas de l'histoire intégrale du monde en quelques colonnes, mais d'un choix permettant un panorama d'ensemble. C'est un jardin chronologique où batifoler, en aucun cas une histoire du monde au jour le jour. Suivez-le guide, ici et ailleurs, pour une promenade depuis le fond de la caverne jusqu'à aujourd'hui.

Tableau 3-2 : Les grandes dates de l'histoire du monde

Europe	*Asie*	*Afrique*	*Amérique*
-20000 Premières peintures rupestres en France et en Espagne			
	-8000 Début de l'agriculture au Proche-Orient		
		-5000 Installation des premières communautés agricoles en Égypte	
	-4000 Début de l'âge du bronze au Proche-Orient		
	-3000 Fondation des principales cités sumériennes	**-3100** Le roi Ménès unit la Haute et la Basse Égypte	**-3000** Début de la poterie au Mexique
-2600 Début de la civilisation minoenne en Crète	**-2200** Première dynastie chinoise (Xia)	**-2685** Début du Moyen Empire en Égypte	**-2000** Début du travail des métaux au Pérou
-1600 Début de la civilisation mycénienne en Grèce		**-1570** Début du Nouvel Empire en Égypte	
-1450 Destruction de la Crète minoenne			
-1200 Chute de l'Empire mycénien	**-1200** Naissance du judaïsme		
-900-750 Création des cités-États en Grèce		**-814** Fondation de Carthage par les Phéniciens	
-776 Premiers Jeux olympiques			
-753 Fondation de Rome			
	-720 Essor de l'Assyrie		
	-650 Début de l'âge du fer en Chine		
	-586 Le peuple juif emmené en captivité à Babylone		
-509 Création de la République romaine			
	-483-221 Période des « Royaumes combattants » en Chine		
	-202 La dynastie Han réunifie la Chine		
-146 La Grèce passe sous domination romaine			
-52 Défaite des Gaulois devant les Romains à Alésia			
-43 Les Romains envahissent l'Angleterre			

Tableau 3-2 : Les grandes dates de l'histoire du monde (suite)

Europe	*Asie*	*Afrique*	*Amérique*
	0 Le bouddhisme est introduit en Chine **46** Début des voyages missionnaires de saint Paul **131** Les juifs se soulèvent contre Rome	**30** L'Égypte devient province romaine	
238 Premières incursions des Goths dans l'Empire romain **370** Les Huns envahissent l'Europe	**330** Constantinople devient capitale de l'Empire romain d'Orient		**300** Essor de la civilisation maya en Amérique centrale
410 Pillage de Rome par les Wisigoths **449** Invasion de l'Angleterre par les Angles et les Saxons **486** Fondation du royaume franc par Clovis	**407-553** Premier Empire mongol		**400** Établissement des Incas sur la côte ouest de l'Amérique du Sud
497 Conversion des Francs à la religion chrétienne **597** Mission évangélique de saint Augustin en Angleterre	**552** Introduction du bouddhisme au Japon **624** Réunification de la Chine sous la dynastie Tang	**533-552** Justinien restaure l'Empire romain en Afrique du Nord **641** Conquête de l'Égypte par les musulmans **700** Essor de l'Empire du Ghana	**600** Apogée de la civilisation maya
711 Les musulmans envahissent l'Espagne **732** Charles Martel arrête les Arabes à Poitiers **793** Premiers raids des Vikings **800** Charlemagne est couronné empereur **874** Les Vikings s'installent en Islande			
911 Le roi de France cède aux Vikings le fief de Normandie **987** Hugues Capet, duc de France, sacré roi à Reims **1016** Le roi Knut règne sur l'Angleterre, le Danemark et la Norvège	**907** Chine : le dernier empereur Tang est détrôné **939** Guerres civiles au Japon **979** Réunification de la Chine par la dynastie Song **1054** Séparation des Églises chrétiennes d'Orient et d'Occident **1156-1189** Guerres civiles au Japon	**920-1050** Apogée de l'Empire du Ghana **969** Les Fatimides conquièrent l'Égypte et fondent Le Caire **v. 1000** Début de l'âge du fer au Zimbabwe **v. 1150** Création des cités-États par la civilisation yoruba (Nigeria) **1174** Saladin conquiert l'Égypte	**990** Essor de l'Empire inca **XIe s.** Manco Capac, fondateur de l'Empire inca, s'établit à Cuzco **1151** Fin de l'Empire toltèque au Mexique

Tableau 3-2 : Les grandes dates de l'histoire du monde (suite)

Europe	*Asie*	*Afrique*	*Amérique*
1066 Guillaume de Normandie bat les Anglo-Saxons à Hastings			
1095 Le pape prêche la 1re croisade			
1147-1149 2e croisade			
1189-1192 3e croisade	**1187** Saladin s'empare de Jérusalem		
1198 Innocent III est élu pape	**1190** Temujin fédère les clans mongols, commence à créer son empire en Asie orientale		
1202-1204 La 4e croisade s'empare de Constantinople		**v. 1200** Fondation du royaume du Mali en Afrique occidentale. Essor des cités-États de la civilisation haoussa	
1215 Jean sans Terre, roi d'Angleterre, promulgue la Grande Charte	**1206** Temujin prend le nom de « Gengis Khan »		
1217-1221 5e croisade			
1228-1229 6e croisade	**1234** Les Mongols renversent l'Empire chinois		
1248-1254 7e croisade			
1250 Effondrement du pouvoir impérial en Allemagne et en Italie à la mort de Frederic II		**1240** Effondrement de l'Empire du Ghana	
1270 8e croisade	**1281** Échec de la tentative de conquête du Japon par les Mongols		
1305 Le pape s'installe à Avignon		**v. 1300** Émergence du royaume d'Ife (royaume du Bénin, Afrique occidentale)	
1337 Début de la guerre de Cent Ans entre la France et l'Angleterre	**1299** Fondation de l'Empire turc		**1325** Fondation par les Aztèques de la cité de Tenochtitlan (Mexico)
1348 La peste noire se répand en Europe			
1356 Les Anglais battent les Français à Poitiers	**1363** Tamerlan, conquérant turc, s'attaque à l'Empire mongol		
1378-1417 Grand Schisme d'Occident (séparation entre Rome et Avignon) ; élection de papes rivaux	**1368** Fondation de la dynastie Ming en Chine		**1370** Expansion du royaume Chimu (nord du Pérou) **1375** Essor de l'Empire aztèque
1385 Indépendance du Portugal	**1398** Mise à sac de Delhi par Tamerlan		
1415 Les Anglais battent les Français à Azincourt	**1401** Tamerlan conquiert Damas et Bagdad	**1415** Début de l'empire colonial portugais en Afrique	**1438** Établissement de l'Empire Inca au Pérou
1429 Jeanne d'Arc délivre Orléans et fait sacrer Charles VII à Reims	**1402** Tamerlan envahit l'Empire ottoman **1421** Pékin devient capitale de la Chine		**1440-1469** Règne de l'empereur aztèque Montezuma

Tableau 3-2 : Les grandes dates de l'histoire du monde (suite)

Europe	*Asie*	*Afrique*	*Amérique*
1453 L'Angleterre perd toutes ses possessions françaises sauf Calais **1455-1485** Guerre des Deux Roses en Angleterre	**1453** Les Turcs Ottomans s'emparent de Constantinople qui devient Istanbul	**1450** Apogée du royaume Songhaï en Afrique occidentale **1482** Les Portugais colonisent la Côte-de-l'Or (ancien nom du Ghâna)	**1450** Conquête du royaume Chimu par les Incas
1492 Reconquête de l'Espagne musulmane par les rois catholiques, Isabelle et Ferdinand **1517** Martin Luther affiche ses « 95 thèses » sur la porte de l'église de Wittenberg			**1493** Installation de premiers colons espagnols dans le Nouveau Monde (Cuba) **1510** Première importation d'esclaves africains en Amérique **1521** Cortez s'empare de la capitale des Aztèques, Tenochtitlan
1529 Échec des Turcs devant Vienne **1532** Calvin lance le mouvement protestant en France	**1526** Fondation de l'Empire moghol, des princes musulmans, au nord de l'Inde		**1531-1535** Pizarre fait la conquête du Pérou **1535** Les Espagnols explorent le Chili
1545 Le concile de Trente marque le début de la Contre-Réforme **1562-1598** Guerres de religion en France **1533** Ivan le Terrible tsar de Russie		**1546** Destruction du royaume du Mali par les Songhaïs	
1571 Bataille de Lépante. Fin de l'hégémonie maritime turque en Méditerranée **1588** L'invincible Armada, flotte espagnole défaite par les Anglais **1589-1610** Règne de Henri IV **1618-1648** Guerre de Trente Ans		**1570** Apogée de l'Empire bornou au Soudan **1571** Premières colonies portugaises sur la côte de l'Angola **1591** Fin de l'Empire songhaï **1652** Fondation de la colonie du Cap (Afrique du Sud) par des Hollandais	**1607** Fondation de la première colonie anglaise en Amérique du Nord **1608** Fondation de Québec par le Français Champlain **1620** Les colons du *Mayflower* débarquent à Plymouth, dans le Massachusetts (Amérique)
1643-1715 Règne de Louis XIV **1649** Révolution anglaise : exécution de Charles Ier à Londres **1685** Révocation de l'édit de Nantes	**1644** Les Mandchous fondent la dynastie Qing en Chine	**1654** Les Français occupent Madagascar et l'île Bourbon (île de la Réunion) **1673** Début de la conquête coloniale française en Afrique de l'Ouest	**1626** Fondation de Nouvelle-Amsterdam par les colons hollandais, future New York **1635** Les Français en Martinique et à la Guadeloupe

Tableau 3-2 : Les grandes dates de l'histoire du monde (suite)

Europe	*Asie*	*Afrique*	*Amérique*
1689 Angleterre : le « Bill of Right » fonde la monarchie constitutionnelle **1694** Début du règne personnel de Pierre le Grand en Russie **1701-1713** Guerres de succession d'Espagne **1707** Acte d'union de l'Angleterre et de l'Écosse **1713** Traité d'Utrecht **1740-1748** Guerre de succession d'Autriche **1756** Début de la guerre de Sept Ans **1789** Début de la Révolution française **1804** Napoléon proclamé empereur ; bataille d'Austerlitz **1805** Bataille de Trafalgar **1812** Campagne de Russie **1815** Napoléon battu à Waterloo ; abdication de Napoléon **1830** Révolution en France, Allemagne, Pologne et Italie **1848** Année de révolutions en Europe **1852-1870** Second Empire **1854-1856** Guerre de Crimée **1870-1871** Guerre franco-allemande **1871** Unification de l'Italie. Proclamation de l'Empire allemand **1872-1914** Triple-Alliance entre l'Allemagne, l'Autriche et l'Italie	**1690** Les Anglais fondent Calcutta **1707** Effondrement de l'Empire moghol **1783** Par l'« India Act », le gouvernement britannique prend le contrôle de l'Inde **1788** Les premiers colons anglais s'installent en Australie **1819** Fondation de Singapour par les Anglais **1840-1842** Guerre de l'Opium ; traité de Nankin **1857** Révolte des Cipayes en Inde **1858** L'Inde devient colonie de la couronne britannique **1859** Les Français occupent Saigon Expansion française en Indochine **1877** Victoria devient impératrice des Indes **1886** L'Angleterre annexe la Birmanie **1894-1895** Guerre sino-japonaise	**1788** Création par les Anglais de Freetown, dans la Sierra Leone, qui reçoit d'anciens esclaves affranchis **1798** Bonaparte en Égypte **1811** Mohammed-Ali prend le pouvoir en Egypte **1818** Fondation de l'Empire zoulou en Afrique du Sud **1822** Fondation du Liberia, terre d'accueil des esclaves affranchis **1830** Début de la conquête de l'Algérie par la France **1833** L'Angleterre abolit l'esclavage **1848** La France abolit l'esclavage **1860** Expansion française en Afrique occidentale **1869** Ouverture du canal de Suez **1879** Guerre des Zoulous **1882** Les Anglais occupent l'Égypte **1885** La Belgique acquiert le Congo **1899-1902** Guerre des Boers	**1759** Les Anglais prennent aux Français le Québec. Les colons d'Amérique s'opposent aux taxes d'importation : la « Tea Party » de Boston **1775-1783** Guerre d'indépendance américaine **1776** Déclaration d'indépendance américaine **1789** Washington, premier président des États-Unis **1791** Révolte d'esclaves à Haïti **1803** Bonaparte vend la Louisiane aux États-Unis **1819** L'Espagne cède la Floride aux États-Unis **1848** Début de la ruée vers l'or en Californie **1861-1865** Début de la guerre de Sécession en Amérique **1865** Assassinat d'Abraham Lincoln **1876** Bataille de Little Big Horn. Les indiens Sioux repoussent l'armée américaine du général Custer **1898** Guerre Hispano-américaine

Tableau 3-2 : Les grandes dates de l'histoire du monde (suite)

Europe	*Asie*	*Afrique*	*Amérique*
1904 Entente cordiale franco-anglaise **1905** Première révolution russe **1914-1918** Première Guerre mondiale **1917-1921** Révolution russe et guerre civile **1919** Traité de Versailles. Création de la Société des Nations **1922** Création de l'État libre d'Irlande **1924** Staline au pouvoir **1933** Hitler chancelier en Allemagne **1936-1939** Guerre civile en Espagne **1939-1945** Seconde Guerre mondiale **1945** Fondation de l'Organisation des nations unies (ONU) **1947** Plan Marshall pour l'Europe **1949** Formation de l'Organisation du traité de l'Atlantique Nord (OTAN) **1955** Signature du pacte de Varsovie **1957** Signature du traité de Rome créant la Communauté Économique Européenne (CEE) **1961** Construction du mur de Berlin **1968** Invasion de la Tchécoslovaquie par les troupes russes **1973** Élargissement de la CEE à la Grande-Bretagne, l'Irlande et au Danemark	**1911** Révolution dirigée par Sun Yat-sen, fin de l'Empire chinois **1917** Déclaration de lord Balfour proposant la création d'un « Foyer national juif » en Palestine **1923** Proclamation de la République turque, fin de l'Empire ottoman **1931** Le Japon occupe la Mandchourie **1934** La « Longue Marche » de Mao Zedong en Chine **1937** Le Japon envahit la Chine **1940** Le Japon s'allie avec l'Allemagne **1945** Lancement des premières bombes atomiques sur Hiroshima et Nagasaki (Japon) **1946-1949** Guerre civile en Chine **1946-1954** Guerre d'Indochine **1947** Indépendance de l'Inde et du Pakistan **1948** Création d'Israël **1949** Création de la République Populaire de Chine (R.P.C.) **1950-1953** Guerre de Corée **1956** Crise de Suez **1957** Indépendance de la Malaisie **1963-1975** Guerre du Viêt-Nam **1971** Le Pakistan oriental devient le Bangladesh **1973** Guerre israélo-arabe, dite du Kippour. Premier choc pétrolier	**1910** Création de l'Union sud-africaine **1911** Conquête de la Libye par l'Italie **1912** Protectorat français sur le Maroc **1914** Protectorat britannique sur l'Égypte **1936** L'Italie annexe l'Éthiopie **1948** Instauration du régime de l'apartheid en Afrique du Sud **1954-1962** Guerre d'Algérie **1956** Crise de Suez. Indépendance du Soudan, Maroc, Tunisie **1957** Indépendance du Ghana **1960** Indépendance des colonies françaises d'Afrique Noire. Indépendance du Congo **1975** Indépendance des colonies portugaises en Afrique : Angola Mozambique **1976** Émeutes de Soweto (Afrique du Sud)	**1903** Indépendance de Panama. Cession de la zone du canal aux États-Unis **1909-1919** Révolution de Zapata au Mexique **1914** Ouverture du canal de Panama **1917** Entrée en guerre des États-Unis aux côtés des Alliés **1929** Krach boursier de Wall Street **1933** Roosevelt propose le New Deal (la nouvelle donne) pour lutter contre la crise économique **1941** Le Japon attaque Pearl Harbor : les Etats-Unis en guerre **1947** Doctrine Truman du *Containment* pour éviter l'expansion du communisme **1959** Révolution cubaine. Fidel Castro prend le pouvoir **1962** Crise des fusées soviétiques à Cuba **1963** Assassinat du président Kennedy **1974** Scandale du Watergate : démission du président Nixon

Tableau 3-2 : Les grandes dates de l'histoire du monde (suite)

Europe	***Asie***	***Afrique***	***Amérique***
1974 Portugal : révolution des œillets. Fin de la dictature établie en 1932 **1975** Restauration de la monarchie en Espagne			
1978 Jean-Paul II est élu pape	**1978** Accords entre Égypte et Israël à Camp David		
1981 La Grèce devient le 10e pays membre de la CEE	**1979** Révolution islamique en Iran. Deuxième choc pétrolier		
	1980-1988 Guerre Iran-Irak	**1980** Naissance du Zimbabwe (ex-Rhodésie)	
	1982 Israël envahit le Sud Liban		**1982** Guerre des Malouines entre l'Argentine et la Grande-Bretagne
1985 Mikhail Gorbachev arrive au pouvoir en URSS. Mise en œuvre de la **Glasnost** et de la **Perestroïka**		**1984** Début de violents affrontements en Afrique du Sud	
1986 Entrée de l'Espagne et du Portugal dans la CEE			**1987** Krach à Wall Street (19 octobre)
	1988 Fin de la guerre en Afghanistan commencée en 1979, retrait des troupes russes	**1988-1991** Massacres entre ethnies Hutu et Tutsi au Burundi	**1988** Georges Bush père élu président des États-Unis
1989 Chute du mur de Berlin (9 novembre) **1990** Réunification de l'Allemagne (octobre). Dissolution de l'URSS (décembre)	**1989** Massacre de la place Tienanmen (4 juin). Mort de l'empereur Hiro Hito du Japon. Fin de la guerre civile au Liban		
1991 Boris Eltsine président de la Fédération de Russie. Guerre de Yougoslavie (juin)	**1991** Première Guerre du Golfe à la suite de l'invasion du Koweït par l'Irak. Conférence de Madrid pour une paix entre Israël et ses voisins arabes (novembre)	**1991** Fin du régime de l'Apartheid en Afrique du sud	
1992 Traité de Maastricht. La CEE devient l'UE (Union Européenne). Indépendance des trois républiques baltes (Estonie, Lettonie, Lituanie)			**1992** Bill Clinton élu président des États-Unis

Tableau 3-2 : Les grandes dates de l'histoire du monde (suite)

Europe	*Asie*	*Afrique*	*Amérique*
1993 Création du Tribunal pénal international (TPI) pour l'ex-Yougoslavie	**1993** Accords de Washington (dits Oslo I), création d'une autorité palestinienne. Israël et l'OLP se reconnaissent mutuellement		
1994 Création de l'OMC, Organisation Mondiale du Commerce, siège à Genève		**1994-1996** Nouveaux massacres entre Hutu et Tutsi au Burundi et au Rwanda. Création du Tribunal pénal international (TPI) pour le Rwanda	
1995 Europe à 15 avec l'Autriche, la Suède, la Finlande	**1995** Assassinat d'Ytzhak Rabin, premier ministre Israëlien.		
	1996 Prise de Kaboul par les Talibans	**1996** Nelson Mandela, président d'Afrique du Sud	
		1997 Le maréchal Mobutu est renversé au Zaïre, qui devient la République démocratique du Congo (RDC)	
		1998 Attentats simultanés contre les ambassades américaines du Kenya et de la Tanzanie	
1999 Passage à la monnaie unique décidé, l'euro (1er janvier). Intervention de l'OTAN au Kossovo			
	2000 Début de la seconde Intifada (« guerre des pierres »)		
	2001 Le régime des Talibans s'effondre		**2001** Attentat du World Trade Center (11 septembre). Intervention américaine en Afghanistan. Premier Forum social mondial à Porto Alegre (Brésil)
2002 Mise en circulation de l'euro. Création de la Cour pénale internationale (La Haye)			
	2003 Intervention américaine contre l'Irak, suivie de son occupation (mars)	**2003** Guerre civile du Darfour)	
2004 Attentat à Madrid (11 mars). Élargissement de l'Union européenne à l'Est (25 membres)			
2005 Mort de Jean-Paul II. Benoît XVI lui succède			
2007 Union Européenne à 27 membres			

Faits insolites et méconnus

Fameux et inconnus, petits et grands, tous les épisodes contribuent à la mosaïque de l'Histoire.

Les guerres méconnues

L'histoire des hommes c'est aussi, malheureusement, celle des conflits qui les opposent. Selon la célèbre formule de **Karl von Clausewitz (1780-1831)** dans *De la guerre*: «La guerre est la continuation de la politique par d'autres moyens.»

Il est courant d'opposer les grandes guerres, celles qui concernent un ou plusieurs continents, avant tout la *Première* (1914-1918) et la *Seconde Guerre mondiale* (1939-1945) aux petits conflits, plus localisés géographiquement, appelés aussi couramment conflits périphériques. Vous allez découvrir des formes de conflit moins connues, mais tout à fait surprenantes. Connaissez-vous la guerre fleurie des Aztèques, la guerre en dentelles des aristocrates du XVIIIe siècle, ou bien le rôle de la reine Victoria dans le trafic et la guerre de l'opium? Pas encore? Prenez vos aises, vous n'allez pas tarder à tout savoir du dessous des cartes.

La guerre fleurie aztèque

La civilisation aztèque connaît son apogée entre le XIVe et le début du XVIe siècle. Ce peuple, nomade à l'origine, fonde un empire centré sur le Mexique actuel. L'effondrement est brutal, puisque trois années, entre 1519 à 1521, suffisent aux Espagnols de Cortès pour détruire l'Empire aztèque.

L'origine de la guerre fleurie est religieuse. Selon les Aztèques, quatre mondes ont déjà été créés et détruits. Le nôtre est le cinquième et dernier. Cela explique l'impact psychologique de la croix chrétienne sur ce peuple, qui considérait comme le symbole des quatre mondes détruits les quatre branches, et le centre de la croix comme le cinquième.

Au début de notre monde, les dieux se réunissent dans la plaine de Teotihuacan, près de Mexico. Ils parviennent à recréer l'univers, mais les astres, Soleil et Lune, sont immobiles. Il faut leur redonner vie. Et la vie, pour les Aztèques, c'est le sang humain.

Tous les dieux se sacrifient, et le Soleil reprend sa course, jour et nuit alternant de nouveau. Depuis, les hommes doivent offrir du sang aux dieux, sinon le soleil s'arrêtera. La guerre fleurie a donc pour but, en cas de paix prolongée, de capturer le plus d'ennemis possible, et de les ramener vivants pour les sacrifier. En période de guerre ordinaire, les prisonniers de guerre jouent ce rôle.

LE SAVIEZ-VOUS ?

L'eau précieuse

« Eau précieuse », telle est l'appellation donnée par les Aztèques au sang humain. Mourir sacrifié aux dieux est considéré comme un honneur. La victime gravit la pyramide du temple. Parvenue au sommet, elle est placée sur un autel sacrificiel, allongée sur le dos. Le prêtre lui ouvre la poitrine au moyen d'un couteau en silex et offre le cœur, palpitant encore, aux dieux. Puis la peau est enlevée, un prêtre s'en couvre, ruisselant de sang. Le reste du corps est précipité et roule sur l'escalier gigantesque qui conduit au sommet. Le Soleil peut continuer son cycle. Pour les grandes cérémonies (inauguration d'un temple, début d'un règne...), plusieurs dizaines de milliers de victimes étaient sacrifiées.

La guerre en dentelles

Ne nous trompons pas, elle est tout aussi meurtrière que les autres, mais son nom lui vient de la manière de la pratiquer. Il s'agit des combats menés aux XVIIe et XVIIIe siècles, des relations entretenues par les officiers aristocrates des camps en présence. La mode vestimentaire oblige à une surabondance de dentelles dans le costume masculin. Cette délicatesse de la vêture doit se retrouver dans la manière d'organiser la guerre. Les combats sont interrompus si un maréchal fête son anniversaire, ou encore pour organiser les réjouissances en cas de naissance royale. Des messages transmettent les propositions pour l'heure et le lieu convenables pour reprendre la bataille en cours. C'est donc un assaut de courtoisie, un étalage de bonnes manières entre gens nobles, bien nés, pour définir le cadre de la bataille. Ensuite, l'horreur, la mort, la souffrance des hommes reprennent toute leur place.

La guerre de l'opium

Il s'agit de la première guerre commerciale, opposant les Chinois aux Britanniques, entre 1839 et 1842. Les Anglais importent de plus en plus de thé de Chine et le payent d'abord en coton, puis en opium. L'empereur de Chine tente de s'opposer à ces arrivées massives d'opium qui font des ravages dans son peuple et en décrète la vente illégale. En 1839, le gouverneur de Canton fait brûler en public 20 000 caisses de drogue, l'empereur ayant interdit l'importation d'opium. Les Anglais répondent en déclenchant la guerre, qu'ils gagnent en 1842. Le traité de Nankin, le 29 août 1842, donne aux Britanniques le droit de vendre librement de l'opium et leur concède l'île de Hong Kong. Victoria Ire, reine d'Angleterre de 1837 à 1901, doit donc une part importante de ses revenus personnels, et de ceux de la couronne britannique, au trafic de drogue imposé à la Chine.

L'affaire rapporte tellement que Français, Américains et Russes se joignent aux Britanniques pour la seconde guerre de l'opium, entre 1856 et 1860, infligeant à la Chine une nouvelle défaite.

Faits insolites

Les groupes humains présentent une infinité d'organisations sociales, de règles de vie possibles et d'histoires. Certaines sont bien connues de tous, car elles sont celles de notre vie quotidienne. Mais un peu de curiosité permet d'explorer l'insolite ou le méconnu : une enceinte de pierre du XIIIe siècle, au Zimbabwe, dont on connaît à peine les créateurs et l'utilité, des moines tibétains plus adeptes du coup de bâton que de la récitation des textes sacrés, des guerriers cheyennes devenant femmes, ou le navajo, langue secrète de la Seconde Guerre mondiale.

L'enceinte de pierre du Zimbabwe ou Great Zimbabwe

C'est dans la partie méridionale de l'ancienne Rhodésie, aujourd'hui Zimbabwe, au sud-est du pays, que se trouvent les ruines imposantes de l'enceinte de pierre du Zimbabwe. C'est là tout ce qui reste du royaume fabuleux du Monomotapa, qui connut, semble-t-il, son âge d'or au cours du XVe siècle. On ne trouve, en pays bantou, que quatre autres sites où la pierre taillée fut employée : Khami, Dhlo-Dhlo, Naletali et Inyanga.

L'enceinte de pierre de Zimbabwe mesure plus de 11 m de hauteur à son point culminant, avec une largeur de base de 5 m. Sa forme générale est celle d'une ellipse de 100 mètres de diamètre et de 225 mètres de circonférence, pour une superficie de 27 000 mètres carrés. Elle abritait probablement un espace consacré à des rites de la fertilité. De place en place, l'enceinte est ornée de hautes tours, elles aussi en pierre, sans que leur rôle exact nous soit connu.

Lorsque le site fut découvert, en 1868, il était abandonné depuis longtemps, depuis le début du XIXe siècle au moins, et les tribus locales ne savaient rien à son sujet. Attribué un temps à la mystérieuse reine de Saba, il semble que l'édifice ait été construit par des Africains, les Shonas, au cours du XIIe siècle. Il aurait servi à la fois de lieu de culte et de demeure pour les épouses du roi, avant d'être abandonné, pour des raisons mal connues, après 1450.

Au Tibet : la querelle des bonnets

Les ordres religieux tibétains sont au nombre de six, dont quatre subsistent de nos jours. Ils ont été fondés en général par des maîtres indiens, le plus célèbre étant le moine **Atisà (982-1054)**. Il s'installe au Tibet en 1042, et y fonde l'*ordre des Kadampta*, dont dépend le *Gelugpa*, « Église jaune » dont le chef est le Dalai Lama. Son enseignement est poursuivi par son disciple Domton, qui fonde en 1057 le monastère de Radeng, au nord de Lhassa.

Rinchen Zangho (958-1055) effectue plusieurs voyages au Tibet, où il est à l'origine de la traduction de très nombreux textes en sanscrit, et fonde le temple de Toling. Le maître **Marpa (1012-1096),** par son enseignement et ses œuvres, est à l'origine du couvent de Sakya, fondé en 1073, au même titre que **Dogmi (992-1074)**. Le premier introduit au Tibet les chants mystiques du Tantra, le second la pratique de la méditation qui mène par l'Éveil au *Lamde*, « Voie et Fruit », c'est-à-dire la connaissance parfaite de la vérité.

L'ordre du Karmapa regroupe les *Bonnets rouges*, mais cette appellation générique est utilisée pour désigner l'ensemble des ordres anciens, avant que se produise la réforme dite des *Bonnets jaunes*. Ces derniers doivent leur existence à **Tsongkapa (1357-1419)**, fondateur, en 1409, du monastère de Ganden, non loin de Lhassa. Atterré par les mœurs des moines des ordres anciens, leur absence de discipline, les luttes incessantes entre monastères pour le pouvoir, il réforme en profondeur la vie monacale.

Car les bons moines se sont considérablement éloignés du bouddhisme, consommant de l'alcool, entretenant des maîtresses, attaquant les monastères voisins pour les piller. Certains se sont spécialisés dans le combat au bâton au point d'être davantage des maîtres d'arts martiaux que des moines. La réforme des bonnets jaunes les ramène à la prière, la méditation et la lecture des livres saints.

Cheyennes des plaines, quand un homme devient femme

Les Cheyennes appartiennent au groupe des Indiens des Plaines, tout comme les Blackfeet (Pieds-Noirs), les Atsina, les Assiniboin, les Crow, les Arapaho, les Comanches, les Kiowa. Leur lieu d'habitat varie en fonction des guerres indiennes et des déplacements des hordes de bison. Ils occupent successivement le Minnesota, avant la fin du XVIIIe siècle, et sont alors des agriculteurs sédentaires, puis, chassés par les Chippewa, alors qu'ils ont déjà migré sur les berges du fleuve Cheyenne, au Dakota du Nord, ils gagnent le fleuve Missouri. À ce moment, ils abandonnent l'agriculture au profit de la chasse au bison.

Au début du XIXe siècle, ils sont installés sur les fleuves Platte et Arkansas, divisant la nation en Cheyennes du Nord et Cheyennes du Sud.

Dans la société cheyenne, la femme jouit d'une grande liberté. Le mariage se réduit à une tractation commerciale : le prétendant offre un nombre de chevaux, et en reçoit de même, pour la constitution de la dot.

Un guerrier peut épouser plusieurs femmes, en fonction de sa valeur à la chasse, car il doit les nourrir convenablement, elles et leurs enfants. S'il ne s'en sent plus capable, s'il est diminué physiquement par un accident de chasse, ses femmes peuvent le quitter. Le seul interdit est l'adultère féminin, punit par l'ablation du nez de la coupable.

La société des Indiens des Plaines se caractérise par une coutume qui a beaucoup frappé les Européens. Un homme qui ne se sent pas capable d'être un guerrier et un chasseur peut choisir de devenir une femme. Il porte alors des vêtements, une coiffure de femme, et se consacre comme elle au travail des peaux. Cette situation n'est pas définitive. Si le guerrier le désire, il peut reprendre sa place parmi les hommes. Ce passage d'un statut à un autre n'entraîne aucune dévalorisation de la personne.

Parle, espion, mais en navajo !

Les Navajo, ou Navaho, appartiennent au groupe linguistique des Athapascan. Navajo est le nom qui leur est donné par les colons espagnols, au moment du premier contact, dans le premier tiers du XVIIe siècle.

Les Indiens navajo se nomment eux-mêmes le peuple, *Déné*. Ils occupent un vaste territoire à la frontière des États du Colorado, de l'Arizona, de l'Utah et du Nouveau Mexique. Après la guerre de Sécession, les Navajo sont déplacés dans la partie orientale du Nouveau Mexique, pour occuper la réserve de Bosque Redondo.

Pendant la Seconde Guerre mondiale (1939-1945), l'état-major américain cherche un langage codé pour les transmissions secrètes dans le Pacifique. Le choix se porte sur le Navajo, langue indéchiffrable par les opérateurs radios japonais. Tout au long du conflit, la langue indienne assure la transmission d'informations dans des conditions de parfaite sécurité. Un lexique de 274 mots est forgé, ainsi qu'un alphabet pour épeler les mots difficiles.

Le général Seizo Arisue, chef des renseignements japonais, n'a jamais pu percer le code, un des rares à n'avoir jamais été brisé. En 1968, le code navajo est libéré du secret défense et en 1982, le gouvernement américain institue en l'honneur des chiffreurs navajo une journée d'honneur tous les 14 août.

Les grandes civilisations

Chercher à comprendre les civilisations est une préoccupation récente. Le terme n'apparaît dans le *Dictionnaire de l'Académie* qu'en 1835. Elles sont associées à l'écriture, à son pouvoir magique et pratique. Partons d'abord à la découverte de la Mésopotamie, le « pays d'entre deux fleuves ».

La Mésopotamie

Le pays entre deux fleuves, Sumer pour ses habitants ou Mésopotamie, nom donné par les Grecs et qui signifie « pays au milieu des fleuves », s'étend entre le Tigre et l'Euphrate, sur le territoire de l'Irak actuel. Peuplé déjà il y a 6000 ans, il voit arriver vers -3300 des Sumériens, s'installant dans le Sud. On ignore d'où ils viennent. Ils créent des cités-États (Uruk, Eridu, Kish), dominées par une caste de prêtres princes qui gouvernent depuis le grand temple, situé sur une terrasse élevée au centre de la ville. Pour les besoins administratifs du temple, comme comptabiliser les offrandes ou savoir d'où elles proviennent, ils inventent l'écriture vers -3300.

Sargon Ier, roi puissant, roi d'Akkad

Au même moment, mais au Nord, des peuples sémites, nomades venus du nord de la péninsule Arabique, s'installent le long de l'Euphrate. Ils fondent des villes : Mari, Agadé (future Akkad). En 2334, le roi **Sargon Ier d'Akkad (2350-2300)** conquiert toute la Mésopotamie, dont il devient le roi-dieu. Akkadiens, au nord, et Sumériens, au sud, lui doivent une obéissance absolue.

Sargon d'Akkad, dit l'Ancien, pourrait être un modèle pour Moïse. Nous ne savons presque rien de Sargon, son nom même est en réalité son titre, *Sharukin* (Sargon), qui signifie « roi légitime ». Sa légende est relatée, plus de 1 500 ans après sa mort, et, comme tout roi-dieu, il se doit d'avoir surmonté, dès la plus tendre enfance, les épreuves les plus terribles. Un modèle héroïque dont les rédacteurs de l'Ancien Testament se souviendront. Car, comme Moïse plus tard, Sargon est abandonné dans une corbeille sur un fleuve.

Un roi mythique : Gilgamesh

Gilgamesh est un roi mythique de la ville d'Uruk, qui aurait régné vers -2700. Son épopée écrite est un amalgame de diverses légendes orales. La version la plus achevée est celle retrouvée à Ninive, dans la bibliothèque du roi **Assurbanipal (roi de 669 à 631)**. Cette œuvre est universelle à un double titre : elle fournit le premier récit du Déluge, qui sera repris dans la Bible, et elle met en scène l'angoisse eschatologique, c'est-à-dire la peur de tout homme devant sa propre mort, impossible à éviter.

Les épisodes les plus marquants sont le combat de Gilgamesh contre le Taureau céleste ; le désespoir tout humain et les larmes versées à la mort de son frère d'armes et ami Enkidu ; la rencontre avec Ut-Napishtim, le Noé sumérien, auquel les dieux ont accordé l'immortalité ; la recherche de la plante d'immortalité au fond de la mer, dévorée par un serpent dans un moment d'inattention.

UN PEU DE TECHNIQUE

Les pièces d'un puzzle instable

La Mésopotamie connaît, au cours de son histoire, l'installation, en même temps en des lieux différents, ou à diverses époques, de plusieurs populations.

- **Les Sumériens**, probablement venus d'Iran, occupent dès le IIIe millénaire le sud de la Mésopotamie, près du golfe Persique. Ils inventent l'écriture cunéiforme et donnent le premier récit du Déluge.
- **Les Akkadiens**, peuple sémite établi sur le Moyen Euphrate et au sud de la Mésopotamie, conquièrent l'Empire sumérien vers -2350. Leur langue, l'akkadien, devient langue nationale vers -1600.
- **Les Assyriens**, descendus du nord de la Mésopotamie, occupent le « pays d'Assur », territoire du cours supérieur du Tigre.
- **Les Babyloniens** sont formés des diverses populations de la Mésopotamie. Ils fondent un empire du nord au sud, le long des rives du Tigre et de l'Euphrate.

Un roi pour quatre régions

Roi conquérant, **Hammourabi de Babylone (1792-1750 av. J.-C.)** hérite d'un petit royaume qui, au fil des batailles, devient un empire couvrant la Mésopotamie. Il fixe sa capitale à Babylone, centre d'un vaste réseau urbain qui lui permet d'administrer son royaume avec sagesse. Les peuples soumis ont des langues et des coutumes différentes. Hammourabi, « roi de Sumer et d'Akkad, roi des quatre régions, roi de l'univers », leur donne un code commun, qui porte son nom.

LE SAVIEZ-VOUS ?

Messages codés

Le *code d'Hammourabi* figure sur une stèle découverte au cours des fouilles de Suse en 1901 et aujourd'hui conservée au musée du Louvre. Il est rédigé en langue babylonienne, en caractères cunéiformes. Il comporte 3500 lignes déchiffrables, 282 sentences s'appliquant à des situations variées : vol, commerce, dettes, coups et blessures, etc. Les formules évoquent toujours un cas précis, et la conduite à tenir : « Si un homme a porté contre un autre une accusation de meurtre sans en fournir la preuve, l'accusateur sera mis à mort. » Le principe en est simple, la loi du talion, « œil pour œil, dent pour dent ». Les punitions vont du fouet, de l'arrachage de la langue, à l'exécution par le pal, le bûcher, la noyade. Mais ce code présente le mérite d'être appliqué à tous les sujets du roi, de s'imposer aux coutumes locales, c'est la première référence nationale en matière de lois.

Nabuchodonosor II de Babylone (604-562)

Nabuchodonosor II, roi de Babylone, rend à l'Empire son éclat en battant les Égyptiens. Il prend Jérusalem une première fois en 597, puis une seconde en 587, détruit à cette occasion le Temple de Salomon, déporte les habitants à Babylone : c'est l'épisode de l'Exil dans l'Ancien Testament.

Toujours plus haut : la tour de Babel

Grand bâtisseur, ce roi embellit Babylone, sa capitale, avec la porte d'Ishtar, le *temple de l'Esagil* dédié au dieu suprême Mardouk, les jardins suspendus et l'*Etemenanki*, la « Maison du fondement du Ciel et de la Terre », citée dans la Bible comme la « tour de Babel », appellation qui a subsisté. C'est une *ziggourat*, une tour à étages de 90 m composée d'une base, surmontée d'un certain nombre de plates-formes superposées. Elle est située à côté de la voie processionnelle et du temple du dieu Marduk, l'Esagil. Découverte en juin 1913, il n'en reste presque rien. Ses dimensions sont connues d'après un texte gravé sur une tablette d'argile conservée au musée du Louvre, la *Tablette de l'Esagil*, datée du 12 décembre 229 av. J.-C. et rédigée dans la ville d'Uruk. Hérodote, qui vit la tour au Ve siècle avant notre ère, en fournit une description.

Figure 3-2 : La ziggourat et les ruines d'Ur.

Mais la tour de Babel est surtout connue par un épisode du premier livre de la Bible, la Genèse. Il relate la colère de Dieu contre les hommes, qui ont l'arrogance de vouloir construire un édifice s'élevant jusqu'à lui, c'est-à-dire au ciel. Pour les punir de leur témérité, il efface de leur souvenir la langue universelle et leur donne des langues différentes. Incapables désormais de se comprendre, ils ne peuvent plus coordonner les travaux et abandonnent leur projet. Le mot BABEL a deux sens : il désigne d'une part la ville de Babylone, où se trouve la tour, et d'autre part, il signifie mêler, confondre d'après son origine hébraïque « BLL ». La tour de Babel est donc le lieu où se mêlent et se confondent les langues, par la volonté divine.

LE SAVIEZ-VOUS ?

Les jardins suspendus de Babylone

Les jardins suspendus de Babylone sont en réalité les jardins en terrasses du palais de Nabuchodonosor II, s'élevant graduellement de 23 à 91 mètres. Leur forme était destinée à rappeler à la reine Amitys les collines verdoyantes de son pays natal, la Médie (Iran). Pourtant, leur création est souvent attribuée à une reine légendaire d'Assyrie et de Babylonie, Sémiramis. Selon Strabon (*Géographie*, XVI, 1-5), ils sont posés l'un sur l'autre à l'aide de voûtes empilées comme des cubes. Pour Diodore de Sicile (*Bibliothèque historique*, II, 10-1), il s'agit de plates-formes soutenues par des colonnes. Classés déjà dans l'Antiquité comme l'une des Sept merveilles du monde, on ne sait quelle pourrait être leur localisation actuelle.

Figure 3-3 : Breughel l'Ancien, *La Tour de Babel* (1563).

Tableau 3-3 : Les grandes dates de la Mésopotamie

Date (av. J.-C.)	*Événement*
3300-2350	Invention de l'écriture cunéiforme à Sumer
2350-2300	Sargon Ier l'Ancien règne sur la Mésopotamie, une partie de la Syrie, de l'Asie Mineure, l'Élam (Iran actuel)
1800-1375	Ancien Empire assyrien
1375-1047	Moyen Empire assyrien
883-612	Nouvel Empire assyrien
1728-1686	Ancien Empire babylonien. Hammourabi et son Code
625-539	Nouvel Empire babylonien
612	Destruction de l'Assyrie par les Babyloniens.
539	Cyrus II, « roi des rois » de Perse, prend Babylone.
331	Alexandre le Grand prend Babylone

La société mésopotamienne

Dans toute la Mésopotamie, c'est le souverain qui octroie les différents pouvoirs. Son palais symbolise le centre administratif suprême, et sa fonction est de constituer un lien entre le divin et l'humain, en administrant l'ensemble de la population grâce à ce pouvoir. Il exerce en principe un droit de propriété sur tous les biens et sur toutes les terres.

Le roi et l'administration royale

Le roi mésopotamien est donc à la fois chef militaire et administrateur. Il est aisé de trouver des rapports entre la royauté mésopotamienne et la royauté égyptienne, bien que dans cette dernière, les rois sont dieux eux-mêmes. Le roi mésopotamien n'est que le représentant de la divinité, et son pouvoir s'étend donc à tous les domaines de la vie collective.

L'appareil administratif se compose de dignitaires, de notables locaux et d'un immense personnel. Son recrutement se fait dans l'ensemble des couches sociales de la population. Entrer au service du souverain est considéré comme un avantage, puisqu'il procure au bénéficiaire des revenus matériels durables, des prestations et des gratifications qui lui sont versées pendant toute sa vie. L'absence de moyens techniques développés contraint l'administration à employer une main-d'œuvre importante, notamment pour les travaux d'irrigation ou pour les travaux agricoles.

Libres et esclaves

En fait la société mésopotamienne ne nous est bien connue qu'à partir du siècle d'Hammourabi, grâce à son Code qui permet d'interpréter d'innombrables documents émanant du roi d'Ur, de celui d'Eshnouna ou des rois du second millénaire. Le *code d'Hammourabi* différencie trois types d'hommes : l'homme libre ; l'homme qui se prosterne, le subalterne ; l'esclave, propriété d'un autre homme, juridiquement assimilé à un bien mobilier.

L'esclavage ne joue pas un rôle important dans ce type de système économique. Les esclaves, qui sont en général des captifs de guerre, n'apparaissent que rarement dans les listes du personnel. On doit les distinguer des serviteurs dont la vie est liée à celle de leur maître.

Figure 3-4 : La stèle d'Hammourabi.

La famille où chacun a sa place

Les droits de la femme sont protégés juridiquement. Elle dispose de ses biens propres, qu'elle administre librement. Elle peut exercer de nombreuses professions et avoir parfois même d'importantes responsabilités. Dans le mariage, elle est subordonnée à l'autorité de son mari. Après la mort de celui-ci, elle a le droit de gérer et de défendre les intérêts de ses héritiers. Le *Code* fixe non seulement les détails de la succession, mais aussi celui du cas où la femme serait répudiée injustement.

Le chef de famille reste le père, et il transmet à sa mort ses pouvoirs, d'abord à ses fils ou, à défaut d'héritiers mâles, à sa fille. Le mariage est monogame, une seule femme peut prétendre au titre d'épouse légitime. Pourtant les souverains jouissent en ce domaine de certains privilèges, dont la polygamie.

La religion des Mésopotamiens

La religion est entièrement constituée à Sumer dès le IIIe millénaire. Elle nous est connue par l'archéologie et les textes cunéiformes. Chaque cité mésopotamienne possède son propre dieu, chaque ville formant un État en soi. Les dieux principaux sont assistés de dieux secondaires.

On peut dégager quelques grandes caractéristiques de la religion mésopotamienne :

- **Le polythéisme** : un dieu pour chaque ville régnant avec son épouse et ses enfants. Les villes de Umma et Nippur comptent, à la troisième dynastie d'Ur, 638 noms différents de divinités.
- **L'anthropomorphisme des divinités** : représentées sous la forme humaine, elles agissent comme telles. Pourtant, elles sont immortelles et le héros Gilgamesh ne parviendra jamais à l'immortalité, malgré toutes ses ruses, le serpent avalant avant lui la plante de la vie éternelle.
- **L'attribution à chaque dieu d'un chiffre** : à Anu, le dieu des dieux, le chiffre 60, nombre parfait puisqu'il inclut les systèmes sexagésimal et décimal employés parallèlement par les Mésopotamiens.

Même si chaque ville honore son dieu local, trois grands dieux reçoivent un culte dans l'ensemble du pays :

- **An Anu :** « Anu le suprême, dieu des cieux, père des dieux » habite au ciel et son idéogramme représente l'étoile, déterminatif employé devant le nom de tous les dieux.
- **Enlil :** seigneur du vent et dieu de l'atmosphère.
- **Nergal :** dieu des enfers à l'origine dieu solaire malfaisant.

Le saviez-vous ?

Sept et demi

Les fêtes sont nombreuses, pour rendre hommage aux dieux : sacrifices d'animaux, offrandes de fruits, processions, prières sont les différentes actions effectuées chaque jour par un clergé très hiérarchisé, véritable intermédiaire entre le croyant et la divinité. Inséparable de la religion officielle, la magie sert à protéger des démons malfaisants : « les sept », les « groupes de sept ». Afin d'y parvenir, litanies et psaumes sont récités. On pratique aussi le contre-envoûtement sur des figurines que l'on jette au feu. En dépit de tout cela, la religion mésopotamienne périt plus tôt que celle d'Égypte et s'éteint peu avant le Ier siècle de notre ère.

L'Égypte

Connue depuis Hérodote comme le « don du Nil », l'Égypte est un long ruban fertile de plus de 1 000 km, mais seulement cultivable sur une toute petite largeur, de 1 à 2 km. C'est pourtant sur cette mince bande que toute l'histoire égyptienne va se dérouler. Heureusement pour les égyptologues, au long de plusieurs millénaires, la civilisation égyptienne présente une très grande unité. Remarquable unité politique, tout d'abord. En dehors des périodes de troubles, appelées « périodes intermédiaires », les dynasties se succèdent avec une grande régularité, parfois à plusieurs sur différentes parties du pays, mais le plus souvent en le gouvernant tout entier. Unité de la langue et de la culture, ensuite, pratiquées jusqu'à la période romaine. Unité enfin derrière l'apparente multiplication des dieux, dans la volonté de se les concilier pour couler des jours heureux au bord du Nil.

Les grands rois de l'Égypte

C'est sous le règne de Thoutmosis III et de Ramsès II que l'Égypte connaît sa plus grande extension géographique, elle est la première – et redoutée – puissance méditerranéenne. Tous leurs successeurs tenteront, en vain, de les égaler. Seul Alexandre le Grand les dépasse, un Alexandre égyptien au point de se faire reconnaître comme fils du dieu Amon par son oracle et d'être couronné pharaon.

Thoutmosis III (1479-1425)

À la mort de son père Thoutmosis II, il est contraint de partager le trône avec sa tante Hatchepsout (femme de son père, mais pas sa mère). Quand cette dernière disparaît des textes et des monuments officiels en l'an 22 de son règne, Thoutmosis III peut gouverner seul. Ses exploits militaires, qui le font parfois comparer à Napoléon, sont décrits sur le *Mur des Annales* qui entoure le sanctuaire d'Amon à Karnak. Il effectue 14 campagnes, au cours desquelles il écrase tous les voisins de l'Égypte et impose sa souveraineté depuis la 4e cataracte du Nil au Sud (actuel Soudan) jusqu'à l'Euphrate (actuel Irak).

Ramsès II (1279-1212)

Ramsès II, troisième pharaon de la XIXe dynastie (qui dure de 1291 à 1185), veut donner à cette dernière un lustre et un éclat incontestables. Pour ce faire, il soigne sa propre légende militaire de son vivant. Il est célèbre pour ses 20 campagnes et ses victoires répétées sur les Hittites, peuple occupant en partie l'actuelle Turquie, l'Anatolie. Sa longévité exceptionnelle lui permet également de marquer fortement l'histoire égyptienne. On pourrait supposer qu'un règne de 67 ans semble suffisant pour le faire. Mais Ramsès n'est pas de cet avis. De son vivant, il est déjà célèbre pour ses victoires tout autant que pour son art de les mettre en scène : il n'hésite pas à utiliser les monuments construits par ses prédécesseurs pour se les attribuer. La méthode d'appropriation est simple, il suffit de marteler le nom du pharaon figurant sur le monument et de le remplacer par celui de Ramsès II. Un visiteur peu averti pourrait ainsi croire que tous les monuments d'Égypte ont été bâtis par Ramsès II seul, ou peu s'en faut.

Les grandes reines

L'Égypte met souvent en avant la beauté de ses reines – Néfertiti, grande épouse royale d'Aménophis IV-Akhénaton, ou Néfertari, grande épouse royale de Ramsès II –, mais elle laisse trop dans l'ombre les femmes politiques. Pourtant, outre les grandes épouses royales dont l'influence politique est connue, comme la reine Tiyi, femme du pharaon **Aménophis III (1387-1350)**, de véritables pharaonnes ont exercé le pouvoir directement, et non par l'entremise d'un homme. Deux exemples sont éclatants, **Hatchepsout (1479-1458)** pendant la XVIIIe dynastie, âge d'or de l'Égypte, se fait couronner, puis représenter sur les façades des temples comme un pharaon véritable, avec la barbe postiche des rois.

Cléopâtre VII (69-30 av. J.-C.), dernière de ce nom, est d'origine grecque, comme tous les souverains de la dynastie des Ptolémées, mais elle demeure, par sa volonté de maintenir une Égypte indépendante, la plus égyptienne des souveraines du pays des Deux-Terres.

Hatchepsout (1479-1458)

Fille de **Thoutmosis Ier (1504-1492)**, elle épouse son frère **Thoutmosis II (1492-1479)**, et, à sa mort, devient régente au nom de son neveu et beau-fils Thoutmosis III, avec l'aide du clergé d'Amon. Peu après, elle se proclame pharaon, adopte les cinq noms de la titulature complète et se fait représenter comme roi sur les monuments.

Son règne est marqué par une expédition au pays de Pount, l'actuelle Somalie ou le Yémen, qui ramène or, défenses d'ivoire, arbres à encens, singes, léopards, plumes d'autruche. Elle fait édifier comme demeure d'éternité le *temple de Deir-el-Bahari*. C'est dans ce cirque rocheux que la reine Hatchepsout fait édifier son temple funéraire, le « Temple des millions d'années » comme le nommaient les Égyptiens. Destiné au culte de la reine, il est composé de trois terrasses ornées de portiques, de chapelles dédiées à Hathor, à Anubis, à Hatchepsout divinisée, à Amon-Rê. La mort de sa fille favorite, Néférourê, semble annoncer le déclin du règne, et sa fin dans des circonstances inconnues.

Cléopâtre VII (69-30 av. J.-C.)

La plus célèbre femme de l'Antiquité est fille de Ptolémée XII. Son éducation est soignée, elle parle couramment plusieurs langues, outre le grec et l'égyptien. Elle épouse successivement ses deux frères, Ptolémée XIII et Ptolémée XIV, puis séduit César et Marc Antoine. Son règne personnel dure de 51 à 30 av. J.-C. Après la défaite navale d'Actium, en septembre 31 av. J.-C., où Marc Antoine et la flotte égyptienne sont vaincus par celle d'Octave Auguste, les deux amants retournent en Égypte.

Au mois d'août, en 30 avant Jésus-Christ, Marc Antoine apprend le supposé suicide de Cléopâtre, et se jette sur son glaive qui le transperce. Éplorée, Cléopâtre fait porter le corps dans son tombeau personnel et s'y donne la mort en plongeant les mains dans un panier de figues cachant des serpents venimeux. L'Égypte perd son indépendance et devient province romaine.

Figure 3-5 : Cléopatre.

Tableau 3-4 : Les grandes dates de l'Égypte ancienne

Date (av. J.-C.)	*Époque*	*Règne*
Vers 5500 et 3000	Prédynastique	
Vers 3000-2670	Époque thinite	Ire et IIe dynasties
Vers 2670-2195	Ancien Empire	IIIe dynastie (Djéser)
		IVe dynastie (Snéfrou, Khéops, Khéphren, Mykérinos, Ounas)
		Ve dynastie (Pépi Ier, Pépi II)
		VIe dynastie
Vers 2195-2065	Première Période intermédiaire	VIIe dynastie
		VIIIe dynastie
		IXe et Xe dynasties
		XIe dynastie (Montouhotep Ier)

Tableau 3-4 : Les grandes dates de l'Égypte ancienne (suite)

Date (av. J.-C.)	***Époque***	***Règne***
2065-1781	Moyen Empire	XIe dynastie (Montouhotep IV)
		XIIe dynastie (Amenemhat Ier, Sésostris II)
1781-1550	Deuxième Période intermédiaire	XIIIe à XVIIe dynastie
1550-1069	Nouvel Empire	XVIIIe dynastie (Thoutmosis III, Hatchepsout, Akhénaton)
		XIXe dynastie (Toutankhamon, Séthi Ier, Ramsès II)
		XXe dynastie (Ramsès III, Ramsès IV)
1069-664	Troisième Période intermédiaire	XXIe dynastie
		XXIIe dynastie (Psousennes Ier)
		XXIIIe dynastie (Séshonq Ier, Osorkon II)
		XXIVe dynastie (Osorkon III)
		XXVe dynastie (Tefnakht, Piankhi, Taharqa)
664-332	Basse Époque	XXVIe dynastie (Psammétique Ier)
		XXVIIe dynastie (Perse) (Darius Ier)
		XXVIIIe dynastie
		XXIXe dynastie (Néphérites Ier)
		XXXe dynastie (Nectanebo)
332-330	Époque ptolémaïque	Alexandre, les Ptolémées (de Ptolémée Ier à Ptolémée XV), les Cléopâtres (de Cléopâtre Ière à Cléopâtre VII)
30 av. J.-C.-395 ap. J.-C.	Époque romaine	Empereurs romains

La société égyptienne

Vers la fin du premier millénaire, le mot *pharaon* apparaît parmi le vocabulaire égyptien. Il signifie *Per Aha* (« la grande maison »), nom qui se perpétuera dans l'Empire ottoman avec le terme de « la Sublime Porte ».

Le pharaon, un dieu parmi les dieux

Par sa naissance tout d'abord, car il est issu d'une *hiérogamie* ou mariage divin: on voit sur les murs des temples la mère du pharaon recevoir l'amour d'un dieu, qui a pris l'apparence de son époux. La légitimité royale se transmet par les femmes. Ainsi la naissance d'Aménophis III est représentée sur une façade du temple de Louxor où Amon-Rê, roi des dieux, père du futur souverain, ordonne aux dieux de préparer cette venue au monde. Le dieu potier à tête de bélier Khnoum façonne le pharaon sur son tour. La déesse grenouille Heket lui donne le souffle de la vie.

Un conte du *Papyrus Westcar*, du nom du propriétaire, raconte comment les rois de la Ve dynastie ont assuré la transmission de leur pouvoir: à l'origine, la femme du prêtre d'Héliopolis reçoit la visite du dieu Rê et les rois qui vont en naître, puis se succéder, prennent le nom de fils de Rê, pour souligner leur filiation divine. Tous les dieux alors se réunissent pour célébrer la naissance d'un nouveau dieu. Le terme de *Sa Rê* («fils de Rê») devient même le cinquième titre de la titulature du pharaon.

Par sa mort, également, pharaon est un dieu, qui quitte son enveloppe charnelle pour retrouver son état divin éternel. Dans le *Roman de Sinouhé*, considéré comme le chef-d'œuvre de la littérature égyptienne, utilisé comme classique pour former scribes et lettrés, nous est racontée la mort d'Amenemhat Ier, fondateur de la XIIe dynastie: «L'an 30, le 3e mois de l'inondation, le 7e jour entra... Il fut enlevé au soleil, se trouva uni au disque solaire, son corps s'absorba à celui qui l'a fait.» Le pharaon mort est appelé dieu car il gagne les rayons célestes et s'unit au principe dont il est issu.

Le pharaon, un dieu parmi les hommes

Cela se manifeste tout d'abord par sa *titulature*. Comportant ses cinq noms, elle manifeste l'écart infini qui sépare pharaon du commun des mortels et définit son rôle de souverain:

- **Le nom d'Horus**, précédé du hiéroglyphe d'Horus, représente le roi en tant que l'incarnation terrestre du dieu Horus, ancêtre de tout roi d'Égypte, et comme tel identifié avec le dieu Rê.
- **Le nom de Nebty** symbolise la Haute et la Basse Égypte par l'union de la déesse vautour et de la déesse cobra. Elles sont *nebty*, terme qui veut dire «Les Deux Maîtresses».
- **Le nom d'Horus d'or** est représenté par un faucon posé sur le hiéroglyphe désignant l'or. L'or est la chair des dieux, donc de pharaon, et le symbole solaire par excellence.
- Le prénom, ou plus exactement le **nom de Nesout-bit**, «celui qui appartient au roseau et à l'abeille», symboles de Haute et de Basse-Égypte. Terme le plus souvent traduit par «roi de Haute et Basse Égypte». Il est suivi par un premier cartouche, contenant le nom d'accession au trône du pharaon, choisi pour le couronnement.
- **Le nom de fils de Rê**, suivi du nom personnel de pharaon, est inscrit dans un second cartouche.

Figure 3-6 : Détail de la Table des rois.

Pharaon manifeste également sa toute-puissance dans ses attributs de royauté. Ainsi il arbore la couronne de Haute-Égypte, une mitre blanche. Mais aussi la couronne de Basse-Égypte, une tiare rouge. Les deux réunies constituent le *pschent*, la coiffure royale par excellence. Selon les circonstances, pharaon porte d'autres coiffures royales, dont le *némès,* une coiffure se terminant par une natte, et le *keprech*, le « casque de guerre ».

Dans l'Égypte ancienne, l'absence d'études sur les institutions juridiques rend les connaissances sur les institutions sociales très aléatoires. Les différents types sociaux sont évoqués à travers les bas-reliefs, les peintures ou les rondes bosses. Le livre de *La Satire des métiers* contient une description des fonctionnaires au Moyen Empire (2065-1781), en vante les avantages, et se tait presque complètement sur les autres corps de métier si ce n'est pour en souligner les inconvénients.

Les ouvriers

La découverte ces dernières années d'un village d'ouvriers à Deir-El-Medineh, daté du Nouvel Empire (1550-1069), a permis de mieux cerner la vie quotidienne de ceux qui étaient préposés au creusement des riches tombes des nobles. Nous avons quelques indications, mais comparées à d'autres civilisations, celles-ci peuvent paraître insuffisantes sur certaines classes sociales : les fondeurs de métaux, teinturiers, bouchers… Leur travail est rémunéré pour l'essentiel sous forme de nourriture, pain, cruches de bière, légumes et volailles. Parfois, s'y ajoute une gratification, un objet, un petit bijou fantaisie.

Les esclaves

Aucun nom en égyptien ancien ne permet précisément de supposer qu'il y avait vraiment de l'esclavage. Souvent pris comme butin de guerre, les prisonniers étaient utilisés comme main d'œuvre pour les travaux publics, creusement de canaux, construction des pyramides, sans statut inférieur juridiquement défini. L'esclave, en Égypte, est une main-d'œuvre bon marché, dans un pays où les corvées collectives sont innombrables. C'est un apport essentiel pour creuser les canaux, entretenir les parcelles, bien plus encore que pour aider à la construction des temples ou des pyramides. Les théories d'esclaves malmenés, gémissant sous le fouet, sont bien plus crédibles à Hollywood que dans l'ancienne Égypte. Au demeurant, le sort des vaincus pouvait être plutôt effroyable. Nombre de bas-reliefs illustrent une bien atroce manière de compter les vaincus, par des amoncellements de mains ou de phallus tranchés. Exagération voulue pour terroriser l'ennemi potentiel ? Triste réalité ? Aucune réponse définitive n'a été apportée à ce jour.

La femme

Par rapport à bien d'autres sociétés antiques, on peut dire que la situation de la femme dans l'Égypte ancienne était tout à fait exceptionnelle.

Le mariage égyptien, comme le mariage mésopotamien, est monogamique, sauf au sein de la famille royale, où les noms de diverses épouses apparaissent à côté de celui de l'unique « grande épouse royale ». C'est aussi à l'intérieur de la famille royale que pouvait se faire une union entre frères et sœurs, symbolique ou consommée. Les femmes seront investies de fonctions sacerdotales au Nouvel Empire, elles se consacrent à Amon, dont elles deviennent peu à peu les Grandes Adoratrices, avec un pouvoir politique réel, contrebalançant celui du pharaon.

Des reines comme Hatchepsout ou Cléopâtre jouèrent un rôle primordial dans la société. Mais les simples femmes disposent de droits : douaire pour leur permettre de vivre en cas de veuvage, héritage, droit de disposer de leurs biens propres, de les administrer, de les léguer, et tout cela sans tutelle masculine.

Hiéroglyphes and Co

De toutes les écritures anciennes, l'écriture égyptienne est celle qui nous offre le plus clairement le type d'écriture de mots réalisés à l'aide de représentations d'objets, par le moyen de symboles transparents. La tradition en attribue à Thot, dieu de la Basse-Égypte. L'étymologie grecque du mot *hiéroglyphe*, « écriture sacrée », en souligne donc l'aspect sacré. Clément d'Alexandrie (200 ap. J.-C.) distingue trois sortes d'écritures égyptiennes :

- **Le hiéroglyphique**, apparu à la fin du IVe-IIIe millénaire, réservé aux monuments.
- **Le hiératique**, écriture cursive utilisée dès la fin de l'Ancien Empire pour les documents administratifs, littéraires ou scientifiques.
- **Le démotique**, écriture elle aussi cursive, apparue au VIIe siècle, en usage pendant mille, dont se servait notamment Hérodote.

Figure 3-7 : La pierre de Rosette.

La religion égyptienne

Dans l'Égypte ancienne, les origines de la religion se trouvent dans les divinités des nomes. Après l'union du royaume de Basse et de Haute-Égypte, Seth et Horus vont supplanter les autres dieux. Lié à la notion de mal, Seth lutte en permanence avec Horus, le dieu faucon. La zoolâtrie, un des aspects primitifs de la religion égyptienne, subsistera toujours. Innombrables, les dieux de l'Égypte ancienne prennent des formes infiniment variées. Ils peuvent être totalement anthropomorphes, comme Osiris, dieu des morts, ou ses sœurs-épouses Isis et Nephtys, mais aussi revêtir une forme animale à la manière de Sobek, le dieu crocodile, ou Thouéris, la déesse hippopotame ; ils peuvent encore être hybrides, en partie humain, en partie animal, comme Hathor, déesse de la joie et de l'amour, femme à tête de vache.

Les dieux les plus importants sont:

- **Amon**: dieu principal de Thèbes, associé à Ré sous le nom d'Amon-Ré.
- **Anubis**: dieu funéraire à tête de chacal, fils d'Osiris.
- **Apis**: taureau sacré adoré à Memphis comme l'incarnation du dieu Ptah.
- **Hathor**: déesse de l'amour, à tête de vache.
- **Horus**: faucon incarnant le dieu du soleil, fils d'Isis et d'Osiris.
- **Isis**: déesse de la maternité et de la fertilité; principale déesse de l'Ancienne Égypte.
- **Khnoum**: dieu à la tête de bélier et au corps d'homme, maître de l'île d'Éléphantine et gardien de la source du Nil.
- **Maât**: déesse de la justice et de la vérité; lors de la pesée de l'âme du mort, ou *psychostasie*, elle symbolise le poids juste par une plume d'autruche sur un plateau de la balance qui pèse le cœur du défunt sur l'autre plateau. Elle est représentée assise, portant sur la tête une plume d'autruche.
- **Osiris**: maître du royaume des morts, et époux de la déesse Isis, souvent représenté comme momifié, la tête surmontée d'une coiffe ornée de plumes.
- **Ptah**: dieu de la création, dieu souverain de Memphis.
- **Rê**: le dieu Soleil, dieu de l'Univers, représenté avec une tête de faucon, porte un disque solaire. Dieu de l'Ancien Empire, il est plus tard, au Nouvel Empire, associé au dieu local de Thèbes, Amon, et devient Amon-Rê.
- **Seth**: dieu du mal, meurtrier de son frère Osiris, dont il découpa le corps en morceaux.
- **Thot**: dieu de la sagesse, à tête d'Ibis, également représenté en babouin scribe.

Le développement des cultes populaires fut tardif. Pourtant la légende d'Osiris, mis à mort par son frère Seth, pleuré et recherché par sa sœur-épouse Isis, vengé par son fils Horus, a acquis une grande célébrité. Elle nous est parvenue grâce à la propagation, hors d'Égypte, du culte d'Osiris devenu Sérapis à Rome, et surtout de celui d'Isis, qui arriva même en Gaule. Plutarque consacra un opuscule à cette légende, un siècle environ après l'ère chrétienne.

La religion égyptienne s'appuie sur le dieu Amon, dont le nom signifie « le caché », au Nouvel Empire, ou sur le disque solaire, Aton, auquel le nom du roi **Aménophis IV (1350-1333)** est resté attaché. Tout traduit l'importance permanente du clergé. Moins soucieux de ces problèmes de théologie, le *fellah* (paysan) égyptien porte davantage d'intérêt à tout ce qui concerne sa destinée future: avoir une tombe, conserver le corps le mieux possible, pouvoir maintenir un certain temps un culte funéraire. Il devait le plus souvent se contenter d'une natte enroulant le corps et du sable du désert pour le dessécher.

Figure 3-8 : Le temple d'Abou Simbel.

N'OUBLIEZ PAS !

Adieu, les dieux, vive l'Aton

Aménophis IV monte sur le trône, en 1350 av. J.-C. Surtout connu pour l'exceptionnelle beauté de son épouse, la reine Néfertiti (« La Belle-est-venue », en égyptien), c'est un réformateur religieux d'envergure. Renonçant à la multiplicité des dieux d'Égypte, il décide de n'en adorer qu'un, Aton, représenté sous la forme d'un disque solaire aux longs rayons terminés par des mains humaines présentant l'*ankh*, la croix de vie.

En l'an 6 de son règne, il quitte Thèbes, la capitale, et s'installe avec la cour dans sa nouvelle résidence et capitale, Akhet-Aton, « La Demeure d'Aton », l'actuelle Tell-el-Amarna en Moyenne-Égypte. Il fait ensuite détruire les statues du dieu principal Amon et marteler son nom. Dans l'esprit des Égyptiens de l'époque, lorsque le nom de quelqu'un disparaît, il cesse d'exister pour l'éternité.

À sa mort, après une époque troublée, le jeune Toutankhamon monte sur le trône. Les anciens dieux reviennent en force. C'est au tour d'Aménophis IV-Akhénaton de disparaître dans les textes, comme ses statues.

Les textes funéraires

Il existe un grand texte funéraire correspondant à chaque grande période de l'Égypte :

- **Les Textes des pyramides** pour l'Ancien Empire : destinés au seul roi, ils doivent lui permettre de triompher des ennemis qui cherchent à détruire sa momie, puis à devenir dieu en se fondant avec le Soleil.
- **Les Textes des sarcophages** pour le Moyen Empire : ils sont peints sur les parois de ceux-ci. C'est une démocratisation du parcours du combattant qui attend les nobles et les personnages importants dans l'au-delà. Les parois peintes des sarcophages en bois, à l'intérieur et à l'extérieur, balisent les étapes dangereuses à franchir pour parvenir enfin devant le tribunal d'Osiris, roi des morts.
- **Le Livre des morts**, pour le Nouvel Empire et les périodes postérieures : rouleaux de papyrus déposés près des momies, ou sous leur tête, ils constituent le plus classique des aide-mémoire dans l'autre monde. Au long de son voyage, le mort accompagne la barque solaire dans son périple nocturne. Il faut sans arrêt passer des portes redoutables ou répondre à des génies malfaisants. Toute erreur entraîne la destruction. Heureusement, un coup d'œil au livre, et le mort est sauvé !

Un corps d'éternité : la momie du roi

Afin de protéger le corps, qui doit traverser intact l'éternité pour assurer la survie du roi, les prêtres multiplient les accessoires protecteurs et les amulettes prophylactiques, c'est-à-dire dont le pouvoir magique doit éviter la dégradation du cadavre : les doigts et les orteils sont protégés par des étuis en or, les pieds sont chaussés de sandales d'or, les cuisses sont ornées de sept bracelets, les genoux et les tibias sont protégés de collerettes d'or, une ceinture en or est posée sur le ventre.

Au total, 143 objets précieux sont disposés sur la momie, entre les bandelettes, avant la pose du masque en or représentant le visage du jeune roi. L'or, métal imputrescible, c'est-à-dire qui ne se corrompt pas, représente l'immortalité et la chair des dieux. Le visage d'or du roi est donc celui du dieu qu'il est désormais, à jamais.

N'OUBLIEZ PAS !

Le masque de Toutankhamon

C'est le 4 novembre 1922 que l'archéologue anglais **Howard Carter (1874-1939)** commence à déblayer l'escalier rempli de sable qui conduit à la tombe de Toutankhamon. Quelques jours plus tard, le 23 novembre 1922, il brise le sceau de malédiction et pénètre dans la tombe du roi. Les fouilles sont conduites pour le compte de **lord Carnavon (1866-1923)**, riche aristocrate anglais, féru d'égyptologie.

La tombe renferme plus de 3850 objets, tous destinés à servir à la vie quotidienne du roi dans l'au-delà. Mais le plus grand trésor est la momie intacte du souverain, conservée dans trois sarcophages emboîtés, le dernier en or massif, tout comme le masque qui recouvre son visage.

En or massif, lapis-lazuli, cornaline, quartz, obsidienne, turquoise et verres colorés, il pèse 11 kg, mesure 54 cm de haut et 39,3 cm de large. Il est conservé au Musée égyptien du Caire. Le roi porte la barbe postiche, attribut divin, le *némès*, voile sacré, et sur le front les deux déesses protectrices de l'Égypte : la déesse cobra, Ouadjet, symbole de Basse-Égypte (Sud) et la déesse vautour, Nekhbet, symbole de Haute-Égypte (Nord).

Ses yeux, en amande, sont maquillés au khôl. Contrairement à bien des représentations idéalisées du pharaon, les traits reproduits semblent bien être un portrait véritable du roi, marqué encore par les joues rondes et les fossettes d'un adolescent.

La Grèce

Dans cette partie, suivons les héros, vibrons au récit de leurs exploits : Achille, Ulysse précèdent les ancêtres à honorer, cependant que les oracles murmurent les décisions divines dans les bois et grottes sacrées. Les hommes ont bien assez à faire à créer la cité, à jeter les rudiments de la politique et de la philosophie. Toute l'histoire de la Grèce frémit du fracas des batailles, se réjouit de l'organisation politique des cités, s'émerveille de l'empire universel d'Alexandre. Tournons quelques pages du plus beau livre d'histoire…

Un monde de palais

Entre 1900 et 1920, la découverte de l'art crétois par Evans à Cnossos lui permet de décrire cette civilisation prodigieuse, et de montrer qu'elle précède et explique l'époque mycénienne (du nom de la ville de Mycènes, dans le Péloponnèse) découverte, elle, par Schliemann entre 1870 et 1900. Ces civilisations se développent du IIIe au Ier millénaire environ. À une civilisation de petites villes succède une civilisation de palais (Knossos, Phaistos, Mallia). La civilisation mycénienne s'illustre par une série de forteresses comme celles de Mycènes (1600) ou de Thyrinthe.

LE SAVIEZ-VOUS ?

Le fil d'Ariane

Pasiphaé, épouse du roi Minos, s'éprend d'un taureau destiné à être sacrifié à Poséidon, dieu des mers et des fleuves. Cette folie amoureuse est une punition du dieu, pour se venger de Minos, qui avait refusé de tuer un si bel animal, fût-ce en l'honneur d'un dieu.

De leurs amours naît un fils à corps d'homme mais à tête de taureau, le Minotaure. Horrifié, Minos l'enferme dans le labyrinthe, prison sans issue conçue par son architecte Dédale. Tous les neuf ans, sept jeunes gens et sept jeunes filles y périssent, offerts en sacrifice. C'est le tribut que les Athéniens doivent au roi Minos.

Ils sont délivrés de ce cauchemar par Thésée, qui tue le Minotaure et parvient à sortir du labyrinthe grâce à la pelote de fil remise par Ariane, fille du roi tombée amoureuse de lui.

Des envahisseurs venus du Nord

Vers 1100, de nouveaux peuples venus du Nord, les Doriens, s'installent en Grèce, chassent les Achéens qui cherchent de nouveaux établissements en Asie Mineure. À cette époque, le territoire de la Grèce centrale est partagé en petites principautés indépendantes qui unifient peu à peu en un seul État toute l'Attique.

On ignore comment la royauté héréditaire fut abolie et remplacée à Athènes par un collège de neuf membres, présidé par un archonte-roi. Les neuf archontes sont les magistrats les plus respectés jusqu'au milieu du Ve siècle, puis ils ne conservent que des fonctions judiciaires et religieuses : l'un d'eux règle notamment le calendrier et préside les *dionysies*, jeux en l'honneur de Dionysos. La liste des archontes est la base de la chronologie à Athènes et elle débute en 683 avec les noms d'*archontes-basileus* (rois), compromis entre le collège (les archontes ensemble) et la fonction sacerdotale du roi (le *basileus*).

N'OUBLIEZ PAS !

Les premiers Jeux olympiques

Les premiers Jeux olympiques recensés officiellement ont lieu en 776 av. J.-C., sur le site d'Olympie, dans la péninsule du Péloponnèse. Selon les mythes, ils auraient été créés par le roi Pélops, qui donne son nom au Péloponnèse, par Héraklès ou même par Zeus lui-même, le roi des dieux. Chacun aurait eu à cœur d'y célébrer une victoire. Par la suite, les jeux ont lieu tous les quatre ans, l'intervalle qui les sépare, appelé une olympiade, servant de chronologie aux Grecs, comme, de nos jours, nous datons à partir de Jésus-Christ. C'est en 393 que l'empereur romain chrétien Théodose interdit les Jeux de notre ère, prétextant qu'ils ont lieu en hommage à des dieux païens.

Tableau 3-5 : Les grandes dates de la Grèce antique

Date (av. J.-C.)	*Événement*
776	Début des Olympiades
490	Première guerre médique. Victoire des Athéniens à Marathon par Miltiade sur les Perses de Darius. Victoire terrestre des Grecs sur les Perses à Platées
480	Seconde guerre médique. Trois cents Spartiates meurent en héros aux Thermopyles. Victoire navale des Grecs à Salamine, sous la conduite de Thémistocle, sur les Perses de Xerxès
479	Victoire terrestre des Grecs sur les Perses à Platées
450-429	Époque de Périclès et apogée athénienne
431-404	Guerre du Péloponnèse marquée par l'expédition de Sicile sous la conduite d'Alcibiade. Athènes prise par le Spartiate Lysandre. Gouvernement éphémère des Trente Tyrans à Athènes
371-364	Guerre de Thèbes contre Sparte
338	Philippe II bat les Athéniens et les Thébains à Chéronée
336-323	Son fils Alexandre le Grand devient le premier grand conquérant de l'histoire. Ses successeurs, les *diadoques*, se partagent ses conquêtes : les Antigonides de Grèce, les Lagides d'Égypte, les Séleucides de Syrie
146	La Grèce passe sous la domination romaine pour devenir ultérieurement province romaine sous l'empereur Auguste

La société grecque

C'est aux Grecs que nous devons l'invention des principaux systèmes politiques, des modes de gouvernement. Ils sont les premiers à s'interroger sur la place, les droits et les devoirs du citoyen. Mais il ne faut pas se tromper sur le sens de ces termes. La démocratie grecque est réservée à l'élite restreinte, et uniquement masculine, d'un petit groupe de citoyens, dans chaque cité.

Les différentes formes de l'organisation politique

Les origines de la croissance des cités grecques sont encore assez mal cernées. Le point de départ en a été sans doute le *genos*, groupe familial qui a dû se regrouper en tribus ou en phratries. L'individu, au fur et à mesure de la constitution de la cité, se libère des contraintes familiales, fondées essentiellement sur les traditions et les lois coutumières, le *nomos*. Jusqu'au Ve siècle, la Grèce compte de nombreuses cités, notamment les quatre cents États environ – surtout des cités – regroupés dans la Ligue de Délos par les Athéniens et leurs alliés. Mais chacune d'entre elles est régie par un système où le statut des citoyens et des non-citoyens diffère, ce qui entraîne des relations elles aussi différentes entre ces catégories d'habitants.

La Grèce a connu, et expérimenté, tous les modes de gouvernement toujours en vigueur de nos jours. Rappelons quelques grandes formes :

- **Le gouvernement oligarchique** (Grèce archaïque, Sparte), où le pouvoir est exercé par un petit nombre d'hommes. S'ils se distinguent par la richesse, on parle alors de *ploutocratie* et d'*aristocratie* pour les groupes privilégiés par la naissance.
- **Le gouvernement tyrannique** (Grèce archaïque), gouvernement dirigé par un homme qui dicte ses volontés sans règle préétablie. Pisistrate à Athènes profite ainsi des troubles pour s'emparer du pouvoir au VIe siècle av. J.-C..
- **Le gouvernement démocratique** (Grèce classique), qui repose sur l'assemblée des seuls citoyens.
- **Le gouvernement monarchique** (Grèce hellénistique), caractérisé par l'exercice du pouvoir par un chef unique, ou roi.

La cité, espace politique

Vers 625, Dracon publie les premières lois à Athènes, jugées assez dures pour donner naissance au qualificatif de « draconien » par la suite. Puis vers 594, Solon, connu par la conquête de Salamine, établit de profondes réformes : répartition des citoyens en quatre classes établies sur la base du revenu de chacun, libérations des charges qui pesaient sur les petits propriétaires terriens. C'est au cours d'une période de troubles que Pisistrate prend le pouvoir. Le tyran, avec ses deux fils Hipparque et Hippias, achève de ruiner le pouvoir des nobles. Vers 507, les réformes démocratiques seront apportées par Clisthène : création des *dèmes* (circonscriptions), réorganisation de la *Boulé*, assemblée de 500 citoyens, tirés au sort parmi les membres de l'assemblée générale des citoyens, l'*Ecclésia*.

Les vrais changements sociaux et politiques se produisent avec la conquête d'**Alexandre le Grand (336-323)** qui agrandit le monde hellénisé, répand la pratique de l'esclavage et implante Grecs et Macédoniens au cœur de systèmes économiques différents.

Figure 3-9 : L'Acropole et le Parthénon.

LE SAVIEZ-VOUS ?

Périclès, guerrier législateur

Périclès (494-429) exerce son pouvoir sur Athènes, en qualité de stratège (général) entre 443 et 431. Il est réélu 15 ans de suite. Son œuvre législative comprend deux mesures essentielles : la loi sur la citoyenneté définit un citoyen athénien comme étant né de père citoyen et de mère fille de citoyen athénien ; une indemnité, le *misthos*, destinée aux membres des tribunaux populaires, est instituée. De cette manière, même les pauvres peuvent assurer les fonctions de juge. Son montant est de 2 oboles, soit le tiers du salaire journalier.

Toutefois, Périclès s'expose à la moquerie et aux caricatures féroces des auteurs comiques, comme Aristophane. Le peuple rit à gorge déployée quand son crâne allongé est comparé à un oignon. Les rires redoublent quand « crâne d'oignon » prend son air le plus sérieux pour débiter un discours ennuyeux à mourir.

Être citoyen à Athènes

Paradoxalement pour nous, mais tout à fait conformément à l'idée grecque de la citoyenneté, les citoyens sont les moins nombreux, face à la foule des non-citoyens : enfants, femmes, étrangers (métèques), esclaves. Ils forment environ 10 % de la population et se distinguent par :

- **Des conditions :** il faut être libre, né de père citoyen athénien et de mère fille de citoyen athénien, avoir 18 ans et avoir accompli son *éphébie*, service militaire de deux ans, et être inscrit sur le registre de son dème (circonscription) de naissance.
- **Des devoirs :** être prêt pour la guerre entre 18 et 60 ans, rendre un culte aux divinités *poliades*, les dieux de la cité (*polis*), comme Athéna à Athènes, prendre part aux assemblées politiques, payer ses impôts, se marier et avoir des enfants.
- **Des droits :** être électeur et se présenter aux élections, intenter des procès, proposer ou amender les lois, réclamer une révision du montant de l'impôt et voter l'ostracisme (bannisement de 10 ans).

N'OUBLIEZ PAS !

La mère et l'enfant

Dans l'Antiquité grecque, les enfants sont du sang de leur père, la femme n'a servi que de « vase » pour les porter jusqu'à la naissance. Elle n'a donc aucun droit sur eux. Après la naissance, l'enfant est présenté au père de famille. S'il accepte de le reconnaître, il le prend dans ses bras et fait avec lui trois fois le tour du foyer familial, consacré à la déesse Hestia. S'il refuse l'enfant malformé, de sexe féminin, ou pour toute autre raison, le bébé est abandonné sur un tas de fumier où il meurt, à moins d'être récupéré par un marchand d'esclaves. À Sparte, la mère est invitée à précipiter elle-même dans un gouffre ceux qui ne feraient pas de bons guerriers, aptes à défendre la cité et à se reproduire.

La dure vie du Spartiate

Dans toute cité grecque, les hommes entre 18 et 60 ans sont avant tout destinés à la guerre, mobilisables en général à tout moment. Mais s'il est une cité où cet aspect prédomine, c'est bien Sparte. Dès la naissance, le Spartiate est traité en guerrier futur, et commence un parcours du combattant. Cette organisation est mise en place par les *Lois de Lycurgue*, réformateur du VIIIe s. av. J.-C. :

- **Naître, c'est d'abord survivre :** à peine né, le bébé est amené par son père au conseil des Anciens, la *Gérousia*. S'ils estiment l'enfant bien formé, il vivra, sinon, il sera jeté dans un gouffre. Une première sélection est faite par les femmes : le bébé est lavé au vin, au lieu d'eau. S'il se débat, a des convulsions que le vin pur est supposé révéler, il finit au gouffre. Cette sélection précoce, monstrueuse à nos yeux, est parfaitement justifiée aux yeux des Spartiates. L'enfant est avant tout celui de la cité de Sparte avant d'être celui de ses propres parents. À ce titre, son devoir essentiel est de prendre les armes pour la défendre. S'il est dans l'incapacité de le faire, il n'a plus de droit véritable à l'existence.

- **L'éducation spartiate, ou l'art du dressage :** jusqu'à 7 ans, l'enfant est confié aux femmes, qui doivent lui apprendre à ne pas pleurer, ne jamais se plaindre, se nourrir de ce qu'il trouve, fortifier son amour de Sparte. Puis vient l'éducation militaire : « louveteau » de 8 à 11 ans, « garçon » de 12 à 15 ans, puis « irène » (èphèbe) de 16 à 20 ans. Les jeunes Spatiates vivent entre eux, en groupes ou « troupeaux », de l'âge de 12 ans à 30 ans. À partir de cet âge, un homme peut prendre ses repas et dormir chez lui. Physiquement très entraîné, le Spartiate apprend à peine à lire et à écrire. En revanche, son éducation musicale est plus poussée, mais toujours dans une finalité militaire : l'armée évolue au son de la musique. Pour les jeunes filles également, un corps robuste est indispensable pour donner naissance à des garçons bien formés. Elles pratiquent donc la gymnastique, et des rudiments d'art du combat, pour être prêtes à défendre la cité en cas de besoin.

La dureté de l'éducation spartiate prépare aux plus grands sacrifices. Ainsi, pour permettre aux cités grecques de préparer leur défense, le roi de Sparte Léonidas, avec seulement 300 guerriers, tient tête à toute l'armée perse dans le défilé des Thermopyles. Leur sacrifice permettra aux Grecs de lever des forces nouvelles et de repousser **Xerxès Ier (510-465 av. J.-C.)** et ses troupes.

UN PEU DE TECHNIQUE

Pas vu pas pris

À partir de 12 ans, le jeune Spartiate est un *Pais*, ou « garçon ». Il vit en bande, soumise à un chef plus âgé. Pour tout vêtement, un seul manteau, volontairement trop court ou pas assez épais pour l'hiver. La nourriture est soigneusement rationnée pour l'empêcher de manger à sa faim. Il doit donc se débrouiller, c'est-à-dire voler des aliments, dès que l'occasion s'en présente. Pris sur le fait, il est battu, puis violemment fouetté. Ne vous y trompez pas : il n'est pas puni durement pour avoir volé, mais pour s'être laissé prendre ! Aucun habitant de Sparte ne lui prêtera aide et assistance, ne lui fournira nourriture ou vêtement, ce serait en faire un être faible, semblable aux femmes, incapable de survivre par lui-même. L'une des épreuves du service militaire, l'*irénie* consistait même à tuer dans la campagne un *hilote*, un esclave, sans se faire prendre.

L'empire d'Alexandre (356-323)

Alexandre, qui voulait un empire universel, l'étendit jusqu'en Asie Mineure et en Égypte, mais son armée s'arrêta au bord de l'Indus et refusa de le suivre plus loin. Entre temps, il aura fondé 70 villes en Orient, ce qui explique l'importance de l'hellénisation, c'est-à-dire de la diffusion de la culture grecque. Sa mort soudaine et à un jeune âge l'empêche de réaliser une parfaite fusion entre le monde grec et le monde barbare. La brièveté de son existence rend encore plus impressionnante la liste de ses exploits :

- 356 : naissance d'Alexandre, fils du roi Philippe II de Macédoine et de la reine Olympias. Dès son enfance, sa mère lui révèle qu'il est le fils d'un dieu qui s'est uni à elle en empruntant la forme humaine de son époux.
- 343 : à 13 ans, il dompte le cheval Bucéphale, car il a remarqué que l'animal a peur de son ombre, ce qui le rend ombrageux.
- 340 : il assume, à 16 ans, la régence de Macédoine, pendant que Philippe II guerroie en Grèce.
- 338 : bataille de Chéronée. Alexandre, à la tête de la cavalerie macédonienne, écrase l'armée de Thèbes.
- 336 : Philippe II est assassiné. Alexandre devient roi de Macédoine.
- 335 : Alexandre prend et rase Thèbes.
- 334-331 : Il passe avec une immense armée, 35 000 hommes, en Asie Mineure (Turquie actuelle), écrase les armées du roi perse Darius III Codoman.
- 326 : Alexandre atteint la vallée de l'Indus, au nord de l'Inde. L'armée refuse de le suivre plus loin.
- 30 mai 323 : Alexandre, de retour à Babylone, tombe malade.
- 10 juin 323 : au coucher du Soleil, Alexandre le Grand meurt.

LE SAVIEZ-VOUS ?

Trancher le nœud gordien

Gordion était une cité considérée comme la clef de l'Asie. En 333, l'armée d'Alexandre y passe l'hiver, avant de reprendre les combats au printemps. Curieux de tout, Alexandre y visite le temple local de Jupiter. Les prêtres lui montrent le char du père du roi Midas, Gordios. Sa particularité est que le joug en est formé d'une série de nœuds, très serrés, très enchevêtrés. La légende prédisait que celui qui parviendrait à les dénouer serait maître de l'Asie. Après un examen attentif, Alexandre sort son épée et tranche le joug. Deux ans lui suffiront à réaliser la prophétie.

Dans la langue courante, nous avons conservé l'expression « trancher le nœud gordien » pour indiquer une solution simple à un problème compliqué.

Figure 3-10 : Alexandre le Grand.

La Grèce hellénistique

Pendant une période qui va durer deux siècles, la civilisation de la Grèce est dite *hellénistique*. La langue écrite grecque, la *koïné*, se forme et se substitue aux anciens dialectes, créant ainsi une unité linguistique. Elle est utilisée jusqu'au fond de l'Asie et sa force unificatrice peut être comparée à celle qu'eut dans l'Allemagne du XVIe siècle la langue de Luther. Cet héritage hellénistique ne prendra fin qu'en 641 après J.-C. avec la conquête arabe. Toutes les époques qui lui succèdent voient en la Grèce l'expression la plus achevée de la civilisation. En se libérant de ses chaînes nationales, elle pose les fondements d'une culture universelle.

La religion grecque

Sous leur forme humaine, non seulement les dieux grecs nous ressemblent physiquement (oui, enfin presque, eux ont toujours des corps parfaits sauf le forgeron Héphaistos), mais ils ont tous nos défauts, amplifiés comme il se doit par leur statut divin. Ce qui nous sépare ? Dans la vie quotidienne, rien ou presque. Mais ils ont tout de même un avantage impossible à combler : ils sont immortels.

Pour les Grecs, tout commence avec le chaos, lieu indéterminé où existent, en attente de se révéler, les forces qui donneront naissance aux premières divinités et à la vie. Pour les dieux primordiaux, les relations père-fils sont difficiles. *Gaia*, la Terre, et *Ouranos*, le ciel étoilé s'accouplent. Leur fils, *Cronos*, le Temps, émascule son père et le remplace comme roi des dieux. Il épouse sa sœur, *Rhéa*. Seulement, *Cronos* est méfiant, il est bien placé pour connaître la tragédie familiale : s'il a un fils, ce dernier le tuera pour prendre sa place. Un moyen efficace est vite trouvé : il dévore ses enfants à la naissance, les avalant d'une seule bouchée. *Rhéa* laisse faire les cinq premières fois, puis, au sixième enfant, *Zeus*, elle donne une pierre enveloppée de langes à *Cronos*, qui l'avale aussitôt. L'enfant est confié à une nourrice, et caché.

Le panthéon grec

Le panthéon des dieux grecs compte de nombreux dieux et déesses :

- **Aphrodite**, déesse de la beauté et de l'amour ; fille de Zeus ou, selon une autre version, née de l'écume de la mer ; mère d'Éros.
- **Apollon**, fils de Zeus et de Léto ; dieu de la musique, de la poésie et de la divination ; idéal de beauté masculine.
- **Arès**, dieu de la guerre, fils de Zeus et d'Héra ; père présumé de Romulus et de Remus.
- **Artémis**, sœur jumelle d'Apollon ; déesse de la lune et de la chasse.
- **Athéna**, déesse de la sagesse et de la guerre, sortie armée du cerveau de Zeus.
- **Cronos**, l'un des Titans, dieu de l'agriculture et des récoltes ; père de Zeus.
- **Dionysos**, dieu de la vigne et du vin ; fils de Zeus et de Sémélé.
- **Héra**, déesse souveraine de l'Olympe, fille de Cronos et de Rhéa, sœur et épouse de Zeus ; protectrice des femmes.
- **Hermès**, messager des dieux, fils de Zeus et de Maia ; protecteur du commerce et des voyageurs, patron des voleurs.
- **Hestia**, déesse du foyer, sœur de Zeus ; dans son temple brûlait un feu sacré entretenu par les Vestales.
- **Les Lares et les Pénates**, dieux du foyer domestique ; les premiers gardaient la maison et les seconds le garde-manger.
- **Poséidon**, dieu de la mer, frère de Zeus.
- **Zeus**, maître des dieux de l'Olympe, fils de Cronos et de Rhéa, dieu du ciel et des phénomènes célestes.

N'OUBLIEZ PAS !

Une funeste escroquerie

Les dieux s'ennuient, l'Olympe manquant de distractions. C'est pour remédier à cela et créer une animation amusante que Zeus crée les animaux et l'homme, mais pas encore la femme. La vie des hommes est rude : ils ne connaissent ni élevage, ni agriculture, ni feu. C'est un choix des dieux. Ils veulent bien des hommes faits à leur ressemblance, mais sans leur intelligence.

Ceci chagrine Prométhée, fils du Titan Japet, qui avait servi Zeus dans les combats contre les autres Titans. Par ruse, il dérobe le feu dans l'atelier du dieu forgeron Héphaïstos et parvient à connaître le secret de l'intelligence, détenu par la déesse Athéna. Il en fait cadeau aux hommes. Furieux, Zeus le punit cruellement. Prométhée est enchaîné sur le mont Caucase, et un aigle (ou un vautour) vient chaque jour lui dévorer le foie, qui repousse, afin que le supplice se poursuive éternellement.

Selon un autre mythe, Prométhée aurait fabriqué le premier homme avec de l'argile. La déesse Athéna lui donne la vie. Mais ce premier homme ne sait rien faire. Prométhée lui enseigne donc tout : élevage, agriculture, écriture, médecine, tous les arts. Il finirait par devenir un rival pour les dieux eux-mêmes. Pour les apaiser, Prométhée institue le sacrifice, une offrande faite aux dieux pour les honorer.

Les Enfers

Les Enfers grecs sont le séjour de tous les morts, qui communique avec notre monde par des grottes. Les Enfers sont partagés en trois parties :

- **L'Erèbe**, lieu de passage, ou de séjour, de toutes les âmes, qui y pleurent en permanence, regrettant éternellement la vie perdue.
- **Le Tartare**, vaste prison entourée d'un triple mur d'airain où sont punis ceux qui ont offensé les dieux, et particulièrement Zeus.
- **Les Champs-Élysées**, à l'origine paradis des guerriers morts au combat, puis lieu de félicité pour les âmes méritantes. Attention, il ne faut pas comprendre mérite au sens chrétien du terme. Les élus n'y sont pas parce qu'ils se sont bien conduits, mais parce qu'ils ont été célèbres, utiles à leur communauté et au monde Grec.

Les Enfers comptent cinq fleuves :

- **L'Achéron**, fleuve de l'affliction et de la douleur
- **Le Cocyte**, fleuve des gémissements
- **Le Styx**, fleuve des serments irrévocables
- **Le Léthé**, fleuve de l'oubli
- **Le Phlégéton**, fleuve de feu

Les enfers sont aussi peuplés de monstres variés. Faisons connaissance, prudemment, avec quelques-uns d'entre eux :

- **Cerbère** est un chien à trois têtes, gueules effroyables et queue de dragon. Il empêche les vivants d'entrer et les morts de sortir, exception faite pour Orphée, Hercule, Psyché, Ulysse et Énée.
- **Charon,** le vieux nocher (passeur) d'âmes. Contre une pièce de monnaie, l'« obole », il leur fait franchir le fleuve Achéron, qu'ils ne pourront jamais plus franchir dans l'autre sens. Si une âme proteste ou se plaint trop amèrement durant la traversée, elle est jetée par Charon dans les eaux du fleuve, où elle se dissout. Charon est impitoyable pour celles qui ne peuvent payer, condamnées à errer éternellement sur la rive. C'est pourquoi les parents des défunts doivent déposer une pièce sur une paupière, le front ou les lèvres du mort.
- **Les Erynnies** sont un groupe de trois sœurs, Alecto, Tisiphone, Mégère, nées du sang répandu sur Terre quand Ouranos fut émasculé par son fils Cronos. Leur nom, qui signifie « les Bienveillantes », est destiné à les apaiser, car, armées de torches et de fouets, elles poursuivent de leur vengeance implacable tous les auteurs de crimes.

Après ces épreuves, l'âme du mort comparaît devant un tribunal composé de trois juges (*Rhadamante*, *Minos*, *Éaque*) qui écoutent son plaidoyer, puis décident de l'envoyer au Tartare ou aux Champs-Élysées.

Orphée et Eurydice

Haute en couleur, la religion grecque a donné naissance à de nombreux mythes. Il est impossible ici de les relater tous alors qu'ils ont fondé notre culture. Toutefois, certains ne peuvent être ignorés. À commencer par l'éclatante preuve d'amour d'Orphée et Eurydice.

Aède, poète, chanteur et musicien, Orphée s'accompagne de la lyre, aux accents si mélodieux que nul n'y résiste : hommes, femmes, dieux, bêtes, y compris les serpents, et plantes, tous sont sous le charme. Il s'éprend de la belle nymphe Eurydice, divinité mineure des sources et prairies humides, et l'épouse.

Hélas, au cours d'une promenade, elle est mordue par un serpent venimeux et meurt. Parti à sa recherche, Orphée la retrouve, la perd de nouveau, la retrouve enfin, mais morte. Désespéré, il parcourt la terre, qui retentit de la douleur de ses chants. Puis il décide d'aller aux Enfers pour reprendre la femme aimée.

L'épreuve suprême consiste à fléchir un terrible couple, Hadès, dieu du monde infernal, et son épouse Perséphone. Émus par son chant, ils lui accordent le retour d'Eurydice dans le monde des vivants, mais à une condition : sur le chemin du retour, il ne devra jamais se retourner pour la regarder. Cependant il le fait, et Eurydice disparaît pour toujours. Le chant désespéré d'Orphée exaspère les Ménades, prêtresses de Dionysos, dieu du vin, qui le lapident. Son âme descend aussitôt aux Enfers, où elle rejoint enfin celle d'Eurydice.

Tantale : un vrai supplice

Tantale, roi de Lydie, était un favori des dieux, invité souvent à leurs banquets. Il finit par se croire leur égal, et, pour prouver qu'ils ne pouvaient tout savoir, tua son fils Pélops en secret et offrit sa chair cuisinée à un banquet offert aux dieux, qui la refusèrent. Zeus le punit en l'expédiant au Tartare et en lui imposant un triple supplice :

- **L'eau** : Tantale se baigne dans une eau fraîche et délicieuse, mais ne peut en boire, alors qu'il meurt de soif. Dès qu'il tente de la porter à ses lèvres, elle devient du sable.
- **La faim** : il ne peut saisir aucun des fruits qui poussent sur les arbres alentour. Dès qu'il approche la main, le vent fait s'envoler le fruit convoité.
- **L'angoisse** : au-dessus de sa tête, un énorme rocher menace de l'écraser à tout moment.

Midas : un âne en or

Dionysos offre à Midas, roi de Phrygie, un vœu : tout ce qu'il touche sera transformé en or. Le dieu accomplit ce vœu, et si Midas est d'abord enchanté, il déchante vite : il ne peut ni boire ni manger, tout devient or entre ses mains ou sur ses lèvres. Menacé de mourir de faim et de soif, le roi supplie le dieu, qui le débarrasse du vœu par un bain dans la rivière Pactole : depuis, celle-ci charrie de la poussière d'or.

Mais Midas n'est pas pour autant guéri de se mêler des affaires des dieux. Peu après, il est amené à juger entre le dieu Pan, dieu des pâturages et des troupeaux, joueur de *syrinx*, flûte de roseau à sept tuyaux, et Apollon, dieu des arts, incomparable joueur de lyre. La supériorité d'Apollon est écrasante, mais Midas en tient pour Pan et s'exclame : « Pan chante cent fois mieux. Je préfère son talent et puisque je le préfère, c'est qu'il doit être le meilleur. Croyez-vous que je n'ai pas d'oreilles ? ». Insulté, Apollon s'approche du roi et lui étire les oreilles, qui s'allongent, s'allongent, et se couvrent de poils. Depuis, Midas a des oreilles d'âne.

Dédale et Icare

Dédale est un architecte de génie, mais il doit fuir la Grèce, à la suite du meurtre de son neveu, qu'il a assassiné alors que celui-ci promettait de le surpasser en talent. Réfugié avec son fils Icare, auprès du roi de Crète, Minos, il construit le labyrinthe dans lequel est enfermé le Minotaure.

Mais Minos ne le laisse pas repartir en Grèce. Ingénieur autant qu'architecte, Dédale réalise des ailes de bois et de plumes collées par de la cire afin de quitter l'île de Crète. L'évasion a bien lieu, mais le jeune Icare ne suit pas les sages conseils de son père et s'approche trop du Soleil. La cire fond, et l'adolescent est précipité dans la mer, où il se noie. Brisé, Dédale finit ses jours en Sicile, architecte renommé, mais écrasé de chagrin.

Achille, ton talon te perdra

Achille est le fils d'un mortel, le roi Pelée, et d'une néréide, une divinité des eaux de mer, Thétis. Sa mère connaît son avenir de glorieux guerrier, et, pour le protéger, plonge l'enfant dans les eaux du Styx, afin de le rendre invulnérable. Mais elle le tient par le talon, seul endroit du corps où Achille peut être blessé à mort.

Il se couvre de gloire à Troie, tue Hector et venge son ami Patrocle. Mais, trois jours après, au cours d'un combat, Pâris, frère d'Hector, lui décoche une flèche dans le talon et le tue.

Depuis, le « talon d'Achille » désigne la faiblesse cachée de quelqu'un.

Œdipe et le sphinx

À Thèbes, le roi Laïos et la reine Jocaste désespèrent d'avoir un enfant. Interrogé par le roi, l'oracle de Delphes prédit une issue funeste : il aura bien un fils, mais celui-ci le tuera. Il est alors prévu que le jeune prince sera abandonné dans la forêt pour y être dévoré par les bêtes. Cependant, le berger chargé de la besogne ne peut s'y résoudre et le confie à un ami qui lui donne pour nom Œdipe.

Adopté par le roi de Corinthe, lui aussi sans enfant, Œdipe connaît une jeunesse heureuse, jusqu'au jour où, au cours d'un banquet, un ivrogne lui révèle le terrible secret : non seulement il tuera son père, mais il épousera sa mère. Pour échapper à son destin, Œdipe fuit Corinthe. En route pour Thèbes, il se querelle avec un vieillard et le tue, sans savoir qu'il s'agit de son vrai père, Laïos. La première partie de la prophétie est réalisée.

À Thèbes, la ville est terrorisée par le sphinx, lion ailé à tête de femme. Perché sur un rocher, à l'entrée, il pose la même énigme à tous les voyageurs, qui se trompent et sont dévorés : « Le matin, il a une tête et quatre jambes, à midi il n'en a plus que deux, et le soir il en a trois. Plus il a de jambes, moins il a de force. » Mais Œdipe l'affronte et lui répond : « C'est l'homme. Enfant, il marche à quatre pattes, adulte sur ses deux jambes, vieillard avec un bâton qui le soutient. » Hurlant de rage, le sphinx se jette dans un abîme proche.

En récompense d'avoir débarrassé Thèbes du sphinx, Œdipe peut épouser Jocaste. Quand tous deux apprennent qu'ils sont mère et fils, Jocaste se pend et Œdipe se crève les yeux. Puis il quitte la cité, erre en Grèce jusqu'au moment où, près d'Athènes, il trouve la porte d'entrée des enfers et la franchit pour ne plus en revenir. Sigmund Freud baptisera « complexe d'Œdipe » l'amour d'un fils pour sa mère qui ne présente plus rien de filial.

Jason et la Toison d'or

Encore enfant, Jason, fils du roi d'Iolcos, est écarté du trône par son oncle Pélias. Ce dernier consent à lui rendre la couronne s'il parvient à conquérir la Toison d'or, fourrure en or d'un bélier suspendue dans un bois en Colchide.

Jason se lance dans l'aventure après avoir construit le navire *Argo* (le Rapide) et recruté des amis fidèles, les Argonautes : Hercule, Thésée et Orphée. Après de multiples embûches, ils parviennent en Colchide, pays du roi Aiétès. Ce dernier promet à Jason la Toison d'or s'il accomplit deux exploits : dompter deux taureaux furieux et les forcer à s'atteler pour labourer un champ ; dans les sillons, planter des dents de dragon, qui germent aussitôt pour laisser pousser des guerriers en armes, qu'il faudra vaincre.

Jason n'aurait aucune chance sans l'aide de Médée, la fille du roi, qui s'est éprise de lui. Magicienne, elle confectionne un onguent magique qui fait disparaître douleurs et blessures. Il dompte les taureaux, laboure, sème et extermine l'armée née des sillons. Puis Médée endort le dragon, gardien de la Toison, dont peut alors s'emparer Jason. Il revient avec Médée, mais n'ayant plus besoin d'elle, et, en dépit de leurs enfants, en épouse une autre. Médée, folle de rage, empoisonne sa rivale, tue ses propres enfants et disparaît sur un char ailé. Jason passera le reste de sa vie à regretter son inconstance.

N'OUBLIEZ PAS !

L'ordre de la Toison d'or

Ordre chevaleresque, il est fondé par le duc de Bourgogne, « grand duc d'Occident », Philippe le Bon, pour accompagner les célébrations de son mariage avec l'infante Isabelle du Portugal, à Bruges, le 10 janvier 1430.

Le but de l'ordre est la défense de la religion chrétienne et l'exaltation de la gloire de Dieu. Il est placé sous le patronage de Saint-André. Les chevaliers, à l'origine 24, sont ensuite 50. Ils arborent tous le collier de la Toison d'or, lourd collier de motifs d'or au centre duquel pend la dépouille d'or du bélier.

De la maison de Bourgogne, il est passé aux Habsbourg, régnant en Espagne, aux Pays-Bas, en Autriche. Aujourd'hui encore, le roi d'Espagne est le grand maître de l'*ordre de la Toison d'or*, dont le trésor est conservé à Vienne, en Autriche. La langue officielle de l'ordre est toujours le français.

Rome

Si Rome s'est inspirée de la Grèce, elle n'en est pas la pâle copie. Ses inventions propres sont nombreuses et conditionnent encore notre vie de tous les jours : le droit, les institutions, la vie du citoyen, les routes, les aqueducs, les théâtres, jeux et sports sont autant de fondations essentielles. Dans cette partie de chapitre, vous allez retrouver l'histoire d'une ville et de son empire, et tous ces legs qui sont devenus les nôtres.

21 avril 753 av. J.-C., enfin Rome vint

Selon *L'Énéide* de **Virgile (70-19 av. J.-C.)**, poète des origines légendaires de Rome, c'est ce jour-là que Rome est fondée. Ce long poème chante la gloire d'Énée, l'un des rares hommes de Troie à avoir pu s'échapper de la ville après sa chute. Il se serait réfugié dans la région de la future Rome et serait l'ancêtre glorieux du peuple romain, descendant lui-même de Vénus. Romulus et Remus sont ses lointains descendants. Frères jumeaux, ils sont abandonnés dans les bois pour y mourir de faim ou être dévorés. Une louve et ses petits vient à passer, les adopte et les nourrit comme ses propres louveteaux.

Adultes, c'est sur le lieu même où la louve les a trouvés qu'ils veulent fonder une ville. Pour savoir lequel la fondera, chacun se perche sur une colline : l'Aventin pour Remus, le Palatin pour Romulus, et ils attendent un signe des dieux. Remus aperçoit six vautours, mais Romulus douze : il fondera la ville. Pour la délimiter, il trace avec une charrue un sillon qui en détermine le périmètre. Par provocation, Remus saute par-dessus le sillon, pourtant limite sacrée et inviolable. Son frère Romulus le tue aussitôt.

LE SAVIEZ-VOUS ?

Un meurtre, c'est assez

Le meurtre de Remus par Romulus aurait dû être le dernier. Pour les Romains, l'enceinte sacrée qui délimite Rome, le *pomoerium*, ne doit plus jamais voir couler le sang. Les soldats doivent déposer les armes avant de le franchir et rentrer dans la Ville (Rome est la Ville, avec majuscule, aucune autre ne peut lui être comparée) et ce sous peine de mort. La peine est aussi appliquée à tout citoyen qui rentrerait avec des armes. Mais ne rêvons pas, bagarres, révoltes, assassinats politiques ont bel et bien eu lieu, tout comme les meurtres crapuleux.

Leurs auteurs étaient simplement prudents : ils cachaient soigneusement leurs armes avant de rentrer, pour mieux s'en servir ensuite.

Mythes fondateurs de Rome

Rendu célèbre par les tableaux de Nicolas Poussin et de Jacques-Louis David, l'enlèvement des Sabines relate l'épisode où les soldats qui peuplent Rome manquent de femmes et, invitant les Sabines à une fête, se jettent sur elles et s'en emparent au cri de « pas les vieilles ! ». Cela déclenche un combat entre Romains et Sabins au cours duquel elles s'interposent, les contraignant à conclure la paix. Éphémère, car au cours d'un combat, Tarpeia, jeune Romaine avide, trahit les siens et ouvre les portes de Rome aux Sabins qui assiégeaient le Capitole. Pour prix de sa trahison, elle a demandé ce que les Sabins « portent au bras gauche » de lourds bracelets d'or. Ils paient leur dette, l'écrasant au passage sous le poids de leurs boucliers, qu'ils portent également à gauche…

À Rome, la roche Tarpéienne, du nom de la jeune fille, est le lieu des exécutions pour ceux qui sont condamnés à être jetés dans le vide. Comme elle se trouve à côté du centre du pouvoir, le Capitole, les Romains en tirent une maxime que nous utilisons toujours : « la roche tarpéienne est proche du Capitole ». C'est un avertissement à tous ceux que le pouvoir ou le succès grisent, afin qu'ils sachent qu'ils peuvent à tout moment tout perdre et retourner au néant.

Une légende revue par l'histoire

753 marque arbitrairement la date de la fondation de la ville. Le nom des fondateurs Romulus et de son frère Remus sont des dérivés du nom étrusque patronymique « Ruma ». Sous le règne de Romulus se situe l'enlèvement des Sabines. Il donne à Rome ses premières lois, puis disparaît mystérieusement dans un épais nuage lors d'un rassemblement sur le champ de Mars. Lui succède Numa Pompilius, roi pacifique et pieux, considéré comme l'organisateur de la religion selon la légende. Sous le règne de Tullius Hostilius (Le Guerrier) ont lieu le combat des Horaces et des Curiaces et la destruction d'Albe. Ancus Martius, le bâtisseur, construit Ostie et le port de Rome. Tarquin l'ancien introduit la civilisation étrusque. Servius Tullius construit l'enceinte entourant les sept collines, organise et administre Rome, recense son armée. Tarquin le Superbe poursuit les grands travaux mais se conduit en tyran. Il fait construire le temple de Jupiter, Junon et Minerve sur la colline du Capitole et le grand égout, la *Cloaca Maxima*. Brutus le chasse en 509 et c'est la fin de la royauté à Rome vers 508, selon l'historien grec **Polybe de Mégapolis (vers 200-120 av. J.-C.)**.

LE SAVIEZ-VOUS ?

Les Étrusques

Les Étrusques sont des peuples d'origine asiatique qui, poussés par la famine, auraient quitté la Lydie selon Hérodote, vraisemblablement à la suite des mouvements de population qui marquent la fin du IVe millénaire. Au VIIIe siècle, ils s'installent en Italie centrale dans un territoire occupé par les Villanoviens. En fait, leur appartenance ethnique est loin d'être aussi certaine. Leur vocabulaire et leur structure linguistique n'appartiennent pas au monde indo-européen. Ils fondèrent Veies, Tarquina, Caere, Arezzo, Florence… Leur architecture se manifestera essentiellement dans les tombeaux (Ceveteri) à coupole et les nécropoles. Au IVe siècle, ils se soumettront aux Romains qui conserveront de nombreux caractères de la civilisation étrusque, notamment dans la religion et dans la magie, où la pratique divinatoire tient une grande place. À l'exemple d'Inia, divinité principale, assimilée à Jupiter, Uni le fut à Junon, Menia à Minerve et Velchan à Vulcain.

La République

La République à Rome, comme dans les cités grecques avant elle, se définit non par des frontières, un territoire, mais par les citoyens qui la composent. De même qu'Athènes, c'est avant tout « les citoyens athéniens assemblés », Rome, c'est d'abord l'assemblée de tous les citoyens romains.

Au IVe siècle, Rome se défend avec peine contre ses voisins du Latium. Avant le milieu du IIIe siècle, la petite cité est devenue un État puissant qui domine l'Italie. Vers 390, Rome est pillée par les Gaulois ; mais vers 280, elle est maîtresse de l'Italie centrale ; vers 272, Tarente est soumise et Rome domine toute la péninsule italienne au sud de l'Arno.

Les guerres puniques sont les trois guerres qui opposent Rome à Carthage, ville située sur l'actuel site de Tunis. Les Carthaginois sont appelés par les Romains puniques, d'où le nom de ces guerres. Voici leur détail :

- **264 à 241 av. J.-C. : première guerre punique**. Rome gagne sur terre mais est vaincue sur mer, avant de réorganiser sa flotte et de vaincre sur mer à son tour. Les Carthaginois sont conduits par le général Hamilcar.
- **219 à 202 av. J.-C. : seconde guerre punique**. Hamilcar est remplacé par son fils Hannibal, qui inflige deux écrasantes défaites à Rome, celle du lac de Trasimène, au centre de l'Italie, le 21 juin 217, et celle de Cannes, en Apulie, le 2 août 216. Mais au lieu de marcher sur Rome, il passe l'hiver à Capoue. Nous en avons gardé l'expression « délices de Capoue », pour désigner un délassement et des plaisirs de nature à faire oublier le but fixé… Le général romain **Scipion (235-183 av. J.-C.)** approche alors de Carthage, obligeant Hannibal à revenir en catastrophe. Hannibal est battu à *Zama*, près de Carthage, en 202. Exilé, amer, il se suicide en 183 av. J.-C.
- **149 à 146 av. J.-C. : troisième guerre punique**. Rome assiège Carthage, pendant trois ans, puis la prend et la rase. Ainsi se concrétise le vœu le plus cher d'un sénateur célèbre, Caton l'Ancien, qui commençait tous ses discours par : *Delenda Carthago*, « il faut détruire Carthage ».

Deux siècles plus tard, Rome domine tous les rivages de la mer qu'elle peut nommer *mare nostrum* (« notre mer »), c'est-à-dire la Méditerranée. Profondément transformée par ses conquêtes, Rome ne réussit pas à s'organiser en État aux dimensions de la Méditerranée. Le régime républicain d'autrefois ne fonctionne plus : des ambitieux se disputent le pouvoir et achètent les suffrages. L'inégalité sociale s'est accrue, entraînant avec elle une période de crise. L'armée intervient de plus en plus dans le processus politique.

LE SAVIEZ-VOUS ?

Des éléphants dans les Alpes

Passant par la Gaule, Hannibal franchit les Alpes en 218 av. J.-C. avec ses troupes, 50000 fantassins et 9000 cavaliers, mais surtout avec plus de 200 éléphants de guerre.

Ces pachydermes, plutôt pacifiques d'habitude, sont entraînés au combat par leur conducteur, le cornac, qui les enivre au besoin pour les rendre plus agressif. Leurs défenses, recouvertes de métal, sont redoutables. Un seul problème : saouls, fous de colère, il arrive que les éléphants piétinent aussi les troupes qu'ils accompagnent. Une arme de dissuasion très massive, à manier avec beaucoup de précautions, en somme.

La fin de la République

La République, au milieu du Ier siècle, est en pleine agonie. La noblesse sénatoriale est contrainte d'accepter, selon l'exemple des royaumes hellénistiques, la monarchie, même issue d'un général victorieux. Après Sylla, César essaie d'imposer la solution monarchique. Il échoue mais la voie est préparée pour Octave, qui va organiser ce type de gouvernement et assurer la paix jusque dans les provinces. Pour ne pas s'aliéner l'oligarchie sénatoriale, il conserve des apparences républicaines : c'est le régime dit du *principat*. Octave est désormais *princeps senatus,* c'est-à-dire « premier des sénateurs ». Ce régime nouveau sauvegarde quelques apparences républicaines tout en étant véritablement impérial.

On a l'habitude de désigner sous le nom de *Douze Césars* les douze premiers empereurs de Rome, en comprenant parmi eux Jules César.

Sa vie est un roman : Jules César (100-44 av. J.-C.)

Le plus célèbre de tous les enfants de Rome a connu une fin tragique, mais sa vie comporte les événements les plus rocambolesques. Mettons sans hésiter nos pas dans ceux de César, du moins pour le moment.

Eh oui ! Avant d'être un dictateur chauve, César a été jeune. De famille noble, prétendant même descendre à la fois d'Énée, glorieux fondateur du monde romain, et de la déesse de l'amour, Vénus. Et l'amour, César le fait, avec ardeur, au milieu de fêtes somptueuses, réfugié auprès du roi Nicomède de Bythinie, au nord-ouest de l'actuelle Turquie pour échapper aux assassins envoyés par le dictateur Sylla. Sur la route du retour à Rome, à la mort de ce dernier, en 78 av. J.-C., il est capturé par des pirates qu'il fera plus tard crucifier.

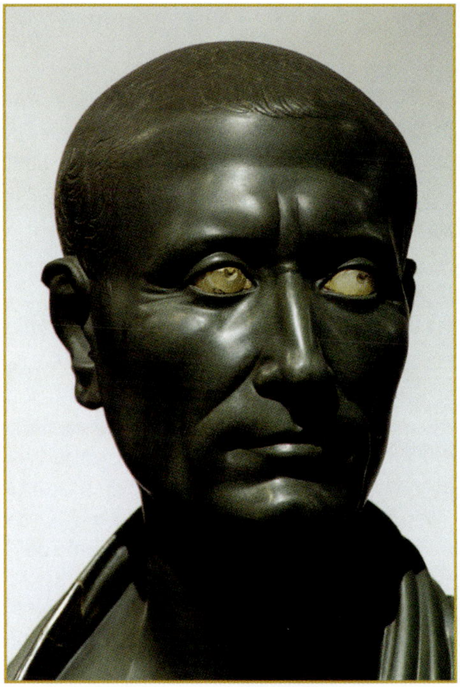

Figure 3-11 : Jules César.

UN PEU DE TECHNIQUE

César, père du calendrier

Le mot calendrier vient de *calendes*, les premiers jours du mois, date à laquelle les Romains payaient leurs dettes. Jusqu'à Jules César, le calendrier est lunaire, si peu pratique qu'il est parfois difficile de se mettre d'accord sur la date exacte. Établi par le prêtre de plus haut rang, le Grand Pontife, il compte 355 jours, répartis sur 12 mois, plus un mois de 20 jours tous les deux ans, placé par le Grand Pontife où il veut. Il est affiché sur les murs des temples, pour que les citoyens s'y retrouvent. L'année débute en mars.

César demande à Sosigène d'Alexandrie un nouveau système, qui devient le nôtre : une année de 365 jours, avec 12 mois de longueur inégale. Pour coïncider avec le temps de rotation de la Terre autour du soleil, un 366e jour est intercalé tous les quatre ans, ce qui donne une année bissextile. Pour les Romains, ce jour supplémentaire était le 24 février, *6 jours avant* (mars) qui se dit en latin *bis sexto ante*, d'où l'année *bissextile*.

Mais il faut songer aux choses sérieuses, c'est-à-dire au pouvoir. César en gravit toutes les marches :

- De 62 à 61 av. J.-C, il est préteur, puis propréteur d'Espagne, qu'il pille consciencieusement, pour régler une partie de ses immenses dettes.
- En 60 av. J.-C, il fait partie du triumvirat, avec Crassus et le général Pompée.
- En 59 av. J.-C., il est nommé consul et devient l'année suivante proconsul de Gaule Cisalpine (notre Languedoc) et de Narbonnaise, qui sont également pillées.
- En 57 av. J.-C., les Belges, redoutables guerriers, sont battus par les légions de César, qui écrasent la révolte d'Ambiorix en 54-53 av. J-C.
- 53-52 av. J.-C., la révolte de Vercingétorix en Gaule est matée. Vercingétorix sera étranglé dans son cachot en août 46.
- Entre 51-49 av. J.-C., alors que Crassus meurt en 52, la rivalité avec Pompée s'exacerbe. César revient en Italie et franchit en janvier 49 le Rubicon, ruisseau tenant lieu de frontière symbolique qu'aucun général romain n'avait, en principe, le droit de franchir avec ses légions. C'est le moment du fameux *Alea jacta est*, « les dés (le sort) en sont jetés », qu'il n'a probablement jamais prononcé.
- 9 août 48 av. J.-C., Pompée est battu en Grèce, à la bataille de Pharsale, mais parvient à fuir en Égypte. Parvenant à son tour en Égypte, César est accueilli par le pharaon Ptolémée XIII qui lui offre la tête de Pompée, mais il rejette l'idée de cette mort, indigne pour un grand général romain. Il en conçoit dégoût et mépris pour le souverain d'Égypte qui, défait, va se noyer dans les marais en mars 47.
- En 47 av. J.-C., au printemps, Cléopâtre offre à César une croisière sur le Nil, qu'ils remontent jusqu'à l'actuelle Assouan.
- Le 2 août, César prononce le fameux : « *Veni, Vidi, Vici* » (« je suis venu, j'ai vu, j'ai vaincu »). La victime est le roi Pharnace du Pont (bord de la mer Noire). Retour à Rome.
- Le 4 avril 46 av. J.-C., les partisans de Pompée sont écrasés en Afrique du Nord. César devient dictateur pour 10 ans.
- Le 17 mars 45 av. J.-C., le fils de Pompée, qui a levé une nouvelle armée, est battu à Munda, non loin de l'actuelle Cordoue, en Espagne. Cherchant à fuir, il est massacré par ses propres soldats.
- En février 44 av. J.-C., César est nommé dictateur à vie, mais vise à un pouvoir plus absolu encore. Une première fois, devant le peuple assemblé, un proche amorce le geste de lui poser une couronne de feuillage sur la tête. La foule gronde, et César repousse le geste, qui aurait fait de lui un nouveau roi. La foule l'acclame.
- Le 15 mars 44, séance solennelle au Sénat. Un groupe de conjurés redoute que César ne se fasse attribuer le titre de roi. Ils l'assassinent de 22 coups de poignards avant son entrée. Selon la légende, son fils adoptif, Brutus, aurait porté le coup fatal. L'apercevant, César se serait couvert la tête d'un pan de sa toge, acceptant sa mort en lui disant : « *Tu quoque fili !* » (« Toi aussi, mon fils ! »).

Figure 3-12 : John Gielgud et James Mason dans *Jules César* (1953).

LE SAVIEZ-VOUS ?

Un séducteur patenté

Ptolémée XIII n'est pas seulement veule, il est jaloux de sa sœur, Cléopâtre VII, même s'il l'a épousée. Belle, cultivée, elle a déjà échappé à plusieurs tentatives d'assassinats, ordonnées par son alcoolique de frère. Dans son palais d'Alexandrie, César reçoit un jour en cadeau un somptueux tapis. Afin de l'admirer, il le fait dérouler, révélant Cléopâtre, qui avait trouvé cet habile moyen de se placer sous sa protection. Ils se séduisent mutuellement. Follement épris, César reviendra à Rome avec Cléopâtre, dont il aura un fils, Césarion. Mais les Romains apprécient peu la présence de Cléopâtre, et surtout la soumission amoureuse de César. Que le grand conquérant ait une maîtresse, il n'y a rien à y redire, qu'il l'installe non loin de sa femme légitime, passe encore, mais qu'il en soit amoureux et le manifeste, voilà qui passe les bornes. La *dignitas*, la gravité romaine, en est insultée !

Car César avait la réputation d'être un séducteur, et personne, à part le Sénat et les partisans de Pompée, ne semble avoir été en mesure de résister à ses manœuvres de séduction. Lors du triomphe célébré après ses victoires en Gaule, les légions, suivant le char de leur général triomphateur, apostrophaient d'ailleurs les spectateurs de propos sans équivoque : « Romains ! Cachez vos femmes, vos filles et vos fils, voici César, le séducteur ! Il est chauve, mais ne vous y fiez pas ! Il plaît ! » Nul ne sait si César appréciait la formule, mais il était d'usage, lors du triomphe, de laisser licence aux soldats de brocarder certains aspects physiques ou de caractère de leur général.

Quelques Césars fameux

Du plus sage au plus inquiétant, effectuons une incursion parmi les détenteurs de la toge impériale :

- **Auguste (27 av. J.-C. -14 après J.-C.)** met en place le régime du *principat*. En principe, cela signifie qu'il est le premier des sénateurs, *princeps senatus*. En réalité, il a tous les pouvoirs, civils et religieux. Il est l'empereur, le premier. Il abandonne le nom d'Octave et reçoit le titre d'*Augustus*, Auguste, en 27 av. J.-C., terme qui veut dire « vénérable », « sacré ».
- **Tibère (14-37)** fit assassiner Germanicus, son successeur désigné, un peu trop populaire à son goût. Il mit à mort nombre de sénateurs. Sa villa de Capri, où il se retira, aurait été le théâtre de fêtes monstrueuses et un lieu de tortures.
- **Caligula (37-41)** s'unit à sa sœur Drusilla, nomma son cheval *Incitatus* consul et fut, lui aussi, grand exterminateur de sénateurs, qu'il obligeait à se suicider avant de confisquer leur fortune. Un jour, malade, il entendit un flatteur s'exclamer : « Comme j'aimerais souffrir à la place de l'empereur ! » Caligula lui répondit : « ton vœu va être exaucé ». Et il le fit aussitôt exécuter.
- **Néron (54-68)** aurait fait assassiner Britannicus, son demi-frère, ébouillanter sa première femme, Octavie, piétiner la seconde, Poppée, tuer d'un coup de glaive sa mère, Agrippine. Il aurait obligé son précepteur, le philosophe Sénèque, à se suicider, ainsi qu'une partie du Sénat. Puis il brûla Rome (ce qui est vraisemblablement faux), accusa les chrétiens et les livra aux fauves.
- **Vespasien (69-79)**, proclamé empereur par ses troupes, en août 69, réorganise l'Empire, après le règne agité de Néron. Il consolide les frontières de l'Empire, restaure les finances de l'État, rend son prestige au Sénat, mais pas son pouvoir. Vespasien est connu pour son avarice proverbiale. Lassé de voir les Romains se soulager partout dans les rues, il fait construire des toilettes publiques, les fameuses « vespasiennes ». Et s'empresse aussitôt de les taxer ! Le premier impôt sur l'urine, en quelque sorte. Son idée n'est pas perdue, une piécette est toujours nécessaire…
- **Titus (79-81)** est le fils aîné de Vespasien, qui le désigna comme son successeur avant sa mort, dans l'espoir d'établir une règle stable de succession au trône. Réputé pour sa modération, il aurait refusé, tout au long de son règne, de signer une seule condamnation à mort. Il est surnommé « les délices du genre humain ». Ce qui ne l'empêcha pas, en 70, avant d'être empereur, d'écraser dans le sang une révolte juive à Jérusalem et de détruire le Temple de Salomon. Le *mur des Lamentations* est le nom que les chrétiens donnent au soubassement du Temple de Salomon. C'est tout ce qu'il en reste après sa destruction par Titus. Pour éviter toute nouvelle révolte de la communauté juive, Titus est aussi à l'origine de la *diaspora*, la dispersion des Juifs tout autour de la Méditerranée, dans les provinces de l'Empire. Dispersés, leur contrôle devenait plus facile pour les Romains.

Figure 3-13 : L'empereur Auguste.

Fous, cruels et dégénérés

S'appliquant aux empereurs romains, cette vision sans appel nous vient surtout de **Suétone (v. 70-v. 128)**, un auteur chrétien, qui, dans sa *Vie des douze Césars*, veut à tout prix prouver que le paganisme ne peut engendrer que des monstres. Ainsi :

- **Caracalla (211-217)** fait exterminer les jeunes hommes d'Alexandrie qu'il trouvait trop grands, car il est de petite taille. Il est présenté comme un monstre débauché, un nain difforme, jaloux de tout ce qui le dépasse.
- **Héliogabale (218-222)** épouse plusieurs hommes, enlève puis contraint à l'épouser la Grande Vestale, et meurt assassiné dans les latrines.
- **Constantin Ier le Grand (306-337)**, après avoir éliminé militairement ses concurrents au trône, est seul empereur en 312. En 313, par l'édit de Milan, il accorde la liberté religieuse aux chrétiens, jusqu'alors plus ou moins tolérés ou persécutés selon les empereurs. En 324, il se débarrasse de l'empereur d'Orient, Licinius, et règne désormais sur les empires romains d'Occident et d'Orient. En 330, il change de capitale et fonde Constantinople, la ville de Constantin, mieux placée au cœur de son immense empire. En 325, il organise et préside le concile de Nicée, réunion générale de l'Église, où est condamnée la doctrine d'Arius, l'*arianisme*, qui faisait de Jésus un homme et non Dieu. Puis il meurt en 337, après avoir reçu le baptême des mains de l'évêque Eusèbe de Nicomédie, devenant, mais un peu tard, un empereur chrétien.

- Bien conscient d'un Empire devenu trop grand pour être efficacement contrôlé, **Hadrien (117-138)** en limite la taille, quitte à abandonner quelques conquêtes récentes (Mésopotamie : une partie de l'Arménie). Il fixe les frontières de l'Empire, le *limes*. Nous en avons une trace avec les ruines du « mur d'Hadrien », séparant l'Angleterre de l'Écosse. Organisateur de l'espace, il l'est aussi du droit, promulgue un *Code* qui réunit toutes les dispositions du droit romain. Cultivé, maniant parfaitement le grec, il témoigne d'une âme sensible.

  En 132, Hadrien décide de raser Jérusalem et d'y construire une nouvelle ville sur le modèle grec. Une révolte éclate aussitôt, que les Romains mettront quatre ans à vaincre, menée par Simon Bar Kochba (Bar Kochba : « le fils de l'Étoile »). Après la révolte, Hadrien construit sa ville, *Aelia Capitolina,* sur les ruines de Jérusalem et interdit aux Juifs d'y résider.
- Intellectuel, **Marc Aurèle (161-180)** est adepte de la philosophie des stoïciens. Cela ne l'empêche pas de mener, avec ses généraux, des campagnes militaires contre les barbares révoltés aux frontières. Respectueux du Sénat, il le consulte, s'entoure de conseillers cultivés, mais laisse persécuter les chrétiens, qu'il voit comme un danger pour la cohésion de l'Empire. Pessimiste, suicidaire, il est accablé par la peste qui sévit pendant plus de quinze ans, à partir de 165, et dont il meurt lui-même le 17 mars 180.
- **Théodose Ier le Grand (378-395)**. C'est lui qui impose véritablement les décisions, ou canons, prises au *concile de Nicée* en 325. En 381, il reconnaît la suprématie du pape, qui n'était qu'un évêque parmi d'autre et devient le souverain pontife, à la tête de l'Église. Il persécute les païens avec férocité. En 390, il publie un édit interdisant tous les cultes païens dans l'Empire et ordonne la destruction des temples, provoquant le pillage de la bibliothèque d'Alexandrie.
- **Romulus Augustule (475-476)**. Le dernier empereur romain n'eut pas droit au titre d'Auguste, mais au sobriquet d'Augustule, le « petit Auguste ». Le chef barbare Odoacre dépose l'adolescent, qu'il assassine probablement (une version plus optimiste voudrait qu'il ait été enfermé dans un couvent, avec une pension). La capitale avait déjà été prise et pillée en 410, par Alaric, rois des Wisigoths, puis par Genséric, roi des Vandales, en 455. L'empereur d'Orient, Zénon, enregistre, non sans satisfaction, la nouvelle situation, qui fait de lui le seul à porter le titre impérial, et donne à Odoacre le titre de roi d'Italie.

LE SAVIEZ-VOUS ?

Constantin l'inconstant

La vie de Constantin, premier empereur de Rome converti au christianisme, est jalonnée d'expériences mystiques. En 312, avant la bataille dite du Pont Milvius, le *chrisme*, symbole du Christ formé des lettres grecques *khi* (ch) et *ro* (p) entremêlées, lui apparaît en songe. Une voix lui dit « Par ce signe, tu vaincras ». Le lendemain, il le fait représenter sur ses étendards, et remporte la victoire.

En revanche, Constantin ne fut pas toujours si « chrétien » lorsqu'il s'agissait de manifester des sentiments charitables : par jalousie, il fit ainsi ébouillanter son épouse Fausta dans son bain et exécuter son fils et successeur Crispus !

Tableau 3-6 : Les grandes dates de la Rome antique

Date	*Événement*
21 avril 753 av. J.-C	Fondation de Rome par Romulus, premier roi de Rome
753 à 509 av. J.-C.	Période des Rois. Organisation de la vie religieuse, de l'armée, des classes sociales ; grands travaux d'assainissement, diffusion de la civilisation étrusque
509 à 27 av. J.-C.	Fondation puis épanouissement de la République
58-51 av. J.-C.	Guerre des Gaules menée par César
73-71 av. J.-C.	Révolte de l'esclave Spartacus
27 av. J.-C.	Début de l'Empire
395	Mort de l'empereur Théodose Ier et dislocation de l'Empire

Les plaisirs et les jours : fêtes, spectacles et jeux

La vie quotidienne des Romains n'est pas faite uniquement de lois et de luttes pour le pouvoir, entre deux triomphes. D'autres moments, intimes et festifs, rythment l'existence. La vie n'est pas dictée par une semaine de sept jours, mais par la décade, période de 10 jours. Le 10e jour est le jour de congé. Il est souvent consacré aux sorties.

Gratuit, car subventionné par un magistrat qui veut plaire au peuple, le théâtre est ouvert à tous, même aux esclaves. Les acteurs le sont d'ailleurs le plus souvent car le métier d'acteur est infamant, indigne d'un citoyen romain, puisqu'il faut interpréter un rôle, donc ne plus être citoyen, même un moment. Les femmes sont interdites sur scène, leurs rôles sont joués par des hommes. Ils exécutent des comédies, très populaires, ou des tragédies, plus intellectuelles, qui le sont moins. Si leur jeu ne plaît pas, ils sont battus. Pompée fait bâtir en 55 av. J.-C. le premier théâtre en pierre, avant ils étaient en bois.

Le plus grand cirque de Rome, le *Circus Maximus*, accueillait 300 000 spectateurs pour les courses de char, les courses à pied, les parades militaires.

Sous le règne de Titus, en 80 av. J.-C., le *Colisée* contient 50 000 places. Là se déroulent les spectacles préférés du public, amateur de sang et d'exécutions. Les combats de gladiateurs opposent trois types de combattants : les *Samnites* : casque, bouclier long, jambière à gauche, glaive ; les *Rétiaires* : trident, filet, protège-bras ; les *Thraces* : casque, petit bouclier rond, jambières, sabre court recourbé.

Figure 3-14 : Le Colisée.

Il existe deux types de combats : avec mise à mort obligatoire (un seul sort vivant de l'arène) ou sans mise à mort obligatoire. Dans ce second cas, le vaincu est le plus souvent gracié, s'il a fait preuve de courage. Les gladiateurs, esclaves ou hommes libres engagés, sont des professionnels, ils font du spectacle, prennent garde à ne pas s'infliger de blessures mortelles. Après de nombreuses victoires, un gladiateur est libéré. Les bêtes fauves sont opposées aux gladiateurs, ou se battent entre elles. On les utilise aussi pour la mise à mort de certains condamnés. Les *naumachies* sont une reconstitution de batailles navales, qui se terminent toujours par le massacre des esclaves utilisés comme figurants, car ils ont peu de chances de survivre au combat, qui est bien réel.

La société romaine

Senatus Populusque Romanus (SPQR) : le Sénat et le peuple romain. C'est par ces mots que commencent tous les édits du Sénat, tous les documents officiels qui engagent Rome. Car les Romains sont très légalistes, et l'esprit de la loi leur importe autant que ses termes. Toute leur vie est conditionnée par la bonne marche des institutions. À partir de la République, le régime atteint son équilibre entre trois types d'institutions : les magistrats, le Sénat, les assemblées du peuple.

Les magistrats

Ils détiennent le pouvoir exécutif et sont élus pour un an. Pour être magistrat, il faut avoir exercé précédemment une fonction moins importante dans ce corps : c'est ce que l'on nomme, pour un magistrat, le *cursus honorum*, la « carrière des honneurs ». Il définit les postes successifs à occuper, pour s'élever dans la hiérarchie. Leur succession, chacun pour un an, est obligatoire. Les Romains se méfiant des ambitieux en quête du pouvoir trop rapidement, le *cursus honorum* leur apprend la patience, en même temps que les règles de la vie politique. Le futur dirigeant devait suivre les étapes suivantes et occuper les fonctions correspondantes :

- **Les tribuns de la plèbe**, représentants du peuple (par opposition au patriciat d'origine noble), sont là pour lui venir en aide. Ils exercent à dix le pouvoir, mais un seul peut s'opposer à tous et annuler leurs décisions. Il faut être âgé de 27 ans au moins. Ils sont intouchables et peuvent bloquer l'action de tout magistrat et du Sénat, par le droit de veto (*veto* : je refuse).
- **Les questeurs**, comptables du trésor public, collectent les impôts. Il faut avoir au moins 31 ans pour faire partie des 40 questeurs du trésor conservé dans le temple de Saturne à Rome.
- **Les édiles** sont chargés de la voirie, de l'approvisionnement de Rome, des jeux publics à organiser et de la police. Il faut avoir au moins 37 ans pour postuler à l'édilité.
- **Les préteurs** ont un rôle essentiellement juridique. Ils seront au nombre de huit sous Sylla (Ier siècle av. J.-C.). Le *préteur urbain* s'occupe des litiges entre citoyens romains, son rôle peut être aussi militaire et il porte le titre d'*Imperator* d'une armée (général en chef). Le *préteur pérégrin* s'occupe des litiges entre un étranger et un citoyen romain.
- **Les consuls**, au nombre de deux (consul signifiant « ceux qui vont ensemble »), sont les magistrats suprêmes de la République. Il faut être âgé d'au moins 42 ans, et avoir exercé au moins les fonctions d'édile, puis de préteur. Ils convoquent et président l'assemblée aristocratique, le Sénat et les assemblées populaires, les *comices*. Ils détiennent l'*imperium*, le pouvoir de lever les armées. Ils donnent leur nom à l'année de leur mandat, on dit alors qu'ils sont consuls *éponymes* (qui donne son nom).

- **Le proconsul** est le gouverneur d'une province, attribuée au consul après son année d'exercice. Le but était d'user de son influence pendant le consulat pour se faire attribuer par le Sénat une riche province, largement exploitée ensuite. Le proconsulat permet d'éteindre ses dettes et de revenir à Rome avec une solide fortune.
- **Le censeur** est la plus honorifique des magistratures romaines. Elle est confiée à deux anciens consuls, élus tous les cinq ans pour une durée de fonction de 18 mois. Ils ont pour tâche de recenser et classer les citoyens romains, selon leur fortune, afin de préparer les élections. Ils dressent la liste des sénateurs, l'*album* sénatorial. Leur pouvoir est absolu, nul ne peut contester leurs décisions.

N'OUBLIEZ PAS !

La loi des Douze Tables

L'égalité entre gens du peuple, plébéiens, et patriciens ayant une noble ascendance fut un long combat. En 494 av. J.-C. a lieu le « retrait sur l'Aventin » : les plébéiens quittent Rome, s'installent sur la colline de l'Aventin et décident de ne plus revenir. Les patriciens les traitent trop mal, ne leur reconnaissant que des devoirs, aucun droit. Rome, ville ouverte et déserte : les patriciens constatent vite qu'ils ne peuvent assurer leur noble mode de vie sans les plébéiens. Ils leur accordent donc des magistrats, les tribuns de la plèbe. Tout rentre dans l'ordre, pour l'instant.

Une nouvelle menace de révolte suffit. Entre 451 et 449 av. J.-C., dix anciens consuls, les *Decemvirs*, rédigent la « loi des douze tables ». Désormais, l'égalité devant la loi entre plébéiens et patriciens est la règle. Toutefois, le consulat est réservé aux seuls patriciens jusqu'en 336 av. J.-C., et les mariages entre les deux groupes restent longtemps interdits.

Le Sénat

C'est la haute assemblée à Rome. Ses membres s'y succèdent souvent de manière héréditaire, mais on peut y être nommé. Seule une grave faute peut conduire à l'exclusion.

Être sénateur, c'est aussi être riche, il faut normalement posséder un million de sesterces sous l'Empire. En cas de problème, un autre sénateur ou un banquier peuvent servir de garant, ce qui arrive souvent. Un sénateur ne peut recevoir de salaire. À l'origine exclusivement aristocratique, le Sénat s'ouvre aux plébéiens. Les anciens prêteurs et consuls y sont nommés de manière automatique, sauf manquement très grave.

Le nombre des sénateurs ne cesse d'augmenter, passant de 300 à 600, puis à 900 sous César et, enfin, à 2000 sous Constantin, au IVe siècle. Les décisions du Sénat, les *senatus consulte,* doivent être appliquées sans discussion. Il vote les finances, dirige la diplomatie, donne des ordres aux consuls.

Sous l'Empire, le Sénat devient une chambre d'enregistrement, aux ordres de l'empereur. Les sénateurs sont reconnaissables à la bande pourpre qui orne leur toge, le *laticlave*. On les nomme « Pères conscrits », et le président du Sénat porte le titre de *princeps senatus*, à comprendre comme le premier d'entre ses pairs (les autres sénateurs), le premier à prendre la parole lors des discussions sénatoriales.

LE SAVIEZ-VOUS ?

« Voter avec ses pieds »

Cette expression en intrigue plus d'un. Elle vient d'une pratique du Sénat romain. Tous les sénateurs n'avaient pas le temps de s'exprimer pendant une discussion, et nombre d'entre eux maîtrisant mal l'art de la parole, si essentiel à Rome, préféraient se taire pour éviter le ridicule. Ils attendaient donc que les ténors de l'assemblée aient fini d'exposer leur point de vue. Puis, *à pied*, ils allaient se placer derrière celui avec lequel ils étaient d'accord. On pouvait alors commencer à compter les voix. Ces sénateurs qui ne s'exprimaient pas étaient appelés *pedarii*, « ceux qui vont à pied », car ils votaient avec leurs pieds.

Les comices ou assemblées du peuple

Il existe trois types de comices : les *comices curiates* qui confirment les prêtres dans leur fonction ; les *comices tributes* qui élisent les questeurs, tribuns de la plèbe, et qui votent des textes ayant valeur de lois ; *les comices centuriates* dans lesquels les citoyens sont répartis selon leur richesse, seuls les plus riches votant. Ils tiennent lieu en matière judiciaire de cour d'appel. Ils représentent le peuple en arme, élisent les dix prêteurs, les deux consuls et les deux censeurs.

Les catégories sociales : de l'ordre équestre à la plèbe

Pour être citoyen romain, c'est-à-dire jouir des droits politiques, il faut être né libre (esclaves et affranchis en sont exclus) et né d'un père citoyen sur le territoire romain proprement dit.

D'après la tradition, la base de l'organisation de la société s'appuie sur la division et la répartition des citoyens en classes sociales. Au sommet de la hiérarchie se trouve l'aristocratie qui est divisée entre les patriciens dont les membres siègent au Sénat (les descendants des cent familles ayant eu des *patres*, ancêtres, dans le premier Sénat créé par Romulus), les grands propriétaires terriens, les chevaliers qui participent le plus directement à l'essor des échanges et de l'économie monétaire. Ils bénéficient de certains privilèges : pour les sénateurs et les chevaliers, un anneau en or et une large bande de pourpre (sénateur) ou étroite (chevalier) sur leur tunique et des sandales en cuir brut. Pendant l'Empire, l'ordre équestre devient une caste de fonctionnaires nobles.

La plèbe comprend l'ensemble de tous les citoyens, qui se divisent en deux classes, celle dont les membres forment l'infanterie lourde, et les *infra classem*, classes inférieures qui servent comme fantassins légers. Constituant la majeure partie des légions et de la population, cette classe sociale sera la plus durement touchée par les guerres.

Les esclaves

Ils proviennent essentiellement des conquêtes romaines, une partie des vaincus étant réduite en esclavage. Le droit romain refuse à l'esclave le statut de personne, il appartient à son maître, comme une maison, un champ et du mobilier. Plus les légions remportent de victoires, plus la République, puis l'Empire, étendent leur territoire, plus il y a d'esclaves sur les marchés. Ils représentent entre 40 et 50 % de la population.

N'OUBLIEZ PAS !

La révolte des esclaves

Rendu célèbre par la littérature et le cinéma, Spartacus était un esclave gladiateur au *ludium* de Capoue. Entre 73-70 av. J.-C., il entraîne avec lui plus de 150000 hommes, occupe et pille tout le sud de l'Italie. En 72, le Sénat envoie Crassus à la tête de six légions. Il bat une partie des hommes de Spartacus, le reste est écrasé par les troupes de Pompée, revenu en hâte d'Espagne. Pour éviter toute nouvelle révolte, 6000 prisonniers sont crucifiés entre Capoue et Rome, le long de la route appelée *Via Appia*. L'exemplarité de la peine dissuada toute révolte servile d'importance par la suite.

Ils sont si nombreux que leurs maîtres en ont peur et que la loi pour eux devient de plus en plus dure. Ainsi, si un propriétaire meurt assassiné, peu importe que l'assassin soit ou non un esclave, tous ses esclaves seront mis à mort, même ceux qui se trouvaient au moment du crime sur une propriété à des centaines de kilomètres de là. En cas de procès, les esclaves sont systématiquement torturés, car dans l'esprit d'un romain, ils ne peuvent que mentir. En revanche, un magistrat qui ferait torturer un citoyen romain sans l'accord des consuls, puis plus tard de l'empereur, serait exécuté.

Rome en guerre

Rome n'échappe pas au sort des puissances de l'Antiquité. Son expansion se fonde sur sa supériorité militaire. Puis vient un moment de son histoire où les conquêtes deviennent sa raison d'être et la source la plus sûre de son pouvoir. Désormais, les armées sont l'essence même de Rome. Les généraux font et défont le pouvoir véritable. Avec la fin de la République, il revient même aux troupes d'élire l'empereur de leur choix, provoquant de fréquentes guerres civiles, quand les légions choisissent des candidats différents en divers points éloignés de l'empire.

Terreur des ennemis de Rome, la légion est un corps militaire rigoureusement organisé, fort de 4000 à 4200 hommes, puis de 6000 au IIe siècle av. J.-C. À l'origine, 1 légion compte 30 manipules et 1 manipule, 60 à 80 hommes.

LE SAVIEZ-VOUS ?

Dix de der

C'est le plus terrible châtiment pour les légions romaines, en cas de révolte, d'insubordination ou de lâcheté au combat. Tous les hommes de la légion sont rassemblés, soit 6000 hommes. Les officiers passent, et en désignent un sur dix, d'où le nom de *décimation*. Tous les désignés sont aussitôt exécutés. Très spectaculaire, cette exécution massive et redoutée est très rarement pratiquée.

Contrairement à une idée répandue, le *triomphe* n'est pas accordé à tous les généraux victorieux. Seul le Sénat l'accorde, à l'issue d'une ou plusieurs campagnes menées avec succès. Il arrive aussi que les sénateurs se fassent prier: Pompée dut camper avec ses légions plusieurs mois hors de l'enceinte sacrée de Rome, le *pomoerium*, avant de se voir accorder le droit d'y entrer en triomphateur. Le triomphe est une procession, des portes de Rome jusqu'au temple de Jupiter sur le Capitole. Les soldats précèdent et suivent le char du général honoré. Vêtu de pourpre, le visage passé au rouge, couronné de laurier, il est monté sur un char conduit par un esclave, attelé de quatre chevaux.

L'esclave n'est pas seulement là pour conduire le char, il murmure à l'oreille du triomphateur « Souviens-toi que tu n'es qu'un homme », afin de l'inciter à « avoir le triomphe modeste », expression que nous avons conservée.

Viennent ensuite les vaincus, promis à la mort ou à l'esclavage, et des chariots sur lesquels sont exhibés les fruits des pillages : statues, objets précieux, animaux exotiques… destinés au trésor de Rome.

À l'issue de la procession, le triomphateur dépose sa couronne de laurier en offrande à Jupiter, puis reçoit les félicitations du Sénat, auquel il offre un banquet. À l'origine, le triomphe s'arrêtait là. Mais les conquêtes de Rome se font plus nombreuses, les butins plus riches. Il devient d'usage que le triomphateur offre des jeux au peuple.

La religion romaine

Les Romains sont des terriens, à l'esprit pratique. Les dieux, qui vivent dans le monde, et non à l'écart, sont présents partout et il importe avant tout de ne pas les mécontenter. Pour cela, il convient de les honorer en respectant des rites, comme le sacrifice. C'est un donnant-donnant : les dieux reçoivent leur dû et évitent aux hommes les problèmes, soit personnels, soit pour Rome et la République, puis l'Empire. Il n'y a aucune vie après la mort, la bonne entente avec les dieux revient à bien vivre ici et maintenant. La maladie, la mort, la guerre, surviennent quand les rites n'ont pas été correctement accomplis.

LE SAVIEZ-VOUS ?

Lémure à mort

Les Romains, s'ils n'envisagent pas de survie de l'âme après la mort, ou d'au-delà au sens chrétien du terme, redoutent les morts. Sauf les assassins et les prostituées, personne ne se serait rendu dans un cimetière de nuit. Car l'esprit d'un mort peut-être irrité. Incapable de faire le bien, il peut nuire. Soit les rites funéraires n'ont pas été convenablement accomplis, soit le mort ne supporte pas son état et en veut aux vivants, qui profitent des joies de l'existence pour lui à jamais enfuies.

Il devient alors lémure, esprit malfaisant, mort-vivant, vampire, loup-garou, goule (femme se nourrissant de chair humaine, de préférence celle des enfants). Bref, tout l'arsenal de la terreur hollywoodienne est déjà prêt à servir à Rome.

Les Romains vivent donc avec les dieux dans la vie quotidienne et sont toujours soucieux de s'en concilier le plus grand nombre possible. D'un côté la religion civique obligatoire, les grands dieux protecteurs de Rome, comme Jupiter, le culte rendu aux empereurs devenus dieux après la mort. De l'autre, la liberté pour tout un chacun d'adorer qui il veut, comme il le veut. D'où le succès des cultes orientaux à Rome.

Aux Romains des premiers siècles de notre ère, le christianisme posera ainsi un problème particulier: d'une part il ouvre la perspective d'une vie après la mort, et tente les Romains, mais d'autre part, pourquoi ne garder qu'un seul dieu, quand tant d'autres peuvent vous apporter chacun quelque chose?

Le panthéon romain

Il faut distinguer deux types de dieux: les *dieux populaires* et les *dieux principaux*. Les premiers sont près de 30000 à Rome. Les Romains pensaient en effet qu'un dieu se trouvait derrière chaque chose ou chaque objet, ce qui explique ce nombre important. Parmi les dieux les plus populaires, il faut citer les *lares* des carrefours. En leur honneur a lieu une fête au mois de janvier, les *compitalia*. Parmi les seconds, il faut citer:

- **Flore**, déesse des jardins
- **Junon**, épouse de Jupiter, déesse de la fécondité
- **Jupiter**, le dieu du ciel
- **Mars**, le dieu de la guerre
- **Minerve**, déesse de la sagesse
- **Neptune**, le dieu de la mer
- **Saturne**, le dieu des semailles
- **Vesta**, déesse du foyer
- **Vulcain**, le dieu du feu

Tableau 3-7: Les dieux romains et leur correspondant grec

Romains	*Grecs*	*Romains*	*Grecs*
Apollon	Apollon	Lune	Séléné
Aurore	Eos	Mars	Arès
Bacchus	Dionysos	Mercure	Hermès
Cérès	Déméter	Minerve	Athéna
Cupidon	Eros	Mors	Thanatos
Cybèle	Rhéa	Neptune	Poséidon
Diane	Artémis	Pluton	Pluton
Dis	Hadès	Proserpine	Perséphone
Esculape	Asclépios	Saturne	Cronos
Faune	Pan	Soleil	Hélios
Hécate	Hécate	Somnus	Hypnos
Hercule	Héraclès	Ulysse	Odysseus
Junon	Héra	Vénus	Aphrodite
Jupiter	Zeus	Vesta	Hestia
Juventa	Hébé	Vulcain	Héphaïstos
Latone	Léro		

N'OUBLIEZ PAS !

La triade capitoline

Ce sont les trois divinités les plus importantes du culte civique. Jupiter, roi des dieux, dieu de la foudre fait régner ordre et justice dans le monde des hommes et celui des dieux. Ses attributs : la foudre et l'aigle. Junon, Reine des dieux, déesse du mariage, protège les épouses et les nouveaux-nés. Ses attributs : le paon et la grenade. Minerve, déesse de la sagesse, des arts, des sciences, a pour attributs la chouette et l'olivier.

La religion dans la vie quotidienne

Particulier à chaque famille, le culte des dieux domestiques est célébré par le *pater familias*. Les dieux *lares* sont les dieux protecteurs de la maison. Les *pénates*, dont le nom vient de *penus* (garde-manger), veillent au ravitaillement et aux provisions : on leur offre des sacrifices modestes sur l'autel domestique. Quant aux *mânes*, ce sont des divinités malfaisantes associées aux âmes des morts. Pour s'en protéger, il faut les honorer régulièrement, à chaque anniversaire du défunt. En fait, les Romains ne se préoccupent que peu du problème de la survie après la mort. Ils ne croient pas non plus à la récompense ou à la pénalisation selon que les actions ont été bonnes ou mauvaises. Les morts végètent dans un monde inférieur et pour qu'ils ne reviennent pas, on leur fait des offrandes. C'est seulement sous l'influence de la philosophie grecque que la conception d'un au-delà commence à se propager parmi les membres de la société aristocratique.

Les relations entre les dieux et les hommes prennent un caractère de contrat, car les Romains attendent de leurs dieux des faveurs immédiates : bonnes récoltes ou victoires. Très superstitieux, les Romains sont très attentifs à tous les signes, qu'ils interprètent comme l'expression de la faveur ou de la colère des dieux. Cette attitude renforce encore le formalisme d'une religion où la peur et la crainte tiennent une place importante. Encore davantage que chez d'autres peuples, la religion chez les Romains est la religion de la cité, car toute la vie politique est liée à des rites, à des cultes, les magistrats sont aussi des prêtres. César fut grand pontife et Cicéron augure. Ce dernier définit la religion comme « la justice envers les dieux et envers les morts ». Justice est à traduire ici par obligation morale réciproque : les hommes rendent le culte dû aux dieux, accomplissent les rites prévus pour les défunts, et, en échange, divinités et morts les laissent en paix.

LE SAVIEZ-VOUS ?

Croire en son foie

Les *haruspices* sont des devins qui prédisent l'avenir, ou décident si une circonstance est favorable ou pas, en explorant les entrailles des animaux sacrifiés, particulièrement le foie. L'empereur Claude les organise en un collège de 60 haruspices. L'origine de cette pratique vient des Étrusques. Il existe des modèles, reproductions en pierre en forme de foies, avec veines, afin d'apprendre aux futurs haruspices à interpréter le dessin, la taille et les principaux aspects de l'organe.

Cicéron, qui ne les apprécie guère, confirme leur réputation de charlatanisme en affirmant que « deux haruspices ne peuvent se croiser et se regarder sans éclater de rire ».

Aucune décision importante, aucun acte essentiel ne peut se prendre ou se faire sans consulter le calendrier. Trois types de jours le rythment :

- 235 jours par an sont fastes.
- 109 jours par an sont néfastes.
- Environ 10 jours par an sont neutres.

Attention, néfaste ne signifie pas nuisible, dangereux. Il s'agit, par exemple, de jours consacrés aux dieux. Tout citoyen préférant continuer à s'occuper de ses affaires encourrait leur colère, c'est en ce sens que le jour concerné serait néfaste, pas en lui-même.

LE SAVIEZ-VOUS ?

Femmes au foyer

Choisies par le Grand Pontife alors qu'elles sont encore des enfants, les Vestales sont sept prêtresses chargé du culte de la déesse du foyer Vesta. Elles doivent en permanence entretenir le feu sacré. Leur service dure trente ans, pendant lequel elles doivent rester vierge. Elles sont ensuite libres de se marier, ou de continuer à servir la déesse. Obligatoirement de famille noble, elles doivent être sans défaut, physique ou moral. Seules femmes du monde romain dans ce cas, les vestales sont émancipées de l'autorité paternelle, libres d'aller et venir comme elles l'entendent ; tous les magistrats leur cèdent le pas ; rencontrant, par hasard, un condamné à mort, elles peuvent le gracier ; leur personne est inviolable et sacrée. Mais la perte de la virginité est punie d'une mort atroce. La Vestale est enterrée vivante, avec une lampe, de l'eau, du lait, de l'huile, l'amant est battu à mort ; si le feu sacré s'éteint, la Vestale est battue de verges jusqu'au sang et peut être exécutée.

Le droit, un héritage romain

Le droit civil romain, compris dans les recueils de lois faits et publiés sous la direction de Justinien, empereur byzantin de 527 à 565, constitue le *Code*. L'expression « droit civil » est employée par les Romains pour désigner les lois applicables seulement aux citoyens romains, par opposition à l'expression « droit des gens », nom que l'on donne aux lois relatives aux étrangers. Le droit civil se divise aussi en droit public, concernant la constitution et le gouvernement, et en lois privées, se rapportant aux relations des citoyens entre eux.

Par une ordonnance spéciale, Constantin détermine ce qui, dans les œuvres des anciens juristes, devait avoir une autorité particulière et ce qui ne devait plus être pris en considération. Au siècle suivant (426), Théodose II promulgue une ordonnance semblable, connue sous le nom de *Code Théodosien*, et destinée à l'empire d'Orient, mais qui ne tarde pas à être aussi adoptée dans celui d'Occident.

Il comprend :

- **Le droit civil**, plus exactement nommé droit privé, qui règle les rapports des particuliers entre eux, et dans lequel rentrent toutes les lois dites civiles, les lois commerciales et celles de la procédure civile.
- **Le droit criminel** ou **droit pénal.**
- **Le droit public**, qui règle les rapports de l'État avec les particuliers et dans lequel se rangent les lois constitutionnelles, les lois et règlements administratifs.

Les Celtes

Évoquer les Celtes revient à présenter un vaste patchwork fait de multiples carreaux de couleurs et de tailles différentes. A son apogée, le monde celte va du détroit de Gibraltar à l'embouchure du Danube, mais Rome le restreint de plus en plus, repousse ceux qu'il considère comme des barbares, contenus par le *limes*, la frontière de l'Empire romain. César, par ses campagnes, les enferme sur les îles britanniques et l'Irlande. Paradoxalement, c'est lui qui leur donne leur nom actuel, dans *La Guerre des Gaules*, lorsqu'il définit les trois parties de la Gaule, celle des Belges, celle des Aquitains, et enfin celle de « ceux qui se nomment dans leur propre langue Celtes, et que nous appelons Gaulois ».

L'image négative des Romains pèse longtemps sur les Celtes, barbares assoiffés de sang, inassimilables, guerriers courageux et redoutables, mais incapables de s'organiser politiquement, qui ne bâtiront jamais un empire. De nos jours, le jugement est inversé : les Celtes fascinent, entre sagesse druidique, respect de la nature, écologistes de la première heure, sans parler des chants et danses, et plus que tout du renouveau de la langue.

Les âges du monde celte

Nous pouvons découper les âges du monde celte en cinq périodes principales :

- **Les temps protoceltiques** s'étendent environ entre 1800 et 1200 av. J.-C. Ils se caractérisent par une migration de l'Europe centrale vers l'Europe occidentale.
- **La civilisation des « Champs d'urnes »** s'étend environ entre 1200 et 900 av. J.-C. Elle est marquée par l'emploi d'armes en bronze plus solides, de lances, de cuirasses et d'épées, par la maîtrise de la céramique, et la naissance des *oppida* (*oppidum* au singulier), villages fortifiés situés sur un site naturel plus aisé à défendre, hauteurs, îles.
- **La période de Hallstatt** doit son nom à un village des Alpes autrichiennes. Elle s'étend entre 900 et 480 av. J.-C. environ. C'est l'époque de la métallurgie, du fer, plus solide que le bronze, et des échanges commerciaux étendus, jusqu'aux rives de la mer Baltique.
- **La période de la Tène** va du début du Ve siècle au IIe siècle av. J.-C. environ. Marquée par des conflits nombreux, elle est aussi le moment de la plus grande extension du monde celte. C'est l'époque où les Celtes gagnent leur réputation de barbares, en prenant et brûlant Rome en 386 av. J.-C., en pillant le sanctuaire de Delphes en 279 av. J.-C.
- **La Gaule celtique** dure du IIe siècle av. J.-C. aux divers épisodes de la conquête romaine, achevée par César au milieu du Ier siècle av. J.-C. Elle se caractérise par une implantation plus ou moins forte des tribus celtes selon les provinces : Narbonnaise, notre Provence ; Aquitaine ; Celtique, vaste zone allant de la plaine du Pô à la Belgique, dont on connaît bien la tribu des Arvernes et leur chef Vercingétorix ; la Belgique, enfin.

Au début de notre ère, tout le monde celte passe sous domination romaine, à l'exception de l'Irlande, qui conserve la civilisation celte intacte jusqu'au Ve siècle de notre ère, moment de la christianisation de l'île par Saint Patrick et ses compagnons. Ceci explique qu'aujourd'hui encore, une grande partie des connaissances sur le monde celte proviennent de cette île, qui transmet les traditions celtiques jusqu'à la fin du XVIIIe siècle au moins.

Tableau 3-8 : Les grandes dates du monde celtique

Date (av. J.-C.)	*Événement*
IVe millénaire	Arrivée des Celtes en Europe centrale
VIIIe -Ve siècle	Civilisation de Halstatt (Europe centrale)
Ve-IIe siècle	Civilisation de La Tène. Apogée du monde celtique
IIe-Ier siècle	Conquête des territoires celtiques par les Romains

La religion des Celtes

Elle nous est surtout connue par les visions critiques des autres peuples, Romains, Grecs. Les Celtes eux-mêmes ont laissé très peu de témoignages écrits, quelques stèles funéraires en latin ou grec, à partir du gaulois, et des bâtons de bois gravés, en Irlande, en écriture *oghamique*. L'*ogham* est la langue des druides, rédigée selon un système d'encoches, de petits traits dessinés à droite ou à gauche, ou de part et d'autre d'une arête. Cet alphabet tombe en désuétude avec le christianisme et la généralisation de l'alphabet latin. On disait que cet alphabet avait été donné aux Anciens par *Ogma*, le vieux dieu de l'éloquence et de la littérature. Les textes sont gravés sur des bois d'if et de noisetier. Mais la religion des Celtes est avant tout une pratique, accompagnée d'une tradition transmise oralement, ce qui explique des lacunes dans la connaissance que nous en avons. Le phénomène essentiel, et qui nous intrigue toujours autant, est le *druidisme*.

Le mot druide, formé de *dru* (très) et *ide* (voir, savoir), signifie le « très savant » ou le « très voyant ». Un druide est un homme qui aspire à approfondir son savoir dans tous les domaines : médecine, botanique, astronomie, diplomatie, spiritualité, etc. Il s'est formé au cours de longues années, auprès d'autres druides. Il en résulte que celui qui exerce ce sacerdoce n'assume pas seulement des fonctions religieuses, mais est amené à intervenir, conseiller, organiser, dans les nombreux domaines de compétence qui sont les siens. Ainsi, il préside aux cérémonies religieuses, sacrifices fréquents d'animaux, mais aussi aux libations, de lait, de miel, d'eau. Il assure la transmission du savoir par l'enseignement, tient lieu de juge de paix, soigne malades et blessés.

Contrairement à une imagerie romantique, le druide est aussi un soldat, qui participe aux guerres et combats, puis prend en main les négociations diplomatiques. Guide du peuple et de ses rois, homme sage, il incarne la continuité du groupe, en maintenant ses traditions, en expliquant l'origine des lois et interdits, tout autant que l'origine des clans par une science pointue de la généalogie. Le druide est enfin le compagnon de la vie quotidienne, qui intervient à la naissance, au mariage, au décès, hôte régulier de ceux qui doutent de leur avenir et ont recours à ses connaissances divinatoires.

Figure 3-15 : Le cercle des druides.

LE SAVIEZ-VOUS ?

Cuchulainn, l'Achille irlandais

Cuchulainn est le Héros par excellence de la mythologie irlandaise, un véritable Achille, redouté pour ses colères qui le transforment en être monstrueux. De son vrai nom, Setanta, le « chemin », il est rebaptisé à cinq ans Cuchulainn, le « chien de Culann », après avoir tué le chien féroce du forgeron Culann, qu'il propose ensuite de remplacer, afin de garder la maison. Lorsqu'il tue trois guerriers, ennemis de l'Irlande, ainsi que tous leurs partisans, sa capacité à se transformer lui vaut le surnom de « contorsionniste ». Sous l'effet de la colère, il devient difforme. Ses mâchoires s'ouvrent au point d'avaler une tête humaine, ses cheveux se hérissent, terminés chacun par une goutte de sang, et du sommet du crâne surgit un flot de sang noir, épais, dressé comme un tronc. Parvenu à un tel paroxysme de fureur, il faut ruser pour le calmer. La reine Mughain vient à sa rencontre avec 150 femmes nues et trois cuveaux d'eau froide. Le premier explose, le second bout, le troisième chauffe, mais, en en sortant, Cuchulainn a repris son apparence normale. Il finit par trouver la mort en combattant les armées de la reine Medb du Connacht. Pour mourir debout et combattre jusqu'à épuisement de ses forces, il s'attache à un rocher. Une corneille, animal psychopompe, c'est-à-dire qui transporte les âmes des morts dans l'au-delà, se perche sur son épaule au moment du trépas.

Le panthéon celte

Les Celtes forment une mosaïque ethnique, et il est de ce fait impossible de présenter tous les aspects de leur mythologie, en fonction des lieux d'implantation géographique des différents groupes. Nous nous appuierons donc ici sur la mythologie la mieux connue, et la plus longtemps préservée, celle d'Irlande, pour présenter l'origine mythique du peuplement de l'île, et la geste de son plus grand héros, Cuchulainn.

Voici les principaux dieux du panthéon celtique, présentés sous leur nom en Irlande et en Gaule, ainsi que leurs attributions :

- **Lug** (Lugus en Gaule), « habile en toute chose », est le dieu de la lumière. Nommé *Lleu* dans le pays de galles, il est représenté en jeune et beau guerrier.
- **Dagda** (Taranis en Gaule), « le dieu bon », est le principal dieu irlandais, il est représenté comme un homme rustique traînant une énorme massue montée sur deux roues, et, dieu des druides et de la magie, il peut ressusciter les morts.
- **Ogma** (Ogmios en Gaule), fils de Dagda, est le dieu de l'éloquence et l'inventeur du premier système d'écriture inventé en Irlande, l'*ogham.*
- **Dian Cecht** (Mapanos en Gaule) est le dieu de la médecine et, avec sa fille, *Airmed*, protège la source sacrée dont les eaux redonnent vie aux dieux mourants.
- **Brigit** (Brigantia en Gaule) est la déesse de la fertilité qui, sous sa forme de Brigantia, est associée à l'eau, à la prospérité, à la médecine et à la guerre.

Les fêtes religieuses celtes

Les Celtes célèbrent quatre grandes fêtes annuelles, dont nous avons conservé, par un symbolisme religieux ou politique, l'essentiel : *Samain* en novembre, *Imbolc* en février, *Beltaine* en mai, *Lugnasad*, en août, dont voici le détail :

- **Samain**, c'est-à-dire au sens propre la « réunion », celle des vivants et des morts, a lieu le 1er novembre. C'est le temps du passage d'une année à l'autre, passage également entre le monde des vivants et celui des morts, célébré par des banquets et des beuveries. L'Église catholique transforme la fête, qui dure une semaine, en celle de la *Toussaint*, fête de tous les saints.
- **Imbolc**, ou « lustration », est la cérémonie qui clôt l'hiver, une purification qui prépare au renouveau de la nature. Elle prend place le 1er février. C'est également en février ou en mars, selon la date de Pâque, après les ultimes agapes, que les chrétiens se purifient par le jeûne du Carême, pendant 43 jours.

- **Beltaine**, le 1er mai, honore Belenos, dieu de la lumière, de la médecine et des arts, et sa *parèdre*, c'est-à-dire son épouse-déesse, Belisama, déesse des forgerons et du feu domestique. C'est d'ailleurs par de grands feux que la fête est marquée. Il ne semble pas exister de rapport direct, à notre connaissance, avec la fête du travail.
- **Lugnasad,** le 1er août, permet à ses sectateurs de rendre hommage au dieu Lug, roi des dieux. Des compétitions sportives, des combats de lutte, des récits en son honneur jalonnent la fête.

N'OUBLIEZ PAS!

Cueillons le gui !

Le dépositaire du secret de la potion magique, Panoramix, hante l'imaginaire collectif: longue barbe, robe blanche, faucille d'or, il coupe solennellement le gui. C'est, pensez-vous, la fonction par excellence du druide. Eh bien, détrompez-vous, c'est une histoire… de Romains ! Cette image, bien ancrée, nous la devons à **Pline l'Ancien (23-79)** qui en fournit une longue description. Or, les fouilles archéologiques prouvent que les druides étaient vêtus comme tout le monde, hormis des ornements symboles de leur rang, comme le *torque*, lourd collier d'or rigide qui entoure le cou. La cueillette du gui, comme celle de bien d'autres plantes, fait partie des attributions du druide, pour préparer potions (magiques ou non) et remèdes divers. Allons, ne soyez pas triste, le petit guerrier d'une bande dessinée mondialement connue vous conduira encore longtemps dans la chaumière du druide et la forêt des Carnutes…

Chapitre 4

L'Autre et l'ailleurs : les civilisations non occidentales

Dans ce chapitre :

- À la découverte de la Chine et du Japon
- L'Orient des califes et des sultans
- L'Afrique dans tous ses états
- L'Amérique des Aztèques et des Incas
- Aborigènes d'Australie, Papous de Nouvelle-Guinée et Inuits du Nunavut

Longtemps centrée sur le monde occidental, l'histoire s'attache de plus en plus à déchiffrer les autres formes de civilisation. Les mystères de la Chine et du Japon prennent un parfum d'opium, l'éclat d'un sabre. Les califes ont les yeux grands ouverts mille et une nuits, et quand disparaissent les derniers pharaons noirs, l'Afrique inaugure Cités-États et vastes royaumes. À Tenochtitlan (Mexico), le sang ruisselle des pyramides. Dans la cordillère des Andes, l'Inca, roi dieu, contrôle d'une main de fer un immense empire.

La Chine

À tout seigneur, tout honneur, les Chinois considèrent leur pays comme l'*empire du Milieu*, le centre du monde. Au centre de l'Empire est placée la Cité violette, la « Cité Interdite », et au centre de cette dernière, le temple du Ciel, où l'empereur accomplit les rites reliant le monde des dieux, le Ciel, au monde des hommes, la Terre. Comme dans la représentation chinoise de l'Univers, la Terre est plate, l'empire du Milieu y trouve sa place au centre de l'espace plan, lieu idéal pour se relier au Ciel, également plat.

C'est donc en se croyant le centre du monde que les empereurs de Chine, gardiens de l'ordre de l'Univers, vont se succéder. Accompagnons-les dans leur longue marche vers l'actuelle République populaire de Chine.

Les dynasties mythiques

L'empereur dieu peut se flatter de descendre d'illustres ancêtres. Avant les dynasties officielles, les dieux eux-mêmes prennent la forme d'empereurs célestes pour régner sur la Chine : les trois Augustes, les Cinq Empereurs. Avec Yu le Grand, fondateur de la dynastie Xia, au XXIe s. avant J.-C., commencent les temps historiques.

Les Trois Augustes

Les Trois Augustes apportent aux hommes les inventions qui sont à l'origine du développement de la société :

- **Fuxi**, masculin, tient une équerre (symbole féminin, yin). Il invente l'écriture et la divination.
- **Nugua**, féminine, épouse du précédent, tient un compas (symbole masculin, yang). Elle est à l'origine du mariage.
- **Shennong**, masculin, est le dieu de l'agriculture et de l'usage médicinal des plantes. Il donne aux hommes la médecine et la pharmacie.

Les Cinq Empereurs

Ce ne sont plus vraiment des dieux, mais des empereurs mythiques divinisés. Il s'agit de :

- **Huangdi (l'Empereur jaune),** dont la couleur est celle de la Terre et le nom celui du Ciel, et qui les relie l'une à l'autre ; après avoir vaincu le Dragon ailé, magicien maléfique qui dévastait la Terre, il enseigne aux hommes tous les arts et toutes les sciences.
- **Zhuan Xi**, qui rétablit l'ordre du monde, en séparant le Ciel de la Terre (sa femme **Ku** donne naissance à dix soleils, qui brûlent en grande partie la Terre).
- **Yao**, qui fait abattre à l'arc neuf soleils et donne au dernier une marche régulière, du lever au coucher, et qui fonde le calendrier, la succession ordonnée des saisons (à ce titre, il est le modèle impérial du bon administrateur).
- **Shun**, désigné par Yao comme son successeur en raison de son exceptionnelle piété filiale, car il a su pardonner à son père brimades et coups, et même une tentative d'assassinat.
- **Yu** le Grand, qui est le dernier héros, le dernier empereur semi-mythique puisqu'il fonde la dynastie Xia (XXIe-XVIe siècle av. J.-C.). On lui attribue aussi la fin du Déluge par la création de fossés et de canaux.

UN PEU DE TECHNIQUE

Les écoles philosophiques chinoises

C'est pendant l'époque des « Printemps et des Automnes » que se développent les grands courants philosophiques de la pensée chinoise. Les connaître est essentiel pour être recruté parmi les fonctionnaires.

- **Le confucianisme** est la doctrine philosophique et éthique de **Kung-Fu-Tseu**, dont le nom latinisé devient **Confucius (551-479)**. Dans le système philosophique organisé par ses disciples, l'homme doit s'en tenir aux conditions sociales qui ont présidé à sa naissance. En accomplissant les devoirs sur lesquels repose cette doctrine, l'homme prend toute sa signification.
- **Le taoïsme** est à la fois philosophie et religion, ses principes sont fixés par **Laozi**, dont le nom francisé devient **Lao Tseu (v. 570-v. 490 av. J.-C.)**. Le recueil d'aphorismes qu'il a laissé porte le titre de *Tao Te King* (livre du *Tao* (voie) et de la vie humaine). Pour lui, l'homme doit s'identifier, par l'extase, au reste de l'univers et parvenir au *Tao*. Il peut le faire par des pratiques physiques. Le taoïsme est une morale individualiste qui enseigne le détachement de toutes choses.
- **Le légisme** (la loi, rien que la loi) est un courant de pensée fondé par un groupe de légistes du IVe siècle av. J.-C. Il s'agit d'accepter l'homme et le monde tels qu'ils sont et de se conduire en fonction de trois notions fondamentales : la loi, la position de force et le contrôle social.
- **Le mohisme**, du nom de son fondateur, **Mozi (479-381 av. J.-C.)**, auteur du *Livre de Mozi*, prône l'égalité, la paix et l'amour universel. Ce courant de pensée est largement mis de côté avec l'avènement du premier empereur de Chine, Qin Shi Huangdi, vers 220 avant notre ère.

Les premières dynasties

Si, après le règne de Yu le Grand, la Chine entre dans l'histoire, elle connaîtra encore des divisions avant son unification en un vaste Empire, parfois lui aussi sujet à des éclatements. Plusieurs dynasties apparaissent au fil du temps.

Le premier empereur

Entre 230 et 221 av. J.-C., le prince Zheng, souverain de Tsin, conquiert les autres royaumes chinois et se proclame empereur sous le nom de **Qin Shi Huangdi (221-210 av. J.-C.),** « Premier Auguste Seigneur ». C'est son nom, *Qin*, prononcez « Tchin », qui donne celui du pays, la Chine. Inspiré par la pensée des légistes, il accomplit, en seulement onze ans de règne, une œuvre monumentale : administrative : il brise les princes féodaux, divise l'empire en préfectures aux ordres d'un fonctionnaire nommé, réglemente les mesures de longueur et de poids ; législative : il unifie les lois et règlements ; culturelle : il impose un système d'écriture unique à tout l'empire, grâce auquel, en dépit de prononciations trop différentes pour se comprendre à l'oral, tous les Chinois se comprennent encore sans problème à l'écrit ; militaire : pour défendre la Chine contre les attaques des nomades, il entreprend de faire construire la Muraille de Chine.

LE SAVIEZ-VOUS ?

Les soldats de terre de l'armée de Qin

L'empereur Qin Shi Huangdi, ayant cherché en vain le philtre d'immortalité, meurt en 210 av. J.-C. Destiné à vivre aux côtés des dieux, il s'était fait construire un complexe funéraire gigantesque près de sa capitale, Xi'an, dans la province du Shanxi, au centre de la Chine. Au centre, un tumulus de 50 m de haut et de 6 km de périmètre recouvre un palais souterrain, dont le plafond représenterait le ciel, et le sol la carte de l'Empire, aux fleuves de mercure. Non encore fouillé, mais connu par le *Shi Ji*, ou chronique de la Chine, des origines aux environs de 100 av. J.-C., de l'historien **Si Ma Qian (v. 145-v. 86 av. J.-C.)**, ce tumulus est entouré de fosses immenses qui contiennent une véritable armée de soldats en terre cuite, en ordre de bataille.

Cinq fosses ont été mises au jour. La plus grande mesure est longue de 230 m, large de 62 m et profonde de 4,80 m. Elle couvre une superficie de 1,5 hectare. Elle contient environ 6000 guerriers, dont 1000 ont été dégagés, plus les chars et les chevaux. Chaque soldat debout mesure près de 2 m, ou 1,2 m pour les archers agenouillés. Dotés chacun d'un visage différent, ils sont d'une incroyable minutie, notamment dans le détail de leur armement.

La dynastie des Han

Le successeur de Qin Shi Huangdi est le second et dernier empereur de la dynastie Qin, remplacée par celle des Han (206 av. J.-C.-220 ap. J.-C.). On doit aux Han l'organisation de l'Empire chinois. Ils le dotent de frontières sûres, l'agrandissent par des conquêtes, dont la Corée, et surtout font du confucianisme l'idéologie de l'État. L'obéissance absolue à l'empereur et à ses représentants est une règle de gouvernement.

À la chute de la dynastie, s'ouvre une période de troubles, de nouvelles divisions de la Chine en royaumes, puis en deux dynasties, l'une régnant au Nord, l'autre au Sud. En 618, la brillante dynastie des Tang réunifie le pays à son profit.

La dynastie des Tang

Les Tang réunifient la Chine à leur profit et règnent sur le pays de 618 à 907. Ils réorganisent l'administration des provinces en les confiant à des gouverneurs militaires, avec le risque de les voir se révolter contre le pouvoir central, ce qui se produit au milieu du VIIIe siècle.

Dans le domaine religieux, le bouddhisme, religion importée d'Inde, se développe avec l'appui de la cour et notamment des impératrices, sauf pendant la période d'interdiction de toute religion étrangère, en 845. Sous cette dynastie se poursuit l'acquisition d'une culture fondée sur les classiques confucéens.

N'OUBLIEZ PAS !

« Le mur long de 10 000 li »

Telle est l'appellation chinoise de la *Grande Muraille*. Le li, unité de mesure des distances, équivaut à environ 500 m et « 10 000 li » signifie ici « nombre infini ». Voulue par Qin Shi Huangdi pour protéger la frontière nord de l'empire des attaques des barbares, c'est-à-dire des populations non chinoises, la Grande Muraille mesure entre 8 et 18 m de hauteur, 6 m de largeur à son sommet, entièrement réalisée en terre battue, recouverte de parements de brique séchée. Des créneaux, du côté exposé à l'ennemi, permettent aux archers de les cribler de flèches. Jalonnée de 25 000 fortins et de 15 000 tours de guet, elle s'étend sur 4 000 km, de la mer jusqu'à l'ouest de Gansu, province du nord-ouest de la Chine. Qi Shin Huangdi aurait réquisitionné près d'un million d'ouvriers, contraints au travail pour réaliser l'ouvrage, plus tard restauré et allongé, au cours du XIVe siècle. Il est à noter que si la Grande Muraille a permis de tenir en respect certaines tribus, elle n'a pas résisté à l'assaut de la *Horde d'or*, l'armée mongole de Gengis Khan, qui parvient à la contourner victorieusement en 1215.

Mais c'est surtout l'art qui a rendu la dynastie Tang célèbre. Les œuvres des artistes tang, soucieux de réalisme et en rupture avec le goût prononcé des prédécesseurs pour le fantastique, sont diffusées tout au long de la route de la soie. Les plus remarquables naissent du travail de la porcelaine et du grès vernissé, coloré de vert et de brun.

Originaires du Nord, les Tang, au contact des nomades, ont appris à perfectionner la chasse, l'équitation, l'escrime, le tir à l'arc à cheval. Autant d'exercices qui viennent compléter la formation classique des lettrés. Les chevaux impériaux, dont on fait des portraits officiels, deviennent un thème à la mode dans les poteries à revêtement de glaçures, ou sans glaçures, de couleurs verte et brune. Ces statuettes, d'environ 40 cm de haut sur 20 cm de long en moyenne, représentent les chevaux dans des postures variées, mais toujours avec le souci de traduire l'énergie dégagée par l'animal. On retrouve aussi très souvent des représentations de chameaux et des figures humaines, gracieuses dames de la cour, suivantes réservées, hauts personnages graves et circonspects.

Tous ces objets font partie des dépôts qui accompagnent le mort dans l'au-delà, afin qu'il puisse jouir encore de leur vue et de leur compagnie. Le noble défunt ne saurait se passer de ses animaux favoris ni de ses domestiques.

LE SAVIEZ-VOUS ?

La route de la soie

C'est au IIe siècle av. J.-C. qu'un empereur de la dynastie Han charge un envoyé de trouver une voie commerciale pour relier la Chine à l'Occident. C'est l'origine de la fameuse *route de la soie*. Il s'agissait en effet d'exporter ce produit précieux entre tous, dont le secret de fabrication sera jalousement conservé par les Chinois jusqu'à la fin du Moyen Âge. Longue de plus de 7 000 km, la route de la soie traverse la Chine centrale, l'Afghanistan, l'Iran, l'Irak, la Syrie, et débouche sur la Méditerranée orientale. Outre la soie, la route permit la circulation des idées, des religions et des systèmes philosophiques, mais introduisit aussi en Europe la poudre à canon et le papier.

Plus que d'une route, il s'agit d'une piste, parmi d'autres. Si le parcours est, par convention, appelé route de la soie en raison des grandes villes qui le jalonnent, il n'est cependant pas fixé entre elles.

La dynastie des Ming

Après 907, la Chine sombre dans une période de confusion, d'éclatement, au cours de laquelle des principautés rivales contrôlent chacune une partie du territoire. Les hordes mongoles envahissent le pays et imposent une dynastie dont la capitale sera Beijing (Pékin). Mais les Chinois supportent mal la domination étrangère, même si les descendants de **Gengis Khan (1162-1227)** ont rapidement adopté les coutumes et le mode de vie des empereurs de Chine. En 1368, une révolte paysanne chasse les Mongols et rétablit sur le trône une dynastie chinoise, les Ming, qui règnent de 1368 à 1644.

Ils instaurent un nouveau mode de gouvernement. L'empereur, enfermé avec sa cour dans la Cité interdite, est de plus en plus coupé des réalités économiques et sociales et laisse le pouvoir au groupe des eunuques. Chargés à l'origine de l'entretien du palais, ils deviennent des intermédiaires indispensables et corrompus pour quiconque veut approcher le pouvoir.

Le retour à la pensée confucéenne imprègne la littérature et la philosophie, de contenu traditionnel, l'idéal se limitant à reproduire, sans se démarquer des classiques. Très révélatrice à cet égard est la monumentale *Encyclopédie* publiée sous le règne de **Yong Le (1403-1424)**. Riche de 11 000 volumes, elle fait le point des connaissances, mais sans apport nouveau.

Pourtant, l'empire du Milieu, nom officiel de la Chine impériale, s'ouvre à l'Occident, accueillant les Portugais à Canton en 1600, puis les Anglais qui fondent la Compagnie des Indes orientales. Les contacts sont limités à certains ports, et les étrangers n'ont pas le droit de circuler en Chine intérieure, sauf les pères jésuites, arrivés dans les bagages des Portugais, et dont certains sont accueillis à la cour, comme **Matteo Ricci (1552-1610).** Il y est apprécié pour son savoir, mathématique et astronomique, non pour la religion chrétienne, de peu de poids à l'époque. Auteur du premier dictionnaire bilingue, il entreprend la traduction des classiques chinois.

LE SAVIEZ-VOUS ?

La Cité violette

Telle est le véritable nom de la Cité interdite, en raison de la muraille pourpre de 10 m de haut qui enclôt ses 72 hectares. Résidence du « fils du Ciel », l'empereur, elle se trouve, symboliquement, au centre de la Terre. Elle mesure 960 m du nord au sud et 750 m d'est en ouest. Les couleurs employées ont une valeur protectrice, le rouge des colonnes est en Extrême-Orient la couleur du bonheur. C'est ainsi que les cartes de vœux du Nouvel An sont toujours envoyées dans des enveloppes rouges, couleur également des robes et voiles de mariées. Le jaune, couleur réservée à la famille impériale, est présent sur les toits recouverts de tuiles vernissées jaunes. Pendant l'époque impériale, aucun édifice ne devait dépasser en hauteur ceux de la Cité violette. Aujourd'hui, un gigantesque portrait de Mao Zedong en surmonte l'entrée principale, la porte Tien An Men, ou porte de la « Paix céleste ». Peut-être est-ce là celui du dernier véritable empereur de Chine, qui sait ?

Les Qing, une dynastie mandchoue

Amorcé au début du XVIIe siècle, l'affaiblissement des Ming, en lutte à la fois contre les Japonais en Corée, les sociétés secrètes des nobles en révolte larvée à la cour et les Mandchous, groupe ethnique du Nord-Est, qui proclament leur indépendance, est accéléré par la terrible famine de 1640. Les généraux se déchirent pour s'emparer du trône, et l'un d'eux fait appel aux guerriers mandchous réputés pour leur efficacité. Après le renversement du dernier empereur ming, il est lui-même chassé par les Mandchous qui fondent leur propre dynastie étrangère, la dynastie Qing, c'est-à-dire « pure ». Elle va durer de 1644 à 1911.

Kang Xi (1662-1722) redresse le pays : il met fin aux révoltes paysannes, sécurise les frontières, y installe des armées permanentes, et rétablit le système des examens en éradiquant la corruption. La paix civile favorise l'essor d'une bourgeoisie urbaine, qui lorgne toujours du côté des lettrés fonctionnaires pour réaliser son ascension sociale. Il fait de sa cour le centre des arts et des lettres, y accueille des missionnaires jésuites, entretient une correspondance avec « son cousin », le roi Louis XIV.

Incarnant l'idéal du prince guerrier, **Qian Long (1735-1796)** réorganise l'armée, étend les frontières de l'Empire. C'est sous son règne que se généralise la triple récolte de riz, qui permet de nourrir une population de plus en plus nombreuse, évaluée à environ quatre cents millions.

La Chine moderne

Tout au long du XIXe siècle, la Chine décline lentement. La démographie explose, mais les pratiques culturales ne suffisent plus nourrir la population, et les révoltes paysannes reprennent. Les « diables étrangers » imposent l'importation de l'opium, battent les troupes impériales au cours des deux guerres de l'Opium, en 1842 et 1858. Des empereurs enfants ou incapables sont dominés par la volonté de fer de l'impératrice douairière **Cixi (Tseu-Hi, 1835-1908)**, conservatrice, qui fige le pays dans l'immobilisme. Cette situation s'accompagne de cuisantes défaites militaires, contre la France en 1860, le Japon en 1895, la Russie en 1898. Cixi meurt probablement vers 1908. En 1911, le dernier empereur de Chine, **Pu Yi (1906-1967)**, un enfant de quatre ans, abdique. La République est proclamée, dominée par **Sun Yat Sen (1866-1925)** en 1912, puis par le général **Yuan Shi Kai (1859-1916)**, qui se proclame empereur pendant quelque temps, avant de mourir en 1916. Entre 1916 et 1949 le pays est livré aux « Seigneurs de la guerre », des généraux locaux, chacun terrorisant le territoire qu'il contrôle, puis à la lutte entre communistes et nationalistes. L'épisode le plus marquant en est la « Longue Marche », repli des communistes sur les montagnes du Nord-Est en 1934. Entre 1931 et 1945, une partie de la Chine, notamment la Mandchourie, au Nord-Est, est occupée par le Japon. En octobre 1949, les communistes proclament la naissance de la République populaire de Chine, avec à sa tête **Mao Zedong (1893-1976)**. Les nationalistes se réfugient à Taiwan et y créent la République de Chine.

N'OUBLIEZ PAS !

Le Rêve dans le pavillon rouge

C'est le plus grand roman chinois. De l'aveu de son propre auteur, **Cao Xueqin (1680-1760)**, « chaque mot m'a coûté une goutte de sang », et l'œuvre comprend plus de 3000 pages ! C'est dire que *Le Rêve dans le pavillon rouge* est un monument, à tous points de vue, de la littérature chinoise. Cao Xueqin tient de Balzac, avec ses 500 personnages, et de Proust, dans la finesse de ses analyses psychologiques. L'intrigue se déroule autour des amours contrariées de l'aventurier Jia Baoyu et de sa belle cousine, Lin Daiyu. Les parents, comme il se doit, s'opposent au mariage, et, après mille tourments, les amants ne pourront se rejoindre. Cette tragédie digne de l'antique est l'occasion pour Cao Xuequin de dépeindre toutes les strates de la société sous les Qing, depuis les mandarins de la cour impériale jusqu'aux mendiants du ruisseau. Encre d'azur, Bouffée de parfum ou Balayeur de pétales vous accompagnent pour un voyage au cœur des complots et des intrigues, dans la Chine impériale du XVIIIe siècle, flamboyante et hypocrite, feutrée, fascinante et dangereuse.

Tableau 4-1 : Les grandes dates de la Chine

Date	*Dynastie*	*Événement*
XVIIIe s.-1045 av. J.-C.	Dynastie des *Shang*	Apparition de l'écriture
1045-770 av. J.-C.	Dynastie des *Zhou occidentaux*	Apparition de l'histoire datée avec les premières *Annales*, en 841 av. J.-C.
770-256 av. J.-C.	Dynastie des *Zhou orientaux*	Époque des « *Printemps et des Automnes* » (722-475 av. J.-C.) et époque des « *Royaumes Combattants* » (475-256 av. J.-C.)
206 av. J.-C. à 220 ap. J.-C.	Dynastie des Han	Organisation de l'Empire chinois. Adoption du confucianisme
618 à 907	Dynastie des Tang	Apparition du bouddhisme
960-1276	Dynastie des Song	Paix dans la Chine intérieure, favorisant le rayonnement intellectuel, puis domination mongole des successeurs de Gengis Khan (1162-1227), chassés par les Mandchous
1368-1644	Dynastie des Ming	Rôle grandissant des eunuques
1644-1911	Dynastie des Qing	Autoritarisme de l'impératrice douairière Cixi. Guerres de l'Opium
1912	République	Domination de Sun Yat Sen ; occupation par le Japon
1949	République populaire de Chine	Mise en place du communisme

Le Japon

Selon la mythologie japonaise, c'est le couple divin Izanagi, le frère, et Izanami, la sœur, qui sont les créateurs de l'archipel. Le récit en est donné dans le *Kojiki*, « Recueil des choses anciennes », histoire du Japon des origines jusqu'en 628 de notre ère. Izanami et Izanagi donnent des coups de lance dans la masse informe du chaos, provoquant la formation de la toute première île.

Izanami va donner naissance aux huit autres îles principales. D'après la tradition, après une succession de dieux, c'est leur descendant, l'empereur Jimmu, ou Jimmu Tenô, qui sera le fondateur du Japon historique, en 660 av. J.-C. Différentes périodes se succèdent, menant à l'ère Heisei, ouverte par l'accession au trône de l'actuel empereur, **Akihito (né en 1933)**, en 1989. L'année 2007 correspond donc à l'an 19 de l'ère Heisei ou « Paix Universelle », 2008 à l'an 20, et ainsi de suite, jusqu'au décès du monarque. Tous les empereurs descendent de la déesse du soleil, Amaterasu, dont les rayons figurent sur le drapeau japonais, quand elle n'y apparaît pas sous la seule forme de disque. Les périodes historiques coïncident donc avec les dynasties régnantes, puis, après la perte du pouvoir politique des empereurs au XIIe siècle, avec les familles guerrières des régents, ou *shoguns*, titre qui ne signifiait à l'origine que « gouverneur militaire contre les Barbares de l'Est ». Depuis la réforme de l'État, en 1868, et la reprise en main du pays par l'empereur, le Japon suit une double chronologie, d'une part celle du monde occidental, de l'autre les ères, ou nom du règne de chaque souverain.

Le Japon à l'époque antique

S'étendant de 600 à 300 avant notre ère, la *période Jomôn*, dite de la « poterie cordée », est marquée par le partage du pays entre clans rivaux. L'an -300 marque l'avènement de la période yayoi, caractérisée par la diffusion du bouddhisme qui se mêle à la religion nationale, le shinto.

LE SAVIEZ-VOUS ?

La « Voie des esprits »

Le shintô, ou shintoïsme, est la « Voie des esprits », la religion nationale d'origine au Japon. Il s'agit d'un culte aux esprits, les « Kamis », présents sous toutes les formes, animaux, sources, vents, montagnes, forêts, pierres… C'est une forme d'animisme, de croyance en l'existence d'une âme propre en toute chose. Religion impériale, le shintô repose également sur le culte rendu à l'empereur régnant et à sa dynastie. Jusqu'en 1945, l'empereur est un dieu vivant, descendant de la déesse du soleil Amaterasu.

Depuis cette date, le shintô est toujours pratiqué au Japon, car si l'empereur n'est plus divin, sa fonction le demeure. Le shintô est constitutif de l'identité nationale au Japon. Une boutade veut que l'on « y vive shintô et meure bouddhiste ».

Période de Nara (710-794)

C'est en 707 que l'impératrice **Gemmei (661-711)** décide, lors de son avènement, de vivre à Nara, au lieu de changer de résidence, comme le voulait la tradition. Promue officiellement capitale en 710, Nara devient le foyer d'une civilisation brillante. C'est durant cette période qu'est promulgué le *Yôrôrit-Suryô*, ensemble de lois composées entre 710 et 718. Adepte du bouddhisme, la famille impériale favorise sa diffusion et en fait pratiquement la religion d'État du Japon. La forme du Bouddha la plus révérée est celle du Bouddha Amida, c'est-à-dire « le rédempteur », celui qui promet au croyant le *soukhavati*, « pays pur de l'Ouest », pour y accomplir sa réincarnation. En opposition totale au bouddhisme Amida, fondé sur une confiance totale et l'attente du soukhavati, se développe le bouddhisme zen, prônant lui l'effort pour trouver la voie de l'illumination, qui finira par devenir la forme majoritaire au Japon.

Période de Heian (794-1185)

C'est celle de la nouvelle capitale, Heian, la « Cité de la paix », devenue plus tard Kyoto. Le paysage politique se coupe en deux : Heian connaît les splendeurs de la cour impériale, un raffinement inégalé des mœurs et des arts, mais un empereur sans réel pouvoir ; le reste du pays tombe aux mains de puissants barons, appuyés par une noblesse guerrière et féodale. La famille des Fujiwara place sous tutelle les souverains pendant presque toute la période, s'octroyant le titre de *Kampaku*, régent.

La religion est marquée par l'apparition, au Xe siècle, des deux grandes sectes bouddhistes japonaises : la secte *Tendaï*, panthéiste, système proche du culte des kamis dans le Shintô, et la secte *Shingon*, aux pratiques tantriques.

N'OUBLIEZ PAS !

Le Dit du Genji

Le *Genji monogatori*, ou *Dit du Genji*, est considéré comme le chef-d'œuvre de la littérature japonaise médiévale, voire de tous les temps, au Japon. C'est l'œuvre de Dame Murasaki Shikubu, de la puissante famille des Fujiwara, bien placée au service personnel de la fille d'un empereur, pour observer et décrire les mœurs raffinées de la cour impériale de Heian.

L'histoire est celle d'un jeune homme beau comme un dieu, le prince Genji, dont la beauté émeut toutes les femmes. L'intrigue conduit à dévoiler les complots des grandes familles, des impératrices, chacune soucieuse de transmettre le trône à leur fils. Mais l'intérêt principal du roman tient à la description précise des sentiments et de leur mode d'expression. La période Heian est, à la cour, celle d'un art de vivre parvenu à sa plus grande finesse, mais accompagné d'un mal de vivre qui ne l'est pas moins. En proie en permanence au *spleen*, au mal-être, impuissants à se réaliser, les personnages expriment leurs états d'âme en des codes délicats. C'est ainsi qu'une Dame, invisible dans son palanquin, laisse à la portière pendre un jeu subtil de manches superposées, dont l'agencement des couleurs indique au bien-aimé ses dispositions d'esprit.

Le Japon féodal (1185-1573)

Avec l'arrivée au pouvoir, en 1185, de **Yoritomo (1147-1199)**, l'homme fort du clan Minamoto, le Japon entre dans une ère nouvelle. Désormais les *shoguns* détiendront réellement le pouvoir, les périodes seront nommées d'après la capitale choisie par eux. Jusqu'en 1868, l'empereur est confiné avec sa cour, sans pouvoir, dans ses palais de Kyoto. Son rôle est exclusivement religieux, son influence politique inexistante. Les grandes familles de seigneurs locaux, les *daimyo*, s'allient ou se massacrent en fonction des nécessités du moment, chacune aspirant à parvenir au pouvoir suprême, au *shogunat*.

La période Kamakura (1185-1333)

Deux familles accaparent le pouvoir, les *Minamoto* d'abord, puis les *Hojo* après 1199. C'est le moment d'affermissement de la caste guerrière des Samouraïs, soumis à un code de l'honneur, le *Bushido*, ou « Voie du guerrier ». Ils sont également influencés par le *zen* bouddhiste, *Chan* en chinois, courant qui rejette les textes, leur étude, le rite, au profit d'une pratique, la méditation, et d'un système de questions-réponses, destinés à provoquer l'illumination. Le moine Mysan Eisai introduit en 1191 le zen au Japon.

Deux tentatives d'invasions mongoles échouent, en 1274 et 1281. Le shogun installe sa capitale à Kamakura, ville qui donne son nom à la période. En 1333, depuis Kyoto, l'empereur s'efforce de reprendre le contrôle du pays, mais la tentative échoue rapidement. Une nouvelle famille, les Ashikaga, parvient au shogunat, renvoie l'empereur dans sa cage dorée.

Figure 4-1 : Groupe de samouraïs.

La période Muromachi (1333-1573)

Elle doit son nom au quartier de Kyoto où le nouveau shogun Ashikaga installe son *bakufu*, le « gouvernement sous la tente ». Les Ashikaga restaurent l'autorité de l'État, mais sans disposer du pouvoir de leurs prédécesseurs, et reconnaissent même sur le Japon la prééminence, en apparence, de la Chine des Ming. Des hobereaux, petits nobles de province, les *daimyo*, enrichis par les revenus en riz de leurs terres, leur disputent le pouvoir.

Vers 1543, le premier navire européen parvient au Japon. L'influence culturelle de la Chine y est alors, dans les milieux dirigeants, doublée de celle des pères jésuites, conduits par saint François Xavier, qui y séjourne de 1549 à 1551. Le christianisme connaît un certain succès. Mais les querelles intestines sapent l'autorité des Ashikaga. En 1573, le dernier shogun de cette famille est renversé.

L'unification : le shogunat d'Edo des Tokugawa (1573-1867)

La *période Edo* doit son nom à celui de la ville de Tokyo, Edo. C'est le lieu choisi par la puissante famille Tokugawa pour y installer son gouvernement à partir de 1600. Les Tokugawa conservent le shogunat jusqu'à la grande réforme de 1867.

C'est l'époque de la grande fermeture du Japon sur lui-même. Les étrangers y sont interdits, les Japonais ne peuvent quitter l'archipel. De rares contacts culturels, surtout commerciaux avec les seuls Hollandais, sont maintenus sur un îlot au large de Nagasaki. Le christianisme est exclu, et plusieurs vagues de persécution frappent les chrétiens, notamment en 1596-1598 et 1614-1616. Les missionnaires sont expulsés. Dans la société japonaise, le groupe des marchands est favorisé, acquiert de l'importance, alors que les paysans sont ruinés par les guerres précédentes, et les seigneurs lourdement endettés. La paix civile imposée par les Tokugawa porte un rude coup à la caste des samouraïs, de plus en plus fréquemment sans emploi faute de conflits locaux.

En février 1854, sous la menace d'un bombardement de la part de son escadre, le commodore Matthew C. Perry a obtenu l'ouverture des ports japonais au commerce américain. Les révoltes contre la présence des « barbares », attribuée à la faiblesse du shogun, se multiplient et contraignent Yoshinobu Keiki, le dernier shogun, à la démission. Le jeune empereur **Mutsuhito (1867-1912)** en profite pour rétablir à son profit la monarchie absolue et transfère en 1869 sa capitale à Edo, alors rebaptisée Tokyo.

UN PEU DE TECHNIQUE

Nô comment

À l'origine, le théâtre *Nô* est un spectacle mêlant différents arts, jongleur, acrobate, pantomime et des danses agraires pratiquées par les communautés paysannes, destinées à s'assurer la faveur des dieux et de bonnes récoltes. Les premiers shoguns Ashikaga sont grands amateurs de cet art subtil et complet. Ils encouragent ainsi l'acteur **Motokiyo Zeami (1363-1443)** à codifier les pratiques, fixées en 1423 dans le traité *Fushi kaden* (« La Transmission de la fleur et du stylo »).

Une représentation de Nô dure en général une journée, avec la présentation de cinq pièces durant entre 30 minutes et 2 heures chacune, accompagnées de musique et d'un chœur. Le texte et sa diction sont très codifiés, tout comme les postures et les masques employés. Deux thèmes dominent, la vie humaine et ses tourments ou celle des créatures fantastiques, dieux et démons. Seuls les hommes incarnent les personnages, y compris féminins, joués alors avec un masque. Deux acteurs dominent la scène, le *Shite*, rôle principal, capable de tout jouer et de danser, et le *Waki*, son compagnon, serviteur, qui le met en valeur. Depuis 2001, le Nô est inscrit au patrimoine mondial de l'UNESCO.

LE SAVIEZ-VOUS ?

Rira bien kabuki rira le dernier

Alors que le Nô est à l'origine un art de cour, le kabuki est la forme populaire du théâtre au Japon. Il naît au début du XVIIe siècle. Spectacle comique, accompagné de danses grotesques, destinées à faire rire, il est à l'origine joué par des femmes, puis celles-ci sont interdites de scène. Les acteurs sont alors des adolescents, puis, interdits à leur tour, ils sont remplacés par des hommes grimés et maquillés en femmes, les *Onnagata*, ou « fleurs du Kabuki », adulés du public.

Le Japon moderne, depuis 1868

Mutsuhito, dont le nom de règne est *Meiji Tennô* (« empereur du Renouveau »), ouvre l'ère Meiji, celle de la modernité du Japon, avec la suppression du système féodal et le désarmement de la caste des Samouraïs. Lois et les institutions sont modifiées et s'inspirent des modèles occidentaux. Les réformes économiques font sauter le verrou des corporations, libérant l'activité. Les hiérarchies sociales traditionnelles disparaissent. Désormais, les ères coïncident avec le règne personnel d'un empereur : *ère Meiji* (du Renouveau) de **Mutsuhito (1867-1912),** *ère Taisho* (de la Grande justice) de **Yoshihito (1912-1926),** *ère Showa* (de la Paix éclairée) de **Hirohito (1926-1989)** et depuis 1989, *ère Heisei* (de la Paix universelle) de l'empereur actuel **Akihito (né en 1933)**.

L'ère Meiji (1867-1912)

L'œuvre accomplie par l'empereur Mutsuhito durant son règne est impressionnante. Elle repose sur la mise à l'école du Japon auprès des pays occidentaux les plus développés. Dans un même élan, le jeune souverain élimine le Japon féodal, transfère la capitale à Tokyo, forge une nouvelle identité nationale religieuse, fait adopter les techniques les plus modernes. Une brève liste permet de parcourir ce programme colossal :

- 1869 : institution d'un shintō d'État, culte de fidélité à l'empereur.
- 1871 : la féodalité est abolie.
- 1872 : l'enseignement primaire et le service militaire sont obligatoires.
- 1877 : première ligne de chemin de fer Tokyo-Yokohama ; la dernière révolte des samouraïs, du clan Satsuma, est brisée.
- 1899 : application d'une nouvelle Constitution parlementaire.
- 1894-1895 : guerre sino-japonaise, victoire sur la Chine ; annexion de Taïwan.
- 1904-1904 : guerre russo-japonaise, victoire sur la Russie.
- 1910 : le Japon annexe la Corée.

L'ère Taisho (1912-1926)

L'empereur **Yoshihito (1879-1926)**, fils de Mutsuhito, poursuit la modernisation économique du pays et son ouverture au mode de vie occidental, accepté avec enthousiasme dans la haute société, friande de garçonnes et de rythmes de jazz. Le Japon aussi connaît alors ses années folles. Mais une inquiétante évolution se fait jour. Après s'être rangé dans le camp des alliés contre l'Allemagne, en 1914, le gouvernement japonais laisse une place de plus en plus grande aux militaires, qui finissent par le contrôler. Une catastrophe naturelle endeuille le pays, le 1er septembre 1923, un tremblement de terre, dans la région de Tokyo provoque un désastre plus de 140 000 morts. La capitale, largement détruite, subit de plus le plus gigantesque incendie de son histoire.

L'ère Showa (1926-1989)

Hirohito (1909-1989) connaît l'un des plus longs règnes de l'histoire (1926-1989). Peut-être faut-il prendre en compte cette longévité pour expliquer, en partie, les drames connus ou infligés par le Japon durant cette période. Les années 30 marquent la prise de pouvoir par des cabinets militaires, fanatiquement dévoués à l'empereur, et désireux de réaliser le « Grand Japon » qui asservirait à son profit l'Asie du Sud-Est. La principale victime en est la Chine, dont le Nord est occupé au nord dès 1934. Le 7 décembre 1941, en attaquant une partie de la flotte américaine stationnée à Pearl Harbor, le Japon entre dans la Seconde Guerre mondiale. Après une phase conquérante en 1942, il en sort épuisé, vaincu, anéanti par les deux bombes atomiques lâchées le 6 août 1945 sur Hiroshima et le 9 août 1945 sur Nagasaki, provoquant, sur le moment et à plus long terme, plus de 350 000 victimes. Le 2 septembre 1945, le Japon capitule sans condition.

N'OUBLIEZ PAS !

Little Boy

C'est le nom donné à la première bombe atomique de l'Histoire. Le 6 août 1945, le bombardier Enola Gay décolle, transportant une bombe de 20 kilotonnes. À 8 h 15 la bombe est larguée au-dessus d'Hiroshima, à près de 9000 m, et explose à 600 mètres du sol. Dans un périmètre de 500 mètres autour du lieu de l'explosion, tout est anéanti. La ville entière est rasée. 75000 personnes périssent sur le champ, mais deux fois plus dans les mois et les années qui suivent, victimes des radiations. En 1949, le Parlement japonais proclame la ville Cité de la Paix. En son centre, après la reconstruction, seul le bâtiment du dôme *Genbaku* est resté en l'état, en mémoire des morts. Chaque année, des milliers de Japonais envahissent le Parc de la Paix pour une cérémonie commémorative, et un appel solennel à la paix entre les peuples.

Le Japon contemporain

Placé entre 1945 et 1951 sous administration américaine, sous le commandement du général Mac Arthur, le Japon recouvre son indépendance avec le traité de San Francisco. Démocratisé, accordant à l'empereur un rôle honorifique et symbolique, le pays entreprend une fulgurante ascension économique, devenant un modèle pour cet Occident qu'il avait lui-même copié à la fin du XIXe siècle. La mort de l'empereur Hiro-Hito, en 1989, clôt une ère douloureuse. Le nouveau souverain, Aki-Hito, place d'emblée son règne dans une perspective de développement harmonieux, en choisissant de lui donner le nom officiel d'ère Heisei (« de la Paix Universelle »).

Tableau 4-2 : Les grandes dates du Japon

Date	*Période*	*Événement*
660-300 av. J.-C.	Période Jomôn ou de la « poterie cordée »	Le pays est partagé entre clans rivaux ; apparition de la culture du riz, puis du travail du bronze et du fer
300 av. J.-C. à 250 ap. J.-C.	Période Yayoi	Naissance de la société japonaise structurée en paysans et commerçants, guerriers, prêtres et religieux ; adoption du système d'écriture chinois
250-710	Période yamato	Rédaction d'une Constitution en 604
710-794	Période de Nara	Le bouddhisme devient presque religion d'État.
794-1185	Période Heian	Installation à Heian, future Tokyo. Affaiblissement du rôle de l'empereur. Apparition de deux grandes sectes bouddhistes, les tendai et les shingon
1185-1333	Période Kamakura	Pouvoir aux mains des familles Minamoto puis Hojo ; les samourais gagnent en autorité ; influence du bouddhisme zen ; installation de la capitale à Kamakura
1333-1573	Période Muromachi	Influence de la famille Ashikaga ; rivalités de pouvoir avec les daimyo, petits nobles provinciaux. Influence culturelle de la Chine sur le Japon, des jésuites, diffusion du christianisme
1573-1867	Période Edo	Shogunat des Tokugawa (1603-1867) ; fermeture du Japon sur lui-même ; ascension de la bourgeoisie
1867-1912	Ère Meiji (du Renouveau)	Sous le règne de Mutsu-Hito, transfert de la capitale à Tokyo ; transformations fondamentales du Japon qui devient un État moderne
1912-1926	Ère Taisho (de la Grande Justice)	Sous le règne de Yoshi-Hito, l'occidentalisation du Japon se poursuite ; influence grandissante des militaires ; en 1923, tremblement de terre faisant plus de 140 000 victimes et quasi-destruction de Tokyo
1926-1989	Ère Showa (de la Paix éclairée)	Sous le règne, très long, de Hiro-Hito, volonté de créer le « Grand Japon » défendu par les militaires ; attaque de la Chine en 1941 et entrée dans la Seconde Guerre mondiale en 1942 ; destruction d'Hiroshima en août 1945 et capitulation en septembre ; sous administration américaine jusqu'en 1951
Depuis 1989	Ère Heisei (de la Paix universelle)	Règne de l'empereur actuel Aki-Hito

Le Proche et le Moyen-Orient

Jusqu'à la fin du XVe siècle, la traversée de la Méditerranée est périlleuse, mais elle ouvre les portes du monde fabuleux des califes et des sultans. À Cordoue, brille le sultanat omeyyade mais c'est à Damas qu'il faut aller contempler la cour élégante du souverain des *Mille et Une Nuits*, **Haroun al-Rachid (786-809)**. Les rapports entre l'Occident et le monde musulman sont faits d'échanges économiques, culturels, ou d'affrontements au moment des croisades. Et tout ceci pourquoi ? « Le seul vrai profit des Croisades, c'est l'abricot », aime à dire le grand médiéviste, légèrement provocateur, Jacques Le Goff. Laissons fondre sur la langue ce fruit délicieux, et que sa douceur délicatement parfumée nous soit un avant-goût des charmes d'un monde inventif, en pleine mutation.

Avec la révélation de l'islam par le prophète **Mahomet (570-632)**, le gouvernement des hommes doit se faire selon les règles établies par la religion. L'un et l'autre se mêlent totalement. Ses successeurs, appelés *califes* poursuivent son œuvre. Après une période de luttes entre prétendants, deux dynasties s'affirment : les *Ommeyyades* (661-750) et les *Abbassides* (750-1258). Elles s'effondrent sous les coups des hordes mongoles, puis des tribus turques. Ces dernières, après la prise de Constantinople, en 1453, fondent l'immense Empire ottoman, du Maghreb à l'Arabie, qui dure jusqu'en 1922.

Les Ommeyyades (661-750)

La dynastie des Ommeyyades occupe le trône de 661 à 750, avant d'être renversée par les Abbassides, qui déplacent la capitale de Damas à Bagdad. Réfugiés dans le sud de l'Espagne, les Ommeyyades créent le califat de Cordoue (756-1031).

Les souverains multiplient, en dehors de leur palais de Damas, les rendez-vous de chasse, Kousayr Amra en Jordanie, Rousafa en Syrie, dont l'intérieur est richement orné de stucs, de peintures et de mosaïques. Bâti entre 711 et 715, Kousayr est réalisé en grès rouge et décoré de fresques très colorées. Mais c'est le palais palestinien de Khirbat-al-Mafdjir qui rend le mieux la somptuosité de l'architecture ommeyyade. La résidence elle-même est flanquée d'une cour à arcades, d'un hammam et d'une mosquée. L'intérieur est décoré par une alternance de statues de pierre et de mosaïques.

Les Abbassides (750-1258)

Depuis longtemps, les descendants d'Abbas, pieux oncle de Mahomet, font de l'opposition aux Omeyyades, qui n'appartiennent pas comme eux à la secte des Hachémites et les accusent d'impiété. La révolte contre les Ommeyyades commence en 747 et la victoire abbasside n'est totale qu'en 750. L'État est alors organisé à partir de 754 par le calife Al-Mansour, qui brise toute tentative de rébellion contre son autorité.

N'OUBLIEZ PAS !

Les Mille et Une Nuits

« Et l'aube chassant la nuit, Shéhérazade dut interrompre son récit. » Cela vous rappelle quelque chose ? Aladin et sa lampe, Ali Baba et les 40 voleurs, Sindbad le Marin… les contes défilent, soulèvent l'imagination, dessins animés et films reprennent vie. Et grâce à eux, la fille du vizir, la belle et imaginative Shéhérazade, échappe chaque matin à la mort. Car le roi Shariyar, trompé par sa première épouse, s'est juré d'épouser chaque soir une vierge, promise à la décapitation dès le lendemain. Durant mille et une nuits, l'habile Shéhérazade tient le sultan en haleine, lui donne un fils. Il finit par renoncer à sa vengeance, mais pas au talent de conteuse de Shéhérazade. Hélas, tous les récits futurs nous échappent, une fois passée la mille et unième nuit.

La trame des contes est commune : un prince, un riche marchand est trahi et perd tout. Commencent alors des aventures multiples, un périple au cours duquel rien ne lui est épargné. Puis le sort cesse subitement de s'acharner, et le jeune homme retrouve l'amour, la gloire, la richesse. Les méchants sont punis et les bons récompensés.

Cordoue, centre de l'Espagne musulmane (756-1031)

C'est l'ommeyyade Abd-er-Rahman qui fonde entre 755 et 759, par la conquête, un nouvel État dont il se proclame émir, au sud de l'Espagne, dont la capitale est la ville de Cordoue. Vite devenue un grand centre intellectuel, la cité attire penseurs, poètes et artistes et leur offre la plus grande bibliothèque de cette époque, qui ne concentre pas moins de 40 000 volumes, véritable pont entre les cultures de l'Orient et de l'Occident. La grande mosquée, entreprise en 786, n'est achevée qu'au Xe siècle. Elle est entièrement réalisée en briques rouges et en calcaire blanc, dont l'alternance multiplie les dimensions respectables. Le visiteur semble perdu en son centre au milieu de la multitude des colonnes, surmontées d'un double étage d'arcs en demi-cercle. Le contraste entre le marbre bleu veiné du tronc des colonnes et le rythme blanc et rouge des arcs renforce l'impression grandiose du lieu. C'est vers le milieu du Xe siècle qu'est construit près de Cordoue le palais de Medinat-Az-Zahra, comprenant une mosquée, des jardins, des vignes, les bâtiments du harem, ceints par un rempart.

LE SAVIEZ-VOUS ?

Entre légende et réalité

Le 25 octobre 732, à Moussais, entre Tours et Poitiers, les troupes franques du maire du palais Charles Martel arrêtent les Sarrasins menés par le gouverneur d'Espagne Abd-er-Rahman, qui contrôle déjà le sud de l'Aquitaine et le Languedoc. Depuis ces régions, les Sarrasins lancent régulièrement des expéditions, pillent tout sur leur passage et repartent. Charles Martel donne un coup d'arrêt à l'une de ces incursions, empêchant les Sarrasins de remonter plus au nord, vers les villes de la Loire.

Cette bataille serait sans doute restée inconnue si elle ne concernait le grand-père de Charlemagne. Les chroniqueurs, pour plaire au puissant empereur, exaltent la victoire, qui devient, peu à peu, un combat de titans où les hordes arabes sont arrêtées définitivement. Il est en réalité plus que probable qu'Abd-er-Rahman, s'il avait vaincu à Poitiers, au lieu d'y perdre la vie, aurait comme à l'accoutumée pillé les riches cités de Loire et de Seine avant de s'en retourner, chargé de butins, jouir de la douceur d'al-Andalous, l'Andalousie.

En Égypte : les Fatimides (969-1171)

L'Islam fatimide s'étend surtout à partir de la fin du Xe siècle, date de la conquête de l'Égypte. Le Caire devient une nouvelle capitale intellectuelle de l'Islam, marquée par un retour à une acception assez stricte de la religion. Elle supplante Bagdad, et les souverains fatimides semblent renouer avec les habitudes de l'Antiquité égyptienne en installant leur nécropole royale au sud du pays, à Assouan.

Plus marqué que dans l'architecture, le renouveau artistique concerne les arts décoratifs, en particulier le travail du cristal, qui orne de nombreux objets. Le textile connaît son essor sous l'influence d'écoles diverses, la plus célèbre étant celle de Tiraz en Iran, atelier de tissus précieux à l'usage de la cour califale. L'écriture coufique devient le motif principal d'ornementation, mais le style animalier demeure très prisé.

LE SAVIEZ-VOUS ?

L'éléphant de Charlemagne

Haroun al-Rachid (766-809) monte sur le trône à l'âge de vingt ans, en 786. Son empire s'étend de l'Irak au Maghreb, couvrant le monde musulman, à l'exception des sultanats indépendants en Espagne. Il comprend donc la ville sainte de Jérusalem. Protecteur, selon la tradition familiale des Pépins, du pape et de l'Église catholique, Charlemagne, en 797, envoie au calife Haroun al-Rachid une ambassade chargée de lui demander de maintenir le libre accès au saint sépulcre, le tombeau du Christ. Cette démarche s'accompagne d'une autre requête, plus surprenante : un éléphant pour la ménagerie de Charlemagne. En octobre 801, l'animal arrive finalement au palais d'Aix-la-Chapelle avec l'ambassade du calife, en réponse à celle de Charlemagne. Nommé Abul Abbas, l'éléphant fait sensation au point que jusqu'à sa mort en 814, Charlemagne l'emmène partout, surtout lors de ses campagnes militaires.

Les croisades

À l'origine, ce sont des expéditions destinées à libérer Jérusalem et à rendre aux chrétiens le libre accès au tombeau du Christ. Jusqu'en 1071, Jérusalem est sous l'autorité des califes fatimides d'Égypte, et leur attitude tolérante s'accompagne du libre accès au Saint Sépulcre. Tout change quand la ville tombe aux mains des Turcs seldjoukides. Musulmans rigoristes, ils ferment la ville aux non-musulmans.

Le 26 novembre 1095, au concile de Clermont, en France, le pape Urbain II lance un appel à la croisade générale. Le mot d'ordre sera « Jérusalem » et le symbole des croisés, une croix blanche cousue sur les vêtements. On en compte en tout neuf :

- **La première croisade (1096-1099)** est conduite par des seigneurs normands, flamands, italiens, et le comte de Toulouse. Jérusalem est prise le 15 juillet 1099, après un siège de cinq semaines. Le royaume franc de Jérusalem, la principauté d'Antioche et le comté d'Édesse sont fondés.
- **La deuxième croisade (1147-1149)** est provoquée par la reprise d'Édesse par l'émir de Mossoul. Si rois et empereurs s'y bousculent (Louis VII, roi de France, Conrad III, empereur d'Allemagne, Michel Comnène, basileus (empereur) byzantin, Roger II roi de Sicile), il n'en résulte rien de concret. Les princes se déchirent vite entre eux et chacun regagne ses États.

N'OUBLIEZ PAS !

Un prince modèle

Le sultan **Saladin (1137-1193)** correspond en tout point à l'idéal du prince décrit pour les souverains chrétiens dans les portraits idéalisés appelés « Miroir du prince ». Kurde, excellent général, il succède en 1169 à son oncle comme vizir, principal ministre des califes d'Égypte. Peu après, il met fin au califat fatimide et se proclame sultan en 1171, fondant la dynastie ayyoubide. Il règne sur l'Égypte, la Syrie, et s'empare du royaume de Jérusalem en 1187.

Mais sa célébrité tient plus à ses vertus propres qu'à ses qualités guerrières. À son adversaire blessé, Richard Cœur de Lion, il envoie son médecin personnel. Quand le roi anglais perd son cheval au cours d'une bataille, Saladin lui en offre deux. Sa mansuétude ne s'adresse pas aux seuls souverains. Pour venger les musulmans massacrés lors de la prise de Saint-Jean d'Acre, Saladin avait promis d'exterminer les francs s'il prenait Jérusalem. C'est fait le 2 octobre 1187, mais Saladin se délie de son propre serment avec l'accord des religieux et rend leur liberté à tous les habitants chrétiens, contre une rançon modique dont les pauvres sont exemptés. Saladin mène une existence ascétique, pratique un islam sunnite exigeant mais tolérant. Même son propre linceul ne lui aurait pas appartenu, et aurait été fourni par un proche. Sur sa tombe, à Damas, une épitaphe rend hommage au conquérant et au grand prince ami des hommes : « Seigneur, accorde-lui sa dernière conquête, le paradis. »

- **La troisième croisade (1189-1192)** est due à la reprise de Jérusalem en 1187 par le sultan Saladin (1137-1193). Elle est marquée par l'héroïsme et le malheur : l'empereur d'Allemagne Frédéric Ier Barberousse se noie en juin 1190, et son fils Frédéric de Souabe meurt devant Saint-Jean-d'Acre. La ville est reprise par le roi de France, **Philippe II Auguste (1165-1223)** et le roi d'Angleterre, **Richard Cœur de Lion (1157-1199)** en 1191. Saladin autorise les chrétiens à se rendre en pèlerinage à Jérusalem.
- **La quatrième croisade (1202-1204)** démarre à l'appel du pape **Innocent III (1198-1216)**. Son objectif était l'Égypte, mais Venise, qui fournit les navires, détourne les croisés sur Constantinople. La richesse de la ville provoque une catastrophe : les croisés la pillent, alors que les Byzantins sont chrétiens, mais orthodoxes et non catholiques.
- **La cinquième croisade (1217-1221),** lancée par Innocent III en 1215, est reprise par son successeur Honorius III. Menée par un seigneur français, Jean de Brienne, devenu par mariage roi de Jérusalem, elle ne parvient qu'à de maigres résultats. Seule la ville de Damiette, en Égypte, est momentanément reprise.
- **La sixième croisade (1228-1229)** est – fait rare – une croisade pacifique. Conduite par l'empereur d'Allemagne Frédéric II, alors violemment opposé à la papauté, contre son gré, elle aboutit à un traité. Jérusalem est rendue, puis reprise par les musulmans en 1244.

- **La septième croisade (1248-1254)** est dirigée par le roi de France Louis IX, futur Saint Louis, contre l'Égypte. L'armée française y est dévastée par la peste, le roi fait prisonnier et rendu en échange d'une rançon colossale.
- **La huitième croisade (1270)** est de nouveau menée par Louis IX pour prendre Tunis, mais il contracte la peste, dont il meurt le 25 août 1270.
- **La neuvième croisade (1289-1291)** est une expédition avortée. Le sultan d'Égypte reprend une à une toutes les places fortes des croisés. Il s'agit de la fin des États chrétiens bien plus que d'une croisade véritable. De ce fait, traditionnellement, on arrête le nombre des croisades à huit.

LE SAVIEZ-VOUS ?

La croisade des enfants

Elle apparaît, à peu près au même moment en France et en Allemagne. En France, un jeune berger a une vision lui ordonnant de partir délivrer le tombeau du Christ. Il enrôle ses proches, puis de ville en ville, réunit des milliers de personnes qui embarquent à Marseille. Ils y retrouvent de jeunes Allemands, également présents à Gênes. Cette « croisade » est formée certes de jeunes, mais aussi d'errants, de mendiants et d'aventuriers. Bien peu parviennent à s'embarquer, car en route ils meurent de faim, d'épuisement ou de noyade au passage des fleuves. Ils sont aussi pourchassés car ils n'hésitent pas à massacrer les membres des communautés juives sur leur chemin. Les seigneurs qui en sont les protecteurs envoient alors leurs hommes d'armes. Ceux qui échappent à la mort et parviennent en Égypte y sont vendus comme esclaves.

L'expression « croisade des enfants » sert surtout aux chroniqueurs et prédicateurs pour attendrir les foules, faire honte aux hommes valides qui n'ont pas encore pris la croix.

L'Empire ottoman

L'Empire ottoman doit son nom à **Osman Ier (v. 1281-1326)**, fondateur de la dynastie des *Osmanlis*, dont la prononciation, déformée par les Occidentaux, a donné naissance à ottoman. Constitué à partir d'une tribu d'Anatolie, la partie orientale de l'actuelle Turquie, il s'étend, à son apogée, de l'Europe centrale et orientale jusqu'à la péninsule Arabique, du nord au sud, et du Maghreb à l'Irak actuel d'ouest en est. Sa durée, de 1301 à 1922, soit plus de six siècles, est aussi remarquable. Redoutables cavaliers, archers émérites, les Turcs s'emparent peu à peu de l'Empire arabe des califes et imposent à tous leur domination.

La phase de conquête : 1301-1453

En 1301, Osman Ier se déclare sultan et fonde l'Empire turc. Ses successeurs donnent peu à peu, au fil de leurs victoires militaires, ses contours à un immense territoire, véritable pont entre l'Europe et l'Asie. En voici les grandes dates :

- 1337 : prise de Nicomédie aux Byzantins.
- 1361 : prise d'Andrinople. L'Empire byzantin est réduit à sa capitale, Constantinople et ses environs immédiats.
- 1389 : bataille de Kossovo Polje en Serbie, ou « bataille du champ des Merles », Serbie, Albanie passent sous contrôle turc.
- 1396 : les Occidentaux, conduits par l'empereur Sigismond, sont écrasés par les Turcs à la bataille de Nicopolis.
- 1453 : le sultan Mehmet II (1430-1481) prend Constantinople, c'est la fin de l'Empire byzantin. La ville, rebaptisée Istanbul, devient la capitale de l'Empire ottoman.

L'apogée de l'empire ottoman : 1453-1683

De la prise de Constantinople, en 1453, au dernier siège mis en vain devant Vienne, en Autriche, en 1683, l'Empire ottoman connaît l'apogée de sa puissance, puis, sur la fin de la période, les signes avant-coureurs de ce que sera son irrémédiable déclin.

L'époque s'ouvre pourtant sous les lauriers :

- 1512-1520 : conquête de la Syrie, de l'Arabie et de l'Égypte.
- 1520-1566 : règne éclatant de Soliman II le Magnifique, ou le législateur. En 1526, à la bataille de Mohacs, il s'empare de la Hongrie. Désormais, Vienne, capitale de l'Autriche, est le verrou qui protège l'Occident contre les Turcs. En 1534, il conquiert la Perse, actuel Iran.

La défaite navale de Lépante

En 1570, les Turcs s'emparent de Chypre et leur flotte contrôle la Méditerranée orientale. Le pape Pie V est à l'origine d'un rassemblement des forces européennes sous la direction de Don Juan d'Autriche, frère du roi d'Espagne Philippe II. L'Espagne, Venise, l'ordre de Malte, le pape unissent leurs flottes et écrasent, puis anéantissent la flotte ottomane à Lépante, le 6 octobre 1571. Le paradoxe est que c'est un acte fondateur de l'Europe, alors que la puissance des Turcs n'est que peu entamée. Le contrôle exercé sur les territoires conquis demeure. En revanche, cette défaite navale sonne le glas de l'expansion de l'Empire ottoman. D'une position conquérante, il passe à une attitude défensive, un repli sur les acquis.

LE SAVIEZ-VOUS ?

Croissants et viennoiseries

En 1683, après un nouveau siège conclu par un échec, les troupes turques se retirent des environs de Vienne. Les habitants de la capitale autrichienne, pour célébrer leur libération, prennent l'habitude de consommer une pâtisserie nouvelle, le croissant, dont la forme rappelle l'emblème figurant sur les drapeaux ottomans. Une autre source veut que ce soit un honneur spécialement accordé aux boulangers de la ville. Levés dans la nuit pour préparer leur fournée, ils auraient déclenché l'alarme, les troupes turques tentant de profiter de l'obscurité pour donner l'assaut.

Dénommé « viennoiserie », le croissant arrive en France avec Marie-Antoinette en 1770. La Dauphine, devenue reine en 1774, va en fait apprendre la recette aux pâtissiers de la cour. La ville ne tarde pas à l'imiter, snobisme aidant, et le croissant devient vite l'indispensable complément de tout breuvage matinal.

Le repli ottoman

Après l'échec du siège de Vienne, en 1683, l'Empire turc se replie sur lui-même, et assiste, impuissant, aux prémisses de son démembrement, réalisé par les vainqueurs de la Première Guerre mondiale avec le traité de Sèvres en 1920. En voici les étapes :

- Après la défaite de Petrovaradin (1716), l'Autriche s'empare de la Serbie.
- En 1782, la Russie s'empare de la Crimée.
- En 1830, la Grèce, après une guerre, proclame son indépendance ; la France conquiert l'Algérie.
- En 1832, le pacha d'Égypte, Méhémet Ali, se proclame indépendant.
- En 1878, une partie des possessions turques d'Europe centrale est partagée entre l'Autriche et la Russie.
- En 1897, la Crète passe sous contrôle international.

La fin de l'Empire ottoman

Le dernier sultan ottoman, Mehmet VI, règne de 1918 à 1922. En 1914, la Sublime Porte, autre nom de l'Empire ottoman, d'après celui de la porte d'honneur monumentale réservée au Grand Vizir à Istanbul, s'est engagée dans la Première Guerre mondiale aux côtés des Empires centraux, Allemagne et Autriche-Hongrie.

La défaite fait éclater l'empire. Le traité de Sèvres de 1920 le démembre totalement, la Turquie naît alors avec ses frontières actuelles, mais perd tous ses autres territoires. C'est le moment, pour le mouvement révolutionnaire nationaliste dirigé par le général Mustafa Kemal, de renverser le dernier sultan. Le 29 octobre 1923, la République est proclamée.

N'OUBLIEZ PAS !

Le père des Turcs : Mustafa Kemal

Militaire de carrière, **Mustafa Kemal (1881-1938)** joue un rôle décisif dans la victoire turque des Dardanelles, en février 1915, où les flottes française et anglaise sont repoussées. Devenu général, il refuse, en 1918, l'armistice et convoque des congrès nationaux en Anatolie, exigeant l'indépendance de la Turquie. Le sultan n'exerce plus qu'une autorité nominale, et Mustafa Kemal contrôle vite toute l'Anatolie, l'immense partie est du pays. Il y provoque des élections générales, convoque à leur issue une Grande Assemblée Nationale à Ankara, en 1920, qui le nomme chef du gouvernement. Un corps expéditionnaire grec, envoyé contre ses troupes, est battu, et les Alliés se résignent. En novembre 1922, le dernier sultan, Mehmet VI, s'enfuit sur un navire de guerre britannique. Le 29 octobre 1923, la République est proclamée, et Mustafa Kemal en devient le premier président. Il modernise la Turquie à marche forcée sur le modèle occidental : calendrier, alphabet latin, séparation de l'Église et de l'État. Il devance même ses modèles, les femmes turques obtenant en 1934 le droit de vote que les Françaises attendent jusqu'en 1945.

Considéré comme le père de la Turquie moderne, Kemal reçoit le titre d'« Atatürk », c'est-à-dire « Père des Turcs », surnom qui finit par le désigner bien plus que son propre nom.

Tableau 4-3 : Les grandes dates du Proche et Moyen-Orient

Date	*Dynastie*	*Événement*
661-750	Dynastie des Omeyyades	Capitale Damas
750-1258	Dynastie des Abbassides	Capitale Bagdad, État organisé par Al-Mansour ; orientalisation de l'art ; littérature tournée vers les écrits de Mahomet
756-1031	Califat de Cordoue	Choisie par Abd-er Rahman, Cordoue, la capitale, devient un foyer intellectuel et artistique de premier plan entre Orient et Occident
969-1171	Dynastie des Fatimides	Capitale Le Caire ; infloxion religieuse marquée ; essor des arts décoratifs ; 1re croisade (1096-1099) et 2e croisade
1171-1260	Dynastie des Ayyubides	Organisation de l'administration ; prépondérance du sunnisme sur le chiisme ; 3e, 4e, 5e, 6e, 7e croisade
1301-1921	Empire ottoman	Constitution par les conquêtes entre 1301 et 1453 ; apogée jusqu'en 1683 (siège de Vienne) ; anéantissement de la flotte à Lépante en 1570, par les puissances européennes coalisées ; repli à partir de 1683 ; au XIXe siècle, la Grèce et l'Égypte deviennent indépendantes ; engagement de l'Empire turc aux côtés des puissances centrales ; traité de Sèvres
1923	Fin de l'empire ottoman	Proclamation de la République par Mustafa Kemal

L'Afrique

C'est le continent oublié par excellence. En dehors de l'époque contemporaine, l'histoire de l'Afrique est largement méconnue, voire ignorée. Tentons de combler quelques lacunes et de nous familiariser avec des civilisations élaborées, que ce soient des cités-États rayonnant sur de larges espaces ou de véritables empires. Héritiers de l'Égypte pharaonique, des souverains noirs reprennent les rites et les fastes entourant la personne de pharaon à Kouch et à Méroé, puis le relais passe à la lointaine Éthiopie du royaume d'Axoum. L'empire du Ghana brille du VIIIe au XIe siècle, avant de céder le pas à ceux du Mali et du Bénin, cependant que les royaumes conquérants se multiplient, au Dahomey, chez les Ashantis, rivalisant de splendeur avec les cités-États Yoruba.

Le royaume de Kouch

C'est aux alentours de 900 avant notre ère, au nord de l'actuel Soudan, que des dynastes locaux profitent de l'affaiblissement de l'Égypte pour s'émanciper. Il faut toutefois attendre 730 av. J.-C. pour que l'un d'entre eux, Piankhy, établisse son autorité non seulement sur la Haute-Nubie, mais procède à des incursions jusque dans le delta, réunifiant à de trop brefs moments l'Égypte au profit du royaume de Kouch. Ses successeurs constituent la XXVe dynastie, dite « éthiopienne », avec les souverains kouchites **Chabuka (713-698 env.)**, **Chabataka (698-690 env.)** et **Taharqa (690-664)**. Ils reprennent à leur compte la grandeur de l'Égypte des XVIIIe et XIXe dynasties, multiplient les monuments jusqu'à ce que, chassés par les armées assyriennes en 664, les Kouchites quittent Thèbes pour se replier en Haute-Nubie. Ils ont pour capitale Napata, au pied du gebel Barkal, mais, attaqués par les Égyptiens en 591 av. J.-C., ils se réfugient à Méroé, dans les steppes du Butana, sur la rive droite du Nil. Méroé devient la capitale du royaume kouchite mais disparaît au début du IVe siècle de notre ère, sous les assauts des Nouba de Kau, semble-t-il.

Le royaume d'Axoum

Le royaume d'Axoum, du nom de sa capitale, située dans la province du Tigré, en Éthiopie, semble s'être constitué au cours du second siècle de notre ère, après une naissance possible aux environs de 50 av. J.-C. C'est aux alentours de 325 de notre ère que le royaume d'Axoum, devenu un véritable empire, qui met fin au royaume de Méroé, est converti au christianisme, ainsi que l'atteste le monnayage du roi Ezana, qui remplace les symboles païens du croissant et du disque lunaire par la croix.

Après le VIIIe siècle, Axoum perd peu à peu sa prépondérance, et doit finalement s'incliner, au XIIe siècle, devant la suprématie de la dynastie des Zagouè, originaire du Lasta, la province située au sud du Tigré.

N'OUBLIEZ PAS !

Axoum et la reine de Saba

Prénommée Makéda dans le chapitre 10 du Livre des Rois, dans l'Ancien Testament, la belle reine de Saba rencontre le roi Salomon. Elle est venue de son lointain royaume, Yémen ou Éthiopie, séduite par la réputation de sagesse du monarque. Selon la légende, elle pose au roi de multiples énigmes, dont il trouve toujours la solution. Tombée amoureuse, elle refuse de l'épouser, car il a déjà épouse et concubines, et elle ne veut en aucun cas le partager. Salomon use alors d'une ruse : ayant fait promettre à la reine de Saba de ne rien prendre dans son palais, il lui offre un banquet aux mets très épicés. La même nuit, assoiffée, la reine se lève et ne peut résister à la cruche d'eau laissée à dessein par le monarque. Salomon, qui la guette, lui rappelle alors sa promesse de ne rien lui refuser si jamais elle rompait son serment de ne rien prendre dans le palais. Il lui demande alors de partager sa couche. Elle en aura un fils, Ménélik, ancêtre officiel des *Négus*, les empereurs d'Éthiopie.

Certains pensent aussi que le voyage de la reine au royaume d'Israël se serait accompagné de la conversion au judaïsme d'une partie de sa suite, à l'origine du groupe des juifs éthiopiens, les *falashas*.

L'empire du Ghana (VIIIe-XIe siècle)

L'empire du Ghana est délimité par deux fleuves, le Niger à l'est et le Sénégal à l'ouest. Situé en Afrique occidentale, il va profondément marquer l'ensemble de la civilisation africaine en fédérant le peuple autour de son monarque. Ce dernier, véritable intermédiaire entre dieux et hommes, fonde sa puissance sur le contrôle des routes de l'or.

C'est au VIIIe siècle, au moment même où l'islam se répand, que se constitue l'empire du Ghana, au profit des Sisé, l'un des clans formant le peuple des Soninké. Leur capitale fut probablement installée sur le site de Koumbi Saleh. Après avoir connu son extension maximale vers 990, l'empire du Ghana succombe sous les coups des Berbères almoravides à la fin du XIe siècle.

Les cités-États Yoruba du Nigeria

Les *Yoruba* forment encore de nos jours le groupe ethnique le plus important dans la partie sud-ouest du Nigeria, entre la côte des Esclaves et le fleuve Niger. Ils sont également présents au Dahomey et au Togo. Le nom même de cette côte rappelle assez quel fut leur sort entre le XVIe et le XIXe siècle, sort auquel ils participèrent eux-mêmes, dans le cadre de rivalités entre clans, en vendant les vaincus.

Pour se protéger de la traite et des razzias qu'elle motivait, les Yoruba ont mis au point un système original de cités-États fortifiées. Il y eut donc non un, mais plusieurs royaumes yoruba, à partir du milieu du XIIe siècle. La fondation mythique est le fait d'un ancêtre commun, Oduduwa, fils du dieu suprême, qui structure le royaume yoruba autour de deux sites sacrés, celui de la cité d'Ifé, où siège le pouvoir sacerdotal, et celui de la cité d'Oyo. À Ife règne l'*oni*, chef religieux incontesté, à Oyo gouverne l'*alefin*, descendant du héros Oduduwa, créateur de la Terre.

L'empire du Mali et Tombouctou la mystérieuse

L'empire du Mali est connu par les relations que les pèlerins et voyageurs arabes Ibn Khaldun, Ibn Battuta ou Léon l'Africain ont laissées. Mais c'est El Bekri qui, le premier, parle d'un État du Mali, localisé de part et d'autre de la boucle du fleuve Niger. L'islam pénètre peu à peu le pays, les conversions de chefs sont attestées dès la première moitié du XIe siècle. C'est le chef coutumier **Soundiata Keïta (1190-1255)** qui fonde réellement l'empire du Mali, dans la première moitié du XIIIe siècle. Il aurait régné des environs de 1230 à ceux de 1255. Après avoir défait le roi de Sosso, en 1235, il s'empare de son royaume et de celui du Ghana, et installe sa capitale à Niani. L'empire du Mali atteint son apogée politique et territoriale sous le règne de **Kango Moussa (1312-1337)**, qui repousse ses frontières de l'Atlantique aux marges sahariennes, contrôlant le nord du golfe de Guinée. Souverain pieux et éclairé, il fait en 1324 le pèlerinage à la Mecque, où il éblouit les contemporains par la profusion d'or dont il fait don, plusieurs tonnes, selon les commentateurs de l'époque, mais aussi par ses aspirations intellectuelles élevées. Il ramène dans sa suite savants et théologiens, commentateurs de la *sunna* (la tradition), qui sont à l'origine du rayonnement de Tombouctou. Au XVe siècle, à la suite d'un incessant affaiblissement dû à la multiplication des problèmes de succession, l'empire du Mali succombe sous les coups conjoints du royaume songhaï, des Touareg et des Mossi.

LE SAVIEZ-VOUS ?

La ville aux 100 000 manuscrits

L'université de Sankoré attirait au XVe siècle les étudiants de l'ensemble du monde musulman. Les docteurs de la loi, les oulémas, les exégètes du Coran et de la *sunna*, la tradition qui relate les faits et gestes du prophète Mahomet, s'y côtoient. Leurs leçons sont précieusement copiées sur des matériaux divers : écorce d'arbre, parchemin de peau de mouton, ou même papier. C'est ce savoir immense que l'on commence à redécouvrir, certains documents datant du XIIIe siècle, en les traquant dans les dépôts et greniers de Tombouctou. L'Unesco (Organisation des Nations unies pour l'éducation, la science et la culture) en a déjà sauvé 15 000, mais la quête est laborieuse, car les manuscrits sont éparpillés parmi les familles de la ville. Citons, pour le plus grand bonheur des historiens, des traités fondamentaux pour la connaissance de l'histoire de l'Afrique, le *Tarik-el-Sujdan* (« Histoire du Soudan ») de Mahmoud Kati, au XVIe s., qui relate la succession des chefs de Tombouctou, et le *Tarik-el-Fetash* (« Histoire du chercheur ») d'Abderahmane Es-Saad, au XVIIe siècle, une chronique du Soudan à l'époque médiévale.

Les Dogons

Fuyant la domination musulmane, les Dogons se réfugient sur les régions des hauts plateaux, situées au sud de Tombouctou. Cela leur permet de conserver une société et surtout une religion originales, fascinant les ethnologues **Germaine Dieterlen (1903-1999)** et **Jean Rouch (1918-2004)**, qui révèlent la culture dogon au monde après sa découverte entre les deux guerres par Marciel Griaule.

La société dogon est strictement hiérarchisée, en fonction des activités. À son sommet se trouve le groupe des cultivateurs, au plus bas celui des forgerons. Entre les deux, toutes les activités indispensables à la vie des villages sont représentées, tanneurs, vanniers, potiers, sculpteurs. Ces derniers jouent un rôle particulièrement important, surtout pour la confection de masques. Ces masques, les *kanaga*, sont portés par les danseurs, tous appartenant au groupe des cultivateurs, lors de cérémonies funéraires, ou pour recréer les gestes du démiurge au moment de la création. Les masques de bois sculptés et peints sont parfois tellement imposants chez les Dogons, que le danseur doit être accompagné d'un aide, non seulement pour les enfiler, mais aussi pour se redresser au cours de la danse elle-même.

Figure 4-2 : Masques dogons.

L'empire du Bénin

Il y eut deux royaumes du Bénin : le premier, le plus modeste en superficie, a été fondé par les Edo à l'ouest du Niger, à peu près depuis le confluent du fleuve Niger et de la Bénoué jusqu'à la côte ; le second, constitué à partir du début du XIVe siècle, comprend un espace qui va de la frontière de l'ancien Dahomey à l'ouest jusqu'au fleuve Niger à l'est. La conquête britannique met fin à cet empire à la fin du XIXe siècle.

Dès le XVe siècle, la dynastie d'origine yoruba qui règne sur le Bénin entretient des relations diplomatiques avec le Portugal. Sur la côte des Esclaves, les échanges commerciaux mettent les Occidentaux en contact avec l'Afrique intérieure. Des missionnaires débarquent, le catholicisme est toléré par les rois du Bénin jusque dans leur proche entourage. Toutefois, son influence ne perdure pas après l'effacement des Portugais devant les autres colonisateurs européens.

LE SAVIEZ-VOUS ?

L'oba en haut

L'*oba* est un roi divin au Bénin, qui vit séparé du monde au sein de son palais où se presse la foule de ses serviteurs. À partir de son couronnement, il cesse d'être un homme comme les autres pour s'intégrer pleinement au principe divin de la royauté. Le mythe royal veut qu'il ne consomme plus rien, ni aliment ni boisson, et qu'il soit immortel. Entouré de sa cour, l'*oba* quitte peu le palais, qui forme à lui seul un véritable quartier de ville. À sa mort, le principe sacré passe dans le corps du nouvel oba. Les rites funéraires veulent que la cour du roi défunt l'accompagne dans l'au-delà, dignitaires et dames de parage sont enterrés vivants avec la dépouille du souverain.

Le souverain du Bénin tire une bonne partie de sa puissance de ses relations avec les occidentaux. Il organise en effet, à son profit, la traite des esclaves, et va faire chercher à l'intérieur de l'Afrique ces derniers, pour les revendre aux Européens sur les côtes, n'hésitant pas à mettre en vente ses propres sujets. Il obtient en échange les armes qui lui permettent de maintenir sa puissance militaire sur ses voisins. Le lien entre la monarchie et la traite, au Bénin, est si puissant qu'après l'abolition de l'esclavage et la fin de la guerre de Sécession aux États-Unis, il faut à peine trente ans pour que le dernier oba soit vaincu par les britanniques.

Le royaume de Dahomey

Le royaume de Dahomey est né dans la partie la plus méridionale de l'actuelle république du Bénin, non loin du golfe du même nom.

À l'origine, il s'agit en réalité de trois royaumes et non d'un seul : ceux d'Allada, de Porto-Novo et de Dahomey. Nous n'avons, à la suite de la colonisation française, conservé que le nom du dernier, Dahomey, pour désigner l'ensemble. Le mythe fait remonter la dynastie régnante aux amours d'une princesse et d'un léopard.

Le royaume du Dahomey impose son hégémonie à ceux d'Allada et de Porto-Novo au long du XVIIe siècle, connaît son apogée au XVIIIe siècle, et passe sous l'autorité française à la fin du XIXe siècle.

Du nom de sa capitale, Abomey, le royaume fonde sa prospérité sur la traite des esclaves, devenue monopole royal sous le règne de **Kpengla (1774-1789)**. Le roi dispose d'une importante armée qu'il envoie tous les ans en campagne, pour s'approvisionner en esclaves qu'il vend sur la côte, dans le port de Ouidah, par l'intermédiaire d'un haut fonctionnaire, le *yovoghan* (« chef des Blancs »). Au début du XIXe siècle, le commerce des esclaves se restreint, et l'un des cousins du roi **Adandoza (1797-1818)** confisque le pouvoir à son profit. Sous le nom royal de **Ghezo (1818-1858)**, il inaugure une ère de prospérité et de puissance pour le royaume du Dahomey.

Au cours des *coutumes*, le roi se doit de montrer sa puissance et sa magnificence en organisant le « défilé des richesses du roi ». Il s'agit de sortir des magasins royaux tout ce que le souverain possède, aussi bien en esclaves, en têtes de bétail, en objets, en cauris, pour en faire l'étalage devant le peuple, et en consommer une partie. Plus le roi est puissant, plus il doit le montrer par une part importante de richesses consommées au cours des « coutumes ».

LE SAVIEZ-VOUS ?

Les amazones du Dahomey

Elles ont beaucoup frappé l'imagination, en raison non seulement de leur existence mythique dans l'Antiquité classique, mais aussi par leur résistance acharnée à la colonisation française.

Ce corps de soldats féminins a été institué, au début du XVIIIe siècle, par le roi Agadja mais c'est à ses successeurs qu'il revient d'en faire une armée permanente et organisée, et l'essentiel de la garde royale. Elles forment un corps d'élite, utilisé aussi bien pour les combats de conquête que pour la garde honorifique d'un haut personnage.

En 1851, le roi Ghezo conduit une armée de plusieurs milliers d'amazones à la conquête de la forteresse d'Egba. Seul un millier d'entre elles survivent à un combat acharné et inégal, les amazones, faisant preuve d'un rare courage, montent à l'assaut armées de lances et d'épées, et sont repoussées à coup de canon. La dernière grande bataille à laquelle participent les amazones du Dahomey a lieu en 1892, quand le roi Béhanzin (roi de 1889 à 1894) les incorpore à son armée pour tenter, en vain, de repousser les envahisseurs français.

Les Ashanti, le royaume de l'or

Le royaume ashanti impose son hégémonie, au XVIIIe et au XIXe siècles, dans les régions du centre de l'actuelle république du Ghana. Sa puissance prend fin en 1895 avec la conquête britannique. Il semble que le royaume ashanti soit une extension, à la fin du XVIIe siècle, du royaume de Denkyera, localisé dans la partie sud du Ghana. Il s'organise sous le règne d'Osaï Tutu, qui fonde Kumasi la capitale.

Le symbole même du royaume ashanti est le « trône d'or » du souverain, sur lequel il ne s'assoit jamais. Ce trône est à lui seul l'esprit de l'ensemble des Ashanti. Selon la légende, il a été donné par les dieux au roi Osaï Tutu, au cours d'un orage où le ciel s'est entrouvert pour le laisser passer. Le pays des Ashanti débouche sur la côte de l'Or, et la richesse du royaume reposait en partie sur les échanges effectués sur la côte, par l'intermédiaire des populations fanti.

Tableau 4-4 : Les grandes dates de l'Afrique

Date	*Dynastie*	*Événement*
Xe siècle av. J.-C- 325 siècle ap. J.-C.	Royaume de Kouch/Méroé	Création en Haute-Nubie par Piankhy, puis épanouissement sous la dynastie « ethiopienne », dont la capitale est Napata, puis Méroé ; grande activité architecturale (temples, monuments funéraires) des pharaons noirs
50 av. J.-C.- XIIe siècle ap. J.-C.	Royaume d'Axoum	Met fin au royaume de Méroé ; conversion au christianisme
VIIIe-XIe siècle	Empire du Ghana	Exploitation de l'or ; disparaît sous les coups des Berbères almoravides en 1076-1077
v. 1150	Royaume yoruba au Nigeria	Edification des cités-États structurant le royaume : Ifé et Oyo centres religieux
XIIIe-XVe siècle	Empire du Mali	Conversion des chefs à l'islam ; apogée sous le règne de Kango Moussa (1312-1337) et rayonnement intellectuel de Tombouctou ; les Touareg, les Mossi et les Shongaï entraînent sa chute
XIVe- XVe siècle	Empire du Bénin	Echanges avec le Portugal et les Occidentaux ; catholicisme toléré
XVe-XVIIe siècle	Royaume du Monomotapa	Réalisation de l'enceinte de pierre à Zimbabwe
1549-1582	Royaume songhaï	Apogée du royaume au Niger, détruit en 1951 par les Marocains
XVIIe-XIXe siècle	Royaume de Dahomey	Apogée au XVIIIe siècle ; capitale Abomey, enrichie par la traite des eslaves
1680-1700	Royaume ashanti	Essor de sa puissance économique sur la côte de l'Or, en contact avec les autres populations

L'Amérique des Aztèques et des Incas

En moins de deux ans, **Hernán Cortés (1485-1547)**, entre 1519 et 1521 pour l'Empire aztèque, et **Francisco Pizarro (1475-1541),** entre 1532 et 1533 pour l'Empire inca, anéantissent les deux grandes formations politiques qui dominent l'Amérique centrale et la cordillère des Andes. Apparus vers 1200, les tribus aztèques fondent en 1325 Tenochtitlan, capitale d'un empire qui couvre le Mexique central et la péninsule du Yucatán. De son côté, la tribu des Indiens Quechua installe à Cuzco, au XIIIe siècle, le centre de l'Empire Inca. Il s'étend tout en longueur, de la Bolivie au Chili, le long de la cordillère des Andes.

Conquérants impitoyables, Aztèques et Incas s'imposent à tous les peuples qu'ils peuvent dominer militairement, suscitant haines et rancœurs. Elles ressurgissent au moment de l'arrivée des conquérants espagnols, facilitant l'effondrement spectaculairement rapide des deux grandes civilisations d'Amérique centrale et andine.

L'Empire aztèque

L'Empire aztèque, fondé sur la puissance militaire, ne se montre réellement impérial que pour les finances et la justice. Dans tous les autres domaines, les peuples soumis jouissent d'une assez large autonomie. Lors de son apogée, au début du XVIe siècle, il s'étend de l'Atlantique au Pacifique d'est en ouest, et du Rio Panuco jusqu'au Guatemala du nord au sud. Cet immense territoire sert de creuset à la civilisation aztèque, qui fait de larges emprunts aux cultures qu'elle domine politiquement, par un phénomène d'acculturation extrêmement rapide. La religion aztèque reprend les grandes lignes de celle des Toltèques, ce qui se traduit également par une architecture religieuse semblable, composée de pyramides, palais à colonnes monumentales, tout droit héritées de Tula. Les principaux dieux sont **Quetzalcoalt**, le serpent à plumes, **Tlaloc**, dieu de la pluie, **Huitzilipotchli**, dieu de la guerre, **Coatliculé**, déesse de la terre, **Xochipilli**, divinité de la jeunesse, de l'amour et des fleurs.

Avant d'être détruites en partie par les conquérants espagnols qui y voyaient des représentations impies et scandaleuses, les formes artistiques aztèques ont atteint un haut degré de perfection : orfèvrerie, longs manteaux de mosaïques de plumes multicolores, manuscrits enluminés, codex, comme le *Codex Borbonicus*, qui représente le calendrier des rites annuels.

L'arrivée de Cortés et des conquistadores a mis fin en quelques années, à partir de 1519, à une civilisation au sommet de son épanouissement culturel et de son rayonnement politique. Hernán Cortés, parti de Cuba avec cent matelots, cinq cents fantassins, seize cavaliers et dix canons, conquiert l'Empire aztèque.

LE SAVIEZ-VOUS ?

La « Noche triste »

Arrivé en février 1519, Hernán Cortés et les Espagnols reçoivent d'abord un accueil respectueux. Certes, chevaux, armures, armes à feu suscitent étonnement et parfois crainte. Mais les Espagnols impressionnent par leur physique : barbus, ils évoquent le mythe du retour du dieu Serpent à plumes, Quetzalcoatl, qui doit revenir auprès des Aztèques pour régner sur eux et inaugurer un âge d'or. Mais les relations se gâtent vite. En juin 1520, un lieutenant de Cortés, Pedro de Alvaro, est informé d'un complot dans la capitale, Tenochtitlan, contre les Espagnols. Il y prend d'assaut un temple et en massacre les prêtres. C'est le signal d'une révolte générale des habitants. La situation, dans la nuit du 30 juin 1520 est d'autant plus dramatique que Tenochtitlan est élevée sur un ensemble d'îles reliées par des ponts de bois, sur le lac de Mexico. Les indiens ont coupé les ponts. Cortès ne parvient à sauver que 500 hommes sur les 2000 qui l'accompagnaient. Parvenu en sécurité sur les rives du lac, contemplant la ville en flammes et entendant les cris des Espagnols offerts en sacrifice à Huitzilipochtli, le dieu de la guerre qui a donné la victoire aux guerriers aigles et serpents, Hernan Cortés aurait pleuré et baptisé cette nuit funeste du nom de « Noche triste », la nuit de la Tristesse.

Figure 4-3 : Pyramide du Soleil à Teotihuacan.

L'Empire inca

L'Empire inca remonte à l'expansion de la tribu quechua installée à Cuzco, au début du XIIIe siècle. Le terme d'inca, qui désigne à l'origine le souverain, s'est étendu, au sens générique, à l'ensemble de la tribu dominante. Le territoire de l'empire s'organise sous le règne de **Pachacutec Ier (1438-1471)**, qui étend ses possessions de Quito au nord, dans l'actuel Équateur, jusqu'au lac Titicaca, au sud.

En l'absence de loi successorale, le système politique inca est affaibli, et l'empire est partagé entre deux frères en 1527 : Huascar à Cuzco (1525) et Atahualpa à Quito (1532). Il s'ensuit une guerre civile qui met le peuple inca à la merci du conquérant espagnol Francisco Pizarro.

L'administration est composée d'aristocrates quechua et des membres des familles souveraines soumises. Les ordres parviennent rapidement d'un bout à l'autre de l'empire grâce à un système très développé de routes et de messagers qui se relaient à la course à pied, les Incas ne connaissant pas le cheval.

Les arts incas sont caractérisés par une architecture cyclopéenne, formée de grands blocs de pierre, de forme polygonale ou cubique. Les blocs sont emboîtés les uns dans les autres sans recours au mortier. Les grands temples, Machu Picchu, Sacsahuaman, sont voués au culte du Soleil, mais, à la différence des Aztèques, les Incas ne semblent pas avoir pratiqué de sacrifices humains.

Ils ne possèdent pas d'écriture, mais une comptabilité complexe à base du *kipu*, corde à nœuds, et de lacets de couleurs différentes. Ils connaissent et maîtrisent parfaitement le travail des métaux. L'attitude bienveillante de l'Inca Atahualpa, seul souverain après l'élimination de son frère en 1532, favorise l'implantation de Pizarro et des Espagnols, qui le capturent et l'exécutent, en dépit de sa conversation au christianisme, en 1533.

Après la conquête, l'Amérique espagnole est divisée en deux vice-royautés : celle de la Nouvelle-Espagne et celle de la Nouvelle-Castille, ayant pour capitales respectives Mexico et Lima ; cette dernière a été fondée par Pizarro, qui y est enterré dans la cathédrale. Un « conseil des Indes » établit depuis Madrid l'ensemble de la législation, cependant qu'une « Chambre de Commerce », à Séville, envoie deux fois l'an une flotte chargée de produits manufacturés, qui revient avec une cargaison d'or, depuis le port de Mexico, Vera Cruz, ou celui de Porto Belho en Amérique centrale.

N'OUBLIEZ PAS !

Atahualpa, le dernier Inca

La grande faiblesse de l'Empire inca tient à son extrême centralisation. L'Inca, fils du soleil, règne en souverain absolu sur son immense empire, avec une rigueur extrême. Tout semblant de révolte est puni de mort. Ce système s'applique lors de la première rencontre de Francisco Pizzaro et de l'Inca Atahualpa. Afin d'honorer le souverain, Pizzaro ordonne à ses soixante-sept cavaliers de manœuvrer, puis de présenter leurs respects à l'Inca. Atahualpa demeure dans l'immobilité absolue attendue d'un dieu vivant. Mais il n'en va pas de même de son entourage, qui manifeste sa crainte devant les chevaux, animaux inconnus des incas. Atahualpa les fera étrangler pour ce manquement en sa présence.

Il finit de la même manière, étranglé dans sa prison, le 29 août 1533, après avoir payé, pourtant, l'énorme rançon exigée par Pizarro : une pièce entière remplie d'objets d'or.

Tableau 4-5 : Les grandes dates de l'Empire aztèque et de l'Empire inca

Date		*Événement*
XIVe-XVIe siècle	Empire aztèque	Fondation de Tenochtitlan (1325), extension de l'empire de l'Atlantique au Pacifique d'est en ouest, et du Rio Panuco jusqu'au Guatemala du nord au sud ; assimilation des cultures des pays dominés ; destruction de la civilisation et des sites aztèques par l'Espagnol Hernán Cortés à partir de 1519
XIIIe-XVIe siècle	Empire inca	Installation à Cuzco et extension de l'empire de Quito au nord, dans l'actuel Équateur, jusqu'au lac Titicaca, au sud ; développement d'une administration dans tout l'empire ; importance de la religion dont l'empereur est le chef ; construction de forteresses
1533	Fin de l'empire inca	Francisco Pizarro profite des rivalités fratricides des fils de l'empereur Huayna Cápac pour démanteler l'empire

Quelques grands oubliés

Il est des peuples qui ont longtemps été les grands oubliés de l'Histoire. Fréquemment car ils n'utilisent pas l'écriture, souvent encore car ils n'ont pas bâti d'impressionnants empires, ni laissé le nom de leurs grands hommes. Sans les passer tous en revue, rendons un discret et modeste hommage à trois groupes, les Aborigènes d'Australie, les papous de Nouvelle-Guinée, et, à l'autre extrémité du monde, les Inuits.

Les Aborigènes d'Australie

L'origine exacte des Aborigènes d'Australie demeure à ce jour confuse. Ils sont peut-être originaires de Nouvelle-Guinée, ou des îles de la Sonde et se seraient installés il y a plus de 100 000 ans, une date très contestée. Leur nom peut-être traduit par autochtones, c'est-à-dire « sortis du sol », en ce sens qu'ils descendent d'un ancêtre commun. Les tribus aborigènes vivaient sur le mode des chasseurs-cueilleurs, avec une répartition sexuée classique des tâches, les hommes à la chasse, les femmes assurant par la cueillette une régularité plus grande de la nourriture, en raison des aléas de la chasse.

Comme les Tasmaniens, Aborigènes installés sur la petite île de Tasmanie, au sud de l'Australie, les Aborigènes d'Australie ont failli disparaître. Il ne faut pas oublier qu'à l'origine, les colons britanniques sont des déportés, relégués en Australie pour éviter le surpeuplement des prisons. Ils repoussent les Aborigènes sur des terres de plus en plus restreintes. Lorsque la colonie est organisée politiquement, les Aborigènes sont menacés d'une autre forme de disparition, cette fois-ci par assimilation.

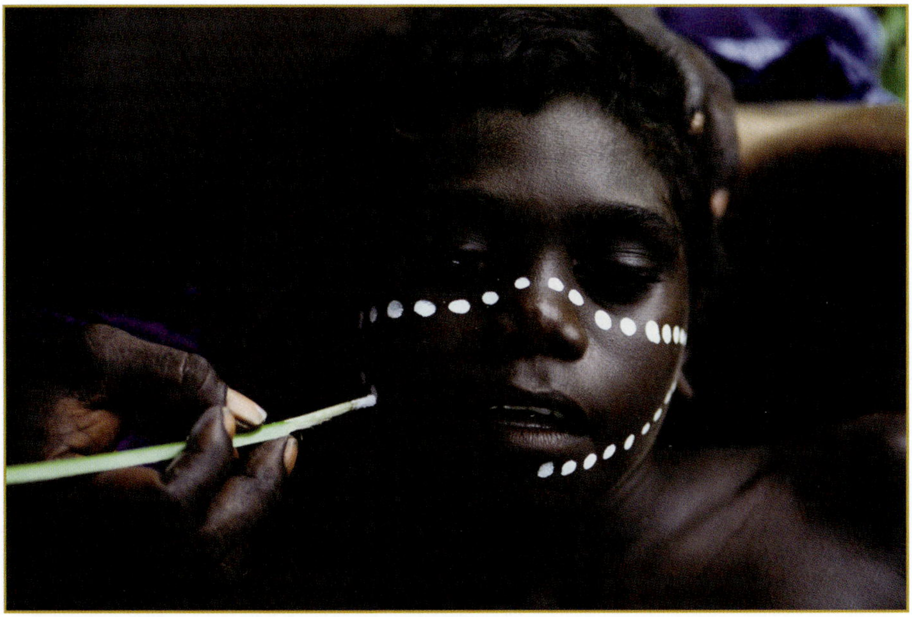

Figure 4-4 : Peintures rituelles aborigènes.

LE SAVIEZ-VOUS ?

Le Serpent Arc-en-ciel

Si la culture aborigène s'est maintenue, elle le doit à la force et à la puissance des mythes fondateurs. À l'origine du monde se situe le Temps du Rêve, appelé le *Djukurpa*, peuplé des créateurs de l'Univers, dont le principal est le grand *Serpent Arc-en-ciel*, père de toutes les lignées d'Aborigènes. Représenté dans les grottes, réservé aux initiés, le dessin du *Serpent Arc-en-ciel* est, en lui-même, à la fois l'échelle des temps et une cosmogonie. Tout ce qui a été créé l'a été à son époque, celle du Temps du Rêve. De même que le *Serpent Arc-en-ciel* est à l'origine des hommes, il est l'initiateur de la création de la nature, des formes minérales, animales, végétales.

Les Papous de Nouvelle-Guinée

Les Papous ont longtemps eu mauvaise réputation, accusés de pratiquer régulièrement l'anthropophagie. Leur nom vient du portugais, et il signifie « crépu », en référence à leur chevelure. Installés en Nouvelle-Guinée depuis 50 000 ans environ, les Papous sont des agriculteurs. L'organisation sociale repose sur le lignage, une lignée remontant à un même ancêtre commun.

La société papoue repose sur une stricte répartition des sexes. Aux hommes, la guerre et la chasse, aux femmes l'élevage des cochons et les pratiques agricoles. Le symbole même de cette frontière sexuée est la coutume de la *Maison des hommes*. Il s'agit, dans chaque village papou, d'un édifice construit en longueur, et réservé aux hommes adultes, c'est-à-dire qui ont passé les rites d'initiation qui les autorisent à s'agréger au groupe des hommes, capables de prendre des décisions pour la communauté.

La pratique, occasionnelle, de l'anthropophagie, est liée à un rite d'appropriation magique de la force vitale de l'adversaire vaincu. Aux yeux des Européens, elle est d'autant plus spectaculaire qu'elle s'accompagne d'une pratique de conservation des crânes. Ceux des ennemis le sont dans la Maison des hommes, mais, dans chaque clan, ceux des aïeux sont pieusement conservés et servent d'oreiller pour les hommes. L'âme du défunt, son énergie sont censées, lors des rêves nocturnes, aider leurs descendants à régler leurs actes, à prendre les bonnes décisions. Pour les principales tribus des pays asmat et sepik, cette pratique a perduré jusque dans la seconde moitié du XXe siècle.

En pays sepik, les adolescents qui arrivent à l'âge d'être intégrés dans le groupe des hommes, et d'avoir enfin accès à la *Maison des hommes,* doivent prouver leur courage en subissant une épreuve, un saut à effectuer depuis le haut d'une tour végétale qui atteint 20 à 30 mètres. Les candidats doivent se jeter, sans montrer d'hésitation, la tête en avant dans le vide, qui doit frôler le sol ! Devenu homme après son premier saut, le papou renouvellera à chaque initiation le saut depuis des tours de plus en plus hautes, son crâne s'approchant de plus en plus près du sol.

Les Inuits du Nord Canada

Les Inuits, vous les connaissez tous. Mais si, cherchez un peu. Dans votre enfance, on les appelait les Esquimaux. Ce terme est désormais remplacé par celui d'Inuits (« les gens » en *inuktitut*, la langue pratiquée par les Inuits). Ils sont installés dans le Nord canadien, sur le territoire appelé le *Nunavut* (« notre terre » en *inuktitut*), depuis 4000 ans environ. Leur mode de vie itinérant les amène à parcourir de vastes espaces, entre campements d'été et campements d'hiver. Depuis le 1er avril 1999, le territoire du Nunavut a été officiellement créé par les autorités fédérales du Canada, accordant de ce fait aux Inuits une plus large autonomie.

Les contacts avec les Européens n'ont commencé qu'au XVIIIe siècle, au moment où se développent dans le Grand Nord canadien les campagnes de chasse à la baleine, très répandues au cours du XIXe siècle. Les rencontres ont lieu dans les comptoirs à fourrures, où les Inuits, grands pisteurs et habiles chasseurs, viennent vendre les fourrures des animaux contre des fusils, instruments de pêche, denrées alimentaires et alcool.

Même s'il perdure, le mode de vie traditionnel des Inuits tend peu à peu à disparaître en raison d'un mouvement de sédentarisation accentué dans la seconde moitié du XXe siècle. Toutefois, la chasse reste une activité très pratiquée, à la fois pour se procurer de la viande et comme revenu supplémentaire. L'inuktitut demeure très largement parlé, grâce notamment à son enseignement, mais aussi aux émissions de télévision, diffusées partout au Nunavut.

Figure 4-5 : Inuit.

Deuxième partie

Plus belle la vie : arts et littérature

Dans cette partie...

Les arts sont les agréments de la vie, la littérature son sel. Envisager de s'en passer revient à refuser d'utiliser les sens que la nature nous a donnés.

Commençons par l'ouïe et la vue : plongeons dans un univers de notes, suivons les évolutions lascives ou saccadées des danseurs et danseuses. Styles, techniques, époques, grands interprètes, vous saurez bientôt tout sur la musique et la danse.

Les yeux encore grand ouverts s'ouvrent ensuite sur les œuvres des peintres, et les différentes écoles. Deux yeux suffisent à peine pour tout voir : tous les thèmes, tous les lieux, toutes les manières de peindre s'offrent à vos regards éblouis. Êtes-vous rococo ou classique, adepte du portrait ou du paysage, abstrait ou néo-figuratif ? Vous n'en savez rien encore ? Patientez quelques pages, jouissez de l'abondance du choix, et forgez votre opinion.

Repus de peinture, vos sens s'éveillent à point nommé à l'architecture, l'art du beau monumental ou de détail. Palais, places fortes, églises et couvents révèlent peu à peu techniques et décors somptueux. De la grande mosquée de Cordoue aux mosaïques de Saint-Vital à Ravenne, en passant par Versailles et le Centre Pompidou, suivez le guide !

Mais toutes ces visites sont bien fatigantes. Rien ne vaut le plaisir délassant d'un bon livre au coin du feu ou, en été, au jardin, sous les ombrages. Un livre, oui, mais lequel ? La tentation est ici trop forte, entre l'exotisme du bout du monde et la calme tranquillité des continents plus familiers.

Votre *Petit Liré*, ou le *Mont Palatin* ? À vous de choisir les pages, de l'Antiquité à nos jours, de naviguer entre les genres, roman, poésie, contes, nouvelles, et les auteurs, de Madame de Sévigné à Le Clézio.

Ensorcelé par la musique, ébloui de ballets, enivré de peintures, sculptures et monuments, vous êtes fin prêt pour l'extase des mots…

Chapitre 5

Un peu de douceur dans un monde de brutes : la musique et la danse

Dans ce chapitre :

- Les grands moments de l'évolution de la musique
- Les principaux genres musicaux
- Danseurs et chorégraphes

Définir en quelques mots ce que sont la musique ou la danse s'avère impossible. Leurs frontières varient en fonction des individus, de leur culture et de leurs motivations. Ce sont avant tout deux pratiques culturelles, à la dimension artistique plus ou moins présente : la musique peut se résumer en une organisation voulue de sons ou de silences successifs ; la danse est avant tout l'art de bouger le corps selon un espace et un temps définis.

En avant la musique

Dès que cela a été possible physiologiquement, l'homme de la préhistoire a émis des sons plus ou moins harmonieux. Les instruments de musique les plus anciens apparaissent il y a 40000 ans. Mais sans aucune trace écrite ou graphique, nous sommes confrontés à des hypothèses. Nous avons davantage de sources pour l'Antiquité. La musique est alors liée au religieux et au sacré. Au chapitre IV de la *Genèse*, l'invention de l'art sonore est attribuée à Youbal ; Moïse entonne un chant après la traversée de la mer Rouge, et on sait que la harpe de David pouvait calmer les fureurs de Saül.

La musique dans l'Antiquité

C'est à la fois celle que nous connaissons le moins en termes d'exécutions de morceaux, d'airs et de rythmes, et celle qui nous enchante le plus par les scènes peintes représentant des groupes de musiciens.

La musique dans la Grèce antique

Les Grecs rattachent la musique non seulement au quotidien et au religieux, mais aussi à des disciplines comme les mathématiques. **Pythagore (v. 580-500 av. J.-C.),** philosophe et mathématicien, calcula le premier les intervalles entre les différentes notes d'une gamme. Outre la philosophie et les mathématiques, les mythes sont aussi une bonne source de renseignements. Les Romains l'associent plus volontiers aux jeux et autres divertissements. La musique est alors essentiellement *homophone*, formée d'une unique ligne mélodique. Les premiers morceaux de musique accompagnent généralement des poèmes, poète et musicien étant une seule et même personne.

La tradition est riche en mythes où interviennent les instruments de musique, ainsi :

- **Orphée avec sa lyre chantante** fut certainement le musicien le plus célèbre de la mythologie grecque. Il descendit aux Enfers pour sauver son épouse Eurydice. Émus par sa musique, Pluton et Perséphone lui accordèrent la grâce qu'il demandait, à condition qu'il ne se retourne pas un instant sur le chemin du retour. Mais, impatient de voir à nouveau son épouse, Orphée regarda Eurydice avant d'avoir franchi les limites de l'au-delà, la perdant à tout jamais.
- **La flûte du dieu Pan** est composée de tubes de différentes tonalités dont l'extrémité est bouchée, reliés entre eux. Faite à partir de divers matériaux (bambou, bois, argile), elle prend en Roumanie le nom de *nai*, en Grèce, de *syrinx* et dans les Andes, de *yupana*. Essayant d'échapper à l'amour du dieu Pan, la nymphe Syrinx fut transformée en bouquet de roseaux… ceux qui permirent à Pan de fabriquer ses flûtes.
- **Apollon**, dieu archer, maître de la lyre, de la divination, de la musique et de la poésie, protecteur des muses, donna la lyre aux hommes et fut leur mécène. Sur l'Olympe, sa lyre d'or divertissait les dieux.

Le chant byzantin

La musique byzantine puise aux sources *hébraïques* et *syriennes*, et non aux sources grecques antiques. On la définit, en général, comme la musique grecque orthodoxe de la période comprise entre le VIe et le XVe siècles. Le rite byzantin ne subit plus depuis le VIIIe siècle aucun changement. C'est pourquoi Glinka, Tchaïkovski, Moussorgski, Rachmaninov et même Stravinsky mêlent le chant d'église aux mélodies populaires russes. La ferveur religieuse y rejoint souvent l'exaltation patriotique, le chant byzantin devenant russe orthodoxe.

La musique médiévale

Sur les mille ans de la période médiévale, de 476 à 1492 environ, la musique et ses usages connaissent une mutation profonde. Art sacré, destiné par la pureté des voix -assimilées à celles des anges – à glorifier Dieu, elle devient délassement profane, à la cour impériale de Charlemagne et de ses successeurs, puis divertissement populaire. Le premier fédérateur de la musique occidentale a été le pape **Grégoire Ier (vers 600),** qui l'a unifiée et codifiée. Cela a donné naissance au Chant Grégorien ou *plain-chant*. Parallèlement à ce courant religieux, un art poétique et musical s'est développé dans la société civile féodale (vers 1100) : poèmes épiques et chants d'amour sont alors colportés par des chanteurs ambulants.

LE SAVIEZ-VOUS ?

Le chant de Grégoire

Le fondateur de la musique occidentale a été le pape Grégoire Ier, vers 600. Il a commencé de codifier et d'unifier le rituel liturgique en Occident. Cela donnera le Chant Grégorien ou *plain-chant,* chant sacré, d'une seule ligne mélodique, interprété par un chœur de voix masculines, et sans instrument (c'est-à-dire *a capella).* Au XIe siècle, les prémisses du solfège apparaissent. Les progrès de la notation musicale permettent une meilleure circulation des œuvres, souvent confinées jusqu'ici à un seul monastère ou à une seule église.

Quand les Carolingiens chantaient

Le renouveau musical de l'époque carolingienne est dû à l'unification des liturgies sur le modèle romain, voulue par Charlemagne. Les premières chapelles à se doter d'écoles de musique et de chant sont celles d'Aix et de Tours. Le chant choral se développe lors des offices à la fin du IXe siècle dans l'abbaye normande de Jumièges, sous la forme de chœurs alternés d'hommes et d'enfants. Les exigences des chants liturgiques donnent naissance à des notations dites *ecchymotiques* ; les notes sont alors indiquées par des accents. Le défaut est l'absence de hauteur précise de ton.

L'organum

Les plus anciennes mentions de l'*organum* se rencontrent chez des écrivains du IXe siècle, le « moine d'Angoulême », **Jean Scot Érigène (v. 800-876)**, ou **Hucbald (v. 850-930)**, « moine de Saint-Amand ». Il s'agit d'une forme primitive de l'harmonie, consistant en une succession réglée d'octaves, de quintes et de quartes, exécutée par le chœur des voix d'hommes et d'enfants. Au XIIe siècle, le déchant, forme rudimentaire d'harmonie à deux voix, culmine dans les grandes compositions de l'école de Notre-Dame-de-Paris.

Ars Antiqua et Nova

Ars Antiqua désigne la musique médiévale française de 1230 à 1320 environ. *Ars Nova* s'applique à toute la production musicale du XIVe siècle, tant française qu'italienne. Les nouveautés apportées durant cette époque concernent essentiellement la notation et la rythmique. Les notes sont pleines ou évidées, rouges ou noires, afin d'améliorer la lecture de leur durée.

LE SAVIEZ-VOUS ?

Tambour major

Le tambour est une caisse cylindrique, faite de bois le plus souvent, dont chaque extrémité est fermée par une membrane tendue. Sous la membrane inférieure sont tendues deux cordes de boyaux, de façon à toucher dans toute l'étendue de son diamètre, la membrane. Lorsque, sous le choc des baguettes, la membrane du dessus entre en vibration, celle du dessous produit un nombre double de vibrations. Celle qui est soumise à la vibration est en général plus mince que l'autre. Il faut attendre la fin du Moyen Âge pour que le tambour fasse son apparition en France. Il fait partie des orchestres symphoniques depuis le XVIIIe siècle.

La musique de la Renaissance

Les successeurs de **Guillaume Dufay (1400-1474),** compositeur franco-flamand, maître de chapelle à la cour de Savoie, améliorent l'expressivité et délaissent un peu la théoric. Ils équilibrent le contrepoint et l'harmonie. Ce sont les *motets*, compositions musicales à une ou plusieurs voix, qui permettent de donner la pleine mesure de l'inspiration. L'art du chant et l'harmonie se développent beaucoup durant cette période. L'écriture devient plus claire et plus précise, et le texte un élément important de l'œuvre. La polyphonie est poussée à son extrême. Trois événements majeurs vont influer la musique : le retour des arts vers les modèles de l'Antiquité ; un essor économique sans précédent, notamment en Belgique et en Hollande, où la musique est constamment présente ; et la Réforme protestante, qui permet le développement des chants pour les fidèles.

La première Renaissance

De 1480 à 1520, les instruments sont surtout utilisés dans la musique profane et dans la danse. Le luth se répand en Italie puis en France, l'orgue en Allemagne. Les principaux auteurs sont **Josquin Desprez (1440-1521), Antoine Brumel (1460-1525), Pierre de la Rue (1460-1518), Loyset Compère (1450-1518), Jacob Obrecht (1452-1505).** L'apparition de l'imprimerie, à la fin du XVe siècle, accélère la diffusion de la musique.

La seconde Renaissance

De 1520 à 1550 se développent les écoles de Paris et de la Loire. La chanson polyphonique française s'inscrit en réaction contre le sérieux du style flamand. Elle est notamment portée par les musiciens catholiques, dont le chef de file est **Roland de Lassus (1532-1594),** auteur de plus de 2000 compositions, dont 100 motets. Parallèlement, la chanson populaire évolue vers une forme plus élaborée : le *madrigal*.

En Allemagne, la Réforme donne un nouvel élan à l'art musical avec **Luther (1483-1546),** passionné de musique sous toutes ses formes et compositeur de chants religieux.

La musique baroque (XVIIe et XVIIIe siècles)

L'âge baroque, né avec les débuts de l'opéra en Italie et en Allemagne, se termine avec la symphonie classique (grossièrement entre 1700 et 1750). Au cours de cette période naissent de nouveaux genres comme l'*oratorio,* drame lyrique sur un sujet religieux; la *cantate,* chant à un ou plusieurs avec accompagnement ; la *suite*, composition musicale de plusieurs morceaux de même tonalité; ou la *sonate*, alternance de mouvements lents et rapides. Après une longue période de polyphonie, s'impose la monodie, chant à une voix, soutenue par une basse instrumentale (luth, clavecin…), appelée basse continue.

Réforme et Contre-Réforme accordent une place de plus en plus grande au chant au cours des offices (oratorio, en Italie ; motet, en France ; cantate, dans les pays germaniques). Le concert se modifie par la création de nouveaux instruments, notamment le violon et le clavecin, ancêtre du piano-forte, tandis que les grands compositeurs révèlent leur talent grâce à un instrument privilégié : l'orgue. La musique, déjà présente dans le type aristocratique d'éducation, devient l'affaire de professionnels, souvent au service d'un grand ou vivant de commandes.

En Italie

Le 1er février 1598, *Daphné*, de **Jacopo Peri (1561-1633),** est considérée comme le premier ancêtre de l'opéra de l'histoire, car les récitatifs, parties récitées déjà bien connues, y alternent avec des parties chantées, ou à demi chantées.

À la fin du XVIIe siècle, l'influence de la musique italienne en Europe commence à décroître. L'opéra napolitain conserve son ascendant, sous la direction d'**Alessandro Scarlatti (1660-1725).** Et pour lutter contre la paralysie de l'opéra traditionnel, qui servait de prétexte aux exploits des virtuoses vocaux, **Jean-Baptiste Pergolèse (1710-1736)** introduit l'*opéra-bouffe*, sur le modèle de la *commedia dell'arte,* qui exercera une grande influence sur le spectacle musical européen. L'opéra reste jusqu'à la seconde moitié du XIXe siècle le premier des genres musicaux italiens.

- **Arcangello Corelli (1653-1713)** est le grand créateur des *sonates*, qu'il divise en quatre mouvements successifs : *largo*, *allegro*, *adagio*, *vivace*. A la fin du XVIIe siècle, les sonates les plus en vogue sont celles composées pour le clavecin.
- **Claudio Monteverdi (1567-1643),** maître de chapelle à l'Église Saint-Marc de Venise de 1613 à 1643, est le premier à opposer les voix humaines aux instruments pour obtenir un lyrisme dramatique. La composition *a capella* est enrichie d'un accompagnement instrumental.
- **Alessandro Scarlatti (1660-1725),** maître de la Chapelle royale de Naples, met en place l'*Aria da capo* et l'ouverture en trois mouvements. L'*Aria da capo,* ou « Air de tête », est la pièce d'un chanteur, morceau de bravoure qui ouvre l'opéra.
- **Antonio Vivaldi (1678-1748)** domine le *concerto*, œuvre d'une certaine ampleur pour instruments et voix. Le *concerto grosso,* qui oppose tous les instruments, cède peu à peu la place à l'opposition de la flûte et du violon, puis du piano au reste de l'orchestre, au long de trois mouvements, rapide, lent et rapide.

LE SAVIEZ-VOUS ?

Au violon !

Ses ancêtres remontent au IXe siècle, mais le violon tel qu'on le connaît apparaît dans le premier tiers du XVIe siècle. Un nom de facteur (c'est-à-dire de créateur) est associé au violon : celui d'**Antonio Stradivari (1644-1737),** créateur des prestigieux instruments appelés Stradivarius. Le violon est un instrument à cordes frottées par un archet, fine baguette d'une dimension de 75 cm environ. Le plus ancien fabricant est l'Italien **Gasparo da Salò (1540-1609).** C'est réellement au milieu du XVIIIe siècle qu'il devient l'un des instruments solistes les plus populaires de la musique. On le retrouve aussi bien dans la musique de chambre ou les concertos que les symphonies. Il est aussi très présent dans les différentes musiques folkloriques d'Europe centrale.

En France

Jean-Baptiste Lully (1632-1687) est nommé, en 1653, compositeur de la cour de Louis XIV et devient le grand maître de l'art lyrique en France, avec l'aide de son librettiste Quinault. L'orchestre, sous sa direction, prend une place importante dans des *comédies-ballets* comme *Le Bourgeois gentilhomme*.

Marc-Antoine Charpentier (1636-1704), dont les compositions sont très en vogue à Versailles, **François Couperin (1668-1733)** et **Emmanuel Delalande (1657-1726)** sont les autres représentants de cette époque.

En Allemagne

La période baroque est dominée par deux noms :

- **Heinrich Schütz (1585-1672),** maître de chapelle à Dresde, s'inspire de Monteverdi et de **Giovanni Palestrina (1525-1594).** Il choisit ses textes dans la traduction donnée par Luther de la Bible et consacre une part importante de son œuvre à la musique sacrée, funèbre ou psaumes. Il est l'auteur du premier opéra allemand, *Daphné* (1627).
- **Johann Sebastian Bach (1685-1750)** est le maître de la *cantate*, pièce chantée, qui désigne une composition monodique, d'inspiration profane aussi bien que sacrée, pour une ou plusieurs voix, avec accompagnement au début de basse continue, puis une instrumentation de plus en plus riche.

N'OUBLIEZ PAS !

Le cas Bach

Né le 21 mars 1685 à Eisenach en Thuringe, **Johann Sebastian Bach (1685-1750)** est le huitième enfant d'une famille de musiciens. Sa vie est placée sous le triple signe de la famille, de la religion et du service du pouvoir princier ou municipal. Maître de chapelle à Weimar, organiste de la cour de Léopold d'Anhalt-Coëthen de 1717 à 1723, il est ensuite nommé *Cantor*, c'est-à-dire maître de Chapelle, de Leipzig. Grâce à son talent, l'orchestre va acquérir une force d'expression jusqu'alors réservée aux compositions vocales.

En Angleterre

Henry Purcell (1659-1695) est un musicien complet : organiste de l'abbaye royale de Westminster, et à partir de 1683 compositeur et claveciniste de la cour. Il compose, dans le goût baroque, les plus grands opéras anglais (*King Arthur*, *The Tempest*), et des pièces de circonstance (*Music for Queen Mary*). Il faut mentionner aussi **Georg Friedrich Haendel (1685-1759),** compositeur d'origine allemande.

La musique classique

Alors que la musique baroque brille de tous ses feux, une esthétique classique, inspirée par la volonté d'ordre et de symétrie chère au roi de France **Louis XIV (1638-1715),** se dessine en réaction. À la fin du XVIIe siècle apparaît le concert public de cour, qui vient renouveler le concert domestique, de chambre, ou d'église. La sonate pour orchestre se transforme en symphonie, dans laquelle quatre mouvements de même tonalité se succèdent : *allegro*, *andante*, *menuet*, *presto*. Les instruments à vent (deux flûtes, deux hautbois, deux clarinettes, deux bassons, deux trompettes, deux cors) jouent une partie indépendante de celle des cordes (six violons et quatre altos).

En France

La musique française s'oriente de plus en plus vers le théâtre. Les principaux musiciens « classiques » sont les suivants :

- Claveciniste et organiste de Louis XIV, **François Couperin (1668-1733)** écrit des messes alliant la grandeur à l'esprit, dans un nouveau style de clavecin, point de départ de la musique de piano moderne.
- **Jean-Philippe Rameau (1683-1764),** auteur d'un *Traité d'harmonie,* écrit des opéras *(Castor et Pollux)* et des ballets *(Les Indes galantes)*, dans la tradition de Lully. Vers 1750, ses œuvres vont déchaîner les passions entre les partisans de la musique française et ceux de la musique italienne. Ces derniers préparent un nouveau genre d'opéra comique, où alternent chants et paroles, dont l'auteur le plus connu sera **André Modeste Grétry (1741-1813)** (*Richard Cœur de Lion*, 1784).
- De nationalité allemande, mais protégé par Marie-Antoinette, **Christoph Willibad Gluck (1714-1787)** donne une impulsion nouvelle à l'opéra. On trouve chez lui une mélodie expressive et un rythme dérivé de l'art déclamatoire. Son style s'apparente à celui d'un authentique théâtre musical, et formera la base de l'évolution de l'opéra au XIXe siècle *(Orphée et Eurydice, Armide)*.

En Autriche

Vienne devient le premier centre européen de la culture musicale dans la seconde moitié du XVIIIe siècle. Cette renommée est le fait de trois grands compositeurs : **Joseph Haydn (1732-1809), Wolfgang Amadeus Mozart (1756-1791)** et **Ludwig van Beethoven (1770-1827),** à l'origine d'une tradition aussi riche que dense. L'œuvre de Haydn, où la symphonie, le quatuor pour instruments à cordes et la sonate pour piano occupent une place de premier choix, illustre la pratique musicale aristocratique traditionnelle. Chez Mozart, cette tradition s'enrichit d'un autre genre : l'opéra. Beethoven, enfin, mène la musique des petits groupes instrumentaux jusqu'aux extrêmes de l'intimité et de l'individualisation, tout en sauvegardant la forme d'une exécution rigoureuse.

Figure 5-1 : La partition de *Don Giovanni* de Mozart.

La musique romantique

La Révolution française ne sonne pas seulement le glas de la monarchie, elle transforme aussi les idées et la société. De nouvelles manières de penser gagnent les musiciens, qui rêvent soudainement d'indépendance. L'ère des virtuoses peut commencer. Quant aux chœurs, ils n'ont jamais eu une telle ampleur.

En France

Inspirée de l'opéra comique italien, la tradition française est prolongée, dans le goût gracieux du XVIIIe siècle, par **François Boieldieu (1775-1834)** et sa *Dame blanche* (1825).

Mais la musique qui reflète par excellence l'âme tourmentée de l'époque est celle du Polonais **Frédéric Chopin (1810-1849),** réfugié à Paris en 1831, où il éblouit les salons par sa virtuosité comme par son talent de compositeur : les *Nocturnes*, œuvre pour piano, font étinceler ces deux facettes. Ses compositions sont marquées par le sort dramatique de la Pologne, écartelée entre l'Autriche, la Prusse et la Russie, qui se la sont partagée.

Hector Berlioz (1803-1869), à la fois dans la continuité et la rupture avec le romantisme, créé la symphonie moderne en mariant de vastes sonorités orchestrales. Son goût prononcé pour le démesuré le conduit, dans le *Requiem*, à tripler ou quadrupler le nombre de musiciens et de choristes. L'originalité de son œuvre est mal reçue, et la première de *La Damnation de Faust* en 1846, un échec. Il est surtout reconnu à l'étranger.

En Allemagne

Tout en continuant de suivre le classicisme viennois, la musique romantique s'en détache par son goût de l'invention musicale et son mépris d'une ordonnance trop rigoureuse.

Franz Schubert (1797-1828), qui en a composé près de 600, atteint le sommet de la création des *lieder*, avec *La Truite*, *La Jeune Fille et la Mort*, ou *Le Roi des Aulnes*.

Parfaite incarnation du romantisme allemand, **Robert Schumann (1810-1856)** reprend cette veine d'inspiration *(L'Amour et la vie d'une femme)*, mais se consacre aussi aux œuvres écrites pour le piano, révolutionnant le style d'exécution en vigueur. Très grand admirateur de Bach, il est à l'origine de la *Bachgesellschaft*, première publication intégrale de l'œuvre du maître, avec **Félix Mendelssohn (1809-1847)**. Musicien complet et prototype du chef d'orchestre moderne, c'est ce dernier qui, en 1829, redécouvre la *Passion selon saint Matthieu*. La musique de Bach n'était plus alors publiée depuis cinquante ans.

Carl Maria von Weber (1786-1826) incarne l'opéra romantique, en reprenant les légendes populaires germaniques et en créant un style national : *Freischütz*, *Euryanthe*, *Obéron*.

La fin du romantisme coïncide avec le règne musical de **Johannes Brahms (1833-1897),** dont l'œuvre repose sur une structure classique. Il sera le modèle des compositeurs allemands modernes.

En Italie

Le principal maître de l'école italienne, **Gioacchino Rossini (1792-1868),** s'inspire autant de Beaumarchais (*Le Barbier de Séville*) que du folklore populaire suisse (*Guillaume Tell*), et connaît un succès considérable auprès du public parisien pendant la *Restauration* (1815-1830). À l'aube du romantisme, Paris devient la capitale de l'opéra et les musiciens italiens, spécialistes du genre, s'y bousculent.

La musique de la seconde moitié du XIXe

La musique devient un instrument privilégié des revendications nationales. Les musiciens s'inspirent essentiellement du folklore et des mélodies populaires nationales. Les écoles nationales éclosent en peu partout dans le monde (Bohême, pays slaves, pays baltes…).

En France

Le désastre de la guerre de 1870 réveille des instincts nationalistes, qui suscitent l'éclosion de remarquables symphonies. **César Franck (1822-1890),** musicien belge naturalisé français, **Ernest Chausson (1855-1899)** et **Vincent d'Indy (1851-1931)** en seront les chefs de file. Parallèlement, il existe un courant typiquement français qui tente de renouer avec la tradition nationale de Berlioz, des romantiques et des classiques : **Édouard Lalo (1823-1892), Gabriel Fauré (1845-1924)** et surtout **Camille Saint-Saens (1835-1921),** dont la longévité en fait un témoin de nombreux courants et l'un des plus grands compositeurs français.

En Allemagne

La musique est dominée par la figure de **Richard Wagner (1813-1883),** qui veut dans un drame musical complet, le *Gesamtkunstwerk*, réunir à la fois musique, lyrisme poétique, décor et jeux de scène. Sa source d'inspiration réside essentiellement dans les mythes germaniques *(Le Cycle des Nibelungen)*, cependant que le théâtre spécialement aménagé de Bayreuth rend à l'orchestre le rôle dévolu, dans la tragédie grecque, au chœur : celui d'exprimer une réaction à l'action.

Entre 1840 et 1880, il compose notamment : *Le Vaisseau fantôme*, *Tannhaüser*, *Lohengrin*, *Les Maîtres chanteurs de Nuremberg*, *L'Anneau de Nibelung*, *Tristan et Isolde*, et *Parsifal*. Sa théorie musicale, et même au-delà sa vision profonde de la société, s'expriment dans ses écrits : *L'Art et la Révolution*, *L'Œuvre d'art de l'avenir*, *Opéra et drame*.

En Italie

Giuseppe Verdi (1813-1901) apparaît comme la synthèse des tendances de l'opéra italien. **Giacomo Puccini (1858-1924)** est un des représentants du *vérisme*, manifestation proche du réalisme français, en opposition avec les héros mythiques de Wagner. Là où Verdi triomphe avec *Nabucco*, l'éclat patriotique des chœurs, repris dans son *Aïda*, Puccini développe une esthétique inspirée de la situation tragique des classes populaires, avec *La Bohême*, ou de l'impossible rapprochement entre deux mondes, avec *Madame Butterfly*.

N'OUBLIEZ PAS !

Viva Verdi !

Au milieu du XIXe siècle, l'Italie du Nord, la Lombardie et la Vénétie sont sous le contrôle de l'empire d'Autriche. Les patriotes italiens étouffent sous la tutelle autrichienne, mais les revendications d'indépendance sont très sévèrement réprimées. Dans les années qui précèdent l'unification de l'Italie, en 1859-1860, au profit du roi de Piémont-Sardaigne, Victor-Emmanuel, le nom de Verdi est une aubaine inespérée pour les indépendantistes. D'une part, le musicien ne cache pas son ardent désir d'une Italie unifiée et totalement indépendante, d'autre part, son nom est à lui seul une proclamation. Les partisans qui badigeonnent les murs des villes de « VIVA VERDI » écrivent aussi, sans risque de représailles : VIVE V(ictor) E(mmanuel) R(oi) D'I(talie) !

En Russie

Mickhaïl Glinka (1804-1857), puisant aux sources slaves, sera un modèle pour les musiciens qui le suivront. **Piotr Ilitch Tchaïkovski (1840-1893)**, considéré comme le plus grand symphoniste russe de sa génération, s'inspire dans ses œuvres lyriques de l'identité nationale. Mentionnons aussi **Nicolaï Rimski-Korsakov (1844-1908),** très inspiré par Berlioz, ainsi qu'**Alexandre Borodine (1833-1887),** médecin de formation, venu à la composition pour exalter l'âme et le folklore russes.

En Bohême

Bedrich Smetana (1824-1884), fondateur de l'école tchèque, est l'auteur de la très célèbre *Moldau*, du nom du fleuve qui traverse Prague, capitale de la Bohême, avant de parcourir le pays. Par ses accents, Smetana met en avant la liberté du cours du fleuve, libre d'aller où il lui plaît, comme le seront bientôt les Tchèques, espérant se libérer de la tutelle de l'empereur d'Autriche-Hongrie. Cette tradition est perpétuée par **Anton Dvorak (1841-1904),** qui révèle au monde entier l'esprit slave, et fait de l'opéra de Prague un des tout premiers d'Europe.

La musique du début du XXe siècle

Dans le domaine musical aussi, la Première Guerre mondiale constitue une rupture fondamentale. L'éclatement des structures musicales héritées du XIXe siècle permet l'éclosion d'une esthétique nouvelle, fondée sur la recherche de formes nouvelles de tonalité et de rythmes, inspirées des études mathématiques.

En France

À partir des années 1900, l'émergence de profondes mutations dans les formes d'écriture musicale laisse entrevoir une nouvelle tendance de la composition. Un certain nombre de musiciens français, ou connaissant le succès en France, vont se distinguer au cours de cette période. **Maurice Ravel (1875-1937),** considéré comme un néo-classique moderne ; **Paul Dukas (1865-1935),** que son *Apprenti sorcier* rend célèbre très jeune ; **Serguei Prokofiev (1891-1953),** qui, avec sa *Symphonie classique*, montre également la voie du néoclassicisme, car nul ne pensait aller plus loin dans le modernisme qu'**Igor Stravinsky (1882-1971)** dans le *Sacre du printemps* (1913).

En Autriche

C'est de ce pays que vient la nouveauté décisive, le bouleversement de la musique du XXe siècle, par l'œuvre d'**Arnold Schönberg (1874-1951)** et de ses élèves **Alban Berg (1885-1935)** et **Anton Webern (1883-1945).** S'opposant à la classique composition tonale de la musique occidentale, influencé par la musique indienne, Schoenberg s'inspire de la rupture picturale expressionniste et de son prolongement non figuratif. Il affirme la nécessité d'une *musique atonale*, les tons n'étant pas plus liés par des rapports fixes que les formes ou les couleurs.

Son évolution personnelle le conduit à créer un système à douze tons (le *dodécaphonisme*), mais le manque d'élégance de ses compositions, pour un public non averti, lui vaut un mur d'hostilité et de moqueries. Son *Pierrot lunaire* (1912) est ressenti comme une vaste cacophonie.

En Russie

Plusieurs compositeurs remarquables dominent le monde de la musique : **Dimitri Chostakovitch (1906-1975)** signe à vingt ans une *Première symphonie* exceptionnelle. **Serge Rachmaninov (1873-1943)** est l'auteur de quatre *Concertos pour piano*.

Ces mutations concernent un langage musical en crise, indétermination d'un côté, *sérialisme* généralisé de l'autre, et des recherches qui développent de nouvelles formes d'expression, musique électronique, mixte, pour aboutir à de nouvelles conceptions.

Sans aller jusqu'à *l'atonalité* de Schoenberg, **Igor Stravinsky (1882-1971)** aime l'irrégularité du rythme, ses syncopes toniques, et l'illustre avec le *Sacre du printemps*, donné à Paris, en 1913, devant une salle vociférant d'indignation. Ses œuvres précédentes, *L'Oiseau de feu* (1910) et *Petrouchka* (1911), avaient été reçues avec enthousiasme : plus conformes au goût traditionnel du public, ces deux ballets étaient également dansés en vedette par **Vaslav Nijinski (1890-1950),** étoile de la troupe russe amenée à Paris par **Serge de Diaghilev (1872-1929).** *Le Sacre du printemps* choque à la fois par le choix du thème, des rites païens, et par une orchestration brillante, jugée trop brutale à l'époque.

La musique contemporaine

On parle de *musique contemporaine* pour la musique créée après la fin de la Seconde Guerre mondiale. Déjà remise en cause sous l'influence du *dodécaphonisme* de Schoenberg, ou dans le cadre du *Groupe des 6*, inspiré par Satie et Stravinsky – **Darius Milhaud (1892-1974), Francis Poulenc (1899-1963), Arthur Honegger (1892-1955)**… –, la musique établie depuis le XVIIIe siècle est ébranlée : non seulement la musique, mais aussi l'écoute de la musique.

Le système sériel

Le système sériel, développé par **Anton Webern (1883-1945),** est repris après sa mort par **Pierre Boulez (né en 1925)** et **Karlheinz Stockhausen (né en 1928).** Le but de la *musique sérielle* est d'enregistrer dans un premier temps sur la partition l'intensité, la hauteur, la durée, le timbre de chaque son émis, afin de leur appliquer un traitement sériel. Parmi les œuvres les plus représentatives, le premier cahier des *Structures* de Boulez, et les *Kontrapunkte* de Stockhausen. Après une première phase de sérialisme intégral, ces auteurs réadmettent peu à peu la tradition dans leur mode de composition.

Le système aléatoire

Dans le but de dépasser le système sériel, certains compositeurs, tel **Iannis Xenakis (1922-2001),** puisent dans les mathématiques des modèles directement applicables à la composition musicale. D'autres, las d'un certain carcan représenté par le sériel et les mathématiques, veulent retrouver une pleine liberté de création, et se soumettre à l'aléa, en évitant parfois toute intention : le meilleur représentant de cette *musique aléatoire* est le Nord-Américain **John Cage (1912-1992),** auteur notamment d'un *Concerto pour piano* (1957-1958).

La musique électronique

Compositeur français, **Edgar Varese (1883-1965)** intègre des instruments électroniques à ses créations. La particularité de cette musique est de produire le son de façon différente : son de synthèse, électronique ou instrumental, les formules sont variées et produisent des œuvres mixtes, bandes et orchestres, ou pré-enregistrées, toujours purement électroniques. Les noms rattachés à cette esthétique sont ceux de **Karlheinz Stockhausen (né en 1928)**, **Pierre Boulez (né en 1925)**, et **Luigi Nono (1924-1990).**

Tableau 5-1 : Les grandes dates de la musique

Période	*Genre*	*Artistes et œuvres*
Antiquité		Débuts de la lutherie (- 5000)
Moyen Âge		Réforme grégorienne (600)
		Première polyphonie notée (900)
		Premières chansons des troubadours (1100) ; Guillaume de Machaut
XVIe siècle	Renaissance	Monteverdi, *Orfeo* (1607) ; premier théâtre public d'Opéra à Venise (1635)
XVIIe siècle	Baroque	Vivaldi, *Quatre Saisons* (1725)
XVIIIe siècle	Classique	Mozart, *Les Noces de Figaro* (1786)
XIXe siècle		Beethoven, *Symphonie n° 9* (1824)
	Opéra	Verdi, *Rigoletto* (1851),
		Wagner, *Parsifal* (1882),
		Debussy, *Prélude à l'après-midi d'un faune* (1893)
		Bizet, *Carmen* (1895)
XXe siècle	Modernisme	Stravinsky, *Sacre du Printemps* (1913)
		Gershwin, *Porgy and Bess* (1935)
		Britten, *Peter Grimes* (1945)
		Ligeti, *Atmosphères* (1961)
	Musique aléatoire	John Cage, *Concerto pour piano* (1957)

Les grands genres musicaux

Le *genre musical* se définit à partir de points précis, d'après les genres, les voix, les instruments. Il permet d'opérer une classification entre musique classique, sacrée ou profane, et les genres plus récents, le jazz ou le rock'n roll par exemple.

La musique classique

Elle est souvent appelée la « grande musique » par opposition au côté ludique et varié d'autres types de musiques populaires.

La musique sacrée

Si elle a un rapport étroit avec les pratiques religieuses, elle ne se confond pas pour autant avec la musique religieuse, car cette dernière a pour finalité d'établir une relation directe avec la divinité, par le biais des prières et des méditations. La musique sacrée s'exprime par les voix, des cantates, des passions, des requiems, et peut être associée à un instrument de musique tel que l'orgue.

La cantate, le bel cantare

Le mot *cantate* signifie « quelque chose qui se chante ». C'est une composition vocale à plusieurs voix avec un accompagnement destiné à la chambre, à l'église ou au concert. C'est d'abord par les créations italiennes que les cantates sont introduites en France. Telle qu'elle était présentée, la cantate se trouvait divisée en trois airs de caractère opposé, rattachés par des ritournelles et des récits. C'est pendant la période baroque qu'elle connaît son apogée. Le mot même de *cantate* est adopté définitivement en France après 1725.

Le requiem

Dès les premières années du XVIIe siècle, l'évolution du genre se manifeste. Le mot *requiem* signifie « repos » et se définit comme un genre musical religieux, interprété par un chœur. La connaissance de l'opéra, de la cantate, de l'oratorio, vont en modifier considérablement le genre. Les grands noms liés au requiem sont : Mozart (1791), Haydn (1771), Cherubini (*Requiem pour la mort de Louis XVIII*, 1817), Gounod (1842), Brahms (1868), Fauré (1888), Duruflé (1947).

L'oratorio

L'*oratorio* est une œuvre à caractère religieux illustrée par un thème précis, dont le sujet est tiré de *L'Écriture* ou de l'histoire sainte. Né dans les oratoires romains, c'est un genre florissant dès le XVIe siècle. Dans les premières décennies du XXe, il désignera plus précisément, dans la musique occidentale, une partition pour solo, chœurs et orchestre, illustrée par une action sacrée ou profane. Il est destiné au concert et non au théâtre car on n'y trouve ni action, ni costume, ni décor.

Le motet

Le *motet* est une forme musicale apparue au XIIIe siècle, sans accompagnement musical mais avec une ou plusieurs voix. C'est une pièce écrite sur un texte en latin. Il existait aussi des motets profanes, l'étymologie du mot signifiant « petit mot ». Pendant tout le Moyen Âge, c'est en France la forme principale de polyphonie. Les principaux auteurs de motets sont Guillaume de Machaut (1300-1375), Josquin Desprez (1440-1521), Lully, Scarlatti, Bach, Anton Bruckner (1824-1896), Théodore Dubois (1837-1924).

La musique profane

La musique profane peut être soit vocale, soit instrumentale. Les genres s'en sont multipliés et comprennent notamment l'*aria*, une mélodie expressive, chantée et dont l'accompagnement aujourd'hui est l'opéra ; le *chœur,* accompagné par une partie instrumentale ; la *mélodie*, brève composition pour une voix accompagnée par un instrument ou un piano… Ceux qui ont dominé la musique occidentale sont l'opéra, l'opérette, le *lied* et le madrigal.

L'aria

L'*aria* (« air ») est une mélodie ou un thème facilement reconnaissable. Elle se définit aussi comme une pièce à voix seule avec accompagnement, formant une œuvre isolée ou appartenant à une composition profane ou religieuse. L'*aria* figure à l'origine dans le répertoire des « chanteurs au luth », qui se développe au XVIe siècle, parallèlement à celui du chant polyphonique.

La ballade

La *ballade* est un chant traditionnel narratif, de caractère souvent dramatique. Les œuvres de **Guillaume de Machaut (1300-1375)** contiennent environ 80 ballades et « chansons balladées ». À l'origine, ce sont des chansons à danser, très simples, répandues depuis l'époque des troubadours et caractérisées par la présence d'un refrain, vraisemblablement chanté en chœur. Schubert composa des ballades en s'inspirant des textes de Goethe.

Le rondeau

Le *rondeau*, pièce musicale où se répète à intervalles réguliers la première phrase ou « refrain », restera en usage jusque vers la fin du XVIIIe siècle, où il se fondit dans le rondo.

La sonate

Sonate (de l'italien *sonare*, « exécuter par un instrument ») est une œuvre instrumentale monothématique : un thème unique est développé sur le ton principal, puis sur sa dominante. Aux XVIe et XVIIe siècles, de plus en plus de compositions instrumentales (*da sonare*) furent intitulées sonates, par opposition aux œuvres vocales (*da cantare*).

L'opéra

Les précurseurs de l'opéra (du neutre latin *opus*, « œuvre ») sont les comédiens du madrigal de la Renaissance italienne. Poussés par le désir de renouveler le drame antique, quelques compositeurs et érudits se rassemblent dans la maison du comte Bardi, un mécène, où ils discutent de leur art.

On oppose parfois le courant italien au courant français : le premier travaille le *bel canto*, l'opéra *seria* (« sérieux »), sur des sujets mythologiques ; le deuxième préfère l'opéra *buffa* (« bouffe »), mieux intégré à la cour du roi, à l'origine de la comédie ballet et du ballet de cour. Dans la période suivante naîtra le *singspiel* allemand, plus féerique, à base de fiction populaire.

L'opérette

Émile Littré, dans son *Dictionnaire de la langue française* (1863-1873), en donne la définition suivante : « petits opéras sans importance ». Opéra de style léger, mettant délibérément de son côté la gaîté et le spectacle, l'opérette, issue du vaudeville, a commencé sur le pavé de Paris. De là naîtra l'*opéra comique*, dialogue parlé entremêlé de chansons originales. Le nom de **Jacques Offenbach (1819-1880)** y est attaché pour *La Belle Hélène* (1864), *La Vie parisienne* (1866), *ou Les Contes d'Hoffmann* (1881, posthume)

Le lied

Cette petite composition vocale à une ou plusieurs parties, avec ou sans accompagnement musical, sur un texte de langue allemande, connaît un développement important en Autriche et en Allemagne. Les noms de Schubert, Schumann, Strauss, Gustav Mahler et Schoenberg y sont liés.

Le madrigal

Dérivé des chansons de troubadours, le *madrigal* s'impose comme une pièce polyphonique d'inspiration profane. Typique de la Renaissance italienne, il utilise un contrepoint savant chanté à plusieurs voix, généralement *a capella*. L'histoire du madrigal est liée à Monteverdi et à ses *Scherzi musicali* (1599).

La musique instrumentale

C'est pendant la période de la Renaissance que la *musique instrumentale* se sépare de la musique vocale. Il faudra attendre le milieu du XVIIIe siècle pour qu'une distinction véritable se fasse entre musique de chambre et musique symphonique. La première concerne la musique pour petits ensembles – trios, quatuors, quintettes –, et la seconde, la musique symphonique, dédiée à l'orchestre symphonique.

La musique de chambre

Jusqu'au XVIIe siècle, la *musique de chambre*, avant l'apparition des concerts publics, désigne une musique destinée à être jouée chez un particulier. Les formations de musique de chambre ne comprennent généralement que des instruments à cordes, ni cuivre, ni percussion, mais clavecin et plus tard piano. Sa distinction réelle d'avec la musique d'orchestre se fera vers 1770. Cette date est la période à laquelle Mozart et Haydn écrivent des symphonies pour orchestres jouées en public.

La musique symphonique

À la différence de la musique de chambre, la *musique symphonique* est destinée à un orchestre; celui-ci sera dit «symphonique». La véritable naissance de la musique symphonique se fait au début du XVIIIe siècle, grâce à l'apparition de nouveaux genres tels le concerto de soliste, puis plus tard la symphonie. Au XIXe siècle, elle ajoute le ballet et le poème symphonique à ses prestations.

UN PEU DE TECHNIQUE

Les mots de la musique

Accord: ensemble de notes jouées simultanément.

Allegro: tempo vif et gai.

Andante: tempo modéré.

Baryton: voix d'homme entre ténor et basse.

Basse: voix d'homme la plus grave.

Bémol (b): signe indiquant que le son de la note devant laquelle il est placé doit être baissé d'un demi-ton.

Contralto: la plus grave des voix de femme.

Contrepoint: superposition de plusieurs lignes mélodiques.

Dièse (♯): signe indiquant que le son de la note devant laquelle il est placé doit être haussé d'un demi-ton.

Forte: son renforcé. Exécution vigoureuse.

Fortissimo: doit être joué très fort.

Gamme: succession ascendante ou descendante de notes, du grave à l'aigu, ou inversement.

Harmonie: combinaison de sons produits simultanément.

Mesure: notes comprises entre deux barres de mesure formant un même nombre de temps.

Mouvement: partie d'une œuvre musicale devant être exécutée dans tel ou tel tempo.

Octave: ensemble de notes contenues dans l'intervalle de huit notes d'une gamme et nom donné à la huitième note.

Opus: désigne un morceau de musique dans l'œuvre complète d'un compositeur.

Pianissimo: très faible, très doux.

Piano: doucement.

Soprano: la plus élevée des voix de femme ou de jeune garçon.

Ténor: voix d'homme élevée, comprise entre baryton et contralto.

Tempo et rythme: le tempo d'une œuvre musicale est l'allure à laquelle elle doit être exécutée. La succession de notes de durées variables forme le rythme.

Temps: division de la mesure et éléments de base du rythme.

Timbre: qualité d'un son, que ce soit celui d'une voix ou d'un instrument.

Ton: la plus grande distance qui sépare deux notes, équivalant à deux demi-tons.

Tonalité: première note sur laquelle une gamme est établie et qui donne son nom à cette gamme.

La musique « populaire »

La musique populaire se rattache, étymologiquement, au peuple, à tout ce qui lui est propre, à tout ce qui s'adresse à lui. La *musique techno*, le *reggae*, sont des musiques populaires. Les styles suivants font partie de cette catégorie : le *jazz*, le *blues*, le *rock and roll*, le *disco*.

Le Jazz

Puisant ses sources dans la musique des esclaves, dans les plantations du sud des États-Unis, et étroitement lié à l'improvisation, le jazz connaît un essor important au début du XXe siècle grâce à une succession d'artistes talentueux :

- **Jelly Roll Morton (1885-1941),** pianiste faisant le lien entre ragtime et jazz dans les années 1920, **Duke Ellington (1899-1974),** pianiste et chef d'orchestre, et **Django Reinhardt (1910-1953),** guitariste gitan, premier grand musicien de jazz européen, font partie des pionniers.
- **Louis Armstrong (1901-1971)** fut un chanteur et un trompettiste exceptionnel.
- **Count Basie (1904-1984)**, pianiste, compositeur et chef de *big band* (grand orchestre), est à l'origine du « swing » dans les années 1930 et 1940. **Dizzy Gillespie (1917-1993),** trompettiste, est un pionnier du « be-bop », dont **Charlie « Bird » Parker (1920-1955),** saxophoniste alto, sera considéré comme le maître incontesté.
- Le contrebassiste **Charlie Mingus (1922-1979)** allie le jazz moderne et le blues, tandis que le trompettiste **Miles Davis (1926-1991)** est l'initiateur de la fusion jazz/rock des années 1960.
- **John Coltrane (1926-1967),** au saxo ténor et au saxo alto, et **Oscar Peterson (né en 1925),** au piano, sont réputés pour leurs improvisations.
- Chanteuse de blues, **Bessie Smith (1894-1937)** exerça une forte influence sur le jazz et la pop. Dans le domaine du jazz, **Billie Holiday (1915-1959)** fut à son zénith dans les années 1930 et 1940.

Figure 5-2 : Louis Armstrong.

LE SAVIEZ-VOUS ?

Sax alors !

Curieusement, ce n'est pas un Américain, mais un Belge, **Adolphe Sax (1814-1894),** qui dépose le brevet d'invention du saxophone en 1846. Instruments à vent, le saxophone se décline selon un grand nombre de variétés. Six de ses quatorze tailles sont d'ailleurs toujours utilisées : saxophone contrebasse, basse, baryton, ténor, alto, soprano. Rarement utilisé dans la musique classique, il reste le principal instrument du jazz.

Le rock

Il tire son origine d'un compromis entre la *country music*, musique populaire américaine, le *bluegrass*, du nom des *bluegrass boys*, le premier groupe de **Bill Monroe (1916-1986),** et le *rythm and blues*, l'une des formes d'expression du jazz. Dans les années 1950, il est vulgarisé aux États-Unis sous le nom de *rock and roll* (titre d'une chanson de1934 ; littéralement, « balance et roule »). Avant l'avènement des **Beatles** et des **Rolling Stones**, le plus grand rocker de l'époque est sans conteste **Elvis Presley (1935-1977)**, *alias* le « King ».

Figure 5-3 : Elvis Presley.

Le disco

Le style disco a été indiscutablement lancé par le film de John Badham, *La Fièvre du samedi soir*, qui a révélé **John Travolta (né en 1954)**. Puis le succès de *Grease* a contribué à imposer le genre, qui évolue peu à peu vers le funk, c'est-à-dire une interprétation sensuelle de la musique populaire.

Le rap

Le mouvement se rattache à celui du *hip hop* (de l'anglais *to be hip*, « être dans le vent », et *to hop*, « sautiller »). La rythmique en est fortement saccadée. Rap, en anglais, signifie « frapper ». Le premier tube est enregistré à New-York sous le titre « Rapper's Delight », en septembre 1979, par le Sugar Hill Gang.

Le reggae

Dérivé du *Calypso*, musique de carnaval des Antilles, le *reggae* s'impose comme une musique jamaïcaine des années 1940, découverte en Occident en 1974, lors de la reprise d'un titre de **Bob Marley (1945-1981)**, « I Shot the Sheriff ».

N'OUBLIEZ PAS !

Bob Marley, prophète rasta

Bob Marley (1945-1981) est considéré comme le premier prophète *rasta*, du nom du mouvement *rastafari*, créé à la Jamaïque dans les années 1930, puis exporté aux Etats-Unis. Être *rasta*, c'est adopter un mode de vie, une philosophie de l'existence fondés à la fois sur le christianisme, la culture africaine – surtout éthiopienne –, le marxisme et l'hindouisme. Il s'agit de montrer que les personnages les plus importants de la Bible sont noirs. Leur descendant spirituel serait l'empereur d'Éthiopie **Haïlé-Sélassié Ier (1892-1975)**, couronné en 1930. Véritable messie, appelé « Jah » (abréviation du nom de Dieu, Jéhovah), il incarnerait l'espoir de tout le peuple noir. Les rastas sont, en principe, végétariens, ne boivent pas d'alcool, n'approchent pas les morts. Ils se passent d'églises et de hiérarchie ecclésiastique, mais reconnaissent l'autorité symbolique d'Haïlé-Sélassié. Ils fument le chanvre suivant un rite spécifique, car cette plante aurait poussé sur la tombe du roi Salomon.

La techno

La techno est née à Chicago, mélange de synthétiseur et de musiques à rythme diffusés simultanément. Elle est sans cesse remise à jour grâce au détournement d'autres musiques. Les principaux groupes français sont **Saint Germain**, **Funk Mob** et **Dimitri from Paris**.

Dansez maintenant : danses, danseurs et chorégraphes

La danse, selon la définition acceptée, est l'art de mouvoir son corps selon un rythme et un espace déterminé. L'histoire de la danse, c'est celle de l'évolution de la société toute entière, et de son rapport au corps en mouvement. Danses populaires de cour, sacrées ou liées aux grands événements de la vie, elles sont toutes là, toujours présentes. Seule leur forme diffère, en fonction de l'époque considérée et des effets de mode.

La danse dans l'Antiquité

Les Grecs considéraient la danse comme l'art harmonieux par excellence. En ce sens, elle ne saurait avoir qu'une origine divine. Les trois muses associées à la danse attestent de cette origine : Uranie, également muse de l'astronomie, Polymnie et Therspsichore (dont le nom signifie « celle que la danse rejoint »).

Durant l'Antiquité, la danse sert essentiellement à deux choses, honorer les dieux et préparer la guerre.

Les Grecs pensaient que la danse était apparue en Crète, chez les Kourètes. Des hommes entrechoquant leurs armes, boucliers, épées, qui frappent le sol de leur pied en tournant sur eux-mêmes et en poussant des cris de guerre. Ceci semblait poursuivre un double but : faire fuir les mauvais esprits, et fertiliser la nature.

LE SAVIEZ-VOUS ?

Tournez, tournez

Les *derviches tourneurs* appartiennent à une branche ésotérique de l'islam : le *soufisme* (de l'arabe *taswwuf*, « ceux qui portent des vêtements de laine »). La danse soufie est une recherche de l'union en Dieu. La confrérie des derviches tourneurs est fondée par le poète **Djalal al-Din Rumi (1207-1273)**, auteur du *Miaenavi*, traité de l'extase conçue comme moyen d'entrer en contact avec Dieu. Les danseurs perdent la conscience de leur être propre et du monde qui les entoure, au profit d'un mouvement mystique, d'un irrésistible appel à se joindre au divin.

Pour le derviche, le fait de tourner indique l'adhésion de l'esprit à Dieu par son mystère et son être. Le mouvement circulaire de son regard et de sa pensée ainsi que la pénétration des degrés existants sont autant d'éléments qui constituent l'état d'un chercheur de vérité.

La danse au Moyen Âge

Au Moyen Âge, la danse est réservée à des gens très jeunes à nos yeux, préadolescents et adolescents. Elle est un spectacle donné à voir, la somptuosité de la vêture, l'éclat des bijoux, les parfums enivrants comptent plus que les pas dansés. C'est dans le peuple que se réfugie la joie de danser, main dans la main.

À ses débuts, l'art de la danse est associée au sacré. Mais l'Église la condamne, ainsi que son usage dans le culte, les théologiens demandant même, en 589, l'intervention de l'appareil judiciaire contre les danseurs dans les églises. Pourtant au cours du Moyen Âge occidental, certaines danses se maintiendront dans les églises : les rondes et caroles. La *carole* (du grec *Khoreia*) est un terme générique pour désigner la danse en rond. C'est une danse collective où les danseurs se tiennent par la main et forment un cercle, forme parfaite d'essence divine. Au XIIIe siècle, elle devient un divertissement aristocratique.

La danse à la Renaissance

Le ballet, bien que déjà présent en puissance dans les mascarades du Moyen Âge, fait son apparition en Italie à la fin du XVe siècle. Avant de parler véritablement de ballet, il faut attendre 1581, date à laquelle pour la première fois, dans la salle du petit Bourbon au Louvre, un ballet est donné à l'occasion du mariage du duc de Joyeuse. Son évolution ne cesse de se poursuivre jusqu'à l'époque contemporaine.

UN PEU DE TECHNIQUE

Les mots de la danse

Arabesque : attitude dans laquelle le danseur se tient en équilibre sur une pointe, l'autre jambe tendue vers l'arrière, le buste rejeté en arrière et les bras tendus vers le haut.

Ballerine : danseuse de ballet.

Barre : barre scellée au mur qui sert d'appui aux danseurs pour leurs exercices.

Battements : mouvements de jambe de haut en bas, latéralement, ou d'avant en arrière.

Corps de ballet : ensemble de danseurs de ballet qui ne sont ni solistes ni étoiles.

Entrechat : saut pendant lequel les pieds battent rapidement l'un contre l'autre.

Fouetté : tour rapide sur une pointe durant lequel l'autre jambe décrit un mouvement de toupie.

Glissade : pas glissé.

Jeté : saut lancé d'une jambe sur l'autre.

Pas de deux : passage interprété à deux.

Pirouette : tour entier exécuté sur la pointe ou le talon d'un seul pied.

Plié : fléchissement des genoux, dos droit.

Positions : les cinq positions classiques des pieds utilisées en chorégraphie.

L'un des tout premiers ballets est le *Ballet comique de la reine*, de **Balthasar de Beaujoyeulx (v. 1535-1587)**, représenté pour les noces du duc de Joyeuse et de Mademoiselle de Vaudémont, sœur de la reine, en 1581. Les maîtres à danser font alors leur apparition dans tout le pays. Ils rédigent les premiers manuels de danse et les premières écoles sont fondées.

La danse classique

Du XVIIe au XVIIIe siècle, la danse est essentiellement un exercice aristocratique, destiné à être vu : les danseurs se montrent bien plus qu'ils ne prennent plaisir à danser. L'usage veut qu'on soit trop vieux à 20 ans pour continuer à danser, usage auquel Louis XIV met fin en dansant encore dix ans plus tard, tant il apprécie cet art. Destinés d'abord à l'aristocratie, les *ballets de cour* prennent des formes théâtrales complexes : l'une des finalités est de mettre en valeur la puissance des monarques. Ils déclinent vers 1670 pour laisser place aux *ballets d'action,* lesquels racontent une histoire sans l'apport de la parole chantée.

En 1661, Louis XIV, grand admirateur de la danse et danseur occasionnel lui-même, fonde l'Académie royale de danse, qui deviendra en 1684 l'*Académie royale de musique et de danse.* Les premiers danseurs professionnels font alors leur apparition. Les femmes peuvent commencer à monter sur scène.

Dès le début du XVIIIe siècle, le besoin de « danse en action » se fait sentir. Les premières tentatives ont lieu en Angleterre. **John Weaver (1673-1760)** y monte des spectacles qui mêlent adroitement danse et mime. L'Autrichien **Franz Hilferding (1710-1768),** l'Italien **Gasparo Angiolini (1731-1803)** et le Français **Jean Georges Noverre (1727-1810)** imposent leur conception du ballet, dansé sur des suites d'airs empruntés aux opéras, symphonies, romances. L'abandon du masque, des perruques et autres colifichets encombrants, jusqu'alors de rigueur, ainsi que l'évolution de la mode, marquée par un allégement du costume et par l'apparition de la chaussure à talon plat, favorisent une progression considérable de la technique. A l'aube du XIXe siècle, tout est prêt pour amener l'éclosion du ballet romantique.

La danse contemporaine

Elle naît véritablement avec les *ballets russes* de Diaghilev, puis s'incarne sous des formes multiples, en fonction des compagnies, maîtres de ballet, créateurs et danseurs étoiles.

Les ballets russes, fondés en 1909 à Saint-Pétersbourg, sont inséparables de l'influence des aquarellistes allemands et anglais, des peintres russes et finnois, ou des impressionnistes français. À leur tour, ils entraîneront d'autres arts dans leur sillage (peinture, musique, littérature), influençant jusqu'à la danse jazz avec les positions, et la gymnastique rythmique avec leur saut.

Leur apport fut d'autant plus décisif qu'aux XVIIIe et XIXe siècles, les ballets étaient très réglementés : il existait cinq positions pour la danse ; le *Sacre du Printemps* en révèle deux supplémentaires. Dans les ballets classiques, les danseuses ne pouvaient porter que des tutus ; dans les ballets russes, chaque rôle a son propre costume, afin de différencier les personnages. Les décors, qui ne tenaient qu'une place secondaire, sont confiés à de grands peintres.

LE SAVIEZ-VOUS ?

Isadora Duncan, ou la danse tragique de la vie

Isadora Duncan (1878-1927) commence sa carrière de danseuse à Londres, en se produisant dans des salons privés, puis sur des scènes de théâtre. Elle fonde en 1904 une école de danse pour les enfants déshérités. Son art, qui rappelle l'expression naturelle et spontanée de mouvements comme la marche ou la course, révolutionne la conception classique de la danse. Isadora rejette le titre et les chaussons de ballerine. Inspirée par les fresques représentant des femmes de la Grèce classique, elle leur emprunte la longue tunique, et danse pieds nus, avec pour seul ornement une longue écharpe.

Sa vie est marquée par la multiplication des événements tragiques. En 1913, ses deux fils se noient, leur voiture tombe dans la Seine. Le 2 mai 1922, elle épouse le poète russe **Sergeï Essénine (1895-1925)**, son cadet de dix-huit ans. Alcoolique, hanté par le désespoir, suicidaire, Essénine quitte Isadora en 1923. Le 18 décembre 1925, il est retrouvé pendu à un tuyau, dans sa chambre d'hôtel, à Leningrad.

À Nice, elle tombe amoureuse d'un vendeur de Bugatti. Le 14 septembre 1927, au soir, le jeune homme vient la chercher dans une voiture décapotable. À son accoutumée, Isadora porte châle et écharpe. Alors que la voiture est lancée à pleine vitesse, cette dernière se prend dans les rayons de la roue arrière. Isadora meurt étranglée.

Certains noms ont connu dans l'art de la danse des destinées exceptionnelles :

- **Marius Petipa (1822-1910),** danseur et chorégraphe, acquiert une célébrité mondiale par ses ballets (*Casse-Noisette*, *Le Lac des cygnes*). La plus grande partie de sa carrière se déroule en Russie, où il travaille pour le Théâtre impérial de Saint-Pétersbourg.
- **Serge Lifar (1905-1986),** soliste des ballets russes, devint chorégraphe et maître de ballet à l'Opéra de Paris.
- De même, **Vaslav Ninjinski (1890-1950)**, qui suscite en dansant *L'Après-midi d'un faune* sur le poème de Mallarmé et une partition de Claude Debussy, au théâtre du Châtelet, un grand scandale par l'audace de son interprétation.
- **Georges Balanchine (1904-1983)** donne naissance au *New-york City* ballet en 1948, où il renouvelle la chorégraphie par des mouvements nouveaux, plus vifs, rythmés, sollicitant davantage le corps tout entier.

- **Maurice Béjart (né en 1927),** danseur et chorégraphe, fonde en 1960 le *Ballet du XXe siècle* et s'affirme comme un créateur original, aux sources d'inspiration variées.
- **Rudolf Noureev (1938-1993),** danseur, chorégraphe et metteur en scène russe, débute sa carrière au Kirov de Leningrad en 1958. En tournée avec la compagnie à Paris en 1961, il choisit de rester en Occident, où il se produit dans diverses troupes. Il est pendant longtemps le partenaire de Margot Fonteyn dans le Royal Ballet, avant de devenir directeur de la danse à l'Opéra de Paris.

Tableau 5-2 : Les grandes dates de la danse

Période	*Genre*	*Artistes et œuvres*
Antiquité	Pantomime	Lucien de Samosate, *Dialogue*
Moyen Âge	Carole, ronde, ballade	Guillaume de Machaut
Renaissance	Ballet ; gavotte ; sarabande ; chaconne	
XVIIe siècle	Ballet de cour ; comédie-ballet	
XVIIIe siècle	Tragédie-ballet ; ballet d'action ; quadrille	
XIXe siècle	Boléro ; cancan ; music-hall	
XXe siècle	Danse moderne	Biguine ; *Ballets russes* (1909) Serge Diaghilev, Vaslav Nijinski, *Après-midi d'un faune* (Mallarmé/Debussy) ; Marius Petipa, *La Belle aux bois dormant, Le Lac des cygnes ;* Isadora Duncan ; Rudolf Noureev, *Schéhérazade.*

Figure 5-4 : Rudolf Noureev.

Chapitre 6

Pour la beauté du geste : les arts plastiques

Dans ce chapitre :

- Les grands mouvements picturaux
- La sculpture à travers les âges

Ce n'est pas pour rien qu'on les appelle Beaux-Arts : depuis que l'homme a saisi un outil pour orner la paroi d'une grotte, sculpter dans la pierre ou le marbre un visage familier ou élever un monument à la gloire d'une divinité, la peinture, la sculpture et l'architecture éblouissent notre regard et éclairent notre vie, la rendant plus belle et plus chatoyante. Peinture et sculpture font ici l'objet d'un traitement, succinct par la force des choses, mais particulier ; l'architecture, elle, sera traitée à part dans le chapitre suivant. Ouvrez grand les yeux, le voyage commence.

La peinture à travers les âges

L'histoire de la peinture se découpe en plusieurs mouvements artistiques. Parcourons l'humanisme de la Renaissance, le baroque et le classicisme du XVIIe siècle, l'impressionnisme et l'académisme du XIXe, le cubisme, le surréalisme, le fauvisme du début du XXe pour aboutir, après les années 1950, au pop-art et à l'hyperréalisme.

La peinture de la préhistoire

Les plus anciennes peintures sont celles qui nous sont parvenues intactes dans les grottes du sud-ouest en France, en Espagne, et dans d'autres parties du monde à des dates différentes. C'est un fait, l'homme a eu besoin de matérialiser ce qu'il voyait, et ce qu'il ressentait. Les peintures d'Arcy-sur-Cure, en France, ont été datées de 30000 ans, celles de la grotte Chauvet, de 32000 ans environ, le nombre des animaux peints dépasse 400. Lascaux est devenu depuis longtemps la Chapelle Sixtine de la préhistoire. Les peintures rupestres du Sahara, du Tassili, d'époque néolithique et post-néolithique, montrent que ce phénomène s'est partout produit.

Figure 6-1 : Peinture rupestre à Lascaux.

La peinture antique

La peinture est un art très en faveur pendant toute l'Antiquité, et ce partout dans le monde. Concentrons-nous sur la splendeur de l'Égypte, puis sur la peinture grecque et romaine.

La peinture égyptienne

L'iconographie égyptienne puise ses sources d'inspiration dans la vie quotidienne. Mais elle subit les conventions imposées par le dessin. Les figures humaines ou animales, avant d'être peintes, sont toujours dessinées en fonction de normes bien établies. La tête, les bras, les jambes des personnages sont vus de profil, tandis que les yeux et le torse sont figurés de face. L'échelle de représentation varie selon l'importance des personnages : pharaon doit être immense, car sa taille reflète son statut divin.

LE SAVIEZ-VOUS ?

Un bon profil

Vous vous êtes probablement demandé pourquoi les artistes égyptiens représentent les personnages de profil. On a supposé un manque de maîtrise technique des artistes, alors qu'il s'agit d'un choix intellectuel. L'artiste égyptien représente, non ce qu'il voit, mais ce qui est essentiel et caractéristique à ses yeux. Ainsi, dans un visage, le regard. Le visage sera peint de profil, car il est reconnaissable, mais l'œil de face, grand ouvert. Même chose pour le torse, figuré de face pour que l'on puisse voir les deux épaules. En revanche les seins, peu visibles de face, sont représentés de profil, et pendants. Les hanches sont de trois quart, et les jambes de profil, bien écartées pour être vues toutes les deux. Longtemps avant le cubisme, les Égyptiens peignent ce qui est signifiant, quitte à dessiner une silhouette totalement « impossible » dans la réalité.

La peinture égyptienne est étroitement liée aux rituels funéraires. Situés dans la région de Memphis, près du Caire actuel, les complexes funéraires royaux de Saqqarah et de Gizeh, les *mastabas* (« banquette » en arabe) de l'Ancien Empire (v. 2700-v. 2200), comportent les plus belles peintures. Ainsi, à Saqqarah, ceux de *Ti*, de *Ptahhotep* (V^e^ dynastie), ceux de *Mérêrouka* (VIe dynastie). Les multiples aspects de la vie quotidienne (repas, chasse, pêche, scènes de boucherie, banquets, thèmes agricoles, parmi des scènes d'offrandes et de culte) constituent les principales représentations. La finalité est de reproduire pour le mort tout ce qu'il a eu dans la vie matérielle afin qu'il puisse aussi en bénéficier dans l'au-delà.

Mais c'est dans les tombes du Nouvel Empire que la peinture atteint son point culminant. On parlera même de *maniérisme* devant la longueur disproportionnée des doigts des personnages. L'apparition d'éléments biographiques, renseignant sur la vie du personnage figuré, sont la nouveauté de cette période. Ainsi, dans la *Tombe d'Horemheb*, une grande place est faite à sa carrière militaire.

La peinture gréco-romaine

La découverte de fresques, en Italie, en Asie Mineure ou en Macédoine, permet de mieux connaître ce que fut la peinture de la Grèce depuis sa période archaïque jusqu'au classique. Mais qui inventa l'art pictural ? Pour le savoir, les Grecs s'appuyèrent sur la logique du mythe, selon lequel la peinture ne fut d'abord qu'un simple dessin : les silhouettes dessinées n'auraient été coloriées qu'après. **Pline (23-79)**, dans son *Histoire naturelle,* fait ainsi du potier Bulades de Sicyone le premier qui découvrit « l'art de modeler des portraits en argile ».

Les peintures archaïques

C'est en Asie Mineure et dans le sud de l'Italie que furent retrouvées les tombes lyciennes de Kiziibel, et celle « du plongeur » à Paestrum. Elles présentent les mêmes caractéristiques, composées d'à-plats de couleurs se détachant sur fond blanc. Les figures sont entourées par un trait noir. La

Tombe de Kiziibel (525 av. J.-C.) représente des scènes mythologiques et des scènes de banquet. *La Tombe du plongeur* (480 av. J.-C.) témoigne, elle, d'une certaine recherche psychologique.

Depuis l'époque archaïque jusqu'au VIe siècle, la peinture se réduit à quelques dessins dépourvus d'aspect tridimensionnel. La peinture murale peut être comparée à celle figurant sur la céramique, au dessin ciselé, marquée par une absence de représentation spatiale.

Polygnote de Thasos (seconde moitié du Ve siècle) est le peintre des grandes compositions sur panneaux de bois accrochés aux murs. Il faut ajouter deux autres noms au sien, celui de **Micon (début du Ve siècle)** et de **Painos (Ve siècle)**, frère de Phidias. À la fin du Ve siècle apparaissent des peintres comme **Apollodore d'Athènes (fin du Ve siècle)** et **Zeuxis (fin du Ve siècle)**, inventeur du clair-obscur. **Nicomachos de Thèbes** asseoit sa réputation grâce à un *Enlèvement de Perséphone* fameux dès l'Antiquité.

Les peintures des rois de Macédoine

L'aristocratie macédonienne pratiquait l'ensevelissement dans des tombeaux recouverts d'un tumulus. Plusieurs tombes décorées en façade de fausses architectures ont été découvertes. Ainsi, à Lefkadia, la tombe dite « du Jugement Dernier ». Ses compositions évoquent celles de la *Villa de Boscoreale* ou de la *Villa des Mystères* à Pompéi, dans la province de Naples, en 50 av. J.-C. Pourtant, le nom le plus célèbre pour la qualité de ses peintures reste celui de Verghina, la plus ancienne capitale des rois de Macédoine. Les mosaïques et les peintures romaines, à partir du IIe siècle, s'inspirent directement de ces modèles.

Les peintures romaines

Jusqu'à la fin du IIe siècle, reprenant les techniques mises en pratique dans toute la Méditerranée héllénisée, les Romains utiliseront la technique du *stuc*, moulé et peint, qui imite la structure des murs. L'arrivée à Rome de certains peintres grecs, spécialisés dans les décors de théâtre, est à l'origine d'une nouvelle technique décorative : la peinture à fresque. Vers le Ier siècle av. J.-C., les documents les plus intéressants proviennent de villas aux environs de Pompéi. Les décorations intérieures s'inspirent souvent de la statuaire, mais on retrouve aussi des fleurs, des animaux, des fruits. Certains thèmes sont parfaitement imaginaires, ou rappellent les mythes : *Persée délivrant Andromède*, à la *Maison des Dioscures*. D'une qualité exceptionnelle, la *Villa des Mystères* nous livre les épisodes de l'initiation d'une jeune femme aux mystères dionysiaques, au Ier siècle av. J.-C.

La peinture paléochrétienne

L'art des premiers chrétiens se développe à Rome et dans la péninsule italique essentiellement, pendant les quatre premiers siècles de notre ère. Les premiers symboles chrétiens apparaissent dans les nécropoles que sont les catacombes, vastes cimetières souterrains. Les tombes les plus importantes sont décorées de fresques, de symboles tels le chrisme, les lettres grecques servant à écrire le nom du Christ, l'alpha ou l'oméga, qui désignent Dieu comme le commencement et la fin de toute chose, ou encore le poisson

(*Ichtyos*, à rapprocher de *Iesus Christos*). Un des thèmes qui revient le plus fréquemment est celui du bon pasteur auprès de ses brebis. Il est aussi figuré sur les sarcophages, avec la *Vierge à l'enfant* et le *Christ Pentocrator*, « tout puissant », largement exploité.

La peinture médiévale

Le peintre de l'époque médiévale est le plus souvent un artisan. Au service de Dieu, il enlumine les manuscrits dans les abbayes, peint les chapiteaux et les murs des chapelles et des églises. Plus rarement, en qualité de peintre de chevalet, il peut laisser un nom. Art sacré par excellence, la peinture médiévale reflète bien son époque, tournée vers la Cité de Dieu plus que vers celle des hommes.

Roman et préroman (XIe au XIIIe siècles)

La peinture romane est caractérisée par la grande variété de supports qu'elle utilise : parchemin, bois, panneaux de bois, murs, enluminures, qui impliquent différentes manières de peindre.

La peinture, à cette époque, a plusieurs buts : pas seulement décoratif, comme sur les manuscrits, les enluminures, ou les façades des édifices ; son but didactique est essentiel. Avec des lignes directrices : aucun décor n'est représenté et peu de détails sont figurés. Les relations entre les personnages ne sont pas suggérées, on préfère représenter ces derniers de face. L'héritage germanique se traduit aussi par un art abstrait, non figuratif, multipliant les entrelacs et les représentations stylisées de végétaux.

La peinture de chevalet (XIIIe au XIVe siècles)

La peinture de chevalet se développe du XIIIe au XIVe siècles, à l'occasion de la réalisation de retables ou panneaux de bois peints à plusieurs volets, représentant des scènes religieuses. Principaux sujets évoqués : la Vierge à l'enfant, la vie de Saint François d'Assise, ou les épisodes de la vie du Christ.

Lorsque le retable comprend deux parties, on le nomme *diptyque* : s'il y en a trois, *triptyque*. En France, la peinture atteint son apogée sous le règne de **Saint Louis (roi de France de 1226 à 1270),** durant la seconde moitié du XIIIe siècle. Elle s'exprime principalement par des enluminures, par l'art d'enrichir, de représenter par de multiples couleurs. Les livres à l'époque sont de véritables trésors de rareté. Ainsi les ouvrages de prière appartenant aux hauts personnages, dits *Livres d'heures*, rythment l'année et indiquent les principales fêtes religieuses, ainsi que les prières appropriées à chaque heure du jour. Le chef d'œuvre absolu reste les *Très riches heures du duc de Berry,* illustrées par les frères de Limbourg pour le fastueux frère du roi Charles V, au XIVe siècle. Deux figures émergent : **Jean Fouquet (v. 1420-1480),** infatigable propagandiste royal et miniaturiste au talent délicat ; **Enguerrand Quarton (v. 1415-1466),** peintre du sacré dont l'œuvre influence les primitifs flamands et la pré-Renaissance italienne, auteur de la *Piéta* de Villeneuve-lès-Avignon.

La peinture de la Renaissance

Souvent considérée comme l'âge d'or de la peinture, la Renaissance couvre la période allant du XIVe au XVIe siècles. Elle est associée en Italie à la découverte des sciences de l'Antiquité, de sa littérature et de ses arts. Mais c'est aussi, en Europe, un moment capital, marqué par des découvertes géographiques importantes, qui font reculer les frontières du monde. Ce mouvement artistique est donc lié à l'euphorie d'une reprise économique et démographique, et à la mise en place de structures nouvelles.

La Renaissance débute en Italie, plus précisément au nord, en Toscane, entre 1300 et 1400, et prend le nom de *trecento*. Les artistes opèrent une transition entre l'art primitif byzantin et le style naturel de la peinture antique romaine. Certains historiens font débuter la Renaissance avec **Giotto di Bondone (1266-1337)**, et **Cimabue (1240-1302),** d'autres attendent le début du XVe siècle.

L'art s'exprime d'une façon nouvelle. On glisse d'une peinture de « l'âme » à une peinture « de l'esprit ». Tout va peu à peu s'ordonner autour de l'homme et de sa vision individuelle. Et la peinture florentine est à la pointe de ce mouvement. Trois peintres s'imposent :

- **Giotto** est le père de la peinture moderne, jusqu'au milieu du XIXe siècle. Il introduit de grandes nouveautés, notamment la *loi d'isocéphalie*, qui réclame une hauteur commune pour la tête des personnages figurés. Le fond or traditionnel de la peinture byzantine est remplacé par un ciel bleu. Élève de Cimabue, Giotto sait donner à ses fresques une émotion dramatique (*Vie de saint François* à Assise et église de la Santa Croce à Florence, *Scènes de la vie du Christ*, à l'Arena de Padoue, pour la chapelle des Scrovegni).
- **Cimabue**, maître de Giotto, puise son inspiration à la source byzantine qui l'a formé. La nouveauté qu'il introduit passe par quatre types de recherche : le langage vif utilisé dans l'art romain tardif, la miniature médiévale, la grande sculpture romane, et enfin celle de **Nicola Pisano (v. 1220-1284),** portant la tradition byzantine à sa capacité d'expression maximale en se lançant dans une recherche innovatrice sur les formes et sur les couleurs (mosaïque du *Saint Jean* de la cathédrale de Pise).
- **Piero Dei Franceschi, dit Piero Della Francesca (v. 1420-1492)** est né en Toscane, et peint ses premières œuvres à Sienne, puis à Urbino : le *Polyptique de la Vierge de la Miséricorde*, *Le Baptême* et la *Flagellation du Christ*. Il se consacre à partir de 1452 à son œuvre majeure, la décoration de l'église Saint François d'Arezzo, autour du thème de la légende de la Croix. Les dernières années du peintre sont assombries par la cécité totale dont il est frappé.

Le quattrocento (XVe siècle)

Le *quattrocento* marque les débuts de la première Renaissance, avec des recherches sur la perspective, les proportions et la représentation de paysages. Florence devient la ville phare incontestée de la pensée artistique.

À Florence

Florence est dirigée par la célèbre famille des Médicis. Leur richesse provient du commerce de la laine, mais leur puissance s'est assurée grâce aux banques et à la politique. La ville doit son rôle et son rayonnement à **Laurent le Magnifique (1449-1492)** et à **Cosme de Médicis (1389-1464)**.

Dirigées par des familles princières, la plupart des villes italiennes rivalisent pour produire ce qu'il y a de plus beau, afin d'exprimer leur puissance. À Ferrare, la famille Este, à Mantoue, les Gonzague… L'artiste devient une personnalité recherchée et encouragée par ces *mécènes*. Ainsi, sont restés gravés les noms suivants :

- De son vrai nom Tommaso di sei Giovanni de Mone Cassai, **Masaccio (1401-1428)** adapte à l'héritage de Giotto l'enseignement de la nouvelle perspective et des techniques plus récentes, donnant par exemple à la figure humaine une représentation libérée. Il est l'auteur d'une partie des fresques de la Chapelle du cardinal Brancacci dans l'église Santa Maria del Carmine à Florence.
- **Fra Angelico (1400-1455)** est l'un des peintres florentins les plus célèbres du quattrocento. De son vrai nom Guido di Pietro, il serait issu d'une famille plébéienne très aisée de la région de Florence. À l'âge de 20 ans, il revêt l'habit blanc et noir de frère prêcheur, à Fiesole, et peint un nombre important de retables, dont le *Triptyque de saint Pierre Martyr*. En 1436, il réalise une grande *Lamentation* pour la congrégation de Santa Maria della Croce. Il aborde la fresque pour la première fois au couvent de San Marco, représentant les principaux sujets du *Nouveau Testament*. Son art est empreint d'une suavité et d'une douceur infinies.
- Florentin de naissance, **Sandro Botticelli (1445-1510),** né Alessandro di Mariano di Vanni Filipepi, est issu d'un milieu modeste. Son travail avec des artisans influença beaucoup la ligne de son dessin. Appelé en 1481 par le pape Sixte IV à Rome, il réalise trois fresques pour la Chapelle Sixtine : *Les Épreuves de Moïse*, *Les Épreuves du Christ*, *La Punition de Koré*. De retour à Florence, il peint *La Naissance de Vénus* en 1484. Trouvant son inspiration dans les sujets mythologiques et allégoriques, il fit de la femme un de ses sujets de représentation favoris.

Figure 6-2: Sandro Botticelli, *La Naissance de Vénus* (v. 1478-1487).

À Sienne

Prenant d'une certaine façon le relais de Florence, Sienne devient au XVe siècle un foyer artistique de premier ordre. Elle garde néanmoins un style propre, avec ses fonds dorés et ses corps allongés. L'école siennoise compte plusieurs représentants illustres :

- **Andréa Mantegna (1431-1506)**, grand théoricien de la perspective, introduit un nouveau type de composition fondé sur les diagonales. Adepte des scènes religieuses, il est l'auteur d'une série de toiles consacrées au *Triomphe de César*, en 1489. Son chef-d'œuvre reste un ensemble de fresques réalisées pour la *Camera degli sposi* du Palais ducal de Mantoue, avec lesquelles il pose les bases de la peinture scénographique.
- **Pisanello (1395-1455)**, qui se fit remarquer par son goût pour les descriptions minutieuses, son style précieux et élégant, est l'auteur d'un grand nombre de dessins pour des médaillons, destinés aux cours de Naples, Vérone et Milan. Ainsi, le *Portrait d'une princesse* de la maison d'Este (1443), portrait de profil d'une jeune femme se détachant sur un fond floral. Il restitue par ailleurs avec soin la nature dans ses moindres détails. Son œuvre principale : *Saint Georges délivrant la princesse Tréhizonde* (1438).

À Venise

La République de Venise constitue le troisième grand centre artistique de la Renaissance. La ville a su s'émanciper politiquement de l'Empire byzantin, tout en conservant des liens privilégiés par le commerce avec l'Orient. Elle garde néanmoins une forte tradition gothique, teintée d'originalités locales.

Précurseur de l'école vénitienne, **Giovanni Bellini (1430-1516)** marque une rupture très nette avec le style gothique par sa volonté d'effacer les différences entre monde sacré et monde profane, et son attachement à une rigueur géométrique. Il apprend le métier de peintre dans l'atelier paternel. Ses premiers travaux sont de petits panneaux peints où figure son thème de prédilection, la Vierge à l'enfant. Il travaille tous les thèmes, devenant une source d'inspiration pour les autres peintres : le goût de la nature, celui des formes épanouies, l'expression du sentiment. Parmi ses œuvres notables : *La Résurrection du Christ* (1475-1479), *Le Doge Leonardo Loredano* (1501), *La Femme à la toilette* (1515).

La haute Renaissance (1500-1530)

Les principaux foyers de la peinture de la haute Renaissance en Italie restent Florence, qui va vers son déclin, Rome et Venise. C'est néanmoins à Florence que rayonnent trois grands maîtres de la peinture du XVIe siècle :

- **Léonard de Vinci (1452-1519)** fut un encyclopédiste avant l'heure, car sa curiosité ne se limitait pas au seul domaine artistique. Peu de tableaux nous sont finalement parvenus de cet artiste qui a aussi laissé une théorie de la peinture : la *Cène* qui figure au monastère *Sainte-Marie-des-Grâces* à Milan, la *Joconde* (1507), illustration la plus réussie de sa technique du *Sfumato* – la brume qui nimbe personnages et paysages. Il reste également de lui une *Vierge à l'enfant Jésus et sainte Anne*.

LE SAVIEZ-VOUS ?

Mona Lisa, un portrait modèle

La *Joconde*, dite Mona Lisa, s'appelait Lisa Gherardini, née en 1479 à Florence. Issue d'une famille modeste, elle était mariée au fils d'un marchand de soie, Francesco di Bartolomeo del Giocondo. En 1503, celui-ci cherche un peintre pour réaliser le portrait de son épouse et contacte Léonard de Vinci. D'autres sources évoquent un autoportrait de Léonard travesti, voire un portrait fictif, réalisé à partir de plusieurs modèles ayant inspiré le peintre.

- Né près d'Arezzo, **Michelangelo Buonarroti, dit Michel-Ange (1437-1564)**, travaille essentiellement à Florence ainsi qu'à Rome, au service de la curie pontificale. Placé en apprentissage à treize ans, il est invité deux ans plus tard dans la maison de Laurent de Médicis. Après la chute des Médicis, il se réfugie à Rome, auprès du pape Jules II, qui le charge de représenter la Création sur le plafond de la Chapelle Sixtine. Michel-Ange, qui s'estime plus sculpteur que peintre, hésite. Vaincu par l'obstination du pape, il passe quatre années pénibles sur les échafaudages et laisse 800 m^2 de fresques imposantes. Vingt-trois ans plus tard, le pape Clément VII lui demande une nouvelle fresque pour le mur de l'autel. Ce sera le grandiose *Jugement Dernier*. Libéré du *sfumato* de Léonard, il retrouve dans ses œuvres des contours nets et précis. Mais il introduit avant tout une impression de tension et de mouvement.

Un art est né dans le plafond

La Chapelle Sixtine doit son nom à celui du Pape Sixte IV, de la famille des della Rovere, pape de 1471 à 1484. La décoration des parois, confiée à une équipe de peintres tels que **Pietro Perugino, Sandro Botticelli, Domenico Ghirlandaio, Cosimo Rosselli,** comprend les tentures en trompe-l'œil, les Histoires de Moïse et du Christ et les portraits des Papes. Le 15 août 1483 Sixte IV consacra la nouvelle chapelle et la dédia à Notre-Dame de l'Assomption. Jules II della Rovere (pape de 1503 à 1513), neveu de Sixte IV, décida de modifier en partie la décoration. En 1508, il confia les travaux à **Michel-Ange Buonarroti** qui exécuta la voûte et les lunettes en haut des murs. Les travaux furent terminés en octobre 1512 et Jules II inaugura la Chapelle Sixtine par une messe solennelle le jour de la Toussaint. Les neuf scènes centrales représentent des épisodes de la Genèse, de la Création à la Chute de l'homme, avec le Déluge et la renaissance de l'humanité par la famille de Noé.

- **Raphaël (1483-1520)** naît le 6 avril 1483 à Urbino, alors que son père Giovanni Sanzio est peintre officiel de la cour. Influencé par le Perugin, il peint d'abord à Florence toute une série de vierges, et *La Belle Jardinière*, en associant à la beauté angélique des visages un grand art de la composition. Jules II l'appelle ensuite pour décorer les salles du Vatican, les *Stanze*. Son œuvre prend une dimension héroïque : *L'École d'Athènes* met en scène un débat philosophique, dans un cadre architectural majestueux, entre philosophes et savants grecs, parfois représentés sous les traits de contemporains, comme au centre de l'œuvre Platon levant le bras sous les traits de Léonard de Vinci. Raphaël, en se représentant également, cherche à montrer la Rome moderne comme l'équivalent de la Grèce antique. D'autres œuvres concourent à sa célébrité : *La Nymphe Galatée* de la villa Farnèse, *Saint Georges combattant le dragon*…

La Renaissance tardive (XVIe siècle)

Vers 1520, un style apparaît, dont la tendance est d'accentuer la grâce, les courbes, la déformation des corps, et même les couleurs. Le terme de *maniérisme* provient de l'italien *maniera* (« style »). Parmi les autres caractéristiques de ce courant : la recherche du mouvement, la perte de clarté et de cohérence de l'image, des contrastes de tons et une symbolique complexe (alchimie, art du blason, langage des fleurs…). Ces tendances, illustrées par **Paolo Véronèse (1528-1588)** et **Le Tintoret (1518-1594),** persistent jusqu'aux environs de 1590, quand se mettent en place les structures du baroque.

En Italie

La maturité de la peinture de la Renaissance est illustrée par quelques grands noms :

- **Giorgione (1477-1510),** élève de Bellini et maître du Titien, a été célébré comme le symbole du renouveau qui éclate pendant le *Cinquecento*. Peintre aristocratique, travaillant pour un cercle restreint de beaux esprits, il injecte dans son œuvre les plus graves motifs de la spiritualité humaniste, tout en y projetant sa passion pour la réalité naturaliste. Ses principales œuvres : *La Tempête*, *Les Trois Philosophes*, *La Vénus endormie*…
- **Tiziano Veccelli, dit Le Titien (v. 1488-1576),** est né dans le village de Cadore, à côté de Venise, sur la route commerciale qui mène à l'Allemagne. Envoyé par son père suivre une formation de peintre chez Bellini, à Venise, il collabore bientôt avec Giorgione, et le succès suit rapidement : l'aristocratie vénitienne recherche ses portraits. Son atelier personnel est créé vers 1514. Vers 1516, il est nommé peintre officiel de la Sérénissime République, titre qu'il cherchera à conserver avec âpreté jusqu'à sa mort, qui lui donne droit à une bourse annuelle et une exemption d'impôts.
- **Guiseppe Arcimboldo (1527-1593),** aristocrate milanais formé par son père, commence sa carrière comme dessinateur de cartons, de tapisseries et de vitraux, notamment ceux de la cathédrale de Milan, avant de mettre ses talents au service des princes de Habsbourg, à Vienne. Ses portraits sont des œuvres de la métamorphose. Il élabore un genre de peinture fantastique à partir d'assemblages d'animaux, de fleurs, de fruits ou d'objets, étudiés avec soin afin que leur assemblage suggère des formes humaines, en rapport avec des sujets (*Le Printemps)* ou des caractères. Ces images multiples, d'échelles différentes, perturbent volontairement l'unité spatiale.
- La déformation maniériste atteint son apogée avec **Francesco Mazzola (1503-1540), dit Le Parmesan,** élève de Corrège. Les figures ou objets qu'il projette dans l'espace témoignent de son sens plastique. *La Vierge au long cou* montre comment des détails qui semblent secondaires donnent en réalité tout son sens à l'œuvre.

- Né en 1573 à Caravaggio, **Michelangelo Merisi, dit Le Caravage (1573-1610),** vient à Rome vers l'âge de 15 ans, luttant contre la misère et une santé précaire. Moins de dix ans plus tard, on parle de lui comme du *celeberissimo pittore*, protégé par des mécènes illustres et puissants. Mais son tempérament colérique et violent lui vaut aussi des démêlés avec la police : querelles, rixes, affaires de mœurs, fuite vers Naples, Malte, la Sicile. Il meurt de la malaria en 1610, sur le chemin du retour à Rome.

  Le fond obscur de ses tableaux met en relief des figures dont la suavité est parfois source d'ambiguïté. Son art se distingue par le traitement contrasté de la lumière ; les sujets sont traités sur le mode d'un réalisme objectif, associé à une dimension méditative. Le naturalisme avec lequel il traite des scènes religieuses suscite l'indignation du clergé. Citons, dans ses œuvres, *Le Repos de la fuite en Égypte, La Corbeille de fruits, Bacchus* et *David et Goliath*.

Figure 6-3 : Le Caravage, *David et Goliath* (v. 1605-1606).

En Espagne

L'artiste le plus remarquable du maniérisme espagnol est un peintre d'origine grecque : **Domenikos Theotokopoulos, dit Le Greco (1541-1614)**. Précurseur de Velasquez, Le Greco aime l'inachevé, ce qui le pousse, après avoir réalisé un tableau, à le retoucher en dessinant par « taches » avec les couleurs. Toute son œuvre est marquée du mépris, si caractéristique de l'art maniériste, pour les éléments corporels, terrestres et spatiaux. Que ses peintures aient pour décor une église ou un paysage, le Greco néglige la profondeur de champs, préférant suggérer un parcours vertical de la terre vers le ciel. Ici-bas rien n'est stable : les collines semblent des mers houleuses et les rochers basculent comme des plaques tectoniques. Le célèbre *Enterrement du comte d'Orgaz* raconte ce passage du bas vers le haut.

En France

L'art de la Renaissance en France est représenté par l'*école de Fontainebleau*, une interprétation française, mesurée, du maniérisme. L'appellation donnée à ce mouvement artistique date cependant du XIXe siècle, par référence aux estampes réalisées dans les années 1540 sous l'influence de deux maîtres italiens œuvrant au château de Fontainebleau : Rosso et Le Primatice.

Une renaissance décorative sous Henri IV, connue sous le nom de la *deuxième école de Fontainebleau*, voit le jour par la suite. Les travaux de construction du palais de Fontainebleau, commencés en 1528, durèrent deux cents ans. Axée sur la décoration intérieure, dans une combinaison de sculptures, de fers forgés, de peinture, de stuc et de boiseries, la Galerie François Ier (1533-1540) est l'archétype du « modèle de Fontainebleau ».

Dans les Flandres et en Allemagne

Anvers est le centre le plus important de production de l'école flamande. L'Humanisme, apparu au XVe siècle, exerce alors son influence :

- **Peter Bruegel (1530-1569), dit l'« Ancien »,** domine la peinture flamande du XVIe siècle. Ses deux fils sont Peter Bruegel « le jeune », et Jan Bruegel, dit « Bruegel velours ». Bruegel l'Ancien peint les mœurs paysannes, les noces, les moissons et la vie quotidienne. Il peint également les principales scènes des Saintes Écritures, notamment *Le Dénombrement de Bethléem*. On lui doit également *Le Triomphe de la mort*, et *La Chute des anges rebelles*.
- **Albrecht Dürer (1471-1528)** est à la fois peintre et graveur. Au cours d'un séjour à Venise, il est fasciné par la Renaissance en Italie du Nord et étudie cet art nouveau. Davantage dessinateur que peintre, il allie le réalisme à la volonté de représenter la vérité. Ses principales œuvres sont l'*Apocalypse*, *Le Chevalier, La Mort et le Diable*…
- **Lucas Cranach (1497-1543)** peint essentiellement à la cour de Saxe et accorde dans son œuvre une grande place aux nus, puisqu'il semble avoir voulu créer un nouveau canon de beauté, d'esthétisme du corps dénudé, se différenciant du modèle italien. Il est toutefois plus célèbre pour ses séries de portraits.
- **Hans Holbein (1497-1559)** est un grand voyageur. Il effectue plusieurs séjours en France, en Italie, en Angleterre. C'est d'ailleurs à la cour du roi d'Angleterre Henri VIII qu'il devient l'un des maîtres du portrait et de la gravure sur bois. On lui doit un *Henri VIII* et un *Érasme*.

La peinture baroque (XVIIe siècle)

L'art *baroque* s'épanouit d'abord en Italie au XVIIe siècle. Il puise ses sources à la fois dans l'Antiquité et la Renaissance. C'est avant tout un art de somptuosité, d'invention, d'imagination. Étymologiquement, le mot désignerait une perle de forme irrégulière et, par extension, un objet bizarre. L'art baroque naît avec la Contre-Réforme et se met spontanément au service de l'Église. Il va alors développer la brisure, la courbure, la tension et le nœud.

En France

Ce courant est représenté par **Nicolas Poussin (1594-1665), Claude Gelée, dit Le Lorrain (1600-1682), Georges de La Tour (1593-1652).** La majorité des peintres français du début du XVIIe siècle ont suivi leur formation à Rome, au contact des différentes écoles italiennes. Certains ont ainsi introduit en France le *caravagisme*, dont on trouve l'écho dans les clairs-obscurs de de La Tour. D'autres, comme les frères Le Nain ou Philippe de Champaigne, ont entretenu des liens avec les peintres flamands. Les influences sont donc diverses, les interprétations variées, et les frontières floues.

L'œuvre de Nicolas Poussin s'inscrit dans la continuité de l'art de l'Antiquité et de celui de Raphaël. Sa palette est celle du néo-classicisme baroque. Les tableaux sont le plus souvent à sujet antique et caractérisés par l'équilibre de la construction. Il éclairent le paysage d'une façon historique, religieuse, voire philosophique. En 1640, Louis XIII et Richelieu lui demandent de superviser les travaux du Louvre. Ses principales œuvres sont *Orphée et Eurydice*, *Les Bergers d'Arcadie*, *Les Quatre saisons*, *L'Enlèvement des Sabines*.

En Hollande

La peinture néerlandaise du XVIIe s'attache à révéler l'homme et à présenter des types sociaux. Fortement influencée par le calvinisme, elle se veut proche du réel et multiplie l'exactitude des détails. L'inspiration repose sur des expériences du vécu quotidien, le portrait, le paysage. Plusieurs noms sont emblématiques de cette période :

- Installé à Amsterdam dès 1631, **Rembrandt (1606-1669)** acquiert rapidement une grande notoriété et exécute la commande de nombreux portraits. Son activité de portraitiste le consacre en 1632 avec la célèbre *Leçon d'anatomie du professeur Nicolas Tulp*. Par son mystère des transparences ambrées, il est aussi le peintre du clair-obscur, diluant les formes dans la pénombre. Ses œuvres principales : *Ronde de nuit*, *Le Syndicat des drapiers*, *Titus lisant*, *Les Pèlerins d'Emmaüs*.

Figure 6-4 : Rembrandt, *Ronde de nuit* (1642).

- **Pierre Paul Rubens (1577-1640)** fut un artiste complet : peintre, architecte, illustrateur, collectionneur à la façon des hommes de la Renaissance. Son voyage à Rome lui fit connaître Raphaël et Caravage, qui l'influencèrent profondément. Il est l'auteur de portraits sensuels de femme, mais aussi d'une peinture d'apparat, et de tableaux à la manière italienne sur des sujets mythologiques et allégoriques : *La Descente de Croix*, *La Mort de Sénèque*, *Les Quatre philosophes*, *Samson et Dalila*.
- Peintre des intérieurs bourgeois, **Jan Vermeer de Delft, dit Vermeer (1632-1675),** aime mettre en scène les actions de la vie quotidienne : *La Dentelière*, *La Laitière*. Ses sujets sont traités avec une grande vérité, car il s'est livré à des recherches poussées pour rendre couleurs, formes, apparences. En témoignent ses autres œuvres, comme *L'Astronome*, *Le Géographe*, *La Lettre d'amour*, ou *Vue de Delft*.

En Espagne

Diego Rodriguez da Silva y Velazquez, en français **Diego Velasquez (1599-1660),** naît à Séville. Il accorde dans sa première manière plus d'importance aux dessins qu'à la peinture. La première période madrilène (1623-1629) porte l'art du portrait à ses sommets : *Portrait en pied du roi*, *Portrait de l'infant*.

La seconde (1631-1648) se caractérise par trois thèmes : les chasseurs, les cavaliers, les bouffons. Toutefois, l'art du portrait de cour persiste avec *Philippe IV*, *Don Carlos*, et les *Ménines*.

Le rococo (XVIIIe siècle)

Dérivé de « rocaille », le terme *rococo* fait référence au nouvel élément décoratif qui, au XVIIIe siècle, s'inspire des formes asymétriques du coquillage. Ces motifs finissent par gagner la décoration extérieure de l'architecture et ornent parcs et rez-de-chaussée des demeures princières. Le décor joue un rôle dominant dans la vie mondaine, et devient une composante du bonheur à laquelle cette époque aspire : peinture et sculpture s'adaptent à l'intimité des appartements. La technique du pastel atteint alors son apogée.

Au cours de la Régence de Philippe d'Orléans, l'art européen évolue. La lourdeur somptueuse du baroque s'allège, les formes angulaires laissent place à des arrondis. Le style « régence » atteint son apogée aux alentours de1720. L'influence de l'Extrême-Orient sur le goût européen est notable. On voit naître des chinoiseries, et autres tapisseries décorées dans la gamme délicate des teintes chinoises, avec des motifs, des paysages et des personnages chinois.

Un peu avant le règne de Louis XVI, le goût revient au classicisme en reprenant la tradition de Louis XIV, mais avec des proportions plus harmonieuses et un sens impeccable de la mesure, ce qui lui donne un aspect un peu froid.

En Europe, le mécénat s'est alors généralisé : les artistes bénéficient du mécénat des princes (Allemagne, Italie), des rois (Prusse, Suède), ou de grands bourgeois, comme le financier Crozat, protecteur de Watteau.

En France

C'est en France que la peinture rococo va atteindre son paroxysme. En1750, le roi permet au public de contempler les collections du Louvre et du Luxembourg. La critique d'art débute, les plus célèbres manifestations en seront les *Salons* de Diderot. Trois peintres dominent cette période :

- Durant sa courte vie, **Antoine Watteau (1684-1721)** travailla sans relâche, produisant plus de 700 tableaux. Fils d'un charpentier maître couvreur, il montre très jeune des dispositions étonnantes pour le dessin, prenant plaisir à aller sur les places publiques, représenter des saltimbanques sur ses carnets de croquis. Le plus éminent successeur de Rubens travaille à la couleur, et représente la haute société de son époque dans des fêtes, des scènes de fontaine, des paysages vaporeux et mélancoliques (*L'Embarquement pour Cythère*, *L'Enseigne de Gersaint*).
- L'œuvre de **Jean Honoré Fragonard (1732-1806),** disciple de Boucher, témoigne, outre de la période rococo, du renouvellement de la thématique des fêtes galantes. Fragonard possède, plus que d'autres, imagination et

inspiration. Son travail reste encore académique, inspiré de la manière religieuse des anciens. Il représente une nature chère à Rousseau et qui annonce la poésie préromantique : *La Peine d'Amour*, *Les Baigneuses*, *La Poursuite* et *L'Amant couronné*.

- Considéré comme l'un des plus grands portraitistes de son temps, **Maurice Quentin de La Tour (1704-1788)** utilise à l'extrême la nouvelle technique du pastel et célèbre l'exquise *Mademoiselle Fel* et son amie, la reine *Marie Leczinska*, *Madame de Pompadour*, les gens de la cour et les écrivains *(Voltaire*, *Jean-Jacques Rousseau)*.

UN PEU DE TECHNIQUE

À l'eau ! À l'eau !

La technique de la *peinture à l'eau* est pratiquée de l'Antiquité à nos jours, sous des formes diverses. Son succès tient à sa délicatesse et à la possibilité de corriger ses erreurs, ce que l'on nomme en peinture les *repentirs*. Parmi les techniques les plus employées, on recense la *détrempe,* une peinture à base de pigments colorés, d'eau et de colle de peau. La *tempera* est une émulsion qui remplace la colle par de l'œuf, plus tard employée pour les papiers peints. *La gouache*, technique des enluminures et des manuscrits du Moyen Âge, très employée dans les peintures chinoises, japonaises, indiennes, est une détrempe constituée de pigments colorés. *L'aquarelle*, connue dès le IIe s. av. J.-C. en Égypte, est une peinture à base de couleurs, d'eau et de gomme arabique. Pisanello, Dürer, Fragonard utilisent ces couleurs diluées à l'eau étalées sur un support encore humide. Les peintres abstraits comme Kandinsky, Klee mettent en avant les hasards de ses fluctuations liquides.

En Angleterre

La peinture anglaise du XVIIIe siècle est dominée par plusieurs noms :

- Bien que portraitiste, la vision réaliste et l'art franc de **William Hogarth (1697-1764)** l'éloignent de la tradition. Ses tableaux révèlent une intense observation des êtres, de leurs mœurs et de leurs comportements. La peinture a pour lui un rôle moralisateur. Avec *Le Mariage à la mode,* il critique les mœurs et coutumes disgracieuses. Il réalise également un grand nombre de portraits et de croquis : *Lord George Graham dans sa cabine*.
- Portraitiste de grand talent (il ne réalisa pas moins de huit portraits de George III), **Thomas Gainsborough (1727-1788)** a su souligner les caractéristiques psychologiques en peignant les visages, comme dans *Les Sœurs Linley*. Il peut être tout aussi mélancolique et solennel lorsqu'il évoque la campagne anglaise, avec *La Charrette du marché* notamment.
- D'origine modeste, **William Turner (1775-1851)** a une formation de topographe et se spécialise d'abord dans les vues pittoresques à l'aquarelle et à l'huile. Travailleur acharné et, dit-on, âpre au gain, dont les

aquarelles sont restées longtemps méconnues, il est réputé pour son ciel flamboyant où il mêle l'or à la lumière, au point de rendre indistincts les contours des monuments, enveloppés d'une brume dorée comme *Didon construisant Carthage*, ou *L'Incendie du Parlement*.

En Italie

L'Italie, au XVIIIe siècle, perd son rôle phare dans l'art pictural européen. Ses grands peintres se sont figés dans la tradition du baroque tardif. Mais à Venise, qui demeure un centre de vie mondaine et intellectuelle, intervient une coupure avec les représentants de la tradition, grâce à plusieurs noms :

- Au centre de cette effervescence artistique, **Giambattista Tiepolo (1696-1770).** Une des caractéristiques de son art est sa façon de rendre la lumière. Il utilise une gamme chromatique très chaude pour évoquer les fêtes et les carnavals à Venise. Il peint en 1745 l'*Histoire d'Antoine et Cléopâtre* dans le salon du palais Labia. Entre 1750-1751, il décore et orne le grand escalier de la *Résidence Würburg*. De 1757 datent l'*Iliade*, l'*Enéide*, *Roland furieux*. Invité par Charles III, il meurt à Madrid.
- **Antonio Canal, surnommé Canaletto (1697-1768),** sait rendre parfaitement les aspects les plus brillants de la cité des Doges. Il reproduit le mouvement et la vie du grand canal : *San Giorgio Maggiore et La douane de Venise*. Il rend avec tout autant de délicatesse les paysages d'Angleterre au cours des trois séjours qu'il y fait.
- **Francesco Guardi (1712-1793)** annonce par ses représentations fantasmagoriques la période romantique. Mais son art reste néanmoins en parfait accord avec le rococo. Il rentre à l'Académie d'art de Venise à soixante-dix ans. Nombre de ses peintures portent sur le grand canal en activité : *Le Pont Rialto et palais camerlenghi*, *Santa Maria della Salute*, *Régate*.

En Espagne

Les tableaux de **Francisco de Goya y Lucientes, dit Goya (1746-1828),** symbolisent parfaitement le goût du populaire propre aux dernières décennies du rococo. En 1798, il décore l'ermitage de San Antonio de la Florida, mêlant à la grandeur baroque certains effets de grâce du rococo. Mais ses œuvres les plus significatives sont peintes à partir de 1814 : les scènes de guerre avec *El Dos de Mayo,* œuvre romantique par la couleur et l'élan, ou les peintures noires (1821-1822) : quatorze compositions peintes à partir de tons bruns, gris, ocres, bleus, carmins, toutes précédée d'esquisses fantastiques, où la mythologie, la libération des instincts et la sorcellerie s'expriment à plein. La série comprend entre autres *Le Grand bouc*, *Judith*, *La Lecture*, *L'Idiot du village*, et *Saturne dévorant ses enfants*.

Le néoclassicisme et le romantisme (1750-1850)

Issu des Lumières et de la Révolution française, le *néoclassicisme* prévaut en Europe de 1770 à 1830. La peinture témoigne d'une volonté monumentaliste. La couleur y joue un rôle secondaire et les sujets sont empruntés à l'Antiquité. Elle prône le retour du nu et de l'anatomie. Le *romantisme*, qui chevauche cette période, se caractérisera par le désir d'exprimer les mouvements du cœur et de l'âme. Ces deux mouvements sont surtout représentés en France. Trois noms s'en détachent :

- Peintre de l'histoire, **Jacques Louis David (1748-1825**) inaugure la réaction contre l'art précieux et mièvre du XVIIIe siècle. Il veut mettre la peinture au service de ses idées révolutionnaires, tout en admirant l'art de l'Antiquité romaine. La Révolution déchaîne chez lui un enthousiasme républicain auquel on doit son *Serment du Jeu de paume*. Mais son exaltation politique lui fait à peu près complètement abandonner son art. Il propose à la Convention la suppression de l'Académie de Rome et vote la mort de Louis XVI. Quand Napoléon est sacré empereur, il nomme David son premier peintre et lui confie le soin d'exécuter son portrait et de reproduire divers épisodes de son règne.
- Représentant du classicisme, **Jean Auguste Dominique Ingres (1780-1867)** se détache de la nature et de la société qui l'ont façonné. La prodigieuse galerie de portraits qu'il a laissés constitue un miroir inégalable de la société bourgeoise à laquelle il appartenait et dont il trace les vertus et les limites. Malgré ses grandes compositions historiques, aux sujets tirés de l'Antiquité, c'est l'art du portrait et du nu féminin qui le consacrent : *La Source*, *Le Bain turc*, *La Grande Odalisque*.
- Romantique orientaliste, **Eugène Delacroix (1798-1863)** se rattache au mouvement romantique par son sens de la mise en scène dramatique, depuis l'insensibilité souveraine du prince *(Mort de Sardanapale)* jusqu'à la marche triomphale de *La Liberté guidant le peuple,* à la fois femme du peuple et déesse de la victoire. Mais il demeure classique, dans son goût des sujets empruntés à la mythologie ou à l'histoire ancienne. Théoricien autant que praticien, il expose dans son *Journal* sa conception de l'art et le rôle décisif de son séjour en Afrique du Nord, en 1832, pour le goût de la couleur préférée à la ligne et au dessin.

La peinture réaliste (1850-1900)

Vers le milieu du XIXe siècle, le *réalisme* s'impose aussi dans les arts plastiques. Il combat, sans parvenir à les faire disparaître, la doctrine académique du classicisme, qui s'en tient à des compositions d'objets, et le romantisme, avec ses motifs symboliques ou historiques. L'art réaliste emprunte ses motifs à la réalité et s'efforce de rester le plus proche possible du modèle naturel.

Les motifs privilégiés sont le paysage, dans son atmosphère naturelle, et le portrait, sans artifice : scènes de travail ou de rencontres entre les hommes. Le tableau ne se fait plus dans l'atelier, mais dans la nature. Toutefois cet idéal n'est pas toujours appliqué ; souvent l'artiste ne fait en plein air qu'une ébauche à l'huile et termine son tableau dans l'atelier, avec de légères retouches dans la composition. Le terme recouvre également une critique des conditions sociales.

En France

En France, où l'ampleur que prit la révolution de 1848 eut une grande influence sur le réalisme, ce mouvement est représenté par trois peintres principaux :

- Arrivé à Paris en 1841, **Gustave Courbet (1819-1877)** copie Géricault, Caravage et les peintres espagnols. En rupture avec l'académisme, son art permet la liberté du sujet et du motif, qui aboutira à l'éclosion de l'impressionnisme. Courbet revendique explicitement le terme et la signification de « réalisme ». Célèbre insoumis du Second Empire, il met l'art au service de l'idée sociale et crée de grandes peintures emblématiques : *Un enterrement à Ornans*, *L'Atelier du peintre*, *Les Casseurs de pierre*, *L'Origine du monde*.
- En 1828, le caricaturiste **Honoré Daumier (1808-1879)** réalise ses premières lithographies pour le journal *La Silhouette*, avant de s'illustrer dans *La Caricature* et surtout *Le Charivari*, fondé par Philipon : spécialement dirigé contre Louis-Philippe, ce journal va jouer un rôle important dans la vie politique de l'époque. L'impudence, alliée à un art consommé du dessin, confère aux caricatures de Daumier une immédiate célébrité. Elle lui vaut aussi d'être condamné, en 1832, à six mois d'emprisonnement. Ses peintures font une grande part à l'ombre.
- Né près de Cherbourg, en 1814, **Jean-François Millet (1814-1875)** gagne sa vie comme portraitiste, avant de voir une de ses œuvres acceptée au Salon de 1840. Bouleversé comme tant d'autres artistes par la Révolution de 1848, il devient le « peintre des paysans ». Après 1860, les paysages vont prendre une grande place parmi ses sujets. Son inspiration doit beaucoup à Virgile pour son côté bucolique, à Bruegel pour la façon de peindre, et au classicisme de Poussin : *Les Botteleurs de foin*, *Les Glaneuses*, *L'Angélus*, *Le Printemps*.

LE SAVIEZ-VOUS ?

L'exil de Barbizon

En marge du réalisme, mais sensiblement à la même époque, se développe l'école de Barbizon autour de **Théodore Rousseau (1812-1867).** Son matérialisme se double d'une recherche métaphysique, à l'image de la Lisière du Mont-Girard. En 1860, il travaille en juxtaposant des touches de couleurs pures, technique qu'il enseigne à Monet et à Sisley. Il s'installe à partir de 1847 dans le village de Barbizon, où il sera rejoint par Millet, **Charles François Daubigny (1817-1878),** auteur du *Hameau d'Optevoz*, et **Jean-Baptiste Corot (1796-1875),** peintre de *La Cathédrale de Chartres* et du *Pont de Mantes.*

En Angleterre

Le réalisme pictural de **John Constable (1776-1837)** cherche à s'affranchir de la tradition. Il se soucie seulement de la réalité : il est le père du *vérisme* en peinture. Longtemps mythifiée ou idéalisée, la nature devient naturelle avec lui. Paysagiste, son travail repose sur des esquisses faites à l'extérieur puis retravaillées en atelier : le *Chariot de foin*. C'est la lumière changeante des ciels humides qui le fascine ; elle est pour lui « le véhicule principal du sentiment ». Les nuages, les arcs-en-ciel et les reflets sur l'eau sont ses thèmes de prédilection.

LE SAVIEZ-VOUS ?

Au feu les pompiers !

Au milieu des écoles nouvelles, un style officiel se maintient, qui a nettement les faveurs des critiques et du public. Art issu du néo-classicisme, cet académisme prit le nom d'« art pompier », allusion aux personnages casqués de certaines compositions et à un style chargé, très théâtral, artificiel. C'est l'aboutissement du système des Académies royales, créés par Louis XIV, qui redoutait le pouvoir subversif de l'art. **Thomas Couture (1815-1879)** et ses grandes compositions historiques *(Les Romains de la décadence),* **Alexandre Cabanel (1823-1889)** et ses nus, **Jean Louis Ernest Meissonier (1815-1891)** et ses scènes de la vie militaire en sont les représentants.

L'impressionnisme et ses suites (fin du XIXe siècle)

À la fin du XIXe, un style révolutionnaire fait irruption dans la manière de peindre, pour lequel les sujets représentés ne sont plus l'essentiel. La peinture d'objets en mouvement ou en transformation, la mise en valeur de la couleurs et leur juxtaposition en tons purs, sans intermédiaire, le caractérisent. Autre changement : on ne prépare plus la composition par une multitude de dessins.

Le 15 avril 1874, le photographe Nadar prête son atelier à Monet, Sisley, Renoir, Cézanne, Pissaro, qui organisent une exposition de leurs tableaux refusés au Salon. D'après le titre de l'un des tableaux de Monet, *Impression soleil levant,* le surnom d'« impressionnistes » leur est donné. Cette révolution picturale en entraine d'autres.

L'Impressionnisme

Le *groupe des Batignolles* est le nom donné aux impressionnistes de 1869 à 1875, époque où ils fréquentent le café Guerbois, 2, grand-rue des Batignolles. Les peintres constituant le noyau du groupe sont les suivants :

- **Édouard Manet (1832-1883)** se révolte très vite contre l'enseignement classique de l'atelier de Thomas Couture. La peinture espagnole lui fournit sa source d'inspiration. Au salon de 1865, son *Olympia* fait scandale car il met en scène une courtisane. Dans *Le Déjeuner sur l'herbe*, ou *Le Fifre,* il traite les plans presque en à-plat et fait contraster violemment teintes claires et sombres.
- L'influence des maîtres japonais de l'estampe, surtout **Hokusaï (1760-1849)**, joue un rôle primordial dans les compositions d'**Edgar Degas (1834-1917),** fasciné par le monde de la danse, qu'il rend sous tous les angles possibles. La multiplicité des mouvements des danseuses permet au peintre de mieux cerner leur espace, l'évolution de l'ombre et de la lumière sur leurs vêtements de scène : *Danseuse à la barre*, *Danseuse saluant.* Il ne dédaigne pas pour autant le réalisme domestique : *Les Repasseuses, Les Modistes.*

LE SAVIEZ-VOUS ?

Estampes japonaises

En 1854, à la suite des premiers traités commerciaux avec le Japon, la culture nippone se diffuse en Occident. Les *Expositions universelles,* celle de 1862 à Londres ou celle de 1878 à Paris, qui présente des objets religieux de la collection d'Émile Guimet, suscitent le goût de l'exotisme. Influençant les peintres de l'époque, les estampes accaparent l'intérêt au même titre que les laques et les porcelaines. Les œuvres d'**Utamaro Kitagawa (1753-1806),** grand maître de l'estampe, et d'**Hiroshige (1797-1858),** graveur et peintre, sont présentées à Paris.

- **Claude Monet (1840-1926)** se fait installer un petit atelier flottant sur un bateau, afin de saisir au mieux les aspects changeants d'un paysage de bords de fleuve. Le peintre veut que son sujet soit non seulement ébauché, mais achevé sur place, sans recours à l'atelier. En 1872, il peint au Havre *Impression soleil levant*. Entre 1880 et 1890, il consacre une série de tableaux à la cathédrale de Rouen, à différentes heures du jour et selon différents points de vue. Il laisse aussi une centaine de tableaux du brouillard sur la Tamise.

Figure 6-5 : Claude Monet, *Impression soleil levant* (1872).

- **Pierre Auguste Renoir (1841-1919)** peint dans *Le Moulin de la galette* (1876) à la fois les joies des fêtes populaires et des figures de personnages typés. Il veut rendre sur ses toiles l'atmosphère de la fête, le mouvement de la foule qui valse, la chaleur d'une journée estivale… Pour parvenir à rendre toutes ces impressions, Renoir utilise l'estompement des contours, afin de fondre les couleurs et les formes.

UN PEU DE TECHNIQUE

Une technique bien huilée

Le peintre flamand **Jan Van Eyck (1390-1441)** serait l'inventeur de la *peinture à l'huile*. Selon cette technique, les couleurs sont mélangées à l'huile et à des essences, à partir d'une huile végétale, de lin ou de colza. La peinture se dilue ensuite à l'essence de térébenthine. Son support habituel est la toile de lin, mais aussi le bois ou l'aggloméré. Les tableaux des Impressionnistes ont été peints avec des huiles trop grasses, ce qui pose de nos jours des problèmes de conservation.

Le post-impressionnisme

Après un rapide passage chez les impressionnistes, **Paul Cézanne (1839-1906)** retourne dans son Aix-en-Provence natale. Ses revenus personnels lui permettent de vivre sans avoir à vendre ou à chercher à le faire. Grand admirateur des classiques, Cézanne veut trouver le moyen de joindre à la rigueur de leur composition, apprise en atelier, le contact direct avec la nature, comme le veulent les impressionnistes (*Nature morte*, *La Montagne Sainte Victoire*, *Les Grandes Baigneuses)*.

Néerlandais d'origine, **Vincent Van Gogh (1853-1891)** connaît en France une existence brève et très mouvementée, s'attachant aux paysages des régions d'Arles et d'Auvers-sur-Oise. Ses principaux chefs-d'œuvre sont peints de décembre 1888 à son suicide en janvier 1891. S'inspirant directement de l'impressionnisme, il développe les couleurs en les posant sur la toile par touches successives, par points, qui donneront par la suite naissance aux écoles *tachistes* et *pointillistes*. Il a aussi recours à l'épaisseur pour exprimer le mouvement, les convulsions des arbres, des cieux, des toits d'église… Une modification des formes exactes, si elle est de nature à mieux rendre l'émotion, lui semble nécessaire.

UN PEU DE TECHNIQUE

Un point, c'est tout !

Le *pointillisme*, également appelé *néo-impressionnisme*, a été mis au point par **Georges Pierre Seurat (1859-1891)**, le peintre du *Cirque* et d'*Un dimanche après-midi à l'île de la grande jatte*, et illustré notamment par **Paul Signac (1863-1935)** *(L'Orage)*. Le mot *divisionnisme* s'emploie plus particulièrement pour le mouvement italien issu de ces recherches, dont la caractéristique est de remplacer les points par les lignes.

Figure 6-6 : Vincent Van Gogh, *Autoportrait* (1889).

Pont-Aven et les Nabis

Autour de **Paul Gauguin (1848-1903),** plusieurs artistes se regroupent et fondent l'*école de Pont-Aven*. Il s'agit, à partir de 1886, de **Louis Anquetin (1861-1932), Paul Sérusier (1864-1927), Charles Laval (1862-1894),** qui tentent de puiser une expression plus forte au sein des paysages et hameaux de Bretagne (*Le Gardien de porcs,* de Gauguin). Dans sa lignée se constitue le groupe des *nabis* (« prophètes », en hébreu), afin de retrouver le caractère sacré de la peinture. **Pierre Bonnard (1867-1947), Maurice Denis (1870-1943), Édouard Vuillard (1868-1940), Félix Vallotton (1865-1925)** en sont les membres principaux.

Le fauvisme

Le surnom de *Fauves* est donné en 1905 à un groupe d'artistes qui refusent les formes et couleurs naturelles, optant pour des contours simplifiés et des couleurs franches, censées exprimer la conscience intérieure de l'artiste, intense et profonde. Peu importe que des chevaux soient bleus, si telle est la perception chromatique de l'artiste. Parmi les peintres les plus emblématiques de cette tendance :

- **Henri Matisse (1869-1954)** s'inspire du Maghreb pour rechercher avant tout l'ornement dans la composition. Peu importe le sujet ; son art est souvent appréhendé comme infantile, sans rapport avec la réalité. Matisse n'entend nullement fonder une école ou donner une théorie de l'art. Ses *Notes d'un peintre* (1908) sont une succession de pures notations personnelles. Parmi ses œuvres, *L'Odalisque à la culotte rouge, Liseuse à la table jaune*.
- Essentiellement paysagiste, **Maurice de Vlaminck (1876-1958)** est très marqué par la méthode de Cézanne ; il utilise la couleur telle quelle, issue directement du tube, avec une prédilection pour le vermillon, le jaune et le vert : *Voiles à Chatou*, *Bateaux sur la Seine*, *Le Pont de Meulan*.
- **André Derain (1880-1954)** est l'un des fondateurs et peintres les plus représentatifs du fauvisme, par son emploi de couleurs puissantes et saturées, et ses juxtapositions de tons contrastés : les « dissonances volontaires ». Il peint la chaleur ensoleillée de la Méditerranée à Collioure ou à l'Estaque, mais aussi l'atmosphère des quais de Londres. De son séjour en cette ville, il garde un goût prononcé pour les rouges et les bleus. Derain aime dans la Tamise un cadre à la fois moderne et nostalgique. Quelques œuvres choisies : *Trois Personnages assis dans l'herbe*, *L'Estaque*, *London Bridge*.

Le symbolisme

En réaction contre le réalisme et l'évolution de la société, un nouveau mouvement apparaît vers 1890: le *symbolisme*. Les peintres symbolistes construisent un monde dans lequel tout devient message. Mettre en œuvre, sur la toile, l'idée, au-delà des apparences trompeuses.

Très proches du mouvement : **Odilon Redon (1840-1916), Max Klinger (1857-1920), Frantisek Kupka (1871-1957)** et, encore, Gauguin. Le phénomène, qui touche aussi **Puvis de Chavanne (1824-1898)** et **Gustave Moreau (1826-1898)** (*Salomé)*, prendra une ampleur européenne.

L'expressionnisme

Il naît en Allemagne en même temps que le fauvisme français. Les expressionnistes, qui exposent pour la première fois, en 1907, subissent les influences des fauves, de Gauguin et de Van Gogh, mais aussi celles des masques d'art nègre. Deux courants expressionnistes se forment : le premier à Dresde en 1905, où des peintres comme **Ernst Kirchner (1880-1938)** et **Erich Heckel (1883-1970)** fondent le groupe *Die Brücke* (« le pont »). Très proche d'**Edvard Munch (1863-1944)**, ils développent des thèmes pathétiques et angoissants ; un deuxième groupe, à Munich, *Der Blaue Reiter* (« le Cavalier Bleu »), se forme autour du peintre **Wassily Kandinsky (1866-1944)**, auteur des *Paysages à la tour* (1908). En 1914, l'expressionnisme allemand est en plein essor et gagne l'Autriche avec **Oskar Kokoschka (1886-1980)**. Après la Première Guerre mondiale, il séjourne en France avec **Chaïm Soutine (1893-1943)**.

La peinture au XXe siècle

Peut-être est-il mieux observé, car plus proche de nous. Toujours est-il que le XXe siècle en peinture se caractérise par la multiplication des courants. Il ne s'agit plus d'écoles de peinture, comme au XIXe siècle, mais d'individualités, plus que de groupes, qui donnent naissance à un nouvel art de peindre.

Le cubisme

Le *cubisme* apporte un nombre de bouleversements considérables. Le mot « cubisme » trouverait son origine dans une réflexion de Matisse devant les tableaux de **George Braque (1882-1963)**, qu'il percevait comme un ensemble de « petits cubes ». Avec **Pablo Picasso (1881-1973)**, dont *Les Demoiselles d'Avignon* (1907) sont un véritable manifeste, Braque est la figure fondatrice du mouvement. Vers 1909-1912, d'autres artistes viennent au cubisme, ainsi **Robert Delaunay (1885-1941), Albert Gluzes (1881-1953), Juan Gris (1887-1927), Marie Laurencin (1885-1956), Fernand Léger (1881-1955).** Le cubisme se caractérise, entre autres, par la géométrisation des formes et les distorsions anatomiques.

LE SAVIEZ-VOUS ?

« Non, c'est vous ! »

C'est en 1936 qu'éclate en Espagne la guerre civile. D'un côté, les républicains ; de l'autre, les troupes du général Franco. Guernica, ville du Pays basque, est bombardée le 26 avril 1937 par quatre escadrilles de la légion allemande Condor appuyées par des avions de chasse italiens. Les bombes se déversent sur la ville pendant plus de trois heures. Sur les 3000 habitants, 1600 sont tués. Pablo Picasso, ardent républicain, est horrifié par ce « massacre des innocents » des temps modernes. Il exprime sa colère en peignant une toile monumentale de 8 m de long sur 3,50 m de large baptisée *Guernica* en hommage aux victimes. La toile est présentée à Paris en mai 1937 durant l'Exposition internationale des arts et techniques. Selon la légende, l'ambassadeur de l'Allemagne nazie, Otto Abetz, présent ce jour-là, aurait demandé à Picasso s'il était l'auteur de cette « horreur ». Et le peintre de répondre : « Non, c'est vous ! ».

L'art abstrait

C'est une nouvelle démarche artistique qui fait son apparition aux alentours de 1910. Un nouveau langage, forgé à partir des expériences fauves et expressionnistes, exaltant la couleur et débouchant sur les abstractions, va être à l'origine de ces différentes abstractions géométriques et constructives. L'œuvre de **Wassily Kandinsky (1866-1944),** *Dans Le carré noir,* est au centre de ce nouveau mode esthétique. **Piet Mondrian (1872-1944)** et sa *Composition avec figures*, Fernand Léger et *La Femme en bleu*, font également parti de ce mouvement, pour lequel l'art doit être dépouillé de tout élément subjectif et passionnel. **Francis Picabia (1879-1953),** déjà abstrait avec *Caoutchouc* (1908), tend vers l'absurde, revendiqué dans le choix des titres : *M'amenez-y.*

N'OUBLIEZ PAS !

Paris, reine des Écoles

Haut lieu de l'art et de la bohème au tournant des XIXe et XXe siècles, Montmartre accueille en l'espace de quelques décennies ceux qui deviendront les plus grands artistes du XXe siècle. Venus de toute l'Europe, ils se retrouvent dans les cabarets de la butte pour faire la fêter ou réinventer l'art. Au *Bateau-lavoir* en particulier, atelier improvisé où se sont installés, dès 1904, **Constantin Brancusi (1876-1957), Juan Gris (1887-1927), Amadeo Modigliani (1884-1920), Kees van Dongen (1877-1968).** C'est là que furent menées les premières recherches picturales qui donneront naissance au cubisme.

Au lendemain de la Première Guerre mondiale, c'est à Montparnasse, autour de Paul Fort, et à la Ruche que l'on retrouve ces mêmes artistes, regroupés par le critique d'art André Warnod sous le terme générique de « l'école de Paris ».

UN PEU DE TECHNIQUE

« Une puissante réalité »

En 1912, Guillaume Apollinaire donne le nom d'« orphisme » à la peinture de **Robert Delaunay (1885-1941)**, qui fait par suite figure de chef de file de cette école, et à son tableau *Paris-Saint Séverin*. Dans ses *Méditations esthétiques*, il écrit que c'est l'art « de peindre des ensembles nouveaux avec des éléments empruntés, non à la réalité visuelle, mais entièrement créés par l'artiste et doués par lui d'une puissante réalité ». D'autres artistes se rattachent à ce courant : **Fernand Léger (1881-1955) :** *La Femme en bleu, L'Escalier*; **Marcel Duchamp (1887-1968),** *Nu descendant un escalier*; **Frantisek Kupka (1871-1957),** et sa série des *Gigolettes*.

Le futurisme

Le Manifeste du futurisme est publié en 1909 dans *Le Figaro* par le poète italien **Filippo Marinetti (1876-1944).** Selon lui, l'art, comme la littérature ou la morale, doivent regarder vers l'avenir et faire table rase du passé. Le *futurisme* veut ainsi représenter les trépidations de la vie moderne. Les futuristes associent dans leurs tableaux univers mécanique et technique, hommes et machines tendant à se ressembler. **Umberto Boccioni (1882-1916),** avec *La Ville qui monte*, **Gino Severini (1883-1966)** et son *Train de banlieue arrivant à Paris* illustrent cette tentative de fusion.

La peinture surréaliste

André Breton (1896-1966) expose ses points de vue sur la peinture dans *Le Surréalisme et la peinture* : il en appelle à une tradition picturale où rêverie, symbolisme et allégorie auraient une place essentielle. La première exposition surréaliste est organisée en 1936 à Londres par Roland Pemrose. Parmi les principaux peintres : **Jean Arp (1887-1966)** (*Fatagada*), **Man Ray (1890-1976)** (*Le Violon d'Ingres*), **Joan Miró (1893-1983)** (*Terre labourée*), **René Magritte (1898-1967)** (*Le Thérapeute*), **Salvador Dali (1904-1989)** (*Le Grand Masturbateur*), **Giorgio de Chirico (1888-1978)** (*Portrait prémonitoire de Guillaume Apollinaire*), **Max Ernst (1891-1976)** (*La Femme 100 têtes*).

Alors que le *Manifeste du surréalisme* date de 1924, 1928 marque l'entrée en peinture avec Joan Miró et son *Intérieur Hollandais*, suivi en 1929 de Max Ernst *(La Femme 100 têtes)*. La sculpture à son tour est investie en 1934 par Albert Giacometti et son *Objet invisible*. La reconnaissance vient un peu plus tard : International surrealist exhibition, à Londres (1936), Exposition des objets surréalistes, à Paris (1938). Un nouveau point limite est atteint en 1939 par Marcel Duchamp avec *Rrose Sélavy,* et en 1940 par Joan Miró et ses *Constellations*. Le mouvement brille de ses derniers feux avec, en 1942 l'inauguration de la galerie Peggy Guggenheim à New-York, et l'exposition internationale de la galerie Maeght, à Paris, en 1947.

L'abstraction géométrique et le purisme

L'*abstraction géométrique* est lancée en 1917, à Paris, par **Charles-Édouard Jeanneret, dit Le Corbusier (1887-1965)**. Un premier regroupement a lieu avec *Cercle et carré,* mouvement artistique fondé à Vanves, en 1929, en réaction contre les anti-surréalistes et qui se doit de promouvoir l'art abstrait et géométrique. Le *purisme* est un mouvement d'inspiration cubiste également lancé par Le Corbusier, dans l'esprit nouveau de l'après-Première Guerre mondiale, et qui met en scène les objets de la vie quotidienne. Piet Mondrian, Jean Arp, Kasimir Malevitch y prennent part avec un souci de limiter la peinture à ses composantes élémentaires (lignes, traits…). Malevitch développe ensuite le *suprématisme*.

LE SAVIEZ-VOUS ?

Celui qui croyait aux fantômes

Giorgio de Chirico fonde la *peinture métaphysique* à travers ses tableaux mystérieux de la période 1912-1919, aux couleurs chaudes, représentant des villes désertes, des tours, des arcades (*Énigme de l'arrivée, Angoisse du départ).* Le peintre veut souligner le rapport troublant que la perspective entretient avec la métaphysique. Les seuls personnages représentés sont des plâtres aux regards vides ou des mannequins. La réalité quotidienne est évacuée, au profit d'un ordre neuf et mélancolique où les objets, gants, mannequins, biscuits, comme dans *La Mort d'un esprit,* prennent toute la place. L'homme est réduit à des silhouettes, à des statues brisées, et à une présence fantomatique.

L'art cinétique et l'op art (ou art optique)

Une autre tendance de l'abstraction est l'*art optique* ou *op art,* qui apparaît en 1948, quand **Victor Vasarely (1906-1997)** commence à exposer ses tableaux géométriques et son œuvre *Zebra*. À la même époque, l'*art cinétique* naît à Paris. Dans son sens large, l'art cinétique comprend des œuvres tridimensionnelles (machines ou mobiles) et des œuvres lumino-cinétiques combinant, en deux ou trois dimensions, lumière et mouvement. **Nicolas Schöffer (1912-1993)** invente en 1948 la *sculpture spatiodynamique*, une ossature de forme géométrique, comprenant des parties mobiles. Ces dernières bougent au gré d'impulsions sonores ou lumineuses : *Cysp I* (1956). Cette recherche sur le mouvement et l'ambivalence du regard porté sur une œuvre mouvante, quasiment vivante, s'étend aux Etats-Unis.

Le pop art

Le mouvement apparaît, en Angleterre d'abord, dans les années 1950, puis dix ans plus tard aux État-Unis. Il détourne volontairement les objets courants, la publicité, et les *mass média*. L'un de ses plus prestigieux porte-parole est **Andy Warhol (1928-1987),** avec *Campbell's soup* et ses chromographies de Marilyn Monroe.

Figure 6-7 : Andy Warhol, *Marilyn Monroe* (1967).

Les nouveaux réalistes

En même temps que le pop art, le *nouveau réalisme* marque en France une volonté de réaction contre une sclérose de l'art abstrait, pour réhabiliter les éléments de la vie urbaine et de la vie quotidienne. Il n'est donc pas question d'interpréter la réalité mais de montrer une réalité brute. Le manifeste du nouveau réalisme est signé le 27 octobre 1960 dans l'atelier d'**Yves Klein (1928-1962),** auteur du *Monochrome vert*. Principaux animateurs : **Arman (1928-2005), Jean Tinguely (1925-1991), Daniel Spoerri (né en 1930)**, puis, un peu plus tard, **César (1921-1999), Christo** (nom d'artiste commun de Christo Javacheff et de Jeanne-Claude Denat de Guillebon, tous deux nés en 1935), **Niki de Saint-Phalle (1930-2002).**

Tableau 6-2 : Les grandes dates de la peinture

Date	*Courant*	*Artistes et œuvres*
Préhistoire		Grotte de Lascaux (-25 000 ans)
XVIe siècle	Renaissance	Giotto, *Vie de Saint François*; De Vinci, *La Joconde*; Botticelli, *Naissance de Vénus;* Arcimboldo, *Le Printemps*
XVIIe siècle	Baroque	Rembrandt, *La Ronde de nuit*
XVIIIe siècle	Rococo	Watteau, *Embarquement pour Cythère*
XVIIIe siècle	Néo-classicisme	David, *Le Serment des Horaces*
	Romantisme	Delacroix, *La Liberté guidant le peuple*
XIXe siècle	Réalisme	Courbet, *L'Origine du monde*
	Impressionnisme	Manet, *Le Déjeuner sur l'herbe*
	Post-impressionnisme	Van Gogh, *Les Tournesols*
	Symbolisme	Moreau, *Salomé*
XXe siècle	Expressionnisme	Munch, *Le Cri*
	Cubisme	Picasso, *Les Demoiselles d'Avignon*
	Fauvisme	Van Dongen, *Fernande*
	Surréalisme	Duchamp, *Nu descendant un escalier*
	Dadaïsme	Ernst, *Ubu Imperator*
	Abstraction	Malevitch, *Composition suprématiste*
	Pop art	Warhol, *Campbell's soup*
	Néo-réalisme	Yves Klein, *Monochrome vert*

UN PEU DE TECHNIQUE

Les mots de la peinture

Contrairement à l'adage, les goûts et les couleurs, ça se discute ! Petite abécédaire des termes techniques de la peinture.

Adjuvants : substances ajoutées aux produits de peinture afin d'en améliorer les qualités.

Anamorphose : peinture distendant les formes jusqu'à leur donner une apparence inintelligible.

Art informel : courant aux frontières du graffiti et de l'abstraction, qui privilégie l'acte spontané et renonce à tout travail de composition et de forme.

Art naïf : art pratiqué par des autodidactes.

Art Nouveau (ou Modern Style) : style privilégiant les arabesques et les volutes inspirées du monde végétal, développé au tournant du XXe siècle (Audrey Beardsley, Alphonse Mucha).

Clair obscur : jeu des ombres et de la lumière.

Composition : sorte de plan, d'ordre dans lequel les lignes, les couleurs, les formes sont placées afin de diriger la vision des spectateurs.

Diluant : liquéfiant rajouté en cours de préparation, au moment de l'emploi d'un liquide.

Fresque : peinture murale exécutée avec des couleurs délayées à l'eau, posées sur un mortier frais.

Fuite : point où semblent converger les parallèles d'un tableau. Le point de fuite permet de mettre en relief la perspective.

Glacis : ajout d'une couche transparente de couleur sur un autre pigment.

Gravure sur bois : apparue en Allemagne à la fin du XVe siècle, elle était destinée au départ à multiplier les images de dévotion pour les rendre accessibles à tous.

Lavis : dilution d'encre ou d'aquarelle étalée avec un pinceau, appliquée en couche transparente.

Pastel : bâtonnet rond ou carré constitué de poudre de couleur agglutinée. Holbein l'a fait sien.

Sanguine : argile ferrugineuse du rouge cyan au violacé, employée comme couleur puis pour le tracé du trait.

La sculpture des origines à nos jours

Une sculpture se définit comme une création de formes dans un espace réel en trois dimensions, modelées, fondues, construites à partir de matériaux variés tels le bois, la pierre, le métal, l'argile, l'os… La sculpture moderne a aussi fait sienne des matériaux comme la glace, l'eau sous forme liquide, les cristaux, le sable ou le textile. L'œuvre sculptée peut se concevoir selon deux notions : celle de figuration dans l'espace, ou d'intégration dans un décor.

La sculpture préhistorique

Les premières représentations sont des statuettes féminines ou anthropomorphes. L'art figuratif apparaît entre -33 000 et -26 000. Le site de Vogelherd, en Allemagne, a livré des statuettes humaines et animales, Galgenberg en Autriche a fourni une figurine humaine datée de -32 000 ans. La représentation féminine domine alors largement la statuaire : *Vénus de Willendorf*, *Vénus de Brassempouy*, en pierre ou en argile cuite comme à Dolni Vestonice. Mais il existe aussi des abris sous roches avec des figures gravées, comme aux Eyzies (Dordogne, -21 000). Les représentations pariétales sont faites, le plus souvent, sous forme de figures humaines à prédominance féminine, très souvent asexuée, d'empreintes de mains peintes ou gravées, de signes géométriques et d'animaux.

La sculpture dans l'Antiquité

La sculpture est un art répandu dans toutes les civilisations de l'Antiquité, mais chacune d'entre elles explore ses propres matériaux, formes et usages. En Mésopotamie, par exemple, avec l'art de Sumer, puis de Babylone, une grande statuaire de pierre ou de métal apparaît dès le IIIe millénaire : statues du prêtre-roi *Goudea de Lagash*, *Code d'Hammourabi* sur une stèle de basalte noir. En Chine, le bronze et le bois sont utilisés, la pierre vient un peu plus tard. Les bronzes Chang, datés du XIVe siècle av. J.-C., sont célèbres pour l'extraordinaire qualité de leurs énormes vases votifs. Le Japon connaît une statuaire plus tardive et tournée vers la religion : les images du Bouddha. L'Inde, à Mohenjo Daro, s'impose dès le IIe millénaire comme un centre exceptionnel de la sculpture et connaît son apogée au Ve siècle, avec la période *Goupta*. Vers la même époque, la statuaire égyptienne se développe, utilisant parfois même le bois à l'Ancien Empire (IIIe millénaire) pour représenter des fonctionnaires. Les conventions de posture y sont toujours les mêmes : debout, les bras le long du corps, pied gauche toujours avancé. Les couleurs sont les mêmes que celles qui représentent le corps sur les bas-reliefs, un brun plus foncé pour les hommes, plus clair pour les femmes.

La sculpture dans la Grèce classique (Ve s. av. J.-C.)

L'art des sculpteurs antiques trouve en Grèce sa pleine expression. Là, elle évolue constamment à partir du VIIe siècle, époque des *Kouré* et *Kouros*, jeunes femmes et jeunes gens dont la représentation porte encore la marque de l'influence égyptienne (monolithisme des formes et pied gauche avancé). Mais l'âge d'or demeure celui de la période classique, au Ve siècle av. J.-C.

Le premier classicisme (500-450)

Myron (485-425) est surtout connu pour son *Discobole*, athlète représenté au moment où il va jeter le disque. **Polyclète (480-420)** travaille surtout le bronze et définit les proportions du corps masculin au travers de ce que l'on appelle un *canon*. La tête d'une sculpture doit représenter un huitième de l'ensemble du corps. Il a sculpté le *Doryphore*, guerrier portant son javelot, et le *Diadumène,* athlète dont le front est ceint d'une bandelette, en signe de victoire. **Phidias (490-431)** est surtout célèbre pour sa statue monumentale de Zeus, à Olympie : décorée d'or et d'ivoire, elle mesure plus de dix mètres de haut.

Le second classicisme (450-400)

La sculpture est alors représentée par **Praxitèle (actif de 375 à 335 av. J.-C.)**, qui travaille de préférence le marbre (*Aphrodite de Cnide*, *Satyre au repos*, *Hermès portant Dionysos*). **Lysippe (395-305)**, lui, est surtout bronzier. Il s'attache à rendre la souplesse des corps et le réalisme des athlètes dans l'effort. Son chef-d'œuvre est l'*Étrilleur,* appelé aussi l'*Apoxyomène*. Il faut attendre le ive siècle pour que l'art se libère du géométrisme des siècles précédents.

Figure 6-8: Praxitèle, *Hermès portant Dionysos enfant* (v. 330-320 av. J.-C.).

L'influence de l'Orient

Avec l'apparition et le développement des nouvelles monarchies hellénistiques, après la mort d'Alexandre le Grand en 323 av. J.-C., les capitales artistiques deviennent plus nombreuses : Rhode, Pergame, Alexandrie, et non plus seulement Athènes. La sculpture s'orientalise. À Pergame, une école monumentale prend son essor avec le grand autel de Zeus illustrant sur 120 mètres de long la *Gigantaumachie*, le combat entre les dieux et les géants. C'est à un maître rhodien que nous devons la *Victoire de Samothrace.* La personnalisation des traits, le vérisme, sont alors les aspects dominants de la sculpture.

La sculpture romaine

La sculpture romaine subit la double influence des Étrusques et des Grecs. Outre la reproduction de la statuaire grecque, elle développe la décoration des grands monuments commémoratifs : *Colonne Trajane* (110-113), *Arc de Titus* (80-85), *Arc de Constantin* (313-315). Dans beaucoup d'ateliers, les artistes signent leurs œuvres. La plupart des œuvres sont en fait celles de Grecs ou d'orientaux hellénisés. L'année 146 av. J.-C., où toute la Grèce est conquise, marque le contact avec la sculpture hellénistique. Deux types de sculpture se distinguent : des copies de l'art grec, ou des pastiches faits au goût des amateurs romains.

Les artistes optent pour le portrait, délaissé par les Grecs, la demande des Romains s'imposant en ce sens. Parfois l'individu est représenté avec les traits d'un dieu ou d'un héros, ainsi que le feront les artistes du XVIIIe siècle. Le plus célèbre de ces portraits est celui d'*Antinoüs*, un Bithynien, antique pays au nord-ouest de l'Asie Mineure, au bord de la Mer Noire, célébré pour sa beauté. L'étude des coiffures permet de dater ces portraits ; les rouleaux de cheveux tirés sur le front disparaissent à l'époque impériale, le port de la barbe caractérise l'époque de l'empereur **Hadrien (76-138)**. Sous **Caracalla (188-217),** la tête est tournée de côté, le front sillonné de rides.

La sculpture au Moyen Âge

Le Moyen Âge n'est pas, contrairement aux idées reçues, oublieux des arts. La diversité et la vivacité des écoles de sculpture en sont une preuve.

La sculpture romane

C'est seulement en 1820 que l'historien de l'art **De Gerville (1769-1854)** crée le qualificatif d'« art roman » pour désigner toute l'évolution artistique de la période précédent le gothique. On considère que le roman débute au XIe siècle, période de grande instabilité due à la constitution, alors à ses débuts, des principales monarchies en Europe. Les artistes ont recours au symbole. Dans les églises, les scènes doivent rappeler aux fidèles, qui n'ont pas accès aux Écritures, les principaux épisodes de la Bible. Le portail ouest est orné de représentations des démons, pour maintenir tout ce qui est diabolique hors de la partie consacrée de l'église.

La sculpture gothique

Alors que la sculpture romane est encore bien vivante, un art nouveau naît au cours du XIIe siècle, celui de la sculpture gothique, dont les formes longilignes sont une aspiration à l'élévation spirituelle, à un moment où les cathédrales se hissent elles aussi vers les sommets. À l'intérieur des églises, les personnages se dégagent de plus en plus des piliers et des colonnes sur lesquels ils étaient traditionnellement représentés. De nouvelles esthétiques s'imposent peu à peu, fondées sur une représentation plus délicate, dite *maniériste*. De nouvelles façons de capter la lumière apparaissent.

La sculpture de la Renaissance

Les grands architectes sont aussi les grands sculpteurs. Ils vont donner une importance considérable à la *ronde-bosse*, sculpture autour de laquelle on peut tourner, et renouer sur beaucoup de plans avec l'Antiquité, en choisissant notamment la nudité et la liberté extrême du mouvement. Le XVe et le XVIe siècles exaltent et magnifient la puissance du corps humain. C'est l'époque de **Verrocchio (1435-1488)** et de **Mino da Fiesole (1429-1484).**

Au début du XVe siècle, la grande majorité des sujets sont encore d'ordre religieux, quand le XVIe siècle est volontiers profane. **Donatello (1386-1466)** réalise des sculptures tourmentées, Mino da Fiesole exécute de nombreuses sculptures funéraires, dont le *Tombeau de Paul II*; Verrocchio, qui eut comme élève Le Perugin, Botticelli, Léonard de Vinci, est l'auteur du *David* (1476) et de la statue commémorative du *Condotierre*. Michel-Ange s'impose rapidement en 1499 avec la *Pieta* à Saint-Pierre de Rome et le *David*. Après 1515, il travaille au tombeau de Jules II pour lequel il sculpte les *Esclaves*, puis le *Moïse*. De retour à Florence, il conçoit la façade de Saint Laurent et les tombeaux de **Laurent et Julien de Médicis (1526-1533)**.

La sculpture baroque et classique

La sculpture baroque et classique, du XVIIe au début du XVIIIe siècle, utilise les ressources de la peinture et de l'architecture. En Italie, le sculpteur le plus notable est **Gian Lorenzo Bernini (1598-1680), dit le Bernin,** dont *Apollon et Daphné* montre une jeune nymphe poursuivie par Apollon se transformant en Laurier (« Daphné », en grec). En France, le XVIIe siècle montre plutôt une sculpture classique. Les artistes réalisent des bustes ou des œuvres décoratives : **Pierre Puget (1620-1694),** surnommé le « Michel-Ange français », et son *Milon de Crotone*, **François Girardon (1628-1715), Antoine Coysevox (1640-1720)** sont les représentants de ce classicisme français.

Après les fastes de Louis XIV, deux sculpteurs vont s'illustrer par leur art raffiné et subtil : **Jean Antoine Houdon (1741-1824),** qui excelle dans l'art du portrait (*Voltaire*), et **Jean-Baptiste Pigalle (1714-1785),** dont le nom a été donné à un quartier de Paris (*Mausolée du Maréchal de Saxe).*

La sculpture au XIXe siècle

Au XIXe siècle, le caricaturiste **Honoré Daumier (1808-1879)** laisse une série de bustes impitoyables ; l'animalier **Antoine Louis Barye (1796-1875)** s'illustre également, ainsi que **Jean Baptiste Carpeaux (1827-1875),** sculpteur des groupes aux mouvements fluides, dont *La Danse*, réalisée pour le nouvel opéra de Paris, provoque par sa « lascivité » l'indignation bourgeoise.

Malgré l'audace de **David d'Angers (1788-1856),** la rupture véritable se fait avec **François Rude (1788-1855).** Dans le *Départ des volontaires,* rebaptisé *La Marseillaise,* qui orne l'Arc de triomphe de l'Étoile, monumentale allégorie des volontaires de 1792, il donne au haut-relief une vie nouvelle.

N'OUBLIEZ PAS !

L'art à la folie

Considéré comme le précurseur de la sculpture moderne, **Auguste Rodin (1840-1917)** est animé d'une puissance créatrice hors du commun. Son séjour en Italie en 1875 est décisif pour la suite de ses œuvres, notamment son réalisme, que certains jugent « outrancier ». Commande de l'État, porte monumentale destinée au Musée des Arts décoratifs de Paris, la *Porte de l'enfer* comprend quelque deux cents figures dont le sujet est tiré du premier chapitre de La *Divine Comédie* de Dante. Le sculpteur entretint une passion tumultueuse avec son élève, **Camille Claudel (1864-1943),** sœur du poète Paul Claudel. Livrée à la misère, Camille perd la raison et est internée définitivement à partir de 1913. Ses œuvres témoignent de l'influence du maître et de ses propres tourments : *L'Âge mûr, L'Imploration, La Valse, La Vague.*

La sculpture au XXe siècle

Au XXe siècle, la sculpture s'investit dans plusieurs recherches de formes différentes, tout en restant liée à une figuration réaliste. Elle connaît son plein développement entre 1920 et 1940. **Antoine Bourdelle (1861-1929),** qui manifeste un goût prononcé pour le monumental *(Héraclès archer)*, **Aristide Maillol (1861-1944)** et ses nus féminins lisses et arrondis, qui lui permettent des effets de masse et d'équilibre (*La Rivière*), sont les grands noms du début du siècle.

À partir de 1907, des sculpteurs qui sont aussi des peintres cubistes (Matisse, Picasso, Braque) développent des tentatives. L'espace est envisagé comme projection mentale par **Alexander Archipenko (1887-1964), Ossip Zadkine (1890-1967),** avec son *Hommage à Van Gogh,* et **Constantin Brancusi (1876-1957),** qui invente des formes liées à une quête mystique personnelle. Les œuvres de **Jean Arp (1887-1966)** évoquent des croissances naturelles *(Concrétion humaine),* et Marcel Duchamp invente l'objet sculpture *(Roue de bicyclette)* : un objet courant transformé en objet d'art, appelé *ready made.* **Alberto Giacometti (1901-1966)** s'illustre notamment avec *L'Homme qui marche.*

César Baldaccini, dit César (1921-1998), se livre à des assemblages métalliques, par exemple des compressions de carrosseries de voiture. Il est l'un des principaux représentants du *réalisme* en France. **Jean Tinguely (1925-1991),** lui, récupère des objets quotidiens métalliques et les assemble tandis qu'un moteur les anime : le *Cyclop.* **Niki de Saint-Phalle (1930-2002)** utilise des matériaux variés, céramique colorée, verre, étoffes plastiques, et met en scène des héros populaires : *King Kong, Sportifs, Le Jardin des tarots.*

Figure 6-9 : Alberto Giacometti, *L'Homme qui marche* (v. 1960).

Sans doute **Alexander Calder (1898-1976)** a-t-il inventé les formes les plus audacieuses, avec ses « mobiles » et autres œuvres au mouvement perpétuel. L'ingénieur rejoint les préoccupations de l'artiste. Dans le *Cirque Calder*, des figurines réalisées en fil de fer jouent le rôle des forains, animées par Calder lui-même, sur un fond musical traditionnel du cirque.

Tableau 6-2 : Les grandes dates de la sculpture

Date	*Artistes et œuvres*
Antiquité	Le Sphinx (Égypte)
	Myron, *Le Discobole* (Grèce)
Renaissance	Portail des cathédrales : Chartres, Bourges, Notre-Dame de Paris
	Michel-Ange, *David*
XIXe siècle	Rude, *La Marseillaise*
	Rodin, *Le Penseur*
XXe siècle	Duchamp, *Roue de bicyclette*
	Alexander Calder, *Mobile*

Chapitre 7

Quand le bâtiment va : l'architecture

Dans ce chapitre :

- L'histoire de l'architecture des origines à nos jours
- Les caractéristiques des grands styles architecturaux

Les premières traces d'architecture, des bâtisses rondes enterrées dans le sol retrouvées dans le nord d'Israël, datent de –12 500. Mais il faut attendre le mésolithique (VIIIe au IVe millénaire av. J.-C.) pour voir apparaître des villes, comme *Jéricho*, ou *Maglemose*, une cité lacustre au Danemark.

Selon **Vitruve (Ier s. av. J.-C.)**, « l'architecture est la science qui embrasse une grande variété d'études et de connaissances, elle connaît et juge de toutes les productions des autres arts. » L'auteur d'un des premiers *Traité d'architecture* insistait déjà sur la nécessité de savoir conjuguer la recherche de la solidité avec celle de la commodité et de la beauté.

L'architecture dans l'Antiquité

L'architecture, dans l'Antiquité, occupe une fonction plurielle. Elle est à la fois fille d'une nécessité – loger la population dans des villes de plus en plus étendues et peuplées –, mais doit aussi montrer la puissance des dieux et des souverains. Ne dit-on pas que la fameuse *pax romana*, la « paix romaine », s'inscrit autant dans les légions que dans les bâtiments symboles de la culture romaine : forum, théâtre, temples, villes ? Des plateaux d'Anatolie au centre civique de Rome, visitons les lieux où s'inscrivent symboliquement dans la pierre la vie quotidienne et les rêves de gloire des hommes.

L'architecture de l'Égypte ancienne

Évoquer l'architecture, c'est voir surgir dans notre imaginaire trois hautes silhouettes pyramidales sur un plateau désertique. La vie, la pensée, le sang même de l'Égypte, ce sont ses dieux. Rendons hommage aux rois-dieux de l'Ancien Empire, et à leurs collègues des bords du Nil, à Thèbes, entre les murs de Karnak et ceux de Louxor.

Les pyramides

La pyramide à degrés la plus célèbre en Égypte est celle de Saqqarah, haute de 60 mètres, œuvre d'**Imhotep (2649-2575 av. J.-C.).** Quatorze portes étaient simulées sur les murs de l'enceinte, toujours ouvertes, mais une seule permettait de pénétrer dans la pyramide.

La pyramide reste la forme du tombeau royal jusqu'à la fin du Moyen empire (en 1786 av. J.-C.). Les trois plus extraordinaires pyramides construites par les Égyptiens sont celles du plateau de Gizeh : Chéops ou Khéops (2528), Chéphren ou Khéphren (2494), et Mykérinos (2472). À leurs côtés se tient le grand Sphinx figurant le roi **Khéphren (règne vers 2518 à 2493 av. J.-C.)** sous la forme d'un lion à tête humaine.

Les pyramides à degrés existent aussi au Proche-Orient, sous la forme de *Ziggourats*.

Figure 7-1 : Les pyramides de Kheops, Khephren et Mykérinos.

N'OUBLIEZ PAS !

Le mystère de la pyramide

Les *Textes des pyramides* représentent à ce jour le corpus religieux le plus ancien découvert en Égypte. **Ounas (règne vers 2356-2323 av.J.-C.)**, le dernier roi de la Ve dynastie, les avait fait graver dans sa pyramide. Réservés à l'origine au souverain, et à lui seul, ils décrivent l'ascension du roi vers le ciel. Seules huit cents de ces formules ont pu être reconstituées. Les formules sont disposées dans la tombe depuis l'Ouest, le pays des morts, où le soleil se couche, jusqu'à l'Est, le lieu du soleil revenu à la vie, tout comme le roi.

Les temples

Parmi les autres monuments pharaoniques sur des sites mythiques, le temple de Karnak, près de Thèbes, et en face, à Deir el-Bahari, sur la rive opposée, le temple d'**Hachepsout (1492-1458)** et de son rival **Thoutmosis III (1479-1424).** La vallée des reines et des rois offre une exceptionnelle richesse archéologique : le temple de Louxor, édifié par **Aménophis III (1387-1350),** avec son allée de deux kilomètres de long bordée de sphinx menant à deux obélisques, puis sous les **Ptolémées (305-30 av. J.-C.)** les temples d'Esna, de Denderah et de Kom Ombo restent d'importants centres religieux, aux édifices entretenus et agrandis.

L'architecture grecque et romaine

Les Romains sont les héritiers des Grecs dans plus d'un domaine, mais ce phénomène est encore plus marqué en architecture. En Grèce, comme à Rome, l'architecture est avant tout civique. Elle doit mettre en avant le génie propre à la cité, étendue à un empire prétendument universel.

Dès le Ve siècle av. J.-C., l'urbanisme préoccupe un grand architecte, qui veut rationaliser l'espace urbain : **Hippodamos de Milet.** Celui-ci trace des plans révolutionnaires, exposant une division fonctionnelle du tissu urbain, avec une place et un rôle bien définis pour chaque zone. Les rues étant disposées en damiers, les axes principaux se coupent en transversales. Il conçoit de la sorte les plans de Priène et du Pirée. Ce plan sera celui de nombre de villes américaines.

L'agora

L'*agora* se retrouve dans tout le monde grec, dont elle est la plus ancienne structure. La plus représentative est celle d'Athènes, au nord-ouest de l'Acropole. D'abord simple esplanade, l'agora va peu à peu accueillir les principales activités de la vie publique. Les monuments culturels font leur apparition à la fin du VIe siècle, avant qu'elle ne soit envahie par les activités commerciales et du petit peuple.

Le forum

Le *forum* est la place publique à la romaine. Comme son équivalent grec, le forum n'est à ses débuts qu'une simple place délimitée par les rues du centre urbain. Peu à peu, il devient une place rectiligne bordée de portiques, comme à Pompéï. Vers 300, il s'orne de statues pour honorer les magistrats de la ville ; vers 200 apparaissent les premières basiliques. À la fin du Ier s. av. J.-C., et au début du Ier s. de notre ère, César et Auguste construisent des œuvres monumentales.

Le forum est entouré de bâtiments : le *Tabularium*, où se trouvent les archives d'État ; les basiliques, où ont lieu les procès publics ; la *Curie*, où se réunissent les sénateurs. Se rencontrer quelques instants à l'agora ou au forum ne fonde pas une sociabilité véritable. Pour les citoyens, d'autres édifices sont des lieux privilégiés d'échanges, depuis le bavardage amical jusqu'aux complots politiques.

Les gymnases et les thermes

Ils sont indissociables de la cité et de l'éducation en Grèce. Les lieux où l'on enseignait la gymnastique étaient désignés indifféremment par le terme de gymnase ou de *palestre*. L'abondance des gymnases retrouvés dans le monde grec ou hellénisé (jusqu'en Afghanistan) atteste de leur importance. Athènes, par exemple, en possédait trois : l'*Académie*, le *Lycée*, le *Cynosarge*.

Les Romains conservent en grande partie l'architecture des gymnases grecs. L'édifice s'organise autour d'une vaste cour, entourée de quatre portiques sur lesquels s'ouvrent des salles de repos. Le portique double communique avec la palestre, ensemble de bâtiments comprenant la salle de sport, la salle du jeu de balle, une salle pour les onctions, la salle des lutteurs, et parfois tout un complexe thermal. Ces structures destinées au bain étaient privées ou publiques, et très répandues pendant la période romaine.

Les lieux de spectacle

La communauté civique ne se réunit pas seulement pour les grandes célébrations militaires ou religieuses. Les foules se dirigent aussi, régulièrement, vers les lieux conçus pour le spectacle, édifiant, patriotique, ou tout simplement délassant :

- **L'odéon** tire son nom du mot *ôdé* (« chant »), qui a donné *ode*. C'est à l'origine un théâtre pour le chant. Le plus ancien, construit par Périclès à Athènes, fut détruit en 86 av. J.-C. Ce sont des édifices fermés contenant un auditorium. Il sert aussi à Athènes de siège pour les représentants des tribus athéniennes. C'est surtout pendant l'époque impériale romaine, avec la multiplication des récitals, que sont construits les odéons.
- **Le théâtre grec**, à l'origine, ne se compose que de l'*orchestra*, place circulaire sur laquelle jouent les comédiens. Alors que les architectes grecs utilisent la forme des flancs des collines, les théâtres romains sont conçus en une succession de gradins installés sur des constructions voûtées, qui ménagent des galeries et des issues vers l'extérieur. Le plus ancien édifice en dur est celui érigé par Pompée, au Champ de Mars, en 55

av. J.-C. Dans la Gaule romaine, construire un théâtre revient à marquer le lieu d'un exemple de la civilisation romaine (Arles, Autun, Fréjus, Orange, Vaison-la-Romaine, tous datant du Ier siècle ap. J.-C.).

- **Le cirque** possède un plan rectangulaire, avec une extrémité circulaire. Les courses de chevaux et de chars ont lieu sur la *spina*, terminée à ses extrémités par une borne autour de laquelle chars et chevaux tournent sept fois. Elle est décorée de bas-relief, de statues, d'autels. À chaque extrémité se trouvent des portes, destinées soit à donner passage au cortège, soit à ménager une sortie triomphale au vainqueur.

LE SAVIEZ-VOUS ?

Le Colisée, un colosse

Vespasien ordonne la construction du *Colisée* de Rome, plus vaste amphithéâtre au monde, en 72 ap. J.-C. ; il sera terminée sous son fils Titus en 80. D'une superficie de plus de deux hectares, il accueille jusqu'à 50 000 spectateurs. Le rez-de-chaussée comprend 80 arcs, la partie centrale, réservée aux combattants, étant entourée de gradins, divisés en galeries concentriques. L'arène, à elle seule, mesure 86 mètres sur 54. Le Colisée était destiné aux jeux de gladiateurs, aux combats d'animaux, et il était même possible d'y reconstituer des batailles navales ! Lors de son inauguration, qui dura 100 jours, 2 000 gladiateurs y perdirent la vie, ainsi que 9 000 animaux importés de l'Empire.

À Rome toujours, le cirque Maxime *(circus maximus)* est le plus grand édifice pour les spectacles jamais conçu. Il a accueilli jusqu'à 250 000 spectateurs sous Néron.

Les lieux de culture

Ayant épuisé son corps au gymnase, exulté au théâtre ou s'étant époumoné au cirque, le citoyen modèle aspire au calme et à la réflexion. Il dispose pour se cultiver de deux monuments adaptés :

- **La bibliothèque** la plus célèbre est celle d'Alexandrie. Fondée sous l'impulsion de Démétrius de Phalère dans l'enceinte du palais du roi Ptolémée Ier, elle renferme 700 000 rouleaux, ou *volumen*. Aristote donne le modèle du classement des livres qui est alors adopté. La bibliothèque fut endommagée, en 47 av. J.-.C, lors du siège d'Alexandrie par César.

  À Rome, les premières bibliothèques se forment sur le modèle des bibliothèques grecques d'Orient. La ville en compte 29 à la fin de l'Empire, en 476 ap. J.-C.

- À l'origine, un **musée** est le sanctuaire des muses, le lieu dans la nature où elles sont vénérées dans des sanctuaires rustiques. À l'époque hellénistique, c'est aussi l'endroit où les savants, sous leur protection, font leurs recherches. Chaque ville avait son musée, le plus célèbre étant celui d'Alexandrie.

N'OUBLIEZ PAS !

Le tribut de la tribu

Le théâtre avait aussi une fonction civique. À Athènes, le principal concours théâtral était choisi pour proclamer les honneurs, ainsi que les récompenses décernées par la cité, et pour présenter au peuple l'excédent du tribut versé alors par les alliés. Au Ve siècle av. J.-C., la *Ligue de Délos* regroupe Athènes et des cités alliées afin de contrer la menace de l'envahisseur perse. Mais, vers le milieu du siècle, quand les Perses ne seront plus une menace aussi pressante, Athènes transforme la *Ligue* en un ensemble de cités vassales contraintes à lui payer un tribut. C'est le début de la constitution d'un véritable empire athénien, qui diffuse son modèle de civilisation, impose sa monnaie et sa justice.

L'architecture civique

Certains monuments sont davantage destinés, à Rome, à exalter les victoires des généraux et des légions, ou à devenir le centre des décisions politiques : porte monumentale, arc de triomphe, basilique.

- **Les portes monumentales** sont destinées à commémorer des exploits militaires. Parmi les plus célèbres, la *Porta Nigra* (« Porte noire ») de la ville de Trêves, porte fortifiée taillée dans des blocs de grès, assemblés sans mortier, reliés par des fers scellés au plomb.
- **L'Arc de triomphe** est une porte monumentale comprenant généralement une ou trois baies en plein cintre, entourées de colonnes et de bas-reliefs, destinée à accueillir un général victorieux. Il manifeste la transcendance du vainqueur sur le reste de l'humanité, et célèbre plus l'empereur lui-même que sa victoire. À la fin du second siècle av. J.-C., la seule ville de Rome en comptait 53 : 18 ont été retrouvés, dont l'*Arc d'Auguste*, *de Claude*, et *de Titus*.
- **La basilique** est un édifice public à plan allongé, divisé en trois nefs. Au second siècle à Rome, il en existe quatre, situées sur le forum. Les chrétiens font de ces monuments leurs premières églises. À l'origine elles servent pour le marché, l'administration de la justice, pour les affaires en général.

L'architecture utilitaire

À Rome, ville sans cesse en quête d'espace pour sa croissance, les architectes sont confrontés à la nécessité de pourvoir aux besoins de la population en eau. Au-delà de la ville par excellence, cette exigence se prolonge dans tout l'Empire :

- Plusieurs **ponts** sont construits au premier siècle : à Vaison-la-Romaine, dans le Vaucluse, avec une seule arche de 17,20 m d'ouverture ; ou le *pont Flavien*, à Chamas, long de 22 m, large de 6, formé d'une arche unique en appareil de calcaire jaune, encadrée de deux arcs jumeaux en pierres blanches. Il sert à franchir une rivière, la Toulourbe, sur la voie romaine qui reliait Marseille à Arles.

- **Les aqueducs** sont construits afin d'alimenter les villes en eau : la tête capte l'eau des sources en montagne. Certains, montés sur une arche, ont donné naissance à des réalisations grandioses, comme le Pont du Gard. Rome, à l'époque impériale, est alimentée par onze aqueducs dont le plus long, l'*aqua Marcia*, faisait 91 km.

UN PEU DE TECHNIQUE

Entrée dans les ordres

Les trois ordres grecs, sans cesse réemployés par les styles successifs depuis cette époque, sont le fondement de l'architecture grecque classique :

- **Le dorique** (VIIe siècle) est le plus ancien ordre en Grèce antique. Ses caractéristiques sont des colonnes de pierre reposant directement sur le *stylobate*, creusées de 20 cannelures peu profondes, le rapport du diamètre maximal à la hauteur étant de cinq à six.
- **L'ordre ionique** (VIe siècle, présent en Grèce d'Asie ou dans les cités de la mer Égée) : ses caractéristiques sont des colonnes élancées avec un rapport entre le diamètre et la hauteur allant de 8 à 9, creusées de 24 cannelures profondes et couronnées d'un chapiteau à volutes.
- **Le corinthien** apparaît dans la seconde moitié du Ve siècle en Grèce continentale. Seul le chapiteau diffère de l'ordre ionique, puisqu'il est orné de feuilles d'acanthe.

Les lieux de culte

Certes, la cité ici-bas est celle des hommes qui l'occupent. Mais que serait-elle sans les *divinités poliades*, les dieux qui protègent la cité ou l'Empire ? Le culte civique est une obligation, y manquer une faute impardonnable, qui met en péril le corps civique tout entier. Les temples reçoivent ainsi prêtres et fidèles, confondus en une commune dévotion. Au VIe siècle, les grands sanctuaires grecs s'organisent de l'Ionie à la Sicile : Tholos de Marmaria, à Delphes, temple de Déméter, à Sélinonte, et de Poséïdon, à Hérakleies.

Dans la seconde moitié de ce siècle apparaît l'ordre dorique, utilisé pour le temple d'Apollon à Delphes, et en 548 en Asie, pour l'Artémision d'Éphèse. Au Ve siècle, le premier Parthénon (en grec, « le local des vierges ») est construit sur l'Acropole, mais le temple de Zeus à Olympie reste la grande œuvre de cette époque. **Périclès (499-429)**, en 450, fait démarrer la reconstruction des édifices de l'Acropole ravagés par les Perses : ce sera le nouveau Parthénon, en hommage à Athéna, déesse guerrière vierge.

Le Parthénon

Déjà connu pour ses travaux au *Telesterion*, la grande salle des Mystères d'Eleusis, **Ictinos (Ve siècle av. J.-C.)** est chargé en 447, avec l'aide de l'architecte Callicratès, de bâtir le nouveau Parthénon, le grand temple d'Athéna. Ses proportions sont classiques, et sa façade d'une largeur exceptionnelle : 8 x 17 colonnes, soit 30,88 m x 69,50 m. La polychromie héritée de l'architecture de bois et de terre cuite du VIIe siècle subsiste. Les couleurs dominantes des frises sont le rouge et le bleu, agrémentées d'un filet d'or. 92 *métopes* (intervalles carrés décorés de reliefs) mettent en scène le combat des dieux et des géants, la prise de Troie, le combat des Grecs et des amazones, celui des centaures, la naissance d'Athéna… Après avoir été successivement église, mosquée, et poudrière, le Parthénon explose en 1687, durant le siège d'Athènes par les Turcs.

Le Panthéon

L'architecture du temple romain est héritée de celle des édifices étrusques et grecs. Il y a cependant une tradition du temple *italique* qui se caractérise par un haut podium, un plan où les colonnes sont engagées dans le mur. C'est au cours du IIe siècle que l'architecture romaine se différencie de celle des Grecs. Le matériau de base est le *blocage*, composé d'un ciment très dur ajouté à des moellons. La brique crue fera ensuite son apparition dans la construction d'un temple révolutionnaire, le *panthéon* d'Hadrien à Rome.

Une partie du temple est une immense rotonde. Il s'agit de la plus ancienne coupole en superstructure que l'Antiquité nous ait léguée. Le Panthéon est un temple traditionnellement consacré aux douze plus grands dieux, qui accueille également la statue de l'empereur divinisé. Construit entre 115 et 125, il est transformé au VIIe siècle en église chrétienne, et sert aujourd'hui de nécropole pour les rois d'Italie – **Victor-Emmanuel II (1820-1878)** et **Umberto Ier (1844-1900)** y sont inhumés. Sa structure à coupole a été reprise par d'autres architectes contemporains, pour des universités et des bibliothèques, aux États-Unis et en Australie.

L'architecture médiévale

Le Moyen Âge représente mille ans de mutation des styles architecturaux. Il s'ébauche avec les ruines des bâtiments de l'Empire romain, après sa chute en 476, évolue sous l'influence chrétienne avec l'empire byzantin, puis prend des formes nationales, voulues par la forte personnalité des empereurs francs **(Charlemagne, règne de 771 à 814)** et germaniques **(Otton Ier, règne de 962 à 973)**. Mais, quelle que soit leur volonté de recréer un empire romain universel, ces souverains seront dépassés par les deux grands mouvements de l'époque, le roman puis le gothique.

L'architecture paléochrétienne

En Occident, elle se limite souvent à l'utilisation des édifices romains existants, reconvertis en églises. Les architectes utilisent ce que la culture païenne romaine leur a laissé en héritage : mosaïques, sculptures, fresques, architecture. La symbolique s'enrichit. De nouveaux éléments, comme les baptistères, apparaissent. En Orient, elle donne naissance à une architecture originale, l'architecture byzantine.

L'architecture byzantine

L'architecture byzantine, en vigueur jusqu'au XVe siècle, se développe, à partir des édifices chrétiens des origines, selon le plan longitudinal des basiliques et le plan rayonnant d'édifices comme les baptistères en rotondes, ou en forme de polygone. Dédiée à la Sainte Sagesse (*Hagia Sophia*, « Sainte Sophie »), l'église de Constantinople édifiée par l'empereur Justinien en 537 est dotée d'une vaste coupole de 32 m de diamètre, reposant sur des arcs et épaulée par des demi-coupoles. Elle culmine à 56 m de hauteur. L'architecte **Anthemios de Tralles (v. 474-534)** collabore avec le géomètre **Isodore de Milet (VIe siècle)**, afin de vaincre les difficultés techniques posées par une coupole aussi haute et d'un diamètre aussi imposant.

L'architecture carolingienne

Cet art se développe entre le VIIIe et le Xe siècles environ, et est marqué par la personnalité de Charlemagne (*Carolus Magnus*, « Charles Le Grand »). Pendant son règne, on assiste à une véritable renaissance culturelle. L'art carolingien puise aussi son inspiration architecturale dans l'histoire de Rome et renoue avec les édifices à bâtiment central comme la *Chapelle du Palais d'Aix*, transposition de l'église *Saint-Vital de Ravenne*. Le bâtiment central, hexagonal, est ceint d'un déambulatoire à galeries et à huit côtés. Le trône impérial est placé à l'Ouest, face à l'autel. Autres monuments de l'époque : l'abbaye de Beauvais, l'église *Saint Germain*, en Côte d'or, et l'abbaye de Germiny-des-Prés, dans le Loiret.

L'architecture ottonienne

La dynastie *ottonienne* commence avec le règne du roi Henri Ier, ancien duc de Saxe, élu empereur en mai 919. L'architecture évolue, amenant dans la nef une première modification : un pilier sur deux sert de support à un arc, le suivant est traité en colonne. Le principe de l'alternance est développé selon le mode dit saxon dans lequel deux piliers sur trois sont traités en colonnes.

L'architecture romane

L'architecture romane se caractérise par sa complexité : l'espace sacré de l'église ou de la cathédrale se divise selon les fonctions propres assignées à chaque salle. Les architectes favorisent le plan dit en « halle à nef unique ». La poussée latérale s'exerce plus fortement et oblige à créer de nouvelles structures, les contreforts. De beaux exemples d'édifices compacts et massifs jalonnent les chemins du pèlerinage de Saint Jacques de Compostelle : *Sainte-Foy* de Conques, la *Madeleine* de Vézelay.

Le *beffroi* (du saxon *bel*, « cloche », et *fied*, « paix ») est, dans l'Antiquité, une tour montée sur des roues pour assiéger les remparts d'une ville. Au Moyen Âge, ces échafaudages sont utilisés pour soutenir les cloches dans les tours de pierre. Le degré de soin apporté à leur construction marque la prospérité d'une cité. Les plus célèbres, à tour octogonale et soubassement carré, sont à Arras, Évreux et Milan.

En pays normand apparaît le *donjon*, monumentale tour carrée qui domine le paysage et sert autant des intentions de défense que d'habitation. Un des plus anciens exemples conservés est la *Tour de Londres*, construite de 1070 à 1090

N'OUBLIEZ PAS !

L'A.B.C. des abbayes

En 1088, l'**abbé Hugues (1024-1109)** décide la construction d'une nouvelle église symbolisant la puissance du monastère. La liturgie, construite sur un service choral ininterrompu, oblige l'architecte à prendre certaines mesures. Il en résulte un « chœur bénédictin » : un avant chœur à trois nefs de deux travées de long, avec des collatéraux et un chœur principal formé d'un chœur carré et d'une abside avec deux chapelles annexes ; les bras du transept ont chacun une abside à l'Est, des chapelles entourant l'abside principale. Cluny fut longtemps la plus grande église de la chrétienté avec ses 187 m de long et ses 30 m de haut.

À Clairvaux, les directives de **Saint Bernard (1090-1153)** en matière de construction de couvents et d'aménagement d'abbatiales sont tranchantes. Il rejette l'ornementation et demande, au contraire, d'attacher un soin particulier à l'aspect extérieur de l'édifice. Ainsi une abbaye cistercienne se reconnaît déjà de l'extérieur, à la régularité des pierres posées et au beau travail des murs. Autre signe caractéristique, l'absence de tours, le fond droit et non rond du chœur, l'absence de vitraux, remplacés par des fenêtres de verre blanc, et l'absence de chapiteaux.

L'architecture gothique

L'art gothique, avant le XIIIe siècle, se trouve localisé dans le nord de la France, concentré autour de Paris, Senlis, Soissons, Beauvais… Les cathédrales de Chartres, de Notre-Dame de Paris et de Saint-Denis en sont les exemples les plus représentatifs.

Figure 7-2 : La nef centrale de Notre-Dame de Paris.

Ses caractéristiques : des piliers monocylindriques, des arcs pénétrant dans le fût, les chapiteaux remplacés par une bague et des voûtes à petits carreaux. Ainsi, à Paris, l'église Saint Germain l'Auxerrois. Siège de Dieu, permettant de s'élever vers lui de plus en plus haut, la cathédrale est le monument emblématique de l'architecture gothique. Toutefois, celle-ci revêt des formes différenciées selon les espaces géographiques considérés : France, Allemagne ou Angleterre.

On distingue plusieurs périodes :

- **Le gothique primitif** couvre une période de 1140 à 1194 : Sens (1140-1164), Tournay, Noyon, Laon, Notre-Dame de Paris (1175-1240).
- **Le gothique classique** trouve son achèvement à Chartres. C'est l'âge d'or du gothique et les édifices sont de plus en plus hauts : Bourges, Amiens, Beauvais.

- Avec le **gothique rayonnant** (1230-1240) se développe le motif de la rosace sur les vitraux.
- **Le gothique flamboyant,** apparu à la fin du XIVe siècle, se prolonge assez tardivement au XVe siècle et entraîne des surenchères dans la décoration.

UN PEU DE TECHNIQUE

Le temps des cathédrales

Au Moyen Âge, la construction d'une cathédrale est soigneusement organisée et dirigée par un « maître d'œuvre ». Celui-ci, après une formation de base de six ans comme tailleur de pierre, visite d'autres chantiers et s'informe des innovations. Composé d'esquisses, le *Manuel* de Villard de Honnecourt (1235) est le journal de voyage d'un tel maître d'œuvre partant de Cambrai, traversant Chartres, Meaux, Laon, Reims et Lausanne… et dessinant des plans, des profils, des sculptures.

Les cathédrales suivantes appartiennent également à cette période et à ce style : à Albi, Sainte Cécile qui ne possède ni bas côtés, ni arcs-boutants ; à Auxerre, Saint Vincent ; à Strasbourg, la façade ; à Saint-Nazaire, les tours ; à Clermont-Ferrand, la nef. Mais la particularité de Chartres, c'est l'existence de son labyrinthe : figure géométrique présente dans le pavement de la nef principale, le labyrinthe, qui se trouve exactement entre la troisième et la quatrième travée, évolue en arcs concentriques sur toute la largeur.

En France

L'architecture gothique, ce sont des cathédrales mais aussi des cités fortifiées – Aigues-Mortes, Avignon, Carcassonne –, des palais royaux et des hospices, dont les prestigieux Hospices de Beaune.

À la fin de la période, le gothique flamboyant se manifeste par une profusion de courbes et de contre-courbes. À Paris, les porches de Saint Germain l'Auxerrois, Saint Gervais, Saint Etienne du Mont, l'hôtel de Cluny, manifestent la persistance de ce gothique.

Aigues-Mortes est construite sur l'initiative du roi Saint Louis, au XIIIe siècle, pour doter la France d'un port ouvert sur la mer et qui lui servirait de base de départ pour sa septième croisade. La ville est entourée de remparts et dominée par un donjon de 40 m de haut. C'est Benoît XII qui fit du Palais des Papes, à Avignon, destiné à être la résidence des papes lorsqu'ils résidaient à Avignon, un palais fortifié : mais ses tours carrées en font une redoutable forteresse. Carcassonne possède une enceinte intérieure du XIIIe siècle, et une enceinte extérieure ajoutée sous Saint-Louis.

Les *Hospices* et les Hôtels Dieu, à la fin du Moyen Âge, accueillent respectivement les pauvres, les pèlerins et les malades. À Paris, en 1254, est fondé l'hôpital des *Quinze-Vingt,* qui pouvait accueillir 300 malades… c'est-à-dire 15 x 20. Les plus célèbres sont ceux de Beaune (XVe s.), en Bourgogne, aux toits de tuiles vernissées de couleurs.

Les palais royaux nous sont connus surtout par les miniatures du XVe siècle, en particulier celles des *Très riches heures du Duc de Berry*. De celui de l'île de la Cité, dont la *Sainte Chapelle* était l'oratoire, il ne reste que trois salles dans le Palais de justice actuel. Le *Louvre* et le château royal de *Vincennes* sont typiques de ces puissantes forteresses.

Il faudrait citer aussi les marchés couverts, comme *La Grange aux dîmes* de Provins, où les chanoines entreposaient les impôts en nature perçus sur les habitants de leurs domaines.

En Allemagne

C'est l'Allemagne qui conserve le plus longtemps les formes romanes. Alors que les cathédrales gothiques classiques françaises se trouvent déjà en chantier, vers 1200, l'Allemagne connaît sa haute période romane : reconstruction de la cathédrale de Worms, avec son riche chœur ; rénovation de la voûte romane à Mayence ; agrandissement des *Saints-Apôtres* à Cologne, avec le grand bâtiment en forme de conque triple, à l'Est. La Rhénanie, pourtant, adopte un style de transition dont les détails restent romans, mais où la structure de l'édifice témoigne d'une première influence gothique.

En Angleterre

L'Angleterre est, à l'inverse, le pays où le gothique apparaît le plus tôt, car y vit la tradition normande, anticipation du gothique français. Les formes particulières les plus typiques sont élaborées : le plan présente une tendance à l'allongement ; presque au milieu se trouve un long transept avec, à la croisée, une puissante tour, témoignage le plus visible de la tradition normande ; la partie orientale de la nef est coupée par un second transept, beaucoup moins vaste et nommé « reprochoir ».

UN PEU DE TECHNIQUE

Les mots de l'architecture

Abbaye : monastère où vivent des moines gouvernés par un abbé.

Abside : partie d'une église en forme de demi-cercle ou de polygone situé à l'extrémité du chœur.

Arc boutant : arc de pierre qui transmet la poussée de la voûte au contrefort.

Chapiteau : pierre sculptée servant de transition entre le sommet d'un pilier et les arcs de l'architrave qu'il reçoit.

Chœur : partie de la cathédrale où se trouve l'autel.

Crypte : salle souterraine qui servait autrefois de chapelle funéraire.

Nef : partie centrale d'une église, située entre le chœur et la pile principale où s'assemblent les fidèles.

Transept : partie transversale séparant le chœur de la nef, figurant les bras de la croix latine.

L'architecture de la Renaissance

À la Renaissance, l'Italie, longtemps ensommeillée, se reposant sur les vestiges de la grandeur de Rome, puis largement dominée par l'empire byzantin au Sud et les royaumes barbares au Nord, connaît un réveil spectaculaire. Elle devient l'initiatrice des formes nouvelles d'architecture, copiées et modifiées ensuite en France.

En Italie

La stratification horizontale est marquée : au début de la Renaissance, tous les motifs de structures restent plats. S'imposent l'ordre, la symétrie, le rythme. Les monuments s'ornent de décors antiques, tels les chapiteaux, les encadrements de porte, de fenêtres. La construction des palais se développe considérablement soit en ville, soit à la campagne. L'architecture évolue ensuite vers des structures plus complexes, ordonnées autour d'un axe de symétrie.

Florence, grâce aux travaux de **Filippo Brunelleschi (1377-1446),** s'enrichit de la *Chapelle des Pazzi* et de l'*Hôpital de San Lorenzo*. Le *palais Pitti,* le plus important de la ville, est exécuté par **Lucas Fancelli (v. 1430-1494)**. L'exemple de **Michel-Ange (1475-1564)** marque la plupart des architectes. **Giorgio Vasari (1511-1574)** construit, à partir de 1530, le *Palais des Offices,* qui renfermait à l'origine les différents services de l'administration. **Bernardo Buontalenti (1536-1608)** travaille à la façade de la *Santa Trinita* (1593).

À Venise, le gothique tardif triomphe à la *Cà d'Oro* commencée en 1429. Au palais ducal travaillent **Giovanni et Bartolomeo Bon** entre 1430 et 1500. L'architecture trouve en **Jacoppo Tatti dit Sansovino (1486-1570)** son meilleur représentant. Travaillant à la *Libreria* et à la *Logetta,* aux pieds du Campanile, s'appuyant sur l'architecture classique romaine, c'est lui le créateur de la *place Saint Marc*. Mais le plus célèbre reste sans conteste **Andréa Palladio (Andréa di Pietro della Gondola, 1508-1580).** Toute l'architecture du XIXe siècle sera influencée par ses travaux. Ses voyages en Italie, en Sicile notamment, lui permettent d'étudier l'ordre des colonnes et la répartition des volumes dans l'architecture antique, qu'il transpose dans des constructions austères. À partir de 1600, son influence domine dans l'architecture anglaise.

Rome prend une importance considérable. **Bramante (1444-1514),** dont le style dominera tout le XVIe siècle, puise son inspiration dans les édifices antiques (*Tiempietto*, « petit temple », de San Pietro in Montorio). Il projette aussi de relier le Belvédère au Vatican selon une grandiose perspective. À Saint-Pierre de Rome, il donne le plan de la première basilique. Trois autres architectes illustrent les qualités et la vigueur de l'école architecturale romaine : **Raphaël (1483-1520)**, architecte du Palais Farnèse, **Michel-Ange (1475-1564)** et **Giacomo Barozzi de Vignole (1507-1573)**. En réalisant l'église des jésuites, *Il Gesù*, commencée en 1568, celui-ci donne un exemple, repris partout en Europe par la suite. Bâtiment de forme allongée aux assises larges, surmonté d'une voûte en berceau, elle ouvre en Europe la vogue des églises à colonnes adossées.

En France

Les guerres d'Italie, menées à la fin du XVe siècle et au début du XVIe siècle, mettent les Français en contact avec les raffinements d'une civilisation nouvelle : la Renaissance. Éblouis par la lumière de Florence, de Milan ou de Rome, les princes veulent à leur tour marquer leur époque de bâtiments nouveaux. C'est sur les rives de la Loire, ou à proximité, que vont s'édifier palais et châteaux. La France passe brusquement du château-fort à la résidence de plaisir.

Dans les premiers châteaux construits se combinent créneaux, tourelles, fenêtres à croisillons avec l'arc de plein centre, façades à colonnades et frontons triangulaires. Sous **François Ier (1515-1547)** sont édifiés *Azay-le-Rideau*, *Chenonceau*, *Blois*, et le plus grand, *Chambord* (1519-1560), édifié d'après des plans italiens, dont un de Léonard de Vinci : 440 pièces, 74 escaliers, 365 cheminées…

À partir de 1525 apparaissent de nombreuses résidences princières (La Muette, Fontainebleau). Le *Château de Madrid*, à Boulogne, édifice à loggia décoré de terres cuites, montre une nouvelle façon de concevoir la décoration.

Pierre Lescot (1510-1578) travaille au Louvre, chantier dont il conserve la responsabilité jusqu'à sa mort. Il construit également l'*Hôtel de Ligueris*, dit *Carnavalet*. **Philibert Delorme (1510-1570)** est chargé de la réalisation du château de Saint-Maur (1541) et de celui d'Anet (1547-1552). **Jean Bulland (1520-1578)** est l'architecte d'Ecouen, du petit château de Chantilly (1561) et de l'hôtel de Soissons (1572).

N'OUBLIEZ PAS !

Sur le grill : l'Escurial

Commencé en 1563, par Jean Baptiste de Tolède, et terminé en 1584 par Jean de Herrera, l'*Escurial* (du nom de la ville qui l'accueille, à 50 km au nord ouest de Madrid) s'inspire du schéma général des palais italiens de la Renaissance, mais sa conception reste fondamentalement espagnole. Ce prestigieux édifice est dédié par Philippe II à Saint Laurent. Le plan général à la forme d'un grill, en souvenir du supplice de ce saint. L'ensemble comprend le couvent et l'église royale, les différents bâtiments sont fort austères, en accord avec le caractère sombre et renfermé du souverain. L'Escurial constitue d'ailleurs un certain anachronisme, par sa sobriété qui l'apparente à une caserne, au moment où les autres souverains renoncent aux murs épais pour multiplier les fenêtres, la lumière et les éléments de décoration extérieure.

L'architecture classique

L'architecture classique est copiée partout en Europe, mais elle naît en France, quand Louis XIV décide de transformer le Louvre en lui ajoutant une façade à colonnade, puis en faisant édifier le château de Versailles, bientôt imité par le *Sans-Souci* de Potsdam, *Schönbrunn* à Vienne, ou l'*Ermitage* de Saint-Pétersbourg.

Le premier classicisme (1615-1715)

L'architecture française s'inspire de l'art italien et adopte ses formes les plus caractéristiques : dômes, coupoles, frontons triangulaires et colonnades monumentales. En 1615, **Salomon de Brosse (1571-1626)** réalise le *Palais du Luxembourg* pour Marie de Médicis. **Jacques le Mercier (1585-1654),** sous le règne de Louis XIII, construit le *Palais-Cardinal* pour Richelieu, devenu à sa mort le *Palais-Royal,* ainsi que la Chapelle de la Sorbonne, où se trouve son tombeau. **Le Vau (1612-1670)** édifie pour Fouquet le château de *Vaux-le-Vicomte* et dessine les plans du *Collège des quatre nations*, actuel Institut de France. Sous le règne de Louis XIV, **Claude Perrault (1613-1688)** fait élever la nouvelle façade du Louvre (1666), **François Mansart (1598-1666)** édifie le *Val de Grâce,* et **Louis Bruant (1635-1697)** l'*Hôtel des Invalides*.

LE SAVIEZ-VOUS ?

Versailles : le château de tous les records

Entre 1664 et 1680, Louis XIV aurait investi un million de livres par an pour la construction de sa royale résidence, bâtiments, jardins et domaines compris. Ces travaux auraient nécessité 1,5 milliard d'heures de travail, payées un sou de l'heure, selon une estimation faite par **Jean Fourastié (1907-1990).** La cour d'honneur fait 122,48 m de large et couvre 2,86 hectares. Les trois avenues de Paris, de Saint Cloud, et de Sceaux convergent vers le palais. L'orangerie comprend à l'origine 3000 orangers et grenadiers (le tiers aujourd'hui). Le domaine royal avait une surface de 1120 hectares. Plus de 6000 m^3 d'eau étaient nécessaires pour arroser les 150000 plantes. Le grand canal, d'une superficie de 24 hectares, d'une longueur de 1650 m et d'une largeur de 62 m, permettait la navigation de gondoles. L'ensemble de tous les toits, ceux de Versailles, et du petit et du grand Trianon, représente une surface de 11 hectares.

Le second classicisme (1715-1770)

L'architecture domestique centre ses recherches sur le bien-être. Elle allège la ligne des bâtiments et modifie leur disposition intérieure. Pourtant le goût des formes monumentales apparaît. L'influence du Palladio, vers 1770, met à l'honneur la forme cubique. **Jacques-Anges Gabriel (1698-1782)**, de tradition néoclassique, réalise l'*École militaire*, les deux palais de la place Louis XV (actuelle place de la Concorde), le *petit Trianon*, et le palais de la place de la Bourse à Bordeaux. **Jacques Germain Soufflot (1713-1780)** construit l'*École de Médecine*, l'*Hôtel des Monnaies*, le *théâtre de l'Odéon*, l'église *Sainte-Geneviève* (actuel Panthéon). **Giovanni Servandoni (1695-1766)** réalise la façade de l'*église Saint-Sulpice*. D'autres villes connaissent un renouveau de l'architecture, ce dont témoignent la *place Bellecour* à Lyon (1714), la *place Stanislas* (1760) ou *Notre-Dame-de-Bon-Secours* (1741) à Nancy.

L'architecture au XIXe siècle

Après la transition du néo-classicisme, l'architecture s'adapte aux besoins de la Révolution Industrielle. De nouveaux matériaux, produits en grande quantité, permettent des audaces nouvelles : le fer, l'acier et le verre. Les *Expositions universelles* sont l'occasion, pour la puissance invitante, de démontrer son savoir-faire.

Le néo-classicisme (1770-1830)

Pendant cette période, le *néo-classicisme* prévaut en Europe. Il renoue avec la tradition de l'antique : après les découvertes des sites d'Herculanum (1711) et de Pompéï (1748), l'architecture reprend les proportions des ordres antiques :

- Elle adopte des formes stéréométriques élémentaires : cubes, cylindres, coupoles, plans étoilés, circulaires, carrés, rectangulaires.
- Elle favorise l'apparition de monuments boursiers en raison de l'accroissement de l'économie financière.
- Elle remet à l'honneur les arcs de triomphe.
- Elle innove avec les lieux sacrés de la nation, comme le *Panthéon*.
- Elle donne un cadre prestigieux aux universités.

Le propre de cette architecture, surtout à partir de 1860, est aussi de juxtaposer au sein d'un même édifice plusieurs styles différents. L'*Opéra* de Paris (1862) est l'exemple parfait de cette tentative de mêler différents genres, baroque et classique en l'occurrence.

L'âge du fer

Pendant cette période, les architectures anglaise et nord-américaine s'engagent dans des voies nouvelles, tournées vers l'utilisation du fer comme matériau privilégié de construction. L'exposition universelle de 1851 donne ainsi l'occasion, en un temps record, de construire le *Crystal Palace* de **Joseph Paxton (1803-1865)** à Londres, fait d'éléments préfabriqués. Grand édifice de fer et d'acier sans revêtement, il doit permettre à la Grande-Bretagne d'y exposer les merveilles de son immense empire colonial, ainsi que ses techniques de pointe. Déplacé en 1852, il brûle en 1936.

Deux réalisations fondamentales dans le domaine de la construction en acier ont lieu à l'occasion de l'exposition universelle de 1889 : le *Palais des machines* de Ferdinand Dutert et Victor Contamin et la *Tour Eiffel*, monument de 324 m de hauteur, du nom de son constructeur, **Gustave Eiffel (1832-1923).** Avant cette date, toujours à Paris, Henri Labrousse utilisa le premier la fonte et le fer pour la salle de lecture de la Bibliothèque Sainte Geneviève (1850) et la grande salle de lecture de la Bibliothèque nationale (1858).

Figure 7-3 : La tour Eiffel durant l'Exposition universelle de 1889.

L'*Arc de Triomphe du Carrousel* (1808), celui de la place de l'Étoile, la *colonne Vendôme* (1810) réalisée à partir du bronze des canons pris à l'ennemi, les fontaines du Châtelet ou encore les galeries du Palais Royal témoignent du soin des gouvernements successifs pour la capitale. Après l'époque des ponts (Austerlitz, Iéna) vient celle des gares, de l'Est et du Nord. L'*École des Beaux-Arts*, l'*Hôpital Dieu* (1878), l'*Hôtel de ville* (1882) surgissent de terre. Des magasins, tels le *Printemps* (1865), le *Bon Marché* (1869) ou la *Belle jardinière* (1866), accompagnent le mouvement exubérant de création des théâtres.

L'architecture au XXe siècle

L'architecture, au XXe siècle, s'ordonne autour de tentatives audacieuses, destinées à lui donner un élan nouveau. Il s'agit à la fois d'écoles, *art nouveau* en France, *modern style* en Angleterre, *Bauhaus* en Allemagne, et de personnalités fortes et novatrices, d'Hector Guimard à Franck Lloyd Wright ou Le Corbusier.

L'école de Chicago

Le problème de l'habitat collectif en ville est abordé dès 1895 par **Franck Lloyd Wright (1869-1959),** qui construit à Chicago la *Maison de Francisco Terrace*. Wright ouvre une voie nouvelle en adaptant l'architecture aux besoins de la vie quotidienne, et veut promouvoir la maison individuelle, à la campagne, pleinement intégrée à la nature. L'École se passionne aussi pour la réalisation de buildings, comme l'*Auditorium Building* de Chicago (Adler et Sullivan, 1887-1889).

La France étudie elle aussi les possibilités d'une nouvelle architecture, fondée sur des matériaux nouveaux, comme le béton armé. **Tony Garnier (1869-1948)** conçoit le projet d'une *Cité industrielle*, prévue pour 35 000 habitants. Écoles, usines, centres de loisirs et marchés y sont construits en béton armé, toutes les formes sont réduites au plus simple, le rectangle ou le carré, et les toits réalisés en terrasses couvertes de jardins.

Le modern style

Des années 1880 jusqu'aux dix premières années du XXe siècle domine un courant qui prend différents noms selon les pays : *modern style* en Angleterre, *art nouveau* en France, *Jugendstil* en Allemagne, *Floreale* en Italie. Le mouvement part d'Angleterre, où **William Morris (1834-1896)** crée les conditions pratiques et théoriques de son essor. Le modern style est un art de grandes villes. Londres est dominé par le style de Morris, qui recherche la tradition de l'artisanat médiéval. À Paris travaille **Hector Guimard (1867-1942)** et son *Enseigne de la maison Coilliot*, à Barcelone, **Antonio Gaudi (1852-1926)** et sa *Sagrada Familia*, à Bruxelles, **Victor Horta (1861-1947)**, qui a recours au métal et au verre et s'inspire des lignes sinueuses des végétaux pour la *Maison du peuple* (1899).

Le Bauhaus

Des architectes d'avant-garde installés à Berlin, dès 1918 avaient utilisé des matériaux comme l'acier et le verre, dépourvus de références stylistiques, mais avec des formes géométriques. Le *Bauhaus,* fondé par **Gropius (1883-1969)** en 1919, à Weimar, regroupe l'école des Beaux-Arts et l'école des arts décoratifs de la ville. Son programme consiste à réunir les arts, l'artisanat et l'industrie. Les matériaux les plus modernes sont choisis. Gropius dirige l'école jusqu'en 1928.

Au même moment se crée le *Deutscher Werkbund*, association d'architectes et d'industriels, dont le but est de sélectionner les meilleurs produits pour la production d'usines, mais aussi de créer une certaine standardisation architecturale. C'est à cette époque et selon ces principes que **Behrens (1868-1940)** construit les usines A.E.G. de Berlin.

L'enseignement du Bauhaus est dispensé par le hongrois **Moholy-Nagy (1895-1946)**, qui s'y livre à des expériences sur le plexiglas, ou par les peintres **Paul Klee (1879-1940)** et **Wassily Kandinsky (1866-1944)**. C'est là que ce dernier rédige son traité *Point et ligne par rapport à la surface* (1926), sommet de la théorie de l'art non figuratif. Tout comme les autres membres du Bauhaus, Kandinsky est persuadé de l'impact dû à une amélioration de l'environnement. L'architecture comme rationalisation des besoins essentiels de l'homme est également le souci primordial de l'architecte suisse **Le Corbusier (1887-1965)**, dont le livre *Vers une architecture* (1923) définit la maison comme une « machine à habiter ». La construction doit être avant tout fonctionnelle, et chaque espace répondre à un besoin déterminé.

UN PEU DE TECHNIQUE

Le Corbusier, l'homme de la cité

Charles Édouard Jeanneret-Gris, dit Le Corbusier (1887-1965), fonde le *purisme* en 1917, mouvement qui préfigure ses théories fonctionnalistes. Ses premiers édifices, comme la *villa Stein* à Garches (1927), révèlent une architecture qui suit les processus logiques de l'ingénieur. Il va se démarquer du géométrisme austère du Bauhaus. Sa première tâche sera de réorganiser la cité par l'architecture. Il expose un projet qu'il appelle « unité d'habitation », modèle d'immeuble. Sa première cité est érigée à Marseille entre 1946 et 1952.

Tableau 7-3 : Les grandes dates de l'architecture

Date	*Réalisation*
Antiquité	Pyramides de Khéops, Khéphren, Mykérinos (Egypte) Bibliothèque d'Alexandrie (Grèce) Colisée (Rome)
Moyen Âge	Sainte-Sophie (Byzance) Cathédrale de Sens, Notre-Dame de Paris
XVIe siècle	Palais des Offices (Florence)
XVIIe siècle	Versailles
XVIIIe siècle	Place Bellecour
XIXe siècle	Halles de Paris (démolies en 1971) ; tour Eiffel
XXe siècle	Guimard, bouches de métro ; Gaudi, *Sagrada Familia* Bauhaus Le Corbusier, *Villa Stein*

Chapitre 8

Ah ! les belles lettres : la littérature

Dans ce chapitre :

- Les grands courants de la littérature
- Les principaux genres littéraires

La littérature, c'est l'aventure ultime : celle des mondes imaginaires, des sentiments vécus ou rêvés, des humeurs et de la vie intime. Si la pratique littéraire apparaît dès l'Antiquité, et se poursuit au Moyen Âge, il faut attendre la Renaissance pour voir apparaître des courants littéraires véritables, avec la constitution du groupe de la Pléiade. Rivaux ou alliés, ils se multiplient et font de la littérature un enjeu primordial de débat au sein des sociétés. Grimpons les flancs escarpés du Parnasse, revivons les heures noires du fond de la mine du roman naturaliste, oublions tout dans l'écriture automatique d'un cadavre exquis surréaliste ! Ah, plume sergent-major, encre violette, odeur de poussière du buvard constellé…

Les courants littéraires

Le *courant,* ou *mouvement littéraire,* permet de regrouper des auteurs mus par un idéal esthétique commun, ou voués à une idéologie, et de relier des œuvres autour des constantes qui s'en dégagent : thématique, genre, style de l'auteur… Ce type de classement permet de donner un point de départ pour l'analyse d'une œuvre. Souvent, les courants chevauchent leurs époques, ou même se chevauchent entre eux, et leur division reste très arbitraire.

La littérature antique

Homère et le monde des héros

Ah, Homère ! Notre premier auteur occidental véritable, son œuvre et la vie de ses héros parcourent notre imaginaire. Homère vécut au VIIIe siècle avant notre ère, en Asie Mineure, sur les côtes et les îles proches de l'actuelle Turquie.

Il nous lègue deux épopées : l'*Iliade* retrace le siège de Troie par les Achéens (Grecs) ; elle doit son titre à Ilion, autre nom de Troie. L'*Odyssée* rapporte le retour mouvementé d'Ulysse, roi d'Ithaque, vers sa patrie, une île à l'ouest de la Grèce (*Odysseus* signifie « Ulysse » en grec). Les événements décrits sont bien antérieurs à Homère, puisqu'ils datent de 1200 av. J.-C… soit environ quatre siècles avant la composition des récits. Mais le VIIIe s. av. J.-C. est aussi le moment où la langue grecque s'écrit. Il est probable qu'auparavant des poètes itinérants, les *aèdes*, allaient de royaume en royaume chanter les exploits des héros. Ils pouvaient y ajouter des variations, en fonction de leurs goûts pour tel ou tel personnage, et des désirs du public.

L'Iliade

C'est l'histoire du siège de Troie, racontée à partir de trois lieux : le camp des Achéens assiégeant la ville ; à l'intérieur des murs de Troie ; et au sein de l'assemblée des dieux. Les actions principales de l'intrigue peuvent presque se diviser en actes :

- **Acte 1 :** Achille est furieux. Agamemnon, roi d'Argos et chef de l'armée des Achéens, lui a refusé, dans sa part de butin, la belle Briséis, et l'a conservée pour lui. Fou de colère, Achille se retire sous sa tente, dépose les armes et ne prend plus part au combat. Privés du héros qui les galvanise, les Achéens sont repoussés par les Troyens.
- **Acte 2 :** Patrocle, ami d'Achille, lui emprunte ses armes. Dans un duel contre Hector, fils du roi troyen Priam, il perd la vie. Achille revient au combat, tue Hector, et traîne le corps attaché à son char devant les murailles de Troie.
- **Acte 3 :** Le vieux Priam, en larmes, émeut Achille, qui lui rend le corps d'Hector. Chacun procède alors aux funérailles, de Patrocle pour les Achéens, d'Hector pour les Troyens.

LE SAVIEZ-VOUS ?

Mauvais présage

Cassandre, fille du roi de Troie Priam et de la reine Hécube, avait reçu d'Apollon le don de prédire l'avenir. Ce cadeau divin n'était pas totalement gratuit, le dieu attendait en retour ses faveurs. Cassandre prit le don, mais refusa de tenir sa promesse et de céder à Apollon. Or, un dieu ne peut reprendre son don, mais peut le modifier. Cassandre garda sa faculté de prédiction, mais Apollon décida que personne ne la croirait jamais. Sa punition fut d'assister à la chute de Troie, grâce au cheval creux, exactement comme elle l'avait prédit, sans que personne n'accepte de la croire. Depuis, dans le langage courant, nous appelons Cassandre toute personne qui prévoit quelque chose de désagréable. C'est peut-être vrai, mais détestable de le savoir à l'avance !

L'Odyssée

Composé de 24 chants, le récit raconte la chute de Troie, puis les déboires d'Ulysse sur le chemin du retour vers son royaume d'Ithaque. Ulysse paie par ses souffrances, ainsi que par celles de sa femme et de son fils Télémaque, l'offense faite au dieu de la mer Poséidon. En effet, il a crevé l'œil unique du cyclope Polyphème (« le bavard »), son fils. Le dieu le poursuit de son implacable vengeance, mais finit par être dupé par Athéna, protectrice d'Ulysse.

L'intrigue peut se résumer ainsi :

- **Acte 1 : La quête de Télémaque (chants I à IV).** Le fils d'Ulysse part à sa recherche à Pylos et Sparte. Il y questionne les rois Nestor et Ménélas. Pendant ce temps, Pénélope, femme d'Ulysse, tient à distance ses nombreux prétendants. Croyant Ulysse mort, ils veulent l'épouser pour s'emparer du trône d'Ithaque.
- **Acte 2 : Les récits des aventures d'Ulysse (Chants V à XII).** Rescapé d'un naufrage, Ulysse est l'hôte d'Alcinoos ; la fille de ce dernier, Nausicaa, s'éprend de lui. Ulysse narre ses exploits au cours d'un banquet.
- **Acte 3 : Retour et vengeance (Chants XIII à XXIV).** Ulysse est revenu incognito à Ithaque. Seul son vieux chien aveugle l'a reconnu. Il massacre à l'arc tous les prétendants et reprend son trône, sa femme et son fils.

N'OUBLIEZ PAS !

Toujours sur le métier…

Pénélope est aux abois. Sa beauté, célèbre pendant sa jeunesse, est grande encore. De plus, l'épouser, c'est devenir roi d'Ithaque. Les prétendants se bousculent. Comment les contraindre à patienter ? Pénélope prend prétexte d'un suaire destiné à son beau-père, Laërte. Homme âgé, il devrait mourir sous peu. En bru attentionnée, Pénélope doit tisser de ses propres mains le linceul futur. Dès qu'il sera fini, c'est promis, elle choisira un prétendant et l'épousera. Tout au long du jour, chacun peut la voir penchée sur son métier à tisser. Mais la nuit, elle défait son ouvrage : chaque nuit, pendant trois ans, jusqu'au retour d'Ulysse.

Depuis, en guise de moquerie, on appelle « toile de Pénélope », le travail de quelqu'un, sans cesse recommencé, mais destiné à n'être jamais achevé.

La tragédie grecque

Nous devons, pour la tragédie comme pour tant d'autres domaines, une grande partie de notre héritage culturel aux Grecs.

Thespis (525-456) imagine de faire donner la réplique au chœur par le *coryphée*, le chef du chœur. Le mot *thespian* (« acteur ») est issu de son nom. La pièce commence par une scène d'exposition, le *prologue*, puis le chœur entre dans l'orchestre en chantant le *parados,* chant entonné par le chœur quand il pénètre pour la première fois dans le théâtre. Ensuite se succèdent les scènes jouées.

Eschyle (525-456) s'empare du genre et le convertit en une véritable action, en mettant en scène plusieurs personnages et en imaginant le dialogue. Des quatre-vingts tragédies qu'il compose, il ne nous en reste que sept. Il dépeint un monde de guerre et de violence où la force et la fatalité sont en jeu ; il met aussi en scène la jalousie des dieux, acharnés contre leurs victimes. Ses principales œuvres : *Les Suppliantes*, *Les Perses*, et la trilogie dramatique de *L'Orestie*, centrée sur la famille des Atrides : *Agamemnon*, *Les Choéphores*, et *Les Euménides*.

Fils d'un riche armurier athénien et membre de la haute société, **Sophocle (495-405)** occupe, entre autres fonctions importantes, celles de stratège aux côtés de Périclès. Avec lui, le rôle du chœur diminue encore. Ses personnages, écrasés par la fatalité, mais à la conscience intacte, se définissent par la révolte. Ses principales oeuvres : *Ajax*, *Antigone*, *Électre*, *Œdipe roi*…

Euripide (480-406) apporte une nouvelle conception de la tragédie et s'intéresse à la philosophie, aussi bien qu'aux formes d'expression nouvelles (rhétorique, musique). Ses personnages obéissent à leurs passions. Ils montrent l'homme aux prises avec des forces qui le dépassent : les dieux, la matière, l'hérédité, les autres hommes… Œdipe ou Oreste incarnent les problèmes de la responsabilité et la solitude de l'homme face à sa propre fatalité. Parmi les 19 pièces conservées, *Les Troyennes*, *Andromaque* et *Médée*.

La littérature médiévale

Les textes fondateurs

Le Chevalier de la Charette (1181) met en scène l'amour courtois de *Lancelot* au sein du monde arthurien. C'est le troisième des cinq romans écrits par **Chrétien de Troyes (v. 1135-1183)**, composés sur l'ordre de la comtesse Marie de Champagne.

L'histoire des deux amants malheureux, Tristan et Yseult, a été reconstituée à partir de fragments d'œuvres écrites par **Béroul (v. 1150-1190)** et **Thomas d'Angleterre (v. 1135-1200)**. Le texte de Béroul est fragmentaire et constitue l'un des manuscrits les plus anciens de la littérature du Moyen Âge. Il a été retrouvé dans un très mauvais état. Le *Tristan et Yseult* que l'on connaît aujourd'hui n'est donc qu'une reconstitution moderne.

La chanson de geste

Les *chansons de geste (gesta,* en latin, signifie « hauts faits », « exploits ») sont des poèmes narratifs chantés qui traitent de hauts faits du passé. Apparues vers le IXe siècle, elles évoquent des sujets essentiellement guerriers, généralement situés à l'époque carolingienne. Jusqu'à la fin du XIIIe siècle, cent cinquante chansons de geste environ ont été écrites. Les plus anciennes sont la *Chanson de Roland* et la *Chanson de Guillaume* (vers 1100).

Destinée à être chantée, avec un léger accompagnement musical, elle se développe dans le nord de la France, notamment en Normandie. Sa finalité est d'exalter les héros dont l'histoire a retenu le nom. Écrite en vers, elle est divisée en strophes de longueur variable, qu'on appelle des « laisses ». Les vers sont construits sur le principe d'assonance (répétition de la dernière voyelle du mot), plutôt que de la rime.

Son origine peut être multiple : l'imagination populaire, les *cantilènes*, les épopées carolingiennes créées par des clercs dans les sanctuaires, apparentées par la forme à la chanson de saint, avec des vers de huit ou dix syllabes…

N'OUBLIEZ PAS!

La Chanson des Nibelungen

La *Chanson des Nibelungen* a été rédigée par un auteur anonyme. Elle comprend deux parties : les amours et la mort de Siegfried, puis les rois Burgondes. Inspirée des légendes et des chants mythologiques des *Eddas* nordiques (recueils de poèmes sacrés), elle est mise en musique par Wagner entre 1854 et 1872. Vaste épopée de 2 372 strophes de quatre vers, c'est un mélange confus d'histoires et de légendes. Siegfried, fils du roi des Pays-Bas, se rend à la cour de Gunther, roi des Burgondes. Il s'éprend de Kriemhild, soeur de Gunther. Celui-ci veut bien lui accorder sa main à condition qu'il l'aide à conquérir Brunehilde, reine d'Islande. S'ensuivent des aventures épiques, des trahisons multiples, du sang, des pleurs et des morts à venger. Mais Siegfried y acquiert la stature du héros germanique absolu.

La littérature de la Renaissance

L'une des découvertes fondatrices de la Renaissance fut celle de l'imprimerie. Et l'un des traits marquants du mouvement, la relecture de l'Antiquité. Comment les gens de plume ont-ils profité de ce contexte particulier ?

Les humanistes

L'humanisme fait allusion aux Humanités (*humanores litterae*) qui, par opposition aux lettres divines (*divinores litterae*), font de l'homme le centre de toutes leurs réflexions. « Faire ses humanités », longtemps, c'est étudier les auteurs grecs et latins, et s'attacher à en faire la traduction. Les humanistes se préoccupent de l'éducation et d'ouvrir de nouvelles branches du savoir. L'écrivain de la Renaissance est profondément marqué par le développement du livre imprimé. Il participe par là même à l'enrichissement de la langue française et au mouvement qui commence à fixer l'orthographe, la grammaire, la syntaxe. Parmi les principaux humanistes, citons : **Guillaume Budé (1467-1540)**, philologue ; **François Rabelais (1494-1553)**, médecin, prêtre et écrivain ; **Jacques Amyot (1513-1593)**, grand aumônier de France et évêque d'Auxerre.

La Pléiade

Apparu vers 1563, le mot a d'abord été utilisé pour tourner en dérision l'arrogance des jeunes disciples de l'humaniste **Jean Dorat (1517-1588),** constitués en Brigade. En 1553, Ronsard choisit sept d'entre eux. Leur nombre n'est pas sans évoquer la Pléiade mythologique des sept filles d'Atlas changées en constellation, et surtout la Pléiade des sept poètes alexandrins du IIIe siècle av. J.-C.

Ces sept hommes, unis par la même volonté de rénover les formes poétiques, se mettent au service d'une langue volontiers érudite. En 1549, ils signent un manifeste pour la *Défense et illustration de la langue française,* sous l'égide de **Joachim du Bellay (1522-1560).** Outre **Pierre de Ronsard (1524-1585)** et Du Bellay, on recense **Jean-Antoine de Baïf (1532-1589), Étienne Jodelle (1532-1573), Jean de La Péruse (1529-1554), Rémi Belleau (1528-1577),** et **Jean Dorat (1517-1588)**. Conscients d'enrichir la langue française, ces jeunes poètes voient dans l'imitation des Anciens la possibilité de rompre avec les formes héritées du Moyen Âge et d'intégrer des genres nobles qu'il avait laissés de côté.

La littérature baroque (1570-1650)

Le *baroque*, en littérature, se caractérise par la fascination pour le changement, le mouvement, l'instabilité des choses. L'ostentation et la mort sont aussi des thèmes récurrents.

N'OUBLIEZ PAS !

Les précieuses : ri-di-cules !

En réaction contre la grossièreté des courtisans à la cour d'Henri IV, les défenseurs du beau langage se regroupent autour de la marquise de Rambouillet. Les salons se développent bientôt et permettent, non seulement au beau monde de se rencontrer, aux modes et aux étiquettes de se développer, mais aussi aux questions littéraires d'être ardemment débattues. De là, une préciosité du langage et des manières qui permettent de se distinguer du commun. On emploie abondamment des métaphores, une expression pour une autre, des périphrases telles que « l'astre de la nuit » pour désigner la lune. Molière ne manquera pas de se gausser de ces abus de langage et de l'affectation de ceux qui en usent et abusent. Il leur consacre une comédie, *Les Précieuses ridicules*, dans laquelle il fait dire à la précieuse Cathos, invitant quelqu'un à s'asseoir : *« Ne soyez pas inexorable à ce fauteuil qui vous tend les bras, il y a un quart d'heure ; contentez un peu l'envie qu'il a de vous embrasser ».*

De 1610 à 1630, se développe la poésie lyrique et épique, dont les principaux auteurs sont : **Le Tasse (Torquato Tasso, 1544-1595), Agrippa D'Aubigné (1552-1630), François de Malherbe (1555-1628), Mathurin Régnier (1573-1613), Luis de Gongora (1561-1627).** Le théâtre se développe également grâce à de nombreux auteurs élisabéthains, comme **Christopher Marlowe (1564-1593)** et **William Shakespeare (1564-1616).** Le roman connaît une première heure de gloire avec **Honoré d'Urfé (1567-1625)** ou **Miguel de Cervantès (1547-1616).** Les écrits moraux et spirituels trouvent leurs défenseurs, par exemple en la personne de **Saint François de Sales (1567-1622).**

À partir de 1630, on assiste à une extension considérable du genre dramatique, dont les principaux auteurs sont **Pedro Calderon (1600-1681)** et **Felix Lope de Vega (1562-1635)** en Espagne. Le genre romanesque s'implante par le biais du roman précieux avec **Charles Sorel (1600-1674)** et **Paul Scarron (1610-1660).** L'imaginaire est au pouvoir, grâce aux *Contes* de **Charles Perrault (1628-1703)** ou au voyage imaginaire à caractère symbolique de **Jonathan Swift (1667-1745).**

La littérature classique (1650-1700)

Classicus, en latin, désigne un individu « de la première classe des citoyens ». Classique a aussi pour sens, au XVIe siècle, « écrivain de premier ordre ». Ce sont les romantiques qui donneront à ce mot son sens actuel. Succédant au baroque, où dominent le mélange des genres, les images brillantes et recherchées, et le langage précieux, le classicisme s'en distingue par sa recherche de pureté dans la langue, son souci du vraisemblable et de la juste mesure.

Tout comme en architecture, il veut plier les efforts créatifs à l'ordre et à la rigueur. La règle des trois unités s'impose au théâtre, Malherbe et Boileau édictent les préceptes de la versification et du beau langage. La prose, en dépit des moqueries de Molière, se discipline, même si l'orthographe n'est toujours pas véritablement fixée.

En France

Le classicisme français connaît son apogée de 1660 à 1680 avec **Nicolas Boileau (1636-1711)** ; **Jacques Bénigne Bossuet (1627-1704) :** *Oraisons funèbres*, *Discours sur l'histoire universelle*, *Sermons* ; **Jean de la Bruyère (1645-1696)** ; **Jean de La Fontaine (1621-1695),** *Fables, Adonis, Le Florentin* ; **Jean-Baptiste Poquelin dit Molière (1622-1673)** ; **Jean Racine (1639-1699)**.

Après des études de droit, **Pierre Corneille (1606-1684)** se consacre au théâtre et connaît son premier grand succès avec *Le Cid* (1636), avant d'entrer en 1647 à l'*Académie française*. La tragédie de Corneille est avant tout celle de la grandeur : la volonté du *héros cornélien,* plus forte que sa sensibilité, est mise au service du devoir et de la morale. Il a un honneur, une foi religieuse, qui entrent en conflit avec le désir de vivre. Il choisit alors de sacrifier son amour, voire sa vie, à son devoir. Dans *Le Cid*, Chimène demande ainsi la mort de son fiancé pour venger son père… Corneille s'est illustré dans la comédie (*Mélite*, 1629, *L'Illusion comique,* 1636) aussi bien que dans la tragédie : *Horace* (1640), *Cinna* (1640), *Polyeucte* (1643), *Attila* (1667).

Marqué par ses études aux écoles de Port-Royal et sa jeunesse dans le milieu *janséniste,* **Jean Racine (1639-1699)** développe une inspiration souvent empruntée aux légendes grecques, à l'histoire ou à la Bible. Le moteur essentiel de l'action réside chez lui dans les passions et mouvements de l'âme. Les tragédies commencent au moment où la crise va éclater et se prolongent par le jeu des sentiments. Ses œuvres les plus connues sont *Andromaque* (1667), *Bérénice* (1670), *Iphigénie* (1674), *Phèdre* (1677). Le héros de Racine est fataliste et sait que la volonté humaine ne peut rien face au destin. La mort rend les choix faits irrémédiables. Nul n'échappe à la solitude et au poids du remords.

C'est grâce à son aisance personnelle que **Nicolas Boileau (1636-1711)** se consacre à la littérature. Historiographe du roi, c'est-à-dire en charge de relater le règne de Louis XIV – charge qu'il partage avec Racine –, il entre à l'Académie en 1684. Son œuvre se compose de *Satires* (1666), à la fois morales et littéraires, d'un poème héroï-comique, *Le Lutrin* (1673), et surtout de *L'Art poétique* (1674), véritable doctrine de l'œuvre d'art. Le chant I définit les règles de la versification, le chant II les genres secondaires (élégie, odes, sonnet), le chant III les grands genres (tragédie, comédie, épopée) et le chant IV une moralité, une finalité de l'œuvre. Boileau préconise l'imitation des Anciens, le respect de la nature véritable de l'homme, fondée sur l'équilibre et la raison, avant de condamner le burlesque et la préciosité.

UN PEU DE TECHNIQUE

Place aux jeunes

La *querelle des Anciens et des Modernes*, qui dure en plusieurs étapes toute la seconde moitié du XVIIe siècle, concerne l'éventuelle primauté de la littérature de l'époque sur celle des anciens. Du côté des « Anciens », Boileau, Racine, La Fontaine, Bossuet, la Bruyère ; du côté des défenseurs des genres nouveaux, comme l'opéra, le conte ou le roman : Fontenelle et Perrault. Les question de l'imitation, de l'innovation, du progrès en art sont abordées… Perrault lance la querelle avec son poème « Le siècle de Louis le Grand », qui donne la supériorité aux Modernes ; La Fontaine lui répond par l'*Epître à Huet,* où il présente sa doctrine de « l'imitation originale ». Les « Modernes » finiront par triompher, ouvrant une voie propice à une nouvelle forme de critique littéraire.

Jean de la Bruyère (1645-1696) occupe les fonctions d'avocat au Parlement de Paris, puis de trésorier de finances à Caen. Sa vie d'étude l'amène à traduire les *Caractères* de Théophraste, et lui procure le poste de précepteur du duc de Bourbon, fils du Grand Condé, à partir de 1684. Favorable aux Anciens, il leur consacre son discours de réception à l'Académie en 1693. Moraliste, qui s'attache à peindre les travers de l'humanité, La Bruyère en fait de vivants « Caractères » dans son œuvre, publiée en 1688. Le portrait physique devient le support de la peinture de l'âme, les moindres gestes ou attitudes devenant des révélateurs.

Fils d'un marchand tapissier, **Jean-Baptiste Poquelin, dit Molière (1622-1673),** naît à Paris en 1622. Il suit les cours du collège jésuite de Clermont avant de faire des études de droit. En 1644, il ouvre au Jeu de paume l'*Illustre théâtre*. Au contact d'acteurs italiens et de la *commedia dell'arte*, il retire beaucoup d'idées, mises en pratique avec *Sganarelle ou Le Cocu imaginaire*. Ses *Précieuses ridicules* lui apportent un énorme succès en 1659. Mais en 1661, il joue devant la cour *L'École des femmes,* qui lui apporte la censure et des difficultés, la pièce étant jugée contraire à la bienséance. *Le Tartuffe* se voit à son tour interdit, et est la source de nouveaux tourments pour son auteur de la part de la cabale dévote. À la fin de la quatrième représentation du *Malade imaginaire,* en 1673, Molière s'éteint sur scène, dans le fauteuil du malade, dont il interprète le rôle. Parmi ses autres pièces : *Le Misanthrope*, *Le Médecin malgré lui*, *L'Avare*, *Le Bourgeois gentilhomme*…

En Italie

Le XVIIe siècle italien est marqué par l'occupation espagnole. C'est surtout la prose scientifique qui tend à se développer, sous l'impulsion d'érudits et de savants tels **Galilée (1564-1642).** La fin du siècle voit la fondation d'une Académie, l'*Arcadie*, en 1690, à Rome. Les poètes qui y adhèrent prennent le nom de bergers et louent les charmes de la vie pastorale et bucolique à travers des « canzonnettes » : **Métastase (1698-1782)** reste le plus connu d'entre eux. Le poète dramatique **Scipione Maffei (1675-1755)** inspire Voltaire avec sa *Mérope*. Quant à **Carlo Goldoni (1707-1793),** il fournit tout un répertoire de comédies, dont *La Veuve rusée* et *La Villégiature.* **Vittorio Alfieri (1749-1813)** compose des pièces en respectant les règles de la tragédie française et puise sa source d'inspiration dans l'histoire antique, choisissant ses sujets de manière à exalter l'héroïsme.

En Espagne

Le *siècle d'or* de la littérature espagnole débute dans la seconde moitié du XVIe siècle avec **Cervantès (1547-1616).** Dans son œuvre abondante, il faut mettre à part *Don Quichotte*. Il publie un roman, *Le Galatée,* et les *Nouvelles exemplaires*, recueil de récits humoristiques et moraux. Le théâtre est alors le genre qui se développe le plus. On attribue à **Lope de Véga (1562-1636)** mille huit cents comédies, dont *Le Mariage dans la mort* ou *L'Étoile de Séville*. Les sujets sont empruntés surtout à l'âge héroïque espagnol et les sources en sont les *romancero,* brefs récits oraux à l'origine.

Au-dessus de tous ces poètes classiques brille **Pedro Caldéron de la Barca (1600-1681)**. Il compose cent vingt-et-un drames profanes et soixante-treize *Autos Sacramentales* religieux, dont *L'Alcade de Zalamea*, *La Vie est un songe,* et *Le Prince vaillant.* **Tirso de Molina (1585-1648)** est l'un des plus importants auteurs de comédies de mœurs espagnoles. On lui attribue la première version de l'histoire de Don Juan sous le titre du *Convive de pierre (El burlador de Sevilla).*

En Angleterre

Les origines du théâtre en Angleterre sont très proches de celles du théâtre en France. Au XIIe siècle, on représentait des « miracles », analogues à nos mystères et moralités. Entre 1580 et 1640, le drame prédomine, avec les œuvres de **Christopher Marlowe (1564-1593)** : *Tamerlan*, *Le Docteur Faust* et *Édouard II*, première tragédie s'inspirant de l'histoire anglaise.

S'épanouissant sous le règne d'Élisabeth Ière, le *théâtre élisabéthain*, comme on l'appelle, est fort apprécié. Le public est mêlé mais le plus souvent populaire. Et Shakespeare veut d'abord plaire à son public. L'action du drame s'oppose en tout point à la tragédie classique. Ses comédies sont un subtil mélange de naïveté comique et de réflexions spirituelles profondes. *Peines d'amour perdues* est une œuvre de jeunesse. Œuvres de la maturité, *Le Marchand de Venise*, *Richard III*, *Roméo et Juliette* ou *Le Songe d'une nuit d'été* ont pour thèmes dominants le patriotisme et l'amour ; les dernières pièces, *Hamlet*, *Othello*, *Macbeth*, *Le Roi Lear*, révèlent un grand pessimisme à travers des personnalités passionnées. Ultime œuvre, *La Tempête* est pleine de compréhension envers l'humanité.

En Russie

En 1563, la première imprimerie est ouverte à Moscou et publie son premier livre, *Les Actes des Apôtres*. La période qui suit, marquée par des troubles, n'est guère propice à la réalisation d'œuvres littéraires. Il faut attendre le milieu du XVIIe siècle pour voir se diffuser, par l'intermédiaire de la Pologne, une littérature de romans venus de France ou d'Italie. D'autre part, en 1656, une nouvelle hérésie se produit. Le patriarche Nikon s'attaque à la révision des livres liturgiques d'après les originaux grecs, comme l'avait déjà fait son prédécesseur Maxime le Grand. *La Vie du protopope Avvakum* (1682), chef de l'hérésie conservatrice des « vieux-croyants », raconte les tourments qu'il subit ainsi que sa famille. C'est une des œuvres littéraires les plus personnelles de cette époque.

LE SAVIEZ-VOUS ?

On passe au salon ?

À partir de 1715, le rôle de la cour dans le mouvement intellectuel, littéraire et artistique s'affaiblit et laisse petit à petit place à celui des salons. Écrivains, artistes, financiers, gens du monde s'y côtoient et discutent les productions de toutes sortes, critiquent celles de la littérature. Avant 1750, les salons les plus célèbres sont ceux de la duchesse du Maine à Sceaux, de la duchesse de Lambert, de Madame de Tencin, où furent reçus Montesquieu, Marivaux et Helvétius. Après 1750, Madame du Deffand et Madame Geoffrin reçoivent les encyclopédistes avec nombre de grands seigneurs. Le salon de Mademoiselle de Lespinasse reçoit d'Alembert, Diderot, Bernardin de Saint Pierre. Les encyclopédistes fréquentèrent également le monde du théâtre, le salon de Madame de La Popelinière notamment.

La littérature des Lumières (XVIIIe siècle)

Cette période de faste pour la pensée est appelée *Siècle des Lumières*. Par le mot « lumière », on sous-entend le mouvement intellectuel qui se développe en Europe au XVIIIe siècle, évoquant l'impact de la raison éclairante sur les ténèbres des pensées passées. La raison est au centre de tout. Les récits de voyageurs amènent à s'interroger sur l'autre et l'ailleurs.

Les principaux auteurs de cette période sont : **Pierre Augustin Caron de Beaumarchais (1732-1799),** *Le Barbier de Séville*, *Le Mariage de Figaro* ; **Jacques Cazotte (1720-1792),** *Le Diable amoureux* ; **Choderlos de Laclos (1741-1803),** *Les Liaisons dangereuses* ; **Alain René Lesage (1668-1747),** *Le Diable boiteux*, *Turcaret* ; **Pierre de Marivaux (1688-1763),** *Le Jeu de l'amour et du hasard*, *Le Paysan parvenu*, *La Vie de Marianne* ; **Jacques Henri Bernadin de Saint Pierre (1737-1814),** *Paul et Virginie*.

En 1765, lorsque **Jean-Jacques Rousseau (1712-1778)** entreprend d'écrire ses *Confessions*, dont il emprunte le titre à l'œuvre de Saint Augustin, il ouvre la voie à un genre nouveau, l'*autobiographie*. Ces confessions représentent une réponse à sa vie, ses choix. Les genres comme le journal ou les mémoires se multiplient durant toute la période.

N'OUBLIEZ PAS !

Le projet encyclopédique

Tout le projet égalitaire de la *Déclaration des droits de l'homme et du citoyen* d'août 1789 est présent en filigrane dans le but que s'assignent, dès 1751, les rédacteurs de l'*Encyclopédie* : permettre à tout homme de s'affirmer pleinement tel par la maîtrise du savoir, chemin vers la pratique de la vertu. *« Le but d'une Encyclopédie est de rassembler les connaissances éparses sur la terre ; d'en exposer le système général aux hommes avec qui nous vivons, et de le transmettre aux hommes qui viendront après nous, afin que les travaux des siècles passés n'aient pas été des travaux inutiles pour les siècles qui leur succéderont ; que nos neveux, devenant plus instruits, deviennent en même temps plus vertueux et plus heureux, et que nous ne mourions pas sans avoir bien mérité du genre humain ».*

Chargé par le libraire Le Breton de traduire le *Dictionnaire encyclopédique* de Chambers, **Denis Diderot (1713-1784)** entreprend la publication du *Dictionnaire raisonné des sciences, des arts et des métiers*, plus connu sous le nom d'*Encyclopédie*. En 1750, il lance le prospectus, brochure de douze pages qu'il vient de rédiger. Entre 1751 et 1760 paraîtront dix-sept volumes de texte, et onze volumes de planches entre 1762 et 1772. En 1758, à l'interdit du gouvernement vient s'ajouter l'interdit papal… Le projet ne pourra être achevé qu'après le bannissement des Jésuites.

Diderot est l'âme de cette œuvre gigantesque. Son premier collaborateur est le mathématicien **Jean le Rond, dit d'Alembert (1717-1783),** qui rédigea le *Discours préliminaire* et l'article sur Genève. À côté de Voltaire, Rousseau, Montesquieu, on peut citer également **Jean-François Marmontel (1723-1799)** pour la critique littéraire, **Paul d'Holbach (1723-1789)** et **Claude Adrien Helvétius (1715-1771),** philosophes rationalistes, **Étienne de Condillac (1714-1780),** philosophe sensualiste, **Anne Robert Turgot (1727-1781)** et **François Quesnay (1694-1774)** pour l'économie politique.

N'OUBLIEZ PAS !

Paris, capitale de l'Europe

Au moment où s'éteint Louis XIV, la langue et la culture françaises dominent en Europe. Cette langue se substitue progressivement au latin pour les négociations et les traités. L'élite étrangère (souverains, diplomates, haute société) parle français. Rivarol, à la fin du XIXe siècle, peut écrire dans son *Discours sur l'universalité de la langue française* : *« Paris fixa les idées flottantes de l'Europe et devint le foyer des étincelles répandues chez tous les peuples. [...] Nos livres devinrent les livres de tous les pays, de tous les goûts, de tous les âges [...] Les premiers journaux qu'on vit circuler en Europe étaient français et ne racontaient que nos victoires et nos chefs-d'œuvre. »* Jusqu'à la fin du siècle, Paris rayonne par l'intermédiaire des salons, mais aussi des cafés, dont le plus connu est le *Procope*, rue de l'Ancienne Comédie. La France propose alors un nouvel art de vivre ; beaucoup d'étrangers résident à Paris comme les Anglais **David Hume (1711-1776)** et **Horace Walpole (1717-1797).** Aux alentours de 1760, à cause d'un sentiment nationaliste croissant, des sentiments contraires apparaissent, en réaction contre le culte desséchant de la raison des Lumières.

La littérature romantique

L'adjectif « romantique », au XVIIe siècle, trouvait son équivalent dans « romanesque ». C'est surtout avec le mouvement allemand du *Sturm und Drang* (« tempête et assaut », en allemand) que le mot prend son sens moderne. Le romantisme se manifeste d'abord comme un refus des règles définies par les classiques depuis Boileau. En dehors de Rousseau, les grands initiateurs seront : **François-René de Chateaubriand (1768-1848), Victor Hugo (1802-1885), Alphonse de Lamartine (1790-1869), Charles Nodier (1780-1844), Gérard de Nerval (1808-1855), Madame de Staël (1766-1817).**

L'âme romantique se caractérise par la recherche de l'évasion à travers temps et espace ; un violent sentiment de la fatalité ; le désir d'exister dans la passion ; et les thèmes de l'inquiétude, de la mélancolie et du désenchantement.

Figure 8-1 : Victor Hugo.

Avant 1830, le héros romantique, influencé par le romantisme allemand, recherche l'infini dans l'expression de sa sensibilité. C'est le cas chez **Benjamin Constant (1767-1830)** et Alphonse de Lamartine. D'origine aristocratique, il nourrit sa solitude de rêveries amoureuses ou exalte ses sentiments religieux. La nature se fait pour lui l'écho d'un infini. Après 1830, il devient un guide pour les nations. Par lui les aspirations à la liberté politique s'affirment. La célèbre allégorie de Delacroix, *La Liberté guidant le peuple,* illustre l'insurrection générale du romantisme contre toutes les barrières.

LE SAVIEZ-VOUS ?

Émoi, émoi, et moi

La prédominance du moi et des sentiments est l'un des thèmes centraux du romantisme. Le repli sur soi est une double réaction aux espoirs déçus de la Révolution de 1789, et de la Restauration. Cette prédominance du moi s'exprime chez **Stendhal (1783-1842)** par une quête effrénée du bonheur, alors que chez Hugo le « je » du poète devient un lieu de rencontre avec le divin et fait de lui un voyant, un prophète.

Parmi les nombreux thèmes traités figurent la passion amoureuse, les obstacles à franchir, le dépassement des faiblesses du héros. Ce dépassement peut prendre la forme de la révolte, chez **Byron (1788-1824),** de la quête de Dieu, chez Lamartine, voire de la connaissance, dans le *Faust* de **Goethe (1749-1832).**

En France

La nature constitue l'un des thèmes prédominant. Elle est décrite dans ses véritables aspects, ou transformée par le regard du poète, son sens du merveilleux, à moins qu'il ne découvre en elle des symboles métaphysiques, comme Hugo. La place de l'homme pose une multitude de problèmes psychologiques et relationnels (Hugo, Vigny), ou même d'ordre politique.

N'OUBLIEZ PAS !

La bataille d'Hernani comme si vous y étiez

Il ne faut pas se laisser abuser par l'image d'un XIXe siècle pétri de conventions sociales, guindé dans l'exercice des bonnes manières bourgeoises. Les romantiques étaient prêts à se battre en duel pour faire échouer la cabale de leurs adversaires… Dans son *Histoire du romantisme*, **Théophile Gautier (1811-1872)** raconte ainsi l'un des épisodes célèbres de la geste romantique, la première représentation d'*Hernani* le 25 février 1830 : *« On ne pouvait pas, quelque brave qu'il fût, laisser Hernani se débattre seul contre un parterre mal disposé et tumultueux, contre des loges plus calmes en apparence mais non moins dangereuses dans leur hostilité polie. La jeunesse romantique, pleine d'ardeur et fanatisée par la préface de* Cromwell, *s'offrit au maître qui l'accepta. On s'enrégimenta par petites escouades dont chaque homme avait pour passe le carré de papier rouge timbré de la griffe :* Hierro. *Dans une intention perfide et dans l'espoir sans doute de quelque tumulte qui nécessitât ou prétextât l'intervention de la police, on fit ouvrir les portes à deux heures de l'après-midi. Six ou sept heures d'attente dans l'obscurité ou tout au moins la pénombre d'une salle dont le lustre n'est pas allumé, c'est long, même lorsqu'au bout de cette nuit Hernani doit se lever comme un soleil radieux. »*

Les *Méditations poétiques* (1820) d'**Alphonse de Lamartine (1790-1869)**, suivies des *Odes et poésies diverses* (1820) de Hugo et des *Poèmes antiques et modernes* (1826) d'**Alfred de Vigny (1797-1863)** sont parmi les premiers chefs d'œuvre romantiques publiés. Une rivalité très âpre oppose les tenants du classicisme, regroupés autour de l'Académie Française, et les nouveaux auteurs qui se retrouvent dans le salon de **Charles Nodier (1780-1844)**, au *cénacle*, ou au siège de la revue *La Muse française* **d'Émile Deschamps (1791-1871)**. La controverse prend un tour passionné à propos de trois textes, considérés comme les manifestes du romantisme, la préface à *Cromwell* de Hugo (1827), le texte d'**Alexandre Dumas (1802-1870),** *Henri III et sa cour* (1829), et surtout *Hernani*, la pièce de Hugo, dont la première, le 25 février 1830, déclenche une bataille rangée parmi les spectateurs, inconditionnels ou farouches opposants du romantisme naissant.

En Allemagne

Le romantisme est particulièrement fécond outre-Rhin. **Gotthold Ephraim Lessing (1729-1781)**, initiateur du drame bourgeois, concentre son activité sur le théâtre. Mais les essais de littérature et d'esthétique y tiennent aussi une grande place : il publie des *Lettres sur la littérature récente,* où il souligne que le génie allemand est plus proche de Shakespeare que de Corneille. L'*idéalisme allemand* recherche un équilibre entre connaissance et intuition, sensibilité et intelligence, et souhaite pour cela un perfectionnement de la personnalité.

Johann Wolfgang von Goethe (1749-1832) est l'un des principaux animateurs du *Sturm und Drang*, mouvement qui prône la révolte contre la raison, les conventions sociales et religieuses, et qui se traduit aussi par des idées patriotiques et révolutionnaires. Les influences littéraires proviennent de Shakespeare ou de Rousseau.

Le romantisme allemand s'illustre aussi dans des contes imagés, comme *Le Chat botté* (1844) de **Ludwig Tieck (1773-1853)**, et dans les comédies d'**Heinrich von Kleist (1777-1811),** comme *Le Prince de Hombourg* (1810). C'est toutefois un émigré d'origine française, **Adalbert de Chassimo (1781-1838),** qui donne en 1814 une œuvre fondatrice, *L'Étrange Histoire de Pierre Schlemihl*. La philologie germanique naît grâce aux études des frères **Jacob et Wilhelm Grimm (1785-1863 et 1786-1859)** sur la mythologie et la langue allemande. Leur œuvre commune, la plus populaire du romantisme allemand, est formée de *Contes d'enfants et du foyer* issus de la tradition orale et de la compilation de documents anciens. Une place à part, enfin, doit être réservée à l'exaltation mystique, incarnée dans les *Hymnes à la nuit* (1800) par **Friedrich von Hardenberg, dit Novalis (1772-1801),** âme du groupe de poètes romantiques d'Iéna.

La poésie lyrique de cette période développe des idées générales : ses effets sur la société humaine, ou son origine : **Hölderlin (1770-1843)** et **Johann Paul Friedrich Richter, dit Jean Paul (1763-1825)** sont les poètes les plus importants. Le premier compose des hymnes au génie de la Grèce : *Élégie de Ménon*, *Hyperion* ; le second rédige de simples élégies ou de puissants romans dont l'influence s'exercera sur toute une génération : *Hesperus*, *Le Titan*.

En Angleterre

L'apport littéraire anglais est essentiellement composé de romans et de poésies. Le roman est dominé par le réalisme : roman d'aventures avec **Daniel Defoe (1660-1731),** dans *Les Aventures de Robinson Crusoé* ; roman satirique et amer avec **Jonathan Swift (1667-1745)** dans *Les Voyages de Gulliver*. Tous deux critiquent de façon allusive les mœurs et les institutions. Le courant rationaliste des Lumières ouvre ensuite à une forme de sensibilité nouvelle, dont le principal représentant est **Samuel Johnson (1709-1784)**. Il essaie de fixer le vocabulaire anglais dans un *Dictionnaire*, et écrit des romans sentimentaux qui vont influencer la littérature européenne (*Pamela ou la Vertu récompensée*).

James Macpherson (1736-1796) s'inspire de la poésie médiévale pour composer des ballades sentimentales – longtemps prises pour des textes originaux –, qui ont une grande influence sur Goethe. Toutefois, **William Wordsworth (1770-1850)** et **Samuel Taylor Coleridge (1772-1834)** sont les véritables fondateurs du romantisme anglais, qui connaît son apogée avec lord **George Gordon Byron (1788-1824).** Son œuvre est essentiellement marquée par le mal qui imprègne le monde et l'ironie, le poids de la faute et le repentir (*Manfred*). Son engagement pour la liberté le conduit à mourir du paludisme lors de l'émancipation de la Grèce, en 1823.

Percy Bysshe Shelley (1792-1822) se fait le chantre du panthéisme (*Prométhée délivré*, 1819), tandis que sa femme **Mary (1797-1851)** est l'auteur d'un roman noir, *Frankenstein ou Le Prométhée moderne* (1818). Père de l'épopée historique, sir **Walter Scott (1771-1832)** chante l'Écosse des XVIIe et XVIIIe siècles avec *Rob-Roy*, ou l'Angleterre du XIIe siècle dans *Ivanhoé*.

Le romantisme perd ensuite de sa vigueur. Le sentiment de la réalité triomphe chez **Macaulay (1800-1859),** légiste, auteur d'une *Histoire d'Angleterre* (1848-1861), et **Charles Dickens (1812-1870),** très populaire après la publication des *Aventures de M. Pickwick* en 1837 (*Oliver Twist*, 1838, *Nicolas Nickelby*, 1839).

Aux États-Unis

Au milieu du XIXe siècle, les États-Unis assurent leur autonomie sur les plans artistique et scientifique. New York devient un centre intellectuel. **Edgar Allan Poe (1809-1849)** est le maître incontesté de la nouvelle avec ses *Histoires extraordinaires* et *Nouvelles Histoires extraordinaires,* traduites en français par Baudelaire. Mais il contribue aussi grandement au développement de la poésie par l'audace de son imagination (*Tamerlan*, *To Helen*). **Nathaniel Hawthorne (1804-1864)** s'illustre dans le genre symboliste *(La Lettre écarlate).* **Herman Melville (1819-1891),** dont l'œuvre est extraordinairement variée, laisse *Moby dick*, *White Jacket*, *Pierre ou Les ambiguïtés.*

En Italie

Alessandro Manzoni (1785-1873) est l'auteur d'un grand roman romantique, *Les Fiancés*, qui repose sur la fantaisie historique et la rigueur stylistique. Il exprime sa foi dans les *Hymnes sacrés* (1822) et son patriotisme dans des *Odes* (*Le Cinq Mai*, 1821), et des drames comme *Adelchi* (1822), reflets d'une inspiration typiquement romantique.

Au Danemark

La littérature reprend, avec **Hans Christian Andersen (1805-1875),** des thèmes issus du folklore populaire et des légendes orales. Entre 1835 et 1872, des contes comme « le vilain petit canard », « la Petite fille aux allumettes » ou « le Rossignol » deviennent vite des classiques de la littérature enfantine.

En Russie

C'est l'éveil véritable des auteurs russes. **Alexandre Pouchkine (1799-1837)** donne ses lettres de noblesse à la langue russe. Son roman en vers *Eugène Onéguine* (1830), décrivant l'aristocratie et son comportement social, donne naissance à une école dont **Mikhaïl Lermontov (1814-1841)** est le principal représentant. Avec ce dernier s'effectue le passage à la prose, aux *bylines* (nouvelles), seulement esquissé par Pouchkine dans *Boris Godounov* (1840). Leur héritier spirituel **Nicolas Gogol (1809-1852)** allie le romantisme à la profondeur de l'analyse psychologique. *Le Manteau* (1841), *Les Âmes mortes* (1842), *Le Révizor* (1836) illustrent des types de personnages intemporels. Les récits réalistes et les *Mémoires d'un chasseur* d'**Ivan Serguéiévitch Tourgeniev (1818-1883)** sont très lus à Paris.

La poésie du XIXe siècle

En marge, en opposition ou totalement isolées des courants dominants se développent au cours du XIXe siècle des expériences poétiques…

Mouvement de réaction contre le romantisme, le *Parnasse* se réfère au lieu mythologique où résident Apollon et les neuf muses. Autour de **Théophile Gautier (1811-1872)** se regroupent **Théodore de Banville (1823-1891), Auguste Villiers de l'Isle Adam (1828-1899), Sully Prudhomme (1839-1907)** et **François Coppée (1842-1908).** Ils revendiquent un souci d'impersonnalité et le culte du travail poétique, et célèbrent le beau sous toutes ses formes.

N'OUBLIEZ PAS !

« Le Parnasse contemporain »

Leconte de Lisle (1818-1894) (*Poèmes barbares*, 1862), **José Maria de Heredia (1842-1905)** (*Les Trophées*, 1893) et Banville se regroupent en 1866 au sein de la revue *Le Parnasse contemporain* (1866-1896), qui donne son nom au mouvement. Les mots d'ordre de l'école sont l'absence de toute implication personnelle dans le poème, la volonté d'un travail acharné pour tenter de parvenir à une beauté jugée inaccessible, et le refus des batailles engagées qui ont marqué le romantisme. Le poète ne doit plus être qu'un instrument docile au service de son art.

D'autres poètes, moins lus de nos jours, viennent ajouter leur travail et donnent des élans particuliers au Parnasse, tels **Sully Prudhomme (1839-1907),** encore teinté de lyrisme dans *Solitudes* (1869), ou **François Coppée (1842-1908),** plus populaire et moins inaccessible dans les *Promenades et Intérieurs* (1872).

Après une adhésion totale au mouvement romantique, Gautier a publié un manifeste en forme de poème, « L'art » (1857), prônant une place essentielle pour la forme, et reléguant à l'arrière-plan toute idée. Le recueil *Émaux et Camées* (1852) donne véritablement naissance à la théorie de *l'Art pour l'Art,* reprise par Banville (*Petit traité de poésie française*, 1872).

Charles Baudelaire (1821-1867) choisit une voie nouvelle entre le romantisme et le Parnasse. Il veut réconcilier lyrisme et formalisme, conserver les sentiments du premier et la perfection du second, débarrassé du carcan des pures conventions poétiques. Ancrées dans Paris, faisant place à la laideur, aux prostituées, à la mort, *Les Fleurs du Mal* (1857) exposent son atroce déchirement entre l'idéal et l'ennui de la vie réelle. Sa connaissance profonde de l'art et son admiration pour les Impressionnistes donnent à sa poétique une dimension supplémentaire.

Figure 8-2 : Charles Baudelaire.

Toute la production poétique d'**Arthur Rimbaud (1854-1891)** se situe dans un intervalle de huit années (1868-1876), après lesquelles il n'écrira plus. Son génie précoce se manifeste dans le « Bateau Ivre » et la « Lettre d'un voyant », et connaît une apothéose fulgurante avec *Une saison en enfer* (1873). Rimbaud passe par plusieurs expériences pour tenter d'atteindre la perfection, depuis le poète voyant des années de vie commune avec Verlaine, jusqu'au « voleur de feu », nouveau Prométhée qui doit apporter à son art ce qu'il a rapporté de « là-bas ». Le Rimbaud des *Illuminations* livre un nouvel espace poétique, non plus sous la forme d'une tentative ordonnée, d'une succession voulue, mais comme une collection de visions…

Isidore Ducasse, qui publie ses œuvres sous le pseudonyme du **Comte de Lautréamont (1846-1870),** laisse une œuvre magistrale et étrange malmenant les figures classiques : *Les Chants de Maldoror* (1869), ensemble de six chants d'une telle violence que la diffusion en sera suspendue l'année même de leur parution. Le personnage de Maldoror est un être bestial et sadique en quête de la pureté originelle…

Le réalisme (1850-1880)

Vers 1850, apparaît un nouveau courant qui s'oppose aux courants alors en vogue : le *réalisme*.

En France

Introduit par **Stendhal (1783-1842), Honoré de Balzac (1799-1850)** et **Gustave Flaubert (1821-1880),** le réalisme apparaît en France vers 1830. Stendhal met en avant les déchirements de l'homme inadapté à son époque dans *Le Rouge et le Noir* (1830), ou torturé par une gloire défunte dans *La Chartreuse de Parme* (1839), aussi bien que les tourments de l'impuissance (*Armance*, 1827, œuvre emplie d'échos à Byron). Balzac construit un immense miroir, *La Comédie humaine*, titre collectif de presque tous ses romans, où se mirent ses contemporains. Il est le peintre fidèle d'une aristocratie finissante qui croit encore compter sous la Restauration (1815-1830), puis éloignée du pouvoir sous la Monarchie de Juillet (1830-1848). L'homme mérite selon lui une analyse presque scientifique.

Figure 8-3 : Balzac par Auguste Rodin.

Sous le Second Empire (1852-1870), une réaction se dessine contre les excès de l'introspection : les artistes recherchent le laid, l'horrible ou le bizarre, à l'instar d'**Edmond (1822-1896) et Jules de Goncourt (1830-1870)** : *La Fille Élisa*, *Sœur Philomène*, *Madame Gervaisais*.

Le roman réaliste atteint cependant son sommet avec **Gustave Flaubert (1821-1880)** : la mise en scène d'une vie désolante de monotonie dans *L'Education Sentimentale* (1869), ou les aspirations bourgeoises détrompées par la réalité terne du quotidien de *Madame Bovary* (1856). Le goût de l'Antiquité conduit l'auteur à une somptueuse fresque, *Salammbô* (1862), et celui de la connaissance à un dialogue ironique et savoureux, *Bouvard et Pécuchet* (1881).

En Allemagne

Trois tendances se dessinent. La conscience de la fin d'un monde est présente dans les romans de **Karl Immerman (1796-1840),** surtout *Les Épigones*, et s'illustre au théâtre avec **Christian Dietrich Grabbe (1801-1836),** lyrique révolté (*Don Juan* et *Faust*). La tendance critique est représentée par le mouvement de la Jeune Allemagne dont se réclame **Heinrich Heine (1797-1856),** déçu du romantisme liant étroitement littérature et engagement politique. Enfin, une tendance tournée vers le passé national est illustrée surtout par le Suisse allemand **Conrad Ferdinand Meyer (1825-1898)**.

En Angleterre

Initié par **Alfred Tennyson (1809-1892)** et **Robert Browning (1812-1898),** le réalisme se prolonge jusqu'aux années 1880 grâce au roman historique. Le grand maître du roman social est alors **Charles Dickens (1812-1870)**. C'est aussi l'époque des romancières : filles de pasteur, les sœurs Brontë, notamment **Charlotte (1816-1855)** et **Emily (1818-1848)**, tiennent une place importante dans l'histoire du roman. Elles laissent deux chefs-d'œuvre, respectivement *Jane Eyre* et *Les Hauts de Hurlevent*. **George Eliot (1819-1880),** pseudonyme de **Mary Ann Evans**, se limite à décrire des âmes simples : *Le Moulin sur la Floss, Silas Marner.*

Aux États-Unis

La littérature américaine affirme son autonomie dans la seconde moitié du siècle ; au seuil du XXe, l'Amérique exerce même une certaine influence en Europe, grâce à **Henri James (1843-1916),** maître du roman psychologique et fantastique, et, en poésie, **Henry Wadsworth Longfellow (1807-1882)** et **Walt Whitman (1819-1892).** Le but de Whitman est d'exprimer la nature profonde de l'Amérique : son lyrisme en rythmes libres, psalmodiés, constitue un nouveau style répondant au mythe démocratique du pays (*Feuilles d'herbe*, commencé en 1855, achevé en 1892). Mêmes tendances chez **Émily Dickinson (1830-1886).**

Le roman américain gagne lui aussi en importance ; ses représentants les plus marquants sont **Herman Melville (1819-1891)** (*Moby Dick*), **Harriet Beecher-Stowe (1811-1896)** (*La Case de l'Oncle Tom*, roman antiesclavagiste), **Bret Harte (1839-1902)** (*La Chance de Roaring Camp*), **Louisia May Alcott (1832-1888)** (*Les Quatre filles du docteur March*, classique de la littérature enfantine) et **Jack London (1870-1910)…** Le roman historique connaît un renouveau : *Ben Hur* de **Lewis Wallace (1827-1905)** remporte un succès mondial.

En Russie

La seconde partie du XIXe siècle voit la rénovation du roman russe, consacrée à l'analyse psychologique autant qu'à la critique sociale. Les *Oblitchiteli* (accusateurs) dénoncent l'injustice sociale, s'attachant à expliquer les rapports entre l'individu et l'ensemble de la société.

Fiodor Dostoïevski (1821-1881) utilise un réalisme poussé pour mettre à nu la profondeur de l'âme humaine, la violence de la révolte contre l'oppression tsariste – à laquelle il vouait une hostilité déclarée –, de *Crime et Châtiment* (1866) jusqu'aux *Frères Karamazov* (1880). Il dépeint ses héros aux prises avec ce problème et glorifie dans ses romans la solidarité humaine et l'amour pour éviter un nihilisme à la Flaubert. La seule voie de salut est l'humilité.

Moins nationaliste, **Léon Tolstoï (1828-1910)** est plus préoccupé par l'*Évangile,* qui, poussé jusqu'à l'absurde, mène tout droit à l'anarchisme *(Résurrection).* En cherchant le sens de la vie, il se crée une religion personnelle et s'oppose à l'Église officielle russe avec laquelle il rompt, la jugeant trop corrompue. *Guerre et Paix* est le tableau de la société russe pendant les guerres napoléoniennes, à la fois épopée, fresque historique et roman psychologique.

Le naturalisme

Si le réalisme refuse l'exaltation romantique du moi et se donne pour tâche de montrer l'individu tel qu'il est, le naturalisme veut pousser encore plus loin l'exigence de réalité, en tenant compte à la fois du poids de l'hérédité et de celui des conditions sociales. Moins intimiste que le réalisme, il se veut aussi rigoureux dans son approche de l'homme que le scientifique devant ses lois et ses équations.

En France

Émile Zola (1840-1902) propose dans *Le Roman expérimental* d'appliquer à la littérature une méthode d'expérimentation quasiment scientifique. Il est convaincu que les comportements humains, les sentiments, les traits de caractère sont conditionnés par le milieu social et l'hérédité. Dans cette mouvance se retrouvent **Joris-Karl Huysmans (1848-1907)** (*Marthe, histoire d'une fille* ; *À Rebours*), **Guy de Maupassant (1850-1893), Octave Mirbeau (1848-1917), Jules Vallès (1833-1885)**.

Œuvre maîtresse de Zola, *Les Rougon-Macquart*, au sous-titre évocateur d'« histoire naturelle et sociale d'une famille sous le Second Empire », est publiée entre 1871, date de *La Fortune des Rougon,* et 1893, pour *Le Docteur Pascal.* En vingt volumes, Zola met en scène le destin des hommes, ouvriers de *L'Assommoir* (1877), courtisanes comme *Nana* (1880), mineurs de *Germinal* (1885), paysans exploités de *La Terre* (1887). Zola connaît une célébrité particulière, liée à son courageux engagement pour la défense de Dreyfus (« J'accuse », publié dans *L'Aurore* du 13 janvier 1898).

N'OUBLIEZ PAS !

Les soirées de Médan

C'est en 1878 qu'Émile Zola achète à Médan, « trou charmant » près de Poissy, dans les Yvelines, une maison qui permet de recevoir des amis, d'autres romanciers notamment. La douceur des lieux, le jour durant plus longtemps, incite les convives à se lancer dans des discussions à l'infini sur la nature et la valeur de l'écriture. Six écrivains particulièrement assidus forment le *groupe de Médan*: Léon Hennique, Joris-Karl Huysmans, Henri Céard, Guy de Maupassant, Paul Alexis et Émile Zola. Les *Soirées de Médan* est également le titre d'un recueil de six nouvelles, chacune écrite par l'un des membres du groupe : « L'Attaque du moulin » (Zola), « Boule de suif » (Maupassant), « Sac à dos » (Huysmans), « La Saignée » (Céard), « L'Affaire du Grand 7 » (Hennique) et « Après la bataille » (Alexis).

En Allemagne

L'influence d'Émile Zola se fait sentir directement en Allemagne dans la pièce de **Gerhart Hauptmann (1862-1946),** *Avant le lever du soleil* (1889), consacrée aux méfaits de l'alcoolisme et à ses répercussions dans une famille. La particularité d'Hauptmann se situe dans son absence d'engagement ou de solutions : l'individu, dans ses pièces, est essentiellement vécu comme impuissant.

Le naturalisme vit une mutation avec les frères **Heinrich (1871-1950)** et **Thomas Mann (1875-1955).** Le premier considère le romancier naturaliste comme un socialiste engagé dans la satire sociale de l'Allemagne de Guillaume II. Dans *Professeur Unrat* (1905), porté à l'écran par Joseph von Sternberg sous le titre de *L'Ange bleu* (1930), il ridiculise les travers d'un pédagogue tyrannique tombé sous la coupe d'une femme de petite vertu, et dénonce l'hypocrisie de la morale intransigeante prônée aux élèves. Son frère Thomas, dans *Les Buddenbrook* (1902), retrace le destin d'une dynastie de marchands. Le destin ultime de l'artiste est crûment évoqué dans *Mort à Venise* (1911).

En Norvège

Henrik Ibsen (1828-1906) écrit des drames dans la tradition romantique, avant que son théâtre n'évolue vers la critique sociale et la morale : *Maison de poupée* (1879). *Quand nous nous réveillerons d'entre les morts* (1899) évoque une angoisse métaphysique, rendue plus poignante par les aspects les plus réalistes de la vie quotidienne, qui ne sont plus masqués par les convenances sociales. Pour Ibsen, les choix ultimes appartiennent à l'individu, sans souci des règles d'aucune morale. Ses personnages sont confrontés à une solitude intolérable.

En Suède

August Strindberg (1849-1912) s'intéresse dans son œuvre à la sexualité, à la fois comme source de tares congénitales, mais aussi pour dénoncer l'hypocrisie bourgeoise dont elle est revêtue par la société. *La Danse de mort* (1900) place sur une scène de théâtre les drames de l'insatisfaction et des désirs refoulés du couple.

En Angleterre

Oscar Wilde (1845-1900) profite de son extrême aisance d'écriture pour s'attaquer à tous les genres, aussi bien au roman, *Le Portrait de Dorian Gray* (1891), qu'au théâtre, *Il importe d'être constant* (1894). Auteur à succès, il se retrouve ruiné et abandonné, physiquement déchu par deux ans de travaux forcés, après la condamnation judiciaire que lui vaut son homosexualité dans la prude Angleterre victorienne.

Dans le domaine du roman, **Rudyard Kipling (1859-1930)** et **Somerset Maugham (1874-1965)** connaissent une célébrité mondiale.

George Bernard Shaw (1856-1950) s'inspire du théâtre d'Ibsen, et consacre au maître norvégien une étude expliquant l'importance de l'analyse sociale dans l'œuvre naturaliste.

LE SAVIEZ-VOUS ?

Dandys et décadents

Paul Bourget (1852-1935) définit en 1883 la *décadence* en France dans ses *Essais de psychologie contemporaine.* L'étude porte sur les écrits de Stendhal, Taine, Renan et Baudelaire, marqués par une nette tendance à noircir la réalité, à en renforcer les côtés les plus sombres. Cette vision sera reprise, voire revendiquée, par Huysmans, d'abord adepte du naturalisme avant de publier, en 1884, le roman symbole de la décadence, *À Rebours.* Son héros, Des Esseintes, dernier rejeton taré d'une lignée aristocratique, se consume dans un ennui mortel, vainement troublé par des tentatives vouées à l'échec pour y échapper. **Villiers de l'Isle-Adam** incarne une tendance particulière du dandysme littéraire, fortement influencée par les récits de Poe, fondée comme eux sur une dimension fantastique.

Le symbolisme

Pour le *symbolisme*, la réalité extérieure est un masque rendant impossible toute description ; le poète doit chercher un au-delà des impressions qu'il peut invoquer et non décrire. C'est en partie une réaction contre le positivisme.

En France

À la suite de Baudelaire, Rimbaud et Verlaine, **Jules Laforgue (1860-1887), Maurice Maeterlinck (1862-1949), Albert Samain (1858-1900)** s'inscrivent dans ce mouvement, dont les deux figures principales sont toutefois **Verlaine** et **Mallarmé**.

Paul Verlaine (1844-1896) est considéré comme le père de cette nouvelle école, dont le manifeste est publié par **Jean Moréas (1854-1910)** dans le *Figaro* (1886). Premier recueil de Verlaine, les *Poèmes Saturniens* (1866) traduit l'influence directe à la fois de Baudelaire et du Parnasse, qu'il fréquente alors. Après un éphémère bonheur conjugal, il rencontre Rimbaud et vit en sa compagnie deux années d'errance (1871-1873) qui donnent naissance à *Romances sans paroles* (1874). Prématurément vieilli par un recours excessif à l'alcool, il tente un impossible retour à une poésie apaisée (*Sagesse*, 1881), avant de sombrer.

Stéphane Mallarmé (1842-1898) recherche dans la poésie les signes qui vont permettre de suggérer l'idéalité. Le poète est perpétuellement déchiré entre la certitude d'un idéal qu'il entrevoit, l'*azur*, et la presque totale impossibilité dans laquelle il se trouve de rendre compte de celui-ci. Mallarmé travaille ses vers pour en rendre la syntaxe parfaite, l'alléger jusqu'au moment où les mots et leur construction doivent s'effacer devant l'œuvre pure, tentative trop souvent vouée à l'échec (« Le Vierge, le vivace et le bel aujourd'hui », « Un coup de dés jamais n'abolira le hasard »).

En Allemagne

Le symbolisme, dans sa volonté de réserver à l'art un domaine inaccessible au vulgaire, est représenté par **Stefan George (1868-1933),** qui prône une vision poétique intérieure, rendue hermétique par le langage. Le poète modèle toute son existence sur cette aspiration, retiré du monde de l'Allemagne impériale, qui ne lui inspire que dégoût et mépris pour son culte des valeurs matérielles. Son œuvre évolue vers un mysticisme croissant.

En Autriche

L'influence de Stefan Georg est perceptible dans les écrits de **Rainer Maria Rilke (1875-1926),** qui fuit la médiocrité du monde environnant en se retirant vers 1920 dans une tour. Son œuvre suit trois courants principaux : le romantisme des débuts, le symbolisme de la maturité, puis l'angoisse eschatologique (*Sonnets à Orphée,* 1923). Son compatriote **Heinrich von Hofmannsthal (1874-1929)** parvient à réconcilier l'aspiration poétique personnelle et la vie quotidienne. Après avoir accordé une place essentielle à la forme poétique pure, il se tourne vers une fructueuse collaboration avec le musicien Richard Strauss, compositeur pour lequel il rédige le livret du *Chevalier à la rose* (1911).

N'OUBLIEZ PAS !

À la recherche de Marcel Proust

Irréductible aux différents courants romanesques de son temps, **Marcel Proust (1871-1922)** publie en 1913 le premier volume de *À la recherche du temps perdu*, intitulé *Du côté de chez Swann*: la minutie avec laquelle la société de la Belle époque est observée est prolongée par la profondeur de l'analyse psychologique.

Proust est très influencé par les recherches de Bergson sur le temps, la conscience et la vie intérieure. La sensation, tissu premier du souvenir, est difficile à cerner, plus encore à relier à d'autres pour former une mémoire : c'est pourquoi il attribue une importance si grande à la « madeleine » trempée dans le thé, dont la saveur fait brusquement affluer à sa mémoire une partie de son enfance à Combray. Son œuvre marque une conception particulière du temps. Aucune chronologie précise ne peut être définie tant sensations présentes et souvenirs sont mêlés, les personnages vivant à la fois dans l'instant, le souvenir et l'attente.

Dadaïsme et surréalisme

Les atrocités liées à la Première Guerre mondiale mettent fin à l'optimisme qui prévalait à la fin du XIXe siècle. Désormais l'homme de science peut être un producteur de mort et non un pasteur bienfaiteur de l'humanité. Dès lors, pourquoi croire encore en l'homme ? Deux courants littéraires de l'immédiat après-guerre répondent à cette question. D'un côté « dada », terme absurde qui ne veut strictement rien dire, volontairement emprunté au vocabulaire enfantin, dénonce l'intolérable d'une condition humaine dépourvue de sens, débouchant sur le nihilisme ; de l'autre, les surréalistes veulent percer, au-delà du réel et de ses apparences, la vérité d'un sens qui, spontanément, nous échappe totalement.

Le dadaïsme

Le *dadaïsme* souhaite l'abolition de toute loi formelle et de toute règle, aussi bien dans la littérature que dans les arts : l'artiste doit rendre dans son œuvre l'absurdité du monde, contenue dans ce mot polysémique, qui est d'abord un vocable enfantin, *Dada*. Le mouvement est lancé, en 1916, par **Tristan Tzara (1896-1963)**, Français d'origine roumaine. Tzara utilise l'absurde, l'obscène, se livre à l'écriture de « poèmes simultanés », et lance les expositions de *ready made*, objets utilitaires quotidiens, afin de prouver que c'est par un artifice conventionnel qu'un objet est jugé et reconnu comme culturel. Ses principales œuvres sont *L'Homme approximatif* (1931), *L'Antitête* (1933) et *Le Cœur à gaz* (1938).

Le surréalisme

On doit le terme de *surréalisme* à Guillaume Apollinaire, qualifiant ses *Mamelles de Tirésias* de « drame surréaliste », au sens d'expérience artistique transcendant le réel. Aux yeux des surréalistes, le monde visible n'est qu'une infime partie d'une réalité supérieure beaucoup plus vaste et profonde. Certains aspects précurseurs peuvent être trouvés dans l'œuvre de **Franz Kafka (1883-1924)** pour le passage de la fiction au monde des pressentiments, ou dans celle d'**Alfred Jarry (1873-1907)** pour le recours à l'absurde comme révélateur. Groupés autour d'**André Breton (1896-1966),** de **Paul Éluard (1895-1952)** et de **Louis Aragon (1897-1982),** inspirés par le freudisme, ils veulent aller au-delà de la traditionnelle opposition entre rêve et réalité, par des moyens allant de l'hypnose à la folie, de la semi-conscience aux visions. Parmi leurs pratiques figurent l'*écriture automatique*, les *cadavres exquis*, ou les *rêves éveillés*.

N'OUBLIEZ PAS !

Littérature et manifeste

En mars 1919, Breton, Aragon et Soupault fondent la revue *Littérature*, qui rompt en 1920 avec le dadaïsme. Breton rédige le *Manifeste de Surréalisme* en 1924. *« Nous n'avons rien à voir avec la littérature, mais nous sommes très capables, au besoin, de nous en servir comme tout le monde »*, déclare Antonin Artaud. Selon Breton, le ressort ultime de l'expérience surréaliste est le désir, qui mène à la connaissance. Le mouvement évolue vers l'action politique ; Aragon revient converti au communisme après un voyage en URSS en 1931. Après 1945, le mouvement se manifeste moins dans les revues, toujours nombreuses (*Médium ; Le Surréalisme, même ; La Brèche*…), que dans les expositions, notamment celle de la galerie Maeght de 1947. Le surréalisme « organisé » se dilue peu après la mort d'André Breton, en 1966.

L'existentialisme

L'*existentialisme* est essentiellement connu comme mouvement philosophique. Mais il s'est traduit également par un courant littéraire, après 1945, à l'initiative de **Jean-Paul Sartre (1905-1980)**, lui-même propagateur et rénovateur de l'existentialisme philosophique (*L'existentialisme est un humanisme).*

Outre Sartre et ses écrits (*Les Mouches* ou *Huis-Clos*), ce courant est illustré par des auteurs comme **Albert Camus (1913-1960)**, avec *L'Étranger*, *La Peste*, *La Chute*, ou **Boris Vian (1920-1959),** auteur de *L'Écume des jours* et de *L'Arrache-cœur*. L'existentialisme met en scène la contradiction fondamentale d'un homme qui se croit maître de ses actes et de sa propre vie, alors qu'il n'agit réellement ni sur lui ni sur le monde. C'est à une lecture tragique et pessimiste de l'existence, et de la trame de nos vies, que nous convient les auteurs.

Le nouveau roman

Le *nouveau roman* est une nouvelle forme de création romanesque apparue dans les années 1950, caractérisée par l'effacement des personnages au profit des objets, l'absence d'intrigue, et le refus de tout support chronologique. Le lecteur est invité à prendre une part active dans la constitution de l'univers romanesque. Chaque détail du décor peut amener un développement indépendant de l'action.

L'expression de *nouveau roman* est due à un critique du *Monde* rendant compte, en 1957, de *La Jalousie,* livre d'**Alain Robbe-Grillet (né en 1923)**, et de *Tropismes*, de **Nathalie Sarraute (1900-1999)**. Ce courant littéraire est également à l'origine d'une grande partie de la production de **Claude Simon (1913-2005)** avec *Le Vent, L'Herbe* ou *La Route des Flandres*.

La seconde moitié du siècle voit l'apparition du premier *best-seller* avec *Bonjour tristesse* (1954), premier roman de **Françoise Sagan (1935-2004),** alors à peine âgée de 18 ans.

LE SAVIEZ-VOUS ?

Des chiffres et des lettres

Le *prix Goncourt,* le plus prestigieux des prix littéraires décernés, est gage de célébrité, plus ou moins durable, mais aussi d'un tirage important du livre lié à l'engouement du public pour l'œuvre consacrée. Créé le 21 décembre 1903 par **Edmond de Goncourt (1822-1896),** le Goncourt, qui devait perpétuer sa pensée et celle de son frère Jules, récompense « le meilleur ouvrage d'imagination en prose paru dans l'année ».

En 1908, le Goncourt ne fut épuisé qu'au bout de 12 ans, il était tiré alors à trois mille exemplaires. Aujourd'hui le prix existe toujours grâce à l'héritage d'Edmond de Goncourt et à une subvention de 18 000 euros versée aux lauréats. Décerné au début du mois de novembre après les délibérations du jury lors d'un déjeuner au restaurant Drouant, il est désormais tiré entre 120 000 et 500 000 exemplaires.

La littérature contemporaine

Après le *Nouveau Roman*, plus aucun courant littéraire, au sens strict du terme, ne parvient à émerger. La littérature évolue davantage autour d'individualités qui créent un univers qui leur est propre, au sein duquel le lecteur aime à évoluer : de Mario Rigoni Stern à Jacques Abeille, d'Amélie Nothomb à Michel Houellebecq, ou du plus consensuel au plus polémique… Les thèmes éternels y reviennent, de la sexualité (Christine Angot) à l'amour (Nathalie Rheims), du corps aux sentiments. Il est trop tôt encore pour en dégager des lignes directrices… et il serait vain ici d'infliger une liste de noms d'auteurs et de titres.

Les genres littéraires

Par *genre littéraire*, nous entendons un ensemble de conventions plus ou moins respectées par les auteurs. Ce sont des divisions liées à la façon d'écrire, à l'aspect formel de l'écriture. Les grands genres littéraires retenus ici sont la poésie, le théâtre, le roman et l'autobiographie.

La poésie

Les premières manifestations de la poésie en Occident remontent à la Grèce antique, aux alentours du VIIe siècle av. J.-C. La poésie est alors considérée comme étant d'origine divine. Le poète ne fait qu'écrire sous la dictée de la muse : *« Poète, prends ton luth et me donne un baiser »* ainsi que l'écrira Alfred de Musset dans ses *Nuits*. Il existe plusieurs sortes de poésies : épique, lyrique et didactique.

UN PEU DE TECHNIQUE

Des vers au mètre

L'*alexandrin* est le mètre le plus utilisé dans notre poésie. Depuis le XVIe siècle, on le considère comme le mieux adapté à toutes les formes de poésie... Les vers de dix pieds (les pieds sont l'équivalent des syllabes), dits « décasyllabes », ou de huit pieds, dits « octosyllabes », ont été particulièrement en faveur au Moyen Âge. Ils conviennent aussi à la chanson de geste, ou au conte en vers de La Fontaine, comme aux épîtres de Voltaire. Les vers de six pieds, « hexastyle », ne s'emploient que dans le genre lyrique.

La poésie épique

La *poésie épique*, sans doute à l'origine orale et chantée par les *aèdes* – sorte de troubadours –, persiste jusqu'au Ve siècle av. J.-C. L'*épopée* conserve le souvenir d'un événement historique, transformé par la légende. Les actes humains sont magnifiés, et porteurs de valeurs indispensables à la société. Les comparaisons grandioses mettent les hommes au même niveau que les forces de la nature.

Les premières poésies épiques puisent leurs sources d'inspiration dans les légendes : Œdipe, la guerre de Troie, les douze travaux d'Hercule. Le but de cette poésie est avant tout de divertir les héros après la bataille, non de les exciter ou de les préparer avant le combat. Les poèmes épiques d'Homère sont les textes grecs les plus anciens qui nous soient parvenus.

LE SAVIEZ-VOUS ?

Garçon, un vers !

La poésie française repose traditionnellement sur des unités rythmiques et typographiques appelés *vers*, disposés en groupes appelés *strophes*. La *versification* est l'ensemble des règles techniques qui régissent la composition des vers réguliers. Le décompte des syllabes et l'emploi qui en est fait sont ainsi soumis à des règles précises. Celles-ci ont été fixées au XVIIe siècle par Malherbe et Boileau, et mises en application jusqu'à la fin du XIXe siècle. Le vers en prose prend alors une place importante, notamment à l'initiative de Baudelaire (*Petits poèmes en prose*, 1862), avant que ne s'affirme le *vers libre*, qui s'exonère des règles traditionnelles.

La poésie lyrique

La poésie lyrique est à l'origine chantée, accompagnée d'une lyre. La musique y est inséparable de la poésie, sous forme de courtes chansons. À l'hexamètre épique, vers de 8 pieds, succèdent le dimètre élégiaque, vers de quatre pieds, puis l'iambe, mis en valeur par Archiloque, un auteur satirique.

Son origine est à chercher au VIIe siècle. En pays d'Éolie (Asie mineure), la poésie garde un caractère de confidence personnelle, la poétesse **Sappho (v. 625-580)** chantant avec sincérité les tourments amoureux et les passions. Sa poésie est extrêmement appréciée de ses contemporains : Solon avait appris ses vers par cœur. À toutes les époques, la poésie lyrique garde les mêmes thèmes : l'amour, la mort, la peur, la douleur… Un temps étouffés par la doctrine classique et la raison, au XVIIIe siècle, les poètes lyriques reparaissent au XIXe dans la figure de marginaux et de poètes maudits : Baudelaire, Verlaine, Rimbaud.

LE SAVIEZ-VOUS ?

Un langage universel

La poésie n'est pas le seul fait de l'Occident. Les sentiments exprimés, de la gloire des héros à l'amour du corps ou de l'esprit, sont non seulement éternels, mais transcendent largement les espaces géographiques et les civilisations.

La poésie chinoise atteint son apogée sous le règne des Tang (618-907) avec **Wang po, Yang Kiong, Lou Tchao Lin, Lo Pin wang.**

Abu Nuwas (750-810) est tenu pour l'un des plus célèbres poètes du califat abbasside de Bagdad. Sa forme poétique est nouvelle, il délaisse l'ancienne *qasidah* (les poèmes chantés traditionnels) pour une composition plus libre, exprimant une critique de la vie bédouine. Sur le ton, c'est une expression très évoluée de la satire *hijâ*, déjà très prisée auparavant.

Omar Khayam (1050-1139), mathématicien et astronome, écrit en langue persane des quatrains où chacun d'entre nous voit le reflet de ses propres pensées, déceptions et sentiments. L'homme à ses yeux a bien peu d'importance. D'où venons-nous, où allons-nous ? Nul ne le sait. Il développe un pessimisme satirique dans les *Rubayat*, quatrains épigrammatiques où il se moque de lui-même.

Bahâr (1880-1951) est considéré comme le plus grand poète persan moderne. L'inspiration de ses sujets puise dans la vie contemporaine, sociale et politique, et sa forme se coule sur les modèles occidentaux. Mais il se consacre aussi à l'étude des textes persans anciens.

La littérature et l'érudition sont aussi à l'honneur dans l'empire *moghol*, qui réunit musulmans, hindous, sikhs, jaïns, chrétiens autour de discussions religieuses. Vivant à Bénarès, **Tulsi Das (1532-1623)** est le plus grand poète de l'époque s'exprimant en langue hindi. Il donne une nouvelle version de l'épopée de Râma, le *Ramcharitmanas*, et rédige de nombreux poèmes religieux.

Le *haïku*, petit poème composé de 5, 7, 5 syllabes apparaît au Japon au XVIe siècle. Il comporte toujours une référence à la nature, son but étant de nommer directement les choses. Sa structure suit en général cet ordre : les deux premiers vers présentent un fait ou évoquent un lieu, et au dernier intervient une chute, un élément inattendu. **Matsuo Bashô (1644-1694)** est le grand maître du haïku.

La poésie didactique

La *poésie didactique* a pour représentant principal Hésiode, qui aime proclamer que les muses l'ont choisi pour exprimer la vérité. *La Théogonie* (naissance des dieux) dépeint l'évolution du monde jusqu'à la souveraineté de Zeus, qui impose un ordre moral. *Les Travaux et les Jours,* sa seconde oeuvre, contient des indications et des conseils pour mener à bien les travaux des champs. La poésie didactique, qui s'appuie pour cela sur la versification, les rythmes et les sonorités, vise à enseigner quelque chose dans un domaine moral, religieux ou philosophique.

Le théâtre

Le théâtre fascine et dérange. Il fascine car, depuis ses origines, il est un art du sacré, une représentation destinée aux dieux, quitte à les mettre en scène. Il dérange, car il offre une représentation volontairement outrée du monde, qu'il s'agisse de la comédie ou de la tragédie. Tout y est plus grand : les sentiments, les personnages et les situations, inextricables ou cocasses.

La tragédie

Liée au culte du dieu Dionysos, la tragédie apparaît vers le VIe siècle sur le sol de l'Attique Les fêtes de Dionysos, célébrées à l'occasion des vendanges, sont accompagnées de danses et chants spéciaux (les *dithyrambes*) en l'honneur de ce dieu. Un bouc est immolé à l'occasion, ce que rappelle l'étymologie du mot tragédie (le « chant du bouc »). Longtemps ces chants lyriques se sont perpétués ainsi, puis le besoin de trouver un autre thème, un autre héros se fit sentir.

La tragédie classique en France

La *poétique* d'Aristote a été, grâce à ses traductions, l'un des moyens de résurrection de la tragédie en France pendant la Renaissance. Jusqu'au XVIIIe, des règles se mettent en place, dans un souci de perfection esthétique, pour codifier le genre de façon très rigoureuse. Les tragédies doivent désormais répondre à plusieurs impératifs :

- **Être écrites en vers**.
- **Comporter cinq actes** : l'acte I est celui de l'exposition ; les trois suivant font progresser l'action dramatique jusqu'à une fin catastrophique ; le dernier contient le dénouement, malheureux, la mort du héros.
- **Rien ne doit choquer** le spectateur ; les scènes de violence et de combat sont supprimées.

Formulée par Boileau dans son *Art poétique*, la *règle des trois unités* impose de nouvelles contraintes :

- **Unité de temps** : l'action ne doit pas durer plus de 24 heures.
- **Unité de lieu** : l'intrigue se déroule dans le même lieu.
- **Unité d'action** : une seule intrigue pendant la pièce.

Le drame romantique

Le genre évolue peu jusqu'au XIXe siècle, date à laquelle le romantisme apporte une nouvelle forme dramatique : l'individu est au centre du monde. Le progressif effacement de la tragédie n'empêche pas une vision tragique du monde de persister, à travers des auteurs comme **Albert Camus (1913-1960)** ou **Eugène Ionesco (1909-1994).**

Dans la préface de *Cromwell* (1827), Hugo condense toutes les revendications des romantiques au sujet des pratiques théâtrales. C'est une véritable défense et une illustration du drame romantique. Le *drame hugolien* remet en question les préceptes de tragédie depuis le Grand Siècle, notamment la règle des trois unités.

Le siècle donne naissance à de nouvelles formes dramatiques comme le drame psychologique, où s'illustrent Strindberg, Tchekhov, Sartre, ou encore **Jean Anouilh (1910-1987).**

La comédie

À l'origine, le mot *comédie* désignait toute sorte de pièce de théâtre. Par la suite, il s'est spécifié et s'est différencié de la tragédie sur plusieurs points :

- Le style est habituel, familier, ordinaire.
- Les personnages de toutes les classes sociales y figurent.
- Les sujets sont davantage liés à une époque, ce qui explique que la comédie vieillit.
- On représente une journée entière et non un moment comme pour la tragédie.
- Le caractère des personnages est grossi, simplifié.
- Tout ce qui empêche le rire est éliminé.

La comédie antique

Ses origines sont populaires. Il y avait dans le cadre des fêtes dionysiaques des cortèges burlesques appelés *Kômoi*. Ce théâtre spontané engendra dès le VIe siècle des farces, pantomimes et divertissements mythologiques. Aristophane est son plus illustre représentant, qui s'attache à tourner en dérision la démocratie athénienne (*Les Guêpes*, *Les Oiseaux*, *Les Grenouilles*).

LE SAVIEZ-VOUS ?

La bonne farce

À la fin du XIIIe siècle naît la farce, issue des fabliaux et des contes médiévaux. C'est une pièce comique, rattachée au mystère, pièce de théâtre qui mettait en scène des sujets religieux. Avec la Renaissance et le classicisme, elle ne modifie que les coutumes sociales qu'elle présente. Elle se caractérise alors par un langage populaire plein de saveur, des personnages réduits à un trait grossier de caractère et un comique des gestes. Principaux textes : *La Farce de Maître Pathelin*, 1465 ; de Molière (qui pratique la farce et la comédie), *Les Précieuses ridicules* (1659) et *L'École des maris* (1661) ; d'Alfred Jarry, *Ubu roi* (1888).

Pour Aristote, la comédie doit être avant tout : « l'imitation d'hommes de qualité morale inférieure, non en toute espèce de vie, mais dans le domaine du risible, lequel est une partie du laid ». Dans le monde romain, elle connaît un véritable éclat avec **Plaute (224-184)** et **Terence (185-159).** C'est à travers la satire et la farce que la comédie perdure pendant le Moyen Âge, nous laissant de nombreuses pantomimes et préparant l'épanouissement de *La commedia dell'arte*.

La comédie moderne

Au sortir de la Révolution, la comédie prend de nouvelles formes, celles du vaudeville notamment puis, sous l'impact de la bourgeoisie, de la comédie de mœurs, avec **Ernest Labiche (1815-1888), Georges Feydeau (1862-1921), Georges Courteline (1858-1929).** Le XXe siècle voit la diversification de la comédie en comédie allégorique, avec **Paul Claudel (1888-1955),** en comédie poétique avec **Jules Supervielle (1884-1960)**, ou en comédie de l'absurde (**Alfred Jarry**, *Ubu roi*, **Eugène Ionesco**, *La Cantatrice chauve*). Certains auteurs privilégient toutefois toujours sa forme traditionnelle, tels **Sacha Guitry (1885-1957), Marcel Pagnol (1895-1974), Jean Anouilh (1910-1987).**

Le roman

Bien qu'il ne soit pas appelé à un grand succès à l'époque, un nouveau genre littéraire, importé avec les autres productions grecques, apparaît à Rome : le *roman*. L'Africain **Apulée (124-170),** philosophe rattaché à l'école de Platon et d'Aristote, compose un roman satirique et philosophique dans lequel il se moque des ridicules et des vices qui dominent son époque : *Les Métamorphoses ou l'Âne d'or.*

L'expression « mettre en roman » est utilisée dans la première moitié du douzième siècle pour désigner des récits adaptés des textes latins. Le roman peut même désigner un roman en vers (*Le Roman de Renart,* rédigé sans doute entre 1170 et 1250). Mais très vite l'imaginaire s'en empare, et le nouveau genre littérature, « le roman », prend le nom de la langue qu'il utilise. Son véritable acte de naissance se situe cependant au Moyen Âge (le *Roman de la rose* ou le *Chevalier à la Charrette*, de Chrétien de Troyes). Aujourd'hui la prise en considération de sa longueur conduit à faire des distinctions entre la nouvelle, le récit court, et le roman, beaucoup plus long.

Le roman classique

Le *roman classique* apparaît au milieu du XVIIe siècle et finit avec le XVIIIe siècle. Il s'oppose au roman *baroque* ou *héroïque,* qui met en scène des personnages illustres. L'intrigue est simple, le nombre de personnages limité. Le discours est élégant, plutôt qu'ampoulé. Le public de ces romans devient la bourgeoisie aisée, on s'adresse à l'honnête homme. Puis on aura davantage recours à l'exotisme.

Plusieurs catégories éclosent en même temps : le roman sentimental (*Les Liaisons dangereuses*, de **Pierre Choderlos de Laclos (1741-1803)** ; *La Princesse de Clèves*, de **Madame de Lafayette (1634-1693)** ; *Manon Lescaut*, de l'**Abbé Prévost (1697-1763)** ; le roman utopique (**Savinien de Cyrano de Bergerac (1619-1655)**, *Les États et les Empires de la lune*, 1657 ; **Fénelon (1651-1715)**, *Les Aventures de Télémaque,* 1699) ; le roman réaliste, comique, satirique (**Diderot**, *La Religieuse*, 1760 ; **Marivaux (1688-1763)**, *La Vie de Marianne*, 1742 ; **Donatien Alphonse de Sade (1740-1814)**, *Justine ou les Malheurs de la vertu*, 1788).

Le roman romantique

Les personnages ou leur auteur y trouvent une place essentielle. Le romancier veut exprimer l'âme de la nation, mais aussi la perfectibilité de l'homme. Il donne aussi souvent un esprit de contestation à ses écrits. Ce type de roman peut être autobiographique, historique, à thèse ou social.

Benjamin Constant (1767-1830), Chateaubriand (1768-1848), **Musset (1810-1857), George Sand (1804-1876)** en sont les plus grands représentants français. Les Allemands font dominer le sentiment de la nature (Goethe et *Les souffrances du jeune Werther*). Dans le sillage de Richardson, les Anglais exercent une influence prédominante à l'étranger.

Le roman historique

Dans le *roman historique*, l'auteur situe son action dans le passé et prend pour cadre de développement de celle-ci d'autres lieux, d'autres mœurs. Le roman d'aventure transporte le lecteur vers des horizons lointains, voire fantastiques. Ce genre est lié à la démocratisation de la lecture : les noms d'Alexandre Dumas, d'**Eugène Sue (1804-1857),** de **Frédéric Soulié (1800-1847)** y restent attachés. Après 1850, prolongeant le roman historique, émerge le roman-feuilleton. Au XXe siècle, **Jeanne Bourin (1922-2003)** (*La Chambre des dames),* **Umberto Eco (né en 1932)** (*Le Nom de la rose),* **Robert Merle (1908-2004)** (*L'Idole*), **Marguerite Yourcenar (1903-1987)** (*Mémoires d'Hadrien, L'Œuvre au noir*) s'y illustreront.

LE SAVIEZ-VOUS ?

Des auteurs inspirés

Nul ne songerait à mesurer le talent d'un auteur à l'aune de l'importance de sa production. Toutefois, saluons la prodigieuse capacité de création de certains géants de la littérature. Lope de Vega a écrit 1800 comédies, 400 drames religieux. **Soho Tokutomi (1863-1957),** une *Histoire du Japon* en 100 volumes. **Georges Simenon (1903-1989),** 212 romans ; Voltaire et George Sand plus de 20 000 lettres chacun ; Hugo, 153 837 vers ; Dumas, 260 volumes ; Labiche, 174 pièces ; Balzac, 150 œuvres.

La nouvelle

La *nouvelle* se révèle vers le XIIIe siècle et s'impose comme genre autonome. En général, elle contient un récit – elle reste proche du récit oral – et se distingue du roman par le nombre d'éléments mis en œuvre. Le nombre des personnages y est plus limité, de même que l'action, et tous les fils du récit sont rattachés à un élément central. Le genre fantastique trouve en elle une expression privilégiée.

Parmi les auteurs et les œuvres les plus connus : **Boccace (1313-1375),** le *Décaméron* ; **Geoffrey Chaucer (1340-1400),** *Canterbury Tales (Contes de Canterbury)* ; **Alphonse Daudet (1840-1897),** *Lettres de mon moulin* ; **Guy de Maupassant (1850-1893),** *La Peur* ; **Edgar Poe,** *Histoires extraordinaires* ; **Milan Kundera (né en 1929),** *Risibles amours* ; **Jean-Marie Georges Le Clézio (né en 1940),** *Mondo et autres histoires*…

LE SAVIEZ-VOUS ?

Bonnes nouvelles

Dans un recueil de contes intitulé *Le Décaméron* (« dix jours », en grec), Boccace imagine que, s'étant exilés à la campagne à cause de la Peste de 1348 à Florence, sept dames et trois gentilshommes se racontent des histoires plaisantes pour tuer le temps. Assez libres, ces contes sont une peinture réaliste de toutes les conditions sociales. Leur influence est manifeste : Chaucer s'en inspire en Angleterre avec les *Contes de Canterbury,* Shakespeare lui emprunte le sujet de ses comédies, tout comme Marguerite de Navarre en France, puis Musset et Lamartine. Boccace, l'une des personnalités les plus intéressantes du monde littéraire, est apprécié à la fois comme écrivain, commentateur et apologiste.

L'autobiographie

Le mot *autobiographie* (étymologiquement « écrire sa vie soi-même ») apparaît en France, vers 1850, comme synonyme du terme « mémoires ». L'intérêt historique y est délaissé et l'accent mis sur la personne du mémorialiste. L'auteur-narrateur précise souvent dans une déclaration d'intention comment il va se traiter en tant que personnage. Rousseau a fourni le modèle durable du préambule solennel où le lecteur est directement interpellé… On distingue néanmoins des genres proches qui ne répondent pas systématiquement à l'ensemble de ces critères, et sont aujourd'hui regroupés sous le terme de « fiction autobiographique », ou d'*autofiction*.

N'OUBLIEZ PAS !

Dieu et moi

Selon la tradition chrétienne, le futur Saint Paul se convertit sur le chemin de Damas en entendant la voix de Dieu. C'est un des premiers récits à la première personne : prenant la parole devant un auditoire, il déclare dans les Actes des Apôtres, *« je suis juif, né en Tarse en Cilicie (...) Comme j'étais en chemin et que j'approchais de Damas tout à coup vers midi, une grande lumière venant du ciel resplendit autour de moi (22-26) ».* Les gens d'Église ont fait du récit de sa conversion le couronnement des schémas autobiographiques.

Rédigé entre 397 et 401, la *Cité de Dieu*, ouvrage dans lequel Saint Augustin s'adresse dans un dialogue ultime à Dieu, subordonne la connaissance de soi à celle de Dieu. À partir du modèle augustinien, une longue tradition, parfois détournée, traverse les siècles, du Moyen Âge jusqu'à nos jours. Citons : *Les Confessions* de Jean-Jacques Rousseau ; la *Confession d'un enfant du siècle* d'Alfred de Musset ; les *Confessions d'un mangeur d'opium* de **Thomas de Quincey (1785-1859).**

Le journal intime

Le journal intime peut être tout simplement un ensemble de feuillets racontant une période de la vie, ou une vie entière comme, le *Journal* de **Henri-Frédéric Amiel (1821-1881)** (16900 pages). Il peut accompagner des périodes de crise, ou des étapes de l'adolescence, journal de sa jeunesse (Stendhal) ou des grands événements historiques (*Journal de guerre* de Sartre ou de **Jean Malaquais, 1908-1998**). Ce genre s'est forgé au XVIIIe siècle à partir de voyages généralisés, dès la Renaissance, autant qu'à partir d'exercices spirituels ou d'événements particuliers qui ont favorisé l'expression de la contestation. Beaucoup de femmes s'y sont illustrées, comme **Anaïs Nin (1903-1977), Virginia Woolf (1882-1941), Anne Franck (1929-1945)** ou au Japon **Sei Shônagon** avec ses *Notes de chevet*, écrites autour de l'an 1000, document exceptionnel sur la société du Xe siècle.

Les Mémoires

Le mot mémoires (du latin *memoria*) désigne le témoignage écrit d'une personne sur sa propre époque et les événements qu'elle a vécus, en tant que témoin ou qu'acteur. La différence majeure avec l'autobiographie réside dans la nature des faits racontés : l'auteur axe son récit sur des faits historiques, mêlant vie privée et vie publique, mais en donnant un peu plus de relief à la seconde. À la différence des *Mémoires* du **cardinal de Retz (1613-1679)**, de **Saint-Simon (1675-1755)** ou du **général de Gaulle (1890-1970)**, les *Mémoires d'outre-tombe* de Chateaubriand se rattachent davantage au genre autobiographique.

L'autofiction

Apparu dans les années 1980, le terme « autofiction » est utilisé pour désigner la mise en fiction d'une vie personnelle (*La Promesse de l'aube*, de **Romain Gary (1914-1980)** ; *L'Inceste*, de **Christine Angot (née en 1959)**. Dans ce type de récits, il y a une alternance entre vie réelle de l'auteur et fiction, ces deux parties étant indissociables. Parmi les autres exemples originaux, on peut citer *La Gana*, de **Fred Deux (né en 1924)**, ou *W ou le souvenir d'enfance*, de **Georges Perec (1936-1982)**, où la fiction sert à décrire des choses que l'auteur n'est pas arrivé à exprimer autrement.

Tableau 8.1. : Les grandes dates de la littérature

Date	*Genre ou courant*	*Auteurs et œuvres*
Antiquité	Épopée	Homère, *Iliade, Odyssée*
	Tragédie et Comédie grecques	Eschyle ; Sophocle ; Euripide ; Aristophane
	Mythologie	Ovide, *Les Métamorphoses* ; Virgile, *L'Énéide*
	Roman	Apulée, *Les Métamorphoses ou l'Âne d'or*
Moyen Âge	Poésie	Dante, *Divine Comédie*
	Roman en vers	*Roman de Renart*
	Roman	Chrétien de Troyes, *Lancelot* ; L'Arioste, *Roland Furieux*
	Poésie	François Villon, *Le Testament*
Renaissance	Pléiade	Ronsard, Du Bellay
		Cervantès, *Don Quichotte*
	Libertinage	Cyrano de Bergerac, *Les États et Empires de la Lune et du Soleil*
XVIIe siècle	Baroque	Shakespeare, *Roméo et Juliette*
	Tragédie classique	Corneille, *Le Cid* ; Racine, *Phèdre*
XVIIIe siècle	Lumières	Rousseau, *Confessions* ; Voltaire, *Candide*
XIXe siècle	Romantisme	Chateaubriand, *Mémoires d'outre-tombe* ; Hugo, *Les Contemplations.*
	Poètes maudits	Charles Baudelaire, *Les Fleurs du Mal* ; Arthur Rimbaud, *Illuminations* ; Lautréamont, *Les Chants de Maldoror*
	Réalisme	Balzac, *La Comédie Humaine* ; Gustave Flaubert *Bouvard et Pécuchet*
	Naturalisme	Émile Zola, *Les Rougon-Macquart*
	Symbolisme	Stéphane Mallarmé
XXe siècle	Esprit nouveau	Alfred Jarry, *Ubu roi* ; Guillaume Apollinaire, *Alcools*
	Surréalisme	Louis Aragon, *Le paysan de Paris* ; Jacques Prévert, *Paroles*
	Nouveau roman	Nathalie Sarraute, *Tropismes*
	Oulipo	Georges Perec, *La Disparition* ; Queneau, *Cent mille milliards de poèmes*

Troisième partie

Comment ça marche ? Sciences, techniques et vie quotidienne

Dans cette partie...

La science a longtemps été perçue comme un progrès historique et sans fin des sociétés humaines. Deux guerres mondiales plus tard, avec une une planète consciente des problèmes d'épuisement des ressources et livrée à la pollution, notre vision est devenue beaucoup plus réaliste. « Science sans conscience n'est que ruine de l'âme », affirme Rabelais (*Pantagruel*). Cet adage est devenu le nôtre, et la recherche scientifique s'honore par ses prolongements dans des comités d'éthique de plus en plus nombreux.

C'est donc l'esprit libre et fier que nous allons mettre nos pas dans ceux des grands scientifiques, de Pasteur à Pierre et Marie Curie, vivre l'exaltation des grandes premières, des vaccins, du radium. L'exploration hardie conduit, de science en science, à se pencher sur l'épaule des prix Nobel, du microscope à l'économie. Puis, retour à la vie quotidienne, aux inventions dont nous ne saurions nous passer, du téléphone ou de la télévision.

Vous savez tout, croyez-vous ? Il reste pourtant un mystère qui nous colle à la peau, le plus proche et le plus incroyable de tous : le corps humain. Quelle complexité, quelle ingéniosité pour cette merveilleuse machine à vivre, et, de notre part, quelle ingratitude ! Nous ne nous souvenons de lui qu'à l'apparition de la première douleur.

De l'infiniment grand, des chercheurs de l'espace sans frontière à la plus microscopique cellule de notre être, une même pulsation nous appelle. Vite, une blouse blanche pour tout le monde, les portes des laboratoires vous sont grandes ouvertes ! Entrez, ne soyez pas intimidé, la science vous tend les bras.

Chapitre 9

Des hommes d'expériences : la science

Dans ce chapitre :

- La science à travers les âges
- Les principales sciences et leur domaine d'application
- Les grands chercheurs
- Quelques chiffres clés

La science, domaine mystérieux, un peu effrayant, est réservée, croyons-nous trop souvent, à un groupe restreint d'initiés capables d'en déchiffrer le langage abstrait. Mais la science, ce sont avant tout *les* sciences : comprendre à la fois comment elles sont structurées, l'organisation des connaissances propres à chacune d'entre elles, et, plus encore, les scientifiques. Qui sont ces hommes et femmes qui, dans tous les domaines, ont permis des avancées fulgurantes ? Mieux connaître Laennec, Pasteur, Pierre et Marie Curie, Darwin est un privilège, des rencontres à ne pas manquer. La science, c'est également l'occasion d'un émerveillement, devant l'alchimie qui nous promet la recette de l'or, ou le radium et ses promesses dans la lutte contre le cancer. Ce tour d'horizon se conclura sur les réalisations permises par les progrès scientifiques, défis techniques et exploits dans la maîtrise de la nature. Ainsi la boucle est bouclée, de l'idée géniale née dans le cerveau d'un savant à sa concrétisation dans la vie quotidienne.

Les grandes découvertes scientifiques

À la différence de l'invention, qui donne naissance à quelque chose qui n'existait pas auparavant, la découverte consiste à faire connaître un objet ou un phénomène caché, ignoré, mais qui existe déjà cependant. Ainsi, quand Christophe Colomb découvre l'Amérique, il le fait pour les Européens, qui ignoraient l'existence de ce continent. Toutefois, il existait déjà, avec sa flore, sa faune, ses civilisations propres. Il en va de même pour Pierre et Marie Curie et la radioactivité. Cette dernière préexiste, mais le couple de savants la met en évidence, la découvre. Il faut donc appréhender ici le terme découverte dans son autre sens : est découvert ce qui était caché, est révélé ce qui était recouvert d'un voile. Pour ce faire, il faut attendre la naissance de la science moderne, le temps de Copernic, premier maillon d'une chaîne de savants illustres ou inconnus ayant contribué à améliorer notre compréhension du monde et des phénomènes naturels, au fil du temps. Le tableau ci-après présente un panorama des principales avancées.

Tableau 9-1 : Les grandes dates de la science

1543 Copernic (Polonais) La Terre tourne autour du Soleil

1590 Galilée (Italien) Loi de la chute des corps

1609-19 Johannes Kepler (Allemand) Lois régissant le mouvement des planètes

1662 Robert Boyle (Britannique/Irlandais) Loi de compressibilité des gaz

1669 Hennig Brand (Allemand) Phosphore

1675 Olaus Römer (Dan.) Mesure de la vitesse de la lumière

1678 Christiaan Huygens (Hollandais) Théorie ondulatoire de la lumière

1687 Isaac Newton (Britannique) Lois de l'attraction universelle (gravité)

1751 Axel Cronstedt (Suédois) Nickel

1755 Humphry Davy (Britannique) Magnésium

1766 Henry Cavendish (Britannique) Hydrogène

1772 Daniel Rutherford (Britannique) Nitrogène

1774 Karl Scheele (Suédois), Joseph Priestly (Britannique) Oxygène

1774 Kart Scheele (Suédois) Chlore

1781 William Herschel (Britannique) Uranus (planète)

1783 Fausto et Juan José de Elhuyar (Espagnols) Tungstène

1789 A. Lavoisier (Français) Composition de l'air et de l'eau et rôle de l'oxygène dans la combustion

1797 Louis Vauquelin (Français) Chrome

1803 John Dalton (Britannique) Théorie atomique

1811 Amadeo Avogadro (Italien) Hypothèse sur les molécules

1817 Friedrich Stromeyer (Allemand) Cadmium

1820 Hans Christian Oersted (Danois) Électromagnétisme

1824 Jöns Berzelius (Suédois) Silicone

1826 Antoine Balard (Français) Brome

1827 George Ohm (Allemand) Lois fondamentales du courant électrique

1827 Hans Christian Oersted (Danois) Aluminium

1831 Michael Faraday (Britannique) après une découverte non révélée de Joseph Henry (Américain) Induction électromagnétique

1839 Christian Schönbein (Allemand) Ozone

1841 Martin Klaproth (Allemand) Uranium

1846 Johann Galle (Allemand) sur la base des calculs faits par Le Verrier (Français) Neptune (planète)

1864 James Clerk Maxwell (Britannique) Théorie électromagnétique de la lumière

1868 William Ramsey (Britannique) Hélium

1869 Dimitri Mendeleïev (Russe) Classification périodique des éléments

1886 Heinrich Hertz (Allemand) Ondes électromagnétiques

Tableau 9-1 : Les grandes dates de la science (suite)

1886 Henri Moissan (Français) Fluor

1894 William Ramsay et John Strutt Rayleigh (Britanniques) Argon

1895 Wilhelm Roentgen (Allemand) Rayons X

1896 Antoine Becquerel (Français) Radioactivité

1897 Joseph Thomson (Britannique) Électron

1898 Pierre et Marie Curie (Français) Radium

1900 Max Planck (Allemand) Théorie des quanta

1905 Albert Einstein (Suisse) Théorie de la rélativité restreinte

1910 Henry Russell et Eijnar Hertzsprung (Américains) Diagramme de Hertzsprung-Russell (spectre stellaire)

1913 Henry Moseley (Britannique)

Spectroscopie des rayons X,/nombre atomique

1915 Albert Einstein (Suisse) Théorie générale de la relativité

1919 Ernest Rutherford (Britannique) Proton

1924 Louis de Broglie (Français) Nature ondulatoire de l'atome

1926 Erwin Schrödinger (Autrichien) Mécanique ondulatoire

1927 Wemer Heisenberg (Allemand) Principe d'incertitude (mécanique quantique des atomes)

1930 Clyde Tombaugh (Américain) d'après les calculs de Percival Lowell (Américain) en 1905 Pluton (planète)

1931 Wolfgang Pauli (Allemand) Hypothèse du neutrino (particule élémentaire)

1932 Harold Urey (Américain) Deutérium (hydrogène lourd)

1932 James Chadwick (Britannique) Neutron

1935 Hideki Yukawa (Japonais) Hypothèse du méson (particule atomique)

1940 G.T. Seaborg et autres (Américain) Plutonium

1950 Fred Hoyle (Britannique) Théorie de la création continue de la matière

1950 Albert Einstein (Suisse) Théorie unifiée du champ

1955 Emilio Sergé et Owen Chambertain (Américains) Antiproton

1958 James Van Allen (Américain) Ceintures de radiation autour de la Terre

1963 Thomas Matthews et Allan Sandage (Américains) Quasars

1964 Brookhaven Laboratory NewYork (Américain) Particule oméga

1967 Radio Astronomy Group Université de Cambridge (Britannique) Pulsars

1974 Découverte séparément par deux laboratoires américains Particule Psi

1977 Charles Kowal (Américain) Chiron – astéroïde lointain gravitant entre Saturne et Uranus

1984 Équipe du laboratoire CERN de Genève (Suisse) Trois autres particules subatomiques : W&Z et la 6e particule quark (« top »)

1986 Alex Müller et Georg Bednorz (Suisse) Mise en évidence de la supraconductivité de la céramique

1989 Voyager 2 (États-Unis) Satellites de Neptune, Néréide N-III à N-8

1993 Vaisseau spatial Galileo (États-Unis) Découverte d'une lune satellite d'un astéroïde, baptisée Dactyle

1997 Roslin Institute (Écosse) Premier mammifère cloné, la brebis Dolly

1999 John Murray (Britannique) Affirmation de l'existence d'une dixième planète du système solaire

2000 Découverte de trois nouveaux satellites de Jupiter : s/2000J1, Themisto et Carpo

2001 Consortium international pour le séquençage du génome humain.
Un groupe de scientifiques parmi ses membres achève la carte du génome humain

2003 Spacewatch (États-Unis)
Projet de l'université d'Arizona, spécialisée dans l'étude des astéroïdes et des comètes

Les principales sciences et leur domaine d'application

La science, du latin *scientia*, « savoir », a pour but la connaissance aussi exacte que possible du monde qui nous entoure. Ce savoir doit présenter certaines caractéristiques : être universel, vérifiable, reposer sur des théories ou lois, être établi à partir d'une méthode scientifique reconnue, et être diffusé. Toute connaissance scientifique est donc liée à un lieu et une époque. Elle est, dès son origine, destinée à être réfutée, soit parce qu'elle est erronée, soit parce qu'elle sera complétée, voire remplacée, par une autre, plus aboutie.

En fonction de l'objet propre à chacune des principales sciences, le philosophe allemand **Rudolf Carnap (1891-1970)** a effectué un classement. Il distingue :

- **Les sciences pures ou formelles**, reposant sur un mécanisme de déduction, et qui ne se proposent pas comme finalité immédiate une utilité concrète (mathématiques, logique…).
- **Les sciences appliquées**, qui reposent sur l'observation et ont un but précis, d'ordre pratique. Elles sont elles-mêmes subdivisées en deux branches :
  - **Les sciences naturelles**, qui étudient la nature par une démarche fondée sur l'expérimentation, le recours à des instruments de mesure, afin de vérifier ou d'invalider une théorie (physique, chimie, biologie, géologie…).
  - **Les sciences humaines**, également appelées sciences sociales, qui se fixent pour but l'étude des sociétés humaines sous toutes leurs formes, en s'appuyant chacune sur une démarche originale (histoire, géographie, sociologie, psychologie, etc.). Elles seront traitées au chapitre 18.

Les sciences pures

Elles se composent, essentiellement, de deux branches :

- **Les mathématiques**, ou l'application théorique et pratique de la géométrie, de l'algèbre et de l'arithmétique.
- **La logique**, ou l'exactitude des raisonnements mathématiques appliqués aux ordinateurs.

Les mathématiques

Mathématique vient du grec *mathêma*, « science ». Par définition, le mathématicien est avant tout le praticien de la science reine, celle qui sert, par sa méthode, de modèle aux autres sciences exactes. Il s'agit de démontrer, en suivant des lois logiques, la validité d'une théorie. Lorsque le mathématicien y parvient, il énonce le résultat sous la forme d'un *théorème*.

Conventionnellement, on distingue trois branches dans les mathématiques :

- **L'algèbre** : appelé arithmétique quand il s'agit d'algèbre élémentaire, abstrait, il étudie la quantité sous forme de calculs.
- **La géométrie** : elle permet de comprendre la nature des figures dans un espace, il s'agit alors des mathématiques concrètes.
- **L'analyse** : fondée sur les nombres réels, c'est-à-dire tous les nombres, positifs, négatifs, ou nuls, qui permettent de mesurer des longueurs ou des grandeurs physiques.

UN PEU DE TECHNIQUE

Le compte est bon

À l'origine, *algèbre* est un mot arabe qui appartient au vocabulaire médical. *Al jabr* signifie en effet réduire, mais une fracture. Le premier à l'utiliser au sens mathématique est le persan **Al Khwarizmi (v. 780-850)** dans son traité *Kirab al-Mukhtasar fi Hisab al-jabr w'al-Muqabala*, traduit en latin par **Girard de Crémone (1114-1187)** sous le titre de *Traité de l'algèbre et des algorithmes*. Pour le mathématicien persan, le sens littéral d'algèbre, hors de toute médecine, peut se traduire par « remise en place ». L'équation d'algèbre permet de remettre en place, c'est-à-dire de rendre, par simplifications successives, sa valeur véritable à chaque membre. Al Khwarizmi est également connu pour être l'intermédiaire par lequel le système de calcul indien est passé en Occident. C'est l'objet de son autre ouvrage, le *Kitab al Jami wa al Tafriq bi Hisab al Hind*, ou *Livre de l'addition et de la soustraction d'après le calcul des Indiens*.

La logique

Comme toutes les autres sciences, la logique est, au moment de son apparition, l'une des catégories de la philosophie. Son étymologie vient du grec *logos*, le discours rationnel. Il faut attendre le XIXe siècle pour qu'elle prenne son indépendance en tant que branche des mathématiques.

La logique repose sur l'étude de la validité des raisonnements, son but est de chercher à savoir s'ils sont applicables ou non. Elle recourt, pour ce faire, à des théories, utilisées comme des instruments pratiques :

- **La théorie des ensembles** : un ensemble est une réunion d'objets appelés éléments de cet ensemble.
- **La théorie des modèles** : son utilité est de valider un résultat mathématique. Ce dernier est considéré comme vrai, valable, si on peut trouver le domaine auquel il s'applique.
- **La théorie de la preuve** : il s'agit de prouver que la démonstration, en mathématiques, répond à une cohérence interne, dépend d'une organisation rigoureuse des éléments pris en considération.

- **La théorie de la calculabilité** : c'est un aspect pratique indispensable à la logique, puisque son but est de définir si le résultat final d'un calcul est conforme ou non à une norme fixée.

UN PEU DE TECHNIQUE

En toute logique

C'est dans son ouvrage intitulé *Premiers Analytiques* que le philosophe **Aristote (384-322)** formule un exercice de logique destiné à faire les délices de toutes les générations d'étudiants depuis : le *syllogisme*. Il s'agit d'un raisonnement fondé sur trois termes, ou propositions : la prémisse majeure, la prémisse mineure et la conclusion. En principe, si les prémisses, majeure et mineure, sont bien posées, la conclusion du syllogisme est impossible à réfuter. Il est, de ce fait, souhaitable que l'ordre en soit respecté, majeure d'abord, puis mineure, et enfin conclusion.

Par exemple :

Tous les hommes sont mortels (majeure) ;
Or, je suis un homme (mineure) ;
*Donc je suis mor*tel (conclusion).

Contrairement à ce que l'on pourrait croire, il ne s'agit pas d'un exercice dépourvu de sens, d'une sorte de pur jeu de l'esprit sans signification. Par le syllogisme, Aristote est le premier à étudier l'ordre de la pensée indépendamment de son contenu, selon sa seule forme, et, en ce sens, il est le fondateur de la logique formelle.

Les sciences appliquées

Deux d'entre elles, *statistiques* et *informatique*, se rattachent étroitement aux mathématiques mais, par leur finalité pratique, ne sont pas des sciences pures.

Les statistiques

Leur but est de produire des informations à partir de données qui ont été collectées, traitées, puis analysées. Elles ne sont donc pas un but en elles-mêmes, mais l'un des supports utilisés pour concourir à nourrir les connaissances d'autres sciences. Ainsi, en histoire, des séries statistiques de prix à la consommation, pour un lieu et une époque donnés, permettent d'avoir un élément d'appréciation du niveau de vie des populations considérées.

L'informatique

C'est une science de l'information, au même titre, mais il s'agit de traiter cette dernière par un système établi au préalable. Ce système est constitué d'un certain nombre de programmes utilisables en fonction du type de recherche d'informations à effectuer. Certains, très connus, comme les moteurs de recherche, renvoient à partir d'un mot ou d'un groupe de mots, par exemple, à des programmes les contenant.

Les sciences naturelles

Regroupées en fonction de leur domaine d'application spécifique, les sciences naturelles rassemblent les *sciences de la vie*, *sciences de la Terre* et *sciences physiques*.

Les sciences de la vie

Prenant pour objet d'étude toutes les formes de vie, de la simple cellule aux organismes complexes et à leurs diverses étapes de développement, les sciences de la vie permettent de distinguer :

- L'agronomie : pratique de l'agriculture.
- L'anatomie : structure, forme et organisation du corps.
- La bactériologie : développement et comportement des bactéries.
- La biologie : origine, morphologie et environnement des plantes et des animaux.
- La botanique : végétaux.
- La cytologie : structure, fonction et vie des cellules.
- L'écologie : relations entre les êtres vivants et leur environnement.
- La médecine : cause, prévention et guérison des maladies.
- La nutrition : équilibre quantitatif et qualitatif de l'alimentation.
- La pharmacologie : élaboration, utilisation et effets des médicaments.
- La physiologie : fonctions des organes et tissus des êtres vivants.
- La zoologie : animaux.

Il serait impossible de consacrer ici une analyse étendue à chacune des branches des sciences de la vie. Nous avons donc choisi celle qui nous concerne tous, la *médecine*, pour une approche plus spécifique.

On peut considérer que la médecine moderne naît entre la fin du XVIe et le début du XVIIe siècle. Depuis cette époque, les progrès sont réguliers et jalonnent l'histoire de la médecine. Remontons un peu le temps, afin de nous réjouir des étapes principales. C'est en 1628 que **William Harvey (1578-1657)**, médecin du roi d'Angleterre Charles Ier, découvre le mécanisme de la circulation sanguine, et publie un ouvrage sur ce sujet. **Richard Lower (1631-1691)** prouve que la couleur rouge du sang provient de son oxygénation dans les poumons.

En 1796, **Edward Jenner (1749-1823)** découvre le moyen d'immuniser l'homme contre la variole par inoculation de la *vaccine* (virus bénin qui protège de la variole). Il avait remarqué que les paysannes qui traient les vaches, aux mains couvertes de pustules dues à la variole, n'en mouraient pas. Avant lui, la vaccination est connue, mais à partir d'une inoculation, d'un individu infecté, non de la vaccine récoltée sur le pis des vaches.

N'OUBLIEZ PAS !

« Je jure par Apollon… »

Père grec de la médecine, **Hippocrate (v. 460-375 av. J.-C.)** est le premier à la dégager, par l'observation et le questionnement du patient, des rites magiques. Il considère la maladie comme un déséquilibre des humeurs du corps et de l'âme, que le médecin doit tenter de restaurer par son action. En France et dans de nombreux pays, tout nouveau médecin doit prononcer, avant d'être autorisé à exercer, le fameux *serment* qui porte son nom :

« Je jure par Apollon médecin, par Esculape, Hygie et Panacée, par tous les dieux et toutes les déesses, et je les prends à témoin que, dans toute la mesure de mes forces et de mes connaissances, je respecterai le serment et l'engagement écrit suivant :

« Je conseillerai aux malades le régime de vie capable de les soulager et j'écarterai d'eux tout ce qui peut leur être contraire ou nuisible. Jamais je ne remettrai du poison, même si on me le demande.

« Je passerai ma vie et j'exercerai mon art dans la pureté et le respect des lois. Dans toute maison où je serai appelé, je n'entrerai que pour le bien des malades. Je m'interdirai d'être volontairement une cause de tort ou de corruption. Tout ce que je verrai ou entendrai autour de moi, dans l'exercice de mon art ou hors de mon ministère, et qui ne devra pas être divulgué, je le tairai et le considérerai comme un secret.

« Si je respecte mon serment sans jamais l'enfreindre, puissé-je jouir de la vie et de ma profession, et être honoré à jamais parmi les hommes. Mais si je le viole et deviens parjure, qu'un sort contraire m'arrive ! »

Le *stéthoscope* est à l'origine un simple cornet de papier enroulé destiné à l'auscultation des bruits à travers les parois du corps. Il est perfectionné en 1816 par **René Laennec (1781-1826)** médecin à l'hôpital Necker. Ses expérimentations lui permettent, en 1819, de publier le premier traité véritable de pratique clinique : *Traité de l'auscultation médiate ou traité des maladies du poumon et du cœur fondé principalement sur ce nouveau mode d'exploration.*

LE SAVIEZ-VOUS ?

Dites « 33 » !

En visite chez une jeune femme malade, Laennec a l'idée de prendre un cahier, de le rouler et de l'appliquer sur sa poitrine, cependant qu'il colle l'autre extrémité sur son oreille. Il se rend compte alors qu'il peut entendre distinctement les battements de son cœur. Nous sommes en 1816. Dès l'année suivante, Laennec perfectionne le système par un rouleau plus long et plus épais, formé de trois cahiers. Apercevant un jour un hautbois abandonné, il le scie et en récupère un tronçon, qui, travaillé, sera le premier véritable stéthoscope, nom donné à l'instrument par Laennec lui-même en 1818.

Grâce à lui, le médecin peut désormais entendre les battements cardiaques, mais il peut écouter dans la poitrine l'air inspiré et expiré, les râles éventuels. Par une cruelle ironie du sort, Laennec, qui a tant contribué par son invention à la lutte contre les maladies de l'appareil respiratoire, meurt d'une tuberculose, à l'âge de 45 ans.

L'*anesthésie* naît en 1844, lorsqu'un dentiste américain a l'idée d'endormir ses patients en utilisant du protoxyde d'azote ou « gaz hilarant », mais des effets souvent contraires obligent le praticien à recourir, comme auparavant, à des solutions à base d'opium. Il faut attendre 1847 pour qu'une autre substance, le chloroforme, soit utilisée pour pratiquer une anesthésie.

Louis Pasteur (1822-1895) se passionne, depuis 1857, pour la fermentation. Il comprend que les bactéries sont responsables de la détérioration des aliments et invente la *pasteurisation*, procédé qui consiste à les détruire en les portant à une haute température, même quelques secondes. En 1879, Pasteur découvre que les cultures vieillies du microbe du choléra, injectées à des poules, ne provoquent plus la maladie. Il vient de découvrir le vaccin. À partir de 1880, le savant se tourne vers l'étude de la rage. Le 6 juin 1885, Marie-Angélique Meister conduit à Pasteur son fils Joseph, mordu par un chien enragé. Reprenant le principe testé avec le choléra, Pasteur le vaccine et lui sauve la vie. Commence alors une campagne de vaccination à plus grande échelle. Au 1er mars 1886, 350 personnes ont été vaccinées, et une seule est morte de la rage. L'*Institut Pasteur* est fondé en 1888, et dirigé par son fondateur jusqu'à sa disparition, en 1895.

Figure 9-1 : Louis Pasteur.

Médecin allemand, **Robert Koch (1843-1910)** identifie l'agent de la *tuberculose* et ses modes de transmission. Il l'annonce le 24 mars 1882, dans une communication faite à la société de Physiologie de Berlin. À la suite de cette découverte, l'agent transmetteur de la tuberculose est baptisé « Bacille de Koch ». Cependant, Koch ne trouve pas le vaccin contre la tuberculose. Il faut pour cela attendre les résultats des travaux d'**Albert Calmette (1863-1933)** et **Camille Guérin (1872-1951)** qui mettent au point le *BCG* (vaccin Bilié-Calmette-Guérin). Devenu célèbre, Robert Koch reçoit en 1905 le prix Nobel de médecine.

Scientifique allemand, **Wilhelm Conrad Röntgen (1845-1923)** met en évidence les rayons qu'il nommera *rayons X* au cours d'une expérience menée dans la soirée du 8 novembre 1895. Il utilise pour ce faire un tube cathodique, c'est-à-dire un tube en verre qui émet un rayonnement bleuté, car il est parcouru par un faisceau électrique. Röntgen enveloppe le tube cathodique d'un papier noir opaque et place à deux mètres un écran en carton recouvert d'un produit fluorescent. Quand le courant est activé dans le tube, une lueur verdâtre, la *fluorescence*, apparaît sur le carton. Des rayons invisibles traversent donc l'enveloppe noire du tube, et viennent agir sur le produit déposé sur le carton. En plaçant sa main entre le tube et l'écran de carton, Röntgen en voit le squelette projeté sur l'écran. Les rayons X sont nés.

Biologiste américain d'origine autrichienne, **Karl Landsteiner (1868-1943)** découvre les *groupes sanguins* entre 1901 et 1903. Ses travaux vont rendre possible la transfusion sanguine. Cette dernière est connue et pratiquée depuis longtemps, puisqu'au milieu du XVIIe siècle, le médecin britannique **Richard Lower (1631-1691)** transfère le sang des veines d'un chien dans les veines d'un autre chien. Mais, très souvent, le patient mourrait de façon inexpliquée, car le sang transfusé coagulait. Karl Landsteiner, constatant que parfois le sang coagule, et parfois non, prélève des échantillons sur ses collègues de travail, et essaie différents mélanges. Il découvre qu'il existe des groupes sanguins différents, qu'il appelle A, B, O. L'année suivante, il en identifie un quatrième, le groupe AB.

Ses observations permettent à Karl Landsteiner d'établir une méthode de transfusion sanguine sûre :

- Le groupe A peut recevoir le sang des donneurs A et O.
- Le groupe AB peut recevoir le sang des donneurs de tous les groupes.
- Le groupe O ne peut recevoir le sang que des donneurs du groupe O.

Par la suite, intrigué par des rejets, Karl Landsteiner met en évidence le *facteur Rh* ou *Rhésus*. Il s'agit d'un sous-groupe qui caractérise les groupes sanguins, dû à la présence (Rhésus positif ou Rh+) ou à l'absence (Rhésus négatif ou Rh-) d'un antigène à la surface des globules rouges. Il en déduit la règle :

- Un individu Rh+ peut recevoir des globules Rh-.
- Un individu Rh+ peut recevoir des globules Rh+.
- Un individu Rh- ne peut recevoir des globules Rh+. Son organisme les identifie aussitôt comme étrangers, et fabrique, dans les 72 heures, des anticorps afin de les détruire.

Tableau 9-2 : Les grandes dates de la médecine

Date	*Événement*
Fin XVIe-début XVIIe	Naissance de la médecine moderne
1628	Mécanisme de la circulation sanguine
1796	Immunisation par la vaccine
1816	Invention du stéthoscope
1844	Naissance de l'anesthésie
1879	Découverte du vaccin
1882	Identification du bacille de la tuberculose
1888	Fondation de l'Institut Pasteur
1895	Découverte des rayons X
1901-1903	Découverte des groupes sanguins
1927	Mise au point du BCG
1940	Mise en évidence du facteur Rhésus

Les sciences de la Terre

Depuis les roches jusqu'au climat, c'est la structure de la planète sous toutes ses formes que prennent pour objet d'étude les sciences de la Terre :

- La géologie : roches, séismes, volcans et fossiles.
- La météorologie : atmosphère et climat.
- La minéralogie : localisation et extraction des minéraux.
- L'océanographie : vagues, marées, courants, fosses et vie océaniques.
- La paléontologie : plantes et animaux fossiles.
- La pétrologie : formation et composition des roches.

De même que pour la médecine, portons à présent notre attention plus spécifiquement sur l'une des sciences de la Terre, celle des mystères des origines et de l'évolution, la *paléontologie*.

La paléontologie repose sur l'étude des traces laissées par les animaux, les végétaux et les minéraux au cours des âges. Elle permet de reconstituer les formes de vie disparues et leur environnement, le milieu et le climat. La paléontologie se décline en plusieurs disciplines, comme la *paléoclimatologie*, science des climats au cours des temps, ou la *paléogéographie*, qui étudie les variations de disposition des continents, mers, océans au cours de l'histoire de la Terre.

Georges Louis Leclerc, comte de Buffon (1707-1788), est à l'origine, mathématicien, mais sa passion véritable, ce sont les sciences naturelles. Membre de l'*Académie des sciences*, intendant du jardin du roi depuis 1739, il fait de fréquents séjours sur ses terres. Là, des campagnes de fouilles et l'étude des végétaux l'amènent à proposer une théorie de la genèse de trente-huit espèces originelles, à partir de l'idée, très en vogue à l'époque, de la « génération spontanée ». Il semble avoir admis la possibilité, pour les espèces, de se transformer en fonction du milieu, de la nourriture et de la domestication. En 1749 est publié le premier des trente-six volumes de son *Histoire naturelle*, dont le but est de présenter l'origine du système solaire, la formation de la Terre, la fossilisation, les faunes et les flores anciennes.

Figure 9-2 : Georges-Louis Buffon.

LE SAVIEZ-VOUS ?

Conflit de génération

Avant d'être mise à mal par les travaux de Pasteur, au XIXe siècle, la théorie de la *génération spontanée* a connu les faveurs de nombreux observateurs et scientifiques. Elle permet d'expliquer, à leurs yeux, la naissance de petits organismes. Ces derniers seraient issus de la décomposition de la matière : les pucerons naîtraient des végétaux, les vers de la viande, les grenouilles de la boue. **Jan Baptist van Helmont**, médecin flamand du milieu du XVIIe siècle, prétend même que les souris naissent à partir d'un tas de chiffons, en l'occurrence une chemise déchirée imprégnée de sueur humaine. Cette croyance en une génération spontanée s'appuyait sur un défaut d'observation. Alors qu'il était très facile de connaître le mécanisme de reproduction et de naissance d'animaux plus gros, les petits organismes, et encore plus les micro-organismes, semblaient naître d'eux-mêmes, sans qu'un accouplement puisse être observé !

Professeur au *Collège de France*, titulaire de la chaire d'histoire naturelle en 1799, **Georges Cuvier (1769-1832)** est considéré comme le père fondateur de la paléontologie. Directeur du Muséum d'Histoire naturelle en 1808, il pose les fondements des classifications des groupes animaux dans son ouvrage *Le Règne animal distribué selon son organisation* (1817). C'est aussi le premier naturaliste à poser le principe de la corrélation des caractères chez les espèces animales, selon lequel l'existence d'un organe précis exige, pour son bon fonctionnement, la présence d'autres organes qui lui sont liés. Ainsi un mammifère à cornes possède toujours des sabots, des molaires usées, mange de l'herbe et rumine. Sa théorie est toutefois limitée par son refus d'envisager la possibilité d'une transformation évolutive des espèces, Cuvier se posant comme un tenant acharné du *catastrophisme*.

LE SAVIEZ-VOUS ?

Catastrophe !

Selon Georges Cuvier, la Terre a été créée il y a environ six mille ans, une fois pour toutes, suivant les indications recueillies à partir de la *Bible*. Toutefois, un problème se pose à lui, celui de l'existence de fossiles. Ils pourraient indiquer une évolution, celle d'espèces apparues, puis disparues de la surface de la Terre. Ceci contredirait le créationnisme. Georges Cuvier admet donc, après la création de la première fois, un certain nombre de catastrophes de grande ampleur, comme le Déluge décrit dans l'Ancien Testament. À la suite de chacune d'entre elles, un certain nombre d'espèces se seraient éteintes. C'est l'explication par la théorie dite du *catastrophisme*. Aujourd'hui, tous les exemplaires de la faune et de la flore seraient les descendants survivants de la faune et de la flore originelles.

Après les publications de **Charles Darwin (1809-1882)**, le créationnisme et son corollaire, le catastrophisme, sont abandonnés par la communauté scientifique. De nos jours, seuls quelques groupes religieux l'admettent encore, sous le nom de *fixisme* ou de *Dessin Intelligent* (voir chapitre 1).

Élève de Buffon, Jean-Baptiste de Monet, chevalier de **Lamarck (1744-1829)**, s'intéresse tout d'abord à la botanique Il est l'auteur de l'article consacré à cette science dans l'*Encyclopédie*. Toutefois, au moment de la Révolution française, il participe à la création du *Muséum national d'Histoire naturelle* et y obtient la chaire des invertébrés. Ses travaux le conduisent à établir un classement des espèces animales encore aujourd'hui en vigueur. Admiré pour sa monumentale *Histoire des animaux sans vertèbres* (1815-1822), en sept volumes, Lamarck suscite railleries et franche hostilité avec la parution, en 1809, de sa *Philosophie zoologique*. Il y expose sa théorie de l'évolution des espèces, en fonction de l'influence exercée sur elles par leur environnement, l'utilisation ou l'abandon des organes, certains amenés à se développer, les autres à disparaître faute d'utilité, et l'hérédité des caractères acquis. Selon ce dernier point, un caractère acquis par une espèce animale ne se modifie plus, et surtout ne disparaît pas.

Après une formation pour devenir pasteur anglican et un diplôme de naturaliste, **Charles Robert Darwin (1809-1882)** saisit, sans le savoir, la chance de sa vie. Il embarque, en décembre 1831, à bord du *Beagle*, un navire destiné à explorer les côtes de Patagonie, au sud de l'Argentine, afin d'en relever un tracé exact. Le voyage, véritable tour du monde austral, se poursuit jusqu'en octobre 1836. Darwin en profite pour noter sur ses carnets les informations recueillies sur les espèces, fossiles et vivantes, observées lors des escales, ainsi que les formations géologiques rencontrées. De retour, Darwin commence à exploiter, à analyser ce formidable fonds documentaire, mais ne publie pas encore de théorie. C'est seulement en 1859 que paraît *De l'origine des espèces.*

Darwin y développe les thèmes de la *sélection naturelle*, selon laquelle seuls les plus forts, les plus aptes, les plus évolués survivent et transmettent leurs caractères à leurs descendants, et de *l'évolution des espèces*, expliquant comment faune et flore ont évolué depuis l'origine et continuent de le faire. Le succès auprès du public est grand, en dépit de l'opposition de l'Église, qui refuse un évolutionnisme incompatible avec l'idée d'une création divine parfaite et finie, effectuée en six jours. La virulence des critiques redouble en 1871 avec la parution de *La Lignée humaine*, où Darwin présente l'homme en tant qu'animal parmi d'autres, et le fait descendre du singe.

Figure 9-3 : Charles Darwin.

UN PEU DE TECHNIQUE

Toujours plus loin

Les progrès les plus récents et les plus spectaculaires viennent de la découverte de la radioactivité et de l'avancée des études microscopiques, reculant sans cesse les limites de l'infiniment petit. L'utilisation du temps mis pour la désintégration des éléments radioactifs permet non seulement une datation absolue des roches, mais aussi l'étude des évolutions du champ magnétique terrestre et de la dérive des continents, estimée d'après leur *paléolatitude*. L'origine exacte de la vie est repoussée dans la recherche de bactéries de plus en plus infimes par leur taille, ainsi les restes des *cyanobactéries*, qui sont au nombre des toutes premières formes de vie sur Terre.

Tableau 9-3 : Les grandes dates de la paléontologie

Date	*Événement*
1749	Premier volume de l'*Histoire naturelle* de Buffon
XVIIIe siècle	Théorie de la génération spontanée
1815-1822	Lamarck, *Histoire des animaux sans vertèbres*
1817	Georges Cuvier, *Le Règne animal distribué selon son organisation*
1859	Charles Robert Darwin, *De l'origine des espèces*

Les sciences physiques

L'étude des propriétés des corps spécifiques, ainsi que leur application dans le domaine industriel est l'objet des sciences physiques :

- L'aérodynamique : action de l'air sur les corps solides en mouvement.
- L'astronomie : astres, corps célestes et structure de l'univers.
- La chimie : propriétés et comportement des corps.
- L'électronique : propriétés des électrons en mouvement dans le vide, en milieu gazeux ou à l'intérieur de semi-conducteurs.
- L'engineering : application de principes scientifiques à l'industrie.
- La mécanique : invention, construction, fonctionnement des machines et étude de leur efficacité.
- La métallurgie : comportement et transformation des métaux : fonte et affinage.
- La physique : nature et comportement de la matière et de l'énergie.

Au nombre de ces sciences, accordons une plus grande place à l'*alchimie*, ancêtre de la *chimie* contemporaine, science dont le but est la transformation de la matière. Trop souvent méconnue bien que née au VIe siècle av. J.-C., contemporaine de la philosophie grecque, l'alchimie se présente comme une doctrine et une pratique.

La doctrine est souvent peu accessible au commun des mortels, soit par le recours aux symboles, soit par un obscurcissement délibéré du propos, moyen commode d'écarter les non-initiés. Dans la pratique, l'alchimie répond à son origine grecque, la « fonte » du minerai transmise par l'arabe Al-Kimia, « la proportion ». Il s'agit d'utiliser la fonte des métaux, principalement le plomb et le mercure, afin de parvenir à la fabrication de l'or. Au sens philosophique, il s'agit, pour l'individu, de se débarrasser de tout ce qui fait de lui un être pesant pour se transformer, atteindre l'esprit, l'âme au moyen de la fameuse *Pierre philosophale*.

LE SAVIEZ-VOUS ?

Pierre de taille

La *Pierre philosophale*, ou Pierre de sagesse, est l'étape ultime de la quête des alchimistes. Ceux qui choisissent de se limiter au *Petit Œuvre* produisent une substance capable de transformer les métaux vils en argent, c'est la *pierre blanche*. Mais certains aspirent à la réalisation du *Grand Œuvre*, une substance capable, par son seul contact, de transformer tout métal en or, c'est la *pierre rouge*. Ses vertus vont plus loin encore, car elle permet aussi de réaliser la *Panacée*, un élixir de longue vie car il guérit tous les maux, et, de ce fait même, rend celui qui la boit immortel.

Étudiant la composition et les réactions de la matière, la chimie moderne est fondée par **Antoine-Laurent de Lavoisier (1743-1794)**. La frontière qui la sépare de la physique est très ténue, la différence s'opérant en fonction de la nature des modifications entraînées par une réaction. Une réaction chimique entraîne une modification des liaisons entre atomes : seuls les électrons périphériques sont concernés. Au-delà, la réaction est devenue physique.

Destiné à la magistrature, Antoine-Laurent de Lavoisier préfère les disciplines scientifiques, mathématiques, chimie, sciences naturelles. C'est ainsi qu'il accompagne le naturaliste **Jean-Étienne Guettard (1715-1786)** autour de Paris, afin de réaliser un *Atlas minéralogique de la France*.

En 1768, il devient *fermier général*. En 1775, il est nommé à l'un des quatre postes de Régisseur des poudres et salpêtres. Résidant à l'Arsenal, à Paris, Lavoisier y installe son laboratoire, pratique ses recherches et parvient à réaliser l'analyse de l'air, à identifier l'oxygène et l'azote qui le composent, puis à recréer de l'air à partir de ces deux éléments. Il entreprend un énorme travail de classification des éléments chimiques, fondé sur la distinction entre corps simples et composés, publié en 1789 sous le titre de *Traité élémentaire de chimie*.

Mais la Révolution française le rattrape. En tant que fermier général, Lavoisier est condamné à mort par le Tribunal révolutionnaire le 8 mai 1794, et guillotiné.

Tableau 9-4 : Les grandes dates de la chimie

Date	*Événement*
VIe siècle av. J.-C.	Naissance de l'alchimie
XVIe siècle	Paracelse, précurseur de la chimie moderne
1789	Lavoisier, *Traité élémentaire de chimie*

Les grands chercheurs

L'avenir de la science repose sur le travail des chercheurs, passés et à venir. Certains d'entre eux donnent à leur discipline un éclat particulier, à la fois par l'importance de leurs découvertes, tels Pierre et Marie Curie, mais aussi par la leçon d'humanité qu'ils ont su donner au monde. Faisons aussi ici une place aux chercheurs plus révolutionnaires encore, à ceux qui créent leur domaine propre, ouvrent une voie nouvelle d'exploration de la connaissance de l'homme, comme Sigmund Freud avec la psychanalyse. Enfin, laissons la place aux bâtisseurs d'univers, au sens propre du terme, à un Albert Einstein capable de donner au temps et à l'espace de nouvelles dimensions, d'expliquer comment être ici et ailleurs à des époques différentes, semblable mais pas tout à fait identique.

Le médecin de l'âme : Sigmund Freud

Sigmund Freud (1856-1939) obtient son diplôme de médecine de la faculté de Vienne en 1881, puis travaille dans un service de neurologie et met en évidence les propriétés analgésiques de la cocaïne. En 1885, année décisive, Freud obtient une bourse d'études pour Paris, dans le service de neurologie du professeur **Jean Charcot (1825-1893),** qui développe des travaux de recherche sur l'hypnose et l'hystérie, mais en poursuit la cause dans un dysfonctionnement du système nerveux. C'est à Freud qu'il revient d'aller plus loin, d'explorer la dimension psychologique des phénomènes. Après une année passée à l'hôpital de la Salpêtrière, c'est à Vienne que Freud ouvre son cabinet et se spécialise dans les maladies nerveuses.

La naissance de la psychanalyse

Le recours à l'hypnose est abandonné au profit d'une libre parole plus propice à une thérapie réelle. C'est l'époque où Freud publie l'*Interprétation des rêves* (1900) et la *Psychopathologie de la vie quotidienne* (1901), ouvrages perçus comme choquants par l'affirmation du rôle fondamental du désir et de la sexualité, et leur irruption dans le monde de l'enfance, considéré traditionnellement comme celui de la pureté et de l'innocence. Freud explique le concept de *névrose*, lié à l'interdit opposé au désir de l'enfant, à l'égard du parent de sexe opposé, par l'angoisse du sentiment de culpabilité. En 1908, il fonde la *Société psychanalytique de Vienne*, donnant ainsi son nom à la nouvelle science.

C'est après le premier conflit mondial que Freud développe pleinement sa théorie du *conscient* et de *l'inconscient* : *Le Moi et le Ça* (1923). La réflexion freudienne est également centrée sur les rapports entre le père et l'enfant, à la source de la révolte du fils dans *Totem et tabou* (1913), ou fondement d'une religion révélée dans *Moïse et le monothéisme* (1939).

Figure 9-4 : Sigmund Freud.

Le cas d'Anna O., première psychanalysée

Anna O. est en réalité **Bertha Pappenheim (1859-1936)**, amie de la fiancée de Freud et traitée par **Joseph Breuer (1842-1925),** intime de Freud à qui il racontera la cure en détail. Ils publient conjointement, en 1895, son cas dans les *Études sur l'hystérie*. La maladie puis le décès de son père forment le cadre du traitement de Anna O., entre juillet 1880 et juin 1882. Anna le soigne avec dévouement, avant de manifester des symptômes de plus en plus graves. Douleurs à la nuque et au côté gauche, fort strabisme convergent s'intensifiant à chaque problème rencontré, perte de sensation des membres, enfin peur de voir les murs s'écrouler. Breuer la soigne en alternant hypnose et calmants.

La mort du père, en avril 1881, aggrave les crises : la malade, parfois calme, est sujette aux hallucinations, hurle, ne voit presque plus, refuse de se nourrir, aperçoit têtes de mort et squelettes, ne comprend plus l'allemand. Par hypnose, Breuer parvient peu à peu à lui faire prendre conscience de l'origine de ses fantasmes – la tête de mort pour le choc avec évanouissement du visage émacié de son père aperçu dans une glace, le strabisme pour la difficulté à sa demande de lui lire l'heure sur sa montre les yeux pleins de larmes – puis de la nommer, c'est la phase de *verbalisation*. Si Breuer, par l'hypnose, soigne Anna O., il appartient à Freud, à partir de son cas, de définir la psychanalyse par le rapprochement entre symptômes hystériques, sexualité et refoulement.

Radium et polonium : les aventures de Pierre et Marie Curie

Bonnes ondes

Pierre et Marie Curie ont découvert le radium dans un minerai appelé *pechblende* qui contenait de l'uranium. Le radium est un élément métallique radioactif, blanc argenté, l'un des métaux les plus massifs. C'est avec le radium que Pierre et Marie Curie mettent en évidence l'existence de la radioactivité naturelle en 1903, ce qui leur vaut le prix Nobel de physique. Pour l'étude des propriétés du radium, donc de ses utilisations possibles, Marie Curie reçoit le prix Nobel de chimie en 1911. Bien que très dangereux pour les cellules vivantes, le radium est utilisé pour le traitement de certains cancers. Il investit aussi la vie quotidienne, étant utilisé pour les cadrans et les aiguilles de montres ou d'horloges, grâce à ses propriétés de luminescence.

En 1909 naît l'*Institut du radium*, un laboratoire placé sous la double responsabilité de l'Université de Paris et de l'Institut Pasteur. Il est complété en 1920 par la Fondation Curie, dont le but est de développer les applications médicales du radium dans le domaine de la cancérologie.

Pierre (1859-1906) et Marie Curie (1867-1934) sont le couple de scientifiques le plus connu au monde. Née Marie Sklodowska, la future Marie Curie quitte sa Pologne natale en 1892, afin de poursuivre ses études de sciences à la Sorbonne. Elle y rencontre Pierre Curie, qui est déjà un physicien renommé. Ils s'aiment, se marient. Mais avant d'avoir beaucoup d'enfants, en réalité deux filles Ève et Irène, ils découvrent deux nouveaux éléments capables d'émettre des radiations, le *radium* et le *polonium*, ce dernier ainsi nommé en hommage à l'origine polonaise de Marie. Lauréats, ainsi que **Henri Becquerel (1788-1878),** du prix Nobel de physique en 1903, Pierre et Marie Curie poursuivent leurs recherches, mais le conte de fées prend un tour tragique en 1906. Très distrait, Pierre est écrasé par une voiture à chevaux. C'est seule que Marie poursuit leur œuvre et obtient en 1911 un second prix Nobel. Pendant la guerre de 1914-1918, elle dirige les services radiologiques de l'armée. Hélas, surexposée en permanence aux radiations, Marie Curie meurt dans un sanatorium en 1934.

Suite de la saga familiale : Frédéric et Irène Joliot-Curie

Irène Curie (1897-1956), formée à l'étude de la physique par sa mère, épouse en 1926 **Frédéric Joliot (1900-1958**), jeune physicien élève de Marie. Ensemble, en 1934, ils découvrent, moins de quarante ans après Pierre et Marie Curie, la *radioactivité artificielle*. Leurs travaux sont récompensés, en 1935, quand ils reçoivent conjointement le prix Nobel de chimie pour cette découverte. Les Joliot-Curie ont mis en évidence l'existence d'*isotopes radioactifs*, éléments créés par un bombardement de particules sur une feuille d'aluminium avec des rayons de polonium. Quand on l'arrête, les fines gouttes qui apparaissent sur la feuille d'aluminium sont du phosphore radioactif. La preuve est ainsi faite que de nouveaux éléments radioactifs n'existant pas à l'état naturel peuvent être synthétisés. Cette découverte majeure permet une avancée considérable dans la recherche biomédicale et le traitement des cancers.

Alpha, Bêta, Gamma : l'alphabet de lord Ernest Rutherford

Physicien britannique, **Lord Ernest Rutherford (1871-1937)** reçoit sa formation en Nouvelle-Zélande, dont il est originaire, puis à l'université de Cambridge, où il devient à son tour professeur de physique expérimentale. Ses travaux sont le fondement de toute la physique nucléaire actuelle. Si la découverte de la radioactivité revient aux Curie et à Henri Becquerel, Rutherford est le premier à déterminer les trois composants du rayonnement. Il les nomme rayonnements *alpha*, *bêta* et *gamma*. Poussant plus avant leur analyse, il découvre que les particules alpha sont des noyaux d'hélium. La recherche de l'infiniment petit se poursuit avec la première description scientifique d'un atome, conçu comme un noyau dense autour duquel gravitent des électrons. En 1919, Ernest Rutherford réalise la première transformation artificielle de l'azote en oxygène. Il obtient en 1908 le prix Nobel de chimie, le titre de chevalier de la Couronne en 1914, et devient lord avec celui de baron Rutherford de Nelson et de Cambridge en 1931. Sa carrière exceptionnelle lui vaut l'honneur insigne d'être inhumé dans l'abbaye de Westminster, dernière demeure des rois d'Angleterre, en 1937.

UN PEU DE TECHNIQUE

Petit, petit

Un *atome* est une particule de matière qui résiste à toute division. C'est d'ailleurs ce que signifie son nom, atome, insécable, que l'on ne peut diviser. En réalité, ce sont les groupes d'atomes qui sont divisés, plus que les atomes eux-mêmes, autrement dit des molécules. Toutefois, les chimistes ont été amenés, au cours des expériences conduites, à envisager des réactions qui se produisent à une échelle plus petite que celle de l'atome, une sorte de quantité minimum de matière, nécessaire pour que la réaction chimique puisse commencer. C'est ce que les chimistes nomment le *poids atomique*.

L'intérêt est alors, non au seul niveau des atomes, mais à celui des molécules, de pouvoir repérer, lors d'une combinaison chimique, les échanges qui s'opèrent. Ainsi, en combinant une molécule de carbone et une molécule d'oxygène, la molécule de carbone échange un certain nombre d'atomes de carbone contre un certain nombre d'atomes d'oxygène, et réciproquement.

L'économie au service de la morale : Amartya Sen

Le monde de l'économie est, semble-t-il, frappé de graves troubles de la personnalité. D'un côté l'univers des professeurs d'économie, souvent taxés d'une approche inspirée par le marxisme, de l'autre les acteurs du monde économique, étiquetés adeptes inconditionnels des théories libérales. Deux positions semble-t-il inconciliables, tout du moins jusqu'aux travaux d'**Amartya Sen (né en 1933)**. Professeur d'économie à la très célèbre London School of Economics, puis à l'université d'Oxford, Amartya Sen obtient ensuite une chaire à celle de Harvard, aux États-Unis. Sa double formation, en sciences économiques et en philosophie, l'amène à poser le problème crucial de la morale en économie. Amartya Sen veut mettre en œuvre une économie pratique fondée sur les impératifs moraux. Son ouvrage le plus connu paru en 2004, *L'économie est une science morale*, est une véritable profession de foi.

UN PEU DE TECHNIQUE

Un homme de pouvoirs

En l'an 2000, Amartya Sen publie un livre fondamental intitulé *Repenser l'inégalité*. Il s'interroge sur les mesures à prendre pour éviter l'accroissement – constaté et de plus en plus fort – des inégalités sociales. Elles semblaient s'être fortement atténuées pendant la période de fort développement de la croissance économique, connue sous le nom de *Trente Glorieuses*, selon l'expression de Jean Fourastié, entre 1945 et 1975 environ. Mais, depuis la crise, révélée et accélérée par les chocs pétroliers de 1973 et 1979, il semble que nous assistons à un retour en force des inégalités sociales, système proche de celui en vigueur au XIXe siècle, avec un net tassement des classes moyennes, et un retour des très riches et des très pauvres. Dans ce contexte, Amartya Sen définit la notion centrale de *capabilité*, c'est-à-dire pour l'individu un *pouvoir d'être* et un *pouvoir de faire*. Pouvoir d'être, par l'exercice de sa liberté disponible à un moment considéré : avoir un permis et une voiture pour aller plus vite qu'à pieds ; pouvoir de faire au sens où un permis de conduire ne sert à rien sans véhicule.

Là où une simple capacité peut s'améliorer au fil du temps, parler de mieux en mieux anglais, par exemplc, la *capabilité* s'exprime dans l'instant, comme ne pas être malade le jour d'un examen. À long terme, la *capabilité* transforme la vie. Ne pas avoir été malade permet une plus grande chance de succès à l'examen, donc une meilleure situation, donc le fait de pouvoir saisir d'autres opportunités, d'avoir la *capabilité* de le faire.

Le prix de la Banque de Suède en sciences économiques en mémoire d'Alfred Nobel récompense, en 1998, les travaux d'Amartya Sen pour leur aspect novateur. S'interrogeant sur le développement des sociétés comme des individus, Sen pose le problème de la pauvreté et celui de l'individu à mettre en œuvre ses propres capacités. En ce qui concerne la pauvreté, Sen va, bien qu'il soit l'un de ses initiateurs, au-delà de l'*IDH* ou *Indicateur de Développement Humain*, qui regroupe trois critères : espérance moyenne de vie à la naissance, taux de scolarisation et d'alphabétisation, niveau de vie. Il propose de prendre en compte un *IPH*, ou *Indicateur de Pauvreté Humaine*, qui permet de mesurer le niveau de pauvreté d'un pays. En 2004, le seuil de pauvreté est fixé par l'ONU à 2 dollars par jour pour vivre, celui d'extrême pauvreté à 1 dollar par jour. Mais ce critère, purement économique, ne suffit pas pour connaître la réalité de la situation d'une personne dans les pays en développement, ou PED. Il faut, pour cela, selon Amartya Sen, lui ajouter d'autres indices, comme les pourcentages de décès avant 40 ans, d'analphabètes, de personnes privées d'accès à l'eau potable ou d'enfants de moins de 5 ans dont le poids est insuffisant pour leur âge.

Chapitre 10

Haute distinction : le prix Nobel

Dans ce chapitre :

- Les lauréats des prix Nobel
- Les lauréats du prix de la Banque de Suède

Le *prix Nobel* doit son nom à un inventeur suédois, **Alfred Nobel (1833-1896)**, père, entre autres, de la dynamite. Possédant une fortune personnelle très importante, Alfred Nobel fait don, à sa mort, de la somme colossale à l'époque de 40 millions de francs-or, à charge pour l'*Académie des sciences de Suède* d'utiliser les intérêts annuels rapportés pour récompenser, par un prix, les travaux des chercheurs œuvrant pour améliorer le sort de l'humanité. Alfred Nobel définit cinq domaines : médecine, physique, chimie, littérature et paix. La fondation Nobel est créée en 1900 et les premiers prix, attribués l'année suivante par différentes instances :

- Le prix Nobel de médecine, décerné par l'Institut Karolinska.
- Le prix Nobel de physique, décerné par l'Académie royale des sciences de Suède.
- Le prix Nobel de chimie, décerné par l'Académie royale des sciences de Suède.
- Le prix Nobel de littérature, décerné par l'Académie suédoise.
- Le prix Nobel de la paix, décerné par un comité nommé par le parlement norvégien.

Il n'existe pas, à proprement parler, de « prix Nobel d'économie », même si le terme est employé couramment. Il s'agit, en réalité, du *prix de la Banque de Suède en sciences économiques en mémoire d'Alfred Nobel*, décerné par l'Académie royale des sciences de Suède. Fondé en 1968, il est décerné pour la première fois en 1969.

Figure 10-1 : Alfred Nobel.

Le prix Nobel de médecine

Le prix Nobel de médecine récompense un ou plusieurs chercheurs, ou un institut de recherches, pour les découvertes effectuées au service des progrès de la médecine dans le monde.

Tableau 10-1 : Les lauréats du prix Nobel de physiologie ou de médecine

1901 Emil von Behring (Allemand)	**1906** Camillo Golgi (Italien), Santiago Ramon y Cajal (Espagnol)	**1909** Emil Theodor Kocher (Suisse)	**1913** Charles Richet (Français)
1902 Ronald Ross (Britannique)	**1907** Charles Laveran (Français)	**1910** Albrecht Kossel (Allemand)	**1914** Robert Barany (Autrichien)
1903 Niels Finsen (Danois)	**1908** Paul Ehrlich (Allemand), Elie Metchnikoff (Russe)	**1911** Allvar Gullstrand (Suédois)	**1915-18** Non décerné
1904 Ivan Pavlov (Russe)		**1912** Alexis Carrel (Français)	**1919** Jules Bordet (Belge)
1905 Robert Koch (Allemand)			**1920** August Urogh (Danois)

Tableau 10-1 : Les lauréats du prix Nobel de physiologie ou de médecine (suite)

1921 Non décerné

1922 Archibald Hill (Britannique), Otto Meyemoff (Allemand)

1923 Frederick Banting (Canadien), John Macleod (Britannique)

1924 Willem Einthoven (Néerlandais)

1925 Non décerné

1926 Johannes Fibiger (Danois)

1927 Julius Wagner-Jaureg (Autrichien)

1928 Charles Nicolle (Français)

1929 Christian Eijkman (Néerlandais), Frédérick Hopkins (Britannique)

1930 Karl Landsteiner (Américain)

1931 Otto Warburg (Allemand)

1932 Edgar Adrian, Charles Sherrington (Britanniques)

1933 Thomas H. Morgan (Américain)

1934 George Minot, William P. Murphy, George Whipple (Américains)

1935 Hans Spemann (Allemand)

1936 Henry Dale (Britannique), Otto Loewi (Autrichien)

1937 Albert Szent-Györgyi (Hongrois)

1938 Corneille Heymans (Belge)

1939 Gerhard Domagk (Allemand) a refusé

1940-42 Non décerné

1943 Henrik Dam (Danois), Edward Doisy (Américain)

1944 Joseph Erlanger, Herbert Grasser (Américains)

1945 Alexander Fleming, Howard Forey, Ernst Chain (Britanniques)

1946 Hermann Muller (Américain)

1947 Carl et Gerty Cori (Américains), Bernard Houssay (Argentin)

1948 Paul Müller (Suisse)

1949 Walter Hess (Suisse), Antonio de Abreu, Freire Egas Moniz (Portugais)

1950 Philip Hench, Edward Kendall (Américains), Tadeus Reichstein (Suisse)

1951 Max Theiler (Sud-Africain)

1952 Selman Waksman (Américain)

1953 Fritz Lipmann (Américain), Hans Krebs (Britannique)

1954 John Enders, Thomas Weller, Frederick Robbins (Américains)

1955 Hugo Theorell (Suédois)

1956 André Coumand, Dickinson Richards (Américains), Werner Forssmann (Allemand)

1957 Daniel Bovet (Italien)

1958 George Beadle, Edward Tatum, Joshua Lederberg (Américains)

1959 Severo Ochoa, Arthur Kornberg (Américains)

1960 Frank Macfariane Bumet (Australien), Peter Medawar (Britannique)

1961 Georg von Békésy (Américain)

1962 Francis Crick, Maurice Wilkins (Britanniques), James Watson (Américain)

1963 Alan Hodgkin, Andrew Huxley (Britanniques), John Eccles (Australien)

1964 Konrad Bloch (Américain), Feodor Lynen (Allemand)

1965 François Jacob, André Lwoff, Jacques Monod (Français)

1966 Charles Huggins, Francis Peyton Rous (Américains)

1967 Ragnar Granit (Suédois), Haldan Hartline, George Wald (Américains)

1968 Robert Holley, Har Gobind Khorana, Marshall Nirenberg (Américains)

1969 Max Delbrück, Alfred Hershey, Salvador Luria (Américains)

1970 Bernard Katz (Britannique), Ulf von Euler (Suédois), Julius Axelrod (Américain)

1971 Earl Sutherland (Américain)

1972 Rodney Porter (Britannique),

Tableau 10-1 : Les lauréats du prix Nobel de physiologie ou de médecine (suite)

Gerald Edelman (Américain)

1973 Karl von Frisch, Konrad Lorenz (Autrichiens), Nikolaas Tinbergen (Néerlandais)

1974 Albert Claude, Christian de Duve (Belges), George Palade (Américain)

1975 David Baltimore, Howard Temin, Renato Dulbecco (Américains)

1976 Baruch Blumberg, D. Carletton Gajdusek (Américains)

1977 Rosalyn Yalow, Roger Guillemin, Andrew Schally (Américains)

1978 Werner Arber (Suisse), Daniel Nathans, Hamilton Smith (Américains)

1979 Godfrey Newbold Hounsfield (Britannique), Allan McLeod Cormack (Américain)

1980 Jean Dausset (Français), George Snell, Barui Benacerraf (Américains)

1981 David Hubel, Roger Sperry, Torsten Wiesel (Américains)

1982 Sune Bergström, Bengt Samuelsson (Suédois)

1983 Barbara McClintock (Américaine)

1984 Cesar Milstein (Britannique), Georges F. Köhler (Allemand), Niels K. Jerne (Danois)

1985 Michael S. Brown, Joseph L. Goldstein (Américains)

1989 J. Michael Bishop, Harold Varmus (Américains)

1990 Joseph E. Murray, E. Donnall Thomas (Américains)

1991 Erwin Neher, Bert Sakmann (Allemand)

1992 Edmond H. Fischer (Américain diplômé en Suisse), Edwin G. Krebs (Américain)

1993 Richard J. Roberts (Britannique), Phillip A. Sharp (Américain)

1994 Alfred G. Gilman, Martin Rodbell (Américains)

1995 Edward B. Lewis (Américain), Christiane Nüsslein-Volhard (Allemande), Eric F. Wieschaus (Américain)

1996 Peter C. Doherty (Australien), Rolf M. Zinkernagel (Suisse)

1997 Stanley B. Prusiner (Américain)

1998 Robert F. Furchgott (Américain), Louis J. Ignarro, Ferid Murad (Américains)

1999 Günter Blobel (Allemand)

2000 Arvid Carlsson (Suédois), Paul Greengard (Américain), Éric R. Kandel (Américain né en Autriche)

2001 Leland H. Hartwell (Américain), R. Timothy Hunt, Sir Paul M. Nurse (Britanniques)

2002 Sydney Brenner (Britannique), H. Robert Horvitz (Américain), John E. Sulston (Britannique)

2003 Paul C. Lauterbur (Américain), Sir Peter Mansfield (Britannique)

2004 Richard Axel, Linda B. Buck (Américains)

2005 Barry J. Marshall, J. Robin Warren (Australiens)

2006 Andrew Z. Fire, Craig C. Mello (Américains)

Le prix Nobel de physique

Décerné par l'Académie royale des sciences de Suède, le prix Nobel de physique récompense les travaux et découvertes des physiciens. Il doit une partie de son prestige à l'investissement personnel d'Alfred Nobel dans cette science.

Tableau 10-2 : Les lauréats du prix Nobel de physique

1901 Wilhelm Röntgen (Allemand)

1902 Hendrick Lorents, Pieter Zeeman (Néerlandais)

1903 Pierre et Marie Curie, Henri Becquerel (Français)

1904 Lord Rayleigh (Britannique)

1905 Philipp Lenard (Allemand)

1906 Joseph Thomson (Britannique)

1907 Albert Michelson (Américain)

1908 Gabriel Lippmann (Français)

1909 Guglielmo Marconi (Italien), Ferdinand Braun (Allemand)

1910 Johannes Van der Waals (Néerlandais)

1911 Wilhelm Wien (Allemand)

1912 Nils Gustav Dalén (Suédois)

1913 Heike Kamerlingh-Onnes (Néerlandais)

1914 Max von Laue (Allemand)

1915 William H. Bragg, William L. Bragg (Britanniques)

1916 Non décerné

1917 Charles Barkla (Britannique)

1918 Max Planck (Allemand)

1919 Johannes Stark (Allemand)

1920 Charles Guillaume (Suisse)

1921 Albert Einstein (Allemand)

1922 Niels Bohr (Danois)

1923 Robert Milikan (Américain)

1924 Karl Siegbahn (Suédois)

1925 James Franck, Gustav Hertz (Allemands)

1926 Jean Perrin (Français)

1927 Arthur Compton (Américain), Charles T.R. Wilson (Britannique)

1928 Owen Richardson (Britannique)

1929 Louis-Victor de Broglie (Français)

1930 Chandrasekhara Raman (Indien)

1931 Non décerné

1932 Werner Heisenberg (Allemand)

1933 Erwin Schrödinger (Autrichien) et Paul Dirac (Britannique)

1934 Non décerné

1935 James Chadwick (Britannique)

1936 Victor Hess (Autrichien), Carl Anderson (Américain)

1937 Clinton Davisson (Américain), George Thomson (Britannique)

1938 Enrico Fermi (Italien)

1939 Ernest O. Lawrence (Américain)

1940-42 Non décerné

1943 Otto Stern (Américain)

1944 Isidor Isaac Rabi (Américain)

1945 Wolfgang Pauli (Autrichien)

1946 Percy Bridgman (Américain)

1947 Edward Appleton (Britannique)

1948 Patrick M.S. Blackett (Britannique)

1949 Hideki Yukawa (Japonais)

1950 Cecil Frank Powell (Britannique)

1951 John cockcroft (Britannique), Ernest Walton (Irlandais)

1952 Edward Purcell, Felix Bloch (Américains)

Tableau 10-2 : Les lauréats du prix Nobel de physique (suite)

1953 Frederik Zernike (Néerlandais)

1954 Max Born (Britannique), Walther Bothe (Allemand)

1955 Polykarp Kusch, Willis Lamb Jr (Américains)

1956 William Shockley, Walter Brattain, John Bardeen (Américains)

1957 Tsung Dao Lee, Chen Ning Yang (Chinois)

1958 Pavel Tchérenkov, Ilya Frank, Igor Tamm (Russes)

1959 Emilio Segrè, Owen Chamberlain (Américains)

1960 Donald Glaser (Américain)

1961 Robert Hofstadter (Américain), Rudolf Mössbauer (Allemand)

1962 Lev Landau (Russe)

1963 Eugène Wigner (Américain), Maria Goeppert-Mayer (Américaine), Hans Jensen (Allemand)

1964 Charles Townes (Américain), Nikolai Basov, Aleksandr Prokhorov (Russes)

1965 Richard Feynman, Julian Schwinger (Américains), Shin' Ichiro Tomonaga (Japonais)

1966 Alfred Kastler (Français)

1967 Hans Beth (Américain)

1968 Luis Alvarez (Américain)

1969 Murray Gell-Mann (Américain)

1970 Hannes Alfvën (Suédois), Louis Neel (Français)

1971 Dennis Gabor (Britannique)

1972 John Bardeen, Léon Cooper, John Schrieffer (Américains)

1973 Ivar Giaever (Américain), Léo Esaki (Japonais), Brian Josephson (Britannique)

1974 Martin Ryle, Anthony Hewish (Britannique)

1975 James Rainwater (Américain), Aage Bohr, Benjamin Mottelson (Danois)

1976 Burton Richter, Samuel Ting (Américains)

1977 Nevill Mott (Britannique), J. Van Vleck, Philip Anderson (Américains)

1978 Piotr Kapitsa (Russe), Arno Penzias, Robert Wilson (Américains)

1979 Sheldon Glashow, Steven Weinberg (Américains), Abdus Salam (Pakistanais)

1980 James Cronin, Val Fitch (Américains)

1981 Kai Siegbahn (Suédois), Nicolaas Bloembergen, Arthur Schawlow (Américains)

1982 Kenneth G. Wilson (Américain)

1983 Subrahmanyan Chandrasekhar, William A. Fowler (Américains)

1984 Carlo Rubbia (Italien), Simon Van der Meere (Néerlandais)

1985 Klaus von Klitzing (Allemand)

1986 Ernst Ruska, Gerd Binnig (Allemands), Heinrich Rohrer (Suisse)

1987 Georg Bednorz (Allemand), Alex Muller (Suisse)

1988 L. Lederman, M. Schwartz, J. Steinberger (Américains)

1989 H.G. Dehmelt, N.F. Ramsey (Américains), W. Paul (Allemand)

1990 J.I. Friedman (Américain)

1991 Pierre-Gilles de Gennes (Français)

1992 Georges Charpak (Français)

1993 R.A. Hulse, J.H. Taylor (Américains)

1994 B.N. Brockhouse (Canadien), C.G. Shull (Américain)

1995 M.L. Perl, F. Reines (Américains)

1996 D.M. Lee, D.D. Osheroff, R.C. Richardson (Américains)

1997 S. Chu, W.D. Phillips, (Américains), C. Cohen-Tannoudji (Français)

1998 Robert B. Laughlin (Américain), Horst L. Stormer (Allemand), Daniel C. Tsui (Chinois)

1999 Martinus Veltman, Gerardus t'Hooft (Néerlandais)

2000 Jaurès Alferov (Russe), Herbert Kroemer (Allemand), Jack Kilby (Américain)

Tableau 10-2 : Les lauréats du prix Nobel de physique (suite)

2001 Carl E. Wieman, Eric Cornell (Américains), Wolfgang Ketterie (Allemand)

2002 Masatoshi Koshiba (Japonais), Raimond Davis, Riccardo Giacconi (Américains), Alexei Alexeievitch Abrikosov (Russe)

2003 Vitaly L. Ginzburg (Russe), Anthony J. Leggett (Américain)

2004 David J. Gross, H. David Politzer, Franck Wilczek (Américains)

2005 Roy J. Glauber, John L. Hall (Américains), Theodor W. Hänsch (Allemand)

2006 John C. Mather, George F. Smoot (Américains)

Le prix Nobel de chimie

Décerné par l'Académie royale des sciences de Suède, le prix Nobel de Chimie vient couronner les avancées, dans cette science, de la recherche et leurs applications pratiques.

Tableau 10-3 : Les lauréats du prix Nobel de chimie

1901 JacobusVan't Hoff (Néerlandais)

1902 Emil Fischer (Allemand)

1903 Svante Arrhenius (Suédois)

1904 William Ramsay (Britannique)

1905 Adolf von Baeyer (Allemand)

1906 Henri Moissan (Français)

1907 Eduard Buchner (Allemand)

1908 Ernest Rutherford (Britannique)

1909 Wilhelm Ostwald (Allemand)

1910 Otto Wallach (Allemand)

1911 Marie Curie (Française)

1912 Victor Grignard, Paul Sabatier (Français)

1913 Alfred Werner (Suisse)

1914 Theodore Richards (Américain)

1915 Richard Willstäter (Allemand)

1916-17 Non décerné

1918 Fritz Haber (Allemand)

1919 Non décerné

1920 Walther Nernst (Allemand)

1921 Frederick Soddy (Britannique)

1922 Francis Aston (Britannique)

1923 Fritz Pregl (Autrichien)

1924 Non décerné

1925 Richard Zsigmondy (Allemand)

1926 Theodor Svedberg (Suédois)

1927 Heinrich Wieland (Allemand)

1928 Adolf Windaus (Allemand)

1929 Arthur Harden (Britannique), Hans von Euler-Chepin (Suédois)

1930 Hans Fischer (Allemand)

1931 Carl Bosch, Friedrich Bergius (Allemands)

1932 Irving Langmuir (Américain)

1933 Non décerné

1934 Harold Urey (Américain)

1935 Frédéric et Irène Joliot-Curie (Français)

Tableau 10-3 : Les lauréats du prix Nobel de chimie (suite)

1936 Peter Debye (Néerlandais)

1937 Walter Haworth (Britannique), Paul Karrer (Suisse)

1938 Richard Kuhn (Allemand)

1939 Adolf Bütenandt (Allemand), Leopold Ruzicka (Suisse)

1940-42 Non décemé

1943 Georg Hevesy de Heves (Hongrois)

1944 Otto Hahn (Allemand)

1945 Artturi Virtanen (Finlandais)

1946 James Sumner, John Northrop, Wendell Stanley (Américains)

1947 Robert Robinson (Britannique)

1948 Arne Tiselius (Suédois)

1949 William Giauque (Américain)

1950 Otto Diels, Kurt Alder (Allemands)

1951 Glenn Seaborg, Edwin McMillan (Américains)

1952 Archer Martin, Richard Synge (Britanniques)

1953 Hermann Staudinger (Allemand)

1954 Linus Pauling (Américain)

1955 Vincent du Vigneaud (Américain)

1956 Cyril Hinshelwood (Britannique), Nicolai Semenov (Russe)

1957 Alexander Todd (Britannique)

1958 Frederick Sanger (Britannique)

1959 Jaroslav Heyrovsky (Tchécoslovaque)

1960 Willard Libby (Américain)

1961 Melvin Calvin (Américain)

1962 Max Perutz, John Kendrew (Britanniques)

1963 Karl Ziegler (Allemand), Giulio Natta (Italien)

1964 Dorothy Crowfoot Hodgkin (Britannique)

1965 Robert Woodward (Américain)

1966 Robert Mulliken (Américain)

1967 Ronald Norrish, George Porter (Britanniques), Manfred Eigen (Allemand)

1968 Lars Onsager (Américain)

1969 Derek Barton (Britannique), Odd Hassel

1970 Luis Leloir (Argentin)

1971 Gerhard Herzberg (Canadien)

1972 Christian Anfinsen, Stanford Moore, William Stein (Américains)

1973 Ernst Otto Fischer (Allemand), Geoffrey Wilkinson (Britannique)

1974 Paul Flory (Américain)

1975 John Cornforth (Australien), Vladimir Prelog (Suisse)

1976 William N. Lipscomb (Américain)

1977 Ilya Prigogine (Belge)

1978 Peter Mitchell (Britannique)

1979 Herbert C. Brown (Américain), Georg Wittig (Allemand)

1980 Paul Berg, Waller Gilbert (Américains), Frederick Sanger (Britannique)

1981 Kenichi Fukui (Japonais) Roald Hoffman (Américain)

1982 Aaron Klug (Sud-Africain)

1983 Henry Taube (Canadien)

1984 Bruce Merrifield (Américain)

1985 Herbert At Hauptman, Jerome Karle (Américains)

1986 Dudley Herschbach, Yuan Tseh Lee (Américains), John Polyani (Canadien)

1987 Jean-Marie Lehn (Français), Charles Pedersen, Donald Cram (Américains)

1988 Johann Deisenhofer, Robert Huber, Hartmut Michel (Allemands)

1989 Sidney Altman (Américain né au Canada), Thomas R. Cech (Américain)

1990 Elias James Corey (Américain)

1991 Richard R. Ernst (Suisse)

1992 Rudolph A. Marcus (Américain né au Canada)

1993 Kary B. Mullis, Michael Smith (Américains)

1994 George A. Olah (Américain né en Hongrie)

1995 Paul J. Crutzen (Néerlandais), Mario J. Molina (Américain né au Mexique), F. Sherwood Rowland (Américain)

1996 Robert Curl (Américain), Sir Harold Kroto (Britannique),

Tableau 10-3 : Les lauréats du prix Nobel de chimie (suite)

Richard Smalley (Américain)

1997 Paul D. Boyer (Américain), John E. Walker (Britannique), Jens C. Skou (Danois)

1998 Walter Kohn (Américain né en Autriche), John A. Pople (Britannique)

1999 Ahmed H. Zewail (Égyptien)

2000 Alan J. Heeger (Américain), Alan G. Macdiarmid (Néo-Zélandais), Hideki Shirakawa (Japonais)

2001 William S. Knowles (Américain), Ryoji Noyori (Japonais), K. Barry Sharpless (Américain)

2002 John B. Fenn (Américain), Koichi Tanaka (Japonais), Kurt Wüthrich (Suisse)

2003 Peter Agre, Roderick MacKinnon (Américains)

2004 Aaron Ciechanover et Avram Hershko (Israëliens), Irwin Rose (Américain)

2005 Yves Chauvin (Français), Robert H. Grubbs, Richard R. Schrock (Américains)

2006 Roger Kornberg (Américain)

Le prix Nobel de littérature

Au même titre que les prix Nobel de physique, de chimie et de médecine décernés aux lauréats scientifiques, le prix Nobel de littérature récompense d'autres bienfaiteurs de l'humanité, dans la conception de son inspirateur, Alfred Nobel.

Tableau 10-4 : Les lauréats du prix Nobel de littérature

1901 Sully Prudhomme (Français)

1902 Christian Matthias Theodor Mommsen (Allemand)

1903 Bjørnstjerne Martinus Bjørnson (Norvégien)

1904 Frédéric Mistral (Français, écrit en provençal), José Echegaray y Eizaguirre (Espagnol)

1905 Henryk Sienkiewicz (Polonais)

1906 Giosuè Carducci (Italien)

1907 Rudyard Kipling (Britannique)

1908 Rudolf Christoph Eucken (Allemand)

1909 Selma Lagerlöf (Suédoise)

1910 Paul Johann Ludwig Heyse (Allemand)

1911 Maurice Maeterlinck (Belge francophone)

1912 Gerhart Johann Robert Hauptmann (Allemand)

1913 Rabîndranâth Tagore (Indien)

1915 Romain Rolland (Français)

1916 Verner von Heidenstam (Suédois)

1917 Karl Adolph Gjellerup, Henrik Pontoppidan (Danois)

1919 Carl Spitteler (Suisse germanophone)

1920 Knut Pedersen Hamsun (Norvégien)

1921 Anatole France (Français)

Tableau 10-4 : Les lauréats du prix Nobel de littérature (suite)

1922 Jacinto Benavente (Espagnol)

1923 William Butler Yeats (Irlandais)

1924 Wladyslaw Stanislaw Reymont (Polonais)

1925 George Bernard Shaw (Irlandais anglophone)

1926 Grazia Deledda (Italienne)

1927 Henri Bergson (Français)

1928 Sigrid Undset (Norvégienne)

1929 Thomas Mann (Allemand)

1930 Sinclair Lewis (Américain)

1931 Erik Axel Karlfeldt (Suédois)

1932 John Galsworthy (Britannique)

1933 Ivan Bounine (Russe)

1934 Luigi Pirandello (Italien)

1936 Eugene O'Neill (Américain)

1937 Roger Martin du Gard (Français)

1938 Pearl Buck (Américaine)

1939 Frans Eemil Sillanpää (Finlandais)

1944 Johannes Vilhelm Jensen (Danois)

1945 Gabriela Mistral (Chilienne)

1946 Hermann Hesse (Allemand)

1947 André Gide (Français)

1948 Thomas Stearns Eliot (Américain)

1949 William Faulkner (Américain)

1950 Bertrand Arthur William, comte Russell (Britannique)

1951 Pär Lagerkvist (Suédois)

1952 François Mauriac (Français)

1953 Sir Winston Leonard Spencer Churchill (Britannique)

1954 Ernest Hemingway (Américain)

1955 Halldór Laxness (Islandais)

1956 Juan Ramón Jiménez (Espagnol)

1957 Albert Camus (Français)

1958 Boris Pasternak (Russe) refuse le prix

1959 Salvatore Quasimodo (Italien)

1960 Saint-John Perse (Français)

1961 Ivo Andric (Bosniaque)

1962 John Steinbeck (Américain)

1963 Giorgos Seferis (Grec)

1964 Jean-Paul Sartre (Français) refuse le prix

1965 Mikhaïl Cholokhov (Russe)

1966 Shmuel Yosef Agnon (Israélien), Nelly Sachs (Allemande)

1967 Miguel Ángel Asturias (Guatémaltèque)

1968 Yasunari Kawabata (Japonais)

1969 Samuel Beckett (Irlandais)

1970 Alexandre Soljenitsyne (Russe)

1971 Pablo Neruda (Chilien)

1972 Heinrich Böll (Allemand)

1973 Patrick White (Australien)

1974 Eyvind Johnson et Harry Martinson (Suédois)

1975 Eugenio Montale (Italien)

1976 Saul Bellow (Américain)

1977 Vicente Aleixandre (Espagnol)

1978 Isaac Bashevis Singer (Américain, né en Pologne, écrit en yiddish)

1979 Odysseas Elytis (Grec)

1980 Czeslaw Milosz (Polonais)

1981 Elias Canetti (Britannique, né en Bulgarie, écrit en allemand)

1982 Gabriel Garcia Márquez (Colombien)

1983 William Golding (Anglais)

1984 Jaroslav Seifert (Tchèque)

1985 Claude Simon (Français)

1986 Wole Soyinka (Nigérian)

1987 Joseph Brodsky (Russe)

1988 Naguib Mahfouz (Égyptien)

1989 Camilo José Cela (Espagnol)

1990 Octavio Paz (Mexicain)

1991 Nadine Gordimer (Sud-Africaine)

1992 Derek Walcott (né dans l'île de Sainte-Lucie)

1993 Toni Morrison (Américaine)

1994 Kenzaburo Oe (Japonais)

1995 Seamus Heaney (Nord-Irlandais)

Tableau 10-4 : Les lauréats du prix Nobel de littérature (suite)

1996 Wislawa Szymborska (Polonaise)	**1999** Günter Grass (Allemand)	(Britannique né à Trinité-et-Tobago)	**2004** Elfriede Jelinek (Autrichienne)
1997 Dario Fo (Italien)	**2000** Gao Xingjian (Français de langue chinoise)	**2002** Imre Kertész (Hongrois)	**2005** Harold Pinter (Britannique)
1998 José Saramago (Portugais)	**2001** Vidiadhar Surajprasad Naipaul	**2003** John Maxwell Coetzee (Sud-Africain anglophone)	**2006** Orhan Pamuk (Turc)

Figure 10-2 : Claude Simon reçoit le prix Nobel de littérature.

Le prix Nobel de la paix

Décerné par un comité nommé par le parlement norvégien, le prix Nobel de la paix récompense « la personnalité ayant le plus ou le mieux contribué au rapprochement des peuples, à la suppression ou à la réduction des armées permanentes, à la réunion et à la propagation des progrès pour la paix », selon les volontés d'Alfred Nobel. Ceci comprend la lutte pour la paix, les droits de l'homme, l'aide humanitaire, la liberté. Il peut être partagé entre plusieurs personnes, ou plusieurs institutions. Ce prix trouve sa place dans ce chapitre, tant parfois les conséquences de découvertes scientifiques imposent qu'un « faiseur de paix » veille sur notre destin commun ! Pendant les guerres mondiales, et lorsque aucun candidat n'a recueilli l'unanimité, le prix n'est pas attribué.

Tableau 10-5 : Les lauréats du prix Nobel de la paix

1901 Henry Dunant (Suisse), fondateur du Comité international de la Croix-Rouge et promoteur de la Convention de Genève. Frédéric Passy (France), fondateur et président de la Société française pour l'arbitrage entre nations.

1902 Élie Ducommun (Suisse) et Charles Albert Gobat, secrétaires honoraires du Bureau international permanent de la paix (Berne).

1903 Sir William Randal Cremer (Royaume-Uni), secrétaire de la Ligue internationale d'arbitrage.

1904 Institut de Droit international (Gand, Belgique).

1905 Baronne von Suttner (Autriche), écrivain, président honoraire du Bureau international permanent de la paix.

1906 Theodore Roosevelt (États-Unis), président des États-Unis, pour son aide lors des négociations de paix dans la guerre russo-japonaise.

1907 Ernesto Teodoro Moneta (Italie), président de la Ligue lombarde pour la paix. Louis Renault (France), professeur de droit international.

1908 Klas Pontus Arnoldson (Suède), fondateur de la Ligue suédoise pour la paix et l'arbitrage. Fredrik Bajer (Danemark), président honoraire du Bureau international permanent de la paix.

1909 Auguste Marie Francois Beernaert (Belgique), membre de la Cour internationale d'arbitrage. Paul, Baron de Constant de Rebecque (France), fondateur et président du groupe parlementaire français du Comité de défense des intérêts nationaux et de conciliation internationale, Bureau international permanent de la paix (Berne).

1910 Tobias Michael Carel Asser (Pays-Bas), initiateur de la Conférence de droit international privé (La Haye).

1911 Alfred Hermann Fried (Autriche), fondateur de *Die Waffen Nieder.*

1912 Elihu Root (États-Unis), pour l'initiative de plusieurs accords d'arbitrage.

1913 Henri La Fontaine (Belgique), président du Bureau international permanent de la paix.

1914-1916 Non décerné.

1917 Comité international de la Croix-Rouge (Genève).

1918 Non décerné.

1919 Woodrow Wilson (États-Unis) pour avoir fondé la Société des nations.

1920 Léon Bourgeois, président du conseil de la Société des nations.

1921 Karl Hjalmar Branting (Suède), Premier ministre suédois, délégué au Conseil de la Société des nations. Christian Lous Lange (Norvège), secrétaire général de l'Inter-

Tableau 10-5 : Les lauréats du prix Nobel de la paix (suite)

Parliamentary Union.

1922 Fridtjof Nansen (Norvège), délégué norvégien à la Société des nations, à l'origine des passeports Nansen pour les réfugiés.

1923-1924 Non décerné.

1925 Sir Austen Chamberlain (Royaume-Uni) pour les accords de Locarno. Charles Dawes (États-Unis), président de la Commission de réparation alliée et créateur du plan Dawes.

1926 Aristide Briand (France) pour les accords de Locarno. Gustav Stresemann (Allemagne) pour les accords de Locarno.

1927 Ferdinand Buisson (France), fondateur et président de la Ligue des droits de l'homme. Ludwig Quidde (Allemagne), délégué à de nombreuses conférences de paix.

1928 Non décerné.

1929 Frank Billings Kellogg (États-Unis) pour le pacte Briand-Kellogg.

1930 Archevêque Nathan Söderblom (Suède), leader du mouvement œcuménique.

1931 Jane Addams (États-Unis), présidente de la Ligue internationale des femmes pour la paix et la liberté (LIFPL-WILFP). Nicholas Murray Butler (États-Unis) pour sa promotion du pacte Briand-Kellogg.

1932 Non décerné.

1933 Sir Norman Angell (Ralph Lane) (Royaume-Uni), écrivain, membre du Comité exécutif de la Société des nations et du Conseil national de la paix.

1934 Arthur Henderson (Royaume-Uni), président de la Conférence sur le désarmement de la Société des nations.

1935 Carl von Ossietzky (Allemagne), journaliste pacifiste.

1936 Carlos Saavedra Lamas (Argentine), président de la Société des nations et médiateur dans le conflit entre le Paraguay et la Bolivie.

1937 Vicomte Cecil of Chelwood, fondateur et président de l'International Peace Campaign.

1938 Office international Nansen pour les réfugiés, Genève.

1939-1943 Non décerné.

1944 Comité international de la Croix-Rouge (attribué rétroactivement en 1945).

1945 Cordell Hull (États-Unis) pour sa participation à la création des Nations unies.

1946 Emily Greene Balch (États-Unis), présidente honoraire de la Ligue internationale des femmes pour la paix et la liberté (LIFPL-WILFP). John Raleigh Mott (États-Unis), président du Conseil international missionnaire et de l'Association des jeunes hommes chrétiens.

1947 The Friends Service Council (Royaume-Uni) et The American Friends Service Committee (États-Unis).

1948 Non décerné.

1949 Lord John Boyd Orr of Brechin (Royaume-Uni), directeur de l'Organisation pour l'alimentation et l'agriculture (FAO), président du Conseil national pour la paix et de l'Union mondiale des organisations pour la paix.

1950 Ralph Bunche pour sa médiation en Palestine (1948).

1951 Léon Jouhaux (France), président de l'International Committee of the European Council, vice président de la Confédération internationale des syndicats libres,

Tableau 10-5 : Les lauréats du prix Nobel de la paix (suite)

vice-président de la World Federation of Trade Unions, membre de l'Organisation internationale du travail, délégué des Nations unies.

1952 Albert Schweitzer (France) pour la création de l'hôpital de Lambaréné au Gabon.

1953 George Catlett Marshall (États-Unis) pour le plan Marshall.

1954 Haut commissariat des Nations unies pour les réfugiés.

1955-1956 Non décerné.

1957 Lester Bowles Pearson (Canada), président de la 7e session de l'assemblée générale des Nations unies.

1958 Georges Pire (Belgique), dirigeant de l'Europe du cœur au service du monde, organisation d'aide aux réfugiés.

1959 Philip J. Noel-Baker (Royaume-Uni), pour toute son œuvre en faveur de la paix et de la coopération internationale.

1960 Albert John Luthuli (Afrique du Sud), président de l'ANC (African National Congress).

1961 Dag Hjalmarskjöld (Suède), secrétaire général des Nations unies (récompense posthume).

1962 Linus Pauling (États-Unis) pour sa campagne contre les essais d'armes nucléaires.

1963 Comité international de la Croix-Rouge (Genève). Ligue des sociétés de la Croix-Rouge (Genève).

1964 Martin Luther King (États-Unis), pour sa campagne en faveur des droits civils.

1965 Fonds des Nations unies pour l'enfance (UNICEF).

1966-1967 Non décerné.

1968 René Cassin (France), président de la Cour européenne des droits de l'homme.

1969 Bureau international du travail (BIT) (Genève).

1970 Norman Borlaug (États-Unis), pour ses recherches au sein de l'International Maize and Wheat Improvement Center.

1971 Willy Brandt (Allemagne - RFA), pour sa politique de rapprochement avec l'Europe de l'Est et l'Allemagne de l'Est (Ostpolitik).

1972 Non décerné.

1973 Henry Kissinger (États-Unis) et Lê Dúc Tho (qui a refusé le prix) pour l'accord de paix au Viêt Nam.

1974 Sean MacBride (Irlande), président du Bureau international pour la paix (Genève) et de la Commission de Namibie des Nations unies. Eisaku Satò (Japon), Premier ministre, pour son rôle dans le traité de non-prolifération des armes nucléaires.

1975 Andrei Sakharov (URSS) pour sa campagne en faveur des droits de l'homme.

1976 Betty Williams et Mairead Corrigan, fondateurs de Northern Ireland Peace Movement (renommé plus tard Community of Peace People).

1977 Amnesty International (Londres).

1978 Anouar el-Sadate (Égypte) et Menahem Begin (Israël) pour les négociations de paix entre l'Égypte et Israël.

1979 Mère Teresa (Inde), pour son action au service des « plus pauvres parmi les pauvres ».

1980 Adolfo Pérez Esquivel (Argentine), leader du mouvement en faveur des droits de l'homme.

1981 Bureau du haut-commissariat des Nations unies pour les réfugiés.

1982 Alva Reimer Myrdal (Suède) et Alfonso Garcia Robles (Mexique), délégués des Nations unies

Tableau 10-5 : Les lauréats du prix Nobel de la paix (suite)

à l'Assemblée générale sur le désarmement.

1983 Lech Walesa (Pologne), fondateur de Solidarnosc et défenseur des droits de l'homme.

1984 Mgr Desmond Tutu (Afrique du Sud) pour sa lutte contre l'apartheid.

1985 Internationale des médecins contre la guerre nucléaire (Boston).

1986 Elie Wiesel (États-Unis).

1987 Oscar Arias Sanchez (Costa Rica) à l'origine des négociations de paix en Amérique centrale.

1988 Forces de maintien de la paix (Les « Casques bleus ») des Nations unies (New York).

1989 Tenzin Gyatso, le 14e Dalaï Lama, pour sa tentative de pacification de la répression chinoise au Tibet.

1990 Mikhaïl Gorbatchev (URSS) pour sa participation à l'arrêt de la guerre froide.

1991 Aung San Suu Kyi (Birmanie), leader de l'opposition et avocat des droits de l'homme.

1992 Rigoberta Menchu Tum (Guatemala), pour sa campagne en faveur des droits de l'homme, et plus particulièrement son soutien aux populations indiennes d'Amérique latine.

1993 Nelson Mandela (Afrique du Sud) et Frederik De Klerk (Afrique du Sud) pour l'abolition de l'apartheid.

1994 Yasser Arafat (Palestine), Shimon Peres (Israël) et Yitzhak Rabin (Israël) pour les négociations de paix entre Israël et la Palestine.

1995 Joseph Rotblat (Pologne/Royaume-Uni) et la conférence de Pugwash sur la Science et les Affaires mondiales, pour leurs efforts en faveur du désarmement nucléaire.

1996 Carlos Felipe Ximenes Belo (Timor oriental) et Jose Ramos-Horta (Timor oriental) pour leur recherche d'une résolution pacifique et équitable du conflit au Timor oriental.

1997 Campagne internationale pour l'interdiction des mines antipersonnelles et Jody Williams (États-Unis) pour leur travail pour l'éradication des mines antipersonnel.

1998 John Hume (Royaume-Uni) et David Trimble (Royaume-Uni) pour leurs efforts dans la recherche d'une solution pacifique au conflit d'Irlande du Nord.

1999 Médecins sans frontières (Bruxelles).

2000 Kim Dae Jung (Corée du Sud) pour son travail pour la démocratie et les droits de l'homme.

2001 Les Nations unies et leur secrétaire général Kofi Annan (Ghana).

2002 Jimmy Carter, ancien président des États-Unis, pour ses efforts en faveur de la paix, de la démocratie, des droits de l'homme et du développement économique et social dans le monde.

2003 Chirine Ebadi, pour son œuvre pour la défense des droits des femmes et des enfants et son aide juridique aux personnes persécutées.

2004 Wangari Maathai, militante écologiste kenyane.

2005 Agence internationale de l'énergie atomique et son directeur Mohamed El Baradei pour leurs efforts contre la prolifération des armes nucléaires.

2006 Muhammad Yunus et sa banque spécialisée dans le microcrédit (Bangladesh)

Figure 10-3 : Nelson Mandela.

Le prix de la Banque de Suède en sciences économiques en mémoire d'Alfred Nobel

Créé en mémoire d'Alfred Nobel, le prix de la Banque de Suède en sciences économiques, couramment appelé « prix Nobel d'économie », est le seul prix qui n'a pas été fondé par le testament d'Alfred Nobel, mais qui reste, comme les prix Nobel de physique et de chimie, décerné par l'Académie royale des sciences de Suède et remis par le roi de Suède le 10 décembre. Créé en 1968, il est décerné pour la première fois en 1969, à un Norvégien, R.A.K. Frisch, et à un Néerlandais, Jan Tinbergen.

Tableau 10-6 : Les lauréats du prix de la Banque de Suède

1969 Ragnar Anton Kittil Frisch (Norvégien), Jan Tinbergen (Néerlandais)

1970 Paul Samuelson (Américain)

1971 Simon Kuznets (Américain), Sir John Hicks (Britannique)

1972 Kenneth Arrow (Américain)

1973 Wassily Leontief (Américain)

1974 Friedrich Von Hayek (Britannique), Gunnar Myrdal (Suédois)

1975 Leonid Kantorovich (Russe), Tjalling Koopmans (Américain)

1976 Milton Friedman (Américain)

1977 Bertil Ohlin (Suédois), James Meade (Britannique)

1978 Herbert Simon (Américain)

1979 Theodore Schultz (Américain), Arthur Lewis (Britannique)

1980 Lawrence Klein (Américain)

1981 James Tobin (Américain)

1982 George Stigler (Américain)

1983 Gérard Debreu (Américain)

1984 Richard Stone (Britannique)

1985 Franco Modigliani (Américain)

1986 James Buchanan Jr (Américain)

1987 Robert Solow (Américain)

1988 Maurice Allais (Français)

1989 Trygve Haavelmo (Norvègien), Harry Markowitz (Américain)

1990 Merton Miller, William Sharpe (Américains)

1991 Ronald Coase, (Britannique)

1992 Gary Becker, Robert Fogel (Américains)

1993 Douglass North (Américain), Reinhard Selten (Allemand)

1994 John Forbes Nash (Américain), John Harsanyi (Américain d'origine hongroise)

1995 Robert Lucas Jr (Américain)

1996 William Vickrey, Robert Merton (Américains)

1997 Myron Scholes (Américain)

1998 Amartya Sen (Indien)

1999 Robert Mundell (Canadien), James Heckman (Américain)

2000 Daniel McFadden, George Akerlof (Américains)

2001 Michael Spence, Joseph E. Stiglitz (Américains)

2002 Daniel Kahneman, Vernon L. Smith (Américains)

2003 Robert F. Engle (Américain), Clive W. J. Granger (Britannique)

2004 Finn E. Kydland (Norvégien), Edward C. Prescott (Américain)

2005 Robert J. Aumann (Israëlien), Thomas C. Schelling (Américain)

2006 Edmund S. Phelps (Américain)

Chapitre 11

Euréka ! Les grandes découvertes

Dans ce chapitre :

- Les grandes inventions
- Les grands explorateurs
- Le monde de la communication

Croire que le monde a toujours été nôtre est une illusion d'homme du XXIe siècle. Pendant des siècles, le monde se réduit, pour le paysan ou l'artisan, à son village natal, au mieux à une visite annuelle à la capitale provinciale. Un prince vit, lui, à l'échelle de son État et des principautés voisines. L'échelle du continent est bien trop vaste jusqu'à la fin du Moyen Âge pour en avoir une connaissance précise.

Puis la Renaissance commence un long travail d'abolition des frontières et de l'espace, Christophe Colomb découvre l'Amérique, Vasco de Gama double le cap de Bonne-Espérance. Des mondes inconnus des Européens s'ouvrent à eux. Cet extraordinaire effort de découverte aurait été impossible sans les progrès techniques qui l'accompagnent. Car l'homme ne découvre pas seulement, il invente, il innove à la mesure de ces découvertes ; l'exploration se prolonge dans les laboratoires et les bibliothèques des scientifiques et des érudits. La machine à calculer de Pascal prépare la pile du réacteur nucléaire : à trois siècles de distance, 1642 annonce 1942.

Faire fi des distances, une fois le monde connu, exploré, mis en valeur, reste le défi suprême. Comment communiquer à l'autre extrémité de la planète ici, maintenant, tout de suite ? Aux lourdes caravelles succèdent les câbles transatlantiques des lignes de téléphone, puis l'immédiateté réelle, la micro-informatique à domicile et Internet.

En route, donc, de la lenteur languissante des caravelles, du temps des embruns salés savourés sur les lèvres à celui du clic magique !

Les grandes inventions qui ont marqué l'humanité

Connaître les sciences, c'est aussi se pencher sur l'histoire des grandes réalisations humaines au moment où elles passent de l'invention à l'innovation. Inventer, c'est la capacité de créer une nouveauté, mais la plupart des inventions demeurent sans suite, faute d'avoir trouvé leur application pour améliorer la vie quotidienne des hommes. L'*invention* ne prend sa dimension véritable que lorsqu'elle devient *innovation*, c'est-à-dire moyen pratique de mieux vivre ici et maintenant, mais aussi origine d'un processus qui permettra d'autres inventions, d'autres innovations. Voici donc venu le voyage dans le temps, la rencontre des inventions innovantes, des grandes découvertes scientifiques.

Tableau 11-1 : Les grandes inventions

1665-75 Calcul différentiel, Isaac Newton (Britannique) et Gottfried Leibniz (Allemand), séparément

1675 Marmite à vapeur, Denis Papin (Français)

1698 Pompe à feu, Thomas Savery (Britannique)

1712 Machine à vapeur, Thomas Newcomen (Britannique)

1714 Thermomètre à mercure, Gabriel Farenheit (Allemand)

1725 Stéréotypie, William Ged (Écossais)

1733 Navette, John Kay (Britannique)

1735 Chronomètre de marine, John Harrisson (Britannique)

1752 Paratonnerre, Benjamin Franklin (Américain)

1764 Métier à filer, James Hargreaves (Britannique)

1765 Condenseur de vapeur, James Watt (Écossais)

1768 Aéromètre, Antoine Baumé (Français)

1783 Parachute, Louis Lenormand (Français)

1785 Métier mécanique, Edmund Cartwright (Britannique)

1793 Égreneuse de coton, Eli Whitney (Américain)

1796 Lithographie, Aloys Senefelder (Allemand)

1800 Batterie électrique, Alessandro Volta (Italien)

1800 Tour, Henry Maudslay (Britannique)

1804 Locomotive à vapeur, Richard Trevithick (Britannique)

1815 Lampe de sûreté des mineurs, Humphry Davy (Britannique)

1816 Métronome, Johan Mälzel (Allemand)

1816 Bicyclette (draisienne), baron de Drais (Allemand)

1817 Kaléidoscope, David Brewster (Écossais)

1822 Appareil photo, Nicéphore Niepce (Français)

1823 Machine à calculer à touches, Charles Babbage (Britannique)

1824 Ciment Portland, Joseph Aspdin (Britannique)

1825 Électro-aimant, William Sturgeon (Britannique)

1826 Photographie (image durable), Joseph Niepce (Français)

1827 Allumette, John Walker (Britannique)

1828 Haut-fourneau, James Nielson (Écossais)

1831 Dynamo, Michael Faraday (Britannique)

1834 Moissonneuse, Cyrus McComick (Américain)

1837 Revolver, Samuel Colt (Américain)

1836 Télégraphe, Samuel F. B. Morse (Américain)

Tableau 11-1 : Les grandes inventions (suite)

1839 Vulcanisation du caoutchouc, Charles Goodyear (Américain)

1844 Allumettes de sûreté, Gustave Pasch (Suédois)

1846 Machine à coudre, Elias Howe (Américain)

1849 Épingle de sûreté, Walter Hunt (Américain)

1852 Gyroscope, Léon Foucault (Français)

1853 Ascenseur, Elisha Otis (Américain)

1855 Celluloïd, Alexander Parkes (Britannique)

1855 Convertisseur (fonte/acier), Henry Bessemer (Britannique)

1855 Bec Bunsen, Robert Bunsen (Allemand)

1856 Réfrigérateur, Ferdinand Carré (Français)

1858 Machine à laver, Hamilton Smith (Américain)

1859 Moteur à explosion, Étienne Lenoir (Français)

1861 Linoléum, Frederick Walton (Britannique)

1862 Fusil à tir rapide, Richard Gatling (Américain)

1865 Serrure à barillet, Linus Yale Jr (Américain)

1866 Dynamite, Alfred Nobel (Suédois)

1867 Machine à encre, Christopher Sholes (Américain)

1868 Tondeuse à gazon, Arnariah Hills (Américain)

1870 Margarine, Hippolyte Mège-Mouriès (Français)

1873 Fil barbelé, Joseph Glidden (Américain)

1876 Téléphone, Alexander Graham Bell (Écossais)

1877 Phonographe, Thomas Edison (Américain)

1878 Microphone, David Edward Hughes (Britannique/Américain)

1879 Lampe à incandescence, Thomas Edison (Américain)

1879 Caisse enregistreuse, James Ritly (Américain)

1884 Stylo à encre, Lewis Waterman (Américain)

1884 Linotype, Ottmar Mergenthaler (Américain)

1885 Motocyclette, Gottlieb Daimler (Allemand)

1885 Vase chimique sous vide, James Dewar (Écossais)

1885 Transformateur électrique, William Stanley (Américain)

1885 Moteur d'automobile, Gottlieb Daimler et Kart Benz (Allemands), séparément

1886 Ventilateur électrique, Schuyler Wheeler (Américain)

1886 Similigravure, Frederick Ives (Américain)

1887 Gramophone, Émile Berliner (Allemand/Américain)

1887 Monotype, Tolbert Lanston (Américain)

1888 Pneumatique, John Boyd Dunlop

1889 Film photographique, premier appareil photo simplifié (Kodak), George Eastman (Américain)

1890 Rotogravure, Karl Klic (Tchéchoslovaque)

1892 Fermeture à glissière, Whitcomb Judson (Américain)

1895 TSF (radio), G. Marconi (Italien)

1895 Cellule photoélectrique, Julius Ester et Hans Geitel (Allemand)

1895 Rasoir à lame interchangeable, King C. Gillette (Américain)

1897 Moteur Diesel, Rudolf Diesel (Allemand)

1898 Sous-marin, John P. Holland (Irlandais/Américain)

1899 Magnétophone, Valdemar Poulsen (Danois)

1901 Aspirateur, Cecil Booth (Britannique)

1902 Radiotéléphone, Reginald Fessenden (Américain)

1903 Avion, Wilbur et Orville Wright (Américain)

1904 Diode, John Fleming (Britannique)

1906 Triode, Lee de Forest (Américain)

1908 Bakélite, Leo Baekeland (Belge/Américain)

1908 Cellophane, Jacques Brandenberger (Suisse)

1911 Moissonneuse-batteuse, Benjamin Holt (Américain)

1913 Compteur Geiger, Hans Geiger (Allemand)

Tableau 11-1 : Les grandes inventions (suite)

1914 Tank, Ernest Swinton (Britannique)

1915 Lampe à filament de tungstène, Irving Langmuir (Américain)

1918 Fusil automatique, John Browning (Américain)

1925 Télévision (procédé), John Logie Baird (Écossais) et autres

1926 Fusée (à propergol liquide), Robert H. Goddard (Américain)

1928 Rasoir électrique, Jacob Schnick (Américain)

1930 Turboréacteur, Frank Whittle (Britannique)

1930 Bathysphère, William Beebe (Américain)

1930 Fréon (CFC), Thomas Midgley et al. (Américain)

1930 Caoutchouc synthétique néoprène, Julius Arthur Nieuwland et Wallace Hume Carothers (Américains)

1930 Coronographe, Bernard Lyot (Français)

1931 Cyclotron, Ernest Lawrence (Américain)

1931 Accélérateur de Van de Graaff, Robert Jemison Van de Graaff (Américain)

1931 Analyseur différentiel, Vannevar Bush (Américain)

1932 Microscopie par contraste de phases, Frits Zernike (Néerlandais)

1933 Modulation de fréquence (FM), Edwin Howard Armstrong (Américain)

1934 Radioactivité artificielle, Irène et Frédéric Joliot-Curie (Français)

1935 Caoutchouc synthétique Buna, groupe de scientifiques (Allemands)

1935 Radar, Robert Watson-Watt (Britannique)

1935 Cortisone, Edward Calvin Kendall (Américain) et Tadeus Reichstein (Suisse)

1935 Microscope électronique, groupe de scientifiques (Allemands)

1935 Sulfamides, Gerhard Domagk (Allemand)

1935 Nylon, Wallace Carothers (Américain)

1935 Parcmètre, Carlton Magee (Américain)

1936 Hélicoptère à rotors jumelés, Heinrich Focke (Allemand)

1937 Nylon, Wallace Hume Carothers (Américain)

1939 DDT, Paul Müller (Suisse)

1939 Hélicoptère, Igor Sikorsky (Américain)

1939 Microscope électronique, Vladimir Zworykin(Américain) et autres

1939 Bêtatron, Donald William Kerst (Américain)

1941 Plutonium, Glenn Seaborg et Edwin Mattison McMilian (Américains)

1942 Réacteur nucléaire (pile atomique), Enrico Fermi (Américain)

1942 Xérographie, Chester Carlson (Américain)

1944 Calculateur numérique automatique, Howard Aiken (Américain)

1944 Missile V2, Wernher von Braun (Américain)

1945 Bombe atomique, scientifiques au service du gouvernement américain

1945 Streptomycine, Selman A. Waksman (Américain)

1946 Ordinateur, J. Presper Eckert et John W. Mauchly (Américains)

1947 Photo à développement instantané (Polaroïd), Edwin Land (Américain)

1947 Holographie, Dennis Gabor (Britannique)

1947 Bathyscaphe, Auguste Piccard (Suisse)

1947 Four à micro-ondes, Percy L. Spencer (Américain)

1948 Compteur à scintillations, Hartmut Kallmann (Allemand)

1948 Auréomycine, Benjamin Minge Duggar et Chandra Bose Suba Row (Américains)

1948 Transistor, John Bardeen,Walter Brattain et William Schockley (Américains)

1948 Xérographie, Chester Carlson (Américain)

1948 Microsillon 33 tours, Peter Goldmark (Américain)

1949 Avion à statoréacteur, René Leduc (Français)

1950 Télévision en couleurs, Peter Carl Goldmark (Américain)

Tableau 11-1 : Les grandes inventions (suite)

1952 Bombe à hydrogène, scientifiques au service du gouvernement américain

1952 Chambre à bulles (détecteur de particules nucléaires), Donald Arthur Glaser (Américain)

1953 Procédé de fabrication industrielle des stylos à bille, Marcel Bich (Français)

1953 Structure de l'ADN (double hélice), Francis Harry Compton (Britannique), Crick et James Dewey (Américains)

1954 Maser, Charles H. Townes (Américain)

1954 Batterie solaire, scientifiques du Bell Telephone Laboratory (Américains)

1954 Vaccin contre la poliomyélite, Jonas Edward Salk (Américain) et Pierre Lépine (Français)

1955 Diamants synthétiques, scientifiques de General Electric (Américains)

1955 Datation par le carbone 14, Willard Frank Libby (Américain)

1956 Aéroglisseur, Christopher Cokerell (Britannique)

1956 Premier prototype de machine rotative, Felix Wankel (Allemand)

1956 Procédé Secam de télévision couleur breveté, Henri de France (Français)

1957 Réacteur nucléaire refroidi au sodium, scientifiques au service du gouvernement américain (Américains)

1957 Satellite artificiel, groupe de scientifiques (Soviétiques)

1958 Satellite de télécommunications, groupe de scientifiques (Américains)

1959 Circuit intégré, Jack Kilby et Robert Noyce (Américains)

1960 Laser, Theodore Maiman, Charles H. Townes, Arthur L. Schawlow et Gordon Gould (Américains)

1960 Pilule contraceptive, Gregory Pincus, John Rock (Américains) et Min-Chueh Chang

1960 Synthèse de chlorophylle, Robert Burns Woodward, (Américain)

1962 Diode électroluminescente (DEL), Nick Holonyak (Américain)

1963-1969 Mise au point de nombreux détecteurs de particules, Georges Charpak (Français)

1964 Écran à cristaux liquides, George Helmeier (Américain)

1965 Holographie (idée datant de 1948 et mise en application grâce à la découverte du laser), T. Gabor (Britannique)

1966 Cœur artificiel (ventricule gauche), Michael Ellis DeBakey (Américain)

1967 Greffe de cœur sur l'homme, Christian Neething Barnard (Sud-Africain)

1970 Première synthèse complète d'un gène, Har Gobind Khorana (Américain)

1971 Scanner, Godfrey Hounsfield (Britannique), réalisé à partir du procédé de tomographie qu'il avait inventé en 1967

1971 Microprocesseur, Ted Hoff (Américain)

1971 Imagerie par résonance magnétique, Raymond Damadian (Américain)

1972 Calculatrice électronique de poche, J. S. Kilby et J. D. Merryman (Américains)

1973 Synthèse des cryptates, Jean-Marie Lehn (Français)

1974 ADN recombinant (génie génétique), groupe de scientifiques (Américains)

1974 Carte à puce, Roland Moreno (Français)

1975 Fibre optique, Bell Laboratories (Américains)

1975 Vaccin contre l'hépatite B, Philippe Maupas (Français)

1976 Supercalculateur, J. H. Van Tassel et Seymour Cray (Américains)

1978 Synthèse des gènes de l'insuline, Roberto Crea, Tadaaki Hirose, Adam Kraszewski et Keiichi Ikatura (Américains)

1978 Transplantation de gène entre mammifères, Paul Berg, Richard Mulligan et Bruce Howard (Américains)

1978 Cœur artificiel Jarvik-7, Robert K. Jarvik (Américain)

1979 Disque compact, Joop Sinjou (Hollandais) et Toshi Tata Doi (Japonais)

Tableau 11-1 : Les grandes inventions (suite)

1979 Correction d'anomalies génétiques dans des cellules de souris (ADN recombinant et techniques de micromanipulation), W. French Anderson et al. (Américains)

1979 Culture *in vivo* de lymphocytes T, équipe de l'hôpital Saint-Louis (Paris) (Français)

1981 Navette spatiale, ingénieurs de la Nasa (Américains)

1981 Microscope à effet tunnel, Gerd Binnig (Suisse) et Heinrich Rohrer (Allemand)

1985 Vaccin contre la leishmaniose, L. Monjour (Français)

1986 Supraconducteurs à haute température, J. Georg Bernorz (Allemand) et Karl A. Müller (Suisse)

1987 Vaccin contre la bilharziose, A. Capron (Français)

1988 Pilule abortive RU486, Étienne-Émile Beaulieu (Français)

1989 Cobe (Cosmic Background Explorer), équipe dirigée par George Smoot (Américains)

1993 Mise en œuvre du télescope Keck de Hawaii (le plus grand télescope du monde), chercheurs du California Institute of Technology (Américains)

1994 Preuve de l'existence du quark top, chercheurs du Fermilab (Américains)

1996 Clonage, chercheurs du Roslin Institute-Ecosse (Britanniques)

2002 Décodage du génome humain, Craig Venter (Américain)

Les grands explorateurs

Le modèle du voyageur et découvreur demeure le Vénitien Marco Polo. Certes, il n'est pas un explorateur au sens habituel du terme, il ne découvre pas le royaume de Cathay, la Chine, mais il y séjourne avec ses frères, seuls Européens dans cet immense empire. Surtout, il y voit et découvre, au sens usuel cette fois, des lieux et modes de vie auxquels aucun autre Occidental n'aura accès avant le XIXe siècle. Il est donc essentiel de mettre nos pas dans les siens sur la fabuleuse *route de la soie*. Christophe Colomb lui-même n'avait-il pas fait de son récit, le *Livre des merveilles du monde*, son livre de chevet ?

Puis vient le moment de prendre possession du monde, d'en connaître les océans et continents, en suivant Christophe Colomb, Amerigo Vespucci, Vasco de Gama. Ces vastes ensembles révélés, d'autres explorateurs en dessinent les contours plus précis : Cartier et Champlain au Canada, Cook dans le Pacifique, Savorgnan de Brazza puis Stanley et Livingstone en Afrique, et enfin Amundsen dans le froid des glaces arctiques.

Marco Polo sur la route de la soie

Marco Polo (1254-1324) est probablement le plus célèbre des explorateurs de la route de la soie. Son voyage en Asie dure, au total, vingt-quatre ans et lui permet d'approcher les plus grands personnages, grâce à son don pour les langues, notamment l'empereur de Chine, **Kubilaï Khan (1214-1294)**, petit-fils du redoutable conquérant mongol Gengis Khan.

Le voyage en Chine est presque une tradition familiale chez les Polo, puisque le père de Marco, Nicolo Polo, et son oncle, Matteo, ont déjà accompli un périple, du Moyen-Orient à la Chine, entre 1260 et 1269. Ils ont à cette occasion déjà rencontré Kubilaï Khan. En 1271, Nicolo repart, avec son fils de 17 ans, Marco. Passé l'actuelle Turquie, l'expédition traverse toute l'Asie centrale, le désert de Gobi, et arrive en 1275 à Cambaluc, la « ville du khan », future Beijing (Pékin), auprès de l'empereur.

Pendant les seize années qui suivent, les Polo effectuent de nombreuses missions à l'intérieur de l'empire, pour le compte de Kubilaï Khan, qui les comble d'honneurs et de faveurs. La fin du séjour est assombrie par les difficultés à partir, le Khan étant peu disposé à les laisser quitter la Chine. L'occasion se présente avec le départ de la cour de la princesse Kokedjin, promise au roi de Perse. Les Polo ont la confiance du souverain, ils font partie de l'escorte officielle de la princesse, en 1291. Et ce n'est qu'en 1295, après vingt-quatre ans d'absence, que Marco Polo revoit Venise.

LE SAVIEZ-VOUS ?

Marco Polo et les assassins

Dans son *Livre des merveilles du monde*, Marco Polo raconte ce dont il a été témoin directement, mais aussi les récits qui lui ont été rapportés sur des faits et événements sortant de l'ordinaire. Ainsi, il évoque le mythe du Vieux de la Montagne, le seigneur d'Alamut, en Syrie. À la tête de la secte des *assassiyoum*, il répand la terreur sur les croisés ou les seigneurs arabes qui refusent de se soumettre et de lui verser tribut. Gare aux imprudents capables de vouloir lui résister : il leur envoie un *assassiyoum*, « assassin-suicide », prêt à tout pour réussir sa mission. Gavé d'un breuvage au hachisch, autre étymologie possible, *hachischiyoun* ou « buveur de hachisch » devenant « assassin », il tue sans peur de la mort, persuadé d'un paradis en récompense du meurtre accompli, séjour de rêve, où fruits, fleurs, vins, miel et femmes l'attendent.

En 1298, Marco Polo entreprend de dicter, en français, le récit de son voyage et du séjour en Chine. C'est le *Livre des merveilles du monde*, connu aussi sous un autre titre, *Le Devisement du monde*. Marco Polo y relate à la fois le voyage effectué par son père et son oncle, sans lui, en 1260, puis celui auquel il participe, en 1271. L'ouvrage comprend trois parties, trois livres reprenant l'itinéraire : l'aller par le Proche-Orient, l'Asie centrale vers le Cathay ; le séjour dans l'empire chinois auprès de Kubilaï Khan ; le retour par voie maritime depuis l'Asie du Sud-Est et l'Inde jusqu'à l'Asie mineure.

L'auteur évoque les coutumes de l'empire, la vie de la cour, les batailles, mais aussi son activité en qualité de gouverneur d'une province, pendant trois ans. Des pages entières décrivent avec émerveillement les palais aux murs recouverts d'or et d'argent, les jardins embaumés, les créatures fantastiques. L'enthousiasme de Marco Polo est tel qu'il suscite, quand le livre est connu, méfiance et railleries, nombreux sont ceux qui le soupçonnent d'avoir tout inventé. Par dérision, les Vénitiens le surnomment « Il Milione », « l'homme aux millions ».

À la conquête du Nouveau Monde

Au XVe siècle, de nombreux territoires sont encore inconnus des peuples de l'Europe occidentale et les nécessités économiques les poussent à découvrir de nouvelles terres à exploiter. L'utilisation des épices, des bois précieux, du coton, du diamant oblige le commerce à se développer en terres inconnues. Des navires arabes vont jusqu'en Inde s'approvisionner en denrées rares qu'ils amènent en Égypte. Vénitiens et Génois viennent alors les chercher et les ramènent vers l'Europe. Peu à peu, les pays occidentaux veulent eux-mêmes aller chercher ces produits dans leurs pays d'origine. L'espoir d'y trouver de l'or et de l'argent motive la réalisation des premières grandes expéditions espagnoles et portugaises.

Christophe Colomb, l'infortuné

Fils d'un tisserand génois, **Christophe Colomb (1451-1506)** vient au Portugal dans l'intention d'étudier l'astronomie, la géométrie et la géographie. Des marins portugais ayant trouvé sur la mer des bois sculptés alors qu'ils naviguaient vers l'Ouest, ceci lui fait supposer l'existence de terres inconnues habitées. Il décide alors de rejoindre les Indes par l'Ouest. (À la même époque, le savant Toscanelli affirme que la Terre est ronde.) Son projet est soumis au roi d'Espagne, qui le repousse, mais est finalement accepté par Isabelle, alors reine d'Espagne. Elle lui promet en récompense le titre de vice-roi de toutes les terres conquises, ainsi qu'un dixième du revenu de ce qu'il pourrait y exploiter. Pour mener son projet à terme, trois caravelles lui sont données.

En août 1492, parti de Palos, il dépasse les Canaries pour aborder une des îles des Bahamas, qu'il croit être les Indes. Il atteint Cuba puis Haïti et revient en Espagne au bout de sept mois de voyage. En 1493, il repart avec cette fois-ci une flotte de dix-sept bateaux sur lesquels se trouvent un grand nombre d'agriculteurs, d'artisans. Il visite la Guadeloupe, la Dominique, longe Cuba et la Jamaïque. Ce n'est qu'à la troisième expédition, en 1498, après avoir longé le Venezuela et la Colombie, qu'il découvre l'embouchure de l'Orénoque. Son ultime voyage est au Honduras. Il meurt en 1506, dans l'oubli et la misère, persuadé d'avoir découvert les îles du Japon et trouvé une voie maritime favorable vers les Indes.

Figure 11-1 : Christophe Colomb découvre l'Amérique.

LE SAVIEZ-VOUS ?

L'œuf de Colomb…

Tout le monde connaît l'expression « l'œuf de Colomb », mais bien peu savent son origine. La voici : la faveur dont jouit Colomb auprès des rois très catholiques Isabelle de Castille et Ferdinand d'Aragon irrite au plus haut point certains grands seigneurs. Au cours d'un banquet, l'un d'entre eux, jaloux, lance à Colomb : « Ce voyage aux Indes n'était guère difficile ! » Colomb, très maître de lui en dépit de l'insulte, lui répond : « Certes non, mon seigneur, mais il en est de toutes choses comme de cet œuf : si je vous prie de le faire tenir droit sur la table, vous n'y parviendrez pas. Et c'est pourtant fort simple : il suffit d'écraser légèrement, comme ceci, l'une de ses extrémités ! »

L'Amérique, c'est lui : Amerigo Vespucci

En 1499, le Florentin **Amerigo Vespucci (1454-1512)** longe les côtes de l'Amérique centrale, jusqu'au nord du Brésil. Il est alors persuadé que les terres explorées par Colomb et par lui sont un quatrième continent. De retour, il annonce à Lisbonne ce qu'il vient de découvrir, qu'il appelle « Nouveau Monde ».

LE SAVIEZ-VOUS ?

… avec la coquille !

Lors de son troisième voyage, en 1498, Christophe Colomb atteint l'embouchure de l'Orénoque, fait face au Venezuela. Il est, sans conteste, en Amérique. Pourquoi ce continent s'appelle-t-il donc « Amérique » et non pas « Colombie » ?

Les responsables en sont un imprimeur lorrain, **Gauthier Lud (1448-1527)**, et un jeune géographe, **Martin Waldseemüller (1474-1520)**. En 1507, Gauthier Lud décide de rééditer la bible des géographes depuis l'Antiquité, la *Cosmographie de Ptolémée*. Mais, épris de la soif de connaissance des lettrés de la Renaissance, il demande à Martin Waldseemüller d'en actualiser les cartes. Ce dernier s'appuie sur une lettre de 1503, d'Amerigo Vespucci, qui parle du « Nouveau Monde ».

Et, par la grâce de Martin Waldseemüller, Amerigo Vespucci devient le découvreur du Nouveau Monde. Le jeune géographe, dans l'ouvrage paru le 25 avril 1507, propose même « que l'on pourrait appeler désormais [ce nouveau monde] *Americus* ou *America*, puisque c'est Américus qui l'a découverte ». C'est cette proposition que l'Histoire va retenir, et la Colombie ne sera, finalement, que l'un des États des Amériques.

Il faut attendre 1560 pour que les limites de l'Amérique soient connues, même vers les régions arctiques et du Nord-Ouest. En effet, les navigateurs occidentaux cherchent au nord-ouest de l'Amérique un accès vers les Indes et découvrent à cette occasion de nouvelles terres. En 1497, les Anglais abordent au Labrador ; en 1500, un Portugais découvre Terre-Neuve ; en 1535, une expédition française remonte le Saint-Laurent et s'installe dans ce qui sera appelé plus tard le Canada.

Vasco de Gama et Magellan, sur les mers du monde

C'est sous le règne d'Henri IV de Castille que commence l'expansion espagnole outre-mer. L'Espagne obtient du pape le jumelage exclusif du commerce dans les pays de l'Ouest. Les Portugais cherchent alors par l'est la route des Indes. En onze mois en partant de Lisbonne, **Vasco de Gama (1469-1524)** atteint la ville de Callicut, port des épices, par le cap de Bonne-Espérance (1497). De là, il regagne le Portugal en passant par Goa (1499). Tout le monde veut alors gagner les Indes par l'ouest en contournant l'Amérique.

Au service du roi d'Espagne, **Fernand de Magellan (1480-1521)** se fait confier cette mission. En 1519, il appareille à la tête de cinq navires. Il va de l'Espagne à Rio de Janeiro en longeant la côte et rejoint l'actuel détroit de Magellan. Il donne à l'océan dans lequel il vient de pénétrer le nom de Pacifique. Tournant vers le nord-ouest, il atteint les Philippines. De là il retourne en Espagne, après avoir relâché aux Moluques, passé le cap et longé les côtes occidentales d'Afrique.

Les explorateurs de la Nouvelle France

La France, comme les autres pays européens, cherche à étendre son territoire sur le globe afin d'acquérir de nouvelles richesses. Deux explorateurs jettent leur dévolu sur la région du Saint-Laurent et c'est le début de la conquête de la Nouvelle France, future province du Québec.

Jacques Cartier, trois voyages plein de promesses

Dans la première moitié du XVIe siècle, **Jacques Cartier (1491-1557)**, natif de Saint-Malo, effectue, pour le compte du roi François Ier, trois voyages d'exploration du Canada.

- Le premier voyage (d'avril à septembre 1534) se fait après une présentation par l'entremise du Grand Aumônier du roi, Jean le Veneur de Tillières, breton lui aussi. Pour le prince, l'aventure doit se traduire en richesses nouvelles, terres à s'approprier, gloire des découvertes faites en son nom. Cartier cherche un passage par le Nord-Ouest pour gagner les Indes. Il part de Saint-Malo avec deux navires et 61 hommes. Après l'exploration de la baie de Gaspé, au bord du golfe du Saint-Laurent, il revient en France avec quelques Indiens iroquois.
- Lors du second voyage (de mai 1535 à juillet 1536), avec trois navires et 110 hommes, Cartier remonte le Saint-Laurent, jusqu'aux sites futurs de Québec et de Montréal. Les relations avec les Indiens se sont gâtées. Le butin est maigre : un peu d'or, quelques fourrures.
- Le troisième voyage (de mai 1541 à septembre 1542), en termes de trésors, est tout aussi décevant, d'autant que Cartier n'est plus le commandant de l'expédition.

Le bilan, dans l'immédiat, est plutôt terne, mais ces voyages sont riches de promesses, Cartier a jeté les fondements de la future Nouvelle France.

LE SAVIEZ-VOUS ?

Le bruit et la fourrure

Au cours de son second séjour au Canada, entre 1535 et 1536, Jacques Cartier entreprend la remontée du Saint-Laurent, dont il n'avait découvert que l'embouchure lors de la première expédition. Il espère gagner ainsi le royaume de Saguenay, qui, selon les Indiens, regorge d'or et de richesses. Mais l'hiver le contraint à rebrousser chemin et à trouver refuge dans un fortin, au beau milieu du territoire du chef Donnacona. Cartier redoute une attaque, d'autant plus que ses marins sont malades du scorbut, affaiblis, incapables de défendre la position. Pour donner le change, Cartier et les marins valides du moment vont faire des achats dans les villages alentours. Si les Indiens approchent, les hommes ont ordre de cogner sur la coque des navires, comme s'il s'agissait d'un chantier en pleine activité. Finalement, les Indiens donnent à Cartier le remède contre le scorbut, une tisane d'écorce de cèdre blanc, l'*annedda*.

Samuel de Champlain, père de la Nouvelle France

S'il revient à Jacques Cartier de commencer l'exploration de la Nouvelle France, future province du Québec, **Samuel de Champlain (1567-1635)** peut être considéré à juste titre comme son véritable fondateur. Il effectue, au total, onze voyages, explore la côte nord-est jusqu'au territoire des futurs États-Unis, les grands lacs Huron et Ontario. Désireux de pérenniser la présence française par une colonie véritable, il fonde la ville de Québec en 1608 et prépare la fondation de Montréal, qui a lieu après sa mort, en 1642.

Champlain y est encouragé par le roi Henri IV, favorable au développement de la colonie. Après la mort du roi, en 1610, la régente Marie de Médicis laisse Champlain administrer la Nouvelle France, sous l'autorité, toute nominale, du prince de Bourbon-Condé. Mais les difficultés s'accumulent : les familles débarquées meurent en quelques années et les colons pillent, pour le compte des marchands, les réserves de fourrure des Indiens.

Cette activité de traite des fourrures, appelée aussi ruée vers l'or brun, attire de nombreux jeunes hommes, les coureurs des bois. La vie libre et sauvage les éloigne des villes, où Champlain peine à essayer de fixer la population d'origine européenne. La menace anglaise commence quant à elle à peser, Québec est pris en 1629, puis repris par les Français. Nommé géographe du roi, Champlain meurt à Québec, le 25 décembre 1635.

James Cook à l'assaut du Pacifique

Né dans un petit village du Yorkshire, **James Cook (1728-1779)** entre dans la Royal Navy. Ses qualités de marin et de meneur d'hommes lui valent de commander un premier navire pour cartographier les rives du Saint-Laurent, puis, en 1768, un second avec lequel il découvre l'Australie et la Nouvelle-Zélande, dont il prend possession au nom de la couronne britannique.

En 1772, Cook prend la tête d'une expédition vers le Pacifique, composée de deux navires, le *Resolution* et l'*Adventure*. Le défi est de taille : sillonner l'immense Pacifique, pour savoir s'il y a, ou non, en son centre, un continent inconnu. L'expédition passe l'Antarctique, croise des icebergs, pensés à tort comme le continent recherché, puis gagne la Nouvelle-Zélande, où l'explorateur passe deux hivers. Sur le chemin du retour pour l'Angleterre, il découvre les îles Sandwich. En 1776, il repart, afin de ramener des indigènes de Tahiti, explore les îles du Prince-Edward, les îles Kerguelen, découvre les îles Hawaï. Le 14 février 1779, au cours d'une rixe opposant les indigènes et les marins anglais, Cook est tué sur la plage de la baie de Kealakekua.

Voyages aux confins du monde

Jusqu'aux voyages de découverte des XVe et XVIe siècles, l'Afrique reste un continent largement inconnu. L'intérieur, sur les cartes, demeure en blanc, ou occupé par les noms de royaumes fantaisistes, nés de l'imagination des géographes occidentaux. Si les côtes sont assez bien connues après le XVIe siècle, il faut attendre le dernier tiers du XIXe siècle pour que les contrées intérieures soient véritablement explorées. L'Afrique entière devient alors un enjeu majeur entre colonisateurs, qui se répartissent ces espaces à dominer lors de la *conférence de Berlin* en 1885.

Les Portugais sont les premiers à contourner l'Afrique par le cap de Bonne-Espérance, qui leur est connu depuis 1486, doublé par Vasco de Gama en 1498. Ils sont à l'origine attirés par la recherche de métaux précieux, or et argent, dont l'Europe, en plein dynamisme économique, manque cruellement pour favoriser la fluidité des échanges. Puis, au XVIIe et surtout au XVIIIe siècle, l'Afrique est exploitée pour le *commerce triangulaire* : chargés de verroterie ou d'armes à feu, les navires négriers les échangent sur les côtes africaines contre des esclaves, vendus par les souverains locaux ou les chefs arabes qui ont organisé des raids, les *razzias*, pour les enlever. Ces esclaves sont ensuite transportés vers les Antilles ou les colonies anglaises en Amérique, grandes consommatrices de main-d'œuvre dans les champs de canne à sucre, d'*indigo* (plante qui permet de teindre en bleu) ou de coton. Le dernier côté du triangle est refermé quand le navire rentre en Europe, chargé de sucre et d'épices. C'est au milieu du XVIIIe siècle que la première carte exacte des côtes africaines est dessinée.

L'Afrique d'ouest en est avec David Livingstone

Missionnaire écossais, **David Livingstone (1813-1873)** arrive en Afrique en 1840. Entre 1849 et 1856, il entreprend plusieurs tentatives pour traverser l'Afrique d'ouest en est et découvrir de nouveaux territoires. Elles l'amènent à découvrir, en 1851, le fleuve Zambèze, qu'il n'explore véritablement que lors d'un voyage ultérieur, réalisé en 1858 et 1859. En hommage à la souveraine britannique, il baptise ces chutes du nom de *chutes Victoria*. Mais sa célébrité véritable lui vient de son expédition de 1865, dont le but est de parcourir le continent cette fois-ci du sud au nord. Parti de Zanzibar, Livingstone parvient au lac Tanganyika, mais la plupart de ses porteurs l'abandonnent et prétendent à leur retour qu'il est mort au cours d'un combat contre une tribu.

Cette annonce provoque la décision de **Henry Stanley (1844-1904)** de partir à sa recherche. Journaliste, ancien correspondant de guerre, Stanley monte lui aussi une expédition à partir de Zanzibar, en janvier 1871. Il rejoint Livingstone le 10 novembre 1871 à Ujiji, sur le lac Tanganyika. Rentré en Europe, il est fêté en héros et reçoit des moyens considérables pour une nouvelle expédition en 1874, qui sert à démontrer que le Tanganyika n'est pas la source du Nil et permet la découverte du fleuve Congo. Et Livingstone ? Après le départ de Stanley, il reprend son exploration du gigantesque lac Tanganyika, mais meurt sur place en 1873.

LE SAVIEZ-VOUS ?

« Dr Livingstone, I presume ? »

La rencontre la plus improbable qui soit se déroule le 10 novembre 1871 à Ujiji, petit village situé sur la rive orientale du lac Tanganyika. Henry Stanley, du haut de ses 27 ans, y parvient avec ses porteurs, après un périple depuis Zanzibar commencé dix mois plus tôt. Il est à la recherche de l'explorateur le plus fameux du moment, le pasteur écossais David Livingstone, 58 ans, dont on ne sait s'il est vivant ou mort depuis sa disparition, en 1866. Tout le sel de la rencontre est dans l'humour de Stanley. Alors qu'il n'y a aucun autre homme blanc à des centaines de kilomètres à la ronde, il voit un Européen barbu quitter une case et se diriger vers lui. Stanley lui lance alors la fameuse phrase d'introduction : « *Dr Livingstone, I presume ?* », c'est-à-dire « Dr Livingstone, je suppose ? » Ce sens inné de la formule fait la célébrité de Stanley au moins tout autant que l'exploit d'avoir retrouvé Livingstone au cœur de l'Afrique, continent encore largement inconnu à l'époque. Malade, affaibli déjà par la dysenterie qui finira par l'emporter, Livingstone refuse pourtant de rentrer en Europe avec Stanley. Il chemine avec lui quelques jours sur la voie du retour, puis ils se séparent, et Livingstone regagne son village. Il meurt en 1873, mais son corps, embaumé, est rapatrié en Angleterre, où il est inhumé en grande pompe dans l'abbaye royale de Westminster en 1874.

L'Afrique en toute humanité, avec Savorgnan de Brazza

D'origine italienne, le comte **Pierre Savorgnan de Brazza (1852-1905)** naît à Rome. Officier dans la marine française, son premier contact avec l'Afrique date de 1873-1874, avec une visite au Gabon. Fasciné par le monde inconnu offert par l'Afrique intérieure, il obtient, en 1875, une mission d'exploration pour remonter le fleuve Ogoué. Ce premier voyage lui permet d'atteindre les affluents du fleuve Congo, et surtout de se concilier les souverains locaux et les populations, par sa constante humanité, son respect et son ouverture à des cultures différentes. Un second voyage exploratoire, en 1879-1880, voit la fondation de la future Brazzaville, la descente du fleuve Congo, au cours de laquelle il parvient à convaincre le roi Makoko Ier d'accepter le protectorat français.

Naturalisé français, Savorgnan de Brazza représente la France lors de la conférence de Berlin en 1885. Il monte ensuite encore plusieurs expéditions, concourt à l'administration du Gabon et d'une partie du Congo, où il meurt en 1905. Père d'une exploration scientifique respectueuse des hommes et des civilisations, Savorgnan de Brazza est en tout point digne de l'éloge funèbre de son épitaphe, qui évoque « une mémoire pure de sang humain ».

N'OUBLIEZ PAS !

L'Afrique dépecée

C'est à l'initiative du chancelier allemand **Otto von Bismarck (1815-1898)** qu'est convoquée, le 15 novembre 1884, la *conférence de Berlin*, dont les travaux durent jusqu'au 26 février 1885. La volonté de Bismarck est de trouver un accord destiné à empêcher les guerres coloniales. Désormais, le colonisateur doit s'engager à exploiter sa colonie et le notifier officiellement aux autres pays signataires. Le pays le plus intéressé au succès de la conférence, outre l'empire allemand, puissance invitante, est le royaume de Belgique. Le roi **Léopold II (1835-1909)** veut, et obtient, la reconnaissance d'un État indépendant du Congo, dont il devient le souverain effectif le 30 avril 1885. Il faut faire attention ici à un point fondamental : l'État que constitue le royaume de Belgique refuse toute responsabilité au Congo supposé indépendant. Il s'agit de la propriété privée du seul Léopold II et de la famille royale, la Belgique n'entend pas en assumer la mise en valeur. La France, elle, obtient des territoires près de l'embouchure du fleuve Congo. Les autres signataires, quatorze pays européens ainsi que les États-Unis et le représentant de la *Sublime Porte*, l'empire ottoman, reconnaissent la nouvelle possession du roi des Belges. La mise en œuvre du traité revient à un véritable partage de l'Afrique, au bénéfice surtout de la France et de l'Angleterre, qui se taillent d'immenses colonies en Afrique : Afrique équatoriale française (AEF), Afrique occidentale française (AOF), et, pour l'Angleterre, l'énorme bloc formé par une partie de la Libye, de l'Égypte et du Soudan, puis une diagonale jusqu'au Cap en Afrique du Sud.

Roald Amundsen à la découverte du pôle Sud

Né à Borge en Norvège, **Roald Amundsen (1872-1928)** disparaît quelque part dans l'océan Arctique en 1928. Entre ces deux dates, il réalise le rêve le plus fou au prix de sa vie : découvrir le mythique passage du Nord-Ouest. Destiné à l'origine à devenir médecin, mais depuis toujours fasciné par la route du Pôle, Amundsen participe à sa première expédition à bord du *Belgica* en 1897-1899. Le navire pénètre dans les eaux de l'océan glacial le 20 janvier 1897. Pris dans les glaces, il est contraint de passer l'hiver 1898 dans la nuit polaire. Amundsen démontre ses qualités de commandement en organisant la chasse aux phoques et pingouins, qui permet à une partie de l'équipage de survivre.

En 1899, il est de retour et se lance dans la découverte du passage du Nord-Ouest, route qui passerait au nord du continent américain. Une seconde expédition part en 1903 et effectue une campagne de mesures scientifiques de deux ans sur l'île du Roi-Guillaume, à proximité du pôle. Pourtant, c'est un autre explorateur, l'Américain Robert Peary, qui plante le drapeau américain au pôle Nord en 1909. Amundsen se rattrape au pôle Sud, y plante le drapeau norvégien le premier, en 1911. La Première Guerre mondiale interrompt les missions exploratrices. Amundsen les reprend dès juin 1918. C'est en se portant au secours du dirigeable *Italia*, écrasé en Arctique, qu'Amundsen disparaît, en juin 1928.

Figure 11-2 : Roald Amundsen et son équipage.

Tableau 11-2 : Les grandes dates de l'exploration

Date	*Evénement*
1492	Christophe Colomb aborde les premières îles d'Amériques
1497	Vasco de Gama découvre la route des Indes par le cap de Bonne-Espérance
1520	Magellan dépasse l'Amérique au sud par le détroit qui portera son nom
1534	Jacques Cartier prend possession du Canada au nom de François Ier
1772	James Cook découvre l'Antarctique
1911	Roald Amundsen atteint le pôle Sud

La nouvelle frontière : le monde de la communication

Pour l'homme du XXIe siècle, il ne reste aucun espace inconnu à découvrir à la surface de la Terre. Le pari d'une nouvelle frontière est justement celui de l'abolition de l'espace et du temps. Après les découvertes de continents nouveaux, de civilisations différentes, le grand défi actuel des découvreurs modernes est de parvenir à relier entre eux les individus d'un bout de la planète à l'autre. La nouvelle frontière dont les limites sont à repousser est celle de la communication.

Entre les hommes, communiquer semble la chose la mieux partagée du monde. Depuis la lointaine époque où l'évolution a prévu des cordes vocales et un pharynx, ce long couloir musculaire qui fait caisse de résonance, l'espèce humaine articule des sons, forme des mots, en vient à échanger des idées.

Pourtant, pendant longtemps, un problème s'est posé en matière de communication : l'interlocuteur devait être en face, à portée de voix. Alors l'écriture vint, les mots volèrent de la bouche sur le papier. Mais un problème demeurait pour lui faire parcourir les distances. Messagers coureurs à pied de l'empire inca, pigeons voyageurs, signaux de fumée, tout était bon pour transmettre un message le plus vite possible. Au télégraphe à bras articulés succéda le télégraphe sans fil, le morse, le téléphone. Et, brusquement, à la fin du XXe siècle, l'explosion de l'informatique à domicile, celle d'Internet. Einstein avait une fois de plus raison, l'espace et le temps s'abolissent. La communication est complète, immédiate, instantanée.

La communication par porteurs

Pour faire parvenir un message à une lointaine distance, il n'y a d'abord qu'à le confier à un tiers. Coureurs en relais et pigeons voyageurs ont longtemps été les plus efficaces messagers.

La tête et les jambes

À son apogée au début du XVIe siècle, l'empire inca s'étend du Nord au Sud sur près de 3500 kilomètres. La capitale impériale, Cuzco, est reliée aux provinces dominées par des routes bien entretenues. Mais les Incas ne connaissent ni le cheval ni l'écriture avant l'arrivée des conquérants espagnols. Ils illustrent l'exemple typique, *a priori*, des pires difficultés de communication. Et pourtant, en une semaine au plus, l'empereur peut recevoir des nouvelles de toutes les parties de son immense empire.

Comment ? Par une organisation sans faille : tout au long des routes, des coureurs d'élite attendent en permanence de prendre le relais des messages à transmettre. Ils bénéficient d'une priorité absolue de circulation. Et les messages, comment faire sans écriture ? Les Incas ont inventé un astucieux système, le *quipu*, ou *kipu*. C'est une corde à nœuds qui fonctionne en suivant la numérotation décimale. Selon la taille des nœuds et leur distance sur la corde, ils permettent de transmettre des informations chiffrées très précises. Plusieurs quipus de couleurs différentes reliés ensemble par un lien fermé en cercle constituent, par exemple, un véritable recensement de la population, des biens et des troupeaux, permettant au fonctionnaire en charge d'établir le montant de l'impôt et des tributs à verser au souverain pour une année donnée.

Mais cet admirable outil comptable ne convient pas pour les messages textuels. Ces derniers sont appris par cœur par les coureurs. À chaque relais, le messager parcourt avec le relayeur suivant quelques kilomètres en récitant le texte appris, afin de s'assurer que le nouveau porteur le sache par cœur. La tête et les jambes, en somme.

Pigeon vole

Dès l'Antiquité, Chinois, Grecs, Romains, Égyptiens utilisent le talent inné de certains pigeons voyageurs pour se diriger vers un lieu précis sans s'égarer et revenir ensuite précisément sur leur site de départ. Les pigeons voyageurs servent à envoyer de courts messages, suspendus au cou ou à une patte dans un petit étui protecteur par les marchands, les fonctionnaires administrateurs, les militaires.

Le vol du pigeon peut faire et défaire les fortunes. C'est par lui que le fondateur de la dynastie Rothschild apprend avant tout le monde la défaite de Napoléon à Waterloo. Il s'empresse de racheter les valeurs de la Bourse de Londres, orientées à la baisse, car une victoire française y est redoutée. Quand la nouvelle est officielle, les cours remontent brutalement. Homme déjà fortuné, Rothschild devient ainsi immensément riche… Et cela grâce à son habilité et à un pigeon ! Pendant la guerre de 1914-1918, les pigeons sont transportés dans un colombier ambulant au gré de l'avancée et du recul du front. C'est l'*araba*, un autobus à impériale transformé en colombier. Certains pigeons sont cités à l'ordre de la Nation, reçoivent des médailles pour leur courage et leur sang-froid. Lors de la Seconde Guerre mondiale, les militaires recourent moins aux pigeons voyageurs.

Depuis 1945, la colombophilie est devenue un loisir de convivialité, d'échanges, d'exhibition de champions. Le plaisir de l'élevage remplace désormais l'utilité pratique d'agent de communication.

Du télégraphe à bras au téléphone

Le XIXe siècle est celui de la « dématérialisation » du message. Grâce au télégraphe à bras, puis électrique, et au téléphone, les informations se transmettent visuellement ou auditivement sans le recours à un support palpable.

Fil à fil

C'est sur le territoire de la commune de Saint-Marcan, en baie du Mont-Saint-Michel, qu'en 1793 les autorités révolutionnaires autorisent la mise en place et l'utilisation de la machine du citoyen Claude Chappe, un *télégraphe à bras articulés*. Il s'agit d'un système placé sur une hauteur, un bâtiment ou une éminence naturelle, tous les 20 kilomètres environ. Chaque mouvement des bras mobiles, ou d'une de leurs parties, correspond à un mot ou une phrase. Par ce système ingénieux, mais tributaire du temps clair et des yeux aiguisés des télégraphistes, un message mettait vingt minutes pour parvenir de Brest à Paris.

Ce télégraphe optique, entièrement manuel, reliant Paris à Marseille en quelques heures là où un cavalier mettait une semaine, est ensuite remplacé par le télégraphe électrique, inventé aux États-Unis par **Samuel Morse (1791-1872)** en 1832. Le brevet d'invention est déposé en 1840. La première ligne de télégraphie électrique est mise en place, reliant Baltimore à Washington, en 1844. Le succès est foudroyant, l'utilité pratique de cette découverte étant évidente. Dès la seconde moitié du XIXe siècle, plus de 22 000 bureaux télégraphiques forment un maillage de communication efficace aux État-Unis. Le télégraphe est supplanté après 1945 par le télex, un appareil couplant télégraphe et téléphone ne nécessitant plus la présence d'un opérateur.

UN PEU DE TECHNIQUE

« Sauvez nos âmes »

Du nom de son inventeur, Samuel Morse, le langage utilisé pour le télégraphe électrique est fondé sur la succession de signes courts, les *points*, et de signes longs, les *traits*. Un crayon aimanté magnétiquement reçoit des impulsions électriques et imprime sur une bande de papier, fixée sur un cylindre animé par un mouvement d'horlogerie, des marques, points ou traits. Pour un fonctionnement optimal, la distance entre deux bureaux télégraphiques ne doit pas excéder 30 kilomètres. Mais rapidement, les opérateurs apprennent à traduire les signaux en morse uniquement par l'écoute. Ils sont capables, instantanément, de coder ainsi un message ou d'en traduire un pour son destinataire. Ainsi le « A » est composé d'un point et d'un trait, le « B » d'un trait et de trois points, le « C » d'un trait-point-trait-point, etc. L'alphabet morse est né. Ses lettres les plus connues et les plus tragiques sont celles du célèbre « S.O.S. » : point-point-point (S) ; trait-trait-trait (O) ; point-point-point (S). Lancé dans la nuit du 14 avril 1912 par les opérateurs radio du *Titanic*, restés à leur poste jusqu'à la fin et ne cessant d'envoyer dans la nuit noire et glacée leur pathétique appel : SOS, « Save Our Souls », « Sauvez nos âmes ! »

Le téléphone sonne

Si le mot même de *téléphone* apparaît en 1861, l'objet correspondant ne fait l'objet d'un dépôt de brevet d'invention par **Alexandre Graham Bell (1847-1922)** qu'en 1876. Toutefois, Bell a été précédé par **Antonio Meucci (1808-1896)**. Car c'est bien ce dernier qui invente le téléphone, mais faute d'argent, il ne parvient pas à renouveler régulièrement sa demande de brevet. Déposée en 1871, elle expire définitivement en 1874, laissant le champ libre à Bell. La paternité du véritable inventeur n'est reconnue qu'en 2002.

Objet révolutionnaire par la possibilité qu'il donne de transporter la voix à distance sans déplacement physique des interlocuteurs, le téléphone commence sa carrière vers 1880. Il est *manuel* jusqu'avant 1912, c'est-à-dire que l'abonné doit passer par une opératrice pour être mis en relation avec son correspondant. Depuis cette date, il est *automatique* : le correspondant est appelé directement. L'évolution récente l'a rendu portable, sans fil, support d'Internet.

LE SAVIEZ-VOUS ?

Le téléphone peur

En cette fin du XIXe siècle, l'aspect pratique du téléphone n'échappe à personne, mais il inquiète tout autant. En 1894, l'*Eletrical World* rapporte qu'un responsable d'un quotidien de Philadelphie conseille à ses lecteurs de ne pas converser au téléphone avec des personnes malades, surtout s'il s'agit d'une maladie contagieuse, afin d'éviter de la contracter à leur tour. Déjà, en 1889, un article du *New York Times* évoque une sorte de « téléphonite » (le mot est de nous) ou maladie du téléphone. Il s'agirait d'un effet secondaire des ondes électriques. Elles sont accusées d'occasionner une pression auriculaire augmentée, source de vertiges, de perte d'équilibre, d'un désordre général du système nerveux central. Tout ceci n'étant qu'une première étape, conduisant le sujet à une dépression, voire à des tentatives de suicide. Échappant pourtant au suicide, vous pensez en être quitte avec le téléphone ? Que nenni ! La folie vous guette, soit par la persistance usante de la sonnerie d'appel sur vos nerfs, soit quand la paranoïa s'insinue : tout le monde écoute vos conversations les plus intimes. Ces fils ne sont pas sûrs, ils transmettent trop d'échanges en même temps… Chut ! Voici que votre voisin entend tout. Aucun secret n'est à l'abri. Vous-même entendez parfois des propos qui ne vous sont pas destinés. Et quoi de plus angoissant qu'une voix anonyme, des confidences dont vous ne voulez pas, une voix qui ne peut être vue ?

L'ordinateur, du calcul à la navigation sur le Web

Le mot *ordinateur*, une fois n'est pas coutume, est daté avec une rare précision. Il apparaît en 1955, appliqué aux machines fabriquées et développées par IBM. Sa définition courante est d'être un équipement informatique autorisant le traitement de données (informations) suivant des procédures (logiciels, systèmes d'exploitation). À l'origine, l'ordinateur est destiné à des opérations de calcul. En ce sens, il est l'héritier du *boulier chinois*, de l'*abaque*, nom du boulier en Occident, de la *machine à calculer* de **Blaise Pascal (1623-1662)**.

Mais ce sont les nécessités de la Seconde Guerre mondiale (1939-1945) qui conduisent à réaliser le premier ordinateur véritable. Contrairement à la Première Guerre dite mondiale (1914-1918), en réalité presque uniquement européenne, la seconde mérite hélas son qualificatif de mondiale. Les champs d'opérations militaires concernent, au même moment, l'Atlantique, le Pacifique, l'Afrique du Nord et l'Asie du Sud-Est. La complexité des opérations de logistique dépasse, et de loin, les méthodes habituelles de calcul. En Allemagne, **Konrad Zuse (1910-1995)** construit le premier calculateur programmable universel, le *Z3*, en 1938. Mais c'est en 1944, à l'université de Harvard, aux États-Unis, que le premier calculateur électromagnétique, le *Mark I*, est construit, pour IBM, par **Howard Aiken (1900-1973)**. L'évolution réelle se produit après l'invention du transistor en 1947, qui autorise le passage au microprocesseur. L'ordinateur moderne est né.

La pomme et le PC

Ce sont les créateurs de la firme *Apple* (« pomme » en anglais), **Steve Wozniak (né en 1950) et Steve Jobs (né en 1955)**, qui mettent au point le premier *micro-ordinateur* personnel. Désormais, l'informatique quitte le seul domaine des entreprises pour entrer dans la sphère privée, avec la mise en vente en 1981 du modèle *Osborne-I*, premier véritable ordinateur portable puis, à partir de 1984, de la gamme des différents *Macintosh*, plus connus sous le diminutif familier de *Mac*.

Créateur, avec **Paul Allen (né en 1953)**, du langage basic pour informatique (1975), **Bill Gates (né en 1955)** fonde la société Microsoft (mot-valise issu de la contraction de *microcomputer software*) en 1977. Basé à Redmond dans l'État de Washington, la société devient rapidement le plus important éditeur de logiciels informatiques du monde, avec plus de 90 % des parts de marché sur certaines catégories de produits, notamment les systèmes d'exploitation MS-DOS et Windows. L'ère de l'informatique de masse est désormais lancée et la bourse de Bill Gates – devenu dans l'intervalle l'homme le plus riche du monde – bien remplie !

Figure 11-3 : Bill Gates et Paul Allen.

LE SAVIEZ-VOUS ?

Une mouche dans le portable

Les ordinateurs dont nous usons à titre personnel sont devenus si maniables, légers, portables, faciles d'utilisation, qu'il est difficile d'imaginer les géants, en termes de taille et de complexité, dont ils sont pourtant les descendants directs :

- En 1943, *l'Eniac* (*Electronical Numerical Integrator And Computer*) occupe un espace de 1 500 m^2.
- En 1944, le *Mark I* d'IBM, qui mesure 17 mètres de long et 2,5 mètres de haut, assemble 3300 engrenages, 1400 commutateurs électriques, 800 kilomètres de fils électriques.
- En 1971, le *Kenback I* est le premier micro-ordinateur.
- En 1976, le *Apple I* est créé dans leur garage par Steve Wozniak et Steve Jobs.
- En 1981, le premier *PC* est mis en vente par IBM.

Et pourtant, ces Goliath de l'informatique sont victimes d'un David bien inattendu : un insecte. La première panne d'un système informatique est, en effet, provoquée par un insecte venu profiter de la chaleur des lampes et qui provoque un court-circuit. En démontant les circuits, les ingénieurs trouvent la cause de l'incident et donnent le nom de *bug*, « insecte » en anglais, à la panne. Ce vocable est resté pour désigner une panne informatique. Le géant terrassé par plus petit que lui semble bien une histoire destinée à durer.

Sur la Toile

Créé en 1969 pour les besoins de la Défense américaine, *Internet* (abréviation d'*interconnected networks*), communément appelé le Web (la « Toile »), est un réseau informatique permettant l'interconnexion des ordinateurs du monde entier. En 2006, près de 700 millions de personnes âgées de plus de 15 ans sont connectées à Internet dans le monde. Les États-Unis sont le plus grand utilisateur, avec 152 millions de personnes, suivis de la Chine (72 millions), du Japon (52 millions), de l'Allemagne (32 millions) et du Royaume-Uni (30 millions). La France occupe une place plus modeste, avec 24 millions de personnes. Autant d'*internautes*, c'est-à-dire de personnes qui « surfent » sur le Web.

Tableau 11-3 : Les grandes dates de la communication

Date	*Evénement*
1793	Premier télégraphe à bras articulés
1844	Première ligne de télégraphe électrique
1876	Dépôt du premier brevet de téléphone
1944	Premier ordinateur IBM
1969	Création d'Internet
1981	Mise en vente du premier micro-ordinateur

Chapitre 12

De chair et d'os : le corps humain

Dans ce chapitre :

- L'anatomie
- Le cerveau

Quoi de plus familier et en même temps de plus mystérieux et déroutant que notre propre corps ? En surface, nous pouvons le voir, le toucher, sentir ses réactions au froid ou au chaud. Mais à l'intérieur, toute une vie bouillonnante nous échappe et nous inquiète au moindre signe inconnu. C'est là toute l'ambiguïté du corps humain, à la fois vêture, défroque bien connue et souvent volontiers exhibée, objet dans notre société d'un culte de l'apparence, et monde des mécaniques secrètes et obscures, de l'invisible, de l'incontrôlable. Tout l'enjeu est là : entre le paraître victorieux et les rouages cachés, savoir enfin quelle est la part de l'automate.

Puis, bien au-delà des os, des nerfs, des systèmes sanguin, respiratoire, digestif, le mystère premier, insondable et fascinant du cerveau, siège des facultés, des aptitudes, de l'intelligence sous toutes ses formes et, pour les mystiques et croyants, lieu par excellence de la part immortelle, de l'âme immuable. Et dire que les Égyptiens la localisaient dans le cœur, et les Chinois en tant que souffle, énergie, dans l'estomac !

L'anatomie du corps humain

Le miracle sans cesse renouvelé du corps humain est qu'il fonctionne en permanence, quand tout va bien, sans que nous ayons à nous en soucier. Inutile de lui donner l'ordre de respirer, de faire circuler le sang, de digérer, cette extraordinaire et complexe machine le fait d'elle-même. Et pourtant, bien à l'abri, que d'éléments mobilisés : plus de 60 milliards de cellules, 600 muscles, plus de 200 os, 5 litres de sang. Et dans 1 centimètre cube de sang, soit une grosse goutte, 11 millions environ de globules blancs et quelque 5 milliards de globules rouges.

Le corps humain est un assemblage de cinq systèmes, chacun aux fonctions bien définies, propres à entretenir la vie et à assurer la défense de l'organisme contre les agressions. Il s'agit des systèmes circulatoire, respiratoire, digestif, nerveux et musculaire.

Le système circulatoire

Maintenir le corps en vie n'est pas chose facile pour les différents systèmes de l'organisme. Au centre de tout, le *système circulatoire*, chargé de faire circuler le sang. Sa tâche est double : d'une part, véhiculer l'oxygène et les nutriments, aliments transformés par le système digestif, et d'autre part éliminer les déchets produits par les cellules.

Pour ce faire, notre système sanguin compte plus de 100 000 kilomètres de long de vaisseaux sanguins. Ce sont des tubes, plus ou moins gros, charriant le sang dans tout le corps. Il en existe trois types :

- Les artères, larges vaisseaux, transportent le sang oxygéné du cœur, sauf l'artère pulmonaire qui charrie un sang pauvre en oxygène.
- Les veines, moins larges, transportent le sang pauvre en oxygène et les déchets vers le cœur.
- Les capillaires, vaisseaux minuscules, irriguent tous les tissus jusqu'aux extrémités du corps.

UN PEU DE TECHNIQUE

Sang pour sang

Liquide vital par excellence, symbole de force et de vitalité, le sang se compose de quatre éléments principaux : les globules rouges, les globules blancs, les plaquettes et le plasma :

- **Les globules rouges**, 45 % du sang, transportent 99 % de l'oxygène dans le corps et éliminent le dioxyde de carbone.
- **Les globules blancs**, ou **leucocytes**, sont les guerriers protecteurs du sang, ils assurent la défense immunitaire de l'organisme contre les infections.
- **Les plaquettes**, toutes petites cellules, sont les réparatrices du système sanguin, elles se regroupent et activent la coagulation, en s'agglutinant les unes aux autres.
- **Le plasma** est la partie liquide du sang, c'est en lui que baignent les globules rouges, les leucocytes, les plaquettes, mais aussi les nutriments.

Le cœur est un muscle creux, c'est lui qui fait fonctionner par son action l'ensemble du système circulatoire. Il bat plus de 100 000 fois par jour, pompe et rejette 8 000 litres de sang en une seule journée. Il est composé de quatre cavités : les deux *oreillettes*, au-dessus, les deux *ventricules*, au-dessous. Ces quatre cavités forment deux parties qui fonctionnent à leur tour ensemble :

oreille droite et ventricule droit, oreillette gauche et ventricule gauche. Le cœur agit en quatre temps :

1. L'oreillette droite reçoit le sang veineux, c'est-à-dire chargé de dioxyde de carbone, apporté par la veine cave.
2. Ce sang est propulsé dans le ventricule droit qui l'envoie dans les poumons par l'artère pulmonaire. Là, le sang est régénéré en oxygène.
3. Ce sang frais et riche en oxygène rentre dans l'oreillette gauche par les quatre veines pulmonaires.
4. L'oreillette gauche l'envoie dans le ventricule gauche, plus épais en muscle que le droit, car c'est lui qui propulse le sang oxygéné dans tout le corps.

Le système respiratoire

Si le système circulatoire charge le sang du transport de l'oxygène, c'est qu'il est vital. Sans apport permanent d'oxygène frais, le corps ne peut se maintenir en vie, c'est le rôle du *système respiratoire*. Or, si le sang transporte l'oxygène, il ne le fabrique pas, il se contente d'aller le recueillir dans les poumons. Ces derniers ressemblent à deux grosses éponges, composées de plusieurs lobes. Ils sont totalement dépourvus de muscles. Le poumon droit comporte trois lobes, et le poumon gauche deux.

N'OUBLIEZ PAS !

Une poitrine célèbre

La redoutable tuberculose pulmonaire s'appelle, jusqu'au XIXe siècle, *phtisie* pulmonaire, ou *consomption* pulmonaire. Les deux termes renvoient à l'état d'épuisement du malade, qui le laisse squelettique. La phtisie est la première cause de décès dans l'Europe du XIXe siècle. Maladie infectieuse, elle est découverte en 1882 par Robert Koch, qui lui donne son nom, le *bacille de Koch*. Mais le recul de la tuberculose n'intervient qu'après la Première Guerre mondiale, avec la mise au point d'un vaccin, le *BCG*. Tout au long du XIXe siècle, les ravages provoqués par la phtisie se doublent de la terreur provoquée par les manifestations de la maladie. À un stade avancé, le malade crache de la matière pulmonaire, du sang.

L'aspect spectaculaire de la phtisie frappe les imaginations, d'autant plus qu'elle concerne toutes les tranches d'âge de la population. Les romanciers et auteurs de livrets de théâtre ou d'opéra s'en emparent. **Alexandre Dumas fils (1824-1895)** s'inspire de l'histoire véritable de Marie Duplessis pour sa *Dame aux Camélias*, devenue *Traviata* dans l'opéra de Giuseppe Verdi. **Marie Duplessis (1824-1847)** est une courtisane renommée dans le Paris de la monarchie de Juillet (1830-1848). Alexandre Dumas fils entretient avec elle une liaison tumultueuse et passionnée entre 1844 et 1845. Quand elle meurt poitrinaire, à 23 ans, le 3 février 1847, Dumas la transfigure en Marguerite Gautier, personnage central de son roman *La Dame aux camélias*, paru en 1848. Érigée au rang des amoureuses éternelles, elle repose au cimetière du Père-Lachaise, où sa tombe est fleurie en toute saison par les couples épris.

Les poumons sont un transformateur : l'air, capté par la respiration, est fait pour l'essentiel d'oxygène. Lorsque nous respirons – environ 15 fois par minute –, l'air descend dans la trachée artère, puis dans les *bronches*, sortes de branches, l'une à droite, l'autre à gauche, chacune reliée à un poumon. Puis l'air poursuit son parcours dans les *bronchioles*, ramifications des bronches, un peu comme les petites branches d'un arbre, et arrive dans de petites alvéoles. C'est la paroi de ces alvéoles que l'oxygène traverse pour passer dans le sang, transporté par les globules rouges. De la même façon le dioxyde de carbone traverse la paroi des alvéoles et est expulsé au moment de l'expiration.

Les poumons ne sont pas spécialisés, chacun reçoit l'oxygène et expulse le gaz carbonique. C'est une adaptation et une chance, qui permet à l'organisme de continuer à fonctionner avec un seul poumon au besoin. Dépourvus de muscles eux-mêmes, les poumons sont mus par les muscles de la cage thoracique pour l'expansion et la compression.

Le système digestif

Le rôle du *système digestif* est fondamental, il assume le passage des aliments aux nutriments puis leur décomposition en éléments chimiques assimilables par l'organisme. Il sépare les *glucides* (les sucres), les *lipides* (les graisses), les *protéines*, les *sels minéraux* et les diverses classes d'*oligo-éléments*. C'est, en un mot, un laboratoire miniature de chimie organique qui décompose et répartit tous les nutriments qui passent dans le sang et sont utilisés par le corps tout entier.

Le parcours digestif comporte quatre étapes décisives :

- Tout commence avec l'appareil buccal, la bouche. Les dents coupent, cisaillent, broient les aliments, et les glandes salivaires entament le processus de dégradation chimique. La salive joue son triple rôle : enrober les aliments pour qu'ils soient plus faciles à avaler (la déglutition), commencer la digestion par les enzymes dont elle est composée, protéger l'intérieur de la bouche des bactéries. Un petit clapet, l'épiglotte, ferme la trachée qui conduit aux bronches. Ainsi, la nourriture descend bien dans l'œsophage, un conduit qui, en se contractant, la mène peu à peu à l'estomac. Si les contractions se font mal, à un rythme inadapté, l'on ressent une douleur, vite suivie d'une sensation d'étouffement. C'est le moment traditionnel où de bonnes âmes vous donnent des tapes dans le dos !
- L'estomac est une poche élastique, prévue pour une contenance d'environ deux litres, mais qui peut se dilater plus encore. C'est le lieu par excellence de la décomposition chimique. Il produit des enzymes supplémentaires, mais surtout libère une petite quantité d'acide chlorhydrique qui accélère la séparation des aliments en fonction de leur nature chimique. Une fois vide, il se rappelle à notre bon souvenir par des contractions. C'est un signal très clair : j'ai faim.

- L'étape suivante est la plus complexe. De l'estomac sort un liquide, le chyme acide, qui passe dans l'intestin grêle. Long de 6 mètres, celui-ci retient la plus grande partie des nutriments et, à travers ses parois, les fait passer dans le sang. Le reste du chyme acide transite ensuite par le gros intestin, avec l'adjonction de bile et sucs digestifs sécrétés par la vésicule biliaire, le pancréas, le foie.
- La digestion se termine quand le gros intestin ne contient plus que des déchets secs, sans intérêt pour l'organisme. Ces déchets, les fèces, sont tassés dans l'ampoule fécale, puis expulsés par l'anus au moment de la défécation.

LE SAVIEZ-VOUS ?

Quand le corps parle

Même sans y prêter attention, nous employons tous les jours un grand nombre de locutions familières qui mettent en jeu tout le système digestif. Il fonctionne en permanence, inconscient de l'intérêt soutenu suscité, qui ressurgit, au détour de l'inconscient, dans notre vocabulaire. Laissez-nous vous en remémorer quelques détours :

- S'en lécher les babines : passer la langue sur les lèvres à l'idée d'un met délicieux.
- Avoir l'eau à la bouche : être mis en appétit.
- Se faire de la bile : s'inquiéter.
- Avoir la dent dure : critiquer férocement.
- Avoir l'estomac dans les talons : avoir faim.
- Faire des gorges chaudes : se moquer méchamment.
- Ne pas avoir la langue dans sa poche : parler avec aisance.
- Manger du bout des lèvres : manger sans appétit.
- Rire à s'en décrocher les mâchoires : rire de toutes ses forces.
- Être un sac d'os : être très maigre.
- Se faire du mauvais sang : s'inquiéter.
- Avoir les yeux plus gros que le ventre : essayer de trop manger.
- Ventre affamé n'a pas d'oreilles : l'affamé n'écoute rien d'autre que son envie de manger.

Le système nerveux

Le *système nerveux* est l'ordinateur central du corps humain, car il est contrôlé en quasi-totalité par le cerveau, environ 1,4 kg de matière grise qui détermine pensée, émotions, mémoire, et donne, par l'influx nerveux, tous les ordres au système nerveux central. Le système nerveux détermine toutes nos actions, mais aussi conditionne les sensations. Il se compose de l'*encéphale* (cerveau), de la *moelle épinière* et d'un ensemble de nerfs.

Le cerveau envoie les ordres au corps, sous forme d'impulsions électriques. La moelle épinière, bien à l'abri à l'intérieur des vertèbres, les transmet. En sens inverse, elle sert également de voie de transmission pour toutes les informations qui doivent remonter au cerveau. Ainsi, lorsque l'on se pique ou se brûle, les nerfs transmettent l'information au système central, la moelle épinière, qui à son tour l'achemine jusqu'au cerveau. Ceci explique le fait que, si nous ne nous apercevons pas instantanément de la coupure ou de la brûlure, il faut quelques microsecondes pour la ressentir. En revanche, si nous la voyons, l'œil étant directement relié au cerveau, la transmission est immédiate, et, hélas, la douleur aussi.

La moelle épinière est située dans le *canal rachidien*. Elle ressemble à un tout petit boudin aplati, pour un diamètre d'environ 0,5 centimètre. Elle est reliée à tout le corps par des *fibres nerveuses*. Les fibres nerveuses, couramment appelées nerfs, sont en réalité des chaînes de neurones, les cellules mères du système nerveux, dans le cerveau notamment. Ce sont ces neurones qui reçoivent et transmettent les informations, plaisir, douleur, par l'intermédiaire d'échanges électriques.

UN PEU DE TECHNIQUE

Remue-méninges

Les neurones sont des cellules. À ce titre, ils sont composés d'une membrane protectrice, d'un *cytoplasme* contenu de la cellule, et d'un *noyau*, qui en forme le centre. Seulement, les neurones diffèrent totalement de toutes les autres cellules du corps, car ils doivent effectuer deux missions capitales : recevoir des informations et les transmettre. Pour ce faire, le neurone s'est étroitement spécialisé en deux réseaux distincts :

- **Les dendrites**, qui partent de la cellule neuronale comme les branches d'un arbre et sont chargées de capter et de recueillir l'information, puis de la transmettre vers le corps de la cellule.
- **L'axone**, qui est, lui, une branche unique, qui relie un neurone à un autre, et véhicule l'information.

La connection entre deux neurones est appelée *synapse*, c'est-à-dire le lieu exact où l'axone d'un neurone se connecte aux dendrites d'un autre neurone. Ce sont les neurones qui transmettent l'influx nerveux, par échanges chimiques ou électriques. Toutefois, les neurones ne survivraient pas sans l'aide de leur intendance, les *cellules gliales*. Elles protègent les neurones, les nourrissent, évacuent les déchets. Pour 100 milliards de neurones, il y a 50 à 100 fois plus de cellules gliales, c'est dire leur rôle protecteur primordial.

Le système musculaire

Le corps humain compte plus de 600 muscles différents, le seul fait de marcher en met en œuvre environ 200. Ils représentent environ 40 % du poids total de notre corps. Le *système musculaire* permet chacun des mouvements effectués chaque jour, et ceci grâce à un simple mécanisme d'étirement ou de contraction. Les muscles sont attachés aux os et se raccourcissent au moment d'une traction, car les fibres et *fibrilles*, petites fibres, dont ils sont composés, se raccourcissent jusqu'à 40 %. Les fibrilles sont faites de filaments de protéines. Les uns sont épais, les autres plus fins. Au moment de la contraction musculaire, ils s'emboîtent les uns dans les autres et le muscle se raccourcit. Au contraire, lors d'un mouvement d'étirement, ils s'écartent les uns des autres, et le muscle s'allonge.

Il est possible de distinguer trois types de muscles :

- Les muscles du cœur, soumis à un influx nerveux qui ordonne les contractions.
- Les muscles lisses des organes internes, dans le tube digestif par exemple, aux mouvements beaucoup plus lents, adaptés au temps du transit intestinal.
- Les muscles striés enfin, plus fibreux, les seuls qui obéissent à un commandement contrôlé, lorsque nous voulons effectuer un geste, quel qu'il soit.

LE SAVIEZ-VOUS ?

Une famille d'écorchés

La famille Fragonard produit deux génies, aux destins différents et aux talents diamétralement opposés. Au lumineux **Jean-Honoré Fragonard (1732-1806)**, élève de Boucher, épris du sentiment amoureux, vibrant de la vie intense des amants, dans un univers galant et gracieux, s'oppose le sombre **Honoré Fragonard (1732-1799)**, anatomiste de l'École d'anatomie naturelle, favorable à la conservation des corps, humains et animaux, par dessiccation – dessèchement des organes et muscles – ou conservation dans des bocaux d'alcool. Il réalise, sur une période de neuf ans, à partir de 1766, des milliers de sujets, cadavres humains ou de chevaux, de singes, de chèvres, de fœtus et enfants mort-nés. Les tissus sont conservés par injection ou séchage, les corps saisis dans un mouvement artistique. Conservées au musée de l'École vétérinaire de Maisons-Alfort, 21 pièces saisissent d'effroi, à la fois par l'extrême méticulosité du rendu des muscles, des organes, des systèmes d'artères et de veines, et par une mise en scène soignée et morbide. Ainsi du *Cavalier de l'Apocalypse*, inspiré par le tableau peint par Dürer. Un cavalier et sa monture, entièrement disséqués et naturalisés, sont lancés pour l'éternité dans un infernal galop. L'effet est encore plus saisissant avec le *Groupe de fœtus humains dansant la gigue*, trois fœtus dressés sur leurs jambes, à la fois grotesques et effrayants dans la danse convulsionnaire qui semble s'emparer d'eux.

Cousin du peintre, Honoré Fragonard commence sa carrière comme chirurgien à l'école vétérinaire de Lyon, puis s'installe à Paris, à la demande du roi Louis XV, qui lui confie en 1765 la création de l'École vétérinaire à Alfort, future Maisons-Alfort, dont il devient le directeur. À l'origine, naturaliser les corps et organes est une obligation, afin de pouvoir montrer aux étudiants malformations et maladies. Mais Honoré Fragonard va plus loin, en donnant à ses *Écorchés* une dimension théâtrale, en les animant d'une tension dramatique qui leur donne la dimension d'œuvres d'art, tout autant que de remarquables objets de connaissance anatomique.

Le cerveau

Le cerveau est le centre de plusieurs fonctions du corps. C'est une machine complexe dont les scientifiques sondent encore aujourd'hui les mystères.

La structure du cerveau

Le *cerveau* est structuré en plusieurs *lobes*, ou parties :

- Le lobe frontal, à l'avant.
- Le lobe pariétal, au sommet du crâne.
- Le lobe occipital, à l'arrière de la tête.
- Et, sur les côtés, de part et d'autre, le lobe temporal droit et gauche.

Le cerveau est relié à la moelle épinière par le *bulbe rachidien*. C'est par son canal que transitent les informations, les perceptions, les impulsions données par le cerveau à l'ensemble du corps, ses directives, en quelque sorte.

Organe hautement spécialisé, le cerveau, outre les lobes que nous venons d'évoquer, est composé du cervelet, du thalamus, de l'hypothalamus et de l'hypophyse. Situé à l'arrière du crâne, sous le repli du lobe occipital, le cervelet est lui aussi composé de deux petits lobes. Son action est essentielle, car il permet et régule la coordination des mouvements. C'est lui, notamment, qui assure notre équilibre, en coordination avec les centres de l'oreille interne. Le thalamus, ou plutôt les thalamus, car il y en a deux, sont de gros noyaux de substance grise, qui régulent les sensations.

L'*hypothalamus* contrôle l'activité endocrinienne, c'est-à-dire celle des principales glandes du corps humain et la libération de la production d'hormones, ou messages chimiques, véhiculés dans tout l'organisme par le sang. Voici quelles sont ces glandes :

- L'hypophyse, qui règle la croissance, l'action des reins, le taux de glycémie, appelée également glande pituitaire, a la taille d'un petit pois et est située à la base du cerveau.
- La glande thyroïde, située à la base du cou, secrète elle aussi des hormones de croissance et régule en permanence la transformation des aliments absorbés et leurs utilisations par les divers organes.
- Le pancréas, situé sous l'estomac, secrète de l'insuline pour absorber les glucoses, les sucres, mais aussi du glucagon, substance sucrée, afin de maintenir en permanence le taux de sucre dans le sang aux environs de 1 gramme par litre (le mauvais fonctionnement du pancréas provoque le diabète).

- Les glandes surrénales, placées sur chaque rein, gèrent les situations d'émotion intense, le stress, la peur ou la colère, et les hormones qu'elles secrètent dictent en partie nos réactions à ces émotions violemment ressenties.
- Les testicules, pour les hommes, ou ovaires, pour les femmes, situés dans le bassin, stimulent les fonctions sexuelles et la reproduction.

Hémisphères et lobes

Le cerveau est divisé en deux masses, ou *hémisphères cérébraux*, à leur tour organisés, nous l'avons vu, en quatre lobes, chacun responsable d'un sens particulier, ou d'une fonction précise :

- Le lobe frontal est en charge du contrôle musculaire, de la coordination des mouvements, de la pensée, de la mémoire, du raisonnement.
- Le lobe pariétal gère les sensations tactiles, le toucher, et notre orientation dans l'espace.
- Le lobe occipital contrôle la vue.
- Le lobe temporal met en œuvre l'audition, le goût, une autre partie de la mémoire.

Et tout ceci pour seulement environ 2 % du poids total du corps, soit 800 grammes environ. Il n'est pas étonnant que les capacités supérieures du cerveau lui valent d'être identifié non seulement avec le centre de formation de la pensée et des émotions, mais aussi, dans ses replis mystérieux, comme siège possible de l'âme.

Les cinq sens

Bien avant de parvenir au cerveau qui les analyse et formule la réponse adéquate, notre contact avec les sensations du monde extérieur se fait par l'intermédiaire de nos sens, traditionnellement au nombre de cinq, le sixième étant généralement réservé aux initiés des principaux courants ésotériques ou accordé à la gent féminine. Mais attardons-nous un peu ici sur leur fonctionnement concret.

La vue

La vue est le sens le plus complexe. À l'origine, les rayons lumineux rencontrent des objets qui les réfléchissent plus ou moins, ce qui fait que nous voyons peu, ou fort mal, dans le noir. Commence alors le voyage du rayon lumineux dans l'œil :

- Il arrive droit dans l'œil et suit ensuite la courbe de la cornée.
- Puis l'iris, la partie colorée de l'œil, régule la quantité de lumière autorisée, en se contractant plus ou moins.
- Cette quantité choisie traverse la pupille, rond noir au centre de l'iris.
- Puis elle traverse le cristallin, une sorte de gélatine transparente, qui renvoie l'image inversée sur la rétine.
- La rétine, faite de cellules sensibles à la lumière reçue, décompose les couleurs et les formes.
- L'ensemble est transmis au cerveau par le nerf optique, qui remet l'image à l'endroit, place les couleurs, formate les trois dimensions de notre vision.

L'ouïe

Tout bruit produit est en réalité une vibration dans l'air. L'oreille la capte, puis la transmet au cerveau. Voici le petit voyage du son :

- L'oreille externe capte le bruit, c'est elle que nous nommons oreille, seule, oublieux de tout le travail accompli une fois la vibration captée.
- Elle le transmet à l'oreille interne, au tympan, caisse à la fois de résonance et d'amplification.
- Le bruit, amplifié, ou plutôt la vibration augmentée, produit une pression qui fait bouger trois osselets, le marteau, l'enclume, l'étrier.
- En vibrant plus ou moins, les osselets transmettent le son à un liquide, qui, à son tour, le propage dans la cochlée.
- La cochlée, bien à l'abri dans l'oreille interne, ressemble à un escargot dans sa coquille, ses cellules sont dotées de cils microscopiques, dits cils vibratiles, qui bougent en fonction des vibrations et transmettent, par le nerf auditif, le message sonore au cerveau.

Le goût

Le goût dépend du revêtement très sensible de la langue en minuscules cellules sensorielles appelées les *papilles gustatives*, car elles permettent justement au goût d'exister. Elles sont organisées en zones géographiques, en fonction de la nature du goût perçu. Voici un petit voyage autour de notre langue :

- À la pointe, les papilles sensibles au salé et au sucré.
- Sur les côtés, les papilles sensibles à l'acidité.
- À l'arrière, les papilles sensibles à l'amertume.

Les indications recueillies par les papilles sont transmises au cerveau par des nerfs. L'acidité de notre salive, sa richesse en sucs digestifs, ainsi que le passage répété des aliments détruisent rapidement les papilles, l'organisme doit les renouveler environ toutes les deux semaines.

L'odorat

Les odeurs sont des molécules de taille différente véhiculées dans l'air. Après un rapide passage dans les narines, elles atteignent le sommet du nez interne, où la *membrane olfactive* les filtre. Imaginez un tissu à la fois si petit et si extraordinaire que chaque microfibre est adaptée à une taille particulière de molécule, donc d'odeur différente. Chacune transmet par influx nerveux son information au cerveau. Et là, la magie opère, en fonction des zones sollicitées, le cerveau identifie des milliers d'odeurs.

Le toucher

Le toucher, sous une apparence simple, est un sens très complexe. Il est lié à la présence, sous la peau, de terminaisons nerveuses en très grand nombre, assistées de tiges terminées par des capsules sensorielles, les *corpuscules*. L'ensemble permet d'identifier des sensations comme celles produites par le froid, la chaleur, mais aussi le moment où la peau rentre en contact avec un autre corps, donc reçoit ou exerce une pression. C'est ainsi que nous ressentons une caresse ou un coup, selon la puissance de la pression effectuée, sa durée, sa répétition.

Le toucher dépend étroitement de la structure de la peau : le *derme*, couche profonde, et l'*épiderme*, couche mince superficielle. C'est l'*épiderme* qui reçoit la plus grande masse d'informations, ensuite transmise par le derme aux terminaisons nerveuses, à la moelle épinière et au cerveau.

LE SAVIEZ-VOUS ?

L'âme au corps

Dès que l'idée d'un principe immortel, l'âme, est né, s'est posé le problème de savoir si cette dernière était liée au corps, se contentait de l'habiter, de l'animer au sens premier du terme (*anima* : âme, en latin) pour une période donnée, ou alors en était totalement indépendante. Elle a été localisée en différents points du corps selon les approches. Nous allons ici nous intéresser à celles qui la localisent dans le cerveau.

Les philosophes grecs s'intéressent à l'âme, mais non pour la localiser dans le corps. Il faut attendre pour cela les médecins, et notamment Galien, qui, au IIe siècle de notre ère, dissèque les corps, dont la boîte crânienne, et considère le cerveau comme un moteur du corps. Au XVIe siècle, Ambroise Paré ou Léonard de Vinci étudient à leur tour le cerveau mais sans parvenir à définir exactement s'il est le siège de l'âme, ou un simple centre de commandement des fonctions corporelles. Dans ses *Passions de l'âme* (1649) puis le *Traité de l'homme* (1664), Descartes place l'âme dans la « glande pinéale », exactement au centre du cerveau, glande que nous appelons aujourd'hui *épiphyse*. Toutefois, il ne s'agit pas réellement de l'âme immortelle, mais de l'organe permettant de la relier au corps – pour reprendre le vocabulaire de Descartes, de lier la *pensée* (l'âme) à l'*étendue* (la matière).

Avec les progrès de la recherche scientifique des XIXe et XXe siècles, l'âme spirituelle est renvoyée au seul domaine de la conception religieuse. Biologistes et neurobiologistes, de nos jours, remplacent l'idée d'âme par celle de conscience, et continuent à en traquer l'existence dans le cerveau.

Quatrième partie

Pour le plaisir : sport, loisirs et divertissements

Dans cette partie…

Notre société de loisirs se doit de mériter son nom. Jamais, de toute l'histoire de l'humanité, les hommes des sociétés développées n'auront bénéficié d'autant de temps et de moyens pour se divertir que depuis un demi-siècle. Plaisirs du corps, tout d'abord. Pendant la Belle Époque, au tournant du XIXe et du XXe siècle, le corps sportif acquiert ses droits et son honorabilité. Le sport devient un art noble, pratiqué de manière désintéressée, avec l'idée de remettre au goût du jour la tradition grecque d'un esprit sain dans un corps sain. Nous allons revivre cette période exaltante de la renaissance de l'olympisme, de l'apparition du football, du rugby, puis de la multiplication des compétitions, de l'enivrement du Tour de France cycliste aux balles liftées de Roland-Garros. Grandes heures et grandes figures du sport sont au rendez-vous pour partager la sueur, les larmes et les lauriers.

Se divertir, avons-nous dit. Certes, mais au sens noble, pascalien du terme : offrir à l'esprit une occupation de choix. C'est ce que permet le septième art et nous allons suivre passionnément cette aventure moderne, des frères Lumière au panache des oscars. Le théâtre fait également partie des plaisirs spirituels de notre culture : des origines au théâtre forum, enjeu de société, nous allons brûler les planches. Retrouvez ici sans complexe les stars, les vedettes d'autrefois, les acteurs d'aujourd'hui, sur grand écran en couleurs ou sur scène.

Mais n'entendez-vous pas, à présent ? Cette magie dans l'air, ces notes cristallines… Mais c'est Mozart ! Et avec lui, toute la magie de l'opéra. Quelle diva, quel ténor se cache en vous ? Apprenez-le en parcourant la gamme des voix, de celle des anges, pourtant longtemps interdite aux femmes sur scène, jusqu'aux basses ténébreuses de la Russie éternelle. Aspiré par la musique, volez de festival en festival, de Bayreuth à Salzbourg, pour des heures inoubliables de volupté.

Ça y est, vous voilà épuisé. Rien ne vaut alors le calme divan devant une bonne émission de télévision. Au fait, depuis quand existe-t-elle ? Vous-en souvenez-vous ? Laissons la nostalgie agir, des émissions phares aux séries cultes. Puis, muscles saillants, tête pleine d'images et de sons, retournons cultiver notre jardin.

Chapitre 13

Un peu d'exercice : le sport

Dans ce chapitre :

- Une brève histoire du sport
- Les grandes compétitions

Dès les temps les plus anciens, l'activité physique fait partie du quotidien. Le *sport* se définit d'une façon générale comme la pratique d'activités physiques dépendantes de règles et de réglementations. Les statistiques les plus récentes ont montré qu'au moins une fois par semaine, 26 millions de personnes pratiquent une activité physique en France.

Le sport des origines à nos jours

Le mot « sport » n'apparaît dans notre langue qu'au XVIIIe siècle, mais le terme viendrait de l'ancien français « desport » apparu au XIIIe siècle, qui désignait alors l'ensemble des moyens par lesquels on passait le temps agréablement : la conversation, les distractions, le badinage, les jeux. On l'employait aussi au sens de s'amuser. Quand le mot passe en anglais au début du XIVe siècle, il conserve ce sens d'amusement : les premiers sportifs anglais amateurs sont des nobles qui s'adonnent aux jeux ou aux exercices seyant à leur position sociale. Puis la pratique sportive se démocratise et se professionnalise avec le temps, suscitant des compétitions mondialisées et exacerbant les sentiments passionnés. À vos marques…

Le sport dans l'Antiquité

C'est aux athlètes grecs puis romains que nous devons l'habitude de pratiquer des activités physiques dans des lieux spécialisés, sous l'autorité de professeurs ou avec l'aide de spécialistes. Ces athlètes de l'Antiquité sont également à l'origine directe de ce que fut au XIXe siècle la « gymnastique suédoise », à portée thérapeutique. Les soins du corps, les bains se retrouvent d'ailleurs encore dans nombre de nos établissements faisant commerce de la gymnastique et de l'aspect corporel, où les salles équipées sont complétées par des piscines, des saunas, des jacuzzis, lieux de détente et de convivialité.

Un esprit sain dans un corps sain

Dans le monde gréco-romain, l'éducation est avant tout affaire de pratique physique à laquelle le jeune Grec s'exerce nu, sur un terrain de sport, gymnase ou stade. Devenir un individu civilisé, adopter les normes d'hygiène, d'éthique et d'esthétique du groupe se fait par l'éducation physique. Celle-ci fait pleinement partie d'une éducation générale soucieuse de s'adresser à l'homme tout entier, corps et âme. C'est l'objectif d'accomplissement contenu dans le fameux adage grec : un esprit sain dans un corps sain. Le sport, en tant qu'élément central de l'éducation de tout futur citoyen, est donc pratiqué par tous, filles et garçons, et pas seulement à Sparte, mais à également à Athènes ou à Pergame.

L'enseignement de la gymnastique y est confié au *pédotribe*, à la fois maître de gymnastique, professeur d'hygiène, de médecine du sport et dispensateur d'éthique du comportement sportif. Il se charge de faire exécuter aux élèves des exercices (assouplissements, course, sautillements, jeux de balle, etc.) pour les préparer à la pratique sportive proprement dite. Le but est de permettre à l'adolescent de prendre part, plus tard, aux concours d'athlétisme essentiellement. Les autres disciplines en effet, la natation par exemple, sont connues et pratiquées par les Grecs, mais ne leur semblent pas dignes de figurer dans les concours. Les épreuves reines définissent le cycle complet de l'athlète : *course à pied*, *saut*, *lancer du disque*, *lancer du javelot*, *lutte*, *pentathlon*, *pugilat*, *pancrace* (mélange de lutte et de pugilat).

Le *gymnase* est l'endroit réservé aux exercices physiques. Chaque ville en possédait plusieurs. Il s'agissait en général d'un rectangle, de la taille d'un stade, entouré de portiques et de pièces adjacentes. À l'origine, l'exercice dans les gymnases était réservé aux jeunes gens qui allaient effectuer leur service militaire, pendant les deux années qui précédaient cette *éphébie*. Mais, à l'intérieur des gymnases, pouvaient être enseignées également la grammaire et la littérature. Athènes possédait par exemple trois gymnases : l'*Académie*, le *Lycée* et le *Cynosarge*.

À Rome, les jeunes gens s'entraînent au *Champ de Mars*, mais, à la différence des Grecs, sans autre finalité que l'efficacité au combat et sans tenir compte d'une quelconque esthétique. Il s'agit de se préparer aux situations de guerre : sauter, lancer le javelot, courir, nager, monter à cheval, s'endurcir au froid ou à la chaleur, pratiquer l'escrime. Le peu d'intérêt pour l'athlétisme se marque à Rome par l'existence d'un unique stade public, construit sous le règne de Domitien.

Les jeux Olympiques

« *Jeux Olympiques* » est le nom moderne attribué à la plus fameuse des quatre grandes fêtes nationales grecques, célébrée une fois tous les quatre ans à Olympie. Leur invention est attribuée à plusieurs personnages : Héraclès, Zeus ou Pélops. Fête locale, sans doute au début, elle prend de l'importance et d'autres compétitions lui sont adjointes. Opposant des athlètes venus de la Grèce entière, les « jeux » sont traditionnellement une période de trêve.

C'est à partir de 776 av. J.-C., avec la victoire de l'Éléen Coroebos, que nous commençons à avoir de véritables informations sur cette cérémonie, et que l'histoire retient les noms des premiers champions olympiques. En 388 av. J.-C. est institué le *serment olympique* pour mettre fin aux tricheries (dopages, corruption…). Sont ainsi précisées les qualités des participants (nationalité grecque, sexe masculin, moralité…) et les règles à respecter.

En 393 ap. J.-C., sous la pression de la morale chrétienne, l'empereur romain **Théodose Ier (346-395)** abolit les jeux Olympiques, jugés trop païens. Et il faudra alors attendre le tournant du XXe siècle et le baron Pierre de Coubertin pour voir renaître cette tradition (voir plus loin dans ce chapitre).

Les jeux du cirque

Dès 146 av. J.-C., les Romains participent aux jeux Olympiques. Mais avec l'invasion de la Grèce par l'Empire romain (au cours de ce IIe siècle av. J.-C.), les Jeux déclinent rapidement. Rome, en fait, ne connaît ni n'apprécie le sport olympique. Ce peuple de conquérants passe sans transition de la discipline militaire aux jeux du cirque et n'a guère de goût pour la lutte désintéressée. Au Ier siècle av. J.-C., les combats de gladiateurs, à l'honneur depuis la période étrusque (VIe siècle), sont intégrés aux jeux publics romains par Marius.

Les jeux (*munera*) peuvent être donnés soit à titre gracieux, pour une commémoration quelconque, soit en faisant payer les spectateurs, comme simple distraction. L'organisateur loue ses gladiateurs à un entrepreneur. Les combattants peuvent être aussi bien des professionnels aguerris que des novices, des criminels, des esclaves, des prisonniers de guerre ou des hommes libres sans distinction ethnique ou sexuelle. Le gros des troupes est cependant formé par des hommes de naissance servile et des prisonniers de guerre originaires de contrées lointaines. Les combats de femmes existent également. Extrêmement rares, ils n'en sont que plus recherchés.

Le gladiateur fait le serment de respecter les règles du combat devant un magistrat. Du point de vue des combattants, on distingue des types variés : le *rétiaire*, armé juste d'un trident et d'un filet, qui combat contre un adversaire équipé d'un casque, d'un bouclier, d'une épée et de jambières ; le *Thrace*, avec une épée recourbée ; le *Samnite* ; le *Gaulois*. La règle voulait qu'on oppose deux types différents lors du combat.

Les jeux sportifs du Moyen Âge et de la Renaissance

À peu d'exceptions près, le sport du Moyen Âge est plus spontané et moins hautement organisé que celui des temps modernes. Les amusements médiévaux sont le fait du collectif, du groupe, on n'y trouve pas comme aujourd'hui l'esprit de performance et de compétition. Les deux principaux jeux médiévaux sont la *paume*, connue dès le XIe siècle en France, et la *soule*, appelée aussi *cholle*, qui peut être considérée comme l'ancêtre du football ou du rugby.

Les XVIIe et XVIIIe siècles voient un net recul des activités sportives. Les nobles s'en détournent, préférant l'hédonisme à l'effort et à la discipline. Le divertissement et le plaisir sont davantage recherchés. Montesquieu condamnait dans ses *Considérations* cette attitude recherchant la facilité : « Nous n'avons plus une juste idée des exercices du corps : un homme qui s'y applique trop nous paraît méprisable, par la raison que la plupart de ces exercices n'ont plus d'autre objets que les agréments : au lieu que chez les Anciens, tout jusque la danse faisait partie de l'art militaire. »

La naissance du sport moderne

Le sport tel que nous le définissons aujourd'hui est une acquisition récente (d'ailleurs, le mot n'apparaît pour la première fois dans le *Dictionnaire de l'Académie française* qu'en 1878). L'apport de l'Angleterre dans cette nouvelle conception de l'activité physique est considérable. Grâce à elle, l'athlétisme, le *cross country*, le rugby, le football, le hockey, l'aviron, la boxe et le tennis s'implantent durablement dans les cultures nationales et de façon quasiment mondiale.

La naissance du football

L'ancêtre du *football* se trouve peut-être en Chine ancienne, où les soldats pratiquent un jeu appelé *cuju* avec un ballon rond, consistant à jongler et effectuer des passes, simple exercice d'entretien physique pour militaires. Mais c'est en Angleterre qu'est pratiqué pour la première fois, en 1747, le *folk football* (football du peuple) et ce dans les *public schools* (collèges privés) comme Eton. C'est grâce à Thomas Arnold, qui l'assimile au système éducatif, que ce jeu se développe. Sa diffusion est facilitée par l'organisation sportive des collèges et universités.

Les différents sports sont strictement réglementés pour la première fois en Angleterre et ne tardent pas, ainsi, à être adoptés par d'autres pays. Progressivement, les jeux de ballon s'orientent vers le *rugby* ou vers le *football*. La fondation de deux fédérations, la Football Association en 1863 et la Rugby Union en 1871, consacre les règles particulières à chacun des deux sports.

La naissance de la boxe anglaise

La *boxe* figure aussi bientôt parmi les sports qui conquièrent les Anglais. Dès 1719, un établissement dirigé par **James Figg (v. 1695-1734)** ouvre ses portes et organise la pratique de sports de défense tels l'escrime, la canne et tout particulièrement la *boxe anglaise*. Néanmoins, c'est son successeur **Jack Broughton (v. 1703-1789)** qui réglemente sommairement celle-ci en

1743, dans une publication intitulée *London Prize Ring Rules*. Quelques années plus tard, en 1747, il invente les gants de boxe, prenant conscience que trop de brutalité dans les combats n'est pas ce qui plaît le plus à un public plutôt aristocratique.

Le huitième marquis de Queensberry met au point de nouvelles règles en 1865. La spécificité de la boxe anglaise est de porter les coups au visage et sur le corps au-dessus de la ceinture avec des gants homologués. Quatre fédérations aujourd'hui concurrentes se partagent la boxe anglaise professionnelle : la WBA, l'IBF, la WBC, la WBO.

Le sport au XXe siècle

Le sport, qui connaît à partir de la Première Guerre mondiale une progression extrêmement rapide pour s'universaliser ces trente dernières années, est décrit le plus souvent comme un domaine majeur de la culture européenne, une pièce maîtresse de la stratégie politique et économique. Au cours du XXe siècle, il a été récupéré par Hitler comme arme de propagande du régime nazi, de même que par tous les systèmes totalitaires. La Coupe du monde de football jouée et gagnée par les Italiens, en 1934, est par exemple dédiée au Duce Mussolini. Les préparatifs des Jeux de Berlin, en 1936, divisent les sportifs quant à ceux qui veulent y assister ou pas. Les Jeux ont finalement lieu, à Berlin comme prévu, car ceux qui les boycottent sont peu nombreux : ainsi 4000 athlètes de 49 pays, représentants de 23 disciplines, sont présents. Mais voyons d'un peu plus près comment la tradition des jeux Olympiques a repris vie dans l'histoire moderne.

Les jeux Olympiques modernes

De 1876 à 1881, des archéologues allemands mettent au jour les monuments, les statues et l'enceinte sacrée d'Olympie. Un jeune sportif français s'étonne que la France ne fasse rien pour retrouver aussi les splendeurs du passé de la Grèce antique. Il s'appelle **Pierre de Coubertin (1863-1937)**. Le 25 novembre 1892, il annonce à la Sorbonne, devant un auditoire imposant, sa volonté de redonner vie aux anciens jeux Olympiques, interrompus depuis quinze siècles. Le 16 juin 1894, toujours à la Sorbonne et devant cette fois un public de très hautes personnalités (ambassadeurs, délégués de 12 pays, soit environ 2000 personnes), un hymne aux Olympiades est exécuté. Sept jours plus tard, Pierre de Coubertin annonce le rétablissement des jeux Olympiques. Le Comité international olympique, composé de personnalités, est constitué au milieu de l'année suivante.

Figure 13-1 : Le premier Comité olympique international.

Le 6 avril 1896 à Athènes s'ouvre, grâce aux contributions des Hellènes et à la générosité d'un Grec d'Égypte, la première Olympiade des temps modernes. Pierre de Coubertin note ainsi le quadruple avantage du rétablissement des jeux Olympiques :

- La mise en relief des sports modernes en les faisant bénéficier du prestige de l'Antiquité.
- Le rassemblement de tous les sports en les obligeant à collaborer les uns avec les autres pour le progrès de l'éducation physique.
- La réunion de toutes les nations dans un effort d'émulation infiniment utile au bien général.
- Le précieux appui des lettres et des arts aux manifestations sportives, pour le rétablissement du culte de la beauté et de l'eurythmie qui dominait le gymnase grec.

N'OUBLIEZ PAS !

« Le plus important, c'est de participer »

Que cherche réellement Pierre de Coubertin en rétablissant les jeux Olympiques ? Fidèle à l'héritage de l'Antiquité, il voit dans l'olympisme le moyen de façonner une aristocratie au sens étymologique du mot (« les meilleurs »), de former une élite.

Mais réaliser des prouesses physiques ne suffit pas si cela ne s'accompagne pas d'une morale, d'une éthique chevaleresque du désintéressement. D'où la célèbre formule : « Le plus important, c'est de participer. »

Depuis leur renaissance, les jeux Olympiques ont lieu tous les quatre ans et voient s'affronter tous les athlètes de la planète sur les terrains les plus divers (dojo, piste d'athlétisme, terrain de basket, parcours d'équitation…) lors d'épreuves collectives ou individuelles au nombre d'une cinquantaine environ, cette liste évoluant à intervalles réguliers. Depuis 1924, il faut aussi compter les jeux Olympiques d'hiver : ski, luge, bobsleigh, patinage, biathlon…

N'OUBLIEZ PAS !

Où sont les femmes ?

Les femmes ont longtemps été tenues à l'écart des sports de compétition. On prétendait que le corps féminin était incapable de supporter l'endurance, sa principale fonction étant la procréation. Il y avait également un argument social et moral à cette mise à l'écart : la femme a une place à tenir au sein de son foyer et toute pratique sportive féminine est considérée comme exhibitionniste.

Les premières sociétés sportives féminines n'apparaissent qu'à partir de 1907 et concernent la gymnastique et la natation. Le sport devient alors un moyen d'émancipation. Les *Olympiades féminines* de 1922 ne sont pas des jeux Olympiques traditionnels et sont d'abord perçus comme une provocation. « Il n'y aura pas d'Olympiades femelles », déclare Pierre de Coubertin. Présentes sur le stade Pershing, construit par les militaires américains et pas très éloigné du terrain où s'entraîne l'école de Joinville, elles s'imposent cependant à Monte-Carlo, lors du premier meeting international d'éducation physique, puis aux jeux Olympiques d'Amsterdam en 1928.

Les villes organisatrices sont désignées par le Comité international olympique (CIO), composé de 115 membres recrutés ou élus parmi les athlètes actifs ou retraités, les présidents de fédérations sportives internationales ou d'organisations reconnues par le Comité. Comme le rappelle le récent échec de Paris 2012, ce système est néanmoins de plus en plus contesté. De nombreuses personnes dénoncent les collusions entre des membres des organismes sportifs internationaux et le monde politique et des affaires. Des voix s'élèvent contre des pratiques situées aux antipodes de l'idéal sportif de Pierre de Coubertin, comme la corruption, le profit ou le dopage.

Le sport après 1945

Les progrès réalisés par la presse au milieu du XXe siècle aident considérablement à la diffusion des pratiques sportives. Les retransmission de courses, de matchs, le nombre grandissant des journaux consacrés au sport (*L'Auto*, *Le Miroir des sports*, *L'Écho des sports*…) élargit le public des intéressés et, bien sûr, favorise son expansion au sein de toutes les couches sociales. Autre conséquence : l'écart de plus en plus marqué entre professionnels et amateurs. Le tournant est vraiment pris après la Seconde Guerre mondiale et le sport s'impose alors comme phénomène social.

Son emprise s'affirme dans le domaine politique et diplomatique. Avec l'ordonnance du 28 août 1945, l'État délègue ses pouvoirs aux fédérations pour tout ce qui concerne le contrôle et l'organisation des compétitions. Lors des premières compétitions d'après-guerre, les pays vaincus, Allemagne et Japon, sont exclus. Le sport devient également un enjeu des idéologies dans les années 1950. Durant les quarante années de la guerre froide, les sportifs américains affrontent ceux de l'URSS dans la course aux médailles. Durant les années 1980, les compétitions internationales deviennent également pour les pays en voie de développement un moyen de revendiquer leur existence, leur identité.

Tableau 13-1 : Les grandes dates du sport

Date	*Evénement*
776 av. J.-C.	Premières traces avérées des jeux d'Olympie
XIe siècle	Apparition de la paume et de la soule en Europe
1891	Création des Internationaux de tennis à Paris (futur Roland-Garros)
1896	Premiers jeux Olympiques modernes, à Athènes
1903	Premier Tour de France
1924	Premiers jeux Olympiques d'hiver, à Chamonix
1930	Première Coupe du monde de football
2000	Premier Tournoi des six nations

Les grandes compétitions

Les joies du sport tiennent à sa pratique mais aussi au fait de suivre les grandes compétitions et l'évolution des grands sportifs. Laissons-nous tourner la tête par le tennis à Roland-Garros, allons voir darder les rayons des vélos du Tour de France, suivons pied à pied la Coupe du monde de football et corps à corps le Tournoi des six nations.

Roland-Garros

Roland-Garros reste l'un des tournois majeurs de la saison de tennis, puisqu'il correspond à la deuxième levée des tournois du *Grand Chelem*, les plus prestigieux. C'est en 1891 qu'a lieu la première édition du Championnat de France international de tennis à Paris (1897 pour celui des femmes). Le tournoi se tient alternativement sur les installations du Racing Club de France et du Stade français jusqu'en 1927, avant que ne soit créé le stade Roland-Garros en 1928, pour les besoins de la *Coupe Davis*. Le nom du stade a été choisi en hommage au pionnier de l'aviation **Roland Garros (1888-1918)**, décédé dans un combat aérien en 1918. Il regroupe au total 24 courts.

Roland-Garros est le premier des quatre tournois du Grand Chelem à devenir « *open* » en 1968, c'est-à-dire ouvert aux joueurs amateurs et professionnels. (Les tournois étaient jusque-là strictement réservés aux joueurs amateurs.) Il se joue sur *terre battue*, en trois manches gagnantes pour les hommes et deux pour les femmes. Cette surface dite lente et parfois l'absence de jeu décisif dans la dernière manche peuvent conduire à des rencontres-fleuves de plusieurs heures.

LE SAVIEZ-VOUS ?

Le cinquième mousquetaire

Tout le monde a entendu parler des « quatre mousquetaires », la fameuse équipe de France de tennis de la fin des années 1920, composée de **Jean Borotra (1898-1994)**, **Jacques Brugnon (1895-1978)**, **Henri Cochet (1901-1987)** et **René Lacoste (1904-1996)**. Le quatuor domine alors toutes les compétitions internationales de tennis, s'illustrant notamment en Coupe Davis avec six victoires consécutives de 1927 à 1932. Mais sait-on que, comme chez les vrais mousquetaires, il y en avait un supplémentaire ? Finaliste à Roland-Garros en simple en 1931 puis en double l'année suivante (associé à Marcel Bernard), **Christian Boussus (1908-2003)** avait été appelé dans l'équipe en 1929. Il a son nom gravé sur chacune des quatre coupes Davis remportées jusqu'en 1932… sans jamais avoir joué aucun match, l'excellente santé de ses partenaires l'ayant laissé sur le banc des remplaçants !

Depuis 1981, sont aussi décernés pendant le tournoi les prix *Orange*, *Citron* et *Bourgeon*. Une autre nouveauté apparaît en 2006 : le tournoi débute désormais le dimanche, avec 12 matchs de simples joués sur les trois courts principaux.

Parmi les joueurs emblématiques de l'ère moderne figurent **Björn Borg (né en 1956)** (Suède), recordman des victoires (pas moins de six!), **Mats Wilander (né en 1964)** (Suède), **Yannick Noah (né en 1960)**, dernier vainqueur français en 1983, **Ivan Lendl (né en 1960)** (Tchécoslovaquie), **Jim Courier (né en 1970)** (USA), **Gustavo Kuerten (né en 1956)** (Brésil), **André Agassi (né en 1970)** (USA) et **Rafaël Nadal (né en 1986)** (Espagne), actuel tenant du titre. Côté femmes, **Chris Evert-Lloyd (né en 1954)** (USA), **Martina Navratilova (né en 1956)** (USA), **Steffi Graf (né en 1969)** (Allemagne), **Arantxa Sanchez (né en 1971)** (Espagne), **Monica Seles (né en 1973)** (USA) et **Justine Henin (né en 1982)** (Belgique).

Le Tour de France

Le 20 novembre 1902, **Géo Lefèvre (1877-1961)** et **Henri Desgrange (1865-1940)** créent le *Tour de France* cycliste et entrent dans l'histoire. Géo Lefèvre est l'instigateur de l'épreuve et Henri Desgrange celui qui y a cru, qui l'a dirigée d'une main de fer et a su lui donner toute sa dimension et sa renommée. À l'origine, la finalité était de concurrencer les courses de voitures et Bordeaux-Paris.

Soixante coureurs participent au premier Tour de France, qui débute le 5 juillet 1903 à 15 heures et 16 minutes. Ce premier Tour comprend seulement six étapes reliant Paris, Lyon, Marseille, Toulouse, Bordeaux et Nantes. Les médias contribuent déjà à son succès mais il faut attendre les années 1960 pour assister à des reportages télévisés en direct.

Au firmament du Tour, comme le surnomment familièrement ses millions de fans, brillent notamment les étoiles de **Jacques Anquetil (1934-1987)** (France), **Eddy Merckx (né en 1945)** (Belgique), **Bernard Hinault (né en 1954)** (France) et **Miguel Indurain (né en 1964)** (Espagne), tous vainqueurs à cinq reprises, ainsi que celle du coureur américain **Lance Armstrong (né en 1971)** (sept victoires, record à battre), un peu ternie toutefois par des soupçons de dopage.

LE SAVIEZ-VOUS ?

« Vas-y Poupou ! »

Éternel second face à son grand rival, **Jacques Anquetil (1934-1987)**, au cours des années 1960, **Raymond Poulidor (né en 1936)**, ou « Poupou » comme on le surnomme affectueusement, occupe encore la première place… dans le cœur des Français. Déclenchant des encouragements nourris lors de son passage dans le peloton, il remporta le Tour d'Espagne et sept étapes du Tour de France, sans jamais porter le maillot jaune. Ironie du sport…

La Coupe du monde de football

La première *Coupe du monde de football* se déroule en Uruguay en 1930. Bien que plusieurs pays européens en aient fait la demande, la *FIFA* (Fédération internationale de football amateur) confie l'organisation au pays champion olympique. Treize pays participent à cette première édition, dont seulement quatre pays européens : Mexique, Chili, Argentine, Brésil, Bolivie, Pérou, Uruguay, Paraguay, États-Unis, France, Yougoslavie, Roumanie, Belgique. Le projet existait depuis 1904. La cadence des Coupes du monde de football est fixée en alternance avec les jeux Olympiques. À l'époque de la création de la Coupe du monde, presque toutes les équipes présentaient les mêmes formations qu'aux jeux Olympiques, car elles avaient un statut amateur.

N'OUBLIEZ PAS !

Un p'tit coup de main ?

Élu meilleur joueur du siècle devant **Pelé (né en 1940)** et **Michel Platini (né en 1955)** à la suite d'un vote international sur Internet, **Diego Armando Maradona (né en 1960)**, *El Pibe de Oro* (le gamin en or), s'illustra en équipe nationale d'Argentine où il compte 91 sélections et 34 buts. Il remporta la Coupe du monde 1986 en gagnant contre la RFA en finale. En quart de finale contre les Anglais, il inscrivit l'un des plus beaux buts de l'histoire de la Coupe du monde en partant de son camp, passant en revue toute la défense anglaise avant de tromper le gardien. Mais cet exploit est aujourd'hui presque occulté par le souvenir du premier but, marqué de la main par Maradona, le ballon ayant été providentiellement propulsé dans les filets, expliquera effrontément le joueur, par la « main de Dieu ».

Figure 13-2 : Finale de la Coupe du monde de football 1998.

Quintuple vainqueur de l'épreuve (en 1958, 1962, 1970, 1994 et 2002), le Brésil est suivi par l'Italie (quatre victoires), l'Allemagne (trois), l'Argentine (deux), l'Uruguay (deux), l'Angleterre (une) et la France (une). Finalistes malheureux de la compétition en 2006, les *Bleus* ont accroché une première étoile à leur maillot en 1998, battant en finale les *Auriverdes* (les verts et or) de **Ronaldo (né en 1976)** grâce à un doublé de **Zinédine Zidane (né en 1972)** et à un but d'**Emmanuel Petit (né en 1970)**.

Le Tournoi des six nations

Le *Tournoi des six nations* est une compétition de rugby à quinze opposant les équipes les plus importantes de l'hémisphère Nord : l'Angleterre, l'Écosse, la France, le pays de Galles, l'Irlande et, depuis 2000, l'Italie. Il succède à celui dit des cinq nations, lequel faisait lui-même suite à un tournoi à quatre. Le Tournoi des cinq nations avait été interrompu durant la Première Guerre mondiale, entre 1915 et 1920.

Les principes du Tournoi sont les suivants : l'équipe qui gagne en battant tous ses adversaires réalise le *Grand Chelem* ; celle qui le perd décroche virtuellement la *cuillère de bois*. Tradition oblige, la *Calcutta Cup* (mise en jeu entre l'Angleterre et l'Écosse) et la *Triple Couronne* (décernée par les journalistes britanniques à la formation qui s'impose dans un minichampionnat à quatre entre le pays de Galles, l'Écosse, l'Angleterre et l'Irlande) sont toujours attribuées. Plus récents, le *Millenium Trophy* récompense le vainqueur du match entre l'Angleterre et l'Irlande et le *Trophée Eurostar* le vainqueur du match opposant la France à l'Angleterre.

Depuis 1954 et la première victoire française dans le Tournoi, c'est le XV de France qui se trouve en tête des bilans avec 22 victoires dont 8 Grand Chelem, devant l'Angleterre (14 victoires dont 6 Chelem), le pays de Galles (17 victoires dont 4 Chelem), l'Écosse (6 victoires dont 2 Chelem), l'Irlande (5 victoires) et l'Italie, toujours en attente de son premier succès dans l'épreuve.

LE SAVIEZ-VOUS ?

Monsieur Rugby

Compétiteur et meneur d'hommes né, le troisième ligne aile **Jean Prat (1923-2005)** était réputé pour sa vaillance (il faudra une fracture du péroné pour lui faire quitter le terrain contre le pays de Galles en 1950) et sons sens de la formule. En 1949 à Colombes, la France mène ainsi de deux petits points face au pays de Galles à cinq minutes du coup de sifflet final. Prat, qui sent que ses partenaires commencent à flancher, les harangue alors par ces mots : « Ces Britanniques vous ont emmerdés pendant cent ans, vous pouvez bien tenir cinq minutes. » Et le XV de France remporte le match. Honneur rarissime, Jean Prat fut porté en triomphe par ses adversaires gallois à la toute fin de sa carrière internationale et surnommé « Mister Rugby » par la presse britannique.

Chapitre 14

Ça tourne ! Le cinéma

Dans ce chapitre :

- L'histoire du cinéma
- Les grands genres
- Les festivals et récompenses

Le cinéma, c'est avant tout du rêve, l'incessant renouvellement de l'imaginaire, la porte ouverte à tous les univers rêvés ou redoutés. Mais c'est aussi une pratique professionnelle exigeante, depuis son apparition surprise au salon indien du Grand Café, boulevard des Capucines à Paris, le 28 décembre 1895, jusqu'aux révolutions technologiques apportées par les cassettes vidéo, les DVD, le home cinéma.

Pour entrer dans ce monde des merveilles, commençons par une petite histoire de ces images mouvantes puis sonores, et des grands genres cinématographiques. Vous aimez l'action, l'aventure, les sentiments, l'histoire, le *road movie* ? Entrez, il reste quelques places au premier rang. Installez-vous confortablement, étendez vos jambes, relaxez-vous : sur l'écran les grands films défilent. Recroquevillez-vous devant le *Nosferatu* de Murnau, versez une larme pour *Titanic*, révoltez-vous avec *Macadam Cowboy* et reprenez confiance en l'homme avec *Les Quatre Cents Coups*. Ivres de mouvements, chavirés d'émotions, reprenez votre souffle et vos sens égarés, enfilez escarpins et smocking, les festivals déroulent le tapis rouge, les récompenses et les applaudissements pleuvent… Mais silence maintenant, l'écran descend, la projection commence.

Brève histoire du cinéma

L'invention du cinématographe en 1895 fut un miracle scientifique autant que populaire, si l'on en juge par le succès qu'il connut immédiatement à l'époque et celui qu'il connaît encore aujourd'hui. Voici un rapide voyage dans le temps qui nous ramènera à la naissance du cinéma puis nous fera suivre les principales étapes qui ont jalonné l'histoire de cet art majeur.

La naissance du septième art

Nicéphore Niepce invente la photographie au début du XIXe siècle. L'image fixe existe, et le rêve d'une image mouvante commence… Les recherches en ce domaine aboutissent à l'invention de la pellicule et de la caméra en 1883, et de l'appareil de projection à partir de 1888. Mais les vrais inventeurs du cinématographe sont les frères **Louis (1864-1948) et Auguste Lumière (1862-1954)**, grâce à leur caméra-projecteur de 1895. C'est la naissance de l'appareil de tournage et de projection, et les premiers films réalisés sont projetés en public.

Tout commence très officiellement, le 22 mars de cette année 1895, par une projection à Paris devant les membres de la Société d'encouragement à l'industrie nationale. Le sujet en est la *Sortie de l'usine Lumière à Lyon*. Le public assiste à la sortie des ouvrières, filmée par les frères Lumière, sur une durée de 45 secondes. Et déjà, un genre est né, celui du *film documentaire*. La démonstration scientifique est faite, reste à séduire le public.

Pour ce faire, les frères Lumière louent, en décembre 1895, l'un des lieux les plus prestigieux de la capitale, le salon indien du Grand Café, boulevard des Capucines, d'une capacité d'une centaine de places. La grande première a lieu le 28 décembre, devant 35 spectateurs. Leur sont proposés les 45 secondes de la *Sortie de l'usine Lumière*, mais aussi deux autres films. D'abord *L'Arroseur arrosé* : un jardinier arrose son jardin à l'aide d'un tuyau et un enfant coupe l'arrivée d'eau en posant le pied sur le tuyau. Intrigué, le jardinier regarde son embout, l'enfant relâche le pied, le jardinier est aussitôt aspergé. Apercevant le mauvais plaisant, il le poursuit et le punit. L'ensemble dure 49 secondes. Là encore, un genre est créé, la *fiction*, œuvre d'imagination, ici fondée sur un ressort comique. Le dernier film est *Le Repas de bébé* : un couple nourrit un bébé (Auguste Lumière, sa femme et leur fille). Le film dure 41 secondes.

Le succès de cette projection est immédiat. La presse raffole de la nouveauté, tout Paris se précipite et il devient d'un provincial effrayant d'ignorer le cinématographe des frères Lumière ! Certains jours, jusqu'à 2 500 spectateurs se pressent, les séances s'enchaînant jusqu'à l'épuisement des projectionnistes.

Les salles louées ne suffisent plus : il faut au cinématographe un lieu permanent, adapté à ses contraintes techniques, capable de recevoir les foules de plus en plus nombreuses et curieuses. C'est la naissance de la salle de cinéma. La première est inaugurée le 25 janvier 1896, à Lyon, patrie des frères Lumière, comme il se doit.

Suivent Bordeaux en France, puis à l'étranger Londres, Bruxelles, Berlin et, en juin 1897, New York. Les coûteuses séances à 1 franc cèdent vite la place, devant l'affluence, à des prix abordables au plus grand nombre. Dès sa naissance, le cinéma est ainsi un art populaire.

Les premiers films projetés, ancêtres des actualités cinématographiques, sont souvent des documentaires, les premiers reportages. C'est la spécialité de **Charles Pathé (1863-1957)**, dont la société naît avec l'envoi de cameramen partout dans le monde. Mais il arrive trop tard pour le reportage consacré au couronnement du tsar Nicolas II, le 14 mai 1894, à Moscou, filmé par les opérateurs des frères Lumière, et premier vrai grand document d'actualité.

N'OUBLIEZ PAS !

Barbenfouillis sur la Lune

Destiné à reprendre la fabrique de chaussures paternelle, **Georges Méliès (1861-1938)** préfère partir à Londres s'initier à la prestidigitation, devenir le propriétaire et directeur du théâtre Robert-Houdin, du nom d'un célèbre illusionniste. De retour en France, et après l'échec d'une tentative de coopération avec les frères Lumière, il s'installe à Montreuil, en banlieue parisienne, où il fonde la compagnie *Star Film*. À la fois producteur, scénariste et décorateur, il tourne dans son studio des centaines de petits films remplis d'imagination et d'effets spéciaux, appelés à l'époque les *trucages*. Les plus célèbres sont *Cléopâtre* (1899), qui montre la résurrection de la fameuse reine d'Égypte à partir des restes carbonisés de sa momie, d'une durée de deux minutes, et surtout *Le Voyage dans la Lune* (1902). Adapté du roman de Jules Verne, *De la Terre à la Lune*, ce film d'environ quinze minutes crée un genre nouveau au cinéma, la *science-fiction*, tout en reprenant des éléments burlesques et comiques. Six scientifiques, menés par le professeur Barbenfouillis, joué par Méliès lui-même, gagnent la Lune à bord d'un obus. Les relations avec les habitants du lieu, les Sélénites, commencent d'autant plus mal que l'obus atterrit en se fichant dans l'œil droit de la Lune, que voilà quasiment éborgnée ! Capturés puis évadés, les membres de l'expédition reviennent sur Terre, où ils sont couverts d'honneurs.

L'expressionnisme allemand

Emblématique de l'ère du cinéma muet, l'*expressionnisme cinématographique* n'est pas un mouvement isolé. Il participe de la volonté de rénovation de l'art qui parcourt la peinture, l'architecture, la littérature, au lendemain de la Première Guerre mondiale. Et ce sont les Allemands qui lui donnent au cinéma ses lettres de noblesse, à tel point que, plutôt que d'expressionnisme seul, c'est *expressionnisme allemand* qui vient tout naturellement aux lèvres en ce domaine.

Contemporain du dadaïsme et du surréalisme, l'expressionnisme au cinéma explore les tréfonds reculés de l'âme, le trouble des personnalités. La folie, le monstrueux en sont des thèmes récurrents. L'âge d'or des films expressionnistes correspond aux débuts de la république de Weimar. Des œuvres comme *Le Cabinet du docteur Caligari* (1919) de **Robert Wiene (1873-1938)**, *Le Golem* (1920) de **Carl Boese (1887-1958)** ou *Nosferatu le Vampire* (1922) **de F. W. Murnau (1888-1931)** fleurissent alors. Considéré comme un art dégénéré par les nazis, l'expressionnisme disparaît au début des années 1930.

Figure 14-1 : Max Schreck dans *Nosferatu* (1922).

La révolution du parlant

Le cinéma muet laisse ainsi des œuvres impérissables. Qui ne connaît pas par exemple *La Ruée vers l'or* (1925) de **Charlie Chaplin (1889-1977)** ? L'accompagnement textuel se fait par l'intermédiaire de cartons, les *intertitres*, qui apparaissent entre les scènes pour indiquer un dialogue, présenter une situation, exposer les états d'âme des personnages. L'accompagnement sonore est souvent interprété par un pianiste, dont l'instrument est installé en bas de l'écran. Cette proximité est nécessaire, car l'artiste ne dispose pas de partition : il joue en fonction de son inspiration et de la nature des scènes qu'il visionne avec les spectateurs.

Figure 14-2 : Charlie Chaplin et Jackie Coogan dans *Le Kid* (1921).

Mais en 1927 apparaît le cinéma parlant. Le tout premier film sonorisé est *Le Chanteur de jazz* (1927), réalisé par **Alan Crosland (1894-1936)**. Il s'agit d'une comédie musicale comprenant cinq chansons… les premiers mots parlés du cinéma, grâce à une improvisation de l'acteur **Al Jolson (1886-1950)** ! En effet, les producteurs ne souhaitaient pas qu'il y ait de langage parlé dans le film. Le son devait uniquement servir à la musique et aux chansons, l'histoire étant encore racontée par des cartons, mais grâce à un dialogue, non écrit dans le scénario, du héros avec sa mère, le cinéma parlant est lancé !

Le cinéma hollywoodien

C'est sur les coteaux des plus célèbres collines du monde, à Hollywood, en Californie, que le cinéma entre pleinement dans l'âge moderne. Durant l'entre-deux-guerres, sous l'impulsion des patrons tyranniques des grands studios (futures *majors*), l'art épouse définitivement les affaires. Pour le pire, mais aussi pour le meilleur. Marquée par l'apparition du *star system*, qui promeut les vedettes de cinéma et les films comme n'importe quel produit de consommation courante, cette époque dorée du cinéma américain voit fleurir de nombreux réalisateurs et comédiens de talent.

Les réalisateurs les plus emblématiques de cette époque sont notamment **Ernst Lubitsch (1892-1947)** ou **Frank Capra (1897-1991)** pour la comédie, **John Ford (1895-1973)** ou **Howard Hawks (1896-1977)** pour le western ou le film policier, ou encore **Stanley Donen (né en 1924)** et **Vicente Minnelli (1910-1986)** pour la comédie musicale, un genre particulièrement florissant à Hollywood qui connaît alors un vif succès auprès du public. Et s'il ne fallait retenir que deux noms parmi la pléiade de stars de cet âge d'or du cinéma américain, ce serait sans doute **Marilyn Monroe (1926-1962)** et **Humphrey Bogart (1899-1957)**, devenus de leur vivant de véritables mythes.

N'OUBLIEZ PAS !

Tournage en exil

Casablanca (1942) est l'inoubliable chef-d'œuvre de Michael Curtiz qui met en scène **Humphrey Bogart (1899-1957)** et **Ingrid Bergman (1915-1982)**, dans les rôles de Rick et Ilsa. Sur fond de ville d'Afrique du Nord encore soumise au régime de Vichy du maréchal Pétain, l'intrigue se noue autour du choix cornélien entre l'amour et le devoir. Rick, autrefois amant d'Ilsa, la retrouve à Casablanca, mariée avec un résistant en cavale. Le choix est tout de douleur, entre aider le couple à fuir et perdre Ilsa à jamais, ou ne pas les aider et les laisser finir entre les mains des nazis. Le film, en noir et blanc, dure trois heures. La musique, tout comme le lieu, le cabaret que tient Rick, jouent un rôle central. L'une des scènes cultes du film oppose, dans le cabaret, la *Marseillaise* aux Allemands chantant *Die Wacht am Rhein*. Tourné pendant la guerre, à l'aide de nombreux figurants ayant fui l'Europe, le film est, en lui-même, historique.

Le néoréalisme italien

Durement éprouvée par la Seconde Guerre mondiale, l'Europe perd de son influence artistique au profit des États-Unis qui, après un entre-deux-guerres déjà florissant, assoient définitivement leur domination sur le cinéma mondial dans les années 1950, profitant notamment de l'arrivée de la couleur sur les écrans. Toutefois, le vieux continent fait preuve d'une belle vigueur et voit se développer, en France, en Italie et ailleurs, des cinéastes de talent. Ainsi, par exemple, de ceux du courant néoréaliste.

Tout comme l'expressionnisme est spontanément pensé comme allemand, le *néoréalisme* est italien. C'est en effet en Italie qu'il naît et se développe dès 1943, pour s'exprimer ensuite pendant une dizaine d'années. Le terme même de néoréalisme explique en partie le projet des cinéastes. Il s'agit pour eux d'ancrer le cinéma dans la vie quotidienne, la vie véritable, et, pour ce faire, d'utiliser des personnages de rencontre plutôt que des acteurs professionnels. De même, décors et studios sont délaissés au profit de la rue, du seul décor naturel. La réalisation est marquée par le recours à la narration, plutôt qu'à une progression faite au fur et à mesure des scènes et des situations qui évoluent. L'homme y est prisonnier de son déterminisme social, soumis à des autorités lointaines (Église, État…) sans compassion. Les films emblématiques du néoréalisme italien sont *Rome, ville ouverte* (1945), *Paisa* (*Paysan*, 1946) ou *Allemagne année zéro* (1947) de **Roberto Rossellini (1906-1977)**, *Sciuscia* (*Cireur de chaussures*, 1946), *Le Voleur de bicyclette* (1948) ou *Umberto D.* (1952) de **Vittorio de Sica (1901-1974)**, ou encore *Riz amer* (1949) de **Giuseppe de Santis (1917-1997)**.

LE SAVIEZ-VOUS ?

Week-end à Rome

Rome, ville ouverte, tourné en 1945 par Roberto Rossellini, marque l'acte de naissance du néoréalisme italien. Alors que la guerre n'est pas finie, la caméra de Rossellini, dans une ville dévastée, met au pied du mur comédiens véritables et passants de rencontre confrontés à un moment de vie sans espoir. La drogue, la violence, la torture y sont le quotidien. L'action se déroule à Rome, pendant l'hiver 1944. L'ingénieur communiste Giorgio Manfredi (joué par **Marcello Pagliero, 1907-1980**) se réfugie chez un ami, obtient un contact avec le curé de la paroisse. Mais sa maîtresse les dénonce tous aux Allemands.

Rome, ville ouverte est un film multiple. Prévu pour être un documentaire, fondé en partie sur des événements réels, réalisé deux mois seulement après la libération de Rome, il est considéré comme l'acte de naissance du néoréalisme italien. Sa proximité chronologique avec les épisodes mis en scène en fait aussi une vision presque immédiate d'une actualité recomposée.

La nouvelle vague

Au tournant des années 1950 et 1960 apparaît en France un courant de jeunes cinéastes défendant un cinéma d'auteur où le réalisateur prime sur le scénariste, où le film doit d'avantage exprimer une vision personnelle du monde que raconter une histoire. Le terme *nouvelle vague*, qui au départ désigne un courant de société à la fin des années 1950, désigne un cinéma tourné à l'aide d'une caméra légère, qui se déplace avec son porteur. Les extérieurs sont privilégiés sur les studios.

Il y a là une volonté délibérée de rupture. Les personnages sont incarnés par de jeunes acteurs et actrices qui font vrai, auxquels les jeunes spectateurs s'identifient sans mal : **Jean-Paul Belmondo (né en 1933), Jean-Pierre Léaud (né en 1944), Bernadette Lafont (née en 1938), Anna Karina (née en 1940), Jean Seberg (1938-1979)**. C'est un cinéma qui se veut proche des attentes d'une jeunesse encore bridée avant le mouvement de 1968, dans le difficile passage à l'âge adulte. Les œuvres principales de ce mouvement sont *Paris nous appartient* (1958) de **Jacques Rivette (né en 1928)**, *À bout de souffle* (1959) de **Jean-Luc Godard (né en 1930)**, *Les Quatre Cents Coups* (1959) de **François Truffaut (1932-1984)**, *Le Beau Serge* (1959) de **Claude Chabrol (né en 1930)**, *Le Signe du Lion* (1959) d'**Éric Rohmer (né en 1920)**, *Le Bel Âge* (1959) de **Pierre Kast (1920-1984)** et *L'Eau à la bouche* (1960) de **Jacques Doniol-Valcroze (1920-1989)**.

N'OUBLIEZ PAS !

Dans la peau d'Antoine Doinel

Les Quatre Cents coups est un film de François Truffaut sorti en 1959. Ce premier long métrage du réalisateur, largement inspiré de sa propre enfance, met en scène celle d'Antoine Doinel **(Jean-Pierre Léaud, né en 1934)**, aux prises avec ses parents. Ses vols le conduisent à être enfermé dans un centre de rééducation. Dans la suite de son œuvre, le personnage d'Antoine Doinel, toujours interprété par Jean-Pierre Léaud, apparaît dans plusieurs autres films : *L'Amour à vingt ans* (1962), *Baisers volés* (1968), *Domicile conjugal* (1969), *L'Amour en fuite* (1970). C'est ainsi un double du réalisateur qui incarne, à l'écran, ce que celui-ci a vécu ou vit dans la réalité. Par sa technique, son parti pris cinématographique, *Les Quatre Cents Coups* est le film emblématique de la nouvelle vague.

Le nouvel Hollywood

Outre-Atlantique, à une décennie de là, le cinéma s'affranchit aussi des codes anciens. Après le succès inattendu d'*Easy Rider* (1969), film de *bikers* à petit budget, une génération de jeunes metteurs en scène issus de la contre-culture émerge durant les années 1970. Regroupés sous la bannière du *nouvel Hollywood* par le journaliste Peter Biskind, **Steven Spielberg (né en 1942), Francis Ford Coppola (né en 1939), Stanley Kubrick (1928-1999), Martin Scorsese (né en 1942) ou Brian De Palma** pour ne citer que les plus connus, revisitent les thèmes du cinéma américain classique (la violence, l'errance, la marginalité…) pour les refondre dans un moule nouveau, tournant avec des acteurs encore inconnus, **Robert de Niro (né en 1943), Al Pacino (né en 1940)** ou encore **Jack Nicholson (né en 1937)**. En quelques années, ces réalisateurs deviennent les nouveaux nababs d'Hollywood et réalisent des films tels que *Le Parrain* (Coppola, 1972), *Les Dents de la mer* (Spielberg, 1975), *Taxi Driver* (Scorsese, 1976)…

Figure 14-3 : Dennis Hopper et Peter Fonda dans *Easy Rider* (1969).

Le cinéma contemporain

Après plus d'un siècle d'existence et bien des vicissitudes et des crises, le cinéma se porte bien, même si on a de nombreuses fois annoncé sa fin. Signe de sa vitalité, la prolifération des cinémas nationaux et des œuvres originales dans le monde, dont voici quelques exemples :

- **En Angleterre :** Ken Loach, palme d'or 2006 pour *Le vent se lève*.
- **En Belgique :** Luc et Jean-Pierre Dardenne, double palme d'or avec *Rosetta* (1999) et *L'Enfant* (2005), ou Lucas Belvaux (*Un couple épatant*, *Cavale*, *Après la vie*, trilogie de 2002).
- **En Égypte :** Youssef Chahine, distingué lors du cinquantième festival de Cannes, avec de nombreux films tels *Le Destin* (1997) ou *Alexandrie-New York* (2004).
- **En Espagne :** Pedro Almodovar, récompensé deux fois à Cannes pour *Tout sur ma mère* (1999) et *Volver* (2006).
- **Aux États-Unis :** David Lynch dont le premier succès reconnu est *Elephant man* (1981) ou Steven Soderbergh qui remporta la palme d'or en 1989 avec *Sexe, mensonges et vidéo*, sans oublier les inusables Woody Allen ou Clint Eastwood.
- **En France :** citons, entre autres, Arnaud Desplechin et *Comment je me suis disputé… (ma vie sexuelle)* (1996), Olivier Assayas et son *Fin août, début septembre* (1999), Claire Denis et son film *L'Intrus* (2005).
- **À Hong Kong :** Wong Kar-Wai et le troublant *In The Mood for Love* (2000).
- **En Iran :** Abbas Kiarostami, qui se révéla avec *Où est la maison de mon ami* (1987).
- **En Italie :** Nanni Moretti et son retentissant appel *Le Caïman* (2005)…

LE SAVIEZ-VOUS ?

The winner is…

Si l'on vous demande quel est le plus gros producteur de films au monde, que répondrez-vous ? Les États-Unis ? Mauvaise pioche. Le pays qui, chaque année, produit le plus de films est (décachetons la petite enveloppe)… l'Inde ! Eh oui ! Avec plus de mille films par an, l'Inde décroche la palme de la production cinématographique, loin devant la France (pourtant pas mal classée) et les États-Unis.

Désormais passée dans le langage courant, l'expression *Bollywood* (contraction de Bombay et d'Hollywood) désigne à la fois l'industrie cinématographique et le cinéma indien. Son genre dominant repose sur les intrigues sentimentales qui se terminent bien, accompagnées d'intermèdes de chants et danses traditionnels, extrêmement appréciés du public. La très riche mythologie indienne – le *Mahabharata, le Ramayana*, la *Bhagavad-Gita* (l'une des parties du *Mahabharata*), relatant les exploits des dieux et mettant en scène le séduisant Krishna ou le terrible guerrier Arjuna – remporte aussi un vif succès à l'écran. Le fond mélodramatique très pudique entraîne totalement le public. Il faut assister à une séance de cinéma en Inde dans un quartier populaire, le spectacle est aussi dans la salle : chants repris en chœur, méchantes huées, héros et héroïne largement applaudis, le tout dans un incessant va-et-vient, puisque l'on dîne ou déjeune sur place. Il faut dire que la durée moyenne d'un film est de… quatre ou cinq heures !

Tableau 14-1 : Les grandes dates du cinéma

Date	*Evénement*
1895	Naissance du cinéma
1899-1902	Premiers effets spéciaux
1927	Naissance du cinéma parlant
1937	Premier film en Technicolor
1945	Naissance du néoréalisme italien
1959	Nouvelle vague
1969	Nouvel Hollywood

Grands genres, grands films

Mais le cinéma n'est pas qu'une aventure linéaire d'héritages et de ruptures, d'innovations technologiques ou esthétiques. Nous avons bien vu que, dès son invention, il a constitué un moyen d'expression aux multiples facettes. Des genres s'y sont créés comme dans tout art, pour permettre à toutes les sensibilités de s'y confronter, à toutes les visions de s'y incarner. Les réalisateurs prennent le parti de la fiction, du documentaire ou du cinéma expérimental, traitent différents thèmes pour différents publics.

À l'intérieur de chaque grande catégorie se distinguent un certain nombre de genres. Ainsi la fiction recouvre-t-elle aussi bien la comédie, le drame et le fantastique que le film catastrophe ou la fresque historique. Nous n'entreprendrons pas ici une histoire thématique du cinéma, mais proposons un petit voyage – forcément arbitraire, au gré des programmes des salles obscures – d'un genre à l'autre parmi les principaux, pour en présenter les caractéristiques essentielles. La fiction représentant le gros des troupes parmi les productions cinématographiques, c'est surtout à son sein que nous allons nous nourrir et nous laisser transporter de l'autre côté de l'écran. Attention, ça tourne !

Le film historique

Vous rêvez de vous fondre dans la vie d'un grand personnage ? Vous voulez vous glisser dans la foule qui a assisté aux événements majeurs de l'Histoire ? Le *film historique* reprend un événement historique réel ou la vie d'un personnage historique et faire revivre à l'écran les gloires ou les déconvenues qui ont jalonné les siècles. Il se décline sous plusieurs formes selon les époques ou les thèmes abordés.

Le péplum

Le *péplum* (« tunique » en latin) fait revivre l'Antiquité. Ce genre date du temps du cinéma muet avec *Quo Vadis* (1913) et *Cabiria* (1914), dans lequel apparaît pour la première fois le personnage de Maciste, culturiste doté d'une force colossale. L'âge d'or du péplum se situe dans les années 1950 et 1960 et l'Italie s'en fait une spécialité. Citons la série des *Hercule* et des *Maciste*. Les Américains ne sont pas en reste avec *Ben-Hur* (1959), *Cléopâtre* (1963) ou *Les Dix Commandements* (1956). Après un temps d'oubli, le péplum connaît un renouveau avec la sortie de *Gladiator* (2000).

N'OUBLIEZ PAS !

Arrête ton char

Ben-Hur, réalisé par **William Wyler (1902-1981)** en 1959, est l'histoire de la condamnation, de l'envoi aux galères puis de la réhabilitation du prince de Judée Judah Ben-Hur. Au fil de ses exploits, Ben-Hur rencontre sur son chemin son ami d'enfance, Messala, devenu romain et son ennemi mortel. À l'issue de la très célèbre course de chars qui les oppose, Messala meurt piétiné par ses propres chevaux et ceux des autres chars.

Ben-Hur, qui se déroule au début de notre ère, c'est aussi le destin qui met deux fois de suite le héros en présence du Christ et le miracle accompli par le sang de ce dernier, qui, en tombant sur la sœur et la mère de Ben-Hur, au pied de la croix, les guérit de la lèpre. Épopée de près de trois heures et demie, *Ben-Hur* reçoit en 1960 onze oscars, dont ceux du meilleur film et du meilleur acteur pour Charlton Heston (1923) dans le rôle-titre.

Le film de cape et d'épée

Le *film de cape et d'épée* a, lui aussi, une toile de fond historique. Il se déroule généralement entre les XVe et XVIIIe siècles et met le plus souvent en scène des hommes courageux au service de belles dames. *Fanfan la tulipe* (1952) de **Christian-Jaque (1904-1994)** compte parmi les plus célèbres. Citons également *Les Trois Mousquetaires* adapté du roman d'Alexandre Dumas. Le thème est inusable : il n'en existe pas moins de treize versions, depuis celle de **André Calmettes (1861-1942)** en 1912 jusqu'à celle de **Janis Cimermanis (né en 1950)** en 2005.

LE SAVIEZ-VOUS ?

Un valet de premier plan

Les Trois Mousquetaires (1953) d'André Hunebelle est un film franco-italien. Tiré du roman d'Alexandre Dumas, il conte les aventures du jeune et valeureux Charles D'Artagnan, cadet de Gascogne venu à Paris pour intégrer la Compagnie des mousquetaires du roi Louis XIII. Mêlés aux intrigues de la cour, notamment celles du cardinal Mazarin, D'Artagnan et ses compagnons, Athos, Portos et Aramis, sauvent l'honneur de la reine de France et il trouve l'amour en la personne de sa lingère, constance Bonacieux. Film de cape et d'épée par excellence, cette version des *Trois Mousquetaires* est fameuse par la savoureuse interprétation de **Bourvil (1917-1970)** dans le rôle de Planchet, valet de D'Artagnan.

Le western

Le *western* appartient aussi au genre du film historique. Son action se déroule au XIXe siècle en Amérique du Nord, essentiellement au moment de la conquête de l'Ouest. Le tout premier est *The Great Train Robbery* (*L'Attaque du train*, 1903). Les années fastes du genre se situent entre 1930 et 1960, avec notamment *La Chevauchée fantastique* (1939), *Le train sifflera trois fois* (1952), *Règlement de compte à O.K. Corral* (1957), *Les Sept Mercenaires* (1960), *Rio Bravo* (1959). Le nom de certains acteurs est définitivement lié au western comme ceux de **John Wayne (1907-1979), Henry Fonda (1905-1982)** ou **Gary Cooper (1901-1961)**.

Au milieu des années 1960, le western devient *western spaghetti* avec les films de **Sergio Leone (1929-1989)**. Ce surnom – cruellement ironique – lui est donné par les Américains en raison de son origine italienne. La différence entre les deux types de western réside surtout dans le traitement des personnages. Le western classique oppose les pionniers blancs vertueux et courageux aux Indiens perfides. Les héros du western spaghetti, sales, déguenillés, ivrognes et coureurs de jupon, sont préoccupés surtout d'eux-mêmes. Ils ne dédaignent pas une noble cause, à condition d'en tirer profit. Les plus célèbres sont : *Pour une poignée de dollars* (1964), *Le Bon, la Brute et le Truand* (1966), *Il était une fois dans l'ouest* (1969), tous réalisés par Sergio Leone.

Figure 14-4 : John Wayne et Rickie Nelson dans *Rio Bravo* (1959).

N'OUBLIEZ PAS !

Des trophées emportés par le vent

La Chevauchée fantastique (1939), de son titre original *Stagecoach*, fut réalisé par **John Ford (1894-1973)**. L'histoire se déroule en Arizona, dans l'espace clos d'une diligence qui emporte neuf personnes très différentes : Dallas, prostituée ; Josiah Boone, vieux médecin alcoolique ; Mrs Mallory, femme enceinte d'un officier qu'elle va rejoindre ; Gatewood, banquier véreux en fuite avec la caisse ; Mr Peacok, vendeur de whisky ; Ringo Kid, justicier à la recherche des frères Plummer, assassins de son père et de son frère ; Hatfield, joueur professionnel ; Curly Wilcox, shérif ; enfin Buck, le conducteur de la diligence. Tous ces destins vont se mêler, s'opposer, sur fond de danger des attaques menées par les Indiens apaches du chef Geronimo. En dépit de situations sociales peu reluisantes parfois, le film met l'accent sur les vertus de courage des pionniers de l'Ouest, opposées à la sauvagerie indienne. Lors de la cérémonie de remise des oscars, en 1940, le film est nominé sept fois, mais il se présente la même année que *Autant en emporte le vent*, qui rafle la mise avec neuf trophées. C'est donc surtout par l'interprétation de John Wayne dans le rôle de Ringo Kid, qui lance sa fabuleuse carrière, que le film est connu.

Le biopic

Le *film biographique* entreprend de retracer, au travers des épisodes de la vie du personnage principal, toute une histoire et son contexte. Les pionniers en sont *Napoléon* (1927) d'**Abel Gance (1889-1981)** et *Si Versailles m'était conté* (1953) de **Sacha Guitry (1885-1957)**. Le genre connaît aujourd'hui un succès considérable. Il est plus connu sous le terme anglais de *biopic*, contraction de *biographical picture*. Citons les plus récents : *Alexandre le Grand* (2004), *Marie-Antoinette* (2006).

N'OUBLIEZ PAS !

Vivre avec son temps

Le Guépard (1963) de **Luchino Visconti (1906-1976)** choisit le prisme subtil des ambiguïtés sociales. Sur fond d'indépendance et d'unification de l'Italie, au début des années 1860, il nous montre l'évolution de l'aristocratie sicilienne à la veille de son déclin. Alors que Garibaldi et ses chemises rouges débarquent à Palerme, le prince Fabrizio Salina (**Burt Lancaster, 1913-1994**) préfère éloigner sa famille dans une villégiature à la campagne. Mais réaliste, il marie son neveu Tancrède (**Alain Delon, né en 1935**) à l'Italie future en la personne de la fille du maire de la ville, à la fortune conséquente. *Le Guépard* obtient l'année de sa sortie la palme d'or au festival de Cannes.

Le film policier

Vous avez l'esprit fouineur et vous vous laissez facilement prendre au jeu de l'énigme ? Le *film policier*, familièrement appelé « polar » comme les romans dont il est issu, table sur les péripéties d'une enquête, l'intérêt du spectateur pour les multiples pistes qui finissent par conduire au coupable véritable. L'un des précurseurs en est **Louis Feuillade (1873-1925)**, qui réalise, dès 1919, *Barrabas*, un feuilleton policier en douze épisodes. Dès son origine, le film policier reste très lié à son modèle romancé, qui paraît souvent par épisodes dans les gazettes et quotidiens, à l'image de l'ancêtre du genre, à savoir les fascinants *Mystères de Paris*, d'**Eugène Sue (1804-1857)**, premier roman-feuilleton qui paraît en 1842-1843.

Parmi la myriade des bons films policiers, lesquels citer ? Voici quelques petits bijoux haletants : *Les Amants du Capricorne* (1949), *Fenêtre sur cour* (1954), *L'Affaire Thomas Crown* (1968), *Le Pacha* (1968), *L'Année du dragon* (1985). Le suspense savamment entretenu, moteur de l'intrigue, explique en grande partie la permanence du succès de ce genre, attestée par la production récente : *Arsène Lupin* (2004), *36 quai des Orfèvres* (2004), *L'Empire des loups* (2005), *Le Parfum de la dame en Noir* (2005).

LE SAVIEZ-VOUS ?

Chambre avec vue

Fenêtre sur cour (1954), dont le titre original est *Rear Window*, fut réalisé par **Alfred Hitchcock (1899-1980)**. Le scénario nous fait voir une cour intérieure d'immeuble, commune à deux bâtiments, que contemple L. B. Jeffries, ou Jeff **(James Stewart, 1908-1997)**, à longueur de journée. Journaliste, il est bloqué chez lui par une jambe cassée. C'est ainsi qu'il assiste en direct aux fréquentes altercations d'un couple. Puis plus rien… La femme disparaît de son champ de vision, seul le mari est encore là. Jeffries commence à enquêter, finit par découvrir l'assassinat de la femme par son mari. Ce dernier fait payer très cher sa découverte au héros, en le défenestrant. Jeff s'en tire avec une deuxième jambe cassée.

Réflexion sur le cinéma, sur la fonction du regard (celui du réalisateur, celui de l'acteur principal et celui du spectateur enfin), *Fenêtre sur cour* demeure une incontournable référence en matière de tension dramatique dans le genre du film policier.

Le film d'action

Le *film d'action*, genre populaire très prisé, fait appel à une succession rapide de scènes, une progression très soutenue des événements. L'intrigue y importe moins que les moyens spectaculaires mis en œuvre pour soutenir l'attention du spectateur. Il repose souvent sur la performance physique de l'acteur principal.

La tendance actuelle est à une inspiration largement dérivée des jeux vidéos, comme le prouve la récente série des Lara Croft, héroïne de *Tom Raider* (2001) et *Tomb Raider 2, le Berceau de la vie* (2003). Une autre source dérive des séries télévisées à succès, comme *Mission impossible*, composée de 171 épisodes et diffusée sur CBS entre 1966 et 1973. Elle est suivie, cette fois sur ABC, de *Mission impossible, 20 ans après*, 35 épisodes diffusés entre 1988 et 1990. Le succès se poursuit avec la réalisation de trois films, pour lesquels l'acteur principal, **Tom Cruise (né en 1962)**, est également producteur : *Mission impossible* (1996), *Mission impossible 2* (2000), *Mission impossible 3* (2006).

Le road movie

Le *road movie*, ou « film sur la route », place cette dernière comme fil conducteur. Le lieu défilant permet de relier les péripéties qui surviennent. Sans ce lien fondamental, ne resterait qu'une errance décousue. Le modèle du genre est *Easy Rider* (1969), de **Dennis Hopper (né en 1936)**, traversée de l'Amérique profonde par deux hippies motards californiens, Billy (Dennis Hopper) et Wyatt **(Peter Fonda, né en 1939)**, en route vers leur propre mort, au bord, justement, de cette route qui ne les mène nulle part. Les autres grands succès du genre sont *Mad Max* (1979), qui ajoute le fantastique à la fiction, *Rain Man* (1988), centré sur un humanisme rédempteur au-delà des différences, *Dead Man* (1995) et la découverte de l'Ouest sauvage, ou encore une odyssée revisitée avec *O'Brother* (2000).

LE SAVIEZ-VOUS ?

Catégorie meilleur désespoir

Macadam Cowboy (1969), de son titre original *Midnight Cowboy*, le « Cow-boy de Minuit », fut réalisé par **John Schlesinger (1926-2003)**. Ce film retrace l'errance de deux paumés. L'un, jeune et bellâtre, Joe Buck (**Jon Voight, né en 1938**), arrive à New York de son Texas natal, persuadé que son physique le fera vivre. Mais sa prostitution de bas étage le mène droit à la rue. Il s'y lie avec Ratso (**Dustin Hoffman, né en 1937**), petit bonhomme laid et souffreteux, qui devient son compagnon de misère. Ils entreprennent de traverser le pays pour gagner la Californie, dont ils espèrent que le soleil guérira Ratso et où la plastique de Joe fera sûrement merveille. Ratso meurt en arrivant.

Véritable hymne à la solidarité du désespoir, film noir et sans concession, *Macadam Cowboy* est une plongée ténébreuse dans l'Amérique des paumés. Lors de la cérémonie de remise des oscars en 1969, le film en reçoit trois : meilleur film, meilleur réalisateur, meilleur scénario adapté.

Le film d'horreur

Le *film d'horreur* cherche à provoquer la peur du spectateur, à réveiller des angoisses. Soit par la terreur née de la brutalité à l'état pur, comme dans *Vendredi 13* (1980) ou *Les Dents de la mer* (1975), soit par l'inquiétude née de l'incompréhension face à un comportement humain parfaitement monstrueux, c'est le cas d'un film comme *Le Silence des agneaux* (1991).

Le degré de peur et les formes prises pour l'inspirer servent à diviser le genre en plusieurs catégories, comme par exemple le *film gore*, où l'on voit beaucoup de sang et de corps déchiquetés (*Massacre à la tronçonneuse*, 1974) ou le *film d'épouvante*, où, là, la crainte est suggérée plus que montrée réellement (comme dans *Psychose*, d'Alfred Hitchcock, 1960). Le film d'horreur peut également reposer sur la terreur solidement ancrée des monstres et des créatures horrifiantes sorties des contes ou des répulsions personnelles : vampires, loups-garous, araignées et serpents en tout genre… Impossibilité de citer tous les opus d'une production pléthorique, de l'œuvre inspirée au navet risible à force de grotesque…

N'OUBLIEZ PAS !

Un peu de sang neuf

Inspiré, comme les autres films de vampire, du roman *Dracula* (1897) de **Bram Stocker (1847-1912)**, le *Nosferatu* (1922) de **F. W. Murnau (1889-1931)** met en scène le comte Orlok, vampire de Transylvanie, une province de Roumanie. Séduit par la photo d'une jeune femme, Ellen, Nosferatu-Orlok la vide de son sang jusqu'au moment où il périt, consumé par la lumière du jour. Le film, muet, connaît un remake en 1979 par le réalisateur **Werner Herzog (né en 1942)** largement inspiré de l'original. Mais il faut attendre le *Bram Stoker's Dracula* (1992) de Francis Ford Coppola pour assister à une adaptation ambitieuse, esthétisante et novatrice du mythe du vampire. En 1994, les siècles vécus par les vampires, leurs proies, leurs amours diverses et variées sont révélées par le spectaculaire *Entretien avec un vampire* de **Neil Jordan**, où **Tom Cruise**, **Brad Pitt** et **Antonio Banderas** rivalisent de canines affriolantes.

Le film catastrophe

Vous n'êtes pas du genre à imaginer le pire ? Certains s'en sont chargés pour vous. Le *film catastrophe* éprouve la fragilité de l'homme confronté à une nature déchaînée et incontrôlable ou à des techniques mises en œuvre par des scientifiques peu à même d'en contrôler les résultats, qu'il s'agisse de machines, de virus, de résultats hasardeux de manipulations biologiques ou de la destruction pure et simple de la planète. Ce dernier thème, riche en effets spéciaux, s'illustre régulièrement : *Le Jour de la fin du monde* (1980), *Deep Impact* (1998), *Le Jour d'après* (2004).

LE SAVIEZ-VOUS ?

Les femmes et les enfants d'abord !

Non seulement le *Titanic* de Cameron a obtenu onze oscars, mais il a déclenché une véritable vague d'émotion qui a poussé certains spectateurs à le voir plus de trente fois ! L'histoire d'amour qu'il raconte est celle de deux amants séparés par le statut social (figuré par le pont des premières classes et celui des immigrants partis chercher fortune en Amérique). Des dizaines d'années après le naufrage de 1912 au cours duquel Jack (**Léonardo Di Caprio, né en 1974**), jeune homme de 19 ans, meurt noyé, Rose (**Kate Winslet, née en 1975**) le rejoint enfin, vieille dame ridée qui retrouve dans la mort l'éclat de sa jeunesse et son immortel amour. Chef-d'œuvre d'effets spéciaux, de scènes spectaculaires et de reconstitutions soignées, *Titanic* mêle adroitement les arcanes du film catastrophe et les élans émotionnels du drame sentimental.

Le film catastrophe qui a connu, et de loin, le plus grand succès planétaire demeure à ce jour *Titanic* (1997) de **James Cameron (né en 1954)**, avec, pour les seuls États-Unis, 128 millions d'entrées et, dans le monde entier, 1,8 milliard de dollars de recettes. La durée est elle aussi exceptionnelle : 3 heures et 14 minutes !

Les grands festivals et récompenses

Que serait le cinéma sans ses stars, les flashs qui crépitent, la chronique des journaux à scandale, et surtout sans ses récompenses ? Les festivals y pourvoient, à la fois grand-messe médiatique et occasion de découverte ou de confirmation de talents. Pour assister à la débauche de paillettes, aux discours de remerciement et aux larmes, pénétrons, en smoking et robe longue, comme il se doit, dans le monde de lumière du septième art à son apogée.

Le festival de Cannes

Voilà sans doute celui dont on entend le plus souvent parler, aussi bien dans le monde du cinéma que dans l'actualité people : événement professionnel majeur et fenêtre sur les célébrités pour le grand public (grâce notamment à la célèbre montée des marches), le festival de Cannes est un rendez-vous très attendu chaque année. Ses débuts ont pourtant été marqués d'un sceau tragique. La première édition, prévue pour durer tout le mois de septembre 1939, fut abandonnée avant même son ouverture en raison de l'invasion de la Pologne par l'Allemagne le 1er septembre 1939, et la déclaration de guerre de la France et du Royaume-Uni à l'Allemagne, le 3 septembre. Après une réouverture sporadique (un festival en 1946, mais rien en 1948, faute d'argent), le festival reprend son cours à partir de 1949. Il prend place au Palais des festivals au cours de la seconde quinzaine du mois de mai.

Le prix le plus prestigieux en est la *palme d'or*, remise depuis 1955 au meilleur film. Mais le jury, composé de professionnels du cinéma, décerne également : un grand prix pour le film le plus novateur, un prix d'interprétation féminine et masculine, un prix du scénario et un prix du jury.

Les films français sont assez bien représentés dans le palmarès de la palme d'or avec *Le Salaire de la peur* (1953) d'**Henri-Georges Clouzot (1907-1977)**, *Le Monde du silence* (1956) de **Jacques-Yves Cousteau (1910-1997) et Louis Malle (1932-1995)**, *Orfeu Negro* (1959) de **Marcel Camus (1912-1982)**, *Une aussi longue absence* (1961) d'**Henri Colpi (1921-2006)** (*ex æquo* avec *Viridiana* de **Luis Buñuel**), *Les Parapluies de Cherbourg* (1964) de **Jacques Demy**, *Un homme et une femme* (1966) de **Claude Lelouch (né en 1937)** (ex aequo avec *Ces messieurs dames* de **Pietro Germi (1914-1974)**), *Sous le soleil de Satan* (1987) de **Maurice Pialat (1925-2003)** et enfin *Le Pianiste* (2002) de **Roman Polanski (né en 1933)**, dernière palme d'or française à ce jour.

Et pour ne pas être chauvins, citons également les excellentes palmes d'or italiennes que sont *La Dolce Vita* (1960) de **Federico Fellini (1920-1993)** et *La Chambre du fils* (2001) de **Nanni Moretti (né en 1953)**, ainsi que le célèbre *Taxi driver* (1976) de l'Américain **Martin Scorsese (né en 1942)**, le trouble *Paris, Texas* (1984) de l'Allemand **Wim Wenders (né en 1945)**, le fantasmagorique *Barton Fink* (1991) des Américains **Joel (né en 1954) et Ethan (né en 1957) Coen**, le déjanté *Underground* (1995) du Yougoslave **Emir Kusturica (né en 1954)**, le bouleversant *Dancer in the Dark* (2000) de **Lars von Trier (né en 1956)** *Le vent se lève* (2006) de **Ken Loach (né en 1936)**… Ouf ! Eh bien si avec une liste de tels chefs-d'œuvre, vous ne savez pas quoi louer demain soir au vidéo club, c'est à ne plus rien y comprendre…

N'OUBLIEZ PAS !

Maîtres de guerre

Apocalypse Now (1979) de **Francis Ford Coppola (né en 1939)** est adapté d'un roman de Joseph Conrad intitulé *Cœur de ténèbres*. Deux visions de la guerre s'y affrontent. Celle du colonel Kurtz **(Marlon Brando, 1924-2004)** qui, pour gagner plus vite la guerre du Vietnam, est prêt à multiplier tortures et assassinats à la tête de son groupe d'indigènes. Et celle du capitaine Willard **(Martin Sheen, né en 1940)**, envoyé par l'armée pour mettre fin, définitivement, à ces exactions. D'une durée de deux heures et demi, le film entraîne le spectateur le long du fleuve que remonte Willard. Tout le film, en dehors des scènes spectaculaires, notamment les vols d'hélicoptères, s'interroge sur la nature profonde de l'homme. Il obtient en 1979 la palme d'or au festival de Cannes, *ex-aequo* avec *Le Tambour* de **Volker Schlöndorff (né en 1939)**, et ressort en version longue (trois heures et demie !) en 2001, sous le titre *Apocalyps Now Redux*.

Le festival de Berlin

Quittons maintenant la Croisette et son doux climat pour nous rendre beaucoup plus au nord de l'Europe, à Berlin. Le festival de Berlin est créé en 1951, après la séparation de l'Allemagne en deux États, la République fédérale d'Allemagne (RFA) à l'ouest, et la République démocratique allemande (RDA) à l'est. Berlin-Est est alors la capitale de la RDA communiste. Les Alliés, qui occupent Berlin-Ouest par secteurs, fondent ce festival afin d'en faire une vitrine du monde libre. La première édition fit son ouverture avec *Rebecca* (1951) d'**Alfred Hitchcock (1899-1980)**.

Compétition internationale, le festival de Berlin décerne l'*ours d'or* au meilleur film, et des *ours d'argent* à la meilleure réalisation, au meilleur acteur, à la meilleure actrice. Il se déroule en février (période idéale pour les ours).

Le premier film allemand récompensé fut *Les Rats* (1955) de **Robert Siodmak (1900-1973)**. Citons ensuite pêle-mêle *Les Fraises sauvages* (1958) d'**Ingmar Bergman (1918-2007)**, *La Nuit* (1961) de **Michelangelo Antonioni (1912-2007)**, *Les Contes de Canterbury* (1972) de **Pier Paolo Pasolini (1922-1975)**, *Rain Man* (1989) de **Barry Levinson (né en 1954)**, *L'Appât* (1995) de **Bertrand Tavernier (né en 1941)**, *Larry Flynt* (1997) de **Miloš Forman (né en 1932)**, *La Ligne rouge* (1999) de **Terrence Malick (né en 1943)**, *Intimité* (2001) de **Patrice Chéreau,** *Le Voyage de Chihiro* (2002) de **Hayao Miyazaki (né en 1941)** en 2006, *Grbavica* de **Jasmila Zbanic (né en 1974)** puis, en 2007, *Le Mariage de Tuya*, du chinois **Wang Qan'an (né en 1965)**. Autant de films au grand impact et de réalisateurs à la forte personnalité.

LE SAVIEZ-VOUS ?

En famille

Figure emblématique du cinéma américain indépendant, **John Cassavetes (1929-1989)** débute au cinéma en tant qu'acteur en 1951. De 1959 à 1960 il est le héros de la série TV *Staccato*. À partir de là, il fait ses débuts dans la mise en scène en 1961, puis devient producteur, monteur et scénariste de ses propres films. Il continue de jouer dans des films marquants, comme par exemple *Rosemary's baby* (1968) de **Roman Polanski (né en 1933)**. Dans les années 1970, il réalise ses meilleurs films, *Husbands* (1970), *Une femme sous influence* (1974) ou *Mickey et Nicky* (1976). Parallèlement, il tourne dans des films commerciaux ce qui lui permet de financer ses films.

C'est en 1984 qu'il réalise *Love Streams*. Celle qui fut, tout au long de sa vie, sa compagne à la ville et à l'écran, **Gena Rowlands (né en 1930)**, y interprète le rôle d'une femme en instance de divorce qui rend visite à son frère, auteur désabusé et alcoolique, et tente de mettre de l'ordre dans leur vie. Outre John Cassavetes lui-même, on retrouve également dans la distribution son vieux complice **Seymour Cassel (né en 1935)**, à la fois un acteur fétiche et un fidèle ami. Le film est couronné par l'ours d'or à Berlin en 1984. Cinq ans plus tard, John Cassavetes décède d'une cirrhose du foie, le 3 février 1989 à Los Angeles.

La Mostra de Venise

Partons maintenant pour l'Italie. La *Mostra* de Venise est l'une des sections, celle en charge du cinéma, d'une manifestation beaucoup plus large, la *Biennale de Venise*, consacrée à la promotion et au développement de l'art contemporain. Si la Biennale existe depuis 1897, il faut attendre 1932 pour que le cinéma y conquière sa place avec la Mostra. Festival international, la Mostra de Venise décerne comme récompense la plus haute le *lion d'or* de Saint-Marc, au début du mois de septembre.

Parmi un très grand nombre d'œuvres de qualité (pas toujours très connues du grand public), citons *Jeux interdits* (1952) de **René Clément (1906-1976)** – si vous ne l'avez pas vu, vous connaissez au moins la musique… – *L'Année dernière à Marienbad* (1961) d'**Alain Resnais (né en 1922)**, *Sandra* (1965) de **Luchino Visconti, (1906-1976)** *Sans toit ni loi* (1985) d'**Agnès Varda (né en 1928)**, *Le Rayon vert* (1986) d'**Éric Rohmer (né en 1920)**, *Au revoir les enfants* (1987) de **Louis Malle (né en 1932)**, *The Magdalene Sisters* (2002) de **Peter Mullan (né en 1958)** *Brokeback Mountain* (2005) d'**Ang Lee (né en 1954)**, ou *Sanxia Haoren* (2006) du chinois **Jia Zhang Ke (né en 1970)**.

LE SAVIEZ-VOUS ?

Question de point de vue

Le scénario de *Rashomon* est tiré d'une nouvelle de Akutagawa Ryunosuke. Le film est réalisé en 1950 par **Akira Kurosawa (1910-1998)**. Inspiré des légendes japonaises accordant une place fondamentale aux faits et gestes des esprits des morts, surtout lorsqu'ils ont été victimes d'un assassinat, *Rashomon* met en scène, à l'époque Héian, du IXe au XIIe siècle, un crime. Mais l'originalité est de le montrer suivant quatre regards, quatre versions différentes, y compris ceux de l'assassin et de sa victime.

Au-delà du fait décrit (un guerrier samouraï tué par un bandit), le propos du film est une incitation à réfléchir sur le vrai, le vraisemblable et enfin la vérité. Aucune des versions fournies par les protagonistes n'est désignée comme vraie. Il appartient au spectateur de se forger une opinion, et d'apprendre à relativiser ce qu'il voit ou croit voir. En 1951, *Rashomon* obtient le lion d'or du film étranger du festival de Venise.

Les oscars

Enfin, dans ce palmarès des compétitions cinématographiques – et là, personne ne pourra faire semblant de ne pas connaître ! – les *oscars* d'Hollywood. Appelés aussi *Academy Awards*, ils ne sont pas remis dans le cadre d'un festival, mais au cours d'une cérémonie qui récompense, depuis 1929, les plus grands professionnels du monde du cinéma (à ceci près que cela ne concerne que les productions sorties aux États-Unis). Les oscars se répartissent en 25 catégories : meilleur film, meilleur acteur, la meilleure actrice, meilleurs costumes, meilleure photographie, meilleure musique de film, etc. La cérémonie se déroule au mois de janvier. La récompense (une statuette plaquée d'or prénommée Oscar) doit son nom à Margaret Herrick. Membre de l'Académie, elle le baptisa ainsi en raison de la ressemblance qu'elle lui trouvait avec son oncle !

Ici plus qu'ailleurs, il serait totalement vain de donner un échantillon objectivement représentatif du palmarès des oscars… Citons seulement quelques films qui, dans l'histoire de la cérémonie, brillent par le nombre de récompenses raflées : 11 oscars pour *Ben-Hur (1959)* de **William Wyler (1902-1981)**, *Titanic* (1997) de **James Cameron (né en 1954)** et *Le Seigneur des anneaux : le retour du roi* (2002) de **Peter Jackson (né en 1961)** ; 10 oscars pour *West Side Story* (1961) de **Jerome Robbins (1918-1998)** et **Robert Wise (1944-2005)** ; 9 oscars pour *Autant en emporte le vent* (1939) de **Victor Fleming**, *Gigi* (1958) de **Vincente Minnelli (1903-1986)**, *Le Dernier Empereur* (1987) de **Bernardo Bertolucci**, *Le Patient anglais* (1996) de **Anthony Minghella (né en 1954)**. Vous aurez remarqué que la plupart de ces films sont américains ou britanniques et que c'est une constante des oscars… Notons tout de même qu'en 2006, *La Marche de l'empereur* (2005) du Français **Luc Jacquet (né en 1967)** a reçu l'oscar du meilleur film documentaire. En 2007, c'est le sacre de **Martin Scorsese (né en 1942)** oscar du meilleur film et oscar du meilleur réalisateur pour *Les Infiltrés*.

N'OUBLIEZ PAS !

9 oscars ? Franchement, ma chère…

Autant en emporte le vent fut réalisé en 1939 par **Victor Fleming (1883-1949)**. Film en couleurs d'après le roman de Margaret Mitchell, sa durée est de quatre heures. C'est une fresque gigantesque, sur fond de guerre de Sécession américaine. L'histoire centrale est une histoire d'amour, de souffrance de mort entre Scarlett O'Hara, riche héritière de la plantation Tara, et l'aventurier séducteur Rhett Butler, respectivement incarnés par **Vivien Leigh (1913-1967)** et **Clark Gable (1901-1960)**. Le succès fut immense et immédiat. Outre le score étonnant de 9 oscars reçus, le film laisse, selon l'American Film Institut, la réplique la plus célèbre de l'histoire du cinéma, prononcée par Butler : « Franchement, ma chère, c'est le cadet de mes soucis ».

Chapitre 15

Tous en scène : le théâtre et l'opéra

Dans ce chapitre :

- Une brève histoire du théâtre
- Les principales récompenses
- La naissance de l'opéra en Europe
- Les plus prestigieuses manifestations

Vous avez déjà trouvé, dans les chapitres consacrés aux arts, des éléments sur le théâtre et l'opéra. Nous allons ici envisager ces spectacles dans ce qu'ils ont de plus vivant et dévoiler pour vous leurs petits secrets. Prêts à découvrir les ficelles du théâtre et le mystère des mouvements de glotte de l'opéra ? Alors silence… Les trois coups sont frappés, le lourd rideau de velours rouge s'écarte…

Brève histoire du théâtre

Lié, à sa naissance, à la célébration des dieux, le théâtre (du grec *theatron*, lieu où l'on regarde, où l'on voit) est aujourd'hui un divertissement, une distraction. C'est aussi l'occasion de renouer avec de grands textes (souvent étudiés à l'école) ou encore de s'initier au plaisir de formes et d'expressions nouvelles. En vingt-cinq siècles d'existence, il a connu bien des métamorphoses, mais il reste au cœur de notre culture.

Des origines à Shakespeare

Le théâtre n'a pas toujours eu la forme qu'on lui connaît aujourd'hui ou même celle qu'il avait à la « grande époque » (depuis le XVIe siècle). Voici comment il traversa les siècles depuis l'Antiquité.

Le théâtre antique

À l'origine, en Grèce, la représentation théâtrale se limite à un *dithyrambe*, chanté et dansé par un chœur de citoyens, en l'honneur de Dionysos, dieu de l'ivresse et des fêtes, accompagné du son d'une flûte. La grande nouveauté surgit au VIe siècle av. J.-C. avec le poète **Thespis (VIe siècle av. J.-C.)**, qui introduit un partenaire qui dialogue avec le chœur : le premier acteur est né. Et par la même occasion, la tragédie. En effet, cet acteur est payé avec un bouc, *tragos* en grec, et sa performance prend le nom de « chant du bouc », *trag-oedia*, d'où notre tragédie.

Les Romains, peuple de paysans, apprécient surtout la grosse farce, les allusions graveleuses, l'obscénité du verbe et des gestes. Mais, comme c'est fréquemment le cas, le vaincu finit par transmettre sa culture au vainqueur. Sous l'Empire, à partir du Ier siècle de notre ère, les érudits parlent le grec et les pièces comiques sont rejointes par les tragédies, soit directement dans la langue d'origine, soit romanisées et jouées par des acteurs revêtus d'une toge courte, réservée aux adolescents avant l'entrée dans l'âge adulte, la *toge prétexte*. Mais ce que le peuple de Rome préfère, c'est tout de même la *pantomime*, danse en musique qui se prête à la dérision ou à l'érotisme, et égaie les intermèdes, entre deux combats de gladiateurs ou exécutions de condamnés à mort.

LE SAVIEZ-VOUS ?

Nue comme un vers

S'il faut une preuve que le théâtre mène à tout, **Théodora de Byzance (v. 500-548)** en est la preuve absolue. Née dans une famille modeste, son père prenait soin des ours à l'amphithéâtre. Très tôt orpheline de ce père, la petite Théodora, selon cette mauvaise langue de **Procope (500-560)** dans ses *Anecdota*, ou *Histoire secrète*, s'exhibe avec une rare indécence, avec sa sœur Comito, plus âgée. À peine pubère, elle devient la vedette de pantomimes érotiques, qui servent d'intermède entre deux attractions à l'amphithéâtre : « Elle se découvrait devant et derrière d'une manière si indécente qu'elle montrait aux spectateurs ce qui doit toujours être caché et rester invisible. » Est-ce ainsi qu'elle attire les regards de Justinien, le prince héritier ? Nul ne le sait. Toujours est-il qu'elle devient sa compagne, puis son épouse, et monte sur le trône quand il devient *basileus*, empereur chrétien d'Orient, en 527. Femme de caractère, elle persuade Justinien de ne pas fuir quand la ville se révolte, au cours de la sédition de Nika, en 532. Elle meurt en 548, laissant Justinien inconsolable. Qui aurait deviné cela en voyant la petite « oursonne », surnom des danseuses nues de l'amphithéâtre ?

Le théâtre médiéval

À l'époque médiévale, le théâtre évolue surtout vers deux genres. D'une part, les pièces destinées à édifier le public (les *moralités*) ou à retracer des épisodes de la vie du Christ (les *mystères*) ou d'un saint (les *miracles*). De l'autre, les divertissements prisés de tous, princes ou gens du peuple, les *farces*, au comique outrancier à nos yeux, aux situations accentuées pour provoquer le rire à coup sûr. La farce comprend aussi la *sotie*, ainsi nommée parce que les acteurs y arborent les costumes des sots, idiots, dépourvus de raison, fous, vêtus de jaune, vert et rouge, agitant grelots et *marottes* (petits sceptres ornés d'une tête de fou creuse emplie de pois secs qui résonnent à chaque mouvement).

Le théâtre classique

Il faut ensuite attendre le XVIIe siècle pour assister à un renouveau du théâtre, occulté par les guerres de religion pendant une bonne partie du XVIe siècle, décrié par les protestants tout comme les catholiques de la Contre-Réforme. Cette renaissance théâtrale est due à la troupe de l'*Hôtel de Bourgogne*, spécialisée dans la farce et les *pièces à machines*, c'est-à-dire avec des effets spéciaux. En 1680, le roi Louis XIV crée la première troupe permanente à son service, en regroupant les comédiens de l'Hôtel de Bourgogne et ceux de la troupe de **Molière (1622-1673)**. Les genres favoris du public sont alors la *tragi-comédie*, une tragédie qui finit bien, bizarrement, et la *pastorale*, mise en scène des amours champêtres des bergers et bergères, avant le succès de la *tragédie classique*, illustrée par **Corneille (1606-1684)** et **Racine (1639-1699)**.

N'OUBLIEZ PAS !

Règle de trois

C'est à un ecclésiastique, le célèbre Armand Jean du Plessis, cardinal, duc de Richelieu, plus connu sous le seul nom de **Richelieu (1585-1642)**, que nous devons l'organisation du théâtre classique. Pour Richelieu, tout est politique : la réorganisation de la langue française entreprise par le dictionnaire et la grammaire de l'*Académie française*, créée en 1635, tout comme le déroulement d'une pièce de théâtre. Désormais prévaudra la règle dite *des trois unités* : unité de temps, unité de lieu, unité d'action. Unité de temps, l'action ne doit pas excéder une journée, soit vingt-quatre heures ; unité de lieu, la pièce doit se dérouler en un même endroit ; unité d'action, seules les actions centrales sont jouées sur scène, les actions secondaires sont rapportées par un personnage.

Ces règles peuvent sembler terriblement contraignantes, mais elles permettent aux acteurs de se faire entendre, au sens propre, à une époque où les grands personnages veulent être installés sur la scène même, avec leur suite, chiens, amuseurs et flagorneurs, pendant que le public parle à haute voix, mange, se bat, chante au besoin…

La commedia dell'arte

Pendant que l'esthétique classique, faite de mesure et d'ordre, s'impose en France, l'Italie, elle, porte aux nues la *commedia dell'arte*, où, sur une trame, des comédiens masqués improvisent texte et situations, au rythme de danses et d'acrobaties. Chaque personnage incarne un ridicule ou un vice : **Arlequin**, cynique et grossier ; **Pierrot**, amoureux transi ; **Pantalon**, vieillard avare et amoureux salace…

Le théâtre élisabéthain

En Angleterre, le XVIIe siècle est celui du *théâtre élisabéthain*, du nom de la reine Élisabeth Ire, reine de 1558 à 1603, la terrible « reine vierge », protectrice des troupes, comme celle des *Chamberlain's Men* dans laquelle joue **Shakespeare (1554-1616)**, acteur et auteur.

Il est possible de définir le théâtre élisabéthain à la fois par ses thèmes qui mêlent l'histoire à l'érotisme, la violence à la franche grossièreté, et par la nouvelle organisation du lieu. Français et Italiens jouent sur une scène frontale, face au public. Les acteurs anglais préfèrent une arène, souvent à ciel ouvert, où ils sont entourés des spectateurs sur trois côtés, n'utilisant pour les décors et changements que le quatrième côté.

Du XVIIIe siècle à nos jours

Après le XVIIe siècle, le théâtre est définitivement implanté dans la culture européenne. Il peut alors se développer selon différents genres au long des siècles suivants, jusqu'à atteindre les formes qu'on lui connaît aujourd'hui.

Le théâtre de moeurs

Tout au long du XVIIIe siècle, les règles et normes de l'époque classique pèsent encore, donnant naissance à un genre particulier, le *néoclassique*, surtout présent au sein des tragédies. Mais le siècle est tout de même surtout celui de la comédie, sous trois formes principales :

- La comédie de mœurs, qui entend dénoncer les travers et les vices d'une époque, mais demeure comédie par sa fin heureuse, illustrée notamment par **Alain René Lesage (1668-1747)**.
- La comédie psychologique, qui mêle l'expression des sentiments et la volonté de faire triompher l'intelligence, spécialité de **Marivaux (1688-1763)**.
- La comédie de caractère politique et social, où l'apparente harmonie et l'invraisemblance masquent une critique féroce, où éclate le génie de **Beaumarchais (1732-1799)**.

Le théâtre romantique

Le XIXe siècle s'ouvre véritablement avec le *théâtre romantique*, né avec la représentation d'*Hernani* (1830) de **Victor Hugo (1802-1885)**. Les romantiques reviennent aux sujets tirés de l'histoire nationale, s'inscrivant ainsi contre l'Antiquité gréco-romaine des classiques. L'essentiel est l'exaltation des passions. La seconde moitié du XIXe siècle est dominée en arts par le *réalisme*, qui se donne pour mission de peindre au plus près le réel. Les personnages sont décrits avec objectivité, les sentiments exprimés plausibles.

Le théâtre naturaliste

Le *naturalisme*, au théâtre – car il existe en peinture, en littérature romanesque – veut reproduire la nature humaine au plus près de sa vérité scientifique. Les grands auteurs en sont **August Strindberg (1849-1912)**, dramaturge suédois, et **Henrik Ibsen (1828-1906)**, dramaturge norvégien. En ce qui concerne le jeu, le naturalisme revendique un refus d'exprimer. L'acteur doit être au plus près de la nature humaine et non la transformer. Il *rend* une situation plus qu'il ne la *joue*.

Le théâtre engagé

Au XXe siècle, le théâtre devient le lieu privilégié de l'expression des idées pour des auteurs comme **Luigi Pirandello (1867-1936)** qui s'interroge dans *Chacun sa vérité* (1917) sur la place et la relativité de la vérité dans notre société. Cette impossibilité de se référer à une vérité unique et commune oblige les hommes à se contenter de fragments éclatés qu'ils se transmettent, sans signification ni valeur réelle, comme dans *Six personnages en quête d'auteur* (1921) ou *Henri IV* (1922). Enfermés dans leur vérité personnelle, les hommes se bercent d'illusions pour tenter d'échapper à l'angoisse de l'incommunicabilité.

LE SAVIEZ-VOUS ?

Du sang ! Du sang !

À l'origine, le *Grand Guignol* renvoie au nom d'un théâtre, ouvert en 1897 à Pigalle, rue Chaptal. Son nom est à comprendre comme « Guignol pour les grands », ce qui s'explique quand on connaît la nature du spectacle, reposant sur des seaux de sang, des abats de triperie, des déchets de boucherie jetés à tout va, sur scène et sur les spectateurs. Les pièces données, courtes, reposent sur la multiplication finale de ces effets macabres et sanguinolents. L'auteur principal en est **André de Lorde (1871-1942)**, qui fournit une centaine de pièces, dont *L'Horrible passion*, *L'Homme de la nuit*. Plus tard, le grand guignol devint un genre, proche, au cinéma, de celui des films *gore*. Le théâtre du Grand Guignol a fermé en 1962.

Appartenant à la génération suivante, **Bertolt Brecht (1898-1956**) se fait d'abord connaître par sa période anarchiste, celle de la pièce *Baal* (1922), violente révolte contre le monde, présenté comme « l'excrément de Dieu ». Peu à peu, Brecht évolue du refus du conservatisme bourgeois à l'adhésion au communisme militant, évolution perceptible dans les pièces musicales, écrites avec la collaboration de **Kurt Weill (1900-1950)** pour la partition, *L'Opéra de quat'sous* (1928) et *Mahagonny* (1929). Pour Brecht le théâtre est un instrument didactique : la pièce ne doit pas surtout distraire mais enseigner, le spectateur participe pleinement à la création en apprenant, en intégrant un message, comme ceux de *Mère courage et ses enfants* (1938) ou du *Cercle de craie caucasien* (1945).

L'engagement individuel se manifeste également dans les œuvres d'**Albert Camus (1913-1960)**, fondées sur l'idée de la nécessaire fraternité entre les hommes, au-delà des clivages sociaux ou idéologiques : *L'Etranger* (1942), *Le Mythe de Sisyphe* (1943), *La Peste* (1947), *La Chute* (1956). Proche de **Jean-Paul Sartre (1905-1980)**, comme lui influencé après 1945 par l'idéologie marxiste, Camus rompt en 1951 avec le stalinisme, incompatible avec le respect d'autrui et la conscience fraternelle, en publiant *L'Homme révolté* (1951).

LE SAVIEZ-VOUS ?

Un théâtre pas bidon

Connu également sous le nom de théâtre des opprimés, le *théâtre forum* naît dans les bidonvilles, les *favelas* de São Paulo au Brésil. Il mêle expression théâtrale et revendication politique selon le principe suivant : les acteurs préparent une scène dénonçant une réalité sociale insupportable (prostitution, racket, meurtres brutaux...), puis cette courte scène est jouée au milieu du bidonville. Les habitants, qui y reconnaissent leur quotidien de misère, sont invités à participer, aussi bien en commentant qu'en intervenant directement dans le jeu des acteurs. La finalité, au-delà du spectacle participatif, est de favoriser l'éveil d'une conscience politique.

Le théâtre de l'absurde

Inspiré par les drames humains de la Première Guerre mondiale, le théâtre de l'absurde, tout comme le mouvement *dada*, remet en cause l'idée de sens de l'existence. Les hommes, pas plus que leur monde, n'ont pas de signification, seul l'absurde peut permettre, par moments, de faire jaillir un éclat d'humanité. Héritier d'**Alfred Jarry (1873-1907)**, **Eugène Ionesco (1909-1994)** s'inscrit ainsi dans cette veine satirique pour dénoncer les méfaits du nazisme et sa volonté forcenée d'uniformisation dans *Rhinocéros* (1960). Toutefois, il faut attendre 1961 pour que le théâtre de l'absurde soit théorisé, dans un essai du critique **Martin Esslin (1918-2002)** intitulé justement *Le Théâtre de l'absurde* (1962), qui analyse et popularise l'expression. Les œuvres les plus représentatives de ce mouvement sont notamment :

- *Ubu roi* (1896), d'Alfred Jarry
- *La Cantatrice chauve* (1950), de Eugène Ionesco
- *En attendant Godot* (1953), de Samuel Beckett (1906-1989)
- *La Chute* (1956), d'Albert Camus
- *Le Balcon* (1957), de Jean Genet (1910-1986)

LE SAVIEZ-VOUS ?

L'Outrapo

En 1960, l'écrivain **Raymond Queneau (1903-1976)** fonde l'*Oulipo* (pour OUvroir de LIttérature POtentielle) en compagnie du mathématicien **François Le Lionnais (1901-1984)** avec le désir de renouveler les formes d'expression littéraires grâce à une esthétique du jeu, basée sur des contraintes formelles.

C'est dans un esprit similaire qu'est fondé, à Londres, en 1991, l'*Outrapo* (pour OUvroir de TRAgi-comédie POtentielle). Ici encore, le maître mot est la contrainte : en s'imposant des formes théâtrales, en se restreignant volontairement, l'acteur dépasse son jeu habituel, donne naissance à une expression nouvelle ou à la redécouverte des possibilités non explorées d'une forme ancienne.

Le théâtre expérimental

Le *théâtre expérimental* se développe au cours des années 1960 par la volonté de briser les codes classiques de diction, de jeu, de mise en scène, par le refus même de l'espace théâtral lui-même. Ainsi, le théâtre salle de spectacle devient un lieu ordinaire, et non le lieu privilégié de la représentation. De même, une pièce peut n'être jouée qu'une seule fois, ou alors seulement quelques scènes. Toutes les règles, les formes canoniques doivent s'effacer. Les autres arts du spectacle sont sollicités, danse, chant, pantomime, cirque. Le texte lui-même n'est plus fondamental, il laisse la place à la performance de l'acteur, qui prend possession de son propre corps et de l'espace pour interpréter. Plus que sur le théâtre, l'accent est mis sur le spectacle.

UN PEU DE TECHNIQUE

Faites-en un drame

Bien qu'appelé théâtre, le *théâtre spontané* a un but thérapeutique. Il s'agit, pour les membres d'un groupe, de jouer des saynètes qui permettent de mettre en scène des névroses. Totalement spontané, sans scène véritable (celle-ci étant remplacée par un espace scénique arbitraire), sans aucune consigne ni arrangement, le théâtre spontané doit permettre à l'inconscient du souvenir traumatique de refaire surface. Il est parfois rapproché de la technique de thérapie de groupe appelée *psychodrame*, puisque là aussi un scénario improvisé met en scène la dramatisation d'une névrose, seul ou en groupe.

Tableau 15-1 : Les grandes dates du théâtre

Date	*Genre*	*Artistes et œuvres*
Antiquité	Drame religieux grec	Grandes Dionysies d'Athènes
	Tragédie, dithyrambe	Thespis (VIe siècle av. J.-C.)
Moyen Âge	Moralités, mystères, miracles	*Moralité de Bien Avisé et Mal Avisé* (1439) ; Arnoul et Simon Gréban (XVe siècle), *Mystère des Actes des apôtres*
	Farces, sotie	*Farce de Maître Pathelin* (v. 1460-1470)
XVIe-XVIIe siècle	Commedia dell'Arte	Création d'Arlequin, Polichinelle, Pantalon…
	Pièces à machines	Troupe de l'Hôtel de Bourgogne (1680)
	Tragédie	Corneille (1606-1684), *Le Cid* ; Racine (1639-1699), *Phèdre*
	Théâtre élisabéthain	Shakespeare (1564-1616), *Le Roi Lear*
XVIIIe siècle	Comédie de mœurs	Lesage (1668-1747), *Le Diable boiteux*
	Comédie psychologique	Marivaux (1688-1763), *La Surprise de l'amour*
	Comédie de caractère politique et social	Beaumarchais (1732-1799), *Le Mariage de Figaro*
	Drame bourgeois	Diderot (1713-1784), *Le Père de famille*
XIXe siècle	Théâtre romantique	Victor Hugo (1802-1885), *Hernani*
	Théâtre naturaliste	August Strindberg (1849-1912), *La Danse de mort* ; Henrik Ibsen (1828-1906), *Un ennemi du peuple*
	Grand Guignol	A. de Lorde (1871-1942), *L'Homme de la nuit*
XXe siècle	Théâtre de l'absurde	Eugène Ionesco (1909-1994), *La Cantatrice chauve* ; Samuel Becktt (1906-1989), *En attendant Godot*
	Théâtre engagé	Luigi Pirandello (1867-1936), *Six Personnages en quête d'auteur* ; Bertolt Brecht (1898-1956), *Mère courage et ses enfants*

Un festival de récompenses

Dans le domaine du théâtre, si les festivals sont nombreux, il en est un dont la notoriété est incontestable, celui d'Avignon. Nous vous convions à sa découverte, avant de partir applaudir à tout rompre et exulter en bravos répétés à la remise des *molières*, puis du *prix Gérard-Philipe*.

Le festival d'Avignon

Le festival d'Avignon naît, en 1947, à l'initiative de **Jean Vilar (1912-1971)**, à la fois acteur, metteur en scène, directeur du *Théâtre national populaire*. Trois lieux symboliques de la ville sont investis, pour la toute première Semaine d'art dramatique en Avignon, futur festival d'Avignon : la cour d'honneur du palais des Papes, le théâtre municipal et le Verger dit d'Urbain V. Sept représentations y sont données, dont trois créations. Jean Vilar a préside le festival jusqu'à sa mort.

Figure 15-1 : Répétition dans la cour d'honneur du palais des Papes à Avignon.

Victime de son succès, la manifestation s'étend aujourd'hui sur plusieurs semaines en juillet et août, et s'étale géographiquement sur plus de 40 sites, dans et hors d'Avignon. Elle ne se limite plus aux seules représentations théâtrales, mais est ouverte à l'expression de tous les spectacles vivants, notamment de rue. Depuis 1968, l'habitude est prise de scinder le festival en deux parties :

- **Le festival in**, ou festival officiel, organisé par une association présidée par la mairie d'Avignon.
- **Le festival off**, composé de centaines de troupes qui viennent tenter leur chance, gagner en notoriété, jouant dans tous les lieux possibles, s'organisant par eux-mêmes d'abord, jusqu'à ce que, en 2006, pour plus de visibilité, une organisation les aide, Avignon Festival Off.

N'OUBLIEZ PAS !

Le beau Cid que voilà…

Si le festival d'Avignon est automatiquement associé au nom de Jean Vilar, il est indissociable également de celui de **Gérard Philipe (1922-1959)**. L'acteur, alors au faîte de sa gloire, participe au festival à partir de 1951 et y interprète son rôle fétiche, *Le Cid* (1637) de Corneille mais aussi *Richard II*, de Shakespeare et *Le Prince de Hombourg* (1810) d'**Heinrich von Kleist (1777-1811)**. Le rôle du Cid marque la mémoire collective, à tel point que c'est une photo de Gérard Philippe costumé en Rodrigue qui orne, en 1970, la couverture des éditions Larousse de la pièce de Corneille. C'est dans ce même costume que l'acteur, selon son souhait, est inhumé, après sa disparition prématurée, le 28 novembre 1959, dans le cimetière de Ramatuelle, à un jet de pierre de la cité où se déroule désormais le festival Gérard-Philipe.

La cérémonie des Molières

La cérémonie des Molières, ou *Nuit des Molières*, est créée en 1987, sur le modèle de la Nuit des césars qui récompense les professionnels du cinéma, afin de décerner des distinctions aux gens de théâtre, en fonction de plusieurs catégories : meilleurs comédienne, comédien, second rôle féminin et masculin, auteur, adaptateur, metteur en scène, décorateur, etc. Sont également distinguées, dans la catégorie Révélations, les révélations théâtres masculine et féminine de l'année. Les lauréats sont élus par des professionnels du théâtre et des journalistes. Un *Molière d'honneur* est décerné à un comédien, une comédienne ou un auteur pour saluer l'ensemble de sa carrière. Le *prix Adami* y est décerné à une compagnie qui vient de se lancer. Événement très médiatique, la cérémonie de remise des Molières est diffusée en direct, en avril, sur une chaîne de télévision du service public.

En-dehors des Molières, plusieurs prix viennent récompenser les professionnels du théâtre. Citons ainsi :

- **Le prix Gérard-Philipe**, décerné chaque année au meilleur comédien de théâtre.
- **Le prix Arletty**, qui récompense chaque année un comédien, un metteur en scène ou un auteur.
- **Le prix du Brigadier**, du nom du bâton qui sert à frapper les trois coups annonçant le début de la pièce, récompense une personnalité du monde du théâtre.
- **Le prix Silvia-Monfor**t est, quant à lui, décerné tous les deux ans à une jeune tragédienne par un jury de professionnels.

L'opéra à travers les âges

Le mot *opéra* vient d'un terme latin qui signifie « œuvre », « ce qui a été créé ». Il définit aujourd'hui une œuvre musicale et scénique, chantée en totalité ou non. Né au début du XVIIe siècle en Italie, avec *Orfeo* (1607) de **Claudio Monteverdi (1567-1643)**, et très populaire jusqu'au XIXe siècle, le genre s'embourgeoise toutefois peu à peu, au point d'être facilement caricaturé comme un art figé, réservé à une élite. Mais tournons le dos à ces clichés et ces a priori. Vous ignorez ce qu'est l'*ambitus* ? Courage : dans deux pages, il n'y paraîtra plus !

La naissance de l'opéra (XVIe-XVIIe siècles)

Bien avant le XVIe siècle sont données des pièces qui alternent les parties chantées et les récitatifs, moment où les interprètes parlent sur le mode théâtral habituel. Les ballets et danses diverses font également partie d'un spectacle complet, tout comme le chant. Mais ils sont avant tout, avant la naissance de l'opéra proprement dit, des ornements. Avec l'apparition du livret (le texte) et la nécessité de la présence d'un orchestre, l'opéra devient, à lui seul, une représentation qui se suffit à elle-même. Italien de naissance, de cœur et longtemps de langue, l'opéra séduit vite la France, les pays germaniques, la lointaine Russie, autant de lieux où il s'épanouit dans les variantes du génie national.

En Italie

Considéré comme le père de l'opéra, l'Italien Claudio Monteverdi se consacre longtemps aux madrigaux. Un *madrigal* est une pièce de musique profane, issue des chansons de troubadours, qui utilise le chant en *contrepoint*, c'est-à-dire en opposant et superposant des voix différentes, souvent *a cappella*, ou « comme à la chapelle », sans accompagnement musical. Mais en 1607, il rompt avec le genre pour produire son *Orfeo*. Le rôle des instruments et celui des voix sont fixés. Monteverdi n'emploie pas le terme d'opéra pour désigner cette œuvre, il la nomme *drama per musica*, « tragédie en musique », fournissant ainsi l'une des premières définitions de ce qu'est un opéra.

En France

En France, c'est **Francesco Cavalli (1602-1676),** compositeur de 34 opéras, comme *La Dafne* (1640) et *Il Giasone* (1649), qui introduit l'opéra à la cour où **Jean-Baptiste Lully (1632-1687)**, compositeur d'*Alceste* (1674), *Roland* (1685), *Armide* (1686), et **Marc-Antoine Charpentier (1643-1704),** compositeur de *La Descente d'Orphée aux enfers* (1687), *David et Jonathan* (1688), *Médée* (1693), donnent au genre ses lettres de noblesse. Au siècle suivant, **Jean-Philippe Rameau (1683-1764)** reprend le flambeau avec une moisson de chefs-d'œuvre, dont *Hippolyte et Aricie* (1733), *Les Indes galantes* (1735) et *Castor et Pollux* (1737).

LE SAVIEZ-VOUS ?

Contre le contrepoint

C'est le 1er février 1598 qu'est joué le tout premier opéra de l'histoire, *Dafne* de **Jacopo Peri (1561-1633)**. Ce dernier fait partie d'un cénacle de musiciens, la *Camerata* (« salon » en italien) de Florence qui s'est donné pour but de rénover la musique en suivant deux objectifs. D'une part, faire renaître la représentation de l'Antiquité grecque, d'autre part, rendre l'écoute plus agréable en imposant une ligne monodique et claire. Leur devise, « la musique au service de la poésie », est un programme à elle seule, contre la polyphonie et le contrepoint, qui rendent incompréhensibles les paroles des textes chantés. Pourtant, l'histoire de la musique retient souvent en tant que premier opéra *Orfeo* de Monteverdi, qui connut un succès considérable, et éclipsa de ce fait la *Dafne* de Jacopo Peri.

L'opéra au XVIIIe siècle

Une figure domine totalement l'opéra du XVIIIe siècle, qui délaisse l'Italie et la France pour se poser, en Autriche, sur l'auguste front du compositeur d'opéra le plus célèbre au monde. Ne résistons pas au plaisir de faire défiler la kyrielle de ses prénoms, une ouverture digne de *Don Giovanni* à elle seule : **Johannes Chrysostomus Wolfgang Amadeus (Theophilus) Mozart (1756-1791)**.

Génie musical absolu, celui-ci compose musique de chambre, concertos, messes, symphonies, un requiem à vous glacer le sang, et, c'est ici notre propos, des opéras parmi les plus fameux au monde. Et audacieux, le bougre ! Il veut et réalise des opéras en allemand, langue jusqu'alors réputée barbare pour ce genre d'œuvres musicales, auxquelles convenait, en principe, le seul italien. Parmi ses œuvres, citons :

- *Idoménée, roi de Crète* (1781)
- *L'Enlèvement au sérail* (1782), en allemand
- *Les Noces de Figaro* (1786)
- *Don Giovanni* (1787)
- *Cosi fan tutte* (1790)
- *La Clémence de Titus* (1791)
- *La Flûte enchantée* (1791), en allemand

LE SAVIEZ-VOUS ?

Cas perché

Les *castrats* étaient, à l'origine, les chanteurs d'église qui interprétaient les mélodies les plus aiguës. Mais la musique baroque raffolait de leur registre et Naples devint un centre européen de formation. L'esprit demeurait le même, la voix de castrat servant à évoquer celle des anges. Plusieurs formes de castration étaient utilisées, mais la plus fréquente consistait en l'ablation des testicules avant la puberté. De ce fait, en l'absence de sécrétion de l'hormone mâle, la testostérone, le travail normal de la mue n'apparaît plus. Le larynx ne s'allonge pas, la voix demeure aiguë, d'autant plus que la capacité thoracique demeure celle d'un homme, autorisant un plus grand volume sonore.

Après avoir connu une grande vogue au XVIIe siècle, les castrats entamèrent leur déclin au siècle suivant, d'autant plus qu'ils étaient concurrencés par les femmes. Se produisant désormais sur scène, dans les opéras, elles occupent les rôles autrefois dévolus aux castrats. Finalement, le pape Clément XIV (1705-1774), pape de 1769 à 1774, finit par les interdire.

Le dernier d'entre eux, **Alessandro Moreschi (1858-1922)**, preuve que la pratique perdurait en dépit de l'interdiction, entre dans le Chœur de la chapelle Sixtine en 1883. Il enregistre 17 pièces, entre 1902 et 1904. Mais outre la qualité médiocre de l'enregistrement, son style est très éloigné de celui des grands castrats du XVIIIe siècle comme **Farinelli (1705-1782)**, qui nous est restitué grâce aux progrès des recherches baroques et aux voix exceptionnelles de David Daniels et de Andreas Scholl.

L'opéra au XIXe siècle

Le XIXe siècle peut être, à juste titre, considéré comme le siècle par excellence de l'opéra, tant le foisonnement des œuvres partout en Europe est alors important.

En Italie

Ouvrons notre opéra personnel avec le maître **Guiseppe Verdi (1813-1901)**, à la puissance dramatique rare, idolâtré de son temps, et dont certains airs, comme le « Va Piensero » de *Nabucco*, hantent nos oreilles. Ses principales œuvres sont :

- *Nabucco* (1842)
- *Rigoletto* (1851)
- *Le Trouvère* (1853)
- *La Traviata* (1853)
- *Un bal masqué* (1859)
- *La Force du destin* (1862)
- *Don Carlos* (1867)
- *Aïda* (1872)
- *Otello* (1887)

Trois autres grands compositeurs illustrent l'opéra italien au XIXe siècle : **Gioacchino Rossini (1792-1868)** auteur du *Barbier de Séville* (1816) ou de *Guillaume Tell* (1829) ; **Vincenzo Bellini (1801-1835)** et sa *Norma* (1831) ; **Gaetano Donizetti (1797-1848)** enfin, avec *Lucia di Lammermoor* (1835).

En France

Si l'Italie domine incontestablement la scène, la France produit des œuvres délicates d'inspiration orientaliste, comme la *Lakmé* (1883) de **Léo Delibes (1836-1891)**, ou des bluettes sentimentales comme *Manon* (1884) ou *Werther* (1892) de **Jules Massenet (1842-1912)**, auteur le plus prolifique, et le plus célèbre à l'époque, avec pas moins de 43 opéras. Citons encore le très populaire *Faust* (1859) de **Charles Gounod (1818-1893)**, popularisé ensuite dès l'enfance par le fameux « Air des bijoux » que la redoutable Bianca Castafiore entonne à chaque occasion dans les albums de Tintin.

Après avoir connu bien peu de succès à ses débuts, la *Carmen* (1874) de **Georges Bizet (1838-1875)** entre dans le cœur des mélomanes. Au tournant du siècle, *Pelléas et Mélisande* (**1902)** fait entrer la France dans le monde de l'opéra contemporain, **Claude Debussy (1862-1918)** n'hésitant pas à tourner le dos à la construction classique, sur un livret d'après la pièce éponyme de **Maurice Maeterlinck (1862-1949)**.

En Allemagne

L'opéra allemand est illustré surtout, pour la première moitié du XIXe siècle, par **Ludwig van Beethoven (1770-1827)** et **Carl Maria von Weber (1786-1826)**, tous deux dans l'inspiration romantique dominante du moment. Retenons, pour le premier, son *Fidelio* (1805) et, pour le second *Der Freischutz*, c'est-à-dire *Robin des Bois* (1821)

Puis toute la seconde moitié du siècle est dominée par la figure de **Richard Wagner (1813-1883)**, qui entend faire de l'opéra le spectacle total, où livret, musique et mise en scène se répondent parfaitement. Pour accentuer cette unité de l'œuvre, Wagner recourt au *leitmotiv*, une illustration musicale qui reparaît à espaces réguliers dans la composition. Ses œuvres maîtresses sont :

- *Le Vaisseau fantôme* (1843)
- *Tannhaüser* (1845)
- *Lohengrin* (1850)
- la tétralogie de *L'Anneau du Nibelung* (1852-1874) composée de *L'Or du Rhin*, *La Walkyrie*, *Siegfried*, *Le Crépuscule des dieux*
- *Les Maîtres chanteurs de Nuremberg* (1868)
- *Parsifal* (1882)

En Russie

Sensibilisée par les influences extérieures, la Russie voit à son tour éclore l'opéra, coloré d'un caractère national. Faits et héros sont puisés dans l'histoire de la Russie, le patrimoine commun, les coutumes et mentalités, afin de forger un opéra de caractère spécifiquement russe. Quelques grands noms ont traversé le temps jusqu'à nous : **Modeste Moussorgski (1839-1881)** et son *Boris Godounov* (1874) ; **Nikolaï Rimski-Korsakov (1844-1908)**, avec *La Fiancée du tsar* (1898**)** ou *Le Coq d'or* **(1907)** ; **Piotr Ilitch Tchaïkovski (1840-1893)** et *Eugène Onéguine* (1878), *La Dame de pique* (1890).

UN PEU DE TECHNIQUE

Bel organe

Tous les chanteurs sont classés en fonction de trois *registres de voix*, aigu, médium ou grave, à l'intérieur desquels on distingue encore des *hauteurs*, c'est-à-dire des caractères plus ou moins graves ou aigus. La *tessiture* désigne la capacité à émettre facilement des sons, depuis le grave jusqu'à l'aigu. Et quand des notes plus extrêmes peuvent être produites mais seulement au prix d'un effort et un travail, on parle d'*ambitus*.

Les voix de femmes sont regroupées, par commodité, avec les voix d'enfants. Quatre types sont distingués :

- **Soprano** : terme employé pour les hommes également, autrefois castrats, aujourd'hui appelés *sopranistes* ou *contre-ténors*. Les sopranos, ou *sopranes*, sont les voix les plus aigues et sont classées de la plus agile et moins puissante, dite *soprane légère*, en passant par la *soprane lyrique*, jusqu'à la plus puissante mais la moins agile, la *soprane dramatique*. Lorsque l'agilité est exceptionnelle, on parle de *soprane coloratur*, aux vocalises éblouissantes. L'exceptionnelle Maria Callas couvrait tous les types de soprane.
- **Mezzo-soprano** : au sens premier « à demi » soprane, désigne une voix moyennement aiguë, là encore déclinée du léger au dramatique.
- **Alto** : voix grave des femmes.
- **Contralto** : voix féminine la plus grave.

Les voix d'hommes se répartissent en quatre types également, du moins grave au plus grave :

- **Contre-ténor**, ou *sopraniste*, ou *haute-contre*, ou encore *contralto masculin* : utilise un *ambitus* qui irait, pour les femmes, de la soprano à l'alto.

Bel organe (suite)

- **Ténor** : divisé en *ténor léger*, agile et moins puissant, puis *ténor lyrique*, et enfin *ténor dramatique*, le plus puissant.
- **Baryton** : terme qui signifie « dont la voix est grave », à mi-chemin entre le ténor et la basse, classé à son tour, toujours en fonction de la plus grande agilité et moindre puissance vers la plus grande puissance mais moindre agilité en *baryton Martin*, le plus léger, *baryton* proprement dit, et *baryton-basse.*
- **Basse** : la plus grave de toutes les voix, classée en *basse chantante*, proche du baryton-basse, et *basse profonde*, voix sombre et puissante.

L'opéra rénové (XXe siècle)

L'opéra, au XXe siècle, entame sa révolution en suivant les nouveaux courants qui traversent le monde musical dans son ensemble :

- La musique sérielle, qui utilise la série de notes pour remplacer l'harmonie classique, avec **Arnold Schönberg (1874-1951)** et ses opéras *Erwartung* (1909) et *Die glückliche Hand* (1910) ; **Alban Berg (1885-1935)** avec *Wozzeck* (1925), et *Lulu* (1937).
- La musique électronique, qui intègre les instruments électroniques et les sons enregistrés, et sa variante électro-acoustique, avec **Pierre Henry (né en 1927)** et *Orphée* (1953) co-écrit avec **Pierre Schaeffer (1910-1995)**.

Mais il s'agit là de compositions souvent destinées à un public averti. Conservons à l'opéra son caractère d'œuvre populaire, destinée à un large public. Dans ce cadre, le principal compositeur contemporain d'opéra est **Benjamin Britten (1913-1976)**, qui mêle à la construction classique des influences venues d'Asie du Sud-Est, s'inspire des airs de troubadours de l'époque médiévale. Ses œuvres, qui dominent le XXe siècle sont, pour les plus célèbres :

- *Peter Grimes* (1945)
- *The Rape of Lucretia* (1946)
- *Albert Herring* (1947)
- *Billy Budd* (1951)
- *The Turn of the Screw* (1954)
- *Le Songe d'une nuit d'été* (1960)
- *Curlew River* (1964)

Figure 15-2 : Maria Callas.

Tableau 15-2 : Les grandes dates de l'opéra

Date	*Genre*	*Artistes et œuvres*
XVIIe siècle	Naissance de l'opéra	Camerata de Florence, Jacopo Peri (1561-1633), *Dafne* ; Monteverdi (1567-1643), *Orfeo* ; Francesco Cavalli (1602-1676), *La Dafne*
XVIIIe siècle	Opéra classique	Lully (1632-1687), *Alceste* ; Charpentier (1643-1704), *Médée* ; Rameau (1683-1764), *Les Indes galantes* ; Mozart (1756-1791), *Don Giovanni, La Flûte enchantée*
XIXe siècle	Opéra italien	Verdi (1813-1901), *La Traviata* ; Rossini (1792-1868), *Le Barbier de Séville* ; Donizetti (1797-1848), *Lucia di Lammermoor*
	Opéra français	Delibes (1836-1891), *Lakmé* ; Massenet (1842-1912), *Manon* ; Gounod (1818-1893), *Faust* ; Bizet (1838-1875), *Carmen*
	Opéra allemand	Beethoven (1770-1827), *Fidelio* ; Weber (1786-1826), *Der Freischutz* ; Wagner (1813-1883), *Tannhaüser*
	Opéra russe	Moussorgski (1839-1881), *Boris Godounov* ; Rimski-Korsakov (1844-1908), *La Fiancée du Tsar* ; Tchaïkovski (1840-1893), *La Dame de pique*
XXe siècle	Opéra sériel	Schönberg (1874-1951), *Die glückliche Hand* ; Alban Berg (1885-1935), *Wozzeck, Lulu*
	Opéra électronique	Pierre Henry (né en 1927) et Pierre Schaeffer (1910-1995), *Orphée*
	Opéra moderne	Benjamin Britten (1913-1976), *Le Songe d'une nuit d'été*

Les plus grands festivals

Les festivals consacrés à l'opéra sont bien trop nombreux pour pouvoir être tous présentés ici. Voici donc une sélection des plus prestigieux, avec Salzbourg, Bayreuth, Glyndebourne et Aix-en-Provence.

Le festival de Salzbourg

Le *festival de Salzbourg* est créé en 1920 par le metteur en scène **Max Reinhardt (1873-1943)** et l'écrivain **Hugo von Hoffmannstahl (1874-1929)**, tous deux autrichiens. Le festival, consacré à l'opéra mais aussi plus largement à la musique classique et au théâtre, se tient à Salzbourg tous les étés. Traditionnellement ouvert par le discours inaugural d'une personnalité du monde artistique ou politique, le festival se répartit, selon la nature des spectacles donnés, sur quelques lieux élégants, courus par les amateurs du monde entier. Suivons les froufrous des robes longues qui se hâtent vers :

- **Le Großes Festspielhaus**, ou Grand Palais des festivals, une salle d'opéra inaugurée en 1960, de 2 279 places.
- **Le kleines Festspielhaus**, ou Petit Palais des festivals, une salle d'opéra inaugurée en 1925, de 1 324 places.
- **Le Felsenreitschule**, ou Manège des rochers, conçu au XVIIe siècle pour les chevaux de l'archevêque de Salzbourg, fut aménagé en 1926 pour accueillir opéras ou pièces de théâtre.

Le festival de Bayreuth

Le *festival de Bayreuth*, en Franconie, région du nord de la Bavière, est une particularité, dans la mesure où il est conçu par Richard Wagner pour ses propres œuvres, lesquelles continuent à y être produites depuis l'inauguration de 1876. Les représentations se déroulent, chaque été, au *Festspielhaus*, ou Palais des festivals. Tout y est conçu pour satisfaire le désir de Wagner de forger un cadre pour donner en spectacle non un opéra, mais une œuvre d'art « totale » : un nouvel opéra est construit, avec une machinerie adaptée. Après un début éclatant, mais rendu difficile par les frais énormes engagés, le festival connaît un succès qui le dépasse depuis chaque année. Pour environ 50 000 places, les spectateurs sont en moyenne 500 000 à vouloir assister à la représentation de l'un des dix grands opéras de Wagner. Un système de liste d'attente est donc en place en permanence. Un peu de patience… il ne faut qu'entre cinq à dix ans pour avoir une place !

Le festival de Glyndebourne

Le *festival de Glyndebourne*, créé en 1934, prend place, chaque année entre printemps et été, à *Glyndebourne House*, dans le comté de Sussex, au sud de Londres. À l'origine, Glyndebourne House est le manoir d'un mécène mélomane, **John Christie (1882-1962)**. Il lui adjoint un théâtre où se déroule le tout premier festival, remplacé en 1994 par une salle capable d'accueillir 1 200 spectateurs. La production est surtout consacrée aux opéras de Mozart et six œuvres se succèdent de mai à août. Le festival est une occasion unique pour de jeunes et talentueux interprètes de se faire connaître, d'autant plus que, cas unique en ce domaine, il se poursuit par une tournée au Royaume-Uni pendant plusieurs mois.

Le festival d'Aix-en-Provence

De son nom complet, le *festival international d'Art lyrique d'Aix-en-Provence* naît en 1948, et accueille, depuis cette date, tous les zélateurs de Mozart principalement, mais aussi les amoureux de **Georg Friedrich Haendel (1685-1759)** ou de **Benjamin Britten (1913-1976)**, avec *Aix-en-Baroque* en juillet. Le festival est créé en 1948 donc, à l'initiative de **Gabriel Dussurguet (1904-1996)**, et s'ouvre avec une représentation du *Don Giovanni* (1787) de Mozart. Le charme particulier du festival est aussi lié aux lieux chargés d'histoire qui accueillent les différentes représentations :

- La cour de l'Archevêché pour les principaux opéras, avec 1 305 places.
- Le Jeu de paume, un théâtre à l'italienne du XVIIIe siècle, pour les créations modernes.
- L'hôtel Maynier d'Oppède pour les concerts de musique de chambre et petites formations lyriques.
- Le Grand Saint-Jean, à quelques kilomètres d'Aix-en-Provence, vaste domaine du XVIIe siècle, de 800 places.

Chapitre 16

La grande saga du petit écran : la télévision

Dans ce chapitre :

- La naissance de la télévision
- Séries et émissions cultes
- Les jeux télévisés
- Festival et récompenses

Et dire que la télévision dans chaque foyer ou presque nous semble aujourd'hui une évidence… Après des débuts très rapides sur le plan scientifique, la télévision tarde à s'imposer. Les récepteurs de télévision, devenus la télévision puis la « télé », sont bien peu nombreux jusqu'au milieu des années 1960. Mais depuis, quel succès !

Revivons ensemble les grands moments du petit écran, de « Star Trek » à « Dallas », en passant par « Cinq colonnes à la une » ou les mythiques « Dossiers de l'écran ». Puis, à cette télévision de distraction tout autant que d'éducation, substituons notre bonne vieille culture générale, héroïne des jeux télévisés, depuis « Des chiffres et des lettres » jusqu'au très fructueux « Qui veut gagner des millions ? ». Mais si l'argent ne vous intéresse pas, il restera la gloire : nous irons assister au festival de Biarritz et à la remise des rutilants Sept d'or. Prêt à sauter dans le bocal télévisé ?

La naissance de la télévision

Les premiers essais pour transmettre une image à un récepteur datent de la fin du XIXe siècle. Toutefois, la télévision est une invention du XXe siècle, qui se développe à grande allure depuis l'*iconoscope* de 1923 jusqu'à la première transmission d'émission en 1926. Mais si la mise au point est très rapide, la télévision demeure cependant rare les quarante années suivantes. Elle équipe, à quelques dizaines puis centaines d'exemplaires, pour l'essentiel, les administrations. Il faut attendre l'explosion économique des Trente Glorieuses (entre 1945 et 1975) pour qu'elle devienne peu à peu un objet de consommation de masse.

Les premières transmissions

C'est en 1923 que le chercheur **V. R. Zworykin (1889-1982)** fait breveter un tube de caméra, l'*iconoscope*. Il s'agit d'un tube muni à l'intérieur d'un écran qui permet la transmission des images. Mais il faut attendre le *tube cathodique*, inventé en 1897 par Ferdinand Braun, et ses perfectionnements, pour pouvoir faire passer un nombre plus grand de lignes.

En janvier 1926, l'inventeur **John Baird (1888-1946)** présente à Londres son procédé de réception d'image sur l'appareil qu'il nomme *télévisor*. À peu près à la même époque, Zworykin a perfectionné son système et, lui aussi, présente un téléviseur en novembre 1929, auquel il donne le nom de *kinéscope*.

Les gouvernements s'intéressent tout de suite à la télévision. Et, dès 1927 en France et 1928 au Royaume-Uni, des services spécialisés sont créés, placés sous l'autorité de tutelle des Postes et Télécommunications. En France, c'est l'ingénieur **René Barthélemy (1889-1954)** qui réalise, le 14 avril 1931, la toute première transmission télévisée entre l'École supérieure d'électricité de Malakoff et Montrouge.

Ce n'est pas encore tout à fait une émission de télévision. Il faut attendre les résultats de l'impulsion donnée aux recherches par **Georges Mandel (1885-1944)**, ministre des PTT depuis 1934, pour que, le 26 avril 1935, la première émission officielle de télévision française soit retransmise, depuis le ministère, rue de Grenelle, à Paris.

Les premières émissions

Les premières émissions de télévision sont le fruit de la création des compagnies de télévision. Dès 1927 naissent, au Royaume-Uni, la *British Broadcasting Corporation*, célèbre *BBC*, et, aux États-Unis, la *Columbia Photographic Broadcasting System*, future *CBS*.

La première vraie vedette, c'est le chat Félix, en 1928, à New York. Dès 1930, la BBC commence à diffuser régulièrement des émissions. En 1935, les premières émissions commencent, à raison de trois par semaine en Allemagne, et suivant une programmation régulière en France, une demi-heure chaque soirée en 1937. En 1936, on compte à travers le monde environ 2 000 récepteurs de télévision. La Seconde Guerre mondiale n'interrompt pas le progrès, puisque c'est en 1940 qu'un système de télévision couleur est mis au point par un ingénieur de CBS.

Le théâtrophone de Clément Ader

Les premiers spectacles à distance ne sont pas *vus* (il faut pour cela attendre les années 1930), mais *écoutés*, grâce au *théâtrophone* de **Clément Ader (1845-1921)**, et ce dès 1881. Le théâtrophone est un système qui permet de diffuser concerts, pièces de théâtre, depuis la Comédie-Française, l'Opéra ou l'Opéra-Comique. La toute première retransmission est faite en l'honneur du président de la République Jules Grévy, en novembre 1881. Muni de deux écouteurs, le Président entend un spectacle donné, au même moment, à plusieurs kilomètres de là.

D'autres illustres personnages expérimentent le théâtrophone, comme Victor Hugo, qui, dans *Choses vues*, relate la séance du 11 novembre 1881 : « Nous sommes allés avec Alice et les deux enfants à l'hôtel du ministre des Postes. À la porte, nous avons rencontré Berthelot qui venait. Nous sommes entrés. C'est très curieux. On se met aux oreilles deux couvre-oreilles qui correspondent avec le mur et l'on entend la représentation de l'Opéra, on change de couvre-oreilles et l'on entend l'Opéra-Comique. Les enfants étaient charmés et moi aussi. »

Tableau 16-1 : Les grandes dates de la télévision française

Date	*Evénement*
1935	Premiers essais d'émissions
1937	Une demi-heure d'émission par jour, de 20 heures à 20 h 30
1946	Premier bulletin météorologique
1948	Première arrivée du Tour de France en direct
1949	la Radiodiffusion de France devient Radiodiffusion et Télévision française, célèbre RTF ; premières présentatrices, les « speakerines », et journal télévisé quotidien
1963	Apparition d'une deuxième chaîne, en noir et blanc également
1964	Création de l'Organisation Radio Télévisée de France, l'ORTF, qui éclate en 1974
1968	La publicité apparaît à la télévision
1972	Apparition d'une troisième chaîne, en couleurs
1984	Création de Canal +, chaîne cryptée payante
1986	Début des émissions de La Cinq et TV6 (M6 en 1987)
1987	Privatisation de TF1
1992	Fin de La Cinq, remplacée par Arte, chaîne franco-allemande
1994	lancement de La Cinquième, chaîne éducative
1996	Lancement de TPS (Télévision par satellite)
2005	Lancement de la TNT (Télévision numérique terrestre)

Les séries cultes

À partir des années 1960, une fois la télévision entrée dans une majorité des foyers, reste à fournir des émissions propres à fidéliser le public des nouveaux téléspectateurs. C'est ce que parviennent à faire deux séries américaines qui vont faire le tour du monde, « Star Trek » et « Dallas ».

« Star Trek »

« Star Trek » est une série de fiction relatant les aventures de James Kirk, capitaine du vaisseau spatial *Enterprise*, parti explorer l'univers, au XXIIIe siècle, afin de découvrir de nouvelles formes de vie. Les épisodes, au nombre de 79, durent chacun quarante-cinq minutes et couvrent trois saisons (1966-1967, 1967-1968, 1968-1969) sur le réseau NBC. La mission de l'*Enterprise*, supposée s'étaler sur cinq années, est aussi l'occasion de montrer des personnages appartenant aux communautés noire, asiatique, et même un extraterrestre en la personne du vulcanien M. Spock, proche toutefois de l'équipage, car, si son père est de Vulcain, sa mère est une Terrienne. Il incarne les difficiles choix entre la logique, absolue pour tout vulcanien, et l'expression des sentiments, souvent préférée par les humains.

En 1987, la série « Star Trek : la nouvelle génération » est lancée. Une autre, au titre proche, « Star Trek : Voyager » est diffusée entre 1995 et 2001 sur le réseau UPN. Cette fois-ci, le vaisseau *Voyager* est sous les ordres de la capitaine Kathryn Janeway. Envoyé à l'autre extrémité de la galaxie, *Voyager* tente de retrouver son chemin vers la Terre, au travers de multiples aventures. Au total, l'univers Star Trek représente plusieurs séries télévisées différentes et dix films. Des fans se réunissent pour célébrer ce monde, mesurer leurs connaissances, jouer à des jeux de rôle, sous le nom de *Trekkers*, ou *Trekkies*.

« Dallas »

Avec « Dallas », en 1978, c'est un tout autre univers – « impitoyable », comme le martèle le générique – qui est offert aux téléspectateurs, avec les tribulations de la richissime famille Ewings, dans leur ranch de Southfork, au Texas. Diffusée sur CBS, la série illustre des caractères forts et bien trempés, l'épouvantable J. R., l'alcoolique Sue Ellen et le gentil Bobby deviennent très vite des hôtes familiers des foyers occidentaux. Argent, sexe et pétrole sont le prétexte de tous les coups fourrés, des plus lourds secrets de famille. Le succès est tel que, prévu pour cinq épisodes à l'origine, la série dure treize saisons jusqu'en 1991. La diffusion devient planétaire, et captive des centaines de millions de téléspectateurs, Le film tiré de la série est en cours de tournage sous le titre *Dallas*, réalisé par la réalisatrice britannique d'origine indienne **Gurinder Chadha (né en 1951)**, avec **John Travolta (né en 1954)** dans le rôle de J. R.

Les émissions cultes

La télévision française, dès ses débuts, se donne pour but d'informer et de débattre. Nous allons ici passer en revue deux émissions qui ont fait date : « Cinq colonnes à la une », premier magazine d'information, et « Les Dossiers de l'écran », qui, à partir d'un film, propose un débat entre spécialistes, animé par un journaliste qui joue un peu le rôle de Candide pour mieux permettre la compréhension de tous.

« Cinq colonnes à la une »

Le magazine d'information « Cinq colonnes à la une » naît, en 1959, de la volonté d'un groupe de journalistes. Aux commandes de cette aventures, on trouve **Pierre Lazareff (1907-1972)**, directeur de *France-Soir*, créateur du magazine hebdomadaire *Elle*, **Pierre Desgraupes (1918-1993)**, journaliste, futur patron de l'information sur la première chaîne, réalisateur et président d'Antenne 2 de 1981 à 1984, **Pierre Dumayet (né en 1923)**, journaliste, écrivain, scénariste, pionnier de l'information télévisée, et **Igor Barrère (1931-2001)**, docteur en médecine, journaliste de l'information télévisée à l'ORTF depuis 1954.

L'émission débute avec les difficultés de la guerre d'Algérie, à laquelle elle se consacre. Présentée par Pierre Desgraupes, Pierre Dumayet et Igor Barrère, elle est diffusée le premier vendredi de chaque mois sur la seule chaîne existante, en noir et blanc. La première a lieu le 9 janvier 1959 et la dernière après mai 1968, au 103e numéro. Le principe de l'émission repose sur un ou plusieurs reportages, analysés et commentés par les présentateurs, avec une grande objectivité, ce qui tranchait sur le journal télévisé, contrôlé alors par le ministère de l'Information.

« Les Dossiers de l'écran »

« Les Dossiers de l'écran » est une création d'**Armand Jammot (1922-1998),** diffusée de 1967 à 1991 et présentée selon un principe immuable : la projection d'un film, puis un débat consacré au thème abordé par l'œuvre. L'émission a lieu deux mardis par mois et traite des sujets de société, de la vie quotidienne jusqu'à la mémoire historique. Elle est aussi très connue pour son générique, tiré de la bande-son du film *L'Armée des ombres*. À la limite de l'angoisse, cette musique provoque chez le téléspectateur une prise de conscience de l'attention demandée par le débat à venir. En 2005, la chaîne TPS Star a repris le principe des « Dossiers de l'écran » avec l'émission intitulée « Le film et on en parle », un samedi par mois.

N'OUBLIEZ PAS !

Les 36 chandelles de la « variét' »

Jean Nohain (1900-1981), de son vrai nom Jean-Marie Legrand, est affectueusement surnommé « Jaboune » par les téléspectateurs. Parolier, notamment de la chanteuse Mireille, il est aussi le pionnier des émissions radiophoniques pour la jeunesse avant la Seconde Guerre mondiale. Après la guerre, il présente la très populaire émission « 36 chandelles », qui fait découvrir au public de nouveaux talents comme **Thierry Le Luron (1952-1986)** et des artistes confirmés comme **Luis Mariano (1914-1970)** ou **Maurice Chevalier (1888-1972)**. L'émission dure de 1953 à 1959 et est diffusée en direct, entre 20 h 30 et minuit, depuis la scène de grands théâtres parisiens. Avec ces 135 émissions, la variété familiale se prépare une place de choix dans le futur paysage audiovisuel français. La voie est ouverte et d'autres émissions musicales suivront, dans des genres très différents. Celui, très feutré et conceptuel, de « Discorama », animé par **Denise Glaser (1920-1983)** entre 1959 et 1973 ; celui, ouvert à une jeune génération qui s'exprime enfin, d'« Âge tendre et tête de bois », avec **Albert Raisner (né en 1925)**, de 1961 à 1966 ; ou le plus familial et teinté de nostalgie « La Chance aux chansons » de **Pascal Sevran (né en 1945)**. Signalons aussi la grand-messe du samedi soir qu'ont longtemps constitué les émissions de variété de **Maritie (1922-2003) et Gilbert Carpentier (1920-2000)** : « Numéro 1 », « Champs-Élysées », et autres « Grande Farandole », « Sacha show » et « Top à ».

Les jeux télévisés

La télévision a beau être avant tout pensée comme un vecteur d'information, elle ne s'en intéresse pas moins au divertissement, et ce dès ses débuts. Elle propose notamment assez vite des jeux télévisés. Deux pionniers parmi eux sont les inoubliables émissions « La Tête et les Jambes » et « Intervilles ». Et sur le sujet, impossible de passer à côté de ce qui reste une des valeurs les plus sûres de la grille des programmes : « Des chiffres et des lettres ». Enfin, pour marquer l'entrée dans l'ère des jeux télévisés à enjeu principalement financier, nous évoquerons « Qui veut gagner des millions ? ».

« La Tête et les Jambes »

« La Tête et les Jambes » commence en 1960 sur l'unique chaîne de l'époque. Le principe du jeu est d'associer un candidat apte à manier des connaissances, auquel sont posées des questions de culture générale, et un sportif, qui doit l'aider en cas de défaillance. Dans ce cas, le sportif doit réussir une épreuve physique. Le ton sympathique de l'émission, parfois ironique, présentée par Pierre Bellemare, veut contribuer à réconcilier les intellectuels et les manuels.

« Intervilles »

« Intervilles » naît en 1962 selon un principe simple : deux villes s'affrontent au cours d'une série d'épreuves d'adresse physique, d'agilité, de vachettes landaises à éviter. La culture générale est également présente : une série de questions est posée aux membres de chacune des équipes. Bon enfant, populaire, le spectacle d'« Intervilles » donne une occasion à la télévision de faire un tour de France des provinces, illustrant à chaque fois les folklores locaux, les traditions, les légendes. Une véritable carte postale de la France, en quelque sorte. Le succès de l'émission donna naissance à « Jeux sans frontières », reposant sur le même principe, mais opposant des équipes représentant des pays différents.

N'OUBLIEZ PAS !

« C'est papy Mougeot ! »

« Le Schmilblick » – jeu télévisé diffusé à partir de 1969 dont le nom, volontairement difficile à prononcer, vient d'un objet imaginaire inventé par **Pierre Dac (1893-1975)** dans les années 1950 – dissimule un objet, dont il faut deviner le nom peu à peu. Pour avoir le droit de faire une proposition, le candidat doit au préalable répondre à une question posée par l'animateur **Guy Lux (1919-2003)**. Une « aide » lui est fournie par la photo du schmilblick, mais prise en si gros plan que l'objet n'est pas reconnaissable. La France se passionne pour « Le Schmilblick ». Pour rien au monde les téléspectateurs ne veulent manquer la demi-heure d'émission quotidienne (en direct de 18 h 30 et 19 heures dans une ville différente chaque jour) qui alimente le lendemain matin toutes les conversations et fait naître les spéculations les plus folles.

En 1975, l'humoriste **Coluche (1944-1986)** en donne un sketch hilarant. L'action se déroule à Cajarc, petite localité de l'Aveyron. Devant un Guy Lux au bord de la crise de nerfs, une savoureuse galerie de portraits défile : M. Moulinot qui fait la réclame de son magasin d'articles de pêche ; Émile Duboudin, Compagnon de la Libération, qui voit en le schmilblick un planqué qui n'a pas fait 39-40 ; Oualla Zaim Ben Salem, auquel Guy Lux dit malencontreusement : « Monsieur a été coupé » ; et surtout l'inénarrable papy Mougeot, qui se présente à plusieurs reprises et ne parvient jamais, en dépit d'efforts répétés, à prononcer le terrible mot de schmilblick !

« Des chiffres et des lettres »

« Des chiffres et des lettres », émission d'Armand Jammot, producteur et scénariste, également auteur des « Dossiers de l'écran », succède en 1972 au « Mot le plus long ». Désormais, les candidats doivent former un mot, le plus long possible, à partir de neuf lettres tirées au sort. Pour la partie du jeu consacrée au « compte est bon », les deux candidats disposent de six nombres parmi ceux de 1 à 10 et 25, 50, 75 et 100. À partir du tirage, en combinant les opérations de base (addition, soustraction, multiplication, division), le but est d'obtenir le nombre demandé, ou, à tout le moins, de s'en approcher le plus possible.

En cas d'égalité, les deux candidats sont départagés par un duel, qui peut revêtir plusieurs formes : opérations rapides de calcul mental, orthographe exacte d'un mot épelé, trouver deux mots à partir de neuf lettres se rapportant au même thème, etc. L'engouement pour le jeu, qui ne se dément pas depuis 1965, se poursuit lors de compétitions opposant entre eux les meilleurs joueurs, les champions : tournoi de Monte-Carlo, Masters, Coupe des clubs. Le jeu est également décliné en jeu de société et en version pour ordinateur.

« Qui veut gagner des millions ? »

« Qui veut gagner des millions ? » fait entrer le jeu télévisé dans une nouvelle ère, celle des gains fabuleux. Inspirée d'un concept britannique, l'émission repose sur un questionnaire qui permet au candidat, à chaque bonne réponse, de gagner plus d'argent, jusqu'à une somme de 1 million d'euros. Les quinze questions, qui portent toutes sur la culture générale, entretiennent un suspens de plus en plus haletant dans la mesure où chacune marque un palier dans le gain.

Ainsi, les gains s'échelonnent de 200 à 1 500 euros, puis de 3 000 à 48 000 euros, enfin de 48 000 à 1 million d'euros. Pour chaque question, quatre réponses possibles sont proposées. Le candidat dispose de trois jokers : appeler un ami au secours, suivre l'avis du public, éliminer deux réponses sur quatre. Il peut également « switcher », c'est-à-dire éviter une question, à partir de la sixième. La question éliminée est remplacée par une autre, aussi difficile. Le succès est si énorme que le jeu existe dans une cinquantaine de pays au monde.

Festival et récompenses

La télévision touche de nombreux arts, cinéma, spectacles de théâtre, de danse, d'opéra, auxquels il convient d'ajouter ses propres programmes de création. Elle se devait donc, à l'imitation des autres formes créatives, d'avoir son festival et ses cérémonies de récompense. Entrons donc dans le monde magique des grands moments de télévision, avec le Festival international des programmes audiovisuels (FIPA) et les Sept d'or.

Le FIPA

Le *Festival international des programmes audiovisuels*, ou FIPA, est créé en 1987 par le réalisateur français d'origine bulgare **Michel Mitrani (1930-1996)**, qui le préside jusqu'à son décès. Sa volonté est de donner aux films produits par la télévision une notoriété et une reconnaissance comparables à celles recueillies par les films destinés aux salles de cinéma. Le festival se tient d'ailleurs à l'origine également à Cannes, avant de s'installer à Biarritz. Il se veut un lieu de récompense, certes, mais aussi d'échange et de débat sur la formation de tous ceux qui se destinent à une carrière à la télévision.

Suivant diverses catégories (téléfilms, séries, essais, grands reportages, documentaires, etc.), les prix sont décernés sous forme de *FIPA d'or* ou *FIPA d'argent*, pour récompenser la meilleure interprétation féminine ou masculine, le meilleur scénario, la meilleure musique originale. Après le décès du fondateur, un *prix Mitrani* a été créé. Il est attribué au lauréat sous la forme d'un *makhila*, bâton traditionnel basque à pommeau métallique et bout ferré.

Les Sept d'or

Depuis 1985, les *Sept d'or* permettent à un jury de 2000 professionnels de la télévision, ainsi qu'aux téléspectateurs qui souhaitent prendre part au vote, de départager les meilleurs programmes télévisuels. Retransmise en direct, la cérémonie des Sept d'or a lieu en octobre. Pour chaque récompense, une liste de nominés est en compétition, dans plus de cinquante catégories. Les plus connues sont celles du meilleur animateur/animatrice, du meilleur téléfilm, de la meilleure série, française ou étrangère, du meilleur reportage… Très populaire, la cérémonie permet surtout aux téléspectateurs de voir un grand nombre de vedettes du petit écran au cours de la même soirée.

Cinquième partie

En quête de sens : religion, philosophie et société

Dans cette partie...

Élevons notre esprit. Tout d'abord par un tour d'horizon des religions, depuis les trois monothéismes (judaïsme, christianisme, islam), jusqu'aux religions asiatiques et religions des forces naturelles. En règle avec Dieu, la visite se poursuit avec la philosophie, de ses origines grecques à nos jours, de Socrate à Jacques Derrida. Apaisés par la religion, devenus plus sages, nous nous tournerons ensuite vers les sciences humaines, celles qui cherchent à dire le plus exactement possible qui et ce que nous sommes. De la sociologie à l'histoire, de l'archéologie à la psychologie, les sociétés humaines sont passées au peigne fin, sous le regard attentif des chercheurs. Ce qui nous permettra d'en venir enfin à la nôtre, pour en interroger les fondements, de la démocratie à l'exercice de la justice, sans oublier les grands débats qui l'agitent régulièrement.

Vous avez envie d'en savoir plus sur l'homme, de l'intimité de son inconscient à ses choix passionnés ? Embarquez vite pour un voyage au cœur des mécanismes de l'individu et de la société toute entière ! L'aventure humaine nous attend.

Chapitre 17

Pour l'amour de Dieu : la religion

Dans ce chapitre :

- Les religions monothéistes
- Les religions réformées
- Les religions asiatiques
- Les religions des forces naturelles

Le terme « religion » vient du latin *religio*, qui dans son sens premier désignait un ensemble d'observances et de règles, sans se référer explicitement à des divinités. Avant d'énoncer des vérités, de définir ce qu'est la connaissance, les religions, par le biais des sages ou des prophètes, ont tenté de préciser ce que devait être la conduite humaine. Elles ont proposé, d'une façon simple, de corriger une façon de vivre de manière à atteindre le bonheur, source nécessaire d'une entente universelle. Leur diversité a conduit à les diviser en religions *monothéistes* (admettant un seul dieu) et *polythéistes* (plusieurs dieux).

Les trois grandes religions monothéistes

Le *judaïsme* constitue la première grande religion monothéiste. Ayant puisé en lui une partie de leur héritage, le *christianisme* et l'*islam* se sont ensuite mis en place en s'adaptant à leur époque et à leur environnement. Chacune de ces religions a ses livres sacrés, sa doctrine, ses prophètes… Revue de détail.

Le judaïsme

Fondée sur l'alliance entre Dieu, nommé *Yahveh*, et le peuple élu – les Juifs –, c'est la plus ancienne des religions monothéistes. Après la destruction du temple de Salomon par Titus en 70 de notre ère, le judaïsme se répand sur le pourtour du bassin méditerranéen dans le cadre de la *diaspora*. Il affirme l'existence d'un dieu unique et transcendant. L'histoire du judaïsme est étroitement liée à celle du peuple juif sur une terre, celle de Judée. Le berceau de cette civilisation est le Croissant fertile, territoire qui s'étend de la vallée du Nil, à l'Ouest, à celles du Tigre et de l'Euphrate, à l'Est.

Figure 17-1 : Jérusalem.

Les textes sacrés du judaïsme

Commune, au moins en partie, aux Juifs et aux chrétiens, la **Bible**, du grec *ta biblia,* est à l'origine une collection de livres. Rédigés sur une période de plus de 1000 ans, de l'époque du roi David à celle des apôtres, ceux-ci sont rassemblés en deux parties, l'Ancien et le Nouveau Testament. Le mot « testament » provient de la tradition latine, *testamentum*, traduction du grec *diatékè*, signifiant « alliance ». C'est une allusion à la « première Alliance », conclue entre Dieu et les Hébreux, ainsi qu'à la « deuxième Alliance », conclue par Jésus avec ses disciples.

La Bible hébraïque : l'Ancien Testament

L'origine de l'Ancien Testament remonte au XIIIe siècle avant J.-C. Transmis d'abord oralement, il aurait été rédigé progressivement entre le XIe et le VIe siècles, à partir de versions multiples, pour prendre sa forme définitive au Ier siècle av. J.-C. Relatant l'histoire du peuple d'Israël avant la venue du messie, il constitue la *Bible hébraïque,* ou *Tanakh*, mot « acrostiche » formé à partir des initiales des trois mots *Torah* (« la Loi »), *Neviim* (« les Prophètes »), et *Ketouvim* (« les écrits »). Ces trois ensembles regroupent 39 livres rédigés en hébreu ; les autres, écrits en grec ou en araméen, dits *apocryphes*, ont été rejetés, considérés comme non authentiques ou d'origine douteuse.

La Torah

Pierre angulaire du judaïsme, la **Torah** regroupe les cinq textes du *Pentateuque* relatifs aux origines du monde et du peuple élu : la Genèse, l'Exode, les Nombres, le Lévitique et le Deutéronome. Comme son nom l'indique, elle enseigne la tradition et dirige les aspects pratiques de la vie quotidienne : le culte, les règles de conduite morale, les exemples à suivre ou à proscrire. Longtemps, la tradition juive a vu en Moïse son auteur. Toutefois, les cinq rouleaux qui la constituent ne forment pas une unité absolue : les récits présentés sont variés et leur rassemblement en une collection unifiée ne s'est fait qu'après le retour de l'exil à Babylone (568-538). Voici en quoi ils consistent :

- **La Genèse** relate le tout début de l'humanité : la création du monde, Adam et Ève au Jardin d'Éden, la Chute, le Déluge, la descendance de Noé, la Tour de Babel, puis l'histoire des Patriarches, Abraham, Isaac, Jacob et ses douze fils…
- **L'Exode** raconte la sortie du peuple de la terre d'Égypte, sous la conduite de Moïse, puis l'alliance de Dieu avec son peuple sur le mont Sinaï.
- **Les Nombres** relate le dénombrement du peuple juif durant son séjour dans le désert.
- **Le Lévitique**, ou livre des Lévites, contient un grand nombre de prescriptions rituelles et morales.
- **Le Deutéronome**, ou deuxième loi, reproduit le discours de Moïse aux tribus d'Israël, avant l'entrée en Terre Promise, dans le pays de Canaan. Moïse y rappelle les principales prescriptions fixées pour vivre dans le respect de l'alliance avec Dieu.

Les livres prophétiques

Les livres prophétiques, ou des *Neviim* (« hommes de la parole de Dieu »), constituent le deuxième groupe du canon juif. La première section, dite des « premiers prophètes », constitue un ensemble historique, qui s'ouvre après la mort de Moïse et se termine avec la chute de Jérusalem, en 586. La seconde section (« des derniers prophètes ») comprend les textes et discours prophétiques proprement dits. À l'intérieur de chaque section, les livres sont classés en fonction de leur longueur : pour la première, le *Livre de Josué*, le *Livre des Juges*, le *Premier livre de Samuel*, le *Deuxième livre de Samuel*, le *Premier livre des Rois*, et le *Deuxième livre des Rois* ; pour la seconde, *Isaïe*, *Jérémie*, *Ézéchiel*, *Osée*, *Joël*, *Amos*, *Abdias*, *Jonas*, *Michée*, *Nahum*, *Habaquq*, *Sophonie*, *Aggée*, *Zacharie* et *Malachie*.

Les autres écrits

Outre *La Loi* et *Les livres prophétiques*, la Bible hébraïque présente une troisième collection de livres assez hétéroclites, inclassables dans les deux précédentes catégories. *Les Autres Écrits*, ou *Ketouvim,* regroupent des livres historiques, des livres de sagesse, des écrits narratifs, du lyrisme liturgique.

On y trouve : les *Psaumes*, le *Livre de Job*, les *Proverbes*, le *Livre de Ruth*, le *Cantique des Cantiques*, le *Qohélet* (*L'Ecclésiaste*), les *Lamentations*, le *Livre d'Esther*, *Daniel*, le *Livre d'Esdras*, le *Livre de Néhémie*, ainsi que le *Premier* et le *Second livre des Chroniques*.

N'OUBLIEZ PAS !

Le Talmud à l'étude

Le nom *Talmud* vient d'une racine hébraïque qui signifie « étudier ». Le Talmud est reconnu comme un commentaire autorisé de la Torah par toutes les communautés juives. Il est fondé sur l'autorité de la Parole de Dieu, et est la forme écrite de la Loi orale, reçue, selon la tradition, par Moïse en même temps que la Loi écrite du Pentateuque. Il en existe deux versions : l'une originaire des milieux palestiniens, le « Talmud de Jérusalem », l'autre originaire de Babylonie, le « Talmud de Babylone ». Ce texte est devenu la base de la jurisprudence à partir de laquelle ont été composés les codes des lois juives.

La doctrine du judaïsme

Elle peut se résumer en plusieurs points :

- **Dieu est unique.** Au départ, le Dieu d'Israël n'est pas un dieu limité à Israël. Il est un Dieu transcendant, celui de tout l'univers et de tous les humains, car il dépasse toutes choses. L'univers entier lui est soumis.
- **Dieu a créé l'être humain à son image.** En revanche, c'est l'homme qui a fait entrer le mal dans le monde. Il doit lutter contre une tendance à faire le mal qui coexiste en lui avec la tendance à faire le bien.
- **Dieu a fait Alliance avec l'homme** afin qu'il ne se perde pas. Il lui a donné la Torah afin qu'il se perfectionne. L'ensemble des préceptes qui viennent de Dieu et ont été révélés à Moïse au mont Sinaï. Mais seul le peuple d'Israël a entendu sa voix : Israël a donc la mission, partout dans le monde, de témoigner de Dieu en mettant en pratique les règles universelles de la Torah.
- **Le Peuple d'Israël, dispersé, se verra un jour rassemblé en Terre Sainte,** animé en outre d'une espérance fondamentale : l'avènement du règne messianique. Le messianisme, développé par les prophètes dès le VIe siècle avant J.-C., consiste en la croyance en un personnage providentiel, le Messie, envoyé par Dieu pour instaurer Son royaume sur la terre. Tous les courants du judaïsme ne partagent pas cette attente.

UN PEU DE TECHNIQUE

Noms de Dieu

Dans l'Ancien Testament, le nom de Dieu n'est jamais prononcé explicitement. Ainsi « Moïse dit à Dieu : Voici je vais aller vers les fils d'Israël et leur dire. Le Dieu de vos pères m'a envoyé vers vous. S'ils me disent : Quel est son nom ? que leur dirai-je ? Dieu dit à Moïse : « je suis celui qui est ». Et il ajouta : c'est ainsi que tu répondras aux enfants d'Israël : Celui qui s'appelle « je suis » m'a envoyé vers vous » (Exode, 3, 13-14).

Ceci explique pourquoi les Juifs ont recours au tétragramme *YHWH* (à l'étymologie incertaine : « il est » ou « je suis celui qui suis »), prononcé *Jéhovah* ou encore *Yahvé*, pour désigner leur Dieu.

D'autres équivalents sont employés : ainsi la racine sémitique « El », qui réapparaît dans le patronyme de nombreux personnages de la Bible (Daniel, Emmanuel, Elie), et sa forme plurielle « Elohim », pluriel de majesté évoquant la toute-puissance de Dieu. Ce dernier est encore appelé « dieu des armées » (les armées étant conçues comme les éléments de l'Univers obéissant à Dieu), ou *Shaddaï* (le « Maître », le « Tout-Puissant »).

Les prophètes du judaïsme

Le *prophète* est le sage qui va extraire une parole divine du néant. Il possède « un cœur capable de discerner le bien du mal » (*Rois*, I, III, 9). En fait, il est l'interprète de Dieu, envoyé par lui pour mettre en garde, ou révéler une vérité. Les prophètes hébreux parlent au nom de leur dieu Yahvé. Selon la *Bible,* les premiers prophètes furent Abraham et Moïse.

Abraham, le grand ancêtre

Vers 1760 av. J.-C., Abraham conduit la tribu nomade des Hébreux depuis le sud du Caucase jusqu'en Palestine. Yahvé conclut la première alliance avec lui, exigeant une croyance totale en lui, en contrepartie de quoi il offrira à sa descendance la domination sur la région qui s'étend « depuis le fleuve d'Égypte jusqu'au grand fleuve, le fleuve Euphrate ». À la mort d'Abraham, Isaac devient le chef de la tribu et continue l'œuvre de son père. Dieu renouvelle avec lui son alliance par la circoncision, signe rituel de consécration à Dieu et de l'appartenance à la nation abrahamique.

N'OUBLIEZ PAS !

Le sacrifice du fils

Pour assurer à Abraham une progéniture, sa femme Sarah, stérile, lui donne sa servante, Agar, comme concubine. Celle-ci accouche d'un fils, Ismaël : l'ancêtre mythique des Arabes. Abraham a alors 99 ans. Dieu lui promet qu'il aura un fils de Sarah, mais à la condition que tous ses descendants soient circoncis, en témoignage de l'Alliance. Après la naissance d'Isaac, Dieu met Abraham à l'épreuve en lui demandant de lui « rendre » Isaac, de le sacrifier. Il accepte, mais alors qu'il s'apprête à le faire, un ange l'en empêche, Dieu se contentant de cet acte d'obéissance et de foi.

Commun au judaïsme, au christianisme et à l'islam, cet épisode fait l'objet d'une interprétation différente dans les trois religions. Pour les Juifs, c'est une épreuve divine. Pour les chrétiens, le sacrifice d'Isaac, remplacé au dernier instant par un agneau, annonce celui de Jésus, crucifié pour sauver l'humanité. Pour les musulmans, la victime n'est pas Isaac mais Ismaël. Abraham est un modèle pour tout musulman, car il se soumet avant tout à la volonté de Dieu.

Moïse, le libérateur

Moïse est également commun aux trois monothéismes. Il est appelé *Mosheh* dans le judaïsme, *Mussa* dans l'Islam, et *Moïse* dans le christianisme. Dans l'Ancien Testament, il est présenté comme le chef qui a conduit les Israélites hors d'Égypte. Moïse a échappé de peu à l'ordre de Pharaon de tuer tous les nouveaux nés de sexe masculin. Placé dans une corbeille d'osier et confié aux eaux du fleuve, il est recueilli par la fille de Pharaon qui l'élève comme un fils et lui donne le nom de Moïse (« tiré des eaux »). Il reçoit l'éducation d'un véritable prince d'Égypte. Après avoir pris le parti d'un esclave et tué un chef de corvée égyptien, il s'enfuit dans le désert et devient berger dans le Sinaï, où Dieu lui apparaît pour la première fois et lui ordonne de libérer son peuple.

Vers 1250, les Hébreux quittent l'Égypte pour s'installer en Palestine, où vivent des tribus qui leur sont apparentées : c'est l'Exode. Moïse est à la fois le héros et l'historien de cet épisode. Tenus à l'écart des villes commerciales et des plaines fertiles de la côte par les Cananéens (habitants de Phénicie et de Palestine), les Israélites s'établissent dans les territoires qui bordent les montagnes. À l'ouest du Jourdain, le pays est réparti entre l'ensemble des tribus qui ont pris part à la conquête.

N'OUBLIEZ PAS !

Le Temple du roi Salomon

Le Temple de **Salomon (roi de 996 à 926 av. J.-C.)**, dédié à Yahvé, abritait, outre les Tables de la loi, la manne et la verge d'Aaron (le frère de Moïse), et était recouvert d'or. Il fut construit dans la partie est de l'actuelle vieille ville de Jérusalem. Situé sur la partie la plus haute d'un rocher, qui accueille aujourd'hui la Mosquée du Dôme du Rocher, il n'en reste, après la destruction de Titus, en 70 ap. J.-C., que le soubassement, connu sous le nom de mur des Lamentations. Salomon, grand bâtisseur, fait appel à des architectes phéniciens.

À sa mort, le peuple de Jérusalem se révolte, ainsi que les tribus du nord du pays. Elles exigent que Roboam, fils et successeur de Salomon, allège leurs charges écrasantes. Comme il s'y refuse, elles se séparent du royaume de Juda et élisent pour roi Jéroboam, de la tribu d'Éphraim. Le royaume de David est ainsi devenu deux états différents : Juda, au Sud, avec sa capitale Jérusalem, et Israël, au Nord. Suit une longue période de difficultés politiques et militaires : le culte dû à Yahvé est délaissé au profit d'un retour aux idoles, le dieu Baal et la déesse Astarté. Les Israélites tombent sous domination étrangère, notamment assyrienne.

N'OUBLIEZ PAS !

Quelles plaies !

Après avoir réclamé en vain à Pharaon la libération des Hébreux, Moïse annonce les dix plaies qui s'abattront bientôt sur l'Égypte. L'eau est d'abord changée en sang. Ensuite les grenouilles envahissent l'Égypte, pour symboliser l'aveuglement de Pharaon. La grêle la plus violente jamais tombée sur le pays montre qu'il existe une force plus puissante que celle du pharaon. Puis arrivent les moustiques, les mouches venimeuses, la peste du bétail, les ulcères, les sauterelles, les ténèbres (probable allusion au pouvoir anéanti du dieu Ré, le dieu solaire) et la plus terrible, la mort des premiers nés, qui autorisera la fuite des Hébreux.

Isaïe, prophète de la foi

Les prophéties d'Isaïe se rapportent soit aux malheurs prochains qui vont accabler Jérusalem, soit à la venue du Messie, à sa naissance et à sa mort. Premier des grands prophètes, Isaïe (les protestants l'appellent Ésaïe) prophétisa entre 746 et 701. Tout est grand et majestueux dans ses écrits : « le mouvement suit le mouvement et chaque verset s'étonne du verset qui l'a précédé », écrit Chateaubriand. Le *Livre d'Isaïe*, daté du IIe siècle av. J.-C, est le seul des *Manuscrits de la mer morte*, découverts à Qumrân, à avoir été retrouvé.

Jérémie

Les Lamentations de Jérémie annoncent des grands désastres : la captivité et la destruction de Jérusalem. Le ton élégiaque domine ses écrits. Jérémie est connu pour dénoncer le formalisme du culte qui remplace la foi sincère, et pour sa recommandation au peuple d'accepter la déportation à Babylone (en 597 av. J.-C.) comme une épreuve voulue par Dieu. Il achève son existence en Égypte.

Ezéchiel, le voyant

Ézéchiel (en hébreu, « qui voit tout ») est emmené en captivité à Babylone avec le roi Joachim (597). C'est pendant cette captivité près du fleuve Cobar que les cieux s'ouvrent pour lui : les 48 chapitres dont se composent les *Visions d'Ézéchiel* sont remplies d'apparitions étranges. Sa mission : redonner du courage aux exilés en annonçant l'heure de la délivrance, le rétablissement de Jérusalem et la restauration du temple.

Daniel

Daniel fut conduit avec les captifs à Babylone alors qu'il était encore bien jeune. Il reçut une brillante éducation dans le palais de Nabuchodonosor. Ses écrits sont autant prophétiques qu'historiques, et peuvent à ce titre servir de mémoires.

LE SAVIEZ-VOUS ?

Grands malheurs et petits prophètes

Les écrits des petits prophètes ne sont pas moins méritants, mais considérés comme moins importants. Bien que le même Dieu parle par leur bouche, ils annoncent essentiellement des malheurs aux nations. *Amos* (« porteur de fardeau »), le plus ancien, dénonce les excès des plus riches et annonce la fin d'Israël. *Isaïe* (« Salut de l'Éternel ») dénonce les accapareurs et les pratiques religieuses qui masquent leurs activités scandaleuses. *Joël* (« l'Éternel est Dieu ») prévoit une armée de sauterelles. *Michée* (« qui est comme Dieu ? »), paysan venu de l'ouest d'Hébron, annonce la ruine de Jérusalem et la destruction du temple. *Habaquq* (« amour ») adresse des plaintes à Dieu au sujet de la corruption du peuple. *Jonas* (« colombe »), célèbre pour son séjour dans le ventre d'une baleine, prédit la destruction de Ninive, avant que Dieu ne change d'avis.

Les fêtes juives

Le calendrier juif est à la fois lunaire et solaire. Lunaire, car l'année comprend douze mois de 29 à 30 jours, et solaire car il faut que les fêtes tombent dans les saisons qui leur correspondent. D'où la nécessité d'ajouter un treizième mois, qui revient trois fois environ en dix-neuf ans. Voici les principales fêtes juives :

- **Le shabbat**, moment fort du calendrier juif, est d'après la Bible le signe de l'Alliance entre Dieu et la création ; tout travail est proscrit lors de ce jour consacré à la prière.
- Fête de pèlerinage, **Pessah** symbolise la sortie d'Égypte et l'accès à la liberté. Pendant une semaine, le croyant doit consommer du pain non levé. Le *seder*, repas liturgique, est composé de mets symboliques et se termine par des cantiques, la lecture de la *Haggada* (histoire des Hébreux et du séjour forcé en Égypte) et le récit de la sortie d'Égypte.
- **Chavouoth**, célébrée sept semaines après Pessah, consacre la promulgation du Décalogue (les dix commandements). Autrefois, fruits et légumes étaient offerts au temple de Jérusalem ; aujourd'hui les maisons et les synagogues sont décorées de fleurs.
- **Souccoth** (« fête des cabanes ») rappelle que Hébreux bénéficièrent constamment de la protection divine quand ils traversèrent le désert en quittant l'Égypte.
- **Yom Kippour** et **Rosh Hachana** : l'anniversaire de la création du monde et de l'homme est commémoré par ces deux jours de fête. Le « jour du jugement », ou Rosh Hachana, est consacré à la méditation et au repentir. La synagogue est alors entièrement décorée de blanc. Le jour du pardon, ou Yom Kippour, est un jour de jeûne absolu, de prière et de recueillement, où l'on demande à Dieu l'expiation de ses péchés.
- **Hannouka** : la fête des lumières commémore la lutte des résistants juifs après la profanation du temple de Jérusalem au IIe siècle av. J.-C. Chaque foyer allume, pendant huit jours, un chandelier à sept branches pour perpétuer la victoire du judaïsme sur le paganisme.

Les mots du judaïsme

Bar Mitsvah : littéralement, « soumis à la loi religieuse ». Garçon ou fille considéré comme majeur, religieusement parlant, pour pratiquer, dès sa douzième année, le judaïsme.

Casher (en hébreu *Kasher*, « convenable ») : désigne un animal propre à la consommation, car tué rituellement.

Diaspora : dispersion des Juifs dans le monde entier. À différencier, les Ashkénazes des Séfarades, issus du Bassin méditerranéen.

Esséniens : contestataires, ils vivaient dans le désert et réclamaient l'abandon de tous les biens (y compris le savoir) et facilités de l'existence.

Hassidim (« les pieux ») : mouvement judaïque d'Europe de l'Est insistant particulièrement sur la communion joyeuse avec Dieu, en particulier par le chant et la danse.

Hébreux : le mot vient d'Eber, descendant de Sem, l'un des trois fils de Noé, mais aussi d'*Habirou*, « les errants ». On peut également évoquer la racine araméenne *uri* (« de l'autre côté »). Abraham, le premier des Hébreux, était effectivement passé de l'autre côté du désert arabo-syrien.

Israël : désigne à la fois le patriarche Jacob, le peuple auquel donnèrent naissance ses douze fils, et les dix tribus qui formèrent le royaume d'Israël. Dès la fin du VIe siècle av. J.-C., le terme désigne l'ensemble de la communauté ethnico-religieuse juive.

Juifs (*Yehoudi*, « celui qui descend de la tribu de Juda ») : après la destruction de Samarie, capitale du royaume d'Israël, au Nord, en 722 ap. J.-C., le mot désigne l'habitant du royaume de Juda, au Sud.

Kabbale *(qabbalach,* « tradition ») : tradition philosophique et ésotérique juive.

Pharisiens (*peroûshim*, « les séparés ») : ils sont disposés à accepter une occupation étrangère pour autant que la liberté de culte leur soit garantie.

Sadducéens : parti des prêtres de Jérusalem, qui suivent à la lettre la Torah, rejettent les traditions orales, et nient l'immortalité de l'âme ainsi que les châtiments et les récompenses dans l'au-delà.

Sionisme : mouvement politique et religieux visant à la création et à la consolidation de l'État d'Israël. Sion est une montagne de Jérusalem et, par extension, le nom donné à Israël.

Zélotes (*qiniim*, « les zélés ») : violemment opposés aux Romains, ils réclamaient l'observance rigoureuse des prescriptions.

Figure 17-2 : Un jeune garçon lisant la Torah pour sa Bar Mitsvah.

Le christianisme

Deuxième grande religion monothéiste, apparue au premier siècle de notre ère, le christianisme, basé sur la révélation christique, devient la religion officielle de l'Empire romain avant de structurer la société médiévale et de dominer la pensée européenne. Son originalité est de s'adresser non seulement à un public choisi, de docteurs de la loi mosaïque, et de personnes influentes de la société, mais à l'ensemble de la population ; véritable révolution, le christianisme ouvre les portes du paradis à tous ceux qui avaient la foi, sans distinction de classes sociales ou d'ethnies. Refusant le culte de l'empereur divinisé, il prône le triomphe de la piété et se résume à deux points essentiels : l'amour de Dieu, et l'amour de son prochain. Dans le dispositif chrétien, il convient de se consacrer aux tâches du salut en s'investissant aussi dans la réalisation du monde. Le christianisme des premiers siècles est marqué par un extraordinaire foisonnement intellectuel, riche de débats, en particulier sur la nature de Dieu.

Les textes sacrés du christianisme

Marquant la rupture avec l'Ancien Testament de la culture hébraïque, le *Nouveau Testament* a presque entièrement été écrit en grec. Les textes qui le composent ont été rédigés au cours des Ier et IIe siècles après J.-C. Ces livres composent le *canon* du christianisme, d'autres évangiles et épîtres étant en effet considérés comme apocryphes. Au IVe siècle, saint Jérôme traduisit la Bible en latin. Cette traduction, appelée la *Vulgate,* fut longtemps la seule traduction reconnue par l'Église.

La Bible des chrétiens : le Nouveau Testament

Texte de référence du corpus chrétien, le Nouveau Testament contient les quatre *Évangiles* de Matthieu, Marc, Luc et Jean, les *Actes des Apôtres* écrits par Luc, les *Épîtres de Paul,* au nombre de quatorze, et l'*Apocalypse* : la « mise à nu », ou « révélation » (du grec *apokalupsis*), que Dieu fit à Saint Jean dans l'île de Patmos, et dont les visions annoncent la fin des temps.

Les quatre Évangiles

Reconnus par l'Église vers 450, les quatre *Évangiles* relatant les faits et gestes de Jésus-Christ restent toutefois fragmentaires et sont parfois contradictoires, notamment sur le début de la vie du Christ. Marc et Matthieu font ainsi de Nazareth la « patrie » de Jésus, quand Luc parle de Bethléem en Judée. Pour sa date de naissance, on retient la version de Matthieu, qui situe la nativité en 6 ou 7. Les paroles de Jésus et le récit de ses actes commencent à circuler trente ou quarante ans après sa mort, soit environ vers l'an 70 de notre ère.

Les trois Évangiles de Matthieu, Marc et Luc sont dits « synoptiques » (parce qu'ils peuvent être disposés côte à côte sur une même page). Ils racontent l'histoire de Jésus d'un point de vue semblable, souvent en utilisant les mêmes histoires et les mêmes mots. L'explication des similitudes et des différences entre ces trois textes est un domaine privilégié de l'exégèse du Nouveau Testament.

- **L'Évangile de Marc** serait le plus ancien. Composé vers l'an 40, en vue de la prédication en Égypte, il consigne quelques événements de la vie de Jésus : récit de la passion, de la résurrection, description du triomphe de Jésus sur Satan. C'est un évangile messianique, car sa finalité est de faire savoir que Jésus est fils de Dieu. La tradition faisant de lui le disciple de Pierre, Marc n'est pas cité parmi les apôtres.
- **L'Évangile de Matthieu** décrit surtout les événements de la Passion et de la Résurrection et montre que Jésus est le Messie annoncé par les Écritures. Le recueil primitif des *logia* (« dits » ou « paroles » de Jésus) s'adresse « aux croyants venus du judaïsme ». Matthieu, qui exerçait à la fin de sa vie la charge de receveur d'impôts pour les Romains, l'aurait rédigé avant de quitter la Palestine, approximativement entre sept et douze ans après la mort de Jésus.
- **L'Évangile de Luc** insiste sur l'universalité du message de Jésus. Il décrit la destruction de Jérusalem, en 70, comme un fait accompli et connu vers 80. D'origine grecque, Luc l'aurait rédigé pour les Grecs à Alexandrie, les dernières années de sa vie. Médecin originaire d'Antioche, converti par Saint Paul, il le suivit dans la plupart de ses voyages.
- **L'Évangile de Jean**, considéré comme plus « spirituel » et poétique que les précédents, a été rédigé à Éphèse, en grec, vers la fin du premier siècle. Né en Galilée, Jean a suivi Jésus jusqu'au calvaire, dont il retrace les scènes douloureuses avec plus de détails que les autres écrivains sacrés. Arrêté et relégué dans l'île de Patmos, il y compose, à la suite de visions prophétiques, son *Apocalypse*. Il a également laissé trois *Épîtres*, écrites pour contrer les hérésies concernant la divinité du Christ et mettre en garde contre les faux docteurs.

Les Actes des Apôtres

Écrit pendant les premiers temps du christianisme, les *Actes des Apôtres* constituent le cinquième livre du Nouveau Testament. Rédigés par Luc, ils démarrent à la Pentecôte et relatent les débuts de l'Église primitive.

Les Épîtres de Paul

Paul de Tarse (ou saint Paul) se revendique comme l'un des principaux disciples de Jésus-Christ, qui lui serait apparu et l'aurait converti, quelques années après sa mort. Il eut un rôle de première importance dans le développement et la diffusion du christianisme primitif, au point que certains théologiens, estimant que Paul donne un enseignement différent de celui de Jésus de Nazareth, le considèrent comme le fondateur du christianisme.

L'Apocalypse

Dernière partie du *Nouveau Testament*, écrite à la fin du Ier siècle dans une forme très symbolique et mystérieuse, l'*Apocalypse* décrit le triomphe final du Christ, après la venue de l'Antéchrist, et prédit le jugement de Dieu et son triomphe sur les forces du Mal. Attribuée à Saint-Jean, elle a donné lieu à plusieurs interprétations, comme celle de la persécution des chrétiens par l'empire romain, symbolisant le mal dont Dieu triomphera.

N'OUBLIEZ PAS !

La vie de Jésus

Jésus, pour les Chrétiens, est avant tout le *Messie* rédempteur (*Messiah*, « l'envoyé »), incarné parmi les hommes. Il serait né à Bethléem, bourgade de Galilée, sous le règne d'Hérode le Grand, quelques années avant le début de l'ère chrétienne. Son père adoptif, Joseph, était charpentier à Nazareth. Sa mère est Marie, en hébreu Myriam. Depuis le IVe siècle, la tradition l'a toujours dite vierge, mais rien dans le *Nouveau Testament* ne le confirme explicitement.

D'autres noms et qualificatifs sont attribués à Jésus : *Yechoua*, qui signifie « Dieu sauve », et dont l'hellénisation a donné *Iêsou* ; ou *Christ*, qualificatif signifiant « oint ».

Les principaux apôtres

On nomme apôtres (du grec *apostolos*, « envoyé ») les douze disciples choisis par Jésus-Christ, qui l'accompagnaient de son vivant et ont témoigné de sa résurrection. Prédicateurs de l'Évangile et fondateurs de l'Église, ils se réunirent régulièrement au *Cénacle* (« salle du premier étage ») après la mort du Christ. Sous la direction de Pierre, ils formeront le *collège apostolique* auquel Jésus a confié le gouvernement de l'Église. Leur identité, qui varie selon les versions, reste sujette à caution. En voici trois parmi les principaux.

Pierre, le roc fondateur

Jésus impose ce nom à Simon Barjona, lui signifiant qu'il serait « le roc » (en grec, *Petros)* sur lequel il bâtirait son Église. Pierre apparaît dans les Évangiles comme fondateur de l'Église de Rome et occupe la première place parmi les Apôtres. « Tu seras pêcheur d'hommes », lui dit le Christ (*Luc* V, 10). Dans ses deux *Épîtres*, adressées aux chrétiens d'Asie Mineure, il expose les raisons de sa vocation et rappelle, contre les faux docteurs, les grands principes de la doctrine chrétienne. Il est mort en 64.

Paul, l'apôtre des Gentils

Sa philosophie est résumée dans l'*Épître aux Corinthiens*, où il est dit que le « Christ est à l'image de Dieu ». Avant de devenir l'apôtre des *Gentils* (c'est-à-dire des non-Juifs), Saint Paul, sous le nom de Saül, fut au nombre des persécuteurs du Christ. Terrassé par la révélation de la foi chrétienne sur le chemin de Damas, il ne songe plus qu'à faire connaître la Vérité. L'Asie Mineure, la Grèce, la Macédoine reçoivent tour à tour ses paroles. Il sera décapité sur la via Ostia, à Rome, en 67.

Jacques le « mineur »

Il est appelé le « frère de Jésus ». Pendant longtemps, on crut que Jésus eut des frères et des sœurs et était issu d'une famille nombreuse, dont le nom le plus important était celui de Jacques. Mais la *Bible* utilise en fait « frère » dans le sens large de cousins, parents proches. Fils d'Alphée, il est dit « le mineur » pour le différencier de « Jacques le majeur », chef de file de l'Église de Jérusalem. Selon l'historien Flavius Josèphe, il aurait fini lapidé à Jérusalem en 62.

UN PEU DE TECHNIQUE

Les mots du christianisme

Anachorètes : premiers ermites chrétiens, vivant en des lieux écartés.

Anticléricalisme : réaction contre l'influence jugée excessive du clergé dans la société.

Ascétisme : comportement religieux impliquant des privations et des contraintes corporelles ou morales.

Catéchèse : somme de vérités que le croyant doit acquérir pour accéder au salut. Le catéchisme, qui est l'instruction religieuse, est un moyen d'accéder à ces vérités.

Catéchumène : personne qui se prépare à recevoir le baptême.

Clergé : il se divise en deux catégories, le clergé régulier, dont les membres vivent en communauté selon une règle, et le clergé séculier, dont les membres vivent, quotidiennement, au contact des fidèles.

Concile : assemblée d'évêques prenant des décisions en matière religieuse. Le concile œcuménique désigne la convocation de tous les évêques de l'Église catholique par le Pape.

Concordat : traité qui définit officiellement la place de l'Église catholique dans un État.

Déisme : croyance en une divinité, sans référence à une religion en particulier.

Dogme : certains points particuliers d'une doctrine réclament une adhésion irrévocable de foi de la part des fidèles, le mystère de l'incarnation par exemple. Le *credo* rassemble les principaux dogmes de l'Église chrétienne.

Droit canon : ensemble de règles qui déterminent l'organisation et le fonctionnement de l'Église catholique.

Église : lorsqu'elle désigne l'ensemble des chrétiens, elle s'écrit toujours avec une majuscule.

Épiscopat : ensemble des évêques et des archevêques d'un pays.

Érémitisme : attitude des premiers ermites qui se réfugient dans le désert pour méditer.

Eucharistie : renouvellement du sacrifice du Christ sous la forme du pain et du vin.

Grâce : elle est accordée par Dieu aux hommes pour accéder au salut.

Hérésies : points de la doctrine qui s'opposent aux dogmes de la religion.

Holocauste : sacrifice au cours duquel la victime est consumée par le feu.

Liturgie : cérémonies et prières officielles liées à un culte.

Œcuménisme : mouvement fait pour rapprocher les diverses Églises chrétiennes.

Paganisme : désigne les religions non monothéistes, y compris les polythéismes antiques.

Pape : successeur de Saint Pierre, il est élu par les cardinaux.

Parousie (du grec *parousia*, « entrée solennelle d'un souverain dans la cité »). Pour les chrétiens, c'est le retour du Christ à la fin des temps, venu juger les vivants et les morts.

Passion : souffrance et mort du Christ sur la croix. Également, la partie des Évangiles relatant cet épisode.

Patriarche : titre porté, dans la religion orthodoxe, par les *métropolites* de quelques grandes villes, comme le patriarche de Constantinople.

Pontificat : dignité du souverain pontife, et durée pendant laquelle un pape exerce ses fonctions.

Primat : titre destiné au titulaire du siège épiscopal le plus ancien ou le plus important d'une région. L'archevêque de Lyon est ainsi appelé le primat des Gaules.

Rédemption : rachat des péchés des hommes par la mort du Christ sur la Croix.

Sacrement : acte par lequel Dieu accorde sa Grâce.

Secte : groupe de fidèles qui se sont détachés d'une communauté religieuse.

Sermon : prononcé au cours d'un culte, il s'agit d'un discours religieux, appelé aussi homélie.

Synode (synonyme : consistoire) : ecclésiastiques convoqués pour délibérer des questions religieuses. Le Saint-Synode est l'organe suprême de direction de l'Église orthodoxe de Russie.

La doctrine chrétienne

La doctrine de base du christianisme apparaît dans le *Credo* (« je crois ») des Apôtres, de Nicée et d'Athanase. Le dogme de la trinité est établi dans le courant du IVe siècle : il n'existe qu'un Dieu en trois personnes, le Père, le Fils et le Saint-Esprit. La doctrine chrétienne repose sur le double amour de Dieu et des hommes ; la foi s'affirme elle aussi selon un double postulat, en le Christ et en la Résurrection. L'homme est libre, y compris de refuser la foi. L'essentiel des obligations est une reprise des *Dix Commandements* du judaïsme, la prière principale (le *Notre-Père*), et la participation à l'*Eucharistie* (célébration de la messe). Les sacrements, variables chez les catholiques, les orthodoxes et les protestants, recoupent les moments fondamentaux de l'existence : baptême, mariage, trépas.

La contestation de certains aspects du Nouveau Testament ne survient qu'au XVIIe et surtout au XVIIIe siècles, puisque la Réforme ne remet pas en cause les principaux dogmes. Ce qui est contesté, ce sont les miracles, confrontés aux lois de la nature par les rationalistes, ou même la valeur des témoignages sur la vie de Jésus, lorsque l'histoire conquiert ses lettres de noblesse en tant que science à part entière. Cette critique détermine une réaction catholique : le pape Pie IX publie le 8 décembre 1864 l'encyclique *« Quanta Cura »*, qui condamne le libéralisme politique, puis Pie X, en 1907, avec l'encyclique *« Pascendi Dominici »,* met en garde contre les excès du modernisme.

Figure 17-3 : Le pape Jean-Paul II bénit la foule sur la place Saint-Pierre.

LE SAVIEZ-VOUS ?

La croix et la manière

Les chrétiens mirent longtemps à adopter la croix (du latin *crux*, « poteau », « gibet ») comme symbole. On la trouve au second siècle, sous plusieurs formes : la lettre X, dite croix de Saint André, ou la lettre T, dite croix de Saint Antoine (en Syrie notamment), la croix grecque (les branches sont de même longueur et se croisent en leur milieu) ou la croix latine (celle que nous connaissons)… En tout cas, jusqu'au IVe siècle, elle n'apparaît que très rarement dans les catacombes. Il faudra attendre la paix établie par Constantin au IVe siècle pour qu'elle se développe en tant que symbole chrétien.

Dans les lettres de Saint Paul, elle n'est considérée, en tant que symbole sacré, que parce qu'elle préfigure notre salut et résume la passion du Christ. Aux yeux des Juifs, elle n'a pas cette importance, car ils rejettent l'idée d'un salut émanant d'un Messie ayant été soumis à un supplice aussi abject.

Les fêtes chrétiennes

Les principales fêtes chrétiennes sont les suivantes :

- **Noël**, le 25 décembre, marque la célébration de la naissance du Christ.
- Le 6 janvier est fêtée **l'Épiphanie**, manifestation divine du Christ aux « gentils » (non-Juifs).
- Le 2 février, la **Chandeleur** rappelle la présentation de Jésus au Temple.
- **Pâques** célèbre la résurrection du Christ.
- **L'Ascension**, quarante jours après Pâques, marque sa montée au ciel.
- La **Pentecôte**, cinquante jours après Pâques, marque la révélation de l'Esprit-Saint aux apôtres.
- Le 15 août, **l'Assomption** célèbre la montée au ciel de la Vierge.
- Le 1er novembre, la **Toussaint** est la fête de tous les saints.

L'islam

Le mot *islam* signifie, au sens propre, « soumission à Dieu », et se caractérise par la révélation monothéiste prêchée par Mahomet en Arabie au VIIe siècle. Ce terme définit aussi la communauté des adeptes de cette foi, les musulmans, les croyants. L'islam s'est répandu en Asie, en Afrique et en Europe. On estime aujourd'hui à plus de 900 millions le nombre de musulmans dans le monde.

Le Coran

Principal livre sacré de l'islam, le *Coran* (en arabe *al Qûran*, « récitation »), code révélé, religieux et social, définit avant tout la règle *(charria)* qui s'applique aux croyants. Il se compose de 114 *sourates* (chapitres), divisés en 6200 versets *(Ayat)* et rassemblés par ordre de longueur décroissante. Le Coran s'ouvre par la *sourate* dite liminaire, « *la Fatiha* », la plus récitée par les croyants.

N'OUBLIEZ PAS !

Qu'est-ce que t'hadith ?

En arabe, le mot *hadith* (« tradition du prophète, conduite à suivre ») désigne des paroles ou actes de Mahomet considérés comme des exemples à suivre par les musulmans. En dehors de quelques hadiths « sacrés », considérés comme les paroles de Dieu adressées directement à Mahomet et rapportées par lui, il ne s'agit donc pas d'une parole divine comme le Coran.

Ces hadiths forment la *sunna,* d'où le nom d'islam *sunnite* pour désigner le courant orthodoxe. Les hadiths ont été rapportés dans divers recueils (véridiques ou non) par des musulmans fidèles, parfois longtemps après la mort de Mahomet. Certains auteurs en ont recensé plus de 700 000 ! Beaucoup de ces citations étant suspectes, leur crédit est proportionnel au prestige accordé à ceux qui les ont rapportées. Ces différents recueils alimentent notamment l'opposition entre chiites et sunnites.

Le Coran n'a pas été établi dans sa version définitive du vivant de Mahomet. A cette époque, seuls ses compagnons reproduisent quelques fragments de la révélation. Il n'est pas nécessaire de les retranscrire dans leur totalité, puisque les croyants connaissent par cœur les sourates. En 652, le troisième successeur du prophète ordonne que soit rédigée la version finale du texte. Celle-ci donne lieu à de nombreux commentaires. Le texte ultime n'est fixé que vers 680 après avoir été noté sur des matériaux de fortune : pièces de cuir, parchemins, étoffes… Le Coran n'est pas une œuvre humaine aux yeux des croyants.

Mahomet

L'islam, qui reconnaît les prophètes bibliques Abraham, Moïse, Jésus et Mahomet, voit en Mahomet (ou Mohamed) son seul véritable fondateur, ce qui se résume par la formule : « Allah est grand. Il n'y a de dieu qu'Allah et Mahomet est son prophète ».

Avant l'arrivée du prophète, la péninsule arabique, tant d'un point de vue religieux qu'économique ou politique, est parfaitement inorganisée. La Mecque, située au fond d'un cirque montagneux, constitue le cœur de l'Arabie. Nomades et sédentaires forment des tribus indépendantes. Bien que certaines d'entre elles se soient converties au christianisme, les Arabes de la péninsule conservent dans l'ensemble leur religion polythéiste.

Un jour, en 610, au mois de Ramadan, l'ange Gabriel apparaît à Mahomet, lui répétant à plusieurs reprises : « récite ». Il sait alors qu'Allah l'a choisi pour livrer aux hommes ses paroles. En 622, Mahomet, qui a perdu ses parents très tôt et épousé une riche veuve à l'âge de quinze ans, quitte La Mecque pour Yatrib : c'est ce qu'on appelle l'*Hégire*, point de départ de l'ère musulmane. Une tradition, appuyée par une interprétation incertaine d'un verset du Coran, fixe à quarante ans l'âge de Mahomet lorsqu'il commence sa prédication.

En dix ans, Mahomet organise un État et une société dans lesquels la loi de l'islam se substitue aux anciennes coutumes de l'Arabie. De son séjour à Médine date une deuxième série de sourates, de style moins tourmenté que les premières. œuvre d'un législateur religieux et social, elles contiennent surtout des prescriptions destinées à organiser le nouvel ordre instauré par l'islam, et des sentences définissant un idéal religieux et moral. Après de durs affrontements contre les Qurayshites, le clan d'où Mahomet est issu, La Mecque se rallie à lui en 630. Quelques mois après un dernier pèlerinage d'adieu, il meurt d'une pleurésie en 632.

La doctrine de l'islam

L'islam est fondé sur l'adhésion par la foi en un dieu unique, Allah. Ainsi lit-on dans le Coran (Sourate 112) :

1. « Dis : Dieu est Un.

2. Dieu ! Impénétrable !

3. Il n'engendre pas ; Il n'est pas engendré.

4. nul n'est égal à Lui ».

Pour honorer Dieu, les fidèles doivent accomplir rituellement cinq obligations :

1. **La profession de foi** (*Chahâda*, « témoignage ») consiste à réciter la formule : « Il n'y a de Dieu qu'Allah et Mahomet est son prophète ». Le vrai croyant la prononce dans toutes les circonstances solennelles de la vie.
2. **La prière** (*Salât*). Les gestes et les paroles en sont rigoureusement fixés. Elle a lieu cinq fois par jour : entre l'aurore et le lever du soleil, en fin de matinée, l'après-midi, après le coucher du soleil, et à une heure quelconque de la nuit. Elle ne peut s'accomplir qu'en un état de « pureté légale », grâce aux ablutions.
3. **Le jeûne du Ramadan**, institué à Médine en l'an II de l'Hégire, est obligatoire et dure 29 ou 30 jours, selon le mois lunaire. Il est conseillé de s'abstenir de manger, de boire, de fumer, du lever jusqu'au coucher du soleil. Une exception est faite pour les malades, les enfants, les vieillards, les femmes enceintes ou qui viennent d'accoucher.
4. **L'aumône légale** (*Zakat*) consiste à augmenter la fortune des malheureux et des nécessiteux. C'est une façon de lutter contre la pauvreté et la misère.
5. **Le pèlerinage** (*hadjdj*, ou *hadj*) est obligatoire, une fois au moins dans la vie, pour ceux qui ont la possibilité matérielle et physique de le faire. Le but du pèlerinage est de se rendre au sanctuaire de La Mecque, territoire sacré. On n'y pénètre qu'après s'être mis en état de pureté pénitentielle et couvert d'un vêtement spécial.

Figure 17-4 : Prière à la mosquée du Prophète.

UN PEU DE TECHNIQUE

Les mots de l'islam

Djihad : guerre sainte. Effort sur le chemin de Dieu.

Fatwah : décision juridique.

Hijra (« émigration ») : l'Hégire.

Imam : guide de la prière.

Kaaba (« le cube »). Lieu le plus saint de l'Islam, c'est un oratoire sacré, construit selon la tradition par Abraham et son fils. Il est le centre du pèlerinage à La Mecque.

Khalifa (« khalife ») : successeur.

Masjid (« petit sanctuaire ») : mosquée.

Minbar : chaire à degrés d'où l'Imam prononce le sermon.

Mufti : conseiller juridique.

Nabi : prophète.

Zaqat : aumône obligatoire.

Les fêtes de l'islam

Comme les calendriers juifs et chrétiens, le calendrier islamique est jalonné de fêtes, dont la date varie d'une année à l'autre car ce calendrier est lunaire :

- **Moloud** célèbre l'anniversaire de Mahomet.
- **L'Aid-el-kébir** (« grande fête »), pendant le mois du hadjdj, commémore le sacrifice d'Abraham.
- **L'Aid-es-seghir** (« petite fête ») célèbre la fin du jeûne du Ramadan.
- **Achoura** marque l'anniversaire de la mort du fils d'Ali, gendre du prophète.

LE SAVIEZ-VOUS ?

Ça soufi !

Tirant son origine du mot *souf* (vêtement de laine blanche porté par ses adeptes), le *soufisme* apparaît au VIIIe siècle en Iraq. C'est un mouvement piétiste et mystique écarté par l'Islam traditionnel, bien qu'il tende à développer des valeurs spirituelles impliquées par le dogme. Plusieurs écoles apparaissent. Des groupes d'ascètes se forment, menant une vie pauvre et cultivant la confiance en Dieu. Le but est de se libérer de toute attache sensible et de mener l'esprit à la conception de l'unité divine. Ainsi, il est possible d'accéder à la connaissance et de se trouver en état de sainteté.

Les Églises réformées

En dépit des efforts des conciles, l'Église catholique n'a pas toujours su mener à bien son désir de réforme. Sous l'impulsion de Luther, puis de Calvin, et enfin à la suite du schisme anglican, la chrétienté connaît une triple scission. La *Réforme* fonde alors le protestantisme et ses formes essentielles : la « tunique sans couture » du Christ (symbole traditionnel de l'unité de l'Eglise) est déchirée. Tâchons de recoller les morceaux.

Le protestantisme

Le *protestantisme* se définit comme l'ensemble des doctrines et des communautés issues de la Réforme, mouvement religieux qui tend à rendre au christianisme sa pureté après sa séparation de l'Église catholique romaine. Le mot *protestant* est appliqué en 1529 aux cinq princes et aux 14 villes de l'Empire allemand qui s'élèvent contre Charles Quint et sa volonté de maintenir le culte de l'Église romaine.

Les origines du protestantisme

Né dans un milieu modeste d'ouvriers, à Eisleben (Thuringe), **Martin Luther (1483-1546)** rentre après un doctorat de théologie en 1507 dans les ordres, chez les Augustins. Devenu professeur, il a connaissance de la vente des Indulgences (pardons des péchés vendus par l'Église catholique) et prend très vite une position sans ambiguïtés. Mais ayant alerté les autorités religieuses pour que cesse cette pratique, il se heurte à un mur de silence. Il rédige alors les *95 thèses de Wittenberg*, en octobre 1517, où il affirme que seul le sacrifice de Jésus-Christ peut sauver le croyant. En 1520, après avoir brûlé la bulle du pape qui le condamne, il est excommunié et convoqué à la diète de Worms pour plaider sa cause devant les États de l'Empire. Mis en sécurité par son ami le prince électeur de Saxe, il reste une année dans ses États. Il en profite pour retraduire la Bible en allemand.

Le luthéranisme prend définitivement forme grâce au texte de **Philipp Schwarzerd, dit Melanchthon (1497-1560)**, *La Confession de foi d'Augsbourg*. La doctrine luthérienne prône le retour aux Évangiles et s'oppose à la hiérarchisation de la société ecclésiastique. Cette religion du salut est réduite à deux sacrements : le baptême et la communion.

La doctrine protestante

Avant l'initiative de Luther, d'autres hommes aspiraient à un renouveau profond de l'Église. L'affaire des Indulgences provoque une brèche, qui permet à Luther de récuser l'autorité romaine. Dès 1518, à Heidelberg, Luther précise ses positions et pose les fondements de sa réforme :

- **La justification par la foi** constitue la seule voie possible à la certitude de salut. L'homme est un pécheur devant l'Éternel. Son salut ne dépend que du sacrifice du Christ sur la croix. Aucun rite, aucune messe, ne peuvent rien y changer. Nous sommes donc condamnés à vivre dans l'état de péché, état nécessaire au salut.
- **L'autorité de l'Écriture**. Seul véritable critère de la foi du fidèle : la Bible. L'Église doit actualiser fidèlement le message biblique.
- **Le sacerdoce universel**. La fonction de prêtre peut être exercée par n'importe quel croyant. Le seul médiateur véritable entre les hommes et Dieu reste Jésus-Christ, le prêtre n'agit qu'en son propre nom. Ainsi toute distinction entre état ecclésiastique et laïc tend à disparaître, et les revendications théocratiques de la papauté sont rejetées. Les pasteurs constituant le clergé sont nommés par les différents chefs d'État.

La doctrine de Luther soutient encore une position particulière au sujet de l'eucharistie : le catholicisme croit à la *transsubstantiation* (transformation de toute la substance du pain en corps du Christ et de toute la substance du vin en son sang), les Luthériens à la *consubstantiation* : le corps et le sang du Christ sont présents dans le pain et dans le vin, conjointement à la substance même du pain et du vin.

À la mort de Luther, le luthéranisme se substitue au christianisme dans la moitié de l'Empire, en Prusse, ainsi que dans les États scandinaves. Ses conséquences politiques sont importantes, puisqu'il brise l'unité allemande, et ainsi affaiblit l'autorité de l'empereur.

Le calvinisme

Issu de la doctrine de **Jean Calvin (1509-1564)**, le calvinisme mène à la création des Églises calvinistes, dites réformées ou presbytériennes. En 1550, les *calvinistes* (protestants français) sont appelés *huguenots* par les catholiques.

Les origines du calvinisme

Colportées par d'ardents prédicateurs, comme **Guillaume Farel (1489-1565)**, les doctrines de Luther, puis celles du Suisse **Zwingli (1481-1531)**, se répandent bientôt dans toute la France.

La publication, en 1536, de *L'Institution de la religion chrétienne*, œuvre d'un jeune Français réfugié à Bâle, favorise cette diffusion. Il s'agit de Jean Cauvin dont le nom, sous sa forme latinisée Calvinus, donnera par la suite **Jean Calvin (1509-1564)**. Né à Noyon, en Picardie, en 1509, Calvin fait des études de droit aux Universités d'Orléans et de Bourges. En 1531, il s'installe à Paris et publie un commentaire du *De clementia* de Sénèque.

En 1533, il cesse d'être catholique, influencé par la pensée de Luther. C'est aussi la date à laquelle éclate « l'affaire des Placards », lettres apposées sur la porte de la chambre de François Ier, dénonçant la messe et le rite catholique, pour la plus grande colère du roi. Changeant d'attitude, celui-ci va cesser de considérer les protestants avec une certaine bienveillance. Calvin doit s'exiler à Bâle, puis à Strasbourg. Ses travaux sur l'*Épître aux Romains* et sur l'eucharistie datent de cette époque. Il est rappelé en 1541 à Genève par les autorités de la ville. Il y ouvre une Académie et y reste jusqu'à sa mort en 1564.

À la même époque, des Églises calvinistes apparaissent aux Pays-Bas, en Hongrie et en Allemagne occidentale. En France, la menace de schisme annoncée sous François Ier se traduit sous Henri II par l'*Édit de Compiègne* (1557), qui décrète la peine de mort contre les hérétiques (en fait contre tout protestant confondu), et annonce en germe les guerres de religion.

La doctrine calviniste

Le point de base de la doctrine calviniste reste la Bible : « il nous faut être avertis de nous contenter d'apprendre ce que l'Écriture enseigne, sans accepter aucune subtilité ; et même qu'il ne nous vienne en l'entendement de ne rien chercher de Dieu sinon en sa parole » (*Institution de la religion chrétienne,* ch. IV).

Pour Calvin, seuls certains élus de Dieu peuvent avoir la foi et assurer le salut de leur vie éternelle. Le reste de l'humanité est voué à vivre éternellement dans le péché. La Rédemption ne sera pas universelle car le sacrifice du Christ ne vaut que pour les élus. Pour recevoir la grâce divine, le seul moyen est de mener une vie humble, faite de renoncements et de sacrifices. Cette idée essentielle est liée à la *prédestination* : Dieu, de toute éternité, aurait choisi ses élus.

La doctrine calviniste refuse les sacrements, à l'exception de l'eucharistie et du baptême.

Le jansénisme

Le *jansénisme* est la doctrine théologique élaborée par l'évêque d'Ypres **Jansénius (1585-1638),** inspirée de l'œuvre de Saint Augustin.

Les origines du jansénisme

Jansen Cornélis Otto, dit Jansénius, défend à la tête d'un collège de Louvain les privilèges de l'Université contre les Jésuites. Évêque d'Ypres en 1636, son œuvre *L'Augustinus* est publiée deux ans après sa mort par ses disciples. Il y expose une conception rigide du christianisme, reprochant aux théologiens et en particulier aux Jésuites de s'être écartés des théories augustiniennes sur la prédestination. Inquiets de ce mouvement dont l'épicentre se situe à Port-Royal, les Jésuites dénoncent cette menace d'hérésie au pouvoir royal. La Sorbonne finit par condamner *L'Augustinus.*

La doctrine janséniste

Pour forger sa doctrine, Jansénius reprend les idées de **Michel de Bay ou Baïus (1513-1589),** en insistant sur la *prédestination absolue* : corrompus par le péché originel, certains hommes se voient accorder la Grâce divine par pure miséricorde. Les autres sont abandonnés. En 1583, quant le jésuite Luis Molina (1535-1600) affirme que l'homme joue un rôle dominant pour son salut, il se heurte aux protestations hostiles de nombreux catholiques. *L'Augustinus* est écrit en réaction contre ces théories. Grâce à la propagande de l'abbé de Saint-Cyran (1581-1643), les idées jansénistes se diffusent en France.

Les Jésuites parlent bientôt de « *jansénisme* » et considèrent Port-Royal comme un foyer d'hérésie. Ils résument cette doctrine en cinq points, appelés les « *cinq propositions* », qui sont frappées d'anathème en 1653. Pascal prendra la défense du Jansénisme, ironisant dans *Les Provinciales* sur « les Grâces suffisantes qui ne suffisent pas ». L'Abbaye de Port-Royal est interdite d'accès aux novices (1673), puis fermée (1709), et la bulle *Unigenitus,* en 1713, rejette définitivement la doctrine.

Les religions d'Asie

L'Asie apparaît comme le foyer des principales religions polythéistes, lesquelles ont laissé au cours des siècles une empreinte dans l'histoire, mais aussi dans l'art et la littérature. Il faut citer l'hindouisme, principale religion de l'Inde, le bouddhisme, qui a rayonné sur toute l'Asie, et le shintoïsme, qui s'est essentiellement développé au Japon.

L'hindouisme

L'*hindouisme*, religion polythéiste, pratiquée par la majorité des habitants du monde indien et fondée sur les *Vedas,* est l'héritière du *Védisme* et du *Brahmanisme.* Les populations qui se rattachent aux religions animistes, au parsisme (descendants d'émigrés perses zoroastriens), au judaïsme, au christianisme ou à l'islam sont exclues de cette appellation. De même en sont exclus les Sikhs, dont la religion est fondée sur un syncrétisme de l'hindouisme et de l'islam. L'hindouisme est issu d'une tradition millénaire qui n'a pas de fondateur.

Les livres sacrés de l'hindouisme

L'hindouisme occupe une place exceptionnelle dans l'histoire par la très grande ancienneté de ses textes sacrés. Les *shruti* (littéralement « audition ») contiennent les révélations faites par les premiers sages. Les textes ultérieurs sont appelés *smrite* (« mémoire ») et forment la tradition religieuse. L'ensemble de ces croyances et pratiques religieuses est décrit dans les *Vedas* (« savoir », « science »), recueils techniques de formules liturgiques rédigés en sanscrit ancien entre 1800 et 800 av. J.-C. Ces hymnes transmis oralement pourraient avoir été composés au moins au Ve millénaire.

- **Le Rig Veda** (Hymnes aux divinités) : c'est la partie la plus ancienne, consacrée aux dieux individuels. Le 129e hymne raconte l'histoire de la création et décrit le néant originel. On y retrouve l'essentiel des thèmes fondamentaux de la philosophie indienne, qui exalte la puissance du sacrifice et dont le but ultime est la délivrance.
- **Le Samaveda**, manuel à l'usage des chantres (chanteurs des célébrations liturgiques), présenté sous la forme d'un recueil de mélodies destinées à produire des effets magiques.
- **Le Yajourveda** révèle les formules sacrificielles que les prêtres doivent utiliser pour le culte rendu aux divinités.
- **L'Atharvaveda** consigne les formules magiques appropriées pour faire fuir les puissances hostiles, mais aussi pour permettre à de bonnes choses de se réaliser.
- **Les Brahmanas** sont des commentaires en prose, écrits sous forme spéculative, afin d'expliquer les rites. Ce sont des interprétations du *brahman* (le Soi suprême, la Totalité, fondement divin de tout ce qui existe), et par là-même une première tentative pour expliquer le monde.

- **Les Aranyakas**, traités forestiers, sont destinés à être récités en dehors des agglomérations, compte tenu de leur caractère ésotérique dangereux.
- **Les Upanishads** sont de courts traités abordant sous forme spéculative les rapports entre l'âme humaine et l'âme cosmique, le brahman.
- **Les Sutras**, qui décrivent des cérémonies religieuses, des sacrifices et la manière de les accomplir, sont des aphorismes destinés à être appris par cœur.

N'OUBLIEZ PAS !

Le casting des castes

La société indienne est divisée en quatre castes génériques, les *Varna* :

- Au sommet, les prêtres : les **Brahmanes**, dépositaires du *Veda* et qui peuvent interpréter le *Dharma* (la loi).
- Les guerriers : les **Kshatrya**, qui protègent le royaume.
- Les agriculteurs et commerçants : les **Vaishya**.
- les serviteurs : les **Sudra**, qui servent les trois autres castes.

Les *intouchables* sont, eux, les exclus de la société. Ils accomplissent les tâches les plus dégradantes, car ils sont « hors-caste ».

Chaque caste doit observer des rites et obligations propres, notamment en matière de travail et de mariage. Il est impossible de passer d'une caste à l'autre, puisque leur séparation repose à la fois sur une distinction entre le pur et l'impur, et sur la naissance. Officiellement aboli depuis 1947, le système des castes est toujours très présent dans les mentalités.

Les divinités hindoues

Les principales divinités sont les suivantes :

- **Brahma**, dieu créateur, appelé « l'incommensurable » ou « le nombril de Vishnou », n'est pas souvent représenté. Lorsqu'il l'est, c'est avec quatre têtes et quatre mains, tenant un pot à bec utilisé pour créer la vie, un rosaire (mâlâ) pour mesurer le temps de l'univers, le texte des Veda et une fleur de lotus.
- **Çiva** (ou Shiva) est considéré comme le dieu destructeur du monde. Tenu pour un grand ascète, il est aussi le maître des *yogis*. Il passe aussi pour une force positive puisque, après la destruction, survient la création régénératrice. C'est pourquoi il est représenté sous la forme du *Linga* (emblème phallique).
- **Krishna** est le héros des deux plus célèbres poèmes hindous : le *Gita-Govînda*, « Chant du berger », et la *Bhagavat gîta*, « Chant du bienheureux ». Lorsqu'il descend sur terre, c'est pour délivrer les hommes des méfaits du roi Kamsa, assassin des fils de Devaki, sa propre cousine.
- À l'origine, **Vishnou** est un dieu solaire. Il est considéré comme le conservateur du cosmos, ou le sauveur de l'humanité. Il apparaît sous la forme d'une dizaine d'*avatars*, ou incarnations transitoires, qui ont inspiré les sculpteurs d'Angkor Vat (Cambodge) ou d'Ellora (Inde) : avatar du poisson, qui fait partie des traditions liées au déluge, de la tortue, du sanglier, du lion…

UN PEU DE TECHNIQUE

Allez l'OM

À l'origine vers poétiques, récités ou chantés, les *mantras* sont ensuite devenus des formules sacrées. Le symbole le plus sacré de l'hindouisme, *OM*, sert de préfixe et parfois de suffixe aux mantras et à toutes les prières hindous. Considéré comme la vibration primitive divine de l'Univers, représentant toute existence, il est empli d'un message symbolique profond. Par sa répétition, ce mantra, concentration phonétique des trois lettres A, U, M, symbolise les trois divinités *Brahma*, *Vishnou* et *Çiva*.

La doctrine hindouiste

Rencontre d'un ensemble de cultes, façon de vivre et de penser autant que religion, l'hindouisme est une recherche de la connaissance de soi, et du divin présent en chaque individu. Il est fondé sur une croyance de la mort originale, et sur une théorie de la réincarnation : la transmigration de l'âme pendant un cycle de naissance et de mort *(Samsarâ)*. La *libération*, qui constitue pour les Hindous le but essentiel de la vie et plus généralement celui de toute évolution, correspond à la sortie de cette ronde des morts et des naissances : c'est le *Nirvâna*.

En fait, nous subissons, tout au long de l'existence, la conséquence des actions que nous avons faites. Les actions bonnes sont créatrices d'un bon *Karma*, les mauvaises d'un mauvais Karma. Tant que nous avons « du Karma à épuiser », nous sommes obligés de renaître sur terre à des intervalles variables, et entrons dans cette ronde sans fin des morts et des naissances.

LE SAVIEZ-VOUS ?

Tous les chemins mènent à Dieu

L'Inde a toujours offert un terrain favorable à l'éclosion de toutes les formes de spiritualité et de métaphysique. **Ramakrishna (1836-1886)**, l'un des principaux philosophes et maîtres à penser indiens, professait que « toutes les religions recherchent le même but » et plaçait la spiritualité au-dessus de tout ritualisme. Il a transmis son enseignement autant par la parole que par l'écrit. Né dans un village du Bengale occidental, il eut très tôt des expériences mystiques et sa réputation se propagea rapidement. À neuf ans, il reçoit l'initiation : on lui remet le cordon brahmanique le consacrant dans la caste brahmanique. À dix-neuf ans, il devient prêtre du temple de Kali, à Dakshineswar, et se retire dans la forêt où il vit en ascète. À partir de 1872, il s'installe à Calcutta, où il étudie autant les pratiques indiennes qu'islamiques et chrétiennes. « Les religions ne sont pas Dieu, mais juste les chemins », avait-il coutume de dire.

L'âme, qui est l'élément permanent, est l'*âtman* (« respiration », « souffle »). Elle peut habiter des vies animales et même redescendre dans le règne végétal, devenir brin d'herbe, liane, ronce. C'est pour cette raison que tuer un animal, pour un Hindou, est un crime. Les dieux eux-mêmes n'ont pas dédaigné se réincarner dans un animal (Vishnou en poisson, ou en sanglier).

Le bouddhisme

Le *bouddhisme* est un ensemble de croyances religieuses et philosophiques fondées sur l'enseignement de Bouddha. Il se développe dès le VIe siècle av. J.-C. et disparaît, en Inde, au XVIIIe siècle. Grâce à la conversion et au zèle de l'empereur Açoka, au milieu du IIIe siècle av. J.-C., il se répand dans le sous-continent indien et à Ceylan, puis gagne le Sud-Est asiatique et l'Insulinde par la mer, puis l'Asie centrale, la Chine, la Corée, le Japon et le Tibet.

Dirigé à l'origine contre la prédominance brahmanique, le bouddhisme, mouvement réformateur, va se traduire par une hérésie dans l'édifice religieux du brahmanisme. Des deux thèmes fondamentaux de la pensée brahmanique, l'*âtman-brahman*, identification de l'âme universelle et de l'âme individuelle, et le *samsâra*, la transmigration des âmes, le bouddhisme ne conserve que la seconde.

UN PEU DE TECHNIQUE

Les mots de l'hindouisme et du bouddhisme

Ashram : lieu de prière et d'ermitage placé sous la direction d'un gourou.

Ahimsa : non-violence, vertu essentielle du *jaïnisme* et du bouddhisme qui se retrouve dans l'hindouisme. Refus d'attenter à toute forme de vie.

Apsara : nymphe souvent représentée dans l'art indien.

Brahmane *: « L'homme prière »*, celui qui manie la prière. Désigne également le pouvoir religieux.

Brahmana : composés entre le Xe et le VIIIe siècles av. J.-C. environ, ces textes expliquent les rites du sacrifice védique.

Dharma *(« loi »)* : loi qui régit chaque être et chaque chose.

Gouru *(« lourd »)* : homme de poids, maître.

Jnana : connaissance.

Karma : somme des actes accumulés pendant les vies antérieures et dont il faut se séparer pour se délivrer.

Purana : textes épiques relatant les anciennes légendes.

Prana : énergie, souffle vital.

Sadhu : moine hindou, ascète d'une catégorie inférieure.

Stupa : monument bouddhique.

Tantra : « trame », en sanscrit.

Tantrisme : forme dérivée du *bouddhisme du grand véhicule* et de l'hindouisme, qui porte surtout sur le rituel et la magie.

Figure 17-5 : Prière devant une statue de Bouddha.

Le Bouddha

Personnage emblématique de la religion bouddhiste, le *Bouddha* a-t-il réellement vécu ? La question s'est posée. Le terme même de *Bouddha* (« l'Éveillé ») est un titre porté par le Bouddha historique, le prince **Siddhârta Gautama**, qui vécut au VIe s. av. J.-C. Né près de la frontière actuelle entre l'Inde et le Népal, dans le clan des Kshatryas (des guerriers), il reçoit à sa naissance le nom de Siddhârta : « celui qui a atteint son but », en sanscrit.

Pour avoir rencontré, au cours de quatre sorties, un vieillard, un ascète, un malade et un mort, Bouddha sait que le bonheur dont il jouit est illusoire, et prend conscience de la souffrance humaine. Durant sept ans, après avoir renoncé à son mode de vie et quitté son palais, il suit l'enseignement des brahmanes. En suivant l'exemple des autres ascètes, il impose à son corps jeûnes et macérations pour atteindre l'illumination. En dépit de tous ses efforts, il ne parvient pas au salut et se retire pour méditer.

LE SAVIEZ-VOUS ?

Bonnets rouges et bonnets jaunes

Le bouddhisme lamaïque, forme de *monachisme* tibétain et mongol, coexiste avec le bouddhisme, et ce depuis l'introduction du tantrisme bouddhique au Tibet par Padmasambhava (VIIIe s.), qui triomphe de la religion autochtone.

Les sectes les plus anciennes, celles des bonnets-rouges, pratiquent le bouddhisme dit « du grand véhicule ». Elles se groupent en monastères ou en *lamaseries*, autour d'un moine célibataire qui en constitue le centre. Chaque lamaserie est dirigée par un ou plusieurs lamas réincarnés.

Les bonnets-jaunes, la secte la plus nombreuse, regroupent trois monastères à Lhassa, et suivent la réforme imposée par **Tsongkapa (1356-1418)**, qui ordonne le célibat et réduit l'aspect tantrique de la doctrine. Le chef spirituel en est le dalaï-lama, considéré comme la réincarnation du *bodhisattva Avolokitesvara*, « le seigneur qui observe depuis le haut ».

La doctrine bouddhiste

Le Bouddha a la révélation de la connaissance libératrice près du village de Bodh-Gayâ. Lors de cette illumination, il découvre quatre vérités saintes : les *Quatre nobles vérités :*

- Toute existence est par nature difficile voire décevante, même celle des dieux.
- La soif d'exister qui conduit à renaître est à l'origine de ce malheur.
- La délivrance du cycle des renaissances, donc des malheurs et des souffrances, est inhérente à l'existence.
- La délivrance peut être obtenue en suivant la sainte voie (*mârga*) aux huit membres, c'est-à-dire en corrigeant parfaitement ses idées, ses intentions, ses paroles, ses actes, ses moyens d'existence, ses efforts, son attention et sa concentration mentale.

Le terme de cette voie est appelé « extinction » (*nirvâna*) des passions, des erreurs, des autres facteurs de renaissance. Seuls, les ascètes mendiants peuvent suivre jusqu'au bout la voie de la délivrance. Subsistant grâce à des aumônes, ils sont soumis à une discipline austère et doivent pratiquer des « méditations » *(dhyâna),* très proches du yoga.

Tout être et toute chose sont transitoires et changeants, composés d'éléments en perpétuelle transformation. Tout ayant un commencement et une fin, il n'existe ni âme immortelle, ni dieu éternel.

UN PEU DE TECHNIQUE

En voiture !

Le bouddhisme, en raison de divergences sur la pratique ou sur la doctrine, se divise en plusieurs écoles: les *yaras* («véhicules») représentent divers moyens de progression sur la voie de la délivrance. Des dix-huit écoles qui existaient au temps d'**Açoka (v. 274-268-v. 236-234)**, empereur indien de la dynastie Maurya, seules deux continuent d'exister : *le Mahâyâna* et *le Theravâda.*

Le Hinayâna, ou petit véhicule :

C'est le plus ancien groupe, le plus fidèle aussi aux enseignements de Bouddha. La vie monastique y est importante, et la perspective de libération strictement individuelle. Une seule secte subsiste aujourd'hui, le *Theravâda,* ou «enseignement des anciens». La littérature est rédigée en pali (langue sœur du sanscrit) et concerne surtout les moines, auxquels elle enseigne la méthode à suivre pour devenir des *arhats* (« hommes méritants »), autrement dit des saints ayant atteint le *nirvâna.*

Le Mahâyâna, ou grand véhicule :

Apparu à la fin du Ier siècle av. J.-C, il produit de nombreux textes sanscrits, exhortant ses fidèles à devenir des *bodhisattvas* (« celui qui est dans l'état d'éveil »). Pour ce faire, ils doivent porter à la perfection l'exercice des vertus, notamment en aidant et secourant les autres êtres, sans épargner leur peine, ni leur vie, et en retardant leur propre entrée dans le nirvâna jusqu'à ce que tous les autres l'aient atteint. À la rigueur et à la discipline personnelle du « Petit Véhicule », le « Grand Véhicule » oppose la compassion et l'intercession par les fidèles.

Le shintoïsme

Le mot *shintô* signifie «la voie des dieux»; les premiers écrits relatifs au shintoïsme, le *Kojiki*, «*recueil des choses anciennes*», et le *Nihongi*, «*Chroniques du Japon*», sont des compilations de mythes et légendes. Ils coïncident avec l'apparition du bouddhisme sur l'île, car auparavant les Japonais ignoraient l'écriture.

Une religion d'État

Religion officielle et religion d'État, au Japon, le shintoïsme prescrit, à la fois, le culte des divinités, des ancêtres et de la nature. Le rituel se fait à l'intérieur de sanctuaires qui abritent les *Kamis* («Esprits»), entités extraordinaires aux qualités fabuleuses englobant à la fois la force du vent, des ancêtres, des phénomènes naturels, des plantes ou des mammifères – en fait, tout ce qui mérite d'être honoré.

À la fin du XIXe siècle, les grands théoriciens de la restauration impériale se proposèrent de donner au Japon une religion nationale, mettant fin à la relation anarchique entre le bouddhisme et la voie des Kamis : le shinto devait ainsi favoriser l'idée d'une renaissance nationale. En 1868, Mutsuhito sépara officiellement le shinto des autres cultes pour l'instituer religion nationale d'État.

La doctrine shintoïste

Le shintô ne s'appuie pas sur un code moral ou éthique mais se veut conforme « à la voie des dieux ». Cette voie donne à l'homme la possibilité de choisir ce qui est juste, droit et loyal. Pour faire ses dévotions, le fidèle doit franchir la porte du sanctuaire (*Torii*). Après s'être lavé la bouche et les mains, il pénètre dans la salle du culte (*Haiden*). La demeure où se trouve le Kami, en fait la salle principale, lui reste close. Il fixe ses prières inscrites sur un papier à l'un des arbres sacrés, le *sakaki*. Mais le culte peut se pratiquer chez soi, près de son autel domestique.

Le bouddhisme, diffusé au VIe siècle par des religieux portant avec eux des rouleaux de la doctrine bouddhique, est à la base de bien des caractéristiques culturelles japonaises : théâtre Nô, rituel du Thé, vénération de Bouddha. Le bouddhisme zen, qui apparaît au XIIIe siècle, prône, quant à lui, la découverte de la sagesse ultime par la méditation.

LE SAVIEZ-VOUS ?

Rester zen

Fondateur de la secte *Sotô*, **Dogen (1200-1253)**, moine bouddhiste, reçoit une éducation soignée en rapport avec le rang de sa famille, alliée à la dynastie régnante. Il entre au monastère Kenninji où est enseignée une forme de syncrétisme entre le Zen *Rinzai* (équilibre entre travail physique, méditation, réflexion), le *Tendai* (courant tantrique) et le *Shingon* (Bouddhisme du Grand véhicule). Dogen préconise la méditation assise, le *zazen*, qui permet d'accéder à l'éveil. Il a considérablement apporté au Zen japonais.

Les religions des forces naturelles

Les religions dites *des forces naturelles* prêtent aux roches, aux eaux, aux montagnes, au tonnerre ou à la nature, de manière générale, des pouvoirs particuliers, tirés de leur appartenance à une même force universelle. Des anciens Perses adorateurs du feu aux animistes de l'Afrique en passant par les prêtres vaudous des Caraïbes, adeptes de la magie noire, petit panorama. (Munissez-vous de vos amulettes.)

Le zoroastrisme

Fondateur du *zoroastrisme*, l'ancienne religion des Perses, **Zoroastre**, ou Zarathoustra, n'est pas le personnage légendaire que l'on croit. Né au VIe s. av. J.-C., il est banni de sa ville natale, Bactre (actuelle Balkh), en raison de sa condamnation des sacrifices de taureaux faits en l'honneur du dieu Mithra. Il développe sa doctrine, vers l'âge de 30 ans, quand il a la révélation de l'existence du dieu suprême *Ahura Mazda*, dans la région du Khorassan, une province d'Iran. Ce n'est qu'après sa mort que ses prédications sont rassemblées et mises en vers dans les *Gathâ,* chants religieux.

Le zoroastrisme n'est pas un monothéisme mais un *hénothéisme* (religion où un dieu joue un rôle prédominant par rapport aux autres, ce qui lui vaut un culte préférentiel). Il dure de l'époque des Achéménides (688-330 av. J.-C.) jusqu'à la conquête de l'Iran par l'Islam, en 651. Religion d'État, il impose son dieu *Ahura Mazda,* que les artistes représentent par une figure humaine vue de profil et planant dans les airs au milieu d'un cercle ailé. Sur les bas-reliefs de Persépolis, vers 500, ce symbole se retrouve toujours placé au-dessus du roi.

Cette religion est fondée sur le dualisme entre le bien et le mal, l'existence d'un tout partagé en deux mondes ennemis. Celui du bien est sous la tutelle *d'Ahura Mazda,* celui du mal, sous le pouvoir de son opposé *Ahriman.* L'essentiel du culte porte sur l'hommage rendu au feu sacré, d'où l'édification d'un grand nombre de sanctuaires appelés « maisons du feu ».

UN PEU DE TECHNIQUE

Ainsi parlait (vraiment) Zarathoustra

L'Avesta est un recueil de livres saints des anciens Perses qui contient l'essentiel de la religion zoroastrienne. Il se compose de plusieurs parties distinctes, dont les trois premières sont utilisées pour la liturgie des Parsis : le *Videvat,* recueil de lois religieuses. Le *Yashna,* ensemble de prières versifiées et de louanges à la divinité et aux êtres inférieurs. Le *Visperad,* dont les invocations sont consacrées aux anges. On recense aussi 24 *Yashts*, louanges en l'honneur de personnes et d'objets sacrés. Les *Gâthas,* chants attribués à Zarathoustra, sont les mieux conservés. Les livres en langue pehlevi, perse ancien, comportent le *Bundehesch* (création originelle) et le *Denkart* (Livre de la religion), qui traitent à la fois de cosmogonie et d'histoire de l'univers. L'ensemble de ces textes a été rédigé et rassemblé sous la dynastie des *Sassânides*.

Le manichéisme

Manès, ou **Mani (v. 220-v. 277)**, reçut une éducation judéo-chrétienne à une époque où la religion officielle était le *mazdéisme*. Il se dit envoyé de dieu au même titre que Bouddha et Jésus. Vers l'âge de douze ans, un ange vient lui confier le soin de propager une nouvelle religion : ce sera le *manichéisme,* qui puise dans le zoroastrisme l'idée de l'opposition entre Bien et Mal, dans le christianisme la notion de péché, et dans le bouddhisme les principes de renoncement et de libération.

Cette religion s'ouvre à tous les hommes, quelle que soit leur race ou leur condition. Tout le système de Manès gravite autour de l'opposition entre l'âme-lumière et le corps-ténèbre : l'homme est né de ce conflit, et pour qu'il puisse après la mort rejoindre le royaume de la lumière, il doit abandonner tout ce qui est matériel.

L'animisme

Le nom d'*animisme* (du latin *anima*, « âme ») est donné aux religions traditionnelles pratiquées en Afrique, en Amérique du Sud, chez les Aborigènes d'Asie et en Océanie. Il existe également un fonds animiste dans les pays scandinaves. Ces croyances se caractérisent par le culte des ancêtres et celui des forces de la nature. Il n'y existe pas de frontière entre le monde des vivants et celui des morts. Un médecin allemand, **Georg Ernst Stahl (1660-1734),** a forgé ce mot pour réfuter la séparation platonicienne, puis cartésienne, entre le corps et l'âme.

L'animisme sous-entend une croyance à la fois aux esprits et aux âmes, qui seraient la cause de tous les phénomènes vitaux physiologiques et psychologiques. L'animiste croit que toute chose vivante possède une âme.

Le concept d'animisme se modifie considérablement après la Seconde Guerre mondiale, sous l'impulsion des anthropologues, et les problématiques posées se tournent davantage vers la magie ou le sacré.

Le vaudou

Au XVIe siècle, avec les migrations d'esclaves africains vers les colonies des Caraïbes, le *vodou* ou *vaudou* s'est transporté en même temps vers ces contrées. La forte imprégnation catholique s'y est mélangée, d'autres religions sont nées, mais le vaudou domine, notamment en Haïti. Aux Antilles, les voyants sont appelés *Gadé Zafé*, ce qui, en créole, signifie « regarder les affaires ».

Au-dessus des sorciers ordinaires, dans le système hiérarchique, se trouvent les *Quimboiseurs*, qui sont là pour protéger des maléfices. Leur exercice est parfaitement admis. Ils pratiquent la magie blanche, procèdent à des envoûtements, et soignent aussi des maladies. Un « patron », un diable ou un démon, protège leur activité.

Les prêtres vaudou sont appelés *hungan,* maîtres de dieu, ou *mambo,* lorsqu'il s'agit d'une femme. Le *boko* est un magicien du bien et du mal. Ces trois administrateurs de la religion symbolisent l'ordre et le désordre existant dans toute société. Au-dessus d'eux existe Dieu ou « le grand maître », créateur de génies.

Les vibrations de sons, les symboles ou contacts sensoriels prédominent dans les incantations, qui peuvent se faire en créole, espagnol, africain ou français.

Tableau 17-1 : Les grandes dates des religions

Date	*Événement*
560	Naissance de Bouddha
1200 av. J.-C.	Les Hébreux conduits par Moïse quittent l'Égypte et reçoivent la Torah
-5-30 (environ)	Vie de Jésus-Christ
313	Édit de Milan, conversion de l'empereur Constantin et reconnaissance officielle du christianisme
500	Le Talmud (traduit en 940)
570-632	Vie de Mahomet
622	Fuite de Mahomet à Médine. L'Hégire : premier jour de l'ère musulmane
632	Première version du Coran.
VI^{IE} SIÈCLE	Déclin du bouddhisme face à l'hindouisme triomphant
1231	Début de l'Inquisition, lutte contre les hérésies
1533	Henri viii roi d'Angleterre rompt avec Rome par l'*Acte de Suprématie*
1545-1563	Contre-Réforme, concile de Trente
1562-1598	Guerres de religion en France
1866	Shintoïsme total au Japon. Ère *Meiji* (1868-1912)
1896	Théodore Herzl définit le sionisme politique
À partir de 1920	Réveil du bouddhisme en Chine avec la République
1948	Naissance d'Israël
1er mars 1979	Création d'une République Islamique en Iran

Chapitre 18

L'amour de la sagesse : la philosophie

Dans ce chapitre :

- Les grandes doctrines
- Les philosophes dans leur siècle

Dès l'origine, la *philosophie* (en grec, amour de la sagesse) a puisé à plusieurs sources : d'Égypte fut importé le goût des mathématiques, de l'astronomie, de la médecine; de Mésopotamie, la croyance au destin, ainsi que les rudiments d'une mentalité juridique, etc. Élevée au rang de discipline de la connaissance par excellence par les philosophes de la Grèce antique, elle s'épanouit ensuite dans tout le monde occidental, où les philosophes contribuent à faire évoluer, parfois au péril de leur vie, les mentalités de leurs contemporains.

La philosophie antique

La philosophie antique pose les fondements de la philosophie jusqu'à nos jours. Par ses maîtres tout d'abord (Socrate étant le plus connu), par ses efforts ensuite pour comprendre l'univers, dresser les premières catégories de pensée hors du mythe, de la magie et de la religion. C'est à une plongée dans l'origine même de notre réflexion qu'elle nous convie.

Les ioniens

C'est dans l'une des plus riches villes d'Ionie, Milet, que pour la première fois des hommes, en écartant les interprétions mythologiques ou surnaturelles du monde, cherchent à élaborer des explications des phénomènes naturels par le seul moyen de la raison. Ces premiers « curieux de la nature », comme ils se nomment, prendront le nom de *physiciens* ou de *physiologues*, en référence à la *physis* (nature). Quatre noms dominent l'école de Milet : Thalès, Anaximandre, Anaxagore et Héraclite.

Thalès

Ayant rapporté d'Égypte des faits mathématiques, **Thalès (624-545 av. J.-C.)** est également considéré comme le père de l'astronomie. De sa doctrine philosophique, nous n'avons conservé aucun écrit ; il faut se fier à **Aristote (384-322 av. J.-C.)** pour la retranscrire. À la différence d'Homère ou d'Hésiode, Thalès ne cherche pas à expliquer la nature par l'affrontement perpétuel des puissances divines. Il est le premier à « laïciser » la nature, le premier à chercher aux phénomènes une explication acceptable pour la raison.

Alors que nos chimistes modernes distinguent près d'une centaine d'éléments dans la nature et que les alchimistes en comptent quatre, Thalès suppose qu'il n'en existe qu'un : l'eau. Sous différents aspects, celle-ci rend compte de la diversité de la matière. Le philosophe pense en effet que les différentes composantes de la nature sont en perpétuelle mutation. Soumise à l'action d'êtres pensants, l'eau se transforme alors en terre, en air, en feu.

Son nom reste attaché notamment au *théorème de Thalès*. Selon la légende, son application aurait permis de mesurer la hauteur des pyramides d'Égypte en partant du principe qu'à une certaine heure de la journée, l'ombre de tout objet devient égale à sa hauteur. Thalès fut aussi le premier à faire quelques constats dans le domaine de la cosmologie, établissant notamment le nombre de jours compris dans une année : 365 jours et un quart, et non plus 365.

Anaximandre

Disciple de Thalès, **Anaximandre (610-545 av. J.-C.)** est le premier philosophe à laisser ses réflexions par écrit. Sur l'origine de la vie, il émet l'hypothèse suivante : nourrice de la vie, la mer aurait laissé sortir de ses flots des êtres couverts d'écailles, dont les hommes constitueraient la dernière étape de transformation. Se représentant la Terre comme un disque flottant, un « fut de colonne » dans l'infini, il détermine également la hauteur du soleil, c'est-à-dire l'angle qui sépare l'astre solaire du plan horizontal, mais aussi les solstices et les équinoxes, et passe pour le premier à avoir imaginé l'existence de sphères afin d'expliquer le mouvement des astres.

Pour la première fois, un philosophe explique également comment se sont formés les quatre éléments de la physique ancienne, l'air, l'eau, la terre et le feu. Selon lui, l'univers tire son origine de la séparation des contraires de la matière primordiale. Le chaud se sépare du froid, puis le sec de l'humide. Selon lui, le principe de toute chose est un élément toujours identique à lui-même sans qu'on puisse le comparer à l'air, au feu ou à l'eau.

Anaxagore

Parce que celui-ci fut le premier à supposer que la raison n'existait pas en dehors du monde mais, au contraire, faisait partie de lui, Hegel voyait en **Anaxagore de Clazomènes (500-428 av. J.-C.)** un précurseur lointain de la philosophie des Lumières. Appartenant au cercle éclairé qui entoure Périclès, le philosophe expose sa philosophie dans *Peri physeos* (*De la nature*), dont ne subsistent aujourd'hui que quelques fragments. Selon lui, tout est issu d'un « je ne sais quoi » indéterminé et confus. Sa théorie, qui voit en tout corps un agrégat d'atomes, va ouvrir la voie à la philosophie atomiste de Démocrite.

Héraclite

Souvent représenté comme un aristocrate déchu des fonctions de sa caste, **Héraclite (567-480 av. J.-C.)** aurait vécu dans les premières décennies du Ve siècle, mais aucun fait ne vient corroborer cette hypothèse avec certitude. Il ne nous reste de lui que quelques fragments du seul livre qu'il semble avoir écrit, *De la nature*. Surnommé « l'obscur » en raison de l'opacité de sa pensée traduite dans un style poétique, où abondent les formules paradoxales, il élabore une philosophie fondée sur les concepts de devenir et d'instabilité. De lui, on retient ainsi la célèbre formule : « On ne se baigne jamais deux fois dans le même fleuve. » La nuit succède au jour, la mort à la vie, le chaud au froid, le sec à l'humide, etc. De cette série de contraires sont issus les êtres. Ainsi Héraclite s'interroge-t-il sur la possibilité d'une coexistence entre multiplicité et unité, changement et stabilité.

N'OUBLIEZ PAS !

Belle âme

C'est vers le milieu du VIe siècle av. J.-C. qu'apparaît le *pythagorisme*. Élaborée par un philosophe resté célèbre pour un théorème pourtant déjà connu des Babyloniens, **Pythagore (v. 580-v. 490 av. J.-C.)**, cette doctrine prévoit un certain nombre d'interdits qui traduisent le désir de délivrer l'homme des illusions de la matière. Avant qu'elle ne trouve un écho dans le *Phédon* de Platon, les pythagoriciens sont ainsi les premiers à formuler la doctrine de l'*immortalité de l'âme* ou, comme disent les Grecs, la *palingénésie*. Selon eux, l'âme aurait la possibilité de passer d'un corps à l'autre et d'échapper à la mort en réintégrant celui d'un nouveau-né. Affirmant l'essence divine de l'être humain, cette doctrine séduisante se propage rapidement dans tout le monde antique où elle résiste à la montée du christianisme.

L'influence de Pythagore s'exerce aussi dans le domaine de la science et, plus exactement, des mathématiques. Cherchant, comme les ioniens, les lois secrètes qui régissent l'univers, il s'efforce ainsi de formuler les propriétés élémentaires des nombres. Sans son apport considérable, ni l'arithmétique, ni la géométrie modernes n'auraient pu se développer.

Les éléates

C'est à Élée, dans le sud de l'Italie du Sud, que sont élaborés les fondements *ontologiques* de la pensée. À l'encontre des ioniens, les *éléates* affirment en effet l'identité et l'éternité de l'être. Par la suite, Platon s'attachera aux principes de cette école dont procédera directement la *théorie des idées*. Celle-ci est dominée par deux figures principales : Parménide et Zénon d'Élée.

Parménide

Au contraire d'Héraclite, **Parménide (515-440 av. J.-C.)** affirme la permanence de l'être. Résumée en deux dilemmes par Aristote, sa métaphysique marque profondément la philosophie grecque. Elle peut se traduire ainsi : il ne peut pas y avoir d'être nouveau, car s'il vient de l'être ancien, il était déjà là ; et il ne peut pas y avoir d'être différent, car ou bien la différence vient de l'être, ou bien elle est du non-être De même, le philosophe exclut toute multiplicité en formulant le problème auquel se heurteront tous les autres philosophes du Ve siècle : puisque l'être est un et immobile, comment se fait-il qu'il nous apparaisse multiple et changeant ?

Zénon d'Élée

À sa suite, **Zénon d'Élée (v. 490-430 av. J.-C.)** entreprend de démontrer que la croyance au mouvement et au multiple amène des contradictions. Pour ce faire, il énonce quatre paradoxes, quatre arguments, appelés *apories de Zénon*. Le plus connu est celui d'*Achille et la tortue* : le héros grec Achille dispute une course à pied avec la tortue. Comme Achille est réputé être un coureur très rapide, il accorde gracieusement à son adversaire une avance de cent mètres. Zénon affirme alors que le rapide Achille n'a jamais pu rattraper la tortue Aristote le considèrera comme le créateur de la dialectique.

LE SAVIEZ-VOUS ?

À vos marques...

« Supposons, pour simplifier le raisonnement, que chaque concurrent court à vitesse constante, l'un très rapidement et l'autre très lentement ; au bout d'un certain temps, Achille aura comblé ses cent mètres de retard et atteint le point de départ de la tortue ; mais pendant ce temps, la tortue aura parcouru une certaine distance, certes beaucoup plus courte, mais non nulle, disons un mètre. Cela demandera alors à Achille un temps supplémentaire pour parcourir cette distance, pendant lequel la tortue avancera encore plus loin ; et puis une autre durée avant d'atteindre ce troisième point, alors que la tortue aura encore progressé. Ainsi, toutes les fois où Achille atteint l'endroit où la tortue se trouvait, elle se retrouve encore plus loin. Par conséquent, le rapide Achille n'a jamais pu et ne pourra jamais rattraper la tortue ».

Les atomistes

Loin d'Athènes et loin d'Élée, Leucippe et Démocrite tentent une conciliation des systèmes de pensée concurrents en fondant l'*école atomiste*. En expliquant les phénomènes naturels par la présence d'une multitude d'atomes se mouvant dans le vide selon des lois mécaniques, cette dernière s'efforce d'apporter une solution au problème de l'un et du multiple.

Leucippe

L'originalité du fondateur de l'école d'Abdère, **Leucippe (v. 460-370 av. J.-C.)** est d'admettre l'existence du *non-être*, du vide. Divisibles en particules infimes mais irréductibles, les atomes, constitutifs de l'être, se meuvent dans le vide. Ce mouvement continuel est à la source de tout phénomène qui se produit dans la nature. Il ne peut en être autrement. Dans la conception atomiste du monde, le hasard n'a en effet aucune place. Seule la *nécessité* s'impose.

Démocrite

Reprenant et développant les principes de base de la philosophie atomiste, **Démocrite (v. 470-370 av. J.-C.)** réaffirme la nécessité des mécanismes fondamentaux de la nature sans lui assigner de fin. Ainsi soumise, comme toutes choses en ce monde, au principe matérialiste, l'âme n'est-elle pour lui qu'un agrégat d'atomes.

Les sophistes

Au milieu du Ve siècle av. J.-C., Athènes devient le centre politique et intellectuel de la Grèce. C'est durant cette période marquée par une agitation intense que les *sophistes* s'imposent. Les sophistes et leurs écrits nous sont mal connus. Dans la Grèce de l'époque, ce terme désigne quelques « hommes habiles » (*sophes*) qui accordent toute leur attention au problème du langage.

La difficulté de leur étude tient essentiellement dans le fait de discerner une pensée sophistique, alors qu'ils sont loin, par leurs différences, de constituer une école philosophique. Davantage que leur doctrine, ce qui les unit est leur genre de vie, leur fonction idéologique et sociale. Pour la plupart de condition modeste, ils font de leur métier un de leurs moyens de subsistance. C'est une des raisons pour lesquelles ils sont méprisés par les traditionalistes.

L'apparition et les conditions du développement de la sophistique sont étroitement liées à la crise de la civilisation aristocratique. C'est pourquoi tous les sophistes sont favorables à la démocratie. Selon eux, l'accès au pouvoir doit passer nécessairement par la maîtrise parfaite du langage et de l'argumentation. Ils ne cherchent pas à transmettre un savoir (bien qu'ils semblent s'être intéressés à toutes ses branches), mais plutôt une formation politique du citoyen et une *thaumaturgie* du langage, c'est-à-dire un usage de sa puissance presque miraculeuse. Leurs principaux représentants sont Protagoras, Gorgias et Prodicos de Céos.

Protagoras

Originaire d'Abdère, **Protagoras (v. 485-420 av. J.-C.)** devient disciple de Démocrite avant d'initier le mouvement sophistique. Son ouvrage le plus important est *La Vérité*. S'inspirant des méthodes des philosophes d'Élée pour qui « Rien n'est soi-même par soi-même un, sur toute chose, il existe deux *logos* qui s'opposent l'un à l'autre », il développe la théorie du *discours opposé* (thèse et antithèse) et la méthode pour défendre ses deux points de vue. La nouveauté réside dans la façon de combiner les faits et les idées des autres pour obtenir une conclusion inverse. Ainsi, à propos de tout objet, on peut obtenir une série de propositions contradictoires.

Partisan de la démocratie, il est un jour inquiété et banni d'Athènes pour l'agnosticisme qu'il prône : « En ce qui concerne les dieux, je n'arrive pas à savoir ni qui ils sont, ni qui ils ne sont pas », dit-il. Il est aussi le seul sophiste à critiquer la religion. Ses autres œuvres sont : *Sur les dieux*, *Sur l'être*, *Sur les mathématiques* et *Sur la condition primitive de l'homme*.

Gorgias

Sans doute élève d'Empédocle, **Gorgias (v. 483-380 av. J.-C.)** naît en Sicile. En 427, il est envoyé à Athènes pour plaider la cause de ses concitoyens du Leontium. C'est à cette occasion qu'il introduit la *rhétorique* (art du discours). À travers *L'Éloge à Hélène*, il démontre la puissance magique de la parole : si Pâris a convaincu Hélène, c'est par la parole, qui elle seule est responsable de nos actes. Son traité *Du non être* établit trois points précis : rien n'existe ; s'il existe, il est insaisissable par l'homme ; dans le cas où il serait saisissable, il est inexplicable.

Prodicos de Céos

Envoyé à Athènes, **Prodicos de Céos (v. 460-399 av. J.-C.)** y donne des conférences qui le rendent célèbre. Selon le témoignage du *Cratyle*, Socrate fut l'un de ses disciples. Son apport au vocabulaire est la distinction des mots synonymes. Platon se moqua de cette distinction entre les mots qui n'était que formelle et où il n'y avait aucune analyse philosophique.

Moraliste, il est l'auteur du fameux *apologue* qui représente Hercule ayant à choisir entre deux chemins, celui du plaisir et celui de la vertu.

Socrate

Athénien de naissance, **Socrate (470-399 av. J.-C.)** est le fils d'un sculpteur et d'une sage-femme. L'oracle de Delphes l'ayant proclamé le plus sage des hommes, il aurait répondu : « Je ne sais rien de plus que les autres hommes si ce n'est qu'ils croient savoir quelque chose et que je sais que je ne sais rien. » Dès lors, il tente de faire comprendre aux sophistes leur ignorance. À leur différence, Socrate ne se soucie pas de son apparence et de sa légendaire laideur. En 399, il est accusé par le parti démocratique de vouloir introduire de nouveaux dieux et de corrompre la jeunesse. Il est condamné à boire la ciguë.

Socrate n'ayant rien écrit, il est difficile de distinguer son éventuelle méthode de celle de Platon. Il fait sienne la devise qu'il avait lue au fronton du temple de Delphes : « Connais-toi toi-même. » Contre les sophistes, il emploie l'ironie. Avec ses disciples, il emploie la *maïeutique*, l'accouchement des esprits (par allusion à sa mère sage-femme). Il amène ainsi ses élèves à découvrir la vérité par eux-mêmes, par l'*induction socratique*, procédé qui permet de la dégager, à travers plusieurs choses dont on définit en quoi elles sont justes.

Sa méthode est celle des sophistes : il croit à la vertu de la raison et en son influence pour transformer les hommes de la cité. La particularité de Socrate est d'interroger, de questionner à travers le dialogue. La *dialectique* est son moyen d'action. Pas seulement pour interroger mais pour éduquer les citoyens, les mettre en garde contre la politique des rhéteurs. Par rapport aux autres sophistes, Socrate entreprend de démontrer l'existence de Dieu. Il méprise certes la mythologie, mais point les dieux. Pourtant c'est pour le motif d'impiété qu'il fut condamné.

L'idéalisme platonicien

Né dans une famille de l'aristocratie, **Platon (427-347 av. J.-C.)** subit l'influence des sophistes et de Cratyle, disciple d'Héraclite. Grandissant dans le contexte de la révolution et de la tyrannie des Trente qui hâtent la décomposition de la démocratie, il s'attache à la compagnie du seul homme qui tente alors d'épurer la politique : Socrate. Grand voyageur, il se rend à Cyrène où il se familiarise avec les mathématiques. En Égypte et en Italie, il s'initie au pythagorisme ; en Sicile, il essaye de faire de Denys Ier un roi philosophe, mais sans succès. En 387, il fonde son école au *gymnase de l'Académie*. Il meurt en 347.

Le centre de son système philosophique repose sur la *théorie des idées,* qui fait la distinction entre le monde sensible et le monde intelligible. Face à la puissance des sophistes qui relativisent morale et vérité, le plus célèbre des élèves de Socrate oppose ainsi l'idée du bien. Par la vraie philosophie, il forge un moyen pour combattre les lacunes et les faiblesses de la société.

LE SAVIEZ-VOUS ?

Une académie florissante

Durement marqué par la tyrannie des Trente, Platon affirme la nécessité d'une politique fondée sur la philosophie. Il crée alors l'*Académie* où sont enseignées la philosophie, les mathématiques, la politique et la médecine.

Tirant son nom d'une promenade d'Athènes ayant été léguée à la cité par un contemporain de Thésée, Academus, elle constitue l'ancêtre des Académies modernes. Elle sert notamment de modèle à l'*École palatine* de Charlemagne et à l'*Académie française* fondée au XVIIe siècle par Richelieu.

Un homme de dialogues

Son œuvre se présente sous la forme de *dialogues* dont Socrate est le personnage principal :

- *Hippias mineur* : Socrate face aux sophistes feint de vouloir se faire instruire par eux. Pourtant, il est une thèse qu'il fait sienne : la vertu est science.
- *L'Apologie* : Platon tente de reconstituer les grandes lignes de la plaidoirie prononcée par Socrate devant ses juges.
- *Lysis* : un dialogue dont le thème central est l'amitié.
- *Gorgias* : où Socrate essaye de définir et d'expliquer la rhétorique à Gorgias et à Pôlos. Dans la troisième partie du livre, Calliclès définit ce qu'est la justice.
- *Le Banquet* : se succèdent sept orateurs qui font l'éloge de l'amour comme méthode de connaissance.
- *Phédon* : dialogue qui aborde le problème du devenir et de l'immortalité.
- *Phèdre* : Platon y prolonge l'enquête sur la parole déjà entreprise dans *Cratyle, Le Banquet, Phédon* et fait l'éloge du Beau.
- *La République* : cherche les moyens d'atteindre la cité idéale et pour cela enquête sur la morale, la politique, la société, la justice.
- *Timée* et *Critias* : recherche de l'origine du monde.
- *Théétète* : essai de définition de la science.
- *Le Politique* : sur le politicien idéal.
- *Les Lois* : le plus vaste des dialogues, qui se déroule en Crète. Sur la route, un Spartiate, un Crétois et un Athénien entreprennent de se rendre au sanctuaire de Zeus au mont Ida en empruntant la route de Cnossos. Ces trois vieillards consacrent leur matinée à discuter de ce que doit être la législation, puis, pendant les heures chaudes, l'organisation de la cité.

Au-delà des apparences

La philosophie de Platon est *dualiste* : elle repose sur le *monde des idées* et celui des *apparences sensibles*, le second étant le reflet imparfait du premier. La vie sur terre est un état d'impureté : les formes ne peuvent être connues que par la pensée et non par les sens. Les essences universelles que l'esprit saisit ne peuvent exister dans les objets sensibles qui, eux, peuvent changer. Les *idées* sont donc des *types éternels*. Elles appartiennent à un monde *suprasensible*. Dans ce monde invisible dominent vérité et justice.

La progression qui doit se produire dans notre esprit pour nous amener à la connaissance des idées est appelée par Platon *ascension dialectique* et comporte deux grandes étapes :

- Se dégager des opinions établies et donc mieux connaître le monde des apparences sensibles.
- Accéder par une pensée discursive à la connaissance de choses de plus en plus réelles (« c'est la connaissance raisonnée »), puis s'élever jusqu'à atteindre l'illumination en contemplant l'idée du Bien (« l'intelligence »).

La théorie de l'âme

La philosophie platonicienne énonce aussi une *théorie de l'âme.* L'âme aurait péché dans une vie antérieure et, punie, elle aurait été précipitée dans un corps. Unie à lui, elle peut néanmoins lui survivre car elle est éternelle. C'est la *thèse de la réminiscence*. Pour Platon, toute connaissance est réminiscence, ainsi qu'il l'expose dans le *Ménon* ou dans le *Phédon*.

Figure 18-1 : Platon et Aristote dans *L'École d'Athènes* de Raphaël (détail).

UN PEU DE TECHNIQUE

Les mots de l'idéalisme platonicien

Bien : le divin, principe suprême, supérieur à l'existence et à l'essence.

Dialectique : mouvement par lequel l'âme s'élève, progressivement, par degrés, des apparences sensibles aux Idées, pour atteindre, enfin, l'idée du Bien.

Dialogue : méthode philosophique où l'on opère par la voie du débat et de la discussion, Socrate apparaissant alors comme celui qui fait découvrir à l'interlocuteur sa vérité à travers le cheminement commun.

Essence : réalité demeurant identique à elle-même et ignorant tout devenir ; être véritable qui est Idée.

Idée : forme intelligible, modèle de toutes choses, réalité non perçue et néanmoins plus réelle que les êtres sensibles. L'Idée fonde le phénomène et lui donne sens.

Justice : représente, dans l'âme humaine, l'ordre maintenant à sa place et à sa fonction chacune de nos forces intérieures. Dans l'État, la justice désigne le fait que chaque classe accomplit sa tâche et exécute sa fonction propre.

Opinion : en grec, *doxa*. Connaissance inférieure, portant sur les objets du monde sensible. Mixte entre la connaissance vraie et l'ignorance.

Réminiscence : pour Platon, l'âme, lors de l'incarnation, a oublié les idées. La connaissance consiste donc à se souvenir.

L'aristotélisme

Originaire de Stagire en Macédoine, **Aristote (384-322 av. J.-C.)** est d'abord l'élève de Platon à Athènes. De 355 à 342, il demeure en Macédoine où le roi Philippe lui confie l'éducation de son fils Alexandre, âgé alors de 13 ans. Revenant à Athènes, il fonde sa propre école philosophique et lui donne le nom de *Lycée* d'après un temple voisin consacré à Apollon Lycien (tueur de loups). Il donne ses leçons en se promenant, d'où le nom utilisé pour désigner ses disciples de *péripatéticiens*, c'est-à-dire « ceux se promènent de long en large ».

N'admettant pas la théorie des idées, Aristote rompt avec le platonisme. Si Platon tourne les yeux vers le ciel, le ciel des idées, Aristote regarde la terre et réhabilite l'expérience du sensible. Il est le créateur de l'art du raisonnement, la *dialectique*. Cependant, il ne s'agit plus de celle de son maître Platon, mais d'une conception nouvelle qui rejette l'opposition existante entre opinion et vérité. Sa méthode, exposée dans ses ouvrages de logique, consiste en un filtrage étroit des opinions jusqu'au jaillissement de la vérité.

Un esprit fécond

Fort nombreux, ses ouvrages recoupent une classification des sciences qui distingue :

- **Les sciences théoriques** (*La Physique, Histoire des animaux, Traité de l'âme, Métaphysique*), c'est-à-dire toutes sciences dont le but est la connaissance pour la connaissance.
- **Les sciences pratiques** (*L'Éthique à Nicomaque,* dédiée à son fils, *La Politique, L'Économie*), dont la finalité réside dans la connaissance pour aboutir à l'action.
- **Les sciences poétiques** (*Rhétorique, Logique,* ouvrage composé de plusieurs traités, « *Les Premiers Analytiques* », qui ont pour objet le syllogisme, et « *Les Seconds Analytiques* », qui présentent la démonstration) dont la finalité est de connaître pour s'exprimer.

De la logique avant tout

L'*aristotélisme* se résume à une suite de démarches progressives qui commence d'abord par la *logique*. Le *syllogisme* est la méthode qui permet dans un discours ou une discussion de déterminer quels sont les raisonnements valables. Ce mot avait déjà été utilisé par Platon dans le *Théétète*, dans le sens où l'on joint plusieurs discours (A appartient à B, C appartient à A, donc C appartient à B). L'esprit est donc contraint de passer de deux vérités établies à une troisième. Le syllogisme, ou déduction, constitue la première condition permettant d'aboutir à des propositions vraies. La seconde est l'*induction*.

La métaphysique ou « philosophie première »

Aristote est aussi l'artisan de la *métaphysique*. Comparativement aux autres sciences, par exemple la physique qui s'occupe de phénomènes changeants et matériels, c'est-à-dire *accidentels*, la métaphysique, science suprême, s'occupe d'objets immuables et immatériels, autrement dit de leur *substance*. La place des êtres dans le monde dépend de la perfection de leur *forme*. Aux échelons supérieurs de la hiérarchie se trouve l'homme, dont l'âme est spirituelle. Celle des animaux est sensitive et celle des plantes, végétative.

Les mots de l'aristotélisme

Accident : ce qui ne fait pas partie de l'essence d'une chose et n'appartient pas à sa définition.

Acte : fait d'exister comme être pleinement réalisé et achevé.

Catharsis (ou purgation) : purification des émotions effectuée au moyen de l'art, et tout particulièrement grâce à la crainte et à la pitié émanant du récit tragique, de la tragédie. Cette dernière permet de décharger les émotions.

Forme : ce qui, dans l'objet, est intelligible et lui confère telle essence. La forme n'est pas soumise au devenir, c'est un principe métaphysique d'organisation de la matière.

Induction : passage des cas particuliers à l'universel.

Matière : potentialité pure que la forme actualise. La matière et la forme se rapportent l'une à l'autre.

Substance : réalité sans laquelle les autres ne peuvent être ; catégorie première, être qui se suffit à lui-même, sujet ultime, celui qui n'est plus affirmé d'aucun autre.

Syllogisme : discours dans lequel, certaines choses étant posées, quelque chose d'autre que ces données en résulte nécessairement par le seul fait de ces données.

Le scepticisme ou pyrrhonisme

Pyrrhon d'Élis (365-275 av. J.-C.) est le fondateur du *scepticisme*. Contemporain d'Aristote, il ne nous a laissé aucun écrit. C'est entre autre par son disciple Timon, mort vers 235 av. J.-C., que s'est transmis l'essentiel de son système. Pour Pyrrhon, l'obstacle au bonheur réside dans le fait que l'homme a des opinions et qu'il les défend. Il prône la suspension de tout jugement (l'*ataraxie*) et le renoncement à toutes les passions (*apathie*) que l'on retrouve dans le stoïcisme et l'épicurisme (voir plus loin). Lorsqu'on lui demandait : « Alors pourquoi vis-tu ? », Pyrrhon répondait : « Mais précisément parce qu'il est indifférent de vivre ou d'être mort. »

Les cyniques

Doctrine matérialiste, le *cynisme* propose le détachement à l'égard des coutumes, des préjugés, et le retour à l'état de nature. Il a pour fondateur **Antisthène (v. 444-365 av. J.-C.)**, élève de Gorgias, puis de Socrate. L'étymologie grecque du mot cynisme, *cynosarge* (mausolée du chien), souligne son identification à la vigilance du chien. Le plus célèbre représentant en est **Diogène de Sinope (413-327 av. J.-C.)**. Quand on lui demandait quelle était sa patrie, il répondait : « Je suis citoyen du monde. »

Les cyniques se font remarquer par un anticonformisme religieux et social. Mais s'ils conservent de Socrate cette attitude, ils rejettent dans le domaine de la morale son intellectualisme, sa théorie de la vertu, où elle est action puisqu'elle peut se libérer de ses besoins. En ce sens, la liberté est le seul bien souverain. Ceci explique le rejet de toutes conventions, habitudes, patrie, famille. En revanche, ils recherchent déjà une certaine fraternité à travers le monde, à l'encontre de la cité, *polis*. Ils s'intéressent à tous les déshérités qu'elle rejette.

Le stoïcisme

« Abstiens-toi et supporte. » Résumée par cette formule, la doctrine stoïcienne tire son nom de l'endroit où son fondateur, **Zénon de Citium (335-264 av. J.-C.)**, l'enseignait à Athènes : le *Portique*, ou *stoa*. De Zénon de Citium à **Marc Aurèle (121-180 ap. J.-C.)** en passant par **Sénèque (v. 4 av. J.-C.-65 ap. J.-C.)** et **Epictète (50-125 ap. J.-C.)**, ses plus illustres représentants, il s'écoule près de six siècles, pendant lesquels elle ne cesse de se développer. Dans le cadre de la morale stoïcienne, le sage s'efforce d'accéder à la vertu, à la « vie harmonieuse », grâce à la maîtrise des passions et à la souveraineté de la raison.

Mais la morale stoïcienne ne se conçoit pas sans une théorie de Dieu et de l'homme. L'homme est libre de ses opinions, mais il ne peut contrôler les événements. Il doit suivre sa nature propre et celle du tout en ne faisant rien de ce que la loi commune a coutume d'éviter. Autrement dit, il doit se plier à son destin, et peut se délivrer de la nécessité par le suicide. Le sage, pour les stoïciens, méprise tout ce qui ne dépend pas de la volonté humaine. Il considère les maladies et les douleurs comme n'existant pas. Ce ne sont pas des maux, mais des choses indifférentes. Parmi celles-ci sont préférables celles qui ont une valeur, les autres doivent être rejetées.

L'épicurisme

Fondée par Épicure et diffusée par Lucrèce, la doctrine épicurienne est avant tout une morale dont la finalité est l'accès de l'âme à la sérénité par l'*ataraxie*. Comme les stoïciens et les sceptiques, de l'absence de tourment, elle fait une condition *sine qua non* du bonheur et la conçoit comme l'idéal même du sage. C'est une conception matérialiste, inspirée de l'atomisme, qui postule la mortalité de l'âme et rejette par conséquent toute crainte de la mort.

Épicure

Né sur l'île de Samos où ses parents colons se sont installés, **Épicure (v. 341-270 av. J.-C.)** est envoyé à Athènes pour faire ses études vers l'âge de 18 ans. Vers 310, il fonde sa première école à Mytilène puis achète une maison à Athènes où il professe jusqu'à sa mort en 270.

Notons que s'il s'est élevé contre les effets néfastes de la superstition, Épicure a souligné l'importance du rôle des dieux dans la spiritualité. Son but n'est pas de nier l'existence des dieux, mais de prouver que les divinités ont au contraire un très grand rôle à jouer dans l'acquisition du bonheur et de la sagesse. Rien dans cette analyse du divin n'est négatif.

Lucrèce

La vie de **Lucrèce (98-55 av. J.-C.)** est un tissu d'incertitudes. La seule biographie qui nous soit parvenue de lui tient en trois lignes. On ne connaît même pas la situation sociale de sa famille. Il fut redécouvert à la Renaissance et Montaigne le cite à plusieurs reprises. Les philosophes du XVIIIe siècle l'exaltent. Il est le chantre latin d'Épicure et de l'épicurisme. Son long poème en vers, intitulé *De Natura* (*De la nature*), en constitue en quelque sorte le manifeste.

Le néoplatonisme

À partir du IIIe siècle de notre ère, se développe un platonisme renouvelé : le *néoplatonisme*. Son fondateur, **Plotin de Lycopolis (205-270 av. J.-C.)**, suit des cours à Alexandrie, en Égypte. En 244, il ouvre à Rome une école où se presse toute l'élite intellectuelle du moment. S'étalant sur vingt-six ans, son enseignement est regroupé par son disciple, **Porphyre Proclus (234-305 av. J.-C.)**, en 54 traités découpés en 9 séries de 10, d'où le nom d'*Ennéades*.

Selon la doctrine plotinienne, Dieu est Un, contrairement à la matière multiple et divisible. Cet Un dans lequel on reconnaît le Dieu de Platon est intelligible en soi, mais il est impossible de s'élever jusqu'à le connaître. À travers la contemplation, l'homme peut toutefois acquérir le sentiment de la divinité par une série de degrés que Plotin appelle *hypostases*. Par le biais de la dernière hypostase, l'*extase*, nous sommes amenés à une sorte d'union avec Lui.

La philosophie du Moyen Âge et de la Renaissance

La philosophie médiévale se développe selon un axe double. D'une part, grâce aux philosophes et penseurs arabes, les traductions des maîtres grecs parviennent en Occident et revivifient la pensée. D'autre part, le christianisme évolue vers une piété plus personnelle, une dévotion particulière à la Vierge et au Christ. La Renaissance, elle, s'interroge notamment sur les finalités et les moyens du politique, et sur ce que l'homme peut espérer savoir de lui-même.

L'augustinisme

C'est parallèlement au néoplatonisme de Plotin que se développe en Occident un *platonisme chrétien* : l'*augustinisme*. Ce terme désigne non seulement la pensée de son fondateur, mais aussi l'application que l'on en fait pendant les seize siècles suivants. Né d'une famille assez modeste à Tagaste, **saint Augustin (354-430)** devient évêque d'Hippone, seconde ville d'Afrique, en 395. Nombre de ses premiers écrits sont orientés vers la philosophie, les autres sont théologiques. Mais ce sont ses œuvres autobiographiques, *Les Confessions*, qui sont les plus connues. Il meurt le 28 août 430 au moment où les Vandales assiégent sa cité épiscopale.

Influencé par la philosophie de Platon, saint Augustin élabore les fondements d'une philosophie chrétienne au service d'un seul Dieu. Selon lui, raison et foi doivent s'unir. Dans son ouvrage *La Cité de Dieu*, il imagine deux cités distinctes : la cité céleste, constituée d'éléments éternels, et celle des hommes, composée d'éléments périssables. En opposant ainsi les deux cités, Saint Augustin n'obéit pas à un désir de manichéisme séparant la bonne de la mauvaise cité. Il insiste essentiellement sur le bon usage des biens terrestres, et sur leur bonne répartition. Ils aboutissent au salut des uns, et à la perte des autres.

Figure 18-2 : Saint Augustin.

La scolastique

Après les invasions barbares, du VIe au IXe siècle, qui font sombrer la pensée occidentale, l'ouverture d'écoles par Charlemagne est une véritable renaissance pour la culture. C'est de là que vient le nom de *scolastique* : du latin *scola*, école, nom que l'on donne à la philosophie chrétienne entre le IXe et le XVIe siècle.

Comme l'augustinisme, elle se définit par une étroite collaboration entre la philosophie et la théologie. Trois périodes importantes marquent son évolution. Une première, dite platonicienne, entre le IXe et le XIIe siècle, une seconde au XIIIe siècle, considérée comme son âge d'or, et une troisième du XIVe à la fin du XVIe siècle, qui en marque la fin.

Parallèlement à celle de l'Occident, la scolastique arabe se développe entre le IXe et le XIIIe siècle. L'un de ses principaux représentants est **Al-Kindi (801-873)**, médecin et philosophe. Il fut l'un des premiers à étudier et à commenter Aristote, bien qu'il prétendît allier la magie à la philosophie. Mais l'un des plus grands noms de cette période est celui d'**Avicenne (980-1037)**, de son vrai nom **Ibn Sina**. Médecin lui aussi, il fut l'un des esprits les plus féconds de son temps. Ses ouvrages sont estimés à plus de 70.

L'averroïsme

Originaire de Cordoue, **Averroès (1126-1198)**, est à la fois médecin et juriste, connu surtout comme le commentateur d'Aristote. L'importance de son travail est capitale puisqu'elle permet de restituer l'ensemble de la philosophie péripatéticienne : *Les Seconds Analytiques*, *La Physique*, *De l'âme*, *La Métaphysique* dans son *Grand commentaire*. La plupart de ces œuvres ne nous sont connues que par des traductions hébraïques ou latines. Il existe aussi une œuvre personnelle d'Averroès : *Le Colliget* (ouvrage de médecine), *L'Accord de la religion et de la philosophie : traité décisif*, *L'Islam et la Raison*.

Selon Averroès, il n'y a pas d'opposition ou de contradiction entre la philosophie et la religion. Bien au contraire, elles doivent s'accorder. La raison existant à l'intérieur des dogmes doit être mise en lumière pour « que le vrai ne contredise pas le vrai ». Sa croyance en un Dieu est conforme à la théologie aristotélicienne. De même affirme-t-il que l'âme est la forme du corps. Sa conception, très différente du christianisme, par sa croyance en un Dieu simple cause finale des êtres et un monde éternel, fait qu'en 1215, à l'université de Paris, la lecture de son œuvre est interdite.

Le thomisme

Né en Italie du Sud, **saint Thomas d'Aquin (1224-1274)** étudie à l'université de Naples de 14 à 18 ans, puis entre vers 1244 dans l'ordre des dominicains. Envoyé à Paris en 1245, il est l'élève d'Albert Le Grand qu'il suit à Cologne, où ce dernier est chargé de fonder une nouvelle université. De 1252 à 1259, il enseigne à Paris, puis en Italie jusqu'en 1268. Il revient ensuite à Paris. Le « docteur angélique » – ainsi nommé en raison de sa piété – s'éteint en 1274. Son œuvre littéraire considérable est rédigée en une vingtaine d'années. Elle compte notamment *Commentaire des sentences*, *Commentaire d'Aristote et de Denys l'Aéropagyte*, écrits entre 1252-1259, *La Somme théologique* (1265-1273) et *La Somme contre les Gentils* (1259).

L'école thomiste constitue un courant minoritaire de la scolastique. Sans en analyser ici tous les concepts, il convient d'examiner raison et foi, l'être, l'existence de Dieu et l'âme selon la doctrine de saint Thomas.

Figure 18-3: Saint Thomas d'Aquin.

Croire avant tout

Sur la question des rapports entre la *raison* et la *foi*, saint Thomas proclame que jamais la raison ne démontrera la foi. Ainsi, il contredit l'augustinisme en opposant philosophie et théologie. Pour lui, les vertus révélées (la Trinité, le péché originel) sont non seulement au-dessus de la raison, mais la dépassent.

La foi se définit avant tout comme un acte soutenu par la volonté de Dieu. Quant à la raison, elle sert à réfuter les erreurs de la foi. Autrement dit, on ne peut comprendre qu'à condition de croire.

Un être simple

Dans la philosophie de saint Thomas, l'*ontologie* reste la pièce maîtresse. Seul l'*Être premier* est simple. Quant aux êtres créés, ils se réalisent en une infinité de modes et d'éléments constitutifs qui se complètent mutuellement. Comme pour Aristote, l'homme est unité, et non l'agrégat de deux substances (une corporelle, l'autre spirituelle). Les êtres corporels sont composés de *matière* et de *forme*. La matière est ce qui les individualise (grand, petit), la forme ce qui les spécifie (humain, végétal). Ce qui existe est le composé des deux : matière et forme.

Moins l'être est parfait, plus la composition en est complexe, plus il est élevé en perfection, moins elle est compliquée. C'est pourquoi l'être parfait est simple. Toutes ces compositions répondent à un schéma unique fondé sur la division de l'acte et de la puissance. Cette distinction se retrouve au cœur de toute la réflexion thomiste. On passe de l'essence à l'existence.

Démontrer l'existence de Dieu

Pour démontrer l'existence de Dieu, saint Thomas distingue plusieurs voies qui s'appuient toutes sur l'expérience. Son existence n'est pas une évidence, aussi fait-il d'abord l'analyse du mouvement dans le monde sensible par la preuve du *premier moteur*. Mais la nature de Dieu nous reste inconnue. Pourtant, nous pouvons déterminer ce qu'il n'est pas par négation des imperfections de la créature. En nous appuyant sur le concept d'analogie, nous pouvons aussi savoir ce qu'il est. Saint Thomas démontre donc l'existence de Dieu également par le caractère contingent relatif des choses et de leur imperfection. Nous affirmons le plus ou le moins de ces choses en les comparant avec quelque chose d'absolu. Cet absolu, c'est Dieu. Il réfute par ailleurs l'argument de **saint Anselme (1034-1109)** qui pense prouver l'existence de Dieu en partant de l'idée purement intellectuelle que l'on s'en fait.

Une âme immatérielle

Notre *âme* est immatérielle et plus complète que celle des animaux, limitée à quatre facultés : sensibilité, imagination, mémoire et estimation. Celle des hommes est sensibilité, imagination, mémoire et *raison*. Cette dernière est la faculté non seulement d'avoir des idées, mais d'établir entre elles des enchaînements de rapports et de concevoir des idées générales. C'est par l'analyse de la connaissance rationnelle que l'âme humaine se différencie de l'âme animale ou végétative, incapable d'agir à part, donc d'exister à part.

À l'encontre de ce que prônent Platon et saint Augustin, saint Thomas démontre que la connaissance sensible reste le point de départ de toute connaissance, l'homme n'ayant en lui aucune connaissance innée. C'est là qu'intervient le travail de l'intelligence, pour dégager des choses sensibles une forme intelligible, l'*intellect agent* de chacun de nous. L'*intellect possible* constitue la deuxième fonction possible de l'intelligence individuelle, dont l'œuvre s'appelle *concept*. Ceci s'oppose à la conception d'Averroès qui juge inconciliable l'intellect et l'homme et fait de l'intellect agent une substance unique et séparée.

Le nominalisme

Le *nominalisme* est un des courants les plus importants de la pensée médiévale. Il trouve un de ses plus fervents défenseurs en la personne de Guillaume d'Occam.

L'occamisme

L'*occamisme* connaît en son temps un vif succès en dépit des condamnations qui le frappent. Le fondateur en est **Guillaume d'Occam (v. 1290-1349)**, le « vénérable initiateur » (surnom lui venant du fait qu'il ne fut jamais maître en théologie, mais simplement candidat à la maîtrise). Vers 1309, Guillaume d'Occam rentre dans l'ordre des franciscains. En 1328, cité en Avignon, il défend les intérêts de l'empereur contre le pape. Son écrit le plus important est la *Summa totuis logicae*. L'attaque entreprise contre les hérésies par Jean XXII, puis Benoît XII, lui fournit l'occasion d'évoquer toutes sortes de thèmes dans les *Dialogues*, le *Breviloquium de principatu tyrannico* ou encore *La Lettre au chapitre d'Assise*. Il meurt en 1349 après un long séjour en Bavière.

Sa pensée oppose essentiellement la « *via moderna* » à « *la via antiqua* », celle-ci désignant l'école thomiste et scotiste. **Martin Luther (1483-1546)** est formé à l'école d'Occam. Sa tendance antimétaphysique, son hostilité envers Aristote et la scolastique, sa conception sans lien entre l'âme et Dieu sont les principaux éléments de réflexion qu'elle lui lègue.

Le *nominalisme* structure l'une des disputes intellectuelles les plus fécondes de la période médiévale, la *querelle des universaux*, où s'opposent les tenants de l'existence intelligible des idées générales – les universaux – et les nominalistes, qui veulent faire du concept un simple nom accompagné d'une image individuelle.

Il a aussi des conséquences dans le domaine du droit et surtout dans celui du droit naturel. L'individu, et non les rapports existant entre plusieurs individus, devient le centre du débat juridique qui doit tendre à énoncer les droits individuels. Les solutions juridiques ne trouvent plus leur solution dans l'observation de la nature et d'un ordre qui lui est propre, mais dans l'expression de la volonté positive des individus.

La querelle des universaux

Un des points de la pensée d'Aristote est remis à l'honneur à l'occasion de cette querelle : à quelle réalité les *universaux* – autrement dit les idées générales – correspondent-ils ? Pour **Roscelin (1050-1120)**, les universaux ne sont que de simples mots et ne correspondent à rien de réel. Lorsque nous affirmons que Jean et Pierre sont des hommes, affirmons-nous une même réalité ou un même nom ? D'après Roscelin, un simple nom ; d'après son opposant **Guillaume de Champeaux (1070-1121)**, une même réalité, car Jean n'est pas identique à Pierre mais seulement semblable.

Occam apporte une solution à cette querelle en niant l'existence intelligible des idées générales et leur présence dans le sensible. Le nominalisme nie l'existence du concept et le réduit à une image ou à un mot. Il oppose à la thèse adverse celle du réalisme. Pour reprendre un exemple fourni par Occam lui-même, il n'existe pas « d'ordre franciscain » mais des frères franciscains. Seuls les individus existent, ils sont réels. L'emploi de termes généraux ne traduit qu'une connaissance partielle et confuse des individus et n'a pas de signification propre.

Machiavel

Figure emblématique de la Renaissance italienne, **Nicolas Machiavel (1469-1527)** écrit dans *Le Prince* (1513) : « Si tu peux tuer ton ennemi, fais-le, sinon fais-t'en un ami. » Son œuvre la plus connue résume à elle seule sa doctrine politique dont le *machiavélisme* (la fin justifie les moyens) est une interprétation hâtive et erronée. Machiavel détaille en effet la manière de parvenir, d'une manière ou d'une autre en fonction des circonstances, à ses buts. Il étudie la conservation du pouvoir personnel avec un mélange de ruse et d'audace. La finalité de son livre est sans doute une instruction des républicains, programme ensuite repris, tout en décrivant le régime républicain, dans le *Discours sur la première décade de Tite Live* (1520).

Giordano Bruno

Prédicateur dominicain et philosophe, **Giordano Bruno (1548-1600)** s'appuie sur une philosophie néoplatonicienne, remplie d'éléments occultes et magiques, et s'oppose, non sans hargne, à la logique aristotélicienne. Son érudition phénoménale le mène à réaliser des synthèses des phénomènes les plus contradictoires. Il se détache petit à petit de toute autorité ecclésiastique et théologique et tombe finalement entre les mains de l'Inquisition qui le condamne au bûcher.

Son influence s'exerce sur des esprits tels Johann Herder, Goethe, Schelling, au travers d'une œuvre importante dont *Le Banquet des cendres* (1584), une vision du cosmos, *L'Expulsion de la bête triomphante* (1585), contre les catholiques et les calvinistes, *La Cabale du cheval de Pégase* (1585), contre Aristote.

Montaigne

Contemporain de Giordano Bruno, **Michel Eyquem, seigneur de Montaigne (1533-1592),** inaugure un genre littéraire qui consiste en l'étude et l'analyse du comportement de l'être humain. Il se signale par un humanisme modéré et plein de bon sens.

Pour extérioriser sa pensée, l'auteur traite, en s'appuyant sur la tradition de l'Antiquité, d'un certain nombre de problèmes relatifs à la philosophie de la vie. Sa formule « Que sais-je ? » est marquée de scepticisme, elle invite à s'abstenir de tout jugement hâtif. Une grande partie de ses observations sont fondées sur l'examen de son propre moi et forment le fond même des *Essais* (1580).

La philosophie du XVIIe siècle

Plusieurs grandes figures dominent la pensée au XVIIe siècle. Bacon, Hobbes et Descartes font entrer la philosophie dans les temps modernes. Ensuite viennent Spinoza, Leibniz et Locke, qui lui donnent des perspectives nouvelles.

Bacon

Né à Londres, **Francis Bacon (1561-1626)** fait ses études à Cambridge et s'initie rapidement aux sciences juridiques et politiques. Il est vite investi de hautes charges et obtient la place de Grand Chancelier avec le titre de baron de Verulam. Sa chute est aussi rapide que son ascension, car en 1621, accusé de concussion, il reconnaît les faits et est destitué de son poste. Il se retire sur ses terres et rédige pendant cette période la plupart de ses écrits philosophiques. L'œuvre complète devait s'intituler *Instaurio magna scientarum* (*Grande Restauration*) et comporter six parties. Seules les deux premières sont achevées : *De dignitate et augmentis scientarum* et *Novum organum*. Le reste de son ouvrage est resté à l'état d'ébauche. Il s'impose dans l'histoire de la philosophie comme le précurseur de la méthode expérimentale moderne.

Les obstacles à la science

Son *Novum organum* (*Nouvelle logique*) comprend deux livres qui ont pour objet d'écarter les *idoles*, ou obstacles qui s'opposent aux sciences. Dans le premier, il passe en revue tous les obstacles qui ont entravé le progrès de la science. C'est là un véritable exposé de la méthode inductive qui doit remplacer la méthode déductive. Le second montre quelles règles il faut suivre pour utiliser cette méthode. *De dignitate et augmentis scientarum* dresse le tableau des sciences que l'on veut restaurer et fait une classification de celles-ci en s'appuyant sur les différentes facultés de l'âme.

Combattre les préjugés

Bacon détermine quatre sortes de préjugés, obstacles à la connaissance :

- **Les préjugés de la tribu,** les *a priori* de l'humanité entière : nous jugeons les choses en fonction du rapport qu'elles ont avec nous et non en fonction de ce qu'elles sont réellement.
- **Les préjugés de la caverne** (allusion au mythe platonicien de la caverne) : chacun d'entre nous juge selon ce qu'il est, selon son éducation, selon sa nature.
- **Les préjugés de la place publique :** ils sont issus de nos faits sociaux, de notre langage, d'une appartenance à une religion, etc.
- **Les préjugés du théâtre :** ils proviennent des doctrines et théories philosophiques.

Il ne faut pas, comme les scolastiques, avoir des idées *a priori*, des idoles de clan, de parti, d'école, ou de temps. De même, il ne faut pas voir dans cette même nature partout des intentions et parce que le soleil chauffe, croire que c'est uniquement pour nous.

Classification des sciences

Sa classification des sciences se fonde essentiellement sur les facultés de l'âme :

- **La mémoire,** d'où est issue l'histoire naturelle ou civile.
- **L'imagination,** d'où est issue la poésie.
- **La raison,** d'où est issue la philosophie, divisée en *philosophie première* (les axiomes communs à toutes les sciences) et trois branches, dont les objets sont Dieu, la nature et l'homme.

Bacon fait entrer dans sa classification la science expérimentale dont il précise la méthode dans le *Novum organum.* C'est à la science naturelle qu'il donne la première place et aucune à la mathématique.

Hobbes

Thomas Hobbes (1588-1679) défend une *philosophie matérialiste*, la morale despotique et le *despotisme politique*. C'est à lui qu'on doit la célèbre formule : « L'homme est un loup pour l'homme. » En effet, pour lui, à l'état de nature, les hommes sont des dangers les uns pour les autres et pour eux-mêmes. Pour éviter une destruction totale de l'espèce humaine, il faut s'en remettre à un prince détenteur de tous les pouvoirs, puisque seule sa présence leur garantit la vie. Il sépare également la théologie de la philosophie : il faut s'attacher à ce qui est possible de penser et non de croire.

Le *Léviathan*, de tous les ouvrages de Hobbes, est sans conteste celui qui a le plus d'influence. Le titre est emprunté à la Bible (monstre aquatique mentionné dans le *Livre de Job*). Sa description le fait plutôt ressembler à un crocodile, mais il symbolise l'État. Hobbes développe là les principes de la politique. Son originalité tient au fait de fonder le pouvoir absolu du souverain non sur un droit divin, mais sur un contrat social.

L'homme est présenté comme n'ayant pour autre souci que la conservation de son espèce. Pour l'assurer, il rentre en lutte avec ses congénères. La force fait droit. Mais cet état de guerre étant plus nuisible qu'utile à la conservation, la paix est donc préférable et pour l'obtenir, les hommes font entre eux des contrats.

UN PEU DE TECHNIQUE

Comment se forment les idées ?

La pensée, d'après Hobbes, ne peut exister que par la sensation, et l'esprit n'est lui-même qu'un composé de sensations. S'il est possible de penser ce qui n'est ni vu, ni entendu, ni senti, c'est en fait par la mémoire, elle-même une sensation ancienne conservée par le cerveau. La combinaison de sensations forme les pensées qui donnent naissance à leur tour aux idées. Les idées s'associent en fonction de lois obscures et qui peuvent être désordonnées dans la rêverie ou organisées dès qu'elles tendent vers un but assigné.

Le cartésianisme

Célèbre philosophe français, **René Descartes (1595-1650)** est considéré comme le fondateur du *rationalisme moderne*. La philosophie morale stoïcienne et la philosophie scolastique, dont il reprend la terminologie, sont les principales sources de ses concepts. En Hollande, en France, en Allemagne, en Angleterre et en Italie, le cartésianisme se répand rapidement. Toute la philosophie moderne se reconnaît bientôt en Descartes. Ce que nous a légué surtout l'esprit cartésien est l'idée critique, qui marque le plus profondément notre philosophie moderne sur le problème de la connaissance.

De son système de pensée naît un double courant : le *rationalisme*, illustré par Malebranche, Spinoza, Leibniz, et l'*empirisme*, qui en est dépendant puisqu'il se présente comme son adversaire, avec pour principaux représentants Locke, Berkeley, Hume.

Figure 18-4 : René Descartes.

La règle de l'évidence

L'originalité de la philosophie de Descartes se résume dans son idée directrice : la volonté d'étendre à tous les domaines de la connaissance la méthode mathématique. La méthode de Descartes peut se résumer ainsi : n'accepter comme vrai que ce qui évident ; accepter pour vrai tout ce qui est évident.

Ce premier précepte, appelé aussi *règle d'évidence*, conduit cependant à se demander : qu'est-ce qui m'assure de l'évidente vérité de telle ou telle idée ? Il peut y avoir de fausses clartés et l'évidence être trompeuse. Cela parce que le jugement ne dépend pas de l'intelligence mais de la volonté, de la volonté libre.

Intuition et synthèse

L'*intuition* naît seule de la raison et est d'ordre purement intellectuel. Ainsi, pour Descartes, « chacun peut voir par intuition qu'il existe, qu'il pense, qu'un triangle se détermine par trois lignes ». Mais nos idées simples sont rares, et les idées complexes fréquentes. Trois préceptes posent les règles et se résument ainsi : analyser, faire une synthèse et dénombrer. L'analyse est un procédé qui remonte jusqu'aux principes et ramène l'inconnu au connu. La synthèse consiste à reconstituer le complexe à partir du simple.

La force du doute

Le doute, chez Descartes, est méthodique, non sceptique, et trois domaines sont en deçà : la méthode, la religion, la morale.

Lorsque l'idée n'apparaît pas clairement, la méthode aide l'esprit à revenir aux opérations élémentaires, en mettant en évidence un ordre dans celle-ci. C'est ce qui précède toute philosophie. Quant à la religion, elle échappe à une méthode, car ses vérités dépassent l'entendement. Enfin, la morale a pour dessein non le vrai, mais le bien.

Descartes présente sous la forme d'un syllogisme le *cogito* (je pense). Pour penser, il faut exister : je pense donc j'existe. La caractéristique du *cogito* est d'être une évidence rationnelle, une intuition, la saisie immédiate d'une nature simple. Le *cogito* permet ainsi de déduire d'autres existences. Ainsi, celle du *moi*. Le moi occupe ainsi une place importante dans le système cartésien : c'est à partir du moi qu'il faut reconstruire tout le savoir humain. Il est synonyme de pensée, de pur esprit. « Moi ou mon esprit », écrit Descartes dans les *Méditations*.

La métaphysique cartésienne

C'est en 1644 dans la première partie des *Principes de la philosophie* que Descartes expose le système des connaissances humaines, en reprenant la comparaison stoïcienne de la science humaine avec un arbre : les racines en sont la métaphysique, ou *philosophie première*, le tronc *la physique*, et les branches porteuses de fruits la *médecine*, la *morale* et la *mécanique*. *Les Méditations métaphysiques* contiennent déjà tous les fondements de sa physique. Celle-ci a pour but de montrer que l'ensemble de la nature peut trouver une explication mécanique. Mais avant tout, sa philosophie conteste les idées reçues.

L'existence de Dieu repose sur une double démonstration : « Il n'y a que deux voies par lesquelles on puisse prouver qu'il y a un Dieu, savoir : l'une par ses effets, et l'autre par son essence ou sa nature même », écrit Descartes dans les *Méditations en réponses aux premières objections* (IX, 94).

La première démonstration s'appuie sur le principe de causalité, la seconde sur la « preuve ontologique », appelée ainsi depuis Kant. Quoique Descartes s'appuie sur Dieu comme sur son principe, il ne cherche pas à le prouver. Après l'avoir pris pour base de raisonnement, il le prend pour but de raisonnement. Le dessein de la métaphysique est avant tout de fonder la *physique mathématique*. Celle-ci n'admet qu'une explication *mécaniste* des phénomènes, par figure et mouvement : elle exclut aussi la recherche des causes finales, Dieu étant la cause finale du monde.

Spinoza

Rejeté en 1656 par la communauté juive, **Baruch Spinoza (1632-1677)** se consacre exclusivement à la philosophie en pratiquant, pour subvenir à ses besoins, le métier de tailleur de lentilles optiques. Son ouvrage principal, *L'Éthique*, au titre latin d'*Ethica Ordine Geometrico Demonstrata*, c'est-à-dire « réalisé en fonction des lois géométriques », est publié en 1677. Ses autres grandes œuvres sont : *Court traité de Dieu, de l'homme et de la béatitude* (1660) ; *Traité de la réforme et de l'entendement* (1661) ; *Principes de la philosophie de Descartes* (1663) ; *Pensées métaphysiques* (1663) ; *Traité Théologico-Politique* (1670).

Dieu et ses attributs

Spinoza pense l'identité de Dieu et de la nature. Parmi les attributs divins, deux seulement nous sont accessibles : la pensée, ainsi que l'avait déjà avancé Descartes, et l'étendue. Tous les événements qui surviennent sont rigoureusement déterminés : souffrance, haine répondent à une logique interne. Dieu a des attributs, mais aussi des manières d'être et des modes, des *modifications*, c'est-à-dire tout ce que nous voyons, sentons, touchons. L'âme humaine, qui vient de Dieu et est de Dieu, se présente comme un développement nécessaire de Dieu lui-même.

La morale, forme de sagesse

Pour Spinoza, la morale réside dans le fait d'adhérer à l'ordre universel. Elle se situe en opposition à l'homme qui se croit libre et recherche un bien individuel, sans se soumettre aux lois nécessaires, qui justement sont le bien lui-même. L'homme qui se veut et se croit libre renie Dieu. La plus grande sagesse, la plus haute vertu commence par se croire entre les mains de Dieu, comme l'argile entre les mains du potier, en tentant de percevoir ses desseins.

Leibniz

Gottfried Wilhelm von Leibniz (1646-1716) est bibliothécaire des ducs de Brunswick-Lunebourg à partir de 1676. Mais il est également mathématicien (il invente le calcul différentiel), juriste et philosophe. En 1685, sa philosophie est constituée. Ses principaux ouvrages sont : *Le Discours de métaphysique* (1680) ; *Les Nouveaux Essais sur l'entendement humain* (1705), *Les Essais de Théodicée* (1710).

L'ensemble de sa pensée est présenté dans une œuvre testament, *La Monadologie* (1714). Selon cet ouvrage, tout être est composé de *monades*, qui peuvent être classifiées depuis les monades inférieures qui n'ont des concepts qu'inconscients, jusqu'aux monades supérieures comme l'âme de l'homme, douée de conscience, cependant que Dieu, la monade la plus élevée, possède une conscience infinie de toutes choses. Chaque monade est accompagnée dans l'univers de sa représentation avec laquelle elle forme un tout harmonieux.

Locke

La vie de **John Locke (1632-1704)** est étroitement liée à la seconde révolution anglaise, quand le roi catholique Jacques II est contraint de fuir, en 1688, pour laisser le trône à sa fille protestante Marie et à son époux Guillaume d'Orange. Un monarque autoritaire est remplacé par un couple libéral, qui, en jurant de respecter la *Déclaration des droits* (1689), met en place la *monarchie tempérée*.

L'enfance du philosophe est marquée par la guerre civile. Ensuite, il suit des études médicales, pour ne venir à la philosophie qu'en 1671. Dans son *Essai sur l'entendement humain*, il se pose la question de la nature et celle de l'entendement humain. Mais Locke est aussi connu pour être un théoricien du contrat social. Ses principaux écrits sont : *Deux traités de gouvernement civil* (1689), *Lettre sur la tolérance* (1689).

Une théorie politique

Les *Deux traités de gouvernement civil* font l'apologie du nouveau régime, lui donnent un fondement dans le droit naturel, ce dernier conditionnant la liberté. À l'état de nature, les hommes sont libres et égaux, ils suivent d'instinct la loi naturelle. Si cet état est une bonne chose à l'origine, il convient de l'améliorer par le passage à l'état de société, afin d'organiser la justice, les échanges, de répandre la prospérité. Devenus plus riches, les hommes doivent alors protéger leurs biens, c'est cette protection qui oblige à organiser la *société politique*. L'État apparaît alors essentiellement comme le garant de la *propriété privée*. Plus il y a d'individus qui accèdent à la propriété privée, plus le bien-être se généralise. Désireux d'être libres et propriétaires, les hommes doivent conclure un *pacte social*, fondant ainsi la société politique. Il s'agit de renoncer individuellement à la justice personnelle de l'état de nature, pour en transférer, ensemble cette fois, l'exercice à la collectivité.

Le libéralisme

Toutefois, Locke se refuse à placer l'homme en situation de dépendance totale à l'égard de la société. Abdiquer son droit de justice personnel ne signifie pas se soumettre sans limite à l'État, limité lui-même par la notion de bien commun. Le *libéralisme* ne demande à l'homme qu'un renoncement partiel à un pouvoir donné, non à tout pouvoir, au contraire des totalitarismes qui exigent de l'individu qu'il s'absorbe entièrement, se fonde dans l'État pour disparaître en tant que « je ». Locke formule le libéralisme dans le cadre d'un État défini, limité, respectueux du droit des gens.

Plutôt qu'un contrat rigide, Locke place les relations de l'homme et de l'État dans le cadre plus souple de l'*agreement* (acceptation), ou du *trust* (confiance réciproque). L'État garantit les droits naturels fondamentaux (vie, liberté, propriété) et l'individu consent à se soumettre aux lois tant que le pacte est respecté, qu'il demeure fondé sur la liberté. Dans le cas contraire, il est nécessaire et fondé en droit de rejeter un État devenu tyrannique.

Locke propose une répartition tripartite, à partir de la loi, du pouvoir :

- La loi elle-même (législatif).
- L'application de la loi (exécutif).
- Les relations de politique étrangère (fédératif).

La philosophie au XVIIIe siècle

Dominée par la figure d'Emmanuel Kant, la pensée du XVIIIe siècle, ou Siècle des Lumières, se caractérise par le culte de la raison, le développement de l'esprit critique, la défense des libertés individuelles et la relativité de la morale et de la religion. Sous l'influence, notamment, de Montesquieu, Voltaire et Rousseau, le champ de réflexion de la philosophie s'élargit alors à la sphère sociale ; le philosophe doit également, par son action, transformer les hommes et la société.

Montesquieu

Né à Bordeaux, **Charles Louis de Secondat, baron de la Brède et de Montesquieu (1689-1755)**, est reçu à l'Académie française en 1728. Conseiller, puis président au Parlement de Bordeaux, il dénonçait déjà en 1721 l'absolutisme dans les *Lettres persanes*. *Les Considérations sur les causes de la grandeur et de la décadence des Romains* (1734) ouvrent la voie à *De l'Esprit des lois* de 1748, comparé par sa place dans la pensée politique à *La Politique* d'Aristote.

L'objet de l'ouvrage est d'analyser les diverses formes de gouvernement afin d'écarter les nuisibles, corrompues, au profit des meilleures. Il affirme qu'il y a des lois sociales, c'est-à-dire « des rapports nécessaires qui proviennent de la matière des choses », puis distingue trois gouvernements : la démocratie, la monarchie et le despotisme. Il établit un rapport naturel entre ces trois types de gouvernement et le climat, la religion, le commerce. Il étudie aussi le rapport de ces types de régimes avec la moralité : la démocratie exige la vertu ; la monarchie repose sur l'honneur ; quant au despotisme, la crainte est le moyen lui permettant de se maintenir. Fondateur du *libéralisme politique*, Montesquieu est tenu comme l'un des précurseurs de la sociologie moderne.

Son analyse des régimes a pour objet la liberté. Ceci exclut la république, qui privilégie l'égalité, et la monarchie si elle ne se préoccupe que de la gloire du monarque. Une monarchie organisée, c'est-à-dire socialement diversifiée, où les pouvoirs sont répartis et s'équilibrent, se tempèrent mutuellement, est le meilleur gage de la possibilité de liberté. Montesquieu fait de la *monarchie tempérée* un régime libéral : les institutions définissent les pouvoirs et leur exercice, afin de promouvoir un gouvernement modéré. Le pouvoir législatif, sur le modèle anglais, est réparti entre deux chambres, le pouvoir exécutif confié au souverain. Le philosophe ouvre ainsi la voie à la future *monarchie parlementaire* et à la *république présidentielle* des États-Unis d'Amérique. Son programme politique est repris, sous la Révolution, par le groupe des *monarchiens*, dirigé par Joseph Mounier, prônant la liberté par l'équilibre des pouvoirs, permettant de sauver la monarchie, d'éviter la proclamation d'une république.

Voltaire

Né à Paris, **François Marie Arouet, dit Voltaire (1694-1778)**, subit très vite les conséquences de son esprit frondeur. Il est en effet emprisonné à la Bastille. Il vit pendant quelque temps à la cour de Prusse, puis demeure trois ans en Angleterre, de 1726 à 1729. La publication des *Lettres philosophiques* (1734), également appelées *Lettres anglaises*, condamnées par le Parlement, le force à se réfugier en Champagne, à Cirey. Après sa brouille avec Frédéric II, il se retire en Suisse près de Genève, puis à Ferney.

Des lettres, il en a écrit plus de 10 000, son œuvre est aussi variée qu'abondante. Les *Lettres philosophiques* constituent un véritable manifeste des Lumières. Elles montrent à quel point Voltaire s'enthousiasme pour les idées démocratiques qui règnent en Angleterre et plus exactement pour le système de la monarchie constitutionnelle. Dans tous ses écrits, on retrouve les mêmes attaques contre l'intolérance, la superstition, le fanatisme. Il s'y déclare déiste et ami du progrès.

Figure 18-5 : Voltaire par Jean-Antoine Houdon.

LE SAVIEZ-VOUS ?

Philosophie et religion

Dans le *Dictionnaire de l'académie* (1694), le mot *lumière* est d'abord employé, au sens métaphorique, dans un registre théologique. On parle de « lumière de la foi » ou de « lumière de l'Évangile ». Dès le milieu du XVIIIe siècle, son emploi commence à évoluer. Dans une lettre adressée à Helvétius le 26 juin 1765, Voltaire écrit : « Il est fait depuis douze ans une révolution dans les esprits qui est sensible… La lumière s'étend certainement de tous côtés. » En Allemagne, où le mouvement fait florès, Kant parlera d'*Aufklärung*.

Le terme désigne d'abord l'attitude intellectuelle consistant à se libérer du joug de l'obscurantisme religieux par le recours à une méthode expérimentale empruntée à la science puis, par métonymie, les adeptes de cette méthode rationaliste, c'est-à-dire les philosophes eux-mêmes. Dans son ouvrage intitulé *L'Ami des hommes* ou *Traité sur la population* (1756), **Mirabeau (1715-1789)** définit la philosophie comme l'art de « raisonner l'irréligion ». Mais c'est encore Voltaire le plus ardent dans la lutte contre la religion : « L'infâme, déclare-t-il, c'est l'Église. »

Rousseau

Autre philosophe de l'époque des Lumières, **Jean-Jacques Rousseau (1712-1778)** fraya un temps avec Diderot et les encyclopédistes mais ses idées finirent par le brouiller avec eux. Il insiste sur cette civilisation qui éloigne l'homme de lui-même et le dépouille de sa véritable matière. Son *Discours sur les sciences et les arts* (1750) est une attaque violente contre cette même civilisation. Ses principales œuvres sont le *Discours sur l'origine et les fondements de l'inégalité parmi les hommes* (1755), *Julie ou la Nouvelle Héloïse* (1761), *Du contrat social* (1762), *Émile ou De l'éducation* (1762), *Les Confessions* (posthume, 1782), *Les Rêveries du promeneur solitaire* (posthume, 1782).

Contrat et nature

Admirateur de Montesquieu, Rousseau lui reproche cependant de ne pas avoir construit de système politique nouveau, de s'être limité à une description des formes de gouvernement déjà existantes. Avec le *Contrat social*, nous entrons de plain-pied dans la *science politique*. Dès le sous-titre, *Principes du droit public*, l'objet du *Contrat* est exposé : fonder la société civile sur un « contrat social » par un traité de droit politique.

Tout comme Locke ou Montesquieu, Rousseau commence par une réflexion sur l'état de nature, véritable âge d'or à ses yeux. Dans l'état de nature, l'homme est heureux, « les seuls maux qu'il craigne sont la douleur et la faim, il n'a nul besoin de ses semblables et n'en reconnaît aucun individuellement ». Cependant, il est conduit à fréquenter ses semblables, ne serait-ce que pour fonder une famille. L'état de nature est encore bienheureux, jusqu'à l'apparition de la propriété privée. Après ce premier stade, les plus riches conçoivent un gouvernement, afin de faire défendre leurs propriétés. Enfin les gouvernants ainsi nommés se muent en despotes, règnent sur un peuple d'esclaves.

Figure 18-6 : Jean-Jacques Rousseau.

Libéralisme et liberté

Aucun retour en arrière possible dans cette société civile coercitive, mais Rousseau veut préserver la liberté individuelle. Le libéralisme qu'il prône dépasse les conceptions de Locke et Montesquieu, car il n'envisage pas un partage équilibré du pouvoir autrefois absolu, mais un transfert de souveraineté du prince au peuple. On pourrait craindre de remplacer le despotisme d'un seul par celui de tous, mais Rousseau ne conçoit plus la seule *liberté naturelle*, supplantée par la *liberté civile*. Chaque citoyen engage sa liberté envers le peuple entier, et non envers un individu ou un groupe, il demeure de ce fait libre de nature, soumis à son propre engagement par l'exercice de sa liberté civile.

Rousseau prévoit l'organisation à venir du gouvernement et s'attache à modifier le système de la représentation. Le peuple s'exprime par la *volonté générale*, acquise avec l'émergence d'une majorité. Si la taille de l'État s'y prête, le peuple vote directement ; autrement, il désigne non des représentants, mais des *commissaires*, commis à la préparation des lois. Seul le peuple décide en se prononçant par le vote. Pas plus que le législatif, l'exécutif ne peut être ôté au peuple pour être confié à un seul ou à un groupe.

À partir de là, Rousseau envisage alors les différentes formes de gouvernement. Il rejette la démocratie, inapplicable, le peuple ne pouvant à la fois faire les lois et les exécuter. Il ne refuse pas la monarchie, adaptable à son contrat sous forme d'une *monarchie républicaine*, dans laquelle le monarque est élu. Mais le meilleur gouvernement est, selon lui, aristocratique : quelques-uns, élus, gouvernent, mais ne détiennent pas la souveraineté, qui ne peut être fractionnée. Choisis par la volonté générale, ils ne peuvent que concourir au bien commun.

Un peu de technique

Les mots du rousseauisme

Contrat social : en philosophie politique, théorie selon laquelle l'autorité politique dérive d'une convention originelle par laquelle les hommes renoncent à la totalité ou à une partie de leurs droits naturels en échange d'une sécurité et d'une liberté garantie par la loi.

Conscience : dans *L'Émile*, Rousseau l'envisage comme ce qui est « juge infaillible du bien et du mal, qui rend l'homme semblable à Dieu ».

État de nature : état préliminaire des hommes en société civile. État d'indépendance à l'égard de toute loi.

Volonté générale : volonté du corps social uni par et dans le contrat social, considérée non comme un agrégat d'individus, mais en tant que personne morale et soucieuse de l'intérêt commun.

Kant

Né en 1724 à Koenigsberg, **Emmanuel Kant (1724-1804)** occupe à partir de 1755 un poste de professeur à l'université de Koenigsberg. L'« idée critique » apparaît pour la première fois dans un petit écrit intitulé *De la forme et des principes du monde sensible et du monde intelligible*, connu sous le nom de *Dissertation de 1770*, mais il faut attendre 1781 pour voir apparaître son œuvre majeure, *Critique de la raison pure*. Les autres écrits se succèdent rapidement : *Prolégomènes* (1783), *Fondements de la métaphysique des mœurs* (1785), *Seconde édition de la Critique* (1787), *Critique de la raison pratique* (1788), *Critique du jugement* (1790) et *La religion dans les limites de la simple raison* (1793).

L'attitude critique

Résumons la doctrine kantienne, le *criticisme* (bien que lui-même n'utilise pas ce mot), à un moyen d'échapper au scepticisme en repoussant le dogmatisme, dont il se sert néanmoins pour aboutir à une forme originale d'idéalisme.

Quelle est la valeur vraie de nos connaissances et qu'est-ce que la connaissance ? Ces deux questions, qui mettent en rapport la science et la morale, lui font mettre au point une double critique de la raison :

- La *Critique de la raison pure* qui permet de mieux cerner ce que nous pouvons connaître.
- La *Critique de la raison pratique* pour répondre au comment faire.

Dans l'introduction de la première, Kant affirme que « toute notre connaissance commence avec l'expérience ». Notre esprit n'est éveillé et mis en action que si des objets frappent nos sens. Un peu plus loin, il note que si toute connaissance débute avec l'expérience, cela ne prouve pas qu'elle dérive toute de l'expérience, celle-ci ne nous renseignant que sur les choses observées, pas sur toutes les choses observables. Ainsi, de telles connaissances sont nommées *a priori* et sont à distinguer de celles dites empiriques et qui ont leur source *a posteriori*, à savoir dans l'expérience.

Si les sciences n'ont pas besoin de critique préalable, ce n'est pas le cas de la métaphysique. Dans la dernière partie de *Critique de la raison pure*, c'est ce que Kant essaye de faire. L'étude de la raison est le moyen de saisir *a priori* « l'inconditionné ». Il définit trois types de raisonnements : catégorique, hypothétique et disjonctif. Ceux-ci permettent d'atteindre l'âme, le monde et Dieu.

L'analyse transcendantale

Le terme *transcendantal* provient de la *Métaphysique* d'Aristote où les transcendantaux sont des propriétés de l'être (vérité, bonté). Chez Kant, le transcendantal se rapporte uniquement à la connaissance *a priori* et s'oppose au logique. L'analyse transcendantale est la méthode de recherche. La déduction transcendantale permet de trouver les principes qui fondent la connaissance scientifique.

Kant discerne trois fonctions de la connaissance entravant le développement de la critique sur trois fronts :

- L'esthétique transcendantale est la critique de la sensibilité.
- L'analytique transcendantale, celle de l'entendement.
- La dialectique transcendantale, celle de la raison.

La philosophie au XIXe siècle

Le premier XIXe siècle est dominé par la philosophie allemande et la figure de Hegel. C'est également au cours du siècle que la discipline connaît, parallèlement aux sciences, des développements dans de nouveaux domaines de la pensée, sociologie ou marxisme.

Hegel

Né à Stuttgart, **Georg Wilhem Friedrich Hegel (1770-1831)** abandonne, une fois ses études achevées, la carrière d'ecclésiastique pour celle de précepteur. Il crée une revue, *Journal critique de la philosophie*, dans laquelle il s'attaque à Kant, à Jacobi, à Fichte, car ceux-ci placent la foi au-dessus de la science. Pour lui, la philosophie est un *savoir absolu*. La *Phénoménologie de l'Esprit* (1807) est une introduction à son système. De 1812 à 1816, il publie en trois volumes *La Science de la logique*, puis en 1817, *L'Encyclopédie des sciences philosophiques*, bref exposé de toute sa philosophie, et en 1821 *La philosophie du droit*.

La dialectique : surmonter les contradictions

Pour Hegel comme pour Platon, la *dialectique* représente le mouvement de la philosophie, le développement de la raison. Elle a pour objet de lever les contradictions, autrement dit de les surmonter. Elle procède par thèse, antithèse et synthèse. La thèse est appelée *concept abstrait*, l'antithèse *concept dialectique* ou réfléchi, la synthèse *concept spéculatif*.

La philosophie du savoir vrai, de la nature et de l'esprit

Hegel définit la philosophie « comme le tout d'une science qui en représente l'Idée » et la divise en trois parties :

- **La logique :** science de l'Idée en soi et pour soi, elle se définit comme une ontologie qui étudie l'être, l'essence, le concept.
- **La philosophie de la nature :** science de l'Idée dans son altérité. La nature s'exprime par la mécanique, la physico-chimie et la biologie. La philosophie la considère tel « un système de degrés dont l'un dérive de l'autre, non pas en ce sens que l'un est produit naturellement par l'autre, mais il provient de l'Idée intérieure qui fait le fond de la nature ».
- **La philosophie de l'Esprit :** l'Idée revenant de son altérité en elle-même. Elle ne doit pas être prise pour la connaissance des hommes qui tentent de rechercher leurs faiblesses ou leurs passions, mais s'avère être une science qui présuppose la connaissance humaine.

Religion et philosophie

La religion est l'ultime étage de la *dialectique hégélienne*. Hegel définit d'abord l'Esprit absolu, qui est d'abord « art, puis religion révélée, enfin philosophie ». La religion se doit d'être révélée par Dieu : « Si le mot esprit a un sens, il signifie la révélation de cet esprit. »

Les *Leçons sur la philosophie de la religion* portent essentiellement sur la construction théorique du discours religieux. Il s'agit en fait d'un véritable exposé de ce qu'est la religion. Pourtant, elle ne constitue pas la plus haute vérité, puisqu'il lui manque de penser l'Esprit, de saisir la nécessité de son développement.

La dialectique de l'histoire

Le principe essentiel qui dirige la *philosophie de l'histoire* de Hegel est que l'idée gouverne le monde et que l'histoire est rationnelle : « Tout ce qui est réel est rationnel, tout ce qui est rationnel est réel. » La *dialectique* n'est donc pas seulement la propriété de la pensée mais aussi celle des choses. Cette conception de l'histoire montre comment ces deux aspects de la dialectique se rejoignent finalement. Au déterminisme historique succède un déterminisme dialectique qui, au contraire du premier, ne se définit pas par le progrès de réalités, ou par celui de pensées, mais par un progrès des choses et de la pensée.

Le positivisme

Né à Montpellier en 1798, **Auguste Comte (1798-1857)** fait Polytechnique avant de devenir secrétaire de Saint-Simon, auprès de qui il ébauche son système. De 1824 à 1842, il publie son *Cours de philosophie positive*. En 1847, il institue une religion de l'humanité et s'en nomme grand pontife. En 1848, il fonde la *Société positiviste* et meurt neuf ans plus tard. Ses autres principales œuvres sont *Le système de politique positive* (1851-1854) et *La religion de l'humanité* (1851-1854).

Par la sociologie, Auguste Comte apporte une solution à la crise du monde moderne en mettant en avant un système d'idées scientifiques qui autorise la réorganisation sociale. La sociologie, pour lui, est une science synthétique qui part des lois les plus générales et les plus fondamentales de l'évolution humaine. Elle permet de découvrir un déterminisme général utilisable par les hommes de n'importe quelle société. Les grandes étapes de l'histoire de l'humanité sont fixées par la façon de penser, le positivisme universel en étant l'ultime étape.

Le nom de *philosophie positive* a été forgé par Comte pour désigner le système universel des connaissances scientifiques. Il précisera bien que l'adjectif « positive » lié à cette nouvelle philosophie a au moins cinq sens qu'il admet d'ailleurs tous : *réel*, opposé à chimérique, *organique*, opposé à négatif, *précis*, opposé à vague, *utile*, opposé à oiseux, et *relatif*, opposé à absolu. Le terme de *positivisme* trouve son sens équivalent dans le mot *empirisme*, lorsque Comte veut montrer que la seule source de connaissance reste l'expérience.

La philosophie aide à faire la synthèse des vérités admises par les sciences. Son premier travail consiste à établir une classification de toutes ces sciences. L'ordre dans lequel celles-ci sont rangées révèle l'ordre dans lequel l'intelligence devient positive. Les sciences, en fait, sont dépendantes les unes des autres, mais plus l'objet d'une science est simple plus ses lois sont d'ordre général. La sociologie est la science dont la fonction est de comprendre le devenir nécessaire de l'histoire. Le but même de cette science donne donc priorité au tout sur l'élément, et à la synthèse sur l'analyse.

En France, les principaux positivistes sont **Émile Littré (1801-1881)** et **Hippolyte Taine (1828-1893)**. Le positivisme en Angleterre, héritier de l'empirisme qui le précède, est développé par **John Stuart Mill (1806-1875)**.

Le marxisme

Né à Trèves, **Karl Marx (1818-1883)** est le principal fondateur de l'*Internationale*. Expulsé d'Allemagne, de France, il publie avec Engels, depuis Bruxelles mais en allemand, le *Manifeste du parti communiste* (1848). Il retourne en Allemagne, d'où il est expulsé à nouveau pour avoir pris la tête d'une revue révolutionnaire, et s'installe à Londres. En 1867, il publie le premier tome du *Capital*, auquel il travaille ensuite avec Engels. Son but est de fonder une école scientifique destinée à constituer les fondements d'une société nouvelle. Du point de vue philosophique, le marxisme s'inspire du matérialisme français du XVIIIe siècle en réaction contre les idéalistes. Il s'appuie sur une conception de l'histoire appelée matérialisme historique ainsi que sur la méthode dialectique, l'ensemble constituant le matérialisme dialectique.

L'économie marxiste est avant tout une critique du capitalisme, voué à disparaître en ce qu'il est une exploitation de l'homme par l'homme, en raison également des crises qui le secouent, révélation de ses faiblesses structurelles.

Figure 18-7 : Karl Marx.

LE SAVIEZ-VOUS ?

Un camarade capital

Lié à Karl Marx par une solide amitié, **Friedrich Engels (1820-1895)** est un fils d'industriel qui connaît bien la question ouvrière. Un premier séjour en Angleterre, effectué en 1842, le met au contact des réalités tragiques de la vie quotidienne du prolétariat britannique des usines de filature de Manchester. C'est à Paris, en 1844, qu'il rencontre pour la première fois Karl Marx, nouant avec lui une amitié exemplaire qui durera jusqu'à la mort de ce dernier. Après le décès de Marx, il consacre son existence à la diffusion de la pensée de son ami, tout en continuant à écrire lui-même pour exposer les voies du socialisme scientifique.

Sa collaboration au *Capital* de Marx est fondamentale. Dans ses travaux d'économie politique, il expose les principes du matérialisme historique. Le « dépérissement » de l'État doit intervenir de lui-même, sans qu'il soit nécessaire de l'abolir ou de le détruire brutalement, au moment où le communisme sera prêt à prendre en charge l'ensemble de ses fonctions économiques et sociales, sous la conduite du prolétariat.

La lutte des classes

Selon Marx, dans l'histoire humaine, tous les phénomènes et événements sont déterminés par le mode de production des moyens d'existence. Ce ne sont pas les idées qui dirigent le monde, mais les superstructures déterminées par l'état social, à son tour déterminé par le rapport des forces sociales. L'histoire de toutes les sociétés humaines jusqu'à nos jours n'est que l'histoire de la *lutte des classes* et Marx distingue dans l'histoire trois modes de production : l'esclavagisme, le féodalisme et le capitalisme.

Par moments, les *forces de production* (un certain développement de notre niveau de connaissance technique et une certaine organisation de travail en commun) entrent en contradiction avec les *rapports de production* (mode de propriété) existants. Les changements qui se produisent dans la base économique bouleversent la superstructure.

N'OUBLIEZ PAS !

L'opium du peuple

Pour Marx, la religion est un « produit social », le reflet d'une société et non le fait d'un individu : « L'homme fait la religion, ce n'est pas la religion qui fait l'homme. ». Pour lui, elle joue donc un rôle éminemment social, celui d'« opium du peuple » puisqu'elle promet le bonheur et laisse supposer un paradis possible. L'homme, en se résignant à être ce qu'il est sur terre, ne pense plus à améliorer son sort et en ce sens son rôle devient négatif. La religion doit donc disparaître. Pour que l'homme puisse exister, il doit être amené à nier l'existence de Dieu. L'athéisme est donc « la reconnaissance négative de Dieu ».

Infrastructures et superstructures

Marx appelle *infrastructures* le niveau technologique, culturel et économique qui définit l'homme à un moment donné dans l'histoire. C'est le développement de ces structures qui permet une évolution dans les rapports économiques. Les *superstructures* sont celles qui ne dépendent pas de l'économie (par exemple les idéologies, les types d'État, etc.). Lorsque les superstructures s'érigent en infrastructures, se produit chez l'homme un renversement des valeurs, une « aliénation ». Il n'est plus dépendant de l'économie, mais le devient d'une superstructure. Pour Marx, c'est donc en s'attachant à des idées que l'homme s'aliène. Aussi, pour le désaliéner, puisqu'il n'est pas libre, il faut lutter contre toutes les superstructures par lesquelles le capitalisme s'exprime.

Pour résumer, l'être humain entrevu par Marx n'est en fait que l'ensemble des rapports sociaux, autrement dit la société. Les rapports sociaux sont à la base de tout, ils se distinguent en infrastructure et superstructure et les révolutions sont l'expression d'une nécessité historique et non d'un hasard.

UN PEU DE TECHNIQUE

Les mots du marxisme

Aliénation : dépossession, perte de soi dans un autre. Pour Marx, le fait de ne posséder ni moyen de production ni moyen d'échange.

Matérialisme dialectique : il existe une matière en dehors de toute pensée. Cette matière est le fondement, par ses ruptures successives, de l'histoire, comprise comme la contradiction entre mode de production (composé de l'*infrastructure*, travail, outils, et de la *superstructure*, État, religion, idéologie) et rapports de production (propriété), qui donne naissance à la lutte des classes.

Plus-value : différence entre la valeur créée par l'ouvrier et le salaire qu'il reçoit. Selon Marx, plus elle est importante, plus l'ouvrier est en situation d'exploité.

Religion : avant tout une création sociale.

Valeur : c'est l'expression de la quantité de travail nécessaire pour produire une marchandise.

Nietzsche

Penseur isolé dans un XIXe siècle marqué par la souveraineté de la raison et le culte du progrès, **Friedrich Nietzsche (1844-1900)** fut pourtant la conscience de son temps. Résumée dans son ouvrage le plus célèbre, *Ainsi parlait Zarathoustra* (1885), sa philosophie est fondée sur le désespoir. Face au néant, l'homme doit s'attacher à surmonter sa condition tragique. C'est ainsi que prend corps le mythe du *surhomme* en voie vers le stade ultime du développement, l'enfant, selon la théorie de l'éternel retour.

Développée par la suite dans *Par-delà le bien et le mal* (1886) et *La volonté de puissance* (projet abandonné en 1888, recueil de textes dû à sa sœur Sophie), sa philosophie prend aussi comme objet de départ l'art, manifestation essentielle de la vie, perçu selon une opposition entre l'art *apollinien*, plus statique et intellectuel, et *l'art dionysiaque*, synonyme de jaillissement de la volonté, le premier s'illustrant par la sculpture, la peinture, la littérature, le second par la musique, thème développé dans *La Naissance de la tragédie* (1871).

Figure 18-8 : Friedrich Nietzsche.

La philosophie au XXe siècle

Le XXe siècle s'ouvre sur une révolution, celle de la psychanalyse. Désormais, les maux de l'âme sont objet de science. Dans le même temps, l'être est questionné par l'existentialisme, après la remise en cause radicale de son statut lors de la Première, et surtout de la Seconde Guerre mondiale. L'émiettement du sujet humain concerne également au premier chef l'école du structuralisme.

Freud

Né en Moravie, **Sigmund Freud (1856-1939)** fait des études de médecine à l'université de Vienne, puis un stage à Paris dans le service du professeur Charcot, spécialisé dans les maladies nerveuses. Il oriente ses recherches vers l'aspect psychique de l'hystérie et affirme l'origine sexuelle des névroses. En 1899, paraît *L'Interprétation des rêves*, en 1904 *Psychopathologie de la vie quotidienne* et en 1905 *Trois essais sur la théorie de la sexualité*. Le premier Congrès international de psychanalyse se tient à Salzbourg en 1908. C'est en 1923 que Freud définit la notion du *ça*, du *moi* et du *Surmoi*. En 1938, une fois l'Autriche rattachée à l'Allemagne hitlérienne, il doit s'exiler pour Londres, où il meurt un an plus tard.

Parmi ses principales œuvres, on compte également *Sur le rêve* (1901), *Cinq leçons sur la psychanalyse* (1909) ; *Totem et tabou* (1913) ; *Introduction à la psychanalyse* (1917) ; *Malaise dans la culture* (1930) et *L'homme Moïse et la religion monothéiste* (1939).

La psychanalyse se veut une théorie de la méconnaissance et de l'illusion puisqu'elle part du principe que chacun d'entre nous est régi par des processus dont il n'est pas l'agent conscient. Tout comme les phénomènes naturels, les conduites humaines obéissent à des lois. Obscures, difficilement compréhensibles et saisissables, elles sont en grande partie inconscientes. Mais Freud en démontre les manifestations dans le psychisme grâce à l'interprétation des rêves, des lapsus, des oublis ou des actes manqués.

Deux périodes ont précédé sa démarche. Une première, qui doit beaucoup à **Joseph Breuer (1842-1925),** qui s'est intéressé à l'hystérie, notamment par le recours à la méthode carthartique, consiste à mettre le patient sous hypnose et à lui faire découvrir le pourquoi de ses symptômes. Dans la seconde, Freud cherche à pratiquer la catharsis sans hypnose et à favoriser une remémoration en invitant le malade à livrer ce qui lui passe par la tête.

Ses recherches démontrent que les événements survenus pendant l'enfance ont de grandes conséquences dans l'inconscient. La personnalité se structure au contact du monde extérieur : le *ça* étant tout ce que la naissance apporte, le *moi* se constitue, renforcé par le *Surmoi*, conséquence de l'éducation. Freud est le premier à mettre au point un système permettant au malade névrosé de rendre conscients les conflits inconscients.

Par son expérience clinique, il complète sa connaissance de l'inconscient et détermine les rapports entre celui-ci et le refoulement : en se conformant aux règles sociales, l'enfant ou l'adulte se heurte à une censure et refoule sa *libido*, c'est-à-dire ses *pulsions sexuelles*.

UN PEU DE TECHNIQUE

Les mots de la psychanalyse

Acte manqué : lapsus révélant les pulsions de l'inconscient.

Ça : pôle pulsionnel de la personnalité dont les contenus sont inconscients.

Inconscient : ensemble des pulsions enfouies dès l'enfance et refoulées par la conscience. Rêves et actes manqués sont leur manifestation.

Libido : énergie des pulsions sexuelles.

Moi : partie de la personnalité qui est en rapport avec le principe de réalité et qui défend cette personnalité.

Névrose : trouble du psychisme par lequel se manifestent les pulsions qui n'ont pas pu atteindre le niveau conscient.

Œdipe : manifestation chez l'enfant d'un sentiment amoureux pour le parent de sexe opposé entraînant un conflit avec l'autre parent.

Pulsions : manifestations de l'inconscient dont le refoulement donne naissance aux complexes.

Rêve : manifestation qui permet de réaliser le désir inavoué ou non accepté.

Surmoi : partie de la personnalité qui contrôle le ça et le moi, et qui provient de l'intériorisation des interdits.

Transfert : sentiment reporté du malade vers son analyste, qui recrée la relation œdipienne initiale existante avec le père ou la mère.

Bergson

Né à Paris, **Henri Bergson (1859-1941)** passe l'agrégation de philosophie en 1881. Sa thèse, *Essai sur les données immédiates de la conscience*, paraît sept ans plus tard, et c'est en 1896 que les portes du Collège de France lui sont ouvertes avec *Matière et mémoire*. Il publie en 1907 *L'Évolution créatrice* et quitte sa chaire en 1921. En 1932, paraissent encore *Les Deux Sources de la morale et de la religion*. Hostile au scientisme et au matérialisme, la philosophie de Bergson prend ses principales sources dans la mystique et le pragmatisme. Ses principaux concepts s'appuient sur l'intuition, la durée qu'il oppose au temps et l'*élan vital* d'où est issue la vie.

Intelligence, instinct et intuition

Bergson se défie de l'intelligence, qu'il oppose à l'instinct. La première est issue de l'évolution et est orientée vers la fabrication d'outils. Mais elle est inapte à en saisir le mouvement. L'objet de l'instinct est la vie, la matière, il est invariable et est une connaissance innée, ce que n'est pas l'intelligence. L'*intuition*, chez Bergson, est une survivance de l'instinct chez l'homme. Elle peut atteindre l'essence des choses, guidée par la raison, voire l'absolu. Dans *l'Évolution créatrice,* il dilate son intuition à l'univers et non plus aux seules limites de la conscience humaine. La théorie de l'*élan vital* qu'il y développe s'oppose au mécanisme et au finalisme, incapables d'expliquer comment les espèces évoluent.

La morale, la religion et le temps par l'expérience

Si dans *L'Évolution créatrice* le problème de Dieu est à peine envisagé, il est nettement posé dans *Les Deux Sources de la morale et de la religion*. La première source de la morale est fondée sur l'instinct et s'impose par la pression sociale. Dans cette morale sociologique, il existe des héros, tel Jésus, qui font éclater les cadres sociaux et créent ainsi une « société ouverte » permettant une deuxième morale fondée sur l'aspiration.

De même, il distingue deux types de religion :

- **La religion statique,** qui a un rôle social et a pour but de réconforter l'individu.
- **La religion dynamique,** qui a sa source davantage dans une émotion que dans un dogme.

Pour atteindre Dieu, Bergson s'appuie sur la foi mystique, celle des chrétiens lui semble être la plus profonde. Le mysticisme permet d'évoquer expérimentalement Dieu et son existence.

De même, dans l'*Essai sur les données immédiates de la conscience*, Bergson cherche à analyser non l'idée abstraite du *temps*, mais son expérience concrète. Il introduit la notion de *durée* et tente de transposer la métaphysique « sur le terrain de l'expérience ». Le seul temps qu'il soit possible de saisir est le *temps personnel*, la *durée intérieure*. L'*étendue quantitative*, divisible, homogène, unique objet du positivisme, et la *durée qualitative*, fournie par l'expérience interne, sont les deux réalités auxquelles nous sommes confrontés.

Husserl

Fondateur de la phénoménologie, **Edmund Husserl (1859-1938)** naît en Moravie, alors province autrichienne, et fait une carrière universitaire. Les dernières années de sa vie, il est radié de la liste des professeurs par les nazis arrivés au pouvoir en raison de son origine juive. En 1911, il publie *La Philosophie comme science rigoureuse* et y expose les grandes lignes de sa pensée. *Les Annales de philosophie et de recherches phénoménologiques* sont constituées à partir de 1913, où paraissent tous les travaux de l'école. À sa mort, Husserl laisse derrière lui une masse énorme de manuscrits, accueillis par l'université de Louvain.

Il est le fondateur de la *phénoménologie*. Son mot d'ordre était « revenons aux choses elles-mêmes », une façon de réagir contre les abus de la spéculation. Il explique dans *Idées directrices pour une phénoménologie* (1913) qu'il faut revenir à l'analyse de ce qui apparaît à la conscience. Sa philosophie est résumée dans une série de conférences sous le titre de *Méditations cartésiennes* (1929) : la véritable connaissance passe par une intuition des essences, des formes absolues qui seules permettent réflexion et pensée. La méthode phénoménologique consiste à faire apparaître les lois fondamentales liées aux essences.

La phénoménologie est ainsi placée sous le patronage de Descartes, voulant éliminer tout présupposé. Husserl regrette que la philosophie n'ait jamais pu faire aboutir ses prétentions à être une science. Pour cela, elle ne doit rien admettre qui ne soit fondé sur une évidence. La méthode phénoménologique est donc fort proche du doute cartésien, mais lui substitue « la mise en parenthèse », l'*époché* ou « suspension de jugement ». De cette époché jaillit un *cogito transcendantal*, c'est-à-dire un sujet de toute expérience possible. Ce sujet transcendantal devrait être un sujet indépendant de tout contenu de conscience. Mais « la conscience est toujours conscience de quelque chose ». Descartes, selon Husserl, a trop vite expliqué. Le philosophe doit simplement modestement décrire. La phénoménologie est une description des expériences psychologiques, des structures psychiques qu'il nomme « essences » non de ce qu'est l'être, mais de ce qu'est l'apparence, le phénomène.

Heidegger

Élève de Husserl, auquel il succède à Fribourg-en-Brisgau, **Martin Heidegger (1889-1976)** refuse que sa philosophie soit classée dans la philosophie existentielle, mais il s'inspire d'une méthode phénoménologique qui prétend non pas seulement atteindre des essences mais l'existence. En 1927, il publie son œuvre majeure *Être et Temps*. Le personnage a été aussi contesté que contestable, qui voyait dans le national-socialisme « un nouveau départ » et adhéra au parti nazi. Son influence s'étend à la théologie, à la critique littéraire, à la psychologie. Ses principaux ouvrages sont *Qu'est-ce que la métaphysique ?* (1929), *Lettre sur l'humanisme* (1947), *Qu'appelle-t-on penser ?* (1954)

Comme Husserl, Heidegger considère qu'il y a eu un « oubli » de la métaphysique occidentale depuis ses origines et tout particulièrement par Platon et Aristote. L'être et l'étant n'ont cessé d'être confondus, autrement dit ce qui est. Toute notre époque s'est dérobée selon lui au mystère de l'Être et il faut se remettre en quête de son sens.

Son questionnement est de savoir qui est l'homme et de le questionner sur son être. L'essence de l'homme, du *Da-sein*, réside dans son *ex-sistence*. S'il écrit de la sorte le mot existence, c'est pour mieux marquer le caractère « extatique » de l'homme. Le lieu de la compréhension de l'être est la temporalité, c'est là la manière humaine d'être. L'homme n'est pas dans le temps, mais le temps commence et finit avec lui.

À partir des années 1930, Heidegger effectue un tournant dans sa pensée et passe à une étude ontologique de l'être. La vérité est dans l'Être lui-même. La tâche unique de la métaphysique est de penser cette vérité et de la faire accéder au langage. L'homme n'est fait que pour penser l'Être, il n'est que « le berger de l'Être ».

Sartre

En 1924, **Jean-Paul Sartre (1905-1980)** rentre à l'École normale supérieure. En 1945, il quitte l'enseignement et développe sa revue *Les Temps modernes*. À partir de 1950, il se rapproche du Parti communiste avec lequel il rompt en 1968.

Son œuvre peut se décomposer en trois temps : un temps phénoménologique qui s'achève avec la rédaction de *L'Être et le Néant* (1943), une période existentialiste (le mot apparaît en 1945), et enfin, dans les années 1950, une période dominée par le marxisme et l'engagement intellectuel.

Il laisse à la fois une œuvre de philosophe et d'écrivain : *La Nausée* (1938), *Les Mouches* (1943), *Huis clos* (1945), *L'existentialisme est un humanisme* (1946), *Les Chemins de la liberté* (1946), *Réflexions sur la question juive* (1947), *Les Mains sales* (1948), *Les Mots* (1964), *L'Idiot de la famille* (1971-1972).

La philosophie sartrienne est née de la rencontre de plusieurs courants : l'influence de la philosophie allemande, celle de Marx, de Heidegger et sa notion de *Dasein*, du *cogito* cartésien. Il refuse l'idée de fatalisme dans la destinée humaine. L'homme pour lui se construit librement. Même ne pas choisir constitue un choix. Sartre définit sa position comme un athéisme. L'existence n'est pas autre chose qu'un effort pour tirer les conséquences d'une position athée cohérente.

Dans *La Nausée*, Sartre présente son expérience philosophique de l'être. Elle consiste principalement à percevoir des choses leur existence brute. C'est *l'être en soi*. Celui-ci est inexplicable, absolu, car il est sans cause, ne dépend d'aucun autre être. Par rapport à Dieu, il est incréé. L'*être pour soi* est le sujet, il est impliqué dans toute connaissance. C'est un être qui semble avoir des rapports avec d'autres et avec lui-même. Si l'être en soi est identique à lui-même, l'être pour soi ne coïncide pas avec lui-même. Une fissure existe donc, comblée par le vide, le *néant*. La conscience essaie d'éliminer ce néant pour retrouver l'harmonie de l'être en soi.

La révélation que fait Roquentin, le héros de *La Nausée*, devant le marronnier de Bouville, est qu'une personne n'est pas construite sur un modèle dessiné d'avance et dans un but précis : « Exister, c'est être là. » L'homme confère librement à la situation son sens. La condition humaine, c'est l'expérience. Toute notre liberté est une conquête et elle est un néant dans le sens où elle est une œuvre à faire : l'homme est un projet.

Sartre nomme sa doctrine humanisme, car, même si son pessimisme est proche de celui de Schopenhauer, il donne à l'homme pour tâche de se trouver un sens par sa liberté. Auteur de la faille de son néant, il tente de la combler, de devenir un *pour soi en soi* et de se faire Dieu. Cette prise de conscience se fait sous forme de l'angoisse, car cette liberté est sans cesse sous la menace du regard de l'autre. La fameuse formule de *Huis clos*, « l'Enfer c'est les autres », montre le danger d'être enfermé dans une essence, de nous transformer en chose.

N'OUBLIEZ PAS !

La dent dure

Issue d'une famille à mi-chemin entre l'aristocratie et la bourgeoisie, précipitée dans le déshonneur par la faillite du grand-père, **Simone de Beauvoir (1908-1986)** fut l'ardente avocate de l'existentialisme incarné par son compagnon Jean-Paul Sartre. Hostile à toutes les formes d'oppression, elle embrassa notamment la cause féministe et milita pour la libération des femmes. En grande partie autobiographique, son œuvre aborde le caractère concret des problèmes, comme *Le Deuxième Sexe* (1949) qui dénonce le sort réservé au « sexe faible » par la société traditionnelle. Ses principales œuvres sont *L'Invitée* (1943), *Les Mandarins* (1954), *Pour une morale de l'ambiguïté* (1947) et *La Force de l'âge* (1960).

Figure 18-9 : Jean-Paul Sartre et Simone de Beauvoir (arrière-plan).

Levinas

Juif d'origine lithuanienne, **Emmanuel Levinas (1906-1995)** a profondément été marqué par les écrits de Husserl et de Heidegger. Il contribue à faire connaître la phénoménologie en France dès 1930. Dans *Totalité et infini, Essai sur l'extériorité* (1961), il exprime son rejet de la volonté totalisante voire totalitaire de la pensée occidentale. Se présente alors l'infini divin. Pour lui, l'expérience du vécu se trouve subordonnée à tout. L'une de ses autres thèses est que dans le rapport à autrui, toute relation devient une éthique, car avec autrui surgit le jugement. L'expérience fondamentale refuse de réduire l'autre au « même » et celle-ci nous engage en tant que sujet moral. Le visage d'autrui ne se ramène pas au visage physique mais conduit à Dieu.

Ses principales œuvres sont : *Quatre lectures talmudiques* (1968), *Le Temps et l'Autre* (1980), *Éthique et infini* (1982), *La Mort et le Temps* (1992), *De dieu qui vient à l'idée* (1992), *L'Éthique comme philosophie première* (1998).

N'OUBLIEZ PAS !

Une conscience dans le siècle

Hannah Arendt (1906-1975) est reconnue comme l'une des figures majeures de la pensée contemporaine. Née à Hanovre, en Allemagne, en 1906, cette ancienne élève de Heidegger s'exile en France de 1933 à 1940 avant de partir pour les États-Unis où elle enseigne. On lui doit d'avoir approfondi des thèmes tels l'antisémitisme et le totalitarisme, l'activité politique, la modernité. Ses principaux ouvrages ont été traduits en français : *Les Origines du totalitarisme* (1951), *Condition de l'homme moderne* (1961), *Eichmann à Jérusalem. Rapport sur la banalité du mal* (1966), *La Crise de la culture* (1972), *La Nature du totalitarisme* (1990).

Derrida

Récemment disparu, **Jacques Derrida (1930-2004)** a articulé l'ensemble de ses travaux autour de la notion de *déconstruction*. Son œuvre a un retentissement considérable aux États-Unis. Il reproche au structuralisme de rester limité à une problématique du signe, elle-même rattachée aux postulats les plus classiques de la métaphysique occidentale. Entre 1967 et 1979, il publie trois ouvrages qui le rendent célèbre et dans lesquels il expose sa théorie sur la déconstruction, *De la grammatologie* (1967), *La Voix et le Phénomène* (1972) et *L'Écriture et la Différence* (1979). Il y dénonce l'importance de la parole depuis Platon dans la pensée occidentale.

Dans des ouvrages tels *La Carte postale, de Socrate à Freud et au-delà* (1980), il s'oblige à trouver une nouvelle façon d'appréhender le discours philosophique, en prenant appui sur la psychanalyse et la linguistique. L'écriture, pour lui, appartient toujours au secondaire et a toujours été dévalorisée. La langue orale même appartient à l'écriture et cela entraîne l'irruption de la différence au sein du *logos*. L'écriture pourrait être un autre nom de cet écart.

Ricœur

Les cinquante années de travail de **Paul Ricœur (1913-2005)** l'ont mené à une pensée fortement pénétrée par une philosophie morale et politique de l'action, intégrant le problème de la justice comme vertu et institution. Agrégé de philosophie en 1935, son premier itinéraire intellectuel lui fait découvrir la phénoménologie allemande. Avec *Le Volontaire et l'Involontaire* (1950), il met en place une philosophie de la volonté, dont l'aboutissement est *Finitude et Culpabilité* (1960). À partir de 1965, son sujet de réflexion se centre davantage sur une herméneutique des récits, exposée dans *Temps et Récit*, série d'essais qui comprend *L'Intrigue et le récit historique* (1983), *La Configuration dans le récit de fiction* (1984), *Le Temps raconté* (1985).

Dans son système de pensée, toute donnée immédiate de la conscience doit être soumise à une interprétation. Mais comment interpréter, si ce n'est à travers des signes et des symboles ? Il s'agit donc de restaurer l'intentionnalité de l'œuvre, qui opère une véritable description du réel. Dans cette mise en valeur du conflit des interprétations, l'herméneutique devient philosophique. Les conséquences de celle-ci trouvent une application dans des champs aussi variés que la psychanalyse, l'historiographie et l'éthique ou la théorie politique.

LE SAVIEZ-VOUS ?

Les « nouveaux philosophes »

Sous l'étiquette des « nouveaux philosophes » sont regroupés les membres d'un courant de pensée né au milieu des années 1970, désireux de rompre avec une certaine sclérose de la philosophie. Ils estiment que celle-ci est figée dans des débats entre spécialistes, cloîtrée entre les murs des universités, et ils veulent lui faire reprendre sa place centrale de débat d'idée dans la cité, en luttant contre les idéologies négatrices de l'homme. Le nouveau philosophe se veut en prise directe avec son monde, intervient pour analyser les conflits nationaux ou internationaux. Les principaux d'entre eux sont **Bernard-Henri Lévy (né en 1948)**, auteur en 1977 de *La Barbarie à visage humain* ; **André Glucksmann (né en 1937)**, auteur des *Maîtres penseurs* (1977) ; dans une perspective moins contestataire, **André Comte-Sponville (né en 1952)**, avec *Une éducation philosophique* (1989) et **Luc Ferry (né en 1951)** et sa *Pensée 68. Essai sur l'antihumanisme contemporain* (1985).

Tableau 18-1 : Les grandes dates de la philosophie

Date	*Courant*	*Philosophes*
Ve siècle av. J.-C.	Sophistes	Gorgias, Protagoras
IVe siècle av. J.-C.	Idéalisme	Platon
IVe siècle av. J.-C.	Aristotélisme	Aristote
IVe-IIIe siècle av. J.-C.	Épicurisme	Épicure, Lucrèce
IIIe-IVe siècle ap. J.-C.	Augustinisme	Saint Augustin
XIIIe siècle	Thomisme	Saint Thomas d'Aquin
XIVe siècle	Nominalisme	Guillaume d'Occam
XVIIe siècle	Empirisme	Bacon
	Matérialisme	Hobbes
	Cartésianisme	Descartes
XVIIIe siècle	Philosophie des Lumières	Montesquieu, Voltaire, Rousseau
	Criticisme	Kant
XIXe siècle	Dialectique hégélienne	Hegel
	Positivisme	Auguste Comte
	Marxisme	Marx, Engels
XXe siècle	Psychanalyse	Freud
	Spiritualisme	Bergson
	Phénoménologie	Husserl, Heidegger
	Existentialisme	Sartre

Chapitre 19

L'homme à l'étude : les sciences humaines

Dans ce chapitre :

- Les sciences de l'esprit
- Les sciences de l'homme
- Les sciences du langage
- Les sciences du passé

Les *sciences humaines* ne sont pas des sciences naturelles, comme la physique, la chimie, la biologie, etc., en somme, des sciences exactes. D'une façon générale, les sciences humaines regroupent les disciplines traitant de l'homme : histoire, anthropologie, sociologie, ethnologie, ainsi que les disciplines de l'esprit : psychologie, psychanalyse, des groupes humains et du langage.

Les sciences de l'esprit

Le mot *psychologie* – de *psyché*, étymologiquement « science de l'âme » – apparaît en grec chez Gœckel, auteur allemand, en 1590, et désigne ce que l'on nommera par la suite « introspection » et qui consiste surtout en une observation intérieure. La psychanalyse prend, au début du XXe siècle, le relais de la psychologie.

UN PEU DE TECHNIQUE

Votre « psy » sur ordonnance

Comme tous les sciences et, *a fortiori*, les disciplines à visée thérapeutique, les sciences de l'esprit sont compartimentées en fonction de leur objet d'étude. De même, leur exercice est strictement réglementé. Avant de consulter, lisez donc la notice :

- **La psychiatrie**, discipline médicale, a pour objet l'étude et le traitement des désordres psychiques. Son exercice exige une formation à la faculté de médecine après une spécialisation. Ses deux méthodes thérapeutiques sont la *psychothérapie* et l'utilisation de *psychotropes*, médicaments, car le praticien est habilité à les délivrer sur ordonnance.
- **La psychanalyse** n'est soumise à aucun diplôme, tout le monde peut être psychanalyste. Mais il est obligatoire, en revanche, d'avoir préalablement fait une analyse. La plupart des psychanalystes possèdent une formation de psychologie à la faculté.
- **La psychothérapie** peut être exercée sans diplôme, aucun n'est délivré pour ce titre. Mais un grand nombre de psychothérapeutes sont souvent des psychiatres. Un amendement à l'article 18 du Code de la santé a été voté le 8 octobre 2003 précisant que toute psychothérapie entreprise doit relever des médecins psychiatres, médecins et psychologues.

La psychologie

Après une première apparition dès le XVIe siècle, on trouve le terme *psychologie* aux XVIIe et XVIIIe siècles chez le philosophe allemand **Christian von Wolf (1679-1754)**. Puis il réapparaît en 1807, dans un ouvrage de **Maine de Biran (1766-1824)**, *Mémoires sur les perceptions obscures*. Mais il faut attendre la fin du XIXe siècle pour que la psychologie se structure comme une science à part entière.

La naissance de la psychologie

En 1879, **Wilhelm Wundt (1832-1920)** crée à Leipzig un laboratoire qui entraîna l'ouverture de bien d'autres. Ses premières études portent sur la vision et la perception. Il est le premier à employer la méthode expérimentale de l'introspection. Mais le véritable passage de la philosophie vers la psychologie s'effectue avec le philosophe allemand **Wilhelm Dilthey (1833-1911)**. Dans *Introduction à l'étude des sciences humaines* (1883), il s'attaque à la pensée positiviste, qui, par son souci d'explication, mène à une réalité abstraite. Il démontre que l'essentiel est de reconstruire la réalité humaine, tant du point de vue social qu'historique.

Karl Jaspers (1883-1969), dans *Psychologie des conceptions du monde* (1919), favorise l'apport de la psychologie dans le courant existentialiste. La psychologie va se débarrasser, de plus en plus, des références philosophiques et religieuses, se tourner vers celles de l'empirisme et de l'expérimentation.

Le premier pas fait, il n'y aura plus de temps mort. Une autre tentative est faite en France sous l'égide du philosophe et psychologue **Théodule Armand Ribot (1839-1916)**. Il s'agit de la *psychopathologie,* qui veut connaître à partir de ses maladies le fonctionnement du psychisme. Ribot admet la nécessité d'avoir recours, pour les sciences psychologiques, à une méthode comparative qui utilise les connaissances des autres sciences humaines. Inspiré par le philosophe Taine, il propose d'étudier *Les Maladies de la mémoire* (1881) ou *Les Maladies de la volonté* (1883), puis étend son champ d'investigation avec *Les Maladies de la personnalité* (1885).

LE SAVIEZ-VOUS ?

Une école sur mesure

Allant à l'encontre du courant qui cantonne la psychologie dans les statistiques et les mesures de laboratoire, **Alfred Binet (1857-1911)** s'oriente vers l'analyse du *développement mental*, et plus exactement vers l'observation des enfants. Ses travaux sont restés célèbres et liés au premier test d'intelligence en 1905, qui eut un grand renom aux États-Unis.

Alfred Binet s'intéresse surtout à la façon dont la machine mentale fonctionne et délaisse les sensations, les « fonctions élémentaires ». Sa fameuse échelle métrique de l'intelligence permet d'évaluer le développement mental, et surtout l'âge mental du patient. Grâce à la distinction faite à chaque âge – son système s'applique à des enfants de 3 à 16 ans –, il met en relief, à partir d'une certaine série d'épreuves, l'âge au-delà duquel un enfant ne peut aller. Mais, surtout, il apporte une réponse aux échecs scolaires et souhaite voir adapter à ce type de problèmes « une école sur mesure ».

Les grandes étapes de la psychologie

Charles Darwin (1809-1882) impose, en 1859 dans *L'Origine des espèces*, l'idée d'une continuité évolutive entre les singes et les hommes, théorie fondée sur des conditions bio-psychologiques. Depuis **Claude Bernard (1813-1878)**, la psychologie connaît, dans cette seconde partie du XIXe siècle, un grand développement. **Ivan Setchenov (1825-1905)**, prédécesseur de **Ivan Pavlov (1849-1936)**, crée la *psychophysiologie*, et centre tout son intérêt sur l'étude des réflexes et des mécanismes du cerveau que Pavlov reprend à son tour dans ses recherches autour de la méthode du *réflexe conditionné*. Ce qui l'amène à se pencher sur les troubles de la personnalité tandis que les premières recherches, simultanées, sur l'effet des médicaments chimiques appliqués aux fonctions cérébrales renforcent l'élaboration des conceptions psychiatriques naissantes. D'autre part et selon les principes chers à Hippocrate, Pavlov détermine quatre types nerveux et caractérologiques : l'excitable, l'inhibé, le calme, le vif.

Entre 1900 et 1930, c'est l'importance que la *caractérologie* prend dans tous les domaines qui caractérise le mieux cette période. Avec « La Psychologie du point de vue behavioriste », article publié en 1919, **John B. Watson (1878-**

1958), professeur de psychologie animale, se rallie à la méthode du réflexe conditionné de Pavlov et donne à la psychologie une nouvelle orientation, en la limitant à la seule observation extérieure, ainsi que l'expliquent les autres sciences de la nature.

La psychanalyse

Connu essentiellement par ses travaux de neurologie, **Jean-Martin Charcot (1825-1893)** est pourtant l'un des premiers à utiliser l'hypnose pour traiter l'hystérie. En 1882, **Hippolyte Bernheim (1840-1919)** s'intéresse lui aussi aux phénomènes hypnotiques et montre que ceux-ci sont des états induits par la suggestion. L'hystérie elle-même est créée par la suggestion. Il utilise donc l'hypnose en psychothérapie. Le sommeil, ainsi provoqué, peut permettre de faire resurgir des souvenirs anciens, occultés par le conscient.

Ayant travaillé dans le service des docteurs Charcot et Bernheim, **Sigmund Freud (1856-1939)** peut, lui aussi, observer des paralysies provoquées par l'hystérie et les conséquences de souvenirs traumatiques. De retour à Vienne, il utilise à son tour l'hypnose pour soigner ses patients. La *psychanalyse*, selon Freud, se veut un « procédé thérapeutique spécifique » qui évolue vers une science du « psychique inconscient ».

Freud crée ainsi une méthode originale d'exploration de l'*inconscient*, le *Ça*. « Nécessaire et légitime », le Ça est dominé par le principe de plaisir et traduit les forces profondes et involontaires de la vie humaine. Mais les tendances destructrices des phénomènes psychiques inconscients s'expliquent par le mécanisme du *refoulement*, une protection du Moi face aux pulsions interdites ou réprimées par les instances morales. En se conformant aux règles sociales, l'enfant ou l'adulte se heurte à une censure et va refouler sa *libido*, forme latine signifiant envie, désir, sensualité, à laquelle Freud donne le sens d'énergie des pulsions sexuelles. Son origine, biologique, évolue en trois stades :

- **Le stade oral**, de la naissance au cinquième mois : plaisir de la succion du sein.
- **Le stade anal**, de 1 à 3 ans.
- **Le stade oedipien**, de 3 à 5 ans : les organes génitaux sont la source du plaisir. Le garçon est jaloux de son père, la fille de sa mère puisqu'ils voient en eux des rivaux.

Puis Freud remanie sa théorie et distingue les trois instances psychiques de l'inconscient :

- **Le Ça**, ensemble des pulsions impersonnelles.
- **Le Moi,** en rapport avec le principe de réalité, à qui revient la défense de la personnalité.
- **Le Surmoi** qui représente la censure, l'autorité, les interdits, avec pour conséquence le refoulement.

Freud envisage le rêve sous toutes les formes et montre qu'il permet de réaliser les desseins inavoués, dans *L'Interprétation des rêves* (1899). En 1904, dans *Psychopathologie de la vie quotidienne,* il étudie les *lapsus*, les *actes manqués* : « C'est par eux, écrit-il, que l'homme trahit le plus souvent ses secrets les plus intimes. ». Dès 1920, il distingue dans *Éros et Thanatos* l'instinct de vie et l'instinct de mort, les seuls qu'il admet à côté de la *pulsion libidinale*.

Tableau 19-1 : Les grandes dates des sciences de l'esprit

Date	*Evénement*
1590	Apparition du mot *psychologie*
1879	Création du premier laboratoire d'étude de la psychologie, à Leipzig
1882	Travaux sur les phénomènes hypnotiques
1883	Wilhelm Dilthey, *Introduction à l'étude des sciences humaines*
1899	Sigmund Freud, *L'Interprétation des rêves*
1904	Sigmund Freud, *Psychopathologie de la vie quotidienne*
1905	Premier test d'intelligence
1919	John B. Watson, *La Psychologie du point de vue behavioriste*

Les sciences de l'homme

Les disciplines qui étudient la nature humaine et les rapports humains donnent d'abord naissance aux traités de morale, de théologie et racontent l'histoire, les mythes, les légendes. S'y ajoutent ensuite l'anthropologie, l'ethnologie, l'archéologie, la sociologie, la psychologie, préoccupées de l'homme comme des prolongements économiques et techniques de ses productions. Au cours des siècles l'*anthropologie* s'est scindée en deux branches : *culturelle* et *physique*. La première étudie les sociétés humaines selon leur langue, leur religion, leurs pratiques sociales, la seconde selon leur évolution biologique et psychologique.

L'anthropologie

Pour que naisse l'idée d'un devenir humain et d'un individu vivant différemment de soi, il fallait une prise de conscience de structures mentales et sociales différentes de celles qui existaient avant le XVIIIe siècle. Les modernes du XVIIe siècle, Descartes et Pascal, voient en l'homme un être raisonnable et en la raison quelque chose d'immuable, qui ne peuvent être dépassés par les stades évolutifs de la nature. Il faudra l'œuvre conjuguée des voyageurs naturalistes et celle des Encyclopédistes pour briser cette immobilité.

La naissance de l'anthropologie

Les grandes découvertes géographiques qui donnent les éléments d'un cadre spatial, et la remise en cause de la nature et de l'homme par les philosophes qui fournissent de nouvelles réflexions sur la nature humaine, apportent l'impulsion nécessaire à cette transformation.

La principale nouveauté est le fait de trouver des lois aux phénomènes humains et d'expliquer, par des causes naturelles, le développement des civilisations. Mais aucune théorie ou hypothèse ne fera son apparition pendant ce siècle.

En détruisant la *théorie des idées innées*, les *sensualistes* ont donné une base solide à l'étude des acquisitions successives de l'humanité. Les idées innées, rattachées pendant longtemps au dogme théologique, vont être envisagées dans le désir de trouver des explications rationnelles au développement des cultures et de les appliquer aux phénomènes humains. L'ethnologie fait une timide apparition, lorsque les Encyclopédistes sont amenés à constater certaines analogies dans la diversité des coutumes de peuples très différents. L'année 1790 marque la date de création de la *Commission des monuments historiques* dont la conséquence première est la création de nombreux musées, et le début de campagnes de fouilles, qui permettent aux hommes des Lumières d'enrichir leurs connaissances sur leur origine.

Mais, pour l'ensemble des Encyclopédistes, l'histoire reste une discipline qui dresse des catalogues. Seul Condorcet, dans *Esquisse d'un tableau des progrès de l'esprit humain* (1793), démontre que le progrès fait partie de l'histoire.

Lorsque la connaissance de la Terre progresse, une idée d'ordre se dessine, pour aboutir non seulement à la description, mais à la classification de ses couches géologiques envisagées jusqu'alors de formation simultanée.

Buffon, le premier parmi d'autres philosophes, étudie progrès et devenir humain dans une perspective historique, et suppose même une histoire à la Terre.

Les théories de l'évolution

Georges Buffon (1707-1788) est souvent perçu comme l'un des principaux précurseurs du *transformisme*, théorie sur l'évolution des espèces humaines mise au point par **Jean-Baptiste de Lamarck (1744-1829)** et **Charles Darwin (1809-1882)**. Le terme d'*évolution*, jusqu'à la fin du XVIIIe siècle, est synonyme de développement et de progrès et signifie que toutes les espèces animales ou végétales se modifient au cours du temps. L'évolution touche d'abord au domaine de la biologie, sous l'impulsion des théories de Lamarck et de Darwin. Pourtant, ce sont **Herbert Spencer (1820-1903)** et **Lewis Henri Morgan (1818-1881)** qui structurent l'*évolutionnisme* par leurs travaux ayant pour but d'expliquer le développement des formes de vie sociale, selon des phases et une direction.

Figure 19-1 : Illustration extraite de l'*Histoire naturelle* de Georges Buffon.

La classification des espèces

Buffon et ses recherches auraient permis à la pensée évolutionniste du XIXe siècle de se développer. Il critique vivement la classification de **Carl von Linné (1707-1778)**, qu'il juge trop arbitraire. En réunissant *taxinomie*, ou classification systématique des êtres vivants, et physiologie, il donne un nouvel énoncé au problème.

Le concept de « reproduction » est, pour lui, œuvre de nature, alors que celui de génération demeure œuvre de Dieu. Il substitue le premier au second et pose, en 1749, le problème délicat de l'origine humaine. À l'encontre des hypothèses de Voltaire qui posent que Blancs, Noirs et Jaunes ont été créés séparément et forment des espèces distinctes, il pense que l'espèce humaine est homogène.

Dépassant le sens restrictif qui, à son époque, ne désigne que l'étude du corps humain, Buffon saisit dans l'anthropologie deux notions : l'unité de l'espèce humaine et sa diversité, et l'envisage pour désigner à la fois l'ensemble des concepts sur la nature de l'homme et le mouvement des sociétés en général. En considérant un devenir de l'espèce humaine, Buffon ouvre une voie d'accès vers le *transformisme* de Lamarck.

Le transformisme

Dans son *Discours d'ouverture de l'an VIII,* **Jean Baptiste de Monet, chevalier de Lamarck (1744-1829)** ébauche déjà ce que **Jean Rostand (1894-1977)** appelle la première *théorie positive*. Lamarck accorde, dans le processus de l'évolution, une place essentielle « aux circonstances » qui ont une action déterminante et directe sur l'environnement. Il professe que les formes vivantes complexes se sont développées à partir de formes plus simples, résultat des variations du milieu ambiant et des organismes.

Les grands axes de ces théories vont se développer à partir de 1802. Buffon, vingt ans plus tôt, dans les *Époques de la nature,* situe les débuts de l'histoire de la vie à 70 000 ans et non aux 6 000 ans bibliques. Lamarck la chiffre en millions. Sur une durée aussi longue, il décrète que la base de toute vie n'est pas l'immuabilité mais la « transformation », puis fait l'hypothèse qu'une fois acquise, celle-ci se transmet de génération en génération : c'est le *transformisme.*

Créateur du mot *biologie,* il l'utilisera pour désigner tout ce qui est commun aux végétaux et aux animaux. Les attaques incessantes de **Georges Cuvier (1769-1832)**, alors pair de France et *créationniste* convaincu, celles d'une société qui ne supporte aucune atteinte à la Bible, vont considérablement freiner l'évolution et minimiser l'importance de cette doctrine.

La sélection naturelle

Lorsque *L'Origine des espèces* (1859) paraît, la cause du transformisme est déjà bien avancée. **Charles Darwin (1809-1882)** refuse de reconnaître tout lien de filiation entre ses théories et celles de Lamarck. Sa doctrine repose sur plusieurs principes :

- **La variabilité de l'espèce** : les êtres vivants dérivent d'une souche ancestrale commune qui va se diversifier selon trois phénomènes déterminants : le système reproducteur, l'hérédité et les corrélations de croissance.
- **La sélection naturelle** : le résultat d'une lutte pour la vie qui fait survivre les uns, disparaître les autres, réponse que lui souffle **Thomas Malthus (1766-1834)** dans son *Essai sur le principe de la population* (1798).
- **La sélection sexuelle** : conséquence de la lutte des mâles pour posséder les femelles par laquelle les plus beaux et forts des deux sexes ont toutes les chances d'assurer leur descendance (sélection ajoutée en 1871).

Plus tard, les théories à tendance vitaliste s'opposent à l'idée darwinienne de la sélection naturelle : celles de **Henri Bergson (1859-1941)** et de **Pierre Teilhard de Chardin (1881-1955),** entre autres, attribuent l'évolution à l'intelligence de la matière vivante, à l'*élan vital* et à une force supérieure qui font converger les organismes vers un sommet.

N'OUBLIEZ PAS !

Le darwinisme dévoyé

Les théories darwiniennes se diffusent assez rapidement et l'évolutionnisme pénètre toutes les sciences de la nature. Assez vite, son schéma est appliqué à l'espèce humaine et constitue un *darwinisme social*. Chaque homme trouvant sa place au sein de la société selon ses aptitudes biologiques est l'explication nécessaire à toute évolution du progrès. Il est facile d'imaginer les abus scientifiques qui en découlent.

Arthur de Gobineau (1816-1882) se livre ainsi à l'étude de la race aryenne, groupe mythique qui a selon lui fondé la civilisation et dont les descendants directs seraient les Germains. Hitler reprendra à son compte les grandes lignes de ce système de pensée pour mettre au point sa théorie des races et justifier la *solution finale*, c'est-à-dire l'extermination concertée et systématique de millions de juifs, de tziganes et d'homosexuels durant la Seconde Guerre mondiale.

L'ethnologie

Fondant son enquête sur les peuples du Moyen-Orient, **Hérodote (v. 482-425)** est souvent considéré comme le père de l'ethnologie. Avec le temps, les grandes découvertes, en élargissant les perspectives de la géographie, modifient les interrogations métaphysiques en questions concrètes reposant le plus souvent sur des besoins, des nécessités politiques et économiques. Le bouleversement des connaissances remet en cause peu à peu l'*eurocentrisme* qui place la culture occidentale au centre du monde.

La naissance de l'ethnologie

Il faut attendre 1772 pour que, pour la première fois, le terme « Ethnographisch » « ethnographie » apparaisse et désigne, selon **Ludwig von Schlözer (1735-1809)**, son auteur, « une méthode linéenne pour traiter de l'histoire particulière ». Le premier ethnologue, au sens où nous l'entendons aujourd'hui, c'est-à-dire « homme de terrain », est l'Américain **Lewis Henri Morgan (1818-1881)** qui séjourne, en 1850, chez les Iroquois. Sa contribution à l'ethnologie est importante, puisqu'il fonde l'étude comparative des *systèmes de parenté*, méthode clé en ethnologie. À la même époque, **Edward Burnett Tylor (1832-1917)** centre son étude sur les rapports fonctionnels entre différents phénomènes.

André Leroi-Gourhan (1911-1986), dans *Le Fil du temps* (1986), *Ethnologie et préhistoire* (1935-1970), rappelle que l'événement décisif pour l'ethnologie française est l'association, en 1928, de **Paul Rivet (1876-1958)**, médecin, anthropologue et directeur du *Musée d'ethnographie du Trocadéro*, et de **Marcel Mauss (1872-1950)**, sociologue et professeur à l'*École des hautes études*, qui aboutit à la création de l'*Institut d'ethnologie* à la Sorbonne. Pour la première fois, toutes les tendances se trouvent réunies en un seul courant.

L'ethnologie s'impose comme but d'étude la diffusion des traits culturels, à travers l'espace géographique et temporel. Le terme de *diffusionnisme* est appliqué à ce type d'étude. Cette méthode se heurte à deux obstacles :

- Les peuples primitifs n'ont pas ou n'ont que peu d'histoire, au sens où nous l'entendons, c'est-à-dire des événements pouvant bouleverser à un moment donné leur société. Il devient presque impossible, dans ce cas, d'établir la provenance de tel ou tel trait culturel, ou de telle coutume lorsqu'on veut les confronter avec d'autres.
- Les cultures sont formées d'éléments disparates acquis au cours du temps, et ainsi ne peuvent être étudiées au sein de structures.

Deux théories essayent d'apporter une réponse pour surmonter ces difficultés :

- **Le fonctionnalisme**, théorie de **Bronislaw Malinowski (1884-1942)**, qui étudie les phénomènes culturels à partir de leurs besoins sociaux.
- **Le structuralisme** de **Claude Lévi-Strauss (né en 1908)**, qui pense déceler dans l'organisation sociale l'empreinte inconsciente des structures de la pensée.

Le fonctionnalisme

Ethnologue britannique d'origine polonaise, **Bronislaw Malinowski (1884-1942)** pose comme principe que la culture est un tout, intégrant les différentes institutions pour satisfaire un besoin. Il connaît de nombreux adeptes, tel **Alfred Reginald Radcliffe-Brown (1881-1955)**, qui définit la structure sociale comme un ensemble de relations sociales. Le *fonctionnalisme* est une théorie de la culture dont le concept fondamental n'est pas celui de fonction, mais d'organisation. Il est amené à définir les besoins de l'individu auxquels répondent les différentes institutions.

Malinowski, pour définir son concept d'organisation, s'inspire des théories physiologistes où l'être vivant est conçu comme un système organisé. Chaque organe y est dépourvu d'existence indépendante, mais sert à faire fonctionner de façon positive l'ensemble du corps et, en ce sens, ne peut être étudié à part. Or, dans le domaine scientifique comme dans le domaine ethnologique, on est obligé, pour découvrir leurs caractéristiques, leurs lois, d'isoler les phénomènes.

Le structuralisme

Le *structuralisme* de **Claude Lévi-Strauss (né en 1908)** s'oppose radicalement au fonctionnalisme de Malinowski en renonçant à rechercher le fait social. Héritier des méthodes de linguistique modernes, le structuralisme va tenter de dégager les structures inconscientes, reflet des structures mentales qui gèrent les phénomènes sociaux dans leur ensemble.

Avec *Les Structures élémentaires de la parenté* (1949), Lévi-Strauss gagne sa notoriété, car il organise sa première grande étude structurale. Il démontre que la prohibition de l'inceste est liée à la nature, liant l'interdiction d'avoir des relations sexuelles avec certains membres de sa famille au fait que les femmes sont des valeurs d'échange entre les hommes. La règle imposée qui ne permet pas d'épouser sa soeur, sa mère, ou sa fille oblige en réalité à les donner à autrui, donc à recevoir une épouse de l'extérieur en échange. Cet échange permet de resserrer et de perpétuer le devenir du groupe social.

Certaines bases fondamentales président à l'élaboration de sa méthode :

- L'absence d'histoire, selon Lévi-Strauss, caractérise les sociétés primitives ; elles sont dénuées pour lui de toute forme de progrès linéaire et progressif, ceux-ci étant au contraire discontinus et indépendants les uns des autres.
- Cette position a souvent été reprochée à Lévi-Strauss. Plus qu'un simple choix épistémologique, celui-ci traduit la conception générale de la société caractérisée par une absence de progrès historique. En opposition avec le marxisme, qui voit dans les bouleversements économiques et politiques le moteur d'un progrès général, la société se révèle être la conséquence d'un choix arbitraire de règles qui se regroupent par hasard.

Figure 19-2 : Claude Lévi-Strauss.

De même qu'un individu parle à l'origine sans connaître de règles de grammaire ou de syntaxe, une société évolue au sein de ses coutumes, traditions et règles avec la même inconscience, sans pouvoir expliquer ses propres structures. Cette constatation implique celle de l'existence de *structures mentales inconscientes* chez tous les individus. La notion d'inconscient, étudiée par Freud, sous-entend un système formé de représentations refoulées qui essayent d'émerger dans la vie consciente. À distinguer de ce que **Carl Gustav Yung (1875-1961)** appelle « l'inconscient collectif », c'est-à-dire des symboles ancestraux, les *archétypes,* rattachés à une culture dont nous héritons à la naissance. Ainsi, la conscience ne peut-elle rendre compte de la totalité de la vie psychologique.

Ces structures sont aussi formatrices de l'humanité et, à travers leur diversité, on peut trouver ce qui fonde l'intelligibilité.

Mais comment découvrir les règles qui régissent ces différentes structures ? Lévi-Strauss applique les grands principes de la linguistique structurale à l'étude des faits culturels ; ceux-ci ne sont envisagés que comme des systèmes ou chaque élément n'a de sens que par les relations qu'il entretient avec les autres.

Lévi-Strauss transpose les conséquences de « l'arbitraire du signe » (processus totalement inconscient traduisant des normes qu'on n'a pas choisies mais sans lesquelles toute communication est impossible) dans son système et avance que, dans le domaine culturel, les comportements humains relèvent pour une grande part de l'inconscient. Lévi-Strauss montre comment les peuples transmettent ainsi, sans pouvoir le justifier de façon naturelle, leurs mœurs, leurs mythes, leurs coutumes, témoins de ces structures mentales inconscientes.

Le *mythe* est une production de la pensée qui fonctionne de façon parfaitement autonome pour Lévi-Strauss, à l'opposé de la conception de Malinowski pour qui les mythes présentent des similitudes. Mais le mythe n'a d'intérêt que s'il permet de conduire « à la pensée mythique, véritable instrument du mythe ». Les *Mythologiques* (1964-1971), grammaire générale des mythes, décomposent ceux-ci en éléments ou « *mythèmes* » dont la seule combinaison donnera un sens. Sa position face aux symboles est identique.

La sociologie

Auguste Comte (1798-1857) utilise pour la première fois en 1839 le mot *sociologie* pour désigner l'étude scientifique portant sur les faits sociaux. Mélange de racines grecque et latine, le terme remplace celui de « physique sociale », forgé par le Belge **Jacques Quételet (1796-1874)**, qui prévalait jusqu'alors. Outre Auguste Comte, les grands noms qui marquèrent l'histoire de cette discipline sont ceux d'**Émile Durkheim (1858-1917)** et de **Max Weber (1864-1920)**.

La naissance de la sociologie

Héritier de **Saint Simon (1760-1825)**, dont il fut le disciple en 1824, **Auguste Comte (1798-1857)**, dans son *Cours de philosophie positive* et dans son *Discours sur l'esprit positif*, exprime sa volonté de se livrer à une observation et une analyse rigoureuse des faits sociaux : étudier les phénomènes propres aux individus, dont la nature diffère de ceux de l'ensemble des conduites sociales. La sociologie est différente de l'histoire, car elle nécessite de repérer les phénomènes et d'en dégager des lois.

Là où, un siècle plus tôt, **Montesquieu (1689-1755)** mettait en relief la diversité humaine et sociale dans *De l'esprit des lois*, **Auguste Comte (1798-1857)** est, lui, le sociologue de l'unité humaine et sociale ; il veut étudier la société comme un tout. Pour ce faire, il met en place une démarche expérimentale, dite *positiviste*, basée sur l'observation des faits réels et de leurs relations.

N'OUBLIEZ PAS !

Pensée positive

Entre 1820 et 1826, plusieurs opuscules, *Sommaire appréciation sur l'ensemble du passé moderne*, puis *Plan des travaux scientifiques nécessaires pour réorganiser la société*, *Considérations sur le pouvoir spirituel* et, enfin, *Considérations philosophiques sur les sciences et les savants*, marquent la première étape d'une réflexion sur la société de son temps, que Comte pense comme beaucoup d'hommes de son époque, en crise.

Le *Cours de philosophie positive*, professé de 1826 à 1842, publié entre 1844 et 1847, en constitue la deuxième étape. Il passe en revue les différentes sciences, expose « la loi des trois états » et la classification des sciences.

Le *Système de politique positive*, de 1852 à 1854, marque la troisième et dernière étape et pose la question de la permanence de la nature humaine, par rapport à celle de l'ordre social. Ce livre constitue la bible du positivisme.

Émile Durkheim (1858-1917) est considéré comme l'un des autres pères fondateurs de la sociologie. Ses deux ouvrages, *La Division du travail social* (1893) et *Le Suicide* (1897), mettent au point des règles de la méthode sociologique, permettant de dégager des réalités sociales déterminant à leur tour des comportements individuels, dans une démarche avant tout objective et positive puisque le fait social obéit au déterminisme social.

Alors qu'il est encore jeune professeur, la sociologie reste une activité au caractère mal défini, sans véritable percée scientifique. La revue qu'il fonde, l'*Année sociologique*, et dont **Marcel Mauss (1873-1950)** reprendra la publication, ne voit le jour qu'en 1896.

La sociologie compréhensive

Souvent présenté comme l'initiateur de la *sociologie compréhensive* par opposition aux formes sociologiques matérialistes et idéalistes, **Max Weber (1864-1920)** veut donner à cette science sociale le statut d'une véritable science en la libérant du faux savoir métaphysique. Sa méthode fonctionne à l'aide de représentations types qui n'ont pas besoin de correspondre à une réalité particulière mais permettent de saisir la cohérence d'une unité sociale.

Il exerce une influence déterminante sur tous les courants. Dans son ouvrage *L'Éthique protestante et l'esprit du capitalisme* (1905), il tente de comprendre le type d'esprit qui a permis d'aboutir au capitalisme, et montre que l'éthique calviniste a joué dans la formation de ce système un rôle décisif : par son refus du luxe et de l'oisiveté, le calviniste bannit les dépenses inutiles autant qu'improductives.

Tableau 19-2 : Les grandes dates des sciences de l'homme

Date	*Evénement*
Ve siècle av. J.-C.	Hérodote enquête sur les peuples du Moyen-Orient
1748	Montesquieu, *De l'esprit des lois*
1749	Buffon, précurseur du *transformisme*, pose le problème de l'origine humaine
1772	Apparition du mot *ethnographie*
1790	Création de la *Commission des monuments historiques*
1793	Condorcet, *Esquisse d'un tableau des progrès de l'esprit humain*
1798	Thomas Malthus, *Essai sur le principe de la population*
1839	Auguste Comte met au point la théorie du *positivisme*
1850	Première mission ethnologique chez les Iroquois
1858	Naissance d'Émile Durkheim, père fondateur de la sociologie
1859	Charles Darwin, *L'Origine des espèces*. Théorie de la *sélection naturelle*
1905	Fondation de la *sociologie compréhensive*
1928	Création de l'*Institut d'ethnologie*, Sorbonne
1949	Théorie du *structuralisme*

La science du langage

Se définissant comme la science du langage, la *linguistique* remonterait aux temps les plus anciens. Sous l'impulsion de **Ferdinand de Saussure (1857-1913)**, son importance s'accroît peu à peu et, à partir du milieu du XXe siècle, elle se constitue en tant que science avec **Émile Benveniste (1902-1976)** et **Noam Chomsky (né en 1928)**.

La naissance de la linguistique

Professeur à la Sorbonne, **Ferdinand de Saussure (1857-1913)** pose les bases de la linguistique. Son œuvre, en grande partie orale, fut transmise et conservée grâce à ses élèves qui éditèrent son *Cours de linguistique générale* (1916). Depuis Saussure, tout le travail de la linguistique a été de saisir de quel point de vue spécifique elle observait le langage pour se différencier des autres sciences. Ainsi, pour un linguiste, décrire une langue, c'est isoler les *structures* du langage qui permettent la communication. Mais s'il appréhende l'étude du langage humain dans son ensemble, il n'est pas nécessairement *polyglotte* ; il a des connaissances sur le *système* des langues sans forcément les parler.

Pour Ferdinand de Saussure, le *langage* est l'aptitude à communiquer avec les autres, la *langue* l'instrument de communication produit par la *parole*. La langue se caractérise par des règles consignées dans des grammaires, qui évoluent au cours des usages. L'*étude diachronique* consiste en son analyse du point de vue de l'évolution historique. Son observation dans son fonctionnement interne est dite *étude synchronique* et sera mise au point par Saussure.

La linguistique moderne

À la suite de Saussure, la linguistique se structure peu à peu comme une discipline autonome. **Émile Benveniste (1902-1976)** travaille sur les langues indo-européennes et la linguistique théorique, puis réunit le fruit de ses recherches dans son livre *Problèmes de linguistique générale* (1966 et 1974). **Noam Chomsky (né en 1928)** considère que le fait de parler dans une langue repose sur des processus susceptibles d'être analysés. Avant lui, les seuls points de vue morphologique, syntaxique, etc., prévalent dans l'étude linguistique. Dans *Les Structures syntaxiques* (1957), puis dans *La Linguistique cartésienne* (1966), il bouleverse la linguistique. Selon lui l'homme détient des mécanismes innés d'acquisition du langage.

Tableau 19-3 : Les grandes dates de la linguistique

Date	*Evénement*
1916	Ferdinand de Saussure, *Cours de linguistique générale.*
1966	Émile Benveniste, *Problèmes de linguistique générale*
Années 60-70	Noam Chomsky contribue à hisser la linguistique au rang de science.

Les sciences du passé

L'esprit, l'homme, le langage. Avant de refermer ce volet sur les sciences humaines, tournons-nous en arrière pour considérer les disciplines scientifiques qui s'intéressent, elles, au passé, à savoir l'*archéologie* et, bien sûr, l'*histoire*.

L'archéologie

Agatha Christie définissait ainsi l'*archéologie* : « Selon moi l'archéologue est une sorte de blagueur. Il passe sa vie à fouiller le sol et à raconter les événements qui se déroulaient voilà des milliers d'années… Mais comment les a-t-il appris ? » N'en déplaise à la facétieuse romancière anglaise, l'archéologie repose pourtant sur des moyens scientifiques, sur des technologies les plus positives pour reconstituer ces archives implantées dans le sol. Il existe une archéologie préhistorique qui étudie les documents des périodes avant l'écriture et une autre, historienne, des documents des périodes postérieures.

La naissance de l'archéologie

Jusqu'en 1846, date à laquelle **Jacques Boucher de Perthes (1788-1868)** fait paraître le premier volume de ses *Antiquités celtiques et antédiluviennes* au milieu du scepticisme général, le comportement de nos ancêtres avait davantage intéressé les écrivains et les cinéastes. Publié en 1911, le célèbre roman de **J. H. Rosny aîné (pseudonyme de Joseph Henri Boex, 1856-1940)**, *La Guerre du feu,* montre bien la collection de clichés si longtemps attribuée à la période préhistorique : hommes des cavernes belliqueux s'affrontant avec les dinosaures, vie de la horde primitive à l'intérieur de la grotte, etc.

Ces vingt dernières années, un grand nombre de découvertes scientifiques et de techniques nouvelles permettent dans un premier temps de mieux dater et d'analyser les informations enregistrées par le fouilleur. D'autre part, les techniques de fouille évoluant rendent plus fiable l'interrogation posée sur ces données. En l'espace de vingt ans, l'archéologie est devenue une science pluridisciplinaire qui fait appel aux autres sciences humaines (ethnologie, sociologie), comme aux sciences exactes (physique nucléaire, chimie).

En creusant un peu

Que pouvons-nous réellement savoir de la période dont le temps se compte en millions d'années ? Les moyens technologiques les plus poussés, et des conditions de fouille selon une méthodologie très rigoureuse permettent pourtant de cerner pas à pas avec un maximum d'exactitude ce qui s'est produit. Ces deux idées directrices, comme bien d'autres, montrent que le but premier de l'archéologie est la reconstitution de l'histoire culturelle d'une civilisation, le second étant de reconstruire le mode de vie des populations qui nous ont laissé des vestiges.

Dès les années trente, les archéologues réussissent à tenir leur pari et à atteindre ces deux objectifs, ce qui s'avère néanmoins insuffisant. L'archéologie semble être dans un cul-de-sac. Son objet s'est malheureusement trop limité à n'être qu'une comparaison de formes et une systématisation. Les vingt années suivantes vont lui permettre de se dégager de cette immobilité en centrant son intérêt sur le problème du processus culturel. Elle ne se limite plus seulement à la question « quoi », mais peut répondre à celles du « comment » et du « pourquoi ».

Les trois buts en archéologie visent donc à reconstruire l'histoire culturelle, les modes de vie et mettre en valeur le processus culturel. Avant de fouiller, l'archéologue repère les vestiges les plus visibles. La photographie aérienne est un précieux instrument pour ce faire. La différence des coloris de terre reste un élément d'indication. Il existe aussi des fouilles sous-marines dont les principes méthodologiques restent les mêmes que pour les fouilles sur terrain.

L'histoire

Le mot *historia* est dérivé du mot grec dont la racine désigne l'action de voir. Il renvoie aussi à *histor*, « celui qui a cru un témoin ». Aussi désigne-t-il par extension le récit, l'enquête. Mais il renvoie aussi à l'objet de ce récit, les événements et les faits. Dès l'antiquité, l'*histoire* en tant que discipline étudie les événements du présent ou du passé. Elle fait partie intégrante des sciences humaines et sociales au même titre que la psychologie, la sociologie, l'ethnologie. L'histoire comprend de nombreuses branches telle l'histoire politique, ou l'histoire religieuse, et ne se fonde pas seulement sur les sources écrites. Elle ne peut se définir comme discipline scientifique que depuis peu, ce n'est qu'au cours du XIXe siècle que se sont constituées, érigées en conditions nécessaires les méthodes qui permettent à la science historique de se revendiquer comme telle.

L'histoire en marche

L'antiquité gréco-romaine voit apparaître des chroniqueurs, ou *logographes* (narrateurs des grandes actions), qui, s'efforçant de s'affranchir des récits mythiques sans toutefois y parvenir complètement, vont accompagner l'histoire dans ses premiers pas.

Qualifié par Cicéron de « père de l'histoire », **Hérodote d'Halicarnasse (482-425)** se propose ainsi de narrer, tel un poète, « les actions grandes et curieuses des Grecs ». Sa contribution est essentielle dans la marche en avant de l'histoire car, pour la première fois, quelqu'un veut expliquer les événements par des causes. Il classe même les événements en trois catégories en fonction de leur véracité : la vue (le témoin direct), le fait d'avoir entendu parler de quelque chose, et l'opinion. Appartenant à la génération suivante, **Thucydide (471-409)** est connu pour avoir relaté la guerre du Péloponnèse, et suivi l'évolution de ce conflit entre Sparte et Athènes. On lui doit la rigueur et le souci d'objectivité.

Il faut attendre le IIIe siècle av. J.-C. pour voir réellement les premières tentatives d'une histoire de Rome en latin. Une date si tardive s'explique par le fait que les informations sont rassemblées année par année par les pontifes, dans les *Archives* qui furent détruites lors du grand incendie de Rome par les Gaulois. Les premiers vrais historiens de Rome seront des poètes et des lettrés tels **Caton l'Ancien (234-149)** qui entreprit une histoire de Rome, **Polybe (210-126), Cicéron (106-43), Salluste (86-35)** et **Tite Live (59-17 apr. J.-C.)**.

Abreuvé d'imagerie religieuse, le Moyen Âge est marqué par la rédaction de textes consacrés à la vie des saints qui, le plus souvent, sont rédigés par des moines appelés *hagiographes*. Avec l'humanisme de la Renaissance, le goût pour l'épigraphie (étude des inscriptions) se développe. Les guerres de religion du XVIe siècle fournissent aussi leurs lots d'historiens. Avec **Machiavel (1469-1527)**, l'histoire devient source de réflexion sur le pouvoir. Mais c'est avec la création de L'*École nationale des chartes*, en 1821, que les historiens deviennent enfin de véritables professionnels.

Une science de l'érudition

En 1808, la création des *Archives nationales*, installées dans l'hôtel de Rohan Soubise, dans le quartier du Marais à Paris, puis celle de l'*École nationale des chartes*, pour former des archivistes, contribuent à faire de l'histoire une science tournée vers l'érudition. Les domaines de l'histoire sont élargis et comprennent, dorénavant, la grammaire comparée, et la philologie germanique. En Allemagne, de vastes collections de documents sont regroupées et forment le *Monumenta Germaniae Historica*. L'histoire se donne peu à peu les moyens de devenir une science par la raison essentielle de l'infatigable curiosité du siècle. Mais surtout domine, dans les écrits de **Jules Michelet (1798-1874)** et d'**Augustin Thierry (1795-1856)**, la volonté d'exploiter beaucoup plus qu'auparavant les sources. En 1898, paraît un guide, véritable instrument de travail pour les historiens, l'*Introduction aux études historiques*.

Aujourd'hui, le travail de l'historien est de reconstruire le fait historique à partir d'éléments issus du passé : documents écrits, administratifs, textes anciens, littéraires, vestiges matériels. L'historien mène son enquête constituée par la critique historique, l'analyse, la critique des documents, tout en prenant de la distance avec toutes les idées, les théories, les synthèses ; il s'agit presque d'en faire le procès. En effet, il faut savoir regarder ailleurs et autrement. Le problème de l'histoire n'est pas que de ressusciter, mais aussi d'interroger. Les différentes écoles se singularisent surtout par leur approche respective.

UN PEU DE TECHNIQUE

Dans les annales

Fondée en 1929, l'école des *Annales,* du nom de la revue fondée par **Marc Bloch (1886-1944)** et **Lucien Febvre (1878-1956),** marque une coupure avec l'histoire positiviste, soucieuse surtout des événements et des faits.

« Aucune époque, écrit Pierre Nora dans *Faire l'histoire* (1974), ne s'est vue, comme la nôtre, vivre son présent comme chargé d'un sens déjà « historique ». Et cela seul suffirait à la douer d'une identité, à affranchir l'histoire contemporaine de son infirmité. Tout ce qu'on a coutume d'entendre par la « mondialisation » a assuré une mobilisation générale des masses qui, à l'arrière du front des événements, représentaient autrefois les civils de l'histoire ; tandis que les mouvements de colonisation, puis de décolonisation, intégraient à l'historicité de type occidental des sociétés entières, hier encore « sans histoire ». Cette vaste démocratisation de l'histoire, qui donne au présent sa spécificité, possède sa logique et ses lois : l'une d'elles est que l'actualité, cette circulation généralisée de la perception historique, culmine en un phénomène nouveau : l'événement. »

Tableau 19-4 : Les grandes dates des sciences du passé

Date	*Evénement*
- 482	Naissance d'Hérodote, père de l'histoire selon Cicéron
- 471	Naissance de Thucydide, chroniqueur de la guerre du Péloponnèse
1808	Création des *Archives nationales*
1812	Découverte de l'ancienne Petra (Jordanie)
1821	Création de l'*École nationale des chartes*
1822	Jean-François Champollion perce le secret des hiéroglyphes égyptiens.
1898	Parution de l'*Introduction aux études historiques*
1922	Howard Carter découvre le tombeau de Toutankhamon
1929	Création de l'école des *Annales*
1940	Découverte de la grotte de Lascaux
1974	Découverte de Lucy
1975	Découverte de 6 000 statues en terre cuite dans le tombeau de Qi Shihuangdi
1991	Découverte d'Ötzi, homme de plus de 5 300 ans, conservé dans les glaces
2001	Toumaï, hominidé de plus de 7 millions d'années, Tchad

Chapitre 20

Tous ensemble, tous ensemble : la société

Dans ce chapitre :

- La vie politique
- L'Europe
- La justice
- Les grands débats

La société est un organisme complexe, dont l'existence fragile repose sur la coopération, même minimale, entre ses membres. Pour ce faire, il faut une organisation politique, la nôtre est la démocratie, élargie à l'Union européenne. Des garants, aussi, comme une justice indépendante. Des débats enfin, sur ces fameux projets de société, qui opposent un temps, avant de réunir le plus souvent.

La démocratie. Quel terme magnifique ! Mais, depuis les cités grecques, qui ne la pratiquaient guère, tout du moins suivant notre acception actuelle, qu'est-elle devenue ? Un bref séjour au fond des geôles nous permet de comprendre tout ce que nous devons aux Britanniques, de la *Magna Carta* à l'*Habeas Corpus*. Ces termes ne vous évoquent rien ? Précipitez-vous sur les pages qui suivent, afin de savoir pourquoi, sans ces textes fondateurs, notre liberté ne vaudrait pas bien cher. Puis, poursuivons ce tour d'horizon avec nos propres institutions : présidents, ministres, assemblées, sont convoqués devant le peuple souverain pour lui rendre des comptes.

Aujourd'hui, notre cadre de référence n'est plus le seul Hexagone, mais l'Europe, c'est-à-dire ici l'Union européenne. Dans quels moments difficiles est-elle née, comment a-t-elle su s'adapter, s'élargir, ouvrir nos mentalités tout autant que l'espace ? C'est ce qu'à travers histoire, institutions, fonctionnement, vous allez découvrir.

La justice effraie souvent, par la complexité de ses rouages et la rudesse de son vocabulaire réservé, croyez-vous, aux initiés. Adoucissons l'inexorable, partons de chambre en juridiction, d'appel en magistrature, afin de découvrir son fonctionnement, et, sous les robes et les hermines, les hommes et femmes qui, chaque jour, nous sauvent des ravages inouïs des vengeances et guerres privées.

Enfin rendons hommage aux combats sociétaux, qui font progresser les groupes humains au prix parfois d'affrontements lors de grands débats sur des thèmes forts : peine de mort, interruption volontaire de grossesse, euthanasie, mariage et droit d'adoption pour les couples homosexuels.

La démocratie

La démocratie, au sens originel, est un régime politique où le *démos*, le peuple, exerce le pouvoir, *kratos*, sans distinction de naissance, de statut social, de capacité ou de sexe. Ce pouvoir souverain est délégué par le *vote*, c'est-à-dire un mandat représentatif confié pour une période plus ou moins longue, renouvelable ou pas. Les autres critères essentiels de la démocratie sont : la liberté des élections, l'indépendance des médias, l'existence d'une opposition libre de s'exprimer, l'alternance au pouvoir des différents camps politiques majoritaires à leur heure et un système judiciaire indépendant. Mais avant d'examiner comment la démocratie fonctionne en France, penchons-nous sur ses origines.

La longue marche vers la démocratie

Née à Athènes au Ve siècle av. J.-C., la démocratie est à l'origine réservée à l'élite restreinte des seuls citoyens. Il faut attendre le XVIIIe siècle pour que la séparation des trois pouvoirs traditionnels (législatif, exécutif et judiciaire) soit véritablement conceptualisée et, dans une certaine mesure, mise en place. Réduite à la portion congrue entre pouvoir temporel, incarné par le roi, et spirituel, incarné par le pape, la démocratie connaît une longue éclipse avant de renaître après la Révolution française et de s'épanouir au long des XIXe et XXe siècles.

La démocratie athénienne

À l'avènement de la démocratie, son modèle fondateur repose sur deux assemblées de citoyens, l'*Ecclésia*, qui réunit les citoyens sur la colline de la *Pnyx* pour voter les lois et parfois la guerre, et la *Boulê*, composée de cinq cents citoyens en charge d'administrer la cité et de veiller à l'exécution des lois. Deux tribunaux se chargent de la justice, celui de l'*Aréopage*, où siègent les Anciens, et l'*Héliée*, où siège le peuple. Les magistratures sont civiles, les *Archontes*, ou militaires, les *Stratèges*. À la différence d'aujourd'hui, la démocratie athénienne ne fonctionne que pour un petit nombre de *citoyens*, véritables élus du système politique. Elle s'effondre quand, avec Alexandre le Grand, la Grèce cesse d'évoluer dans un cadre strictement national.

La démocratie anglaise

Le premier pas vers la démocratie moderne est effectué en Angleterre où, en 1215, le roi **Jean sans Terre (roi de 1199 à 1216)** accorde la *Magna Carta*, c'est-à-dire la *Grande Charte*. Celle-ci affirme le tout premier contrôle exercé sur la monarchie, la garantie de droits, et ébauche des réformes qui conduiront à la naissance du Parlement. Ce n'est pas le choix d'un roi puissant et convaincu de la justesse de son choix, mais un texte imposé à un souverain politiquement affaibli, incapable de s'y opposer. Les promoteurs de cette charte, bourgeois, barons, évêques, imposent leur droit d'intervenir dans les affaires de la monarchie.

N'OUBLIEZ PAS !

« Que tu aies le corps »

C'est en 1679 qu'il faut situer le tournant fondamental pour les démocraties occidentales dont nous sommes aujourd'hui les héritiers, par une révolution dans le domaine du droit individuel. Jusqu'à cette date, la justice, qu'elle soit seigneuriale, royale, ecclésiastique, s'exerce sans reconnaître au justiciable le plus fondamental des droits, celui d'être jugé. Un poseur de collets sur les terres seigneuriales ou royales, un clerc débauché peuvent moisir en prison pendant des mois, des années, parfois une vie entière, sans que le seigneur détenteur du droit de justice, l'officier royal, l'*officialité* ou tribunal de l'évêque ne s'intéresse à lui. Le pire est de finir totalement oublié dans un cul-de-basse-fosse. D'où l'importance des requêtes déposées par famille ou amis, qui distribuent les fameuses *épices*, pots de vin, afin que leurs proches sortent de l'oubli judiciaire et finissent par être jugés. Avec le vote de la loi d'*Habeas Corpus*, en 1679, l'Angleterre donne au monde la plus belle leçon de droit individuel. Désormais, tout homme est présumé innocent jusqu'à ce que sa culpabilité soit établie par des preuves, et un jugement le condamnant rendu. Il ne peut donc être emprisonné sans jugement et sans preuves. C'est d'ailleurs le double sens à donner à l'expression latine choisie par les clercs. *Habeas Corpus* signifie littéralement « Que tu aies le corps », au double sens de :

- Que tu sois maître de ton corps, donc impossible à emprisonner abusivement.
- Que tu aies le corps, intact, sans torture, pour être présenté au tribunal et jugé de manière impartiale.

Rappelons, pour nous aider à mesurer l'ampleur de cette réforme, que de nombreux pays, dont la France, pratiquent la torture comme méthode courante d'investigation et d'obtention des aveux, avant de l'appliquer une nouvelle fois comme châtiment après un jugement, jusqu'à la Révolution française de 1789…

Cinq grands thèmes sont développés :

- L'interdiction faite au roi de lever des impôts sans le consentement du Grand Conseil, formé de seigneurs, représentants du clergé et de la cité de Londres.
- La garantie des libertés et franchises des villes.
- L'interdiction d'emprisonner un homme libre sans jugement.
- Le droit à la révolte contre un souverain qui violerait la charte.
- Le respect et la garantie des libertés de l'Église.

Le *Bill of Rights* (1689), ou *Déclaration des droits*, voit le jour après la *Glorieuse Révolution* qui met fin au règne du catholique intolérant et tenté par l'absolutisme **Jacques II (roi de 1685 à 1688)**. Contraint de fuir en France, il est remplacé sur le trône d'Angleterre par sa fille Marie II et son époux Guillaume d'Orange, Guillaume III. Mais le *Parlement*, formé de la *Chambre des Communes* et de la *Chambre des Lords*, échaudé par le règne précédent, exige des garanties. Les nouveaux souverains doivent signer et jurer de respecter le *Bill of Rights*, qui restreint considérablement encore leur pouvoir. Le roi, ou la reine, ne peut lever une armée, décider des impôts, empêcher le vote des lois, doit être garant d'élections libres et justes. Donc depuis 1689, tout nouveau souverain, s'il veut pouvoir régner, doit au préalable jurer de respecter le *Bill of Rights*.

La République française

C'est la Révolution française de 1789 qui donne naissance, le 21 septembre 1792, à la *Première République*. Fondée sur l'égalité entre les citoyens, affirmée dans la *Déclaration des droits de l'homme et du citoyen* d'août 1789, elle marque les débuts de la démocratie en France. Éphémère république, successivement remplacée par le *Directoire* en 1795, le *Premier Empire* en 1804, la *Restauration* (1815-1830) et, pour finir, la *Monarchie de Juillet* (1830-1848). La *Seconde République*, qui se voulait sociale et égalitaire, est elle aussi bien brève, de 1848 à 1852 seulement. Ensuite ? L'empereur est de retour ! Il ne s'agit pas de **Napoléon Ier (1769-1821)**, mais de son neveu, **Napoléon III (1808-1873),** qui règne entre 1852 et 1870, sous le *Second Empire*.

Suit une période incertaine. L'*Assemblée constituante* élue hésite entre un nouveau roi, un nouvel empereur et… la République, qui triomphe de justesse avec le vote des Lois constitutionnelles de 1875. Naît la *IIIe République*, balayée en 1940 par l'humiliante défaite que l'armée allemande inflige à la France au début de la Deuxième Guerre mondiale (1939-1945). Mise sous l'éteignoir par le gouvernement collaborationniste du **maréchal Pétain (1856-1951)** pendant toute la période de l'*Occupation*, elle renaît de ses cendres à la *Libération*, en 1944. Commence alors la *IVe République*, marquée par les *Trente Glorieuses*, la *Guerre froide* et la décolonisation. C'est d'ailleurs la guerre d'Algérie (1954-1962) qui hâte sa fin. Le **général de Gaulle (1890-1970)** revient aux affaires et fonde, en 1958, la *Ve République*.

Figure 20-1 : La prise de la Bastille.

LE SAVIEZ-VOUS ?

Le père de la Veuve

C'est durant la *Terreur* imposée par le gouvernement révolutionnaire de **Robespierre (1758-1794)** que la guillotine fait son apparition. Régulièrement déplacée en raison des plaintes des riverains incommodés par le défilé continuel des victimes, la « Veuve », comme on la surnomme, inspire un vif effroi.

Au départ, son inventeur, le docteur **Joseph Ignace Guillotin (1738-1814)**, est pourtant animé de bonnes intentions. Pour lui, la guillotine est d'abord un moyen plus « humain » d'exécuter les condamnés à mort. Il faut dire qu'avant lui, il arrivait au bourreau de s'y reprendre à plusieurs fois avant de trancher une tête à la hache ou à l'épée… En elle, le républicain Guillotin voit aussi un instrument « égalitaire » qui coupe la tête de tous à l'identique quand, sous l'Ancien Régime, les nobles et les gens du commun mourraient selon leur rang. Aux uns le billot, aux autres le gibet, le feu ou l'écartèlement…

Active dès 1792, la guillotine le restera jusqu'en 1977, puis regagnera sagement le musée de la Conciergerie après l'abolition de la peine de mort, en 1981.

La Ve République

La Constitution de 1958, adoptée par *référendum* le 28 septembre, définit le cadre d'exercice de la vie politique française. Elle se compose d'une centaine d'articles, répartis en seize titres ou thèmes généraux, et est précédée d'un préambule qui réaffirme les principes fondamentaux qui ont présidé à son élaboration : la *Déclaration des droits de l'homme et du citoyen* de 1789, le préambule de la Constitution d'octobre 1946 repris par la *Déclaration universelle des droits de l'homme* en 1948. En 2005 y est ajoutée une *Charte de l'environnement.*

Tableau 20-1 : Les grandes dates de la démocratie

Date	*Événement*
ve siècle av. J.-C.	Démocratie athénienne
1215	Magna Carta
1679	Habeas Corpus
1689	Bill of Rights ou Déclaration des droits
1789	Révolution française, Déclaration des droits de l'homme et du citoyen
1792	Première République
1795	Directoire
1804	Premier Empire
1815-1830	Restauration
1830-1848	Monarchie de Juillet
1848-1852	Seconde République
1852-1870	Second Empire
1875	Lois constitutionnelles, IIIe République
1940	Chute de la IIIe République
1944	IVe République
1946	Constitution d'octobre
1948	Déclaration universelle des droits de l'homme
1958	Ve République
1962	Élection du président de la République au suffrage universel direct
1974	Réforme du Conseil constitutionnel
1981	Abolition de la peine de mort
1992	Adaptation aux dispositions du traité européen de Maastricht
2000	Passage du mandat présidentiel du septennat au quinquennat

Elle peut être révisée par l'organisation d'un *référendum* soumis à la nation, ou par voie parlementaire, Assemblée nationale et Sénat se réunissant ensemble en *Congrès* à Versailles.

Depuis 1958, les révisons constitutionnelles ont été les suivantes :

- En 1962, l'élection du président de la République au suffrage universel direct
- En 1974, la réforme du Conseil constitutionnel
- En 1992, l'adaptation aux dispositions du traité européen de Maastricht
- En 2000, le passage du mandat présidentiel du septennat au quinquennat

Les institutions françaises

Garantie constitutionnellement, la séparation des pouvoirs entre l'*exécutif*, le *législatif* et le *judiciaire* constitue les fondements de la démocratie française et permet, du moins en principe, le bon fonctionnement de ses institutions. Lorsque l'exécutif veille à l'exécution de la politique générale, à celle des lois promulguées, le législatif propose des projets de loi, les vote, tandis que le *judiciaire* veille au respect des lois en vigueur, par la sanction des contrevenants. Dans la Constitution, la définition de l'exercice de ces pouvoirs est ainsi donnée par :

- Le Titre II, le Président de la République (articles 5 à 19)
- Le Titre III, le Gouvernement (articles 20 à 23)
- Le Titre IV, le Parlement (articles 24 à 33)
- Le Titre VIII, de l'autorité judiciaire (articles 64 à 66)

L'ensemble est placé sous l'égide du *Conseil constitutionnel* (Titre VII, articles 56 à 63), à qui revient de veiller au respect de la *Constitution*.

Le président de la République

Le *président de la République* « assure, par son arbitrage, le fonctionnement des pouvoirs publics ainsi que la continuité de l'État. Il est le garant de l'indépendance nationale, de l'intégrité du territoire et du respect des traités » (Article 2). Il est élu pour cinq ans au suffrage universel direct, nomme le Premier ministre, et, sur proposition de ce dernier, les autres membres du gouvernement. Ses autres prérogatives sont :

- La présidence du Conseil des ministres
- La promulgation des lois
- La soumission de propositions à la Nation par référendum, ou consultation directe du corps électoral, appelé à répondre par oui ou non à une question posée.
- Le pouvoir de dissoudre l'Assemblée nationale

- La responsabilité de chef des armées
- L'exercice, en cas de crise grave, des pouvoirs exceptionnels (Article 16)
- La disposition du droit de grâce

Le gouvernement

Le *gouvernement* « détermine et conduit la politique de la nation. Il dispose de l'administration et de la force armée. Il est responsable devant le parlement » (article 20). Un gouvernement est formé du Premier ministre, et des autres ministres en nombre variable, en général autour d'une trentaine de personnes. Le Premier ministre est obligatoirement le chef du parti, ou du groupe de partis alliés qui a remporté les élections législatives. Ceci explique le phénomène de *cohabitation* connu en France, par exemple, entre 1986 et 1988, avec un président de la République, **François Mitterrand (1916-1996)**, socialiste, et un Premier ministre, **Jacques Chirac (né en 1932)**, RPR.

Pour les aider dans leur tâche, les divers ministres disposent tous d'un cabinet, de conseillers techniques et hauts fonctionnaires, parfaitement au fait des dossiers du ministère. Cette structure, en grande partie permanente, explique le passage possible de l'Agriculture à l'Éducation nationale. Le ministre concerné n'a pas à être un spécialiste, il détermine une politique que les hauts fonctionnaires spécialisés, eux, se chargent de mettre en application. Le gouvernement se réunit tous les mercredis matin, au cours du *Conseil des ministres*, présidé par le président de la République, ou, en cas d'empêchement, par le Premier ministre.

Le Parlement

Le *Parlement* « comprend l'Assemblée nationale et le Sénat ». Les députés à l'Assemblée nationale sont élus au suffrage direct. « Le Sénat est élu au suffrage indirect. Il assure la représentation des collectivités territoriales de la République. Les Français établis hors de France sont représentés au Sénat » (Article 24). Les 577 députés de l'Assemblée nationale sont élus pour cinq ans, les Sénateurs pour six ans, renouvelables par moitié tous les trois ans. Le parlement siège de début octobre à fin juin. C'est ce que l'on appelle la « *session ordinaire* ». Si le calendrier législatif l'exige, le Premier ministre peut demander des jours supplémentaires de séance, les « *sessions extraordinaires* ».

Le parlement vote les lois, qui sont proposées par ses membres ou le Premier ministre. Le projet de loi est présenté à l'Assemblée nationale, qui l'examine, dépose des *amendements*, modifications destinées à l'améliorer, puis envoie le projet au Sénat. Lequel, à son tour, examine et amende. Le trajet aller-retour de la future loi entre les deux assemblées s'appelle la *navette parlementaire*. En dernier ressort, la décision finale revient toujours à l'Assemblée nationale, qui vote la loi définitive. Le parlement vote également le projet de loi de finances, qui détermine le montant et la forme de collecte de l'impôt, ainsi que l'usage qui en sera fait et la dotation de chaque ministère. L'article de la Constitution qui donne le plus de pouvoir à l'Assemblée nationale et, paradoxalement, lui en retire aussi le plus, est l'article 49. Il stipule, à la fois :

- Que l'Assemblée peut voter une motion de censure contre le gouvernement. Il faut qu'elle soit demandée par au moins 10 % des députés, et votée à la majorité (article 49-2). Fréquemment déposée, la motion de censure n'a fait, depuis 1958, chuter qu'un seul gouvernement, celui de Georges Pompidou en 1962.
- Que le Premier ministre peut « engager la responsabilité du gouvernement devant l'Assemblée nationale sur le vote d'un texte ». C'est le fameux *article 49-3*. Cela signifie que le texte est considéré comme adopté, sans délibération, ni amendements, ni vote, sauf si une motion de censure est adoptée. Le 49-3 est utilisé par tout gouvernement qui veut faire adopter rapidement une loi, sans discussion.

Figure 20-2 : L'Assemblée nationale.

Le Conseil constitutionnel

Le *Conseil constitutionnel* « comprend neuf membres, dont le mandat dure neuf ans et n'est pas renouvelable, et se renouvelle par tiers tous les trois ans. Trois des membres sont nommés par le président de la République, trois par le président de l'Assemblée nationale, trois par le président du Sénat » (article 56). Il faut ajouter à ces neuf membres nommés les anciens présidents de la République, qui sont membres de droit à vie du Conseil constitutionnel. Celui-ci veille au bon déroulement et à la régularité des élections, et à la constitutionnalité des lois. Dans toute démocratie, en effet, la Constitution est supérieure aux lois. Puisque celle de 1958, dans son préambule, inclut la *Déclaration des droits de l'homme et du citoyen* du 26 août 1789, aucune loi, par exemple, ne peut contrevenir à l'article 1 de la Déclaration : « Les hommes naissent et demeurent libres et égaux en droits. Les distinctions sociales ne peuvent être fondées que sur l'utilité commune ».

L'Union européenne

Depuis le *traité de Rome* de 1957, nous ne vivons plus dans le cadre du seul espace national. La France s'inscrit dans des institutions européennes partagées par les 27 pays aujourd'hui membres de l'Union européenne.

De la CECA à l'UE

La création de l'Union européenne s'est faite au fil de la signature de nombreux traités, depuis 1952, définissant des institutions de plus en plus complexes, et par une succession d'élargissements, après le traité de Rome fondant la *Communauté économique européenne* (CEE) en 1957. En voici les principales étapes, depuis le rêve des pères fondateurs, **Robert Schuman (1886-1963), Jean Monnet (1888-1979), Konrad Adenauer (1876-1967) et Alcide de Gasperi (1881-1954)** jusqu'à l'Union européenne des 27 membres et sa devise *In varietate concordia*, « Unie dans la diversité ».

La CECA

Signé à Paris le 18 avril 1951, le traité instaurant la *CECA*, ou *Communauté européenne du charbon et de l'acier*, entre en vigueur en 1952. Elle est créée par six pays : France, République fédérale d'Allemagne (RFA), Italie, Benelux (Belgique, Pays-Bas ou Nederland, Luxembourg). Son but est de permettre la libre circulation du charbon et de l'acier entre les pays signataires, sans entraves dues aux droits de douane, à des limites de quantités, aux subventions et aides nationales.

LE SAVIEZ-VOUS ?

CEE (presque) l'heure

Le salon de l'Horloge, au quai d'Orsay (ministère des Affaires étrangères), est célèbre depuis le 9 mai 1950. Ce jour-là, **Robert Schuman (1886-1963)**, ministre des Affaires étrangères, lit un vibrant plaidoyer en faveur de la naissance d'une Europe commune, dû à la plume d'un autre père fondateur de l'Europe, **Jean Monnet (1888-1979)**. Le pari est risqué, à quelques années à peine de la fin d'une Seconde Guerre mondiale sanglante, de vouloir rapprocher la France et l'Allemagne, alors RFA depuis 1949. Mais Robert Schuman et Jean Monnet ont clairement conscience qu'il faut éviter à tout prix les erreurs du *traité de Versailles* de juin 1919, écrasant l'Allemagne vaincue sous le poids de la responsabilité morale de la Première Guerre mondiale et les réparations de guerre exorbitantes.

C'est pour donner corps à cette *Déclaration du salon de l'Horloge*, que naît en 1951-1952 la CECA, matrice de la future CEE et de notre UE actuelle.

Pour commémorer ce jour et ce texte fondateur, depuis 1985, la *Journée de l'Europe* est célébrée tous les ans le 9 mai.

La Communauté européenne de défense

Prévue entre les six mêmes pays en 1952, la *Communauté européenne de défense* (CED) aurait dû être l'embryon d'une future armée européenne. Mais, pour être valable, outre les signatures des chefs d'État ou de gouvernement, tout texte doit aussi être ratifié par les parlements nationaux. Or, en 1954, l'Assemblée française refuse tout simplement d'en débattre. Le projet est abandonné, jusqu'en 1995, avec la mise en service du *Corps européen* ou *Eurocorps*, qui rassemble 60 000 hommes issus de cinq pays membres de l'Union européenne : France, Allemagne, Belgique, Espagne, Luxembourg. Mais l'Eurocorps reste soumis à l'*OTAN* (*Organisation du traité de l'Atlantique nord*, 1949), c'est-à-dire à l'alliance avec les États-Unis.

La Communauté économique européenne

La *Communauté économique européenne* (CEE) est instituée par le traité de Rome et les six même pays signataires, le 25 mars 1957. Il met en place le *marché commun* et la *politique agricole commune*, la *PAC*, effective à partir de 1962 : libre circulation des capitaux, des services, puis des personnes à partir de 1985 en principe, avec la signature des *Accords de Schengen*. Mais la suppression des contrôles d'identité entre pays membres de l'*espace Schengen* – France, Allemagne, Belgique, Pays-Bas, Luxembourg – n'entre réellement en vigueur qu'en 1995. Les rejoignent l'Italie (1990), l'Espagne et le Portugal (1991), la Grèce (1992), l'Autriche (1995), le Danemark, la Finlande, la Suède, la Norvège, l'Islande (1996). En application du *traité de Maastricht*, au 1er novembre 1993, la *Communauté économique européenne* devient *Communauté européenne*.

UN PEU DE TECHNIQUE

PAC à pas

La *Politique agricole commune* est à l'origine destinée à moderniser les agricultures nationales, à augmenter toutes les productions, afin de couvrir les besoins alimentaires des pays membres. Victime de son succès, elle est encore utilisée en ce sens pour les nouveaux États membres, mais, pour les autres, s'oriente de plus en plus vers un contrôle strict des productions et des volumes produits. Un rôle nouveau lui est échu, entre conservatoire du patrimoine agricole et maintien des subventions pour les régions défavorisées de l'actuelle Union européenne.

L'Union européenne

L'*Union européenne* (*UE*) actuelle est née de la signature du *traité de Maastricht* (Pays-bas), le 7 février 1992 par les États membres de l'ancienne CEE : France, Allemagne, Belgique, Italie, Luxembourg, Pays-Bas, Danemark, Royaume-Uni, Irlande, Grèce, Espagne, Portugal. Ce traité définit de nouveaux cadres à l'Union européenne :

- **L'Union économique et monétaire** (UEM) qui aboutit à la création d'une monnaie commune, l'euro
- **La Politique étrangère et de sécurité commune** (PESC), ébauche d'une politique de défense commune
- **Les Communautés européennes**, organisations internationales régionales (CECA, disparue en 2002, CE, EURATOM)
- La coopération en matière de **justice et affaires intérieures** (JAI)

L'UE naît véritablement le 1er novembre 1993, date d'entrée en vigueur du traité de Maastricht. Celui-ci est modifié par le *traité d'Amsterdam* et le *traité de Nice*. Le traité d'Amsterdam – signé le 2 octobre 1997, entré en vigueur le 1er mai 1999 – valide la « coopération renforcée » : chaque État, ou groupe d'États, avance à son rythme dans la progression de la construction communautaire (exemple : l'utilisation de l'euro). Le traité de Nice signé le 26 février 2001, entré en vigueur le 1er février 2003, fixe le cadre d'évolution des institutions européennes au fur et à mesure des élargissements, réalisés ou en projet (exemples : le recours à la majorité au sein du Conseil de l'UE, le système de majorité double).

En juillet 2003, le Conseil européen reçoit un projet de traité établissant une *Constitution pour l'Europe*, bloqué depuis son refus par le référendum organisé en France, puis aux Pays-Bas, en 2005.

N'OUBLIEZ PAS !

Euroland

Chacun ayant la possibilité de pousser le processus de l'intégration à son rythme propre, l'Union européenne est en réalité comparable aux poupées russes, avec un système d'emboîtement dont l'euro est le symbole. Instituée par le *traité de Maastricht* (1992), la monnaie unique européenne suit son propre calendrier et s'adapte en fonction des espaces géographiques considérés :

- 1er juin 1998 : création de la *Banque centrale européenne* (*BCE*).
- 12 mars 1998 : liste des onze pays qui peuvent et souhaitent passer à l'euro au 1er janvier 1999.
- 1er janvier 1999 : passage à l'euro, monnaie unique, pour les onze sélectionnés : France, Allemagne, Autriche, Belgique, Espagne, Finlande, Irlande, Pays-Bas, Italie, Luxembourg, Portugal.
- 1er janvier 2001 : la Grèce rejoint la *zone euro*, ou *euroland*.
- 1er janvier 2002 : mise en circulation des euros, en pièces et billets, dans les douze pays concernés.

Le succès actuel de l'Union européenne se mesure au désir exprimé par de nouveaux États d'en devenir membres, tout autant qu'à sa capacité à les intégrer dans un ensemble à la fois très différencié et relativement homogène. Les élargissements successifs concernent donc :

- Au 1er janvier 1973 : le Danemark, l'Irlande, le Royaume-Uni.
- Au 1er janvier 1981 : la Grèce.
- Au 1er janvier 1986 : l'Espagne, le Portugal.
- Le 3 octobre 1990 : réunification allemande, l'ancienne République démocratique allemande (RDA) intègre l'Europe des 12.
- Au 1er janvier 1995 : l'Autriche, la Finlande, la Suède. Naissance de l'Europe des 15.
- Au 1er mai 2004 : Chypre, l'Estonie, la Hongrie, la Lettonie, la Lituanie, Malte, la Pologne, la République tchèque, la Slovaquie, la Slovénie.
- Au 1er janvier 2007 : Bulgarie, Roumanie, C'est désormais, l'Europe des 27.

Tableau 20-2 : Les grandes dates de l'Union européenne

Date	*Événement*
1951	Fondation de la Communauté européenne du charbon et de l'acier (CECA), traité de Paris
1957	Fondation de la Communauté économique européenne et de l'Euratom, traités de Rome. Adhésions : Allemagne, Belgique, France, Italie, Luxembourg, Pays-Bas
1973	Adhésions : Danemark, Irlande, Royaume-Uni
1981	Adhésion : Grèce
1986	Signature de l'Acte unique européen (AUE). Adhésions : Espagne, Portugal
1990	Adhésion : ancienne République démocratique allemande
1992	Signature du traité sur l'Union européenne, Maastricht
1995	Adhésions : Autriche, Finlande, Suède
1997	Signature du traité d'Amsterdam
2001	Signature du traité de Nice
2004	Signature du traité établissant une constitution pour l'Europe. Adhésions : Chypre, Estonie, Hongrie, Lettonie, Lituanie, Malte, Pologne, République tchèque, Slovaquie, Slovénie
2007	Adhésions : Bulgarie, Roumanie

Les institutions européennes

Plus l'Union européenne progresse dans sa construction, plus les élargissements permettent l'accueil de nombreux candidats, et plus il lui est nécessaire de posséder des instruments de fonctionnement et de régulation adaptés. Ce sont les institutions européennes : le Conseil européen, la Commission européenne, le Conseil de l'Union européenne, le Parlement, la cour de Justice et la Banque centrale européenne.

Le Conseil européen

Le *Conseil européen*, également appelé *Sommet européen* s'est réuni, à partir de 1975, à la demande du président de la République française, Valéry Giscard d'Estaing, qui estimait fondamental que les chefs d'État et de gouvernement se retrouvent régulièrement pour mettre au point, ensemble, les grands axes de la politique commune. D'abord réunion informelle, le Conseil européen devient une institution européenne véritable avec le traité de Maastricht en 1992 :

- Il se réunit en général trois fois par an, en février/mars, en juin et en novembre/décembre.
- Il désigne, tous les cinq ans, le président de la Commission européenne (sa qualité de président est honorifique, et n'entraîne pas de pouvoir décisionnel particulier).
- Il est présidé pour six mois, à tour de rôle, par le représentant de chacun des 27 pays membres.
- Chaque réunion dure en général deux jours, et se tient, depuis 2003, à Bruxelles.
- Ses décisions sont des orientations, des propositions, qui n'ont pas force de loi.

La Commission européenne

Créée en 1958, la *Commission européenne* est composée de spécialistes, proposés chacun par un État membre, acceptés par un vote du Parlement européen. Son rôle premier de « gardienne des Traités » est aujourd'hui largement amplifié : la Commission propose et met en œuvre les politiques communautaires. Elle propose des actions ou des textes de lois, et veille, après décision du Conseil de l'Union européenne, à leur bonne exécution :

- Elle siège à Bruxelles.
- Les 27 commissaires ont un mandat de cinq ans.
- Le président désigné par le Conseil est lui aussi en fonction pour cinq ans, confirmé là encore par un vote du Parlement européen.
- Elle est un organe exécutif de l'Union, et responsable devant le Parlement qui peut la sanctionner par un vote de censure.

Le conseil de l'Union européenne

Plus connu sous le nom de *Conseil des ministres*, le *Conseil de l'Union européenne* réunit, par spécialité et plusieurs fois par mois les 27 ministres concernés des États membres, en fonction de l'ordre du jour. Plus largement, il est chargé de la coopération entre les différents gouvernements en matière de politique étrangère et de sécurité commune (PESC), ainsi que de veiller à l'établissement d'un véritable marché unique assurant les quatre libertés : liberté de circulation des biens, des personnes, des services et des capitaux, auxquelles s'ajoute la monnaie unique. C'est le principal centre de décision de l'Union européenne :

- Il est présidé, pour six mois, par le représentant d'un État membre, chacun à tour de rôle.
- Il se réunit environ une centaine de fois par an.
- Il débat des grands axes de la politique commune en matière agricole surtout, mais aussi d'éducation, de recherche, de défense, de santé, de transports.

Le Parlement européen

Le *Parlement européen*, qui siège à Strasbourg quatre jours par mois en séance plénière et Bruxelle le reste du temps, représente les 494 millions d'Européens. Ses 786 députés sont élus, pour un mandat de cinq ans, directement par les citoyens européens. Il exerce un triple pouvoir, législatif, budgétaire, et de contrôle politique des institutions européennes. En matière législative, il adopte les lois communautaires, avec le Conseil de l'Union européenne. Il vote et répartit le budget annuel de l'Union européenne, en général en décembre. Il exerce par ailleurs un contrôle politique des institutions européennes :

- En approuvant ou non la nomination du président de la Commission européenne et celle des 27 commissaires.
- En créant des commissions d'enquête, par exemple sur la « vache folle ».
- En saisissant éventuellement la Cour de justice.

Le nombre de députés européens, pour chaque État membre, est fonction de sa population totale, ainsi siègent 99 Allemands, 78 Français, 78 Britanniques, mais 54 Espagnols, 54 Polonais, 35 Roumains, 18 Bulgares et 6 Estoniens.

Figure 20-3 : Le Parlement européen à Strasbourg.

La Cour de justice des communautés européennes

La *Cour de justice des communautés européennes* est composée de 27 juges et de 8 avocats généraux, désignés d'un commun accord par les gouvernements des États membres pour un mandat de six ans renouvelable. Ils sont choisis à la fois sur leur compétence reconnue en matière juridique et leur indépendance. Les 27 juges de la Cour choisissent en leur sein un président de la Cour, pour une période de trois ans renouvelable. Les 8 avocats généraux assistent la Cour et lui fournissent des « conclusions », c'est-à-dire un avis juridique sur les dossiers dont ils sont saisis. La Cour fixe, par ses arrêts motivés, le droit communautaire, depuis sa création, en 1952. Elle se saisit de plusieurs types de requêtes :

- Celles de citoyens
- Celles d'associations contre un État qui n'a pas respecté la législation européenne
- Celles des États contre la Commission européenne

Elle éclaire également, à leur demande, les États membres sur un point de la juridiction européenne.

La Banque centrale européenne

La *Banque centrale européenne*, ou *BCE*, siège en Allemagne à Francfort-sur-le-Main et assure la politique monétaire des 12 pays de la zone euro. Sa mission principale consiste à maintenir la stabilité des prix au sein de la zone euro, c'est-à-dire une inflation inférieure à 3 % dans les 12 pays qui ont introduit l'euro en 1999. Elle est dirigée par un Conseil des gouverneurs, membres du directoire des banques centrales nationales, et un Gouverneur en titre de la BCE, ainsi de juin 1998 à octobre 2003 le Néerlandais Wim Duisenberg, puis, depuis le 1er novembre 2003, le Français Jean-Claude Trichet.

Voter dans l'Union, quel casse-tête !

Le Conseil de l'Union européenne est l'institution qui est amenée à prendre, au cours de l'année, le plus de décisions. Or, le processus pour y parvenir est plutôt ardu. Selon la nature des décisions à prendre, le conseil peut le faire :

- À la majorité simple
- À la majorité absolue
- À l'unanimité

Si le choix s'arrêtait à ces trois cas, le vote serait encore relativement simple. Mais, dans la réalité, le Conseil n'en utilise pratiquement jamais aucun des trois.

La procédure la plus fréquemment employée est celle dite de la *majorité qualifiée* : chaque État membre dispose d'un nombre de voix plus ou moins important en fonction de sa population, du volume de son économie, de son influence politique. À la suite de savants calculs prenant en compte ces divers facteurs, la répartition des voix par État est la suivante :

- France, Allemagne, Italie, Royaume-Uni : 29 voix
- Espagne, Pologne : 27 voix
- Roumanie : 14 voix
- Pays-Bas : 13 voix
- Grèce, République tchèque, Belgique, Hongrie, Portugal : 12 voix
- Suède, Autriche, Bulgarie : 10 voix
- Slovaquie, Danemark, Finlande, Irlande, Lituanie : 7 voix
- Lettonie, Estonie, Chypre, Luxembourg, Slovénie : 4 voix
- Malte : 3 voix
- Total : 345 voix

La *majorité simple* est employée en matière procédurale, la *majorité qualifiée* en matière de marché unique, de politique de la concurrence, d'agriculture, de transports, d'environnement. L'*unanimité* est réservée à la fiscalité, à la Sécurité sociale, la défense, la sécurité, l'élargissement. Mais elle se complique, car elle est accompagnée pour chaque État membre d'un droit de *veto*, qui lui permet de s'opposer à la décision, qui n'est donc pas adoptée.

La majorité qualifiée est atteinte quand deux conditions sont remplies :

- Une majorité d'États membres donnent leur approbation.
- Un minimum de 255 voix se sont exprimées en faveur de la proposition, soit environ 74 % du total.

Toutefois, un État membre peut, de surcroît, demander la confirmation que les voix favorables représentent au moins 62 % de la population totale de l'Union européenne. Si tel n'est pas le cas, la décision n'est pas adoptée.

Le sommet européen de juin 2007 propose de fixer la majorité qualifiée à – au moins 55 % des membres du Conseil – comprenant au moins 15 États membres – réunissant au moins 65 % de la population de l'U.E.

La justice

Parmi les modalités de fonctionnement optimal d'une société, suscitant à la fois méfiance et respect, empêchant le fort d'opprimer le faible, sans oublier son rôle de garant des droits de tous, s'exerce la justice.

Principe relevant de l'éthique, la justice s'incarne dans l'action des différents tribunaux. Rendue au nom du peuple français, elle est le progrès le plus notable de toute organisation sociale, car la justice publique met un terme à l'exercice de la vengeance privée. Cependant, les justiciables sont souvent perdus, entre les différentes juridictions, leurs membres et domaines de compétence, face au jargon judiciaire. Robes, toques et hermines, magistrature assise ou debout, explorons les arcanes des tribunaux en France : les juridictions civiles, pénales et administratives.

Les juridictions civiles

Par application des lois qui n'entraînent pas de sanctions pénales (*Code civil, Code du travail, Code de commerce*…), les *juridictions civiles* règlent les litiges (qui ne sont pas des infractions) entre personnes. Les juridictions de droit commun ont une compétence étendue à tous les litiges, sauf cas particuliers.

Le tribunal d'instance

La France compte 473 tribunaux d'instance (dont 11 outre-mer), répartis par arrondissement. Créé en 1958, le *tribunal d'instance* est compétent pour des litiges de valeur pécuniaire inférieure à 2 000 euros et à charge d'appel jusqu'à 7 600 euros. La procédure exige une conciliation préalable. Si celle-ci échoue, le procès a lieu, présidé par un juge unique assisté d'un greffier et spécialisé dans le règlement de litiges concernant :

- Le surendettement des particuliers
- Le crédit à la consommation
- Les baux d'habitation
- Le bornage (entre propriétés)
- Des ordonnances d'injonction de payer
- Les révisions de rentes viagères
- Les procédures de recouvrement direct des pensions alimentaires

Le jugement est rendu par un juge unique pour tout conflit entre particuliers dont le montant ne dépasse pas 10 000 euros.

Le tribunal de grande instance (TGI)

Issu du *tribunal de district* créé en 1792, le *tribunal de grande instance* voit son organisation fixée par des ordonnances et des décrets en 1958 et modifiée en 1983 et 1994. Il en existe actuellement 181, dont un au moins par département. Dans les villes importantes, les TGI sont divisés en plusieurs chambres (10 à Lyon, 11 à Marseille, 31 à Paris, etc.) qui peuvent elles-mêmes être divisées en sections. Ces juridictions sont dites de droit commun. De leur compétence générale relèvent :

- Les affaires civiles d'une valeur supérieure à 10 00 euros
- Les affaires immobilières
- Les litiges concernant l'État et la capacité des personnes (mariage, divorce, filiation)
- La rectification des actes civils
- L'adoption
- Les régimes matrimoniaux
- Les successions, les contestations sur la nationalité
- Les actions relatives aux appellations d'origine, brevets d'invention, marques
- Les actions en dissolution d'association
- Certains litiges en matière de fiscalité indirecte, de droits d'enregistrement

Le tribunal de commerce

L'organisation du *tribunal de commerce* (au nombre de 234 dont 5 outre-mer) est particulière car les juges, dénommés *juges consulaires*, sont des commerçants bénévoles élus pour deux ou quatre ans par leurs pairs : les délégués consulaires, membres en exercice du tribunal de commerce et de la chambre de commerce et d'industrie, les anciens membres de ces institutions ayant demandé à être inscrits sur la liste électorale. Le tribunal de commerce règle les désaccords entre commerçants et les litiges relatifs aux actes de commerce.

Ces hommes et femmes sont :

- De nationalité française et âgés de plus de 30 ans.
- Inscrits au Registre du commerce et des sociétés à titre personnel depuis cinq ans au moins ou ayant exercé des fonctions de dirigeant ou de directeur d'entreprise pendant cinq ans au moins.
- Inscrits sur la liste électorale des délégués consulaires dans le ressort du tribunal de commerce ou dans celui des tribunaux de commerce limitrophes.

Relèvent des compétences du tribunal de commerce :

- Le règlement des litiges entre commerçants
- Le règlement des litiges entre associés de sociétés commerciales

- Les procédures relatives aux difficultés de commerçants ou artisans (liquidation ou redressement judiciaire)

Le conseil de prud'hommes

Le *conseil de prud'hommes* est composé de conseillers élus (au nombre de 270 dont 6 outre-mer), représentant paritairement les salariés et les employeurs. Ce conseil est divisé en cinq sections :

- La section de l'encadrement (cadres, VRP, agents de maîtrise)
- La section de l'industrie (ouvriers et employés de l'industrie)
- La section du commerce et des services commerciaux (ouvriers et employés du commerce)
- La section de l'agriculture (ouvriers et employés agricoles)
- La section des activités diverses

Les conseillers prud'hommes, juges élus par leurs pairs, représentent en nombre égal les employeurs et les salariés.

Relèvent des compétences du conseil de prud'hommes :

- Le règlement par voie de conciliation des litiges entre employeurs et salariés au sujet du contrat de travail.
- Le jugement des litiges en cas d'échec de la conciliation : paiement du salaire ou des primes, de la remise de l'attestation destinée aux ASSEDIC, des horaires, des congés payés, des conditions de rupture ou de non-renouvellement du contrat, par exemple en cas de non respect des délais légaux ou des formes réglementaires, d'absence de cause réelle et sérieuse, des indemnités de préavis ou de licenciement, d'un différend avec l'entreprise quand un salarié ne respecte pas une clause de non-concurrence ou la durée légale du préavis de départ.

Le tribunal paritaire des baux ruraux

Chacun des 476 *tribunaux paritaires des baux ruraux* siège auprès d'un tribunal d'instance et règle les conflits entre propriétaire foncier et fermier ou métayer qui lui loue ses terres. Le juge d'instance préside ce tribunal, assisté de quatre assesseurs non professionnels élus pour cinq ans à partir des listes électorales établies par les maires des communes : deux sont des propriétaires et deux sont des métayers ou des fermiers.

Relèvent des compétences du tribunal paritaire des baux ruraux :

- Le jugement des litiges relatifs aux agriculteurs et plus spécialement aux baux ruraux
- Le règlement des conflits s'élevant à l'occasion d'un bail rural entre le propriétaire d'un domaine agricole et son fermier ou métayer (loyer de fermage, durée de métayage, reprise de la terre)

Le tribunal des affaires de Sécurité sociale

Cette juridiction a été créée avec la mise en place de la Sécurité sociale en 1945. Il existe 113 tribunaux des affaires de Sécurité sociale, dont 4 outre-mer. Il est présidé par un juge du tribunal de grande instance assisté de deux assesseurs qui représentent les salariés, les employeurs, les travailleurs indépendants. Ces assesseurs, non professionnels, sont désignés pour trois ans par le président du tribunal de grande instance, sur présentation des organisations syndicales des professions agricoles et non agricoles les plus représentatives.

Le trib*unal des affaires de Sécurité sociale* règle les litiges entre les usagers et les différents organismes de la Sécurité sociale (prestations familiales, cotisations…).

Mais ne relèvent pas de ses compétences :

- Les décisions d'ordre médical (compétence de la commission technique régionale)
- Les plaintes contre les infractions au Code de la Sécurité sociale réprimées par la justice pénale
- Les conflits liés aux institutions de retraite complémentaire (compétence de la justice civile)

Les juridictions pénales

Les *juridictions pénales* ont la double mission de poursuivre et sanctionner les infractions, et de protéger les libertés individuelles.

Les juridictions d'instruction

La *juridiction d'instruction* est aux mains du *juge d'instruction* qui siège au TGI et dispose de pouvoirs considérables. Celui-ci a la charge d'enquêter afin de trouver les preuves d'une infraction et les éléments de la culpabilité d'une personne. Il instruit « à charge et à décharge » afin d'établir la vérité.

Au cours de ses enquêtes, il a le droit d'interroger, de perquisitionner, de faire des saisies. Il ordonne par :

- Le mandat de comparution (convocation)
- Le mandat d'amener (arrestation d'une personne pour l'amener devant le juge d'instruction)
- Le mandat d'arrêt (ordre d'arrêter et de détenir une personne)
- Le mandat de dépôt (individu mis en examen et conduit en maison d'arrêt)

Le juge d'instruction peut également imposer la mise en détention provisoire. Enfin, c'est lui qui clôture l'instruction en ordonnant un non-lieu (quand les preuves de l'infraction n'ont pas été établies) ou un renvoi (il ordonne au tribunal compétent de juger l'affaire).

La juridiction d'instruction dispose d'un deuxième degré de juridiction, la *chambre d'accusation*. Sa *saisine* est obligatoire avant qu'une affaire criminelle soit renvoyée en cour d'assises. Elle a également le pouvoir de réhabilitation financière, d'amnistie.

N'OUBLIEZ PAS !

Quelle affaire !

Dans les annales de la justice française sont inscrits des procès retentissants ayant conduit à l'arrestation de criminels célèbres, mais aussi, malheureusement, de tragiques erreurs ayant conduit à la condamnation de nombreux innocents. La plus célèbre victime d'erreur judiciaire du début du XXe siècle fut sans conteste le capitaine **Alfred Dreyfus (1859-1935)**.

L'affaire Dreyfus, ou plus simplement « l'Affaire », s'étale de 1894 à 1906. Juif et originaire d'Alsace, occupée depuis 1871, le capitaine est accusé de trahir au profit de l'Allemagne. Un premier procès, en décembre 1894, le condamne à la dégradation militaire et à la déportation au bagne de l'île du Diable en Guyane. Grâce à l'acharnement de son frère Mathieu, du journaliste Bernard Lazare et du vice-président du Sénat, Scheurer-Kesner, et surtout d'Émile Zola et son « J'accuse » du 13 janvier 1898, qui veulent démontrer l'innocence du capitaine Dreyfus, un second procès, en septembre 1899, le reconnaît une nouvelle fois coupable, mais avec des « circonstances atténuantes », et le condamne à dix ans de prison. Ce même mois, il est gracié par le président de la République, Émile Loubet.

Mais la grâce ne signifie pas la reconnaissance de son innocence. Il faut pour cela l'arrêt de la Cour de cassation de juillet 1906, qui annule le jugement. Dreyfus est alors réhabilité, promu chef d'escadron et reprend son existence de militaire au sein de l'armée française.

Les juridictions de jugement

Au nombre de trois, chaque *juridiction de jugement* juge des infractions pénales spécifiques :

- **Le tribunal de police** : les jugements du tribunal de police concernent les auteurs de contraventions, c'est-à-dire les infractions les moins graves (Code de la route, tapage nocturne…) et sont rendus par un juge unique (juge d'instance). Les peines encourues sont des amendes, des travaux d'intérêt général ou des peines de prison inférieures à deux mois.
- **Le tribunal correctionnel** : dans le cadre du TGI, le tribunal correctionnel juge des infractions plus graves ou délits (vols, coups et blessures, escroquerie…). La décision appartient à trois magistrats (deux juges et le président du tribunal) ou à un juge unique pour les délits les moins graves. Le procureur de la République ou un substitut requièrent la peine. Les peines encourues sont des amendes d'un montant variable selon leur gravité, ou des peines allant de deux mois à dix ans de prison.

- **La Cour d'assises** : la Cour d'assises - une par département - juge les crimes (meurtre, assassinat, viol). Sa composition est complexe : elle comprend la Cour (trois juges), le parquet (avocat général ou procureur de la République), le greffier (retranscription de l'audience), le jury composé de neuf jurés (citoyens tirés au sort à partir des listes électorales). Elle siège par session de quinze jours maximum, une fois par trimestre. Magistrats et jurés examinent l'affaire en audience publique au cours de laquelle tous les éléments sont débattus oralement et contradictoirement. Ils délibèrent ensuite sur la culpabilité de l'accusé et sur la peine. L'accusation est soutenue par un magistrat du parquet qu'on appelle « avocat général ».

Les juridictions administratives

Les *juridictions administratives* jugent les litiges relatifs aux actes administratifs et les litiges entre les particuliers et l'Administration.

Le tribunal administratif

Au nombre de 35, les *tribunaux administratifs* jugent les litiges de droit commun entre les particuliers et l'Administration à l'exception de ceux qui sont réservés par des textes spéciaux à d'autres juridictions (*Conseil d'État* par exemple). Il s'agit notamment des décisions de l'Administration pouvant porter préjudice aux particuliers et des dommages causés par l'activité des services publics.

Les Cours administratives d'appel

Ce sont des juridictions d'appel qui réexaminent les dossiers déjà jugés par un tribunal administratif lorsque l'une des parties n'est pas satisfaite de la décision rendue. Elles sont au nombre de 7 et siègent à Bordeaux, Douai, Lyon, Marseille, Nancy, Nantes et Paris.

Le Conseil d'État

Le *Conseil d'État* juge :

- En premier et dernier ressort, certains recours, comme ceux engagés contre les décrets
- En appel, certains jugements rendus par les tribunaux administratifs
- En cassation, les jugements rendus par les Cours administratives d'appel

L'appel

La législation, en France, prévoit l'existence de juridictions supérieures, qui permettent de faire *appel* lorsque le premier arrêt rendu ne satisfait pas l'une des parties en présence. Jusqu'en 2000, il existait deux possibilités d'appel : devant une *Cour d'appel* ou devant la *Cour de cassation*. Depuis, il est possible de faire appel d'une décision de Cour d'assises devant une autre Cour d'assises, c'est l'*appel circulaire*.

La cour d'appel

La France compte 33 *cours d'appel* dont 3 outre-mer. Elles ont des compétences en matière civile. Toute décision d'une juridiction de premier ressort peut normalement faire l'objet d'un appel. C'est le cas des décisions tranchant des litiges inférieurs à un certain montant, variable selon la juridiction. Elles ont aussi des compétences en matière pénale :

- L'appel des juridictions d'instruction, du ressort de la chambre d'accusation
- L'appel des jugements du premier degré, du ressort de la chambre des appels correctionnels (à la fois appels du tribunal de police et du tribunal correctionnel)
- L'appel des décisions du juge des enfants, du ressort d'une chambre spéciale pour les mineurs

Figure 20-4 : La Cour d'appel du Palais de justice.

Dans ces différentes chambres, la procédure est la même que celle du tribunal de grande instance. Il faut noter la présence, à côté des juges, procureur, greffier, avocats, de l'avoué qui rédige les actes de procédure.

La Cour de cassation

Créée en 1790, la *Cour de cassation* est la plus haute juridiction de l'ordre judiciaire. Elle est unique et siège à Paris. Elle est constituée de six chambres (une chambre criminelle et cinq chambres civiles) et se compose de 149 magistrats (128 membres du siège et 21 membres du parquet). Toute personne s'estimant lésée par un jugement peut former un pourvoi devant cette Cour. La mission de celle-ci n'est pas de rejuger une affaire, mais de vérifier si, dans le déroulement du procès, le droit a bien été respecté (le délai de vérification est de deux mois pour une affaire civile, de cinq jours pour une affaire pénale). Si ce n'est pas le cas, la décision de justice est cassée et l'affaire est rejugée par la juridiction compétente.

L'appel circulaire

Depuis le vote de la loi du 15 juin 2000 est institué un *appel circulaire*, c'est-à-dire la possibilité, après l'arrêt d'une Cour d'assises ayant statué en premier ressort, de porter de nouveau l'affaire devant une seconde Cour d'assises, qui fera alors fonction de Cour d'appel. Cela signifie qu'un second jury aura à se prononcer après qu'un premier l'a déjà fait. L'arrêt rendu par cette nouvelle Cour n'est pas susceptible d'un nouveau pourvoi devant une Cour d'appel classique. Il peut l'être, toutefois, dans le cadre d'un pourvoi devant la Cour de cassation.

LE SAVIEZ-VOUS ?

Assis ! Debout !

La magistrature se compose de deux types de magistrats : la *magistrature assise*, et la *magistrature debout*. La première est celle des juges ou magistrats du siège. Inamovibles, ils représentent environ 75 % des effectifs. La magistrature debout, ou *parquet*, est composée des procureurs et avocats généraux. Ils sont ainsi appelés, car, pour prononcer leur réquisitoire, ils doivent se lever, quand les juges les écoutent assis, et le demeurent quand ils prennent la parole au cours du procès.

Grandes questions de société

La société n'est pas faite seulement d'organisation des pouvoirs, d'exercice de la démocratie et de la justice. Elle est également le lieu vivant d'affrontements autour de thèmes qui touchent chacun dans ses choix les plus personnels. Il en a été ainsi de l'interruption volontaire de grossesse et de la peine de mort, il en va de même aujourd'hui de l'euthanasie, du mariage et de l'adoption pour les couples homosexuels.

L'IVG

L'*interruption volontaire de grossesse* est sans doute le sujet qui a occasionné les débats les plus houleux, tranchés finalement par voie parlementaire avec le vote du projet de *loi Neuwirth* en 1967 qui abroge l'interdiction de toute contraception en France (loi de 1920). Mais l'avortement reste interdit jusqu'à l'adoption de la *loi Veil* en 1975, qui autorise l'interruption volontaire de grossesse (IVG). C'est une évolution radicale de la société française qui criminalisait cette pratique, punie de mort sous le régime de Vichy.

La peine de mort

La *peine de mort* est abolie en France par une loi en 1981, ce qui ne fait que mettre le pays en conformité avec les traités européens signés, qui prévoient explicitement l'abolition de ce mode de châtiment judiciaire. Le recours à la voie parlementaire est, à l'époque, un choix nécessaire, un référendum risquant de relever un possible souhait de maintenir le recours à la guillotine.

L'euthanasie

Trois pays européens, dont deux membres de l'Union Européenne, autorisent sous diverses formes l'*euthanasie*, du grec *eu-thanos*, c'est-à-dire la pratique qui consiste à aider une personne à mourir. En Suisse, l'*euthanasie active* (l'injection par un médecin d'une substance létale) est interdite ; mais l'aide, c'est-à-dire l'*euthanasie passive* (la personne avale elle-même ou déclenche la perfusion du produit donné par le médecin) est légale.

Depuis le 1er avril 2002, l'euthanasie encadrée par un médecin est autorisée aux Pays-Bas, disposition adoptée le 23 septembre 2002 par la Belgique, s'il n'existe plus aucun espoir médical.

En France, la loi distingue euthanasie active et passive, longtemps pour les qualifier de meurtre ou de non-assistance à personne en danger. La loi du 22 avril 2005, « relative aux droits des malades en fin de vie », permet un encadrement de l'euthanasie passive, tout en insistant sur la préférence à donner aux *soins palliatifs*, qui aident ces malades sans amélioration possible de leur état. L'euthanasie active demeure un meurtre.

Le mariage et l'adoption pour les couples homosexuels

Le *mariage homosexuel* est aujourd'hui autorisé dans trois États de l'Union européenne : les Pays-Bas depuis le 1er avril 2001, la Belgique depuis le 30 janvier 2003, l'Espagne depuis le 30 juin 2005. Aux Pays-Bas et en Espagne, les couples homosexuels ont le droit d'adopter des enfants dès l'entrée en vigueur de la loi. En Belgique, il faut attendre la loi complémentaire du 18 mai 2006 les y autorisant.

La grande majorité des autres pays membres de l'Union européenne reconnaissent d'autres formes d'union entre personnes de même sexe, sous forme d'un « partenariat enregistré » sans possibilité d'adoption, mais pas le mariage. C'est le cas en France, avec l'entrée en vigueur, en décembre 1998, du *Pacte civil de solidarité*, ou *PACS*, qui n'est toutefois pas réservé aux seuls couples homosexuels.

Sixième partie

Partie des dix

Dans cette partie...

Et voilà la Partie des dix! Récréative et thématique, elle vous permet d'aborder sous un autre angle certaines connaissances. Familiarisez-vous ainsi avec les fondements de notre monde en explorant les dix notions essentielles du texte primordial des religions révélées, l'Ancien Testament : Dieu, l'homme, la femme, le temps, le pur et l'impur, vous saurez tout! Puis, tout imprégné encore de myrrhe et d'oliban, dans les vapeurs du benjoin, aiguisez votre esprit en jouant aux chiffres et aux lettres : à quoi correspondent les 9 muses, les 5 vertus théologales, les 15-20, les 7 Merveilles du monde ? Pour le découvrir, franchissez hardiment les invitations au voyage que sont les dix « nombres d'or » que l'on vous propose.

Chapitre 21

L'Ancien Testament en dix notions

Dans ce chapitre :

- Dieu, l'homme et la femme
- Les notions religieuses du monde judéo-chrétien

Pierre angulaire de la culture judéo-chrétienne, l'Ancien Testament est la partie de la Bible commune aux juifs et aux chrétiens (lesquels lui adjoignent le Nouveau Testament). Il relate l'histoire du peuple juif avant notre ère et sert de base à la religion. Voici dix notions religieuses telles qu'elles sont définies au travers des 24 livres qui composent l'Ancien Testament.

Dieu

Le Dieu de l'Ancien Testament est par nature inconnaissable. Le peuple élu le connaît sous les quatre lettres YHWH, ou Yahvé, mais on évite autant que possible de prononcer ce nom, surtout en public, préférant le remplacer par *Adonaï*, « Seigneur ». Sa représentation physique est aussi délicate. Dans de nombreux passages, il se comporte comme le ferait un homme, mais c'est une pure commodité de langage.

S'il faut donner à Dieu deux attributs, ce sont plutôt le souffle et la parole. Le souffle, tout d'abord, car il était présent à l'origine, avant même la Création : « Le souffle de Dieu planait à la surface des eaux » (*Genèse*, 1, 2). La parole, ensuite, qui organise la Création. À chaque fois que Dieu dit, son verbe divin se transforme en actes : « Dieu dit : "Que la lumière soit !" Et la lumière fut » (*Genèse*, 1, 3).

Le Dieu de l'Ancien Testament ne peut donc revêtir aucune forme. Dans son Temple, celui de Salomon à Jérusalem, aucune statue. Seule l'*arche d'alliance* (un coffre de bois doré qui contient les *Tables de la Loi* données par Dieu à Moïse) repose dans le *naos* (la petite chapelle), partie la plus sainte et la plus cachée du sanctuaire. Une fois encore, il ne s'agit pas de Dieu, mais de sa parole. C'est elle seulement qui entre en contact avec les hommes, soit dans les songes, comme pour le jeune Samuel ou Jacob ou encore Joseph, soit sous la forme du buisson ardent qui brûle sans se consumer pour Moïse.

L'homme

Si Dieu n'est guère facile à saisir, l'homme pose aussi un certain nombre d'interrogations. Déjà de par sa création. Selon le récit le plus ancien, daté probablement du Xe siècle av. J.-C., « Le Seigneur modela l'homme avec de la poussière prise sur le sol. Il souffla dans ses narines l'haleine de vie, et l'homme devint un être vivant » (*Genèse*, 2, 6-7). Ce premier homme, fait de boue, *adama*, porte le nom d'Adam, c'est-à-dire littéralement « le glébeux ».

Mais il existe un second récit de la création, daté lui du VIe siècle av. J.-C. Sans que soit précisé un éventuel matériau, Dieu crée en même temps homme et femme : « Dieu créa l'homme à son image, à l'image de Dieu il le créa ; mâle et femelle il les créa » (*Genèse*, 1, 27). Attention ici à une confusion fréquente : « à son image » ne signifie pas « qui ressemble à Dieu ». Cela veut seulement dire que, dans un univers où il y a Dieu d'une part, et toutes les autres créatures, y compris l'homme, de l'autre, seul ce dernier a l'insigne privilège de pouvoir entretenir un dialogue avec Dieu. Sans cette possibilité, pas de *Tables de la Loi* avec Moïse, pas d'alliance avec Abraham.

Immortel, éternellement jeune, exempt de maladies et de souffrance, l'homme vit au jardin d'Éden jusqu'au moment où il mange le fruit de « l'arbre de la connaissance du bien et du mal ». Ce jour-là, il devient mortel, vieillit, connaît les affres de la maladie. Pour se nourrir, il doit désormais gagner son pain à la sueur de son front. Le travail, et sa racine latine de *trepalium*, la torture, viennent de naître.

La femme

Si, comme nous venons de le voir, le récit le plus récent de la création de l'homme postule en même temps celle de la femme, dans la version plus ancienne, une nouvelle intervention de Dieu est nécessaire. C'est la fameuse « côte » prise à Adam endormi, à partir de laquelle Dieu crée la femme nommée Ève, « la vivante » en hébreux. Il était temps ! Adam commençait à s'ennuyer ferme, sans personne à qui parler.

Mais avec la femme se profile la chute, par l'intermédiaire du serpent tentateur. Celui-ci promet à la femme qu'elle-même et Adam seront « comme des dieux » s'ils goûtent le fruit de l'arbre de la connaissance du bien et du mal (lequel est d'ailleurs originellement un figuier, le pommier qu'on représente souvent étant dû à une erreur de traduction à l'époque médiévale). La réalité est tout autre : après avoir goûté le fruit défendu, le premier couple se retrouve nu, honteux. La femme également connaîtra désormais la vieillesse et la mort. Et son « travail », sa torture, sera d'enfanter dans la douleur. Ne dit-on pas d'une parturiente arrivée au terme de sa grossesse que le travail est commencé ?

Et le serpent, me direz-vous ? Il ne s'en tire pas non plus sans dommage : condamné à ramper, il est désormais haï des hommes qui cherchent à l'écraser, et le leur rend bien en essayant de les mordre à la moindre occasion.

La famille

La société décrite dans l'Ancien Testament est une société *holiste*, c'est-à-dire dans laquelle le groupe prime sur l'individu. Hommes, femmes, enfants, tout un chacun se définit et trouve sa place par rapport au groupe auquel il (ou elle) appartient, à la différence de nos sociétés individualistes actuelles, dans lesquelles l'individu se place d'abord en fonction de lui-même, puis, et seulement ensuite, en qualité de membre de différentes structures de groupe.

Parmi les groupes (famille, tribu, royaume), l'Ancien Testament accorde une place primordiale à la structure familiale, à la base de laquelle se trouve le mariage, en principe monogame et en réalité largement polygame. Ne prêtait-on pas à Salomon plus de 1 000 concubines ? Dans les faits, tout dépend de la richesse de l'époux. Riche, il peut entretenir plusieurs compagnes et des concubines annexes. Pauvre, il doit se limiter à une unique femme. En principe, le mariage est arrangé entre deux familles : la femme est alors un bien d'échange qui scelle l'union de deux groupes. Pourtant, l'Ancien Testament n'est pas avare en Roméo et Juliette locaux, qui se languissent d'amour autour d'un puits, lieu de rencontre par excellence des jeunes gens et jeunes filles.

La finalité du mariage est bien sûr d'assurer au couple une descendance, point qui tourne parfois à l'obsession véritable dans les récits. Il n'est pire malheur pour l'épouse que la stérilité. Rachel par exemple, épouse stérile de Jacob, a beau être aimée de lui, elle jalouse en permanence sa sœur Léa, elle aussi épouse de Jacob, qui lui a donné de nombreux fils. Autre exemple, Sarah, la femme sans enfant d'Abraham, implore Dieu chaque jour, qui finit par lui accorder la maternité à 90 ans !

La nécessité d'avoir des enfants donne naissance à une institution, le *lévirat*. Si une femme se retrouve veuve et sans enfant de sexe masculin, elle est épousée par le frère de son mari décédé et leur fils, s'ils en ont un, est considéré par tous comme l'enfant du défunt.

À l'intérieur de la famille, le patriarche, un peu comme le *pater familias* romain, a tous les droits ou presque sur l'ensemble des membres de la maisonnée, femme, concubines, enfants, serviteurs. Cette position de prestige et de pouvoir sans partage explique les rivalités violentes et fréquentes qui opposent entre eux les frères, comme Esaü et son frère jumeau Jacob, les fils d'Isaac et de Rebecca.

Le pur

Dans une société antique où la vie quotidienne et le monde divin ne sont pas pensés séparément, l'homme doit respecter certains interdits afin de demeurer en état de pureté. Les plus évidents sont exposés dans les *dix commandements* : un dieu unique ; pas d'idoles ; pas de juron utilisant le nom de Dieu, ou toute autre mauvaise utilisation ; le respect du shabbat, jour de repos consacré au Seigneur ; honorer père et mère ; ne pas tuer ; ne pas commettre l'adultère ; ne pas voler ; ne pas porter de faux témoignage ; ne pas convoiter le bien d'autrui (voir aussi le chapitre suivant).

Les autres prescriptions concernent la vie quotidienne et les rapports entre individus (vous en trouverez plus bas, dans le passage consacré à l'impur). Pourtant, en dépit de toutes les précautions, au regard de Dieu, aucun ne peut prétendre à la pureté permanente, d'où la nécessité du *Grand Pardon*. Une fois par an, ce rituel du jour des expiation, permet à l'homme, et à tout Israël, de retrouver grâce devant Dieu, en rejetant tous les actes impurs, commis volontairement ou non au cours de l'année qui s'est écoulée. La cérémonie comprend deux parties, l'une proprement liturgique, l'autre propitiatoire, destinée à éloigner le malheur et le châtiment.

La liturgie est accomplie par le grand prêtre, qui pénètre dans le *naos*, le Saint des Saints du Temple de Salomon, et, face à l'arche d'alliance, implore le pardon. Puis le rituel d'expiation proprement dit prend place. Deux boucs parfaits, c'est-à-dire sans défaut ou infirmité, sont amenés. L'un, consacré à Dieu, lui est sacrifié, après tirage au sort. Sur le second, nommé *Azazel*, probablement le nom d'un démon assyrien, sont rejetées symboliquement toutes les fautes. Il est ensuite conduit dans le désert, où il est abandonné, condamné à y mourir de faim et de soif. Par sa mort, il rachète tous les péchés d'Israël.

L'impur

Au pur s'oppose nécessairement l'impur. Ainsi le mariage (pur) s'oppose-t-il à l'adultère (impur), l'hétérosexualité (pure) à l'homosexualité (impure) et ainsi de suite. Deux domaines sont toutefois plus directement concernés. D'une part les éternels Éros (l'amour) et Thanatos (la mort), d'autre part l'alimentation. L'essentiel des interdits et rites de purification sont développés dans le *Lévitique*, troisième livre du *Pentateuque* (*Les Cinq Livres*).

Dans le domaine sexuel, en dépit d'extraits très explicites, voire franchement crus, et de cet admirable hymne à l'amour, union des âmes et des corps, qu'est le *Cantique des Cantiques*, qui exclut toute pudibonderie, l'Ancien Testament n'accepte pas tout. Outre l'homosexualité, la prostitution est sévèrement condamnée, tout comme le plaisir solitaire, le fameux crime d'Onan, dont voici l'origine : Tamar, mariée à Er, devient veuve sans avoir eu d'enfant. Selon la loi du lévirat, le frère cadet du défunt Er, Onan, doit prendre Tamar pour épouse, puisqu'il est célibataire. L'enfant qu'il lui donnerait serait considéré comme le fils posthume de son frère. Or, Onan ne veut pas d'un enfant qui ne serait pas le sien. Afin d'être certain que Tamar ne soit pas enceinte de lui, « Quand il allait vers la femme de son frère, il laissait sa semence se perdre pour ne pas donner de descendance à son frère » (*Genèse*, 38, 9). Pour ce crime, il meurt par la volonté de Dieu.

Cependant, c'est la femme qui supporte l'essentiel de l'impureté. Ses menstrues et ses couches la rendent impure et nécessitent des bains rituels pour éliminer la souillure. Il en va de même pour tout ce qui a trait à la mort et à son contact, les cadavres par exemple.

Les interdits concernent aussi l'alimentation. Toutes les catégories d'aliments sont réparties entre pur et impur, ceux qu'il est permis de consommer, ceux qui sont interdits. Les grandes lignes de ces prescriptions, par ailleurs très complexes, sont les suivantes :

- Pour les animaux terrestres, ne sont autorisés que ceux qui ont des cornes, ruminent et ont le sabot fendu.
- Pour les poissons, seulement ceux qui ont des écailles et des nageoires.
- Pour les oiseaux, sont interdits tous les oiseaux de proie ou nocturnes, tous ceux susceptibles de se nourrir de cadavres.
- Tous les insectes sont interdits, ainsi que les crustacés, car ils se nourrissent parfois de cadavres (seules les sauterelles sont autorisées, car herbivores).
- Interdiction de mélanger le lacté et le carné, au nom du commandement du *Pentateuque* : « Tu ne cuiras pas le chevreau dans le lait de sa mère » (interdiction de faire cuire la viande dans du lait ou du beurre, de manger du fromage à la fin du repas, de se servir des mêmes instruments de cuisine pour l'une et l'autre catégories d'aliments, etc.).

Le monde

L'Ancien Testament fait du monde un lieu équivoque pour l'homme. Il est prévu pour lui et créé afin qu'il le domine, tout en lui demeurant dans le même temps largement inconnaissable, voire hostile. Ainsi le Déluge réussit-il presque à éradiquer la race humaine. Par ailleurs, Adam, notre « glébeux », est fait lui-même d'argile ou de boue, donc d'un matériau qui lui est extérieur à l'origine.

Chaque élément qui compose le monde est marqué de cette dualité. Les animaux servent à nourrir les hommes, mais les bêtes féroces peuvent les déchiqueter. Les eaux dévastatrices du Déluge sont aussi celles qui alimentent les jardins, irriguent les cultures et fournissent la boisson première à toute vie. La nature tout entière participe du châtiment divin, depuis que l'homme est condamné par Dieu à peiner pour produire sa nourriture. Destiné dès l'origine à la maîtrise du monde, l'homme y trouve à la fois un lieu de refuge quand il l'a aménagé et un milieu hostile, effrayant, à l'opposé exact du jardin d'Éden d'où il a été chassé.

Le temps

Le calendrier des Hébreux est celui des activités des pasteurs nomades devenus sédentaires, pasteurs agriculteurs. Mais il est aussi et surtout fondé sur des temps forts correspondant aux principales célébrations liturgiques. Si l'année se termine en été et recommence à la fin de cette saison, la première grande fête est celle de *Pessah*, la Pâque, que les chrétiens transformeront, en changeant son symbole également, en les Pâques, au pluriel.

Pessah dure sept jours et célèbre la fuite des Hébreux hors d'Égypte. Cinquante jours après se déroule la *Pentecôte juive* (Pentecôte, en grec, signifiant cinquantième (jour) ou *Chavouoth* (fête des Moissons). Elle célèbre la remise à Moïse des dix commandements. La dernière grande célébration se tient à l'automne, avec *Souccoth* (fête des Cabanes). Ces cabanes commémorent les abris rudimentaires qui hébergèrent les Hébreux durant la traversée du désert, sur leur route vers la Terre promise.

Temps liturgique, donc, qui s'écoule autour de la valeur symbolique du chiffre sept, Dieu ayant créé le monde en six jours et se reposant le septième. De même, les hommes lui consacrent le septième jour de la semaine, *Shabbat*, laissent les champs en jachère tous les sept ans pour une année pleine et célèbrent la fête du jubilé tous les sept fois sept ans, c'est-à-dire tous les quarante-neuf ans révolus.

Le roi

Rencontrons maintenant un personnage ambigu : le roi. Longtemps, les douze tribus d'Israël, deux au sud et dix au nord, vivent sous la conduite de patriarches sans éprouver le besoin de s'unir et encore moins celui de placer un roi à leur tête. À cela, rien de surprenant. D'une part, le seul roi est Yahvé, aucun autre ne saurait lui être comparé. La seule royauté est celle de Dieu. D'autre part, les modèles offerts aux tribus ne sont guère tentants. Qu'il s'agisse des pharaons égyptiens, des princes de Sumer ou des rois assyro-babyloniens, il s'agit surtout d'une succession quasiment ininterrompue de despotes, qui plus est divinisés de leur vivant ou à leur mort.

C'est seulement en 1010 av. J.-C. que Saül devient le premier roi. À sa mort, quatre ans après, lui succèdent **David (v. 1006-966)** et **Salomon (v. 966-926)**. Après la disparition de ce dernier, deux royaumes se maintiennent quelques siècles, le *royaume d'Israël*, de 926 à 722, détruit par Sargon II, et le *royaume de Juda*, de 925 à 587, détruit lui par Nabuchodonosor II.

Le sacre, qui nous semble appartenir au monde des rois européens, et particulièrement en France, trouve en fait son origine dans l'Ancien Testament. Le roi, élu par Dieu, devient, par son accession au trône, un être d'exception, un intermédiaire entre Dieu et le reste des hommes. Certes il demeure un homme, mais sa fonction en fait un individu sacré, à la personne inviolable. S'en prendre au roi, c'est s'en prendre à Dieu qui l'a choisi. Afin de marquer ce caractère unique, le roi doit donc être sacré au double sens du terme : d'une part, une onction (de l'huile versée sur sa tête) fait de lui un messie, un envoyé de Dieu, sacré roi selon ses volontés ; d'autre part, cette cérémonie lui confère son caractère sacré.

Les souverains francs s'en souvinrent et c'est ainsi que **Clovis (465-511)** fut sacré en 496 par Rémi, évêque de Reims, grâce à une ampoule fabuleuse contenant une huile miraculeuse, le *saint chrême*, supposée se régénérer de roi en roi, de sacre en sacre. L'ampoule, toujours pleine, aurait servi de Clovis, en 496, à Charles X, en 1824 !

La mort

Dans la tradition des textes de l'Ancien Testament, la mort est la fin ultime. Il faut attendre les tout derniers textes ajoutés par des juifs de langue grecque dans la version des Septante, et surtout le Nouveau Testament des chrétiens, pour voir arriver une résurrection, un devenir après la mort. Avant cela, l'homme, voulu âme et corps indissociables par son Créateur, perd tout en mourant. Le corps disparaît, ainsi que l'âme. Les défunts, allongés, demeurent dans un gouffre souterrain, dans la nuit permanente, en un lieu appelé *Shéol*. De ce séjour éternel, sans espoir, hors de la vue de Dieu, il n'y a absolument rien à attendre.

Aujourd'hui encore, les juifs qui contestent les textes apocalyptiques ajoutés au IIIe siècle av. J.-C. à Alexandrie, textes qui évoquent la résurrection et la récompense ou punition des actes commis selon leur nature, doivent réaliser durant leur vie ce qui est conforme à l'Alliance. Pour cela, ils disposent d'un temps de vie d'un maximum de 120 ans… bien loin des 930 années accordées à Adam !

Chapitre 22

Dix nombres d'or

Dans ce chapitre :

- Des principes bien ordonnés
- Des héros et des exploits par paquets

Le *nombre d'or*, soit environ 1,618, est couramment indiqué à l'aide de la lettre grecque φ (phi), en hommage au sculpteur **Phidias (Ve siècle av. J.-C.)** qui l'a utilisé pour l'édification du Parthénon. Appelé par le moine franciscain et mathématicien **Luca Pacioli (1445-1517)** « divine proportion », par **Léonard de Vinci (1452-1519)** « section dorée », son nom actuel lui est conféré au cours des années 1930. Sa particularité est d'avoir un nombre infini de décimales. Par commodité, nous n'avons indiqué que les trois premières après la virgule.

Mais bien d'autres nombres, à défaut d'être véritablement d'or, méritent notre attention. Ils cachent bien des petits mystères, d'amusantes énigmes que nous allons de ce pas résoudre.

3 comme les trois vertus théologales

Selon les chrétiens, Dieu accorde un certain nombre de vertus d'origine divine dites, à ce titre, vertus surnaturelles. Les trois *vertus théologales*, ou « savoir divin », nous viennent de Dieu, et ont Dieu pour objet principal. Données par le sacrement du baptême, elles sont réactivées par les actions accomplies tout au long de la vie. Ces trois vertus infuses par Dieu dans l'âme sont :

- **La foi**, qui permet au croyant de croire ce qu'Il a révélé et lui propose de le faire par l'intermédiaire de l'Église.
- **L'espérance**, qui permet au croyant d'attendre la vie éternelle promise aux serviteurs de Dieu.
- **La charité**, par laquelle le croyant aime Dieu pour lui-même au-dessus de toute chose et son prochain comme lui-même pour l'amour de Dieu.

4 comme les quatre vertus cardinales

Du nom de l'un des deux axes qui partageaient la ville romaine en deux grandes voies (le *cardo* et le *decumanus*), les quatre vertus cardinales sont le carrefour, le pivot de toutes les autres vertus. Données par Dieu au croyant afin de fortifier sa foi, de refuser les tentations et d'accomplir les actes justes, elles sont :

- **La prudence** : vertu qui dirige toute action vers son but légitime, afin que, réalisée suivant le principe du bien, cette action soit agréable à Dieu.
- **La justice** : vertu par laquelle le croyant rend à chacun ce qui lui est dû.
- **La force** : vertu par laquelle le croyant manifeste son courage au service de Dieu, afin de ne rien craindre, pas même la mort.
- **La tempérance** : vertu par laquelle le croyant réfrène ses désirs instinctifs et use des biens permis avec modération.

7 comme les Sept Merveilles du monde

Est-ce l'influence bienfaisante des Muses ? Sur les Sept Merveilles du monde, cinq appartiennent au monde culturel grec : le temple d'Artémis à Éphèse, le mausolée d'Halicarnasse, le phare d'Alexandrie, le colosse de Rhodes, la statue de Zeus à Olympie. Seuls les jardins suspendus de Babylone et les pyramides d'Égypte ne doivent rien à la Grèce. La liste des Sept Merveilles du monde aurait été dressée, au IIIe siècle av. J.-C. par Philon de Byzance. À jamais close, elle nous fait partager, ce qui, depuis la plus haute antiquité, est considéré comme une manifestation absolue du génie humain. En voici la liste :

- **Les pyramides d'Égypte :** elles sont la plus ancienne des merveilles et la seule à subsister. Tombeaux pharaoniques édifiés vers 2500 av. J.-C., la plus grande, celle de Khéops à Gizeh, fait 146 mètres de haut, celle de Khéphren 130 mètres, celle de Mykérinos 114 mètres.
- **Les jardins suspendus de Babylone** : jardins en terrasses situés près du palais de Nabuchodonosor et s'élevant de 23 à 91 mètres, ils auraient été édifiés par le roi pour plaire à sa femme, la reine Amytis, une princesse qui regrettait les montagnes verdoyantes de son pays d'origine, la Médie (Iran actuel), vers 600 av. J.-C., mais sont aussi associés à la reine Sémiramis.
- **La statue de Zeus à Olympie** : cette statue de 18 mètres de haut, œuvre du sculpteur Phidias, édifiée vers 450 av. J.-C., dominait le site des premiers jeux Olympiques. D'or et d'ivoire, elle représentait Zeus sur son trône, tenant d'une main un sceptre, de l'autre une Victoire (déesse ailée). Elle fut détruite dans l'incendie du temple qui l'abritait, au Ve siècle de notre ère.
- **Le temple d'Artémis (Diane)** à Éphèse ou Artémision (aujourd'hui Selçuk, en Turquie, au sud d'Izmir) : temple en marbre de Paros, de plus de 122 mètres de long et orné de 100 colonnes de 18 mètres de haut. Sa

construction, commencée vers 450 av. J.-C., dura cent vingt ans. Il fut incendié en 356 av. J.-C., reconstruit sur ordre d'Alexandre le Grand, puis mis à sac par les Goths en 262 av. J.-C. Il est définitivement détruit à la fin du IVe siècle par les empereurs romains chrétiens.

- **Le mausolée d'Halicarnasse** (aujourd'hui Bodrum, au sud-ouest de la Turquie) : construit sur l'ordre de la reine Artémise en mémoire de son mari, le roi Mausole de Carie (Asie Mineure) qui mourut en 353 av. J.-C. Il faisait 43 mètres de haut, était entouré de 36 colonnes et surmonté d'une pyramide et d'un quadrige de marbre. Il en reste quelques fragments dans des musées turcs et anglais et le nom « mausolée », après sa destruction au XIVe siècle dans un tremblement de terre.
- **Le colosse de Rhodes** : gigantesque statue de bronze représentant Hélios (ou Apollon), dieu du Soleil, ce géant de 36 mètres de haut se dressait à l'entrée du port de Rhodes, dans la mer Égée. D'une main, il brandissait, bras levé, une torche. Le sculpteur Charès l'aurait achevée en 280 av. J.-C. après douze ans de travail. Elle fut détruite par un tremblement de terre en 224 av. J.-C. Les débris demeurèrent sur place jusqu'au VIIe siècle. Les Arabes pillèrent alors Rhodes et revendirent les morceaux de bronze brisé. Selon une légende, il aurait fallu 900 chameaux pour les livrer à l'acheteur.
- **Le phare d'Alexandrie :** ce phare-forteresse en marbre fut édifié vers 270 av. J.-C. sur l'île de Pharos, d'où son nom, à l'entrée du port d'Alexandrie. Sa hauteur était d'environ 130 mètres répartis en trois étages, le premier carré, le second octogonal (à 8 côtés), le troisième rond. Des miroirs renvoyaient, la nuit, l'éclat d'un feu énorme, pour guider les navires entrant au port. Il fut détruit par un tremblement de terre en 1375.

9 comme les Neuf Muses

Poètes, guerriers, sculpteurs, tous sont inspirés par neuf déesses, filles de Zeus et de Mnémosyne (la Mémoire), née chacune après une nuit d'amour et chacune protégeant arts et sciences. Elles entourent Apollon de leurs chants et leurs danses, et ont chacune leur spécialité et leurs attributs :

- **Calliope**, dont le nom signifie « à la belle voix », est la Muse de la poésie épique. Ses attributs sont l'éloquence (pour les récits de combats et d'exploits), le stylet (pointe pour écrire), les tablettes (planches de bois recouvertes de cire sur lesquelles ont écrivait).
- **Clio**, dont le nom signifie « la célèbre », est la Muse de l'histoire. Ses attributs sont la couronne de laurier, la trompette (pour annoncer la gloire) et le rouleau de papyrus.
- **Érato**, dont le nom signifie « l'aimable », est la Muse de la poésie lyrique (sentimentale, parfois galante). Ses attributs sont la lyre et le plectre (petit instrument pour pincer les cordes).

- **Euterpe**, dont le nom signifie « la bien plaisante », est la Muse de la musique. Ses attributs sont la flûte et le hautbois.
- **Melpomène**, dont le nom signifie « la chanteuse », est la Muse de la tragédie. Son attribut est le masque tragique.
- **Polymnia**, dont le nom signifie « aux chants multiples », est la Muse du chant sacré, de la pantomime. Ses attributs sont les cothurnes (chaussures à hautes semelles que portaient les acteurs).
- **Terpsichore**, dont le nom signifie « dont la danse séduit », est la Muse de la danse. Son attribut est la lyre.
- **Thalie**, dont le nom signifie « la florissante », est la Muse de la comédie et de la poésie pastorale (amours de bergers, odes à la nature). Ses attributs sont le masque comique et la houlette (bâton de bergère).
- **Uranie**, dont le nom signifie « celle du ciel », est la Muse de l'astronomie. Ses attributs sont le globe terrestre et les instruments de mathématiques (compas, etc.).

9 comme les Neuf Preux

Les Neuf Preux sont choisis dans la Bible, comme Josué, Judas Maccabée et David ; dans l'Antiquité grecque et romaine comme Hector, Alexandre et Jules César ; enfin parmi les chrétiens exemplaires comme Arthur Pendragon, Charlemagne et Godefroy de Bouillon. Leur groupe naît de l'imagination de Jacques de Longuyon, dans ses *Vœux du paon* en 1312. Ils incarnent tous des aventures extraordinaires, l'idéal chevaleresque, le combat pour la justice et le droit. Pourquoi neuf ? Car ils représentent, pour chaque époque, le chiffre trois, la parfaite trinité, dont neuf est le multiple. Passons en revue ces nobles personnages :

Les trois Preux de l'Ancien Testament sont :

- **Josué** : fils de Noun, de la tribu d'Éphraïm, successeur de Moïse, il fait pénétrer les Hébreux en Terre promise et s'effondrer les murailles de Jéricho au son des trompettes.
- **Judas Maccabée (v. 200-160 av. J.-C.)** : fils de Mattathias, chef des Juifs, il conduit leur révolte contre Antiochos IV Épiphane et ses successeurs.
- **David (v. 1006-966 av. J.-C.)** : roi d'Israël, il abat le géant Goliath, champion des Philistins, et conquiert Jérusalem. Il est aussi connu pour sa passion pour Bethsabée, dont il expédie le mari, Urie, se faire tuer au front.

Les trois Preux de l'Antiquité sont :

- **Hector** : fils du roi Priam de Troie et de la reine Hécube, vaillant défenseur de la ville, il tue Patrocle, ami d'Achille, lequel le tue à son tour.

- **Alexandre le Grand (356-323)** : roi de Macédoine, il conquiert la Grèce puis l'Asie Mineure et pousse jusqu'en Inde du Nord. À la tête d'un immense empire, il s'éteint prématurément à Babylone.
- **Jules César (101-44 av. J.-C.)** : général et homme d'État romain, il conquiert au nom de Rome le monde connu autour de la Méditerranée. Il meurt assassiné, sur le point d'établir l'empire à son profit.

Les trois Preux de l'époque médiévale sont :

- **Arthur Pendragon (Ve siècle)** : roi des Bretons du sud de l'Écosse, qu'il aurait fédérés pour lutter contre les Angles, il est surtout un personnage légendaire du *Cycle du roi Arthur*, entouré des chevaliers de la Table ronde.
- **Charlemagne (742-814)** : Carolus Magnus, ou Charles le Grand, contracté en Charlemagne, est le roi des Francs, des Lombards et l'empereur d'Occident. Très populaire grâce à la *Chanson de Charlemagne* et celle de Roland.
- **Godefroy de Bouillon (1061-1100)** : duc de Basse-Lorraine, il conduit la première croisade et prend Jérusalem en 1099. Élu roi, il préfère le titre « d'avoué du Saint-Sépulcre ». Dans les chansons de geste, c'est un héros noble au cœur pur.

9 comme les Neuf Preuses

C'est à la fin du XIVe siècle, sous la plume du procureur au parlement de Paris, Jean Le Fèvre, qu'apparaissent les Neuf Preuses, dans son ouvrage *Le Livre de Lëesce*, véritable défense et illustration des femmes, modèles de vertu, de vaillance et de courage. Toutes sont issues de la mythologie de l'Antiquité païenne. Elles sont reines – Sémiramis, Thamaris, Teuca, Déiphyle – ou Amazones – Sinope, Hippolyte, Ménalippe, Lampeto et Penthésilée. Selon les pays (car l'histoire des Neuf Preuses connaît un grand succès), la liste se modifie, contrairement à celle des Neuf Preux, qui est fixe. Il est ainsi possible de trouver aussi trois femmes de l'Ancien Testament – Esther, Judith, Jaël – ou trois femmes du monde chrétien – Hélène, Brigitte, Elizabeth, toutes trois saintes de l'Église catholique.

Les quatre reines preuses sont :

- **Sémiramis** : reine légendaire de Babylone, redoutable guerrière, on lui devrait aussi les somptueux jardins suspendus de Babylone.
- **Thamaris** : reine d'un groupe de nomades des bords de la mer Caspienne, elle tue Cyrus, roi des Mèdes, qui avait fait périr son fils.
- **Teuca** : reine des Illyriens, elle occupe le trône aux environs de 231 à 227 av. J.-C., tente en vain de préserver l'indépendance de son royaume, mais doit se soumettre à Rome.

- **Déiphyle** : un oracle ayant prédit à son père Adraste, roi d'Argos, de marier sa fille à un lion, Tydée, fils d'Énée, se revêt d'une dépouille du fauve et obtient sa main.

Les cinq amazones Preuses sont **Sinope**, **Hippolyte**, **Ménalippe**, **Lampeto** et **Penthésilée**. Elles appartiennent au peuple des *Amazones*, dont le nom signifie « qui n'ont pas de sein », localisé sur les bords de la mer Noire. Femmes guerrières, elles se coupent le sein droit pour tirer à l'arc, mettent à mort leurs amants de passage, tuent ou réduisent à l'esclavage leurs enfants de sexe masculin. Armées d'un bouclier, d'une lance, d'un arc, d'une hache, elles viennent au secours des Troyens assiégés. Leur courage au combat leur vaut souvent une mort tragique. Elles connaissent aussi des déboires avec les héros : Hercule vole par exemple la ceinture d'or d'Hippolyte, présent du dieu Arès. Elles sont au nombre des Preuses, car leur légende, enjolivée à l'époque médiévale, en fait des modèles de courage, n'ayant rien à envier aux hommes.

10 comme les Dix Commandements

C'est après la fuite hors d'Égypte, sur le mont Sinaï, que Moïse reçoit de Dieu l'un des textes fondateurs des civilisations, les *dix commandements* (ou plutôt les *dix paroles*). Dans la Torah, deux versions, très proches, en sont fournies, l'une dans l'Exode, chapitre XX, versets 1 à 17, l'autre dans le Deutéronome, chapitre V, versets 6 à 21. Nous suivons ici la version du livre de l'Exode :

1. Tu n'auras pas d'autres dieux devant ma face.
2. Tu ne te feras point d'image taillée, ni de représentation quelconque des choses qui sont en haut dans les cieux, qui sont en bas sur la terre, et qui sont dans les eaux plus bas que la terre. Tu ne te prosterneras point devant elles, et tu ne les serviras point ; car moi, l'Éternel, ton Dieu, je suis un Dieu jaloux, qui punis l'iniquité des pères sur les enfants jusqu'à la troisième et la quatrième génération de ceux qui me haïssent, et qui fais miséricorde jusqu'en mille générations à ceux qui m'aiment et qui gardent mes commandements.
3. Tu ne prendras point le nom de l'Éternel, ton Dieu, en vain ; car l'Éternel ne laissera point impuni celui qui prendra son nom en vain.
4. Souviens-toi du jour du repos pour le sanctifier. Tu travailleras six jours, et tu feras tout ton ouvrage. Mais le septième jour est le jour du repos de l'Éternel, ton Dieu : tu ne feras aucun ouvrage, ni toi, ni ton fils, ni ta fille, ni ton serviteur, ni ta servante, ni ton bétail, ni l'étranger qui est dans tes portes. Car en six jours l'Éternel a fait les cieux, la terre et la mer, et tout ce qui y est contenu, et il s'est reposé le septième jour : c'est pourquoi l'Éternel a béni le jour du repos et l'a sanctifié.
5. Honore ton père et ta mère, afin que tes jours se prolongent dans le pays que l'Éternel, ton Dieu, te donne.

6. Tu ne tueras point.
7. Tu ne commettras point d'adultère.
8. Tu ne déroberas point.
9. Tu ne porteras point de faux témoignage contre ton prochain.
10. Tu ne convoiteras point la maison de ton prochain ; tu ne convoiteras point la femme de ton prochain, ni son serviteur, ni sa servante, ni son bœuf, ni son âne, ni aucune chose qui appartienne à ton prochain.

12 comme les douze apôtres

Apôtres est le nom donné aux douze disciples choisis par le Christ et qui vont prêcher l'*Évangile*, la « bonne nouvelle » en grec, c'est-à-dire la venue du Messie sur terre, au milieu des hommes. Ils sont les « envoyés », du grec *apostolos* qui a donné « apôtre ».

Bien que traditionnellement fixé à douze, leur nombre varie, l'Évangile selon saint Jean n'en compte que sept, le septième et dernier nommé seulement par la périphrase « le disciple que Jésus aimait ». Dans les *Actes des apôtres*, cinquième livre du Nouveau Testament, Judas Iscariote, qui a trahi le Christ, est remplacé par Matthias comme douzième apôtre. Nous suivons ici l'ordre fourni par l'Évangile selon saint Luc :

- **Simon** : nommé Pierre, originaire de Galilée, il est pêcheur sur le lac de Tibériade, avec son frère André. L'un des premiers disciples de Jésus, il quitte tout pour le suivre. Il reconnaît la divinité du Christ, même s'il le renie par trois fois au moment de la Passion. Il est fameux pour l'adresse de Jésus : « Tu es Pierre, et sur cette pierre je bâtirai mon Église » (Matthieu, 16, 18). Il meurt crucifié la tête en bas, à sa demande, par humilité par rapport au Christ. Il est considéré comme un saint et le tout premier pape.
- **André** : frère de Simon-Pierre, comme lui pêcheur sur le lac de Tibériade, il suit d'abord Jean le Baptiste, puis s'attache aux pas du Christ, dont il est le premier disciple. Après la *Pentecôte*, qui commémore, cinquante jours après Pâques, la descente de l'Esprit-Saint sur les apôtres, il part évangéliser, notamment en Méditerranée orientale. Il meurt crucifié à Patras, au nord du Péloponnèse, en l'an 60. Sa croix, en forme de X, porte depuis le nom de croix de saint André.
- **Jacques le Majeur** : ainsi nommé car il fut parmi les premiers apôtres du Christ, frère de l'apôtre Jean, il assiste avec lui à la *Transfiguration*, épisode au cours duquel Jésus se montre aux apôtres présents sous sa forme divine. Il est également présent lors de la crucifixion. Il est mis à mort sur l'ordre du roi Hérode Ier, qui le fait décapiter. Selon la tradition chrétienne, ses restes auraient été transportés à Compostelle, en Espagne, devenu depuis l'un des plus grands lieux de pèlerinage.

- **Jean :** frère de Jacques le Majeur, souvent appelé Jean l'Apôtre pour le différencier de saint Jean le Baptiste, il est l'auteur du quatrième Évangile. Resté vierge, il est considéré comme l'apôtre préféré du Christ. Après la crucifixion, il prêche en Palestine, puis à Éphèse. Il est exilé sur l'île de Patmos, où il écrit l'Apocalypse. De retour d'exil, il meurt à Éphèse en l'an 101, âgé de 98 ans. Son symbole évangélique est l'aigle, car Jean ouvre son évangile par un prologue sur le verbe divin, la voix venue du ciel.
- **Philippe :** comme Simon-Pierre et André, il vit sur les bords du lac de Tibériade. Il est appelé comme apôtre par Jésus. Après la Pentecôte, il part évangéliser l'Asie Mineure. Il meurt, selon certains écrivains comme **Eusèbe de Césarée (v. 260-339)** dans son *Histoire ecclésiastique* et sa *Chronique*, très âgé. Pour d'autres sources, il subit le martyre par lapidation puis crucifixion.
- **Barthélemy :** il part évangéliser l'Arabie, puis la Perse. Il meurt écorché vif, ce qui lui vaut de devenir le saint patron des bouchers.
- **Matthieu :** surnommé l'évangéliste car il est l'auteur de l'un des quatre Évangiles, il est symbolisé par un homme, parfois ailé, afin de rappeler que son Évangile s'ouvre avec la généalogie de Jésus.
- **Thomas :** surnommé *Didyme*, ce qui signifie « le jumeau » en grec, il est connu pour incarner le doute. Ainsi, à propos du Christ ressuscité, il doute de la résurrection tant qu'il n'a pas vu, de ses propres yeux, les marques de la crucifixion. Non seulement vu, mais aussi touché les plaies. Il aurait évangélisé l'Inde, où il meurt d'un coup de lance.
- **Jacques** : dit le Mineur, pour ne pas être confondu avec Jacques le Majeur, il est dit aussi « frère de Jésus », ce qui signifie son proche parent, non son frère de sang. Premier patriarche de Jérusalem, il meurt en 62 ou en 66, lapidé sur ordre du tribunal juif, le Sanhédrin. Il est l'auteur de l'un des livres du Nouveau Testament, l'Épître de Jacques.
- **Simon :** dit le Zélote pour ne pas être confondu avec Simon-Pierre, il vit au Ier siècle de notre ère. Il appartient peut-être à la communauté des Zélotes, ces juifs pieux qui refusent l'occupation romaine de la Palestine, ce qui expliquerait son surnom. Mais ce dernier peut tout autant attirer l'attention sur la qualité de sa pratique religieuse, sans signifier son appartenance à un groupe. Il aurait été également patriarche de Jérusalem et aurait souffert le martyre par crucifixion.
- **Jude :** frère de Jacques le Mineur, il est surnommé Thaddée, ce qui signifie « loué », en raison de ses qualités humaines exceptionnelles. Après la Pentecôte, il évangélise la Syrie, la Mésopotamie, la Perse et l'Arménie. C'est dans ce dernier pays qu'il est mis à mort en raison de sa foi. Il laisse une Épître adressée aux Églises d'Orient qui est inclue dans le Nouveau Testament.
- **Judas Iscariote :** Judas signifie en hébreu « le béni » et Iscariote indique son lieu de naissance, Keriot, une ville du royaume de Juda. Il est connu pour avoir vendu Jésus pour la somme de 30 deniers et s'être pendu, bourrelé de remords, après la crucifixion. Selon une autre traduction, Iscariote signifierait « le traître » en hébreu, et non l'indication de sa ville natale.

Figure 22-1 : Le Christ et les apôtres dans *La Cène* de Léonard de Vinci (v. 1495-1498).

12 comme les douze travaux d'Hercule

Hercule (Héraclès en grec) est le fils d'une femme mortelle, Alcmène, et du roi des dieux, Zeus. Pour abuser Alcmène, Zeus lui apparut sous les traits de son époux, Amphitryon. Parvenu à l'âge d'homme, Hercule, lors d'une crise de folie, tue sa femme et ses enfants. Pour expier ces crimes, il doit se mettre au service du roi de Tirynthe, Eurysthée, lequel lui impose douze travaux, un par année à son service. Voici les douze exploits herculéens :

- **Le lion de Némée :** ce lion vivait dans une forêt d'Argolide. Sa peau était si dure que nulle arme ne pouvait le blesser. Hercule l'assomme à demi avec sa massue, qui se brise, puis l'étouffe entre ses bras puissants. De sa peau, il se fait une cuirasse.
- **L'hydre de Lerne :** l'hydre de Lerne est un dragon femelle, au corps surmonté de neuf longs cous et de neuf têtes. Son souffle redoutable est empoisonné. Hercule coupe chaque tête, mais deux nouvelles repoussent à la place. Il a alors l'idée de cautériser par le feu après chaque décapitation. Une seule tête est immortelle. Hercule la tranche et l'enterre sous un rocher. Puis il trempe les pointes de ses flèches dans le sang de l'hydre, pour les empoisonner.
- **Le sanglier d'Érymanthe :** animal monstrueux, de taille gigantesque, ce sanglier terrorise les paysans d'Arcadie. Hercule le traque jusqu'à son repaire, se jette sur lui et parvient à l'enchaîner, afin de le ramener vivant au roi Eurysthée, qui, dit-on, s'enfuit de peur à sa seule vue.
- **La biche aux pieds d'airain :** biche sacrée de la déesse de la chasse, Artémis, elle a des cornes d'or et des sabots d'airain. Sa course est si

rapide que nul ne peut espérer la rattraper. Or Hercule doit la battre à la course pour la capturer. La course dure une année entière. Au moment où la biche s'arrête un instant, hésitant à franchir un fleuve en crue, Hercule la capture. Il la ramène à Eurysthée, puis lui rend la liberté, afin de complaire à la déesse.

- **Les écuries d'Augias :** Augias, roi d'Élis, possède une écurie de 3000 bœufs, qui n'a pas été nettoyée depuis trente ans. Hercule a une journée pour le faire. Il détourne les eaux du fleuve Alphée, qui charrie, par sa puissance, tous les déchets.
- **Les oiseaux du lac Stymphale :** ce sont en réalité des monstres. Leurs plumes sont faites d'acier, leurs serres et leur bec d'airain. Ils attaquent les hommes, car ils se nourrissent de chair humaine. Hercule commence par les effrayer, à grands coups de cymbale, pour les forcer à sortir du marais où ils sont cachés. Puis, avec son arc et ses flèches, il les abat un à un.
- **Le taureau de Crète :** un terrible taureau crache des flammes par les naseaux et ravage la Crète. Hercule l'empoigne par les cornes, l'oblige à courber la tête. Il est ainsi à l'abri des flammes et peut le ligoter dans un filet.
- **Les juments cannibales de Diomède :** Diomède, cruel souverain de Thrace, chérit quatre juments capables de cracher le feu. Il les nourrit de chair humaine. Hercule s'empare de Diomède et le livre à ses juments, qui le dévorent. Le ventre plein, elles somnolent, et Hercule peut ainsi les capturer plus aisément.
- **La ceinture d'Hippolyte :** Hippolyte, reine des Amazones, possède une ceinture magnifique. Hercule la séduit et reçoit la ceinture en gage d'amour. Mais les Amazones sont furieuses et livrent bataille à Hercule et ses hommes. Hercule tue Hippolyte et revient avec la ceinture.
- **Les bœufs de Géryon :** Géryon, géant à trois corps, règne en Espagne. Son troupeau de bœufs roux fait l'admiration de tous, mais il est gardé par un bouvier et un chien à trois têtes. Hercule assomme chien et bouvier, transperce d'une seule flèche les trois corps de Géryon et ramène le troupeau.
- **Les pommes d'or du jardin des Hespérides** : pour s'emparer des précieuses pommes, Hercule conclut un accord avec le géant Atlas, qui supporte la voûte du ciel. Hercule doit tuer Ladon, dragon à cent têtes, puis prendre sur ses épaules la voûte, pendant qu'Atlas ira chercher les pommes d'or. Hercule tue le dragon, les cent têtes, avec une seule flèche. Atlas revient avec les pommes, mais ne veut plus reprendre son fardeau. Le rusé Hercule lui propose alors de le reprendre juste un instant, le temps de chercher un coussin pour être plus confortable. Peu méfiant, Atlas accepte et reprend le poids de la voûte du ciel. Hercule peut alors repartir, avec les pommes.

- **Cerbère, chien des Enfers :** Hercule doit ramener Cerbère, chien monstrueux à trois têtes, gardien des Enfers, sans user d'aucune arme. Il saisit le chien au cou, là où se rejoignent les trois têtes, et serre. Bien que mordu copieusement, Hercule ne lâche pas prise. Cerbère manque d'air et se laisse ramener. Mais le roi Eurysthée a une telle frousse en le voyant qu'il demande à Hercule de le reconduire aux Enfers, ce qui est fait.

15 comme les Quinze-Vingt

Les *Quinze-Vingt* sont une fondation, faite par le roi de France Louis IX, plus connu sous le nom de Saint Louis, en 1254. Destiné aux aveugles, cet hôpital doit son nom au nombre de malades qu'il peut accueillir, quinze fois vingt, c'est-à-dire 300 personnes. Il s'agit d'un système de numérotation utilisé au Moyen Âge, mais moins courant par la suite, et appelé *vigésimal*, car il repose sur l'utilisation de la base 20 pour les calculs. Existant toujours de nos jours, situé dans le 12e arrondissement de Paris, l'hôpital des Quinze-Vingt est toujours un établissement consacré aux affections oculaires. Dans la langue vernaculaire, jusqu'au XIXe siècle, un « Quinze-Vingt » signifiait un aveugle.

Le quiz des champions

Pour digérer la somme de connaissances engrangée jusqu'ici, voici un quiz passant en revue de façon ludique et pédagogique des points abordés dans *La Culture générale pour les Nuls*. En famille, ou en guise de casse-tête à votre bureau, testez vos connaissances, et n'hésitez pas à retournez chercher dans votre « bible » la réponse à telle ou telle question.

Première partie : Terre des hommes : histoire et géographie

Chapitre 1 : La tête dans les étoiles : l'Univers

1. Quel fut le premier scientifique à élaborer la théorie du « big bang » ?

A. Georges-Henri Lemaître
B. Albert Einstein
C. Max Planck
D. Galilée

2. La comète de Halley revient périodiquement…

A. Tous les 6 ans
B. Tous les 16 ans
C. Tous les 76 ans
D. Tous les 176 ans

3. La Voie lactée est…

A. Une étoile
B. Une galaxie
C. Une secte millénariste prédisant la disparition de la Terre sous des torrents de lait
D. Le surnom de l'autoroute de Normandie

4. Lequel de ces astres est désormais considéré comme une planète naine par l'Union astronomique internationale?

A. Mars
B. Jupiter
C. Pluton
D. Saturne

5. Quelle phrase célèbre prononça l'astronaute Neil Armstrong lorsqu'il fut le premier homme à marcher sur la Lune, le 21 juillet 1969?

A. C'est un petit pas pour l'homme, mais un bond de géant pour l'humanité.
B. Du haut de ce module lunaire, quarante siècles vous contemplent.
C. Tu parles d'un endroit pour passer les vacances! Je n'aurais jamais dû quitter Cap Canaveral…
D. Il y a quelqu'un?

Réponses

1 A; 2 C; 3 B; 4 C; 5 A

Chapitre 2: Les pieds sur terre: la planète Terre

1. Les océans couvrent la surface de la «planète bleue» à….

A. 11 %
B. 71 %
C. 81 %
D. 91 %

2. Il y a 300 millions d'années, les continents actuels n'en formaient qu'un. S'agissait-il de…

A. L'Eurasie
B. La Laurasie
C. Le Gondwana
D. La Pangée

3. En l'an 2000, la population européenne s'élevait à…

A. 533 millions d'habitants
B. 633 millions d'habitants
C. 733 millions d'habitants
D. 833 millions d'habitants

4. Le «toit du Monde», le mont Everest dans l'Himalaya, culmine à...

A. 6840 mètres
B. 8410 mètres
C. 8640 mètres
D. 8840 mètres

5. Quel phénomène naturel l'échelle de Beaufort permet-elle de mesurer?

A. La force du vent
B. La force d'un séisme
C. La force de la marée
D. La force d'un bel homme

Réponses

1 B; 2 D; 3 D; 4 D; 5 A

Chapitre 3: Il était une fois...: l'homme de la préhistoire à nos jours

1. Laquelle de ces périodes correspond à un âge de la préhistoire?

A. Le mésolithique
B. Le pétrolithique
C. Le muséolithique
D. Le protolithique

2. Lucy fut retrouvé en 1974 dans la vallée de l'Afar. Quel âge avait-elle?

A. 3000 ans
B. 30000 ans
C. 300000 ans
D. 3 millions d'années

3. Lequel de ces objets n'a-t-on pas retrouvé dans la tombe de Toutankhamon?

A. Un masque
B. Un *némès*
C. Un soldat de plomb
D. Une barbe postiche

4. Dans la mythologie romaine, qui était soumis aux trois supplices de la faim, de la soif et de l'angoisse ?

A. Mercure
B. Tantale
C. Io
D. Sisyphe

5. On doit à César et à Sosigène d'Alexandrie une réforme essentielle, encore en vigueur de nos jours :

A. Le calendrier de 365 jours
B. La séparation des pouvoirs
C. L'ouverture des bibliothèques au public
D. La gratuité des vespasiennes

Réponses

1 A ; 2 D ; 3 C ; 4 B ; 5 A

Chapitre 4 : L'autre et l'ailleurs : les civilisations non occidentales

1. Pourquoi la grande muraille de Chine est-elle appelée le « mur des 10 000 li » ?

A. 10 000 ouvriers ont participé à sa construction
B. Elle est longue de 10 000 kilomètres
C. Le nombre 10 000 représente l'infini en chinois
D. Elle est visible à une distance de 10 000 kilomètres depuis l'espace

2. Quel est le véritable nom chinois de la Cité interdite ?

A. La Cité rouge
B. La Cité violette
C. La Cité arc-en-ciel
D. La Cité invisible

3. Ce chef-d'œuvre de la littérature japonaise conte le spleen de héros beaux comme des dieux. Comment s'appelle-t-il ?

A. Genji Monotori
B. Miko Sumotori
C. Ukyo-é
D. Princesse Monokoé

4. En quelle année Mustafa Kemal, dit Atatürk, arrive-t-il au pouvoir en Turquie ?

A. 1903
B. 1913
C. 1923
D. 1933

5. La civilisation aztèque était fondée sur l'art militaire. Mais comment s'appelait le dieu de la guerre ?

A. Quetzalcoalt
B. Tlaloc
C. Marsattac
D. Huitzilipotchli

Réponses

1 C ; 2 B ; 3 A ; 4 C ; 5 D

Deuxième partie : Plus belle la vie : arts et littérature

Chapitre 5 : Un peu de douceur dans un monde de brutes : la musique et la danse

1. Quel personnage de l'Antiquité grecque descendit aux Enfers pour tenter de sauver Eurydice ?

A. Pan
B. Orphée
C. Hermès
D. Apollon

2. La sonate, genre musical apparu à l'âge baroque, alterne les mouvements…

A. Lents et rapides
B. Brefs et longs
C. Pianissimo et fortissimo
D. Progressistes et conservateurs

3. Pergolèse a fondé au XVIIIe siècle l'opéra bouffe en s'inspirant d'un genre théâtral en vogue :

A. La pantomime
B. Les mystères médiévaux
C. La farce
D. La Commedia dell'arte

4. Le musicien américain John Cage est le représentant le plus célèbre du système…

A. Notoire
B. Aléatoire
C. Respiratoire
D. Déambulatoire

5. Les ballets russes, fondés par Diaghilev, ont influencé nombre de mouvements artistiques d'avant-garde : quand furent-ils fondés ?

A. 1848
B. 1909
C. 1968
D. 1989

Réponses

1 B ; 2 A ; 3 D ; 4 B ; 5 B

Chapitre 6 : Pour la beauté du geste : les arts plastiques

1. Célèbre famille de banquiers et de personnages publics, les Médicis ont aussi été de grands mécènes de leur temps, mais dans quelle ville ?

A. Venise
B. Turin
C. Naples
D. Florence

2. À qui doit-on les plafonds de la chapelle Sixtine ?

A. Botticelli
B. Le Pérugin
C. Michel Ange
D. Raphaël

3. Ces quatre peintres sont allemands, sauf un : lequel ?

A. Bruegel
B. Dürer
C. Cranach
D. Holbein

4. Pour lequel de ces journaux le caricaturiste et sculpteur Honoré Daumier n'a-t-il jamais travaillé ?

A. *La Caricature*
B. *Le Charivari*
C. *Le Père Duchesne*
D. *La Silhouette*

5. Turner est connu pour son ciel flamboyant mêlant l'or à la lumière. Quelle était sa formation ?

A. Tapissier
B. Teinturier
C. Tisserand
D. Topographe

Réponses

1 D ; 2 C ; 3 A ; 4 C ; 5 D

Chapitre 7 : Quand le bâtiment va : l'architecture

1. Par quel autre art l'architecte Hippodamos de Millet était-il également passionné ?

A. L'urbanisme
B. La sculpture
C. La décoration
D. La marqueterie

2. Le mot « Odéon » tire son origine d'un mot grec qui signifie…

A. Chant
B. Masque
C. Gloire
D. Silence

3. À Rome, le Cirque maxime, plus grande salle de spectacle jamais conçue, avait une capacité de…

A. 25 000 places
B. 50 000 places
C. 250 000 places
D. 500 000 places

4. Le Palais des Offices, à Florence, est l'œuvre de…

A. Brunelleschi
B. Michel Ange
C. Pablo Pitti
D. Giorgio Vasari

5. Tony Garnier et Le Corbusier ont travaillé avec prédilection sur un même matériau :

A. La brique
B. Le marbre
C. Le contreplaqué
D. Le béton

Réponses

1 A ; 2 A ; 3 C ; 4 D ; 5 D

Chapitre 8 : Ah ! les belles lettres : la littérature

1. Combien de romans Chrétien de Troyes, auteur du XIIe siècle, a-t-il écrit ?

A. 0
B. 5
C. 15
D. 50

2. Avant d'être une collection littéraire, la Pléiade était un groupe de poètes de la Renaissance. Qui n'en faisait pas partie ?

A. Ronsard
B. Du Bellay
C. Baïf
D. La Pérouse

3. Qui est l'auteur de *Paul et Virginie*?

A. L'Abbé Prévost
B. Bernardin de Saint-Pierre
C. Guy des Cars
D. Paul Géraldy

4. Oscar Wilde fut traqué et poursuivi dans l'Angleterre victorienne parce qu'il était…

A. Homosexuel
B. Irlandais
C. Francophile
D. Républicain

5. Un seul de ces mouvements littéraires a réellement existé au XXe siècle:

A. Le nouveau «je»
B. Le nouveau roman
C. Le néo-classicisme
D. Les nouveaux pauvres

Réponses

1 B; 2 D; 3 B; 4 A; 5 B

Troisième partie: Comment ça marche? Sciences, techniques et vie quotidienne

Chapitre 9: Des hommes d'expériences: la science

1. Aristote fut le premier à formuler cet exercice logique qu'on appelle…

A. L'aphorisme
B. Le clinamen
C. Le syllogisme
D. Le théorème

2. La cytologie est une science qui étudie, à l'intérieur du corps humain…

A. Les bacilles
B. Les cellules
C. Le crâne
D. La respiration

3. Les médecins sont tenus, pour pouvoir exercer, de prononcer le serment

A. D'Hippocrate
B. D'hypocrite
C. D'hippocampe
D. D'hypoglycémie

4. Quelle œuvre parue à partir de 1749 est composée de 36 volumes?

A. L'*Histoire naturelle* de Buffon
B. *L'Encyclopédie*
C. *L'Origine des espèces* de Darwin
D. Le Dictionnaire de l'Académie des sciences

5. Combien de prix Nobel Marie Curie a-t-elle obtenu?

A. 0
B. 1
C. 2
D. 3

Réponses

1 C; 2 B; 3 A; 4 A; 5 C

Chapitre 10: Haute distinction: le prix Nobel

1. Qui fut chargé par Alfred Nobel d'organiser l'Académie Nobel?

A. L'Académie des sciences de Suède
B. L'Académie des sciences de Norvège
C. L'Académie norvégienne de littérature
D. L'Académie suédoise de littérature

2. De quelle invention Alfred Nobel est-il le père?

A. Le stylo bic
B. La dynamite
C. Le porte-jarretelles
D. Le télégraphe

3. De Sully Prudhomme à Claude Simon, combien de Français ont reçu le prix Nobel de littérature ?

A. 6
B. 12
C. 18
D. 24

4. À quelle date furent remis les premiers prix Nobel ?

A. 1896
B. 1901
C. 1906
D. 1911

5. Laquelle de ces personnalités n'a pas reçu le prix Nobel de la paix ?

A. Martin Luther King
B. François Mitterrand
C. Lech Walesa
D. Elie Wiesel

Réponses

1 A ; 2 B ; 3 B ; 4 B ; 5 B

Chapitre 11 : Euréka ! Les grandes découvertes

1. L'explorateur Christophe Colomb avait comme auteur de chevet un autre grand voyageur. Était-ce…

A. Nicolas Bouvier
B. Chrétien de Troyes
C. Homère
D. Marco Polo

2. Auquel de ces navigateurs est attribuée la découverte du Canada ?

A. Au Portugais Vasco de Gama
B. A l'Espagnol Alvaro de Marichalar
C. Au Français Jacques Cartier
D. À l'Anglais James Cook

3. Livingstone, un pasteur écossais, entreprit de traverser un continent d'est en ouest. Était-ce...

A. L'Afrique
B. L'Asie
B. L'Amérique
D. L'Arctique

4. Le véritable inventeur du téléphone, qui s'est fait dérober son brevet par Graham Bell, était italien : comment s'appelait-il ?

A. Antonio Meucci
B. Giovanni Papini
C. Alberto Sordi
D. Antonio Vivaldi

5. Le Norvégien Admunsen fut le premier à percer une voie maritime célèbre...

A. Le cap de Bonne-Espérance
B. Le détroit de Gibraltar
C. Le passage du Nord-Ouest
D. La Voie lactée

Réponses

1 D ; 2 C ; 3 A ; 4 A ; 5 C

Chapitre 12 : De chair et d'os : le corps humain

1. Quel élément du corps transporte 99 % de l'oxygène ?

A. Les globules rouges
B. Les globules blancs
C. Les enzymes
D. Le plasma

2. L'héroïne de *La Dame aux camélias* meurt d'une phtisie, c'est-à-dire...

A. Du choléra
B. De la gale
C. De la peste
D. De la tuberculose

3. De combien d'os le corps humain est-il constitué ?

A. 20
B. 200
C. 2000
D. 20000

4. Quel est le poids moyen d'un cerveau humain ?

A. 140 g
B. 700 g
C. 1,4 kg
D. 7 kg

5. Quel élément contrôle les principales glandes du corps humain

A. L'hypothalamus
B. L'hippopotamus
C. L'hippocampos
D. L'hypophyse

Réponses

1 A ; 2 D ; 3 B ; 4 C ; 5 A

Quatrième partie : Pour le plaisir : sport, loisir et divertissements

Chapitre 13 : Un peu d'exercice : le sport

1. En quelle année les jeux Olympiques antiques ont-ils été supprimés ?

A. 396 av. J.-C.
B. 96
C. 396
D. 796

2. Quand les épreuves féminines ont-elles fait leur première apparition aux jeux Olympiques ?

A. À Athènes, en 1896
B. À Paris, en 1924
C. À Amsterdam, en 1928
D. À Berlin, en 1936

3. Qui est le recordman du nombre de victoires à Roland Garros?

A. Björn Borg
B. Mats Wilander
C. Ivan Lendl
D. Pete Sampras

4. Comment s'appelle l'instigateur du Tour de France?

A. Géo Lefèvre
B. Géo Trouvetout
C. Géo Mettrie
D. Henri Géo

5. Raymond Poulidor est célèbre dans l'histoire du cyclisme pour…

A. Avoir été un éternel second
B. Avoir terminé un Tour de France à pied
C. Avoir mordu l'oreille de Jacques Anquetil
D. Avoir remporté la même année les tours de France, d'Espagne et d'Italie

Réponses

1 C; 2 C; 3 A; 4 A; 4 A

Chapitre 14: Ça tourne ! Le cinéma

1. *La Sortie des usines Lumière à Lyon*, des frères Lumière, est dans l'histoire du cinéma…

A. Le premier film
B. Le premier court-métrage
C. Le premier documentaire
D. Le premier film à bénéficier d'une projection publique

2. Quel réalisateur de westerns tourna plus de 500 films?

A. Clint Eastwood
B. John Ford
C. Sergio Leone
D. Raoul Walsh

3. Le festival de Cannes fut fondé en…

A. 1946
B. 1949
C. 1956
D. 1959

4. Dans les années 1970, une nouvelle génération bouscule les studios hollywoodiens. Quel est le premier film de ce courant?

A. *Easy Rider*
B. *Taxi Driver*
C. *Blue Velvet*
D. *Les Dents de la mer*

5. *Apocalypse Now*, le film de Francis Ford Coppola avec Marlon Brando, fut inspiré par un roman de…

A. Pierre Boulle
B. Joseph Conrad
C. Herman Melville
D. Coppola lui-même

Réponses

1 A, B, C et D; 2 B; 3 A; 4 A; 5 B

Chapitre 15: Tous en scène: le théâtre et l'opéra

1. Le théâtre du Grand Guignol, installé à Paris au début du XXe siècle, était particulièrement…

A. Sanguinolent
B. Hilarant
C. Larmoyant
D. Pour enfants

2. Lequel de ces dramaturges imagina que ses personnages recherchaient désespérément leur auteur?

A. Beaumarchais
B. Marivaux
C. Pirandello
D. George Bernard Shaw

3. Quelle pièce d'Alfred Jarry est à l'origine du théâtre de l'absurde?

A. *Le Schmürz*
B. *Abba*
C. *On purge bébé!*
D. *Ubu roi*

4. Dans quel costume l'acteur Gérard Philippe fut-il enterré à sa mort, en 1959?

A. Arlequin
B. Le Cid
C. Le Misanthrope
D. Richard III

5. Lequel de ces festivals n'est pas un festival d'art lyrique?

A. Bayreuth, en Allemagne
B. Biarritz, en France
C. Glyndebourne, en Angleterre
D. Salzbourg, en Autriche

Réponses

1 A; 2 C; 3 D; 4 B; 5 B

Chapitre 16: La grande saga du petit écran: la télévision

1. Quel ancêtre de la télévision fit son apparition en 1923?

A. L'iconoscope
B. Le théâtroscope
C. Le kinoscope
D. Le futuroscope

2. De quand date la première émission de télévision publique en France?

A. 1925
B. 1930
C. 1935
D. 1940

3. Combien d'épisodes la première série de «Star Trek» comportait-elle?

A. 69
B. 79
C. 99
D. 119

4. Trois Pierre présentaient « Cinq Colonnes à la une ». Cherchez l'intrus…

A. Barrère
B. Desgraupes
C. Dumayet
D. Lazareff

5. Quel est l'équivalent pour la télévision du festival de Cannes?

A. Le Fip
B. Le Fipa
C. La Fripe
D. La Fifa

Réponses

1 A; 2 C; 3 B; 4 A; 5 B

Cinquième partie : En quête de sens : religion, philosophie et société

Chapitre 17 : Pour l'amour de Dieu : la religion

1. De quelle religion la Torah est-elle la pierre angulaire?

A. L'hindouisme
B. L'islam
C. Le judaïsme
D. Le protestantisme

2. Dans l'Ancien Testament, le nom de Dieu a une particularité…

A. Il n'est jamais prononcé
B. Il ne s'écrit jamais pareil
C. Il est écrit en lettres capitales
D. Il figure, caché dans le texte, à chaque ligne

3. La fête musulmane de l'Aid-el-kébir commémore…

A. Le départ de Mahomet de La Mecque
B. Le sacrifice d'Abraham
C. La rédaction définitive du Coran
D. La fondation de Jérusalem

4. Les représentants de la caste la plus élevée dans la société hindoue sont…

A. Les Brahmanes
B. Les Bravaches
C. Les Bras longs
D. Les Bortsch

5. Lequel de ces noms n'est pas associé à la Réforme protestante ?

A. Jean Calvin
B. Gutenberg
C. Martin Luther
D. Zwingli

Réponses

1 C ; 2 A ; 3 B ; 4 A ; 5 B

Chapitre 18 : L'amour de la sagesse : la philosophie

1. Pour quelle phrase Héraclite est-il connu ?

A. *Alea jacta est.*
B. Le silence éternel de ces espaces infinis m'effraie.
C. On ne se baigne pas deux fois dans le même fleuve.
D. Le secret sied aux entreprises du corps.

2. Laquelle de ces disciplines n'était pas enseignée dans l'Académie de Platon ?

A. La marche
B. Les mathématiques
C. La philosophie
D. La politique

3. Quel philosophe italien consacra son œuvre aux moyens d'accéder au pouvoir et de le conserver ?

A. Dante
B. Giordano Bruno
C. L'Arioste
D. Machiavel

4. Quelle philosophe immigrée aux États-Unis étudia au XXe siècle la culture, la politique et le totalitarisme ?

A. Hannah Arendt
B. Simone de Beauvoir
C. Marguerite Yourcenar
D. Simone Weil

5. En quelle année le *Manifeste du Parti communiste* fut-il publié ?

A. 1798
B. 1848
C. 1870
D. 1898

Réponses

1 C ; 2 A ; 3 D ; 4 A ; 5 B

Chapitre 19 : L'homme à l'étude : les sciences humaines

1. À l'étude de quel phénomène Pavlov s'est-il consacré ?

A. Le refoulement
B. Les réflexes conditionnés
C. Le vertige
D. Le mal de dos

2. Quel auteur viennois publia en 1899 *L'Interprétation des rêves* ?

A. Sigmund Freud
B. Robert Musil
C. Friedrich Nietzsche
D. Stefan Zweig

3. Quelle science étudie la diffusion des traits culturels selon l'espace et le temps ?

A. L'éthologie
B. L'ethnologie
C. La géopolitique
D. L'anthropologie

4. Sur l'analyse de quel phénomène le sociologue Durkheim a-t-il bâti sa célébrité ?

A. L'exploitation économique
B. L'inceste
C. L'instinct de survie
D. Le suicide

5. Champollion perça en 1822…

A. L'origine des déserts
B. Le secret des hiéroglyphes
C. Le mystère des pyramides
D. L'énigme du Sphinx

Réponses

1 B ; 2 A ; 3 B ; 4 D ; 5 B

Chapitre 20 : Tous ensemble, tous ensemble : la société

1. Le mot « démocratie » vient du grec démos, qui signifie…

A. Confiance
B. Illusion
C. Opinion
D. Peuple

2. La matrice de l'Union européenne fut, en 1951…

A. La CECA (Communauté européenne du charbon et de l'acier)
B. La CED (Communauté européenne de défense)
C. Jeux sans frontières
D. L'Eurovision

3. Quel est le pays qui a le plus de représentants au Parlement européen ?

A. L'Allemagne
B. La France
C. Le Royaume-Uni
D. La Russie

4. Quelle fut la première loi autorisant l'IVG?

A. Keller (1944)
B. Neuwirth (1967)
C. Veil (1975)
D. Roudy (1981)

5. De quand date l'*Habeas Corpus*, première proclamation des droits individuels dans le monde?

A. 1515
B. 1679
C. 1789
D. 1848

Réponses

1 D; 2 A; 3 A; 4 C; 5 B

Sixième partie: Partie des dix

Chapitre 21: L'Ancien Testament en dix notions

1. L'Ancien Testament mentionne de nombreux interdits alimentaires. Un seul de ces animaux, par exemple, est autorisé. Lequel?

A. Les aigles
B. Les chevaux
C. Les crustacés
D. Les sauterelles

2. Quel texte de l'Ancien Testament peut être lu comme un hymne à l'amour?

A. *Le Cantique des Cantiques*
B. *L'Écclésiaste*
C. *La Vulgate*
D. *La Sourate de la vache*

3. Pentecôte, en grec, signifie…

A. Cinquante
B. Pâques
C. Ascension
D. Célébration

4. Quelle huile supposée se régénérer de règne en règne était utilisée pour le sacre des rois de France?

A. Le Saint Chrême
B. Le lubrifiant royal
C. La potion magique
D. La Jouvence de l'abbé Souris

5. Dans le Nouveau Testament, les corps des défunts restent dans un gouffre souterrain appelé...

A. Les Abysses
B. Léthé
C. Le Placard
D. Schéol

Réponses

1 D; 2 A; 3 A; 4 A; 5 D

Chapitre 22: Dix nombres d'or

1. Quelle lettre grecque est utilisée pour représenter le nombre d'or?

A. Bêta
B. Gamma
C. Phi
D. Epsilon

2. Les vertus cardinales données par Dieu au croyant sont au nombre de...

A. 1
B. 3
C. 4
D. 10

3. Quelle était dans l'Antiquité la plus haute des Merveilles du monde?

A. La pyramide de Kheops
B. Le phare d'Alexandrie
C. Le colosse de Rhodes
D. Les jardins su pendus de Babylone

4. Combien l'hôpital des Quinze-Vingt, fondé par Saint-Louis à Paris, accueillait-il de patient?

A. Entre 15 et 20
B. 300
C. 3000
D. 30000

5. Clio est la muse de l'Histoire. Que signifie son nom en grec?

A. L'auguste
B. La célèbre
C. La clémente
D. La juste

Réponses

1 C ; 2 C ; 3 A ; 4 B ; 5 B

Index

Cet index comprend les noms de personnes et de divinités cités dans cet ouvrage. Un numéro de page en italique renvoie à une illustration.

C

Crédits

Photographies

Œuvres

Avec les Nuls, apprenez à mieux vivre au quotidien !

Disponibles dans la collection Pour les Nuls

Pour être informé en permanence sur notre catalogue et sur les dernières nouveautés publiées dans cette collection, consultez notre site internet www.efirst.com

Pour les Nuls **Business**

ISBN	Code Article	Titre	Auteur
2-87691-644-4	65 3210 5	CV pour les Nuls (Le)	J.-L. Kennedy, A. Dumesnil
2-87691-652-5	65 3261 8	Lettres d'accompagnement pour les Nuls (Les)	J.-L. Kennedy, A. Dumesnil
2-87691-651-7	65 3260 0	Entretiens de Recrutement pour les Nuls (Les)	J.-L. Kennedy, A. Dumesnil
2-87691-670-3	65 3280 8	Vente pour les Nuls (La)	T. Hopkins
2-87691-712-2	65 3439 0	Business Plans pour les Nuls	P. Tifany
2-87691-729-7	65 3486 1	Management pour les Nuls (Le)	B. Nelson
2-87691-770-X	65 3583 5	Le Marketing pour les Nuls	A. Hiam

Pour les Nuls **Pratique**

ISBN	Code Article	Titre	Auteur
2-87691-597-9	65 3059 6	Astrologie pour les Nuls (L')	R. Orion
2-87691-610-X	65 3104 0	Maigrir pour les Nuls	J. Kirby
2-87691-604-5	65 3066 1	Asthme et allergies pour les Nuls	W. E. Berger
2-87691-615-0	65 3116 4	Sexe pour les Nuls (Le)	Dr Ruth
2-87691-616-9	65 3117 2	Relancez votre couple pour les Nuls	Dr Ruth
2-87691-617-7	65 3118 0	Santé au féminin pour les Nuls (La)	Dr P. Maraldo
2-87691-618-5	65 3119 8	Se soigner par les plantes pour les Nuls	C. Hobbs
2-87691-640-1	65 3188 3	Français correct pour les Nuls (Le)	J.-J. Julaud
2-87691-634-7	65 3180 0	Astronomie pour les Nuls (L')	S. Maran
2-87691-637-1	65 3185 9	Vin pour les Nuls (Le)	Y.-P. Cassetari
2-87691-641-X	65 3189 1	Rêves pour les Nuls (Les)	P. Pierce
2-87691-661-4	65 3279 0	Gérez votre stress pour les Nuls	Dr A. Elking
2-87691-657-6	65 3267 5	Zen ! La méditation pour les Nuls	S. Bodian
2-87691-646-0	65 3226 1	Anglais correct pour les Nuls (L')	C. Raimond
2-87691-681-9	65 3348 3	Jardinage pour les Nuls (Le)	M. MacCaskey
2-87691-683-5	65 3364 0	Cuisine pour les Nuls (La)	B. Miller, A. Le Courtois
2-87691-687-8	65 3367 3	Feng Shui pour les Nuls (Le)	D. Kennedy
2-87691-702-5	65 3428 3	Bricolage pour les Nuls (Le)	G. Hamilton
2-87691-705-X	65 3431 7	Tricot pour les Nuls (Le)	P. Allen
2-87691-769-6	65 3582 7	Sagesse et Spiritualité pour les Nuls	S. Janis

Disponibles dans la collection Pour les Nuls

Pour être informé en permanence sur notre catalogue et sur les dernières nouveautés publiées dans cette collection, consultez notre site internet www.efirst.com

Pour les Nuls **Pratique**

ISBN	Code Article	Titre	Auteur
2-87691-748-3	65 3534 8	Cuisine Minceur pour les Nuls (La)	L. Fischer, C. Bach
2-87691-752-1	65 3527 2	Yoga pour les Nuls (Le)	G. Feuerstein
2-87691-767-X	65 3580 1	Méthode Pilates pour les Nuls (La)	H. Herman
2-87691-768-8	65 3581 9	Chat pour les Nuls (Un)	G. Spadafori
2-87691-801-3	65 3682 5	Chien pour les Nuls (Un)	G. Spadafori
2-87691-824-2	65 3728 6	Échecs pour les Nuls (Les)	J. Eade
2-87691-823-4	65 3727 8	Guitare pour les Nuls (La)	M. Phillips, J. Chappell
2-87691-800-5	65 3681 7	Bible pour les Nuls (La)	E. Denimal
2-87691-868-4	65 3853 2	S'arrêter de fumer pour les Nuls	Dr Brizer, Pr Dautzenberg
2-87691-802-1	65 3684 1	Psychologie pour les Nuls (La)	Dr A. Cash
2-87691-869-2	65 3854 0	Diabète pour les Nuls (Le)	Dr A. Rubin, Dr M. André
2-87691-897-8	65 3870 6	Bien s'alimenter pour les Nuls	C. A. Rinzler, C. Bach
2-87691-893-5	65 3866 4	Guérir l'anxiété pour les Nuls	Dr Ch. Eliott, Dr M. André
2-87691-915-X	65 3876 3	Grossesse pour les Nuls (La)	Dr J. Stone
2-87691-943-5	65 3887 0	Vin pour les Nuls (Le)	Ed. Mcarthy, M. Ewing
2-87691-941-9	65 3885 4	Histoire de France pour les Nuls (L')	J.-J. Julaud
2-87691-984-2	65 0953 3	Généalogie pour les Nuls (La)	F. Christian
2-87691-983-4	65 0952 5	Guitare électrique pour les Nuls (La)	J. Chappell
2-87691-973-7	65 0943 4	Anglais pour les Nuls (L')	G. Brenner
2-87691-974-5	65 0944 2	Espagnol pour les Nuls (L')	S. Wald
2-75400-025-9	65 4151 0	Mythologie pour les Nuls (La)	Ch. et A. Blackwell
2-75400-037-2	65 4161 9	Léonard de Vinci pour les Nuls	J. Teisch, T. Barr
2-75400-060-7	65 4170 0	Massages pour les Nuls (Les)	S. Capellini, M. Van Welden
2-75400-059-3	65 4169 2	Voile pour les Nuls (La)	JJ et Peter Isler
2-75400-062-3	65 4172 6	Bouddhisme pour les Nuls (Le)	J. Landaw, S. Bodian
2-75400-061-5	65 4171 8	Littérature française pour les Nuls (La)	J.-J. Julaud
2-75400-078-X	65 4188 2	Golf pour les Nuls (Le)	G. McCord
2-75400-092-5	65 4236 9	Immobilier pour les Nuls (L')	L. Boccara, C. Sabbah
2-75400-093-3	65 4237 7	Maths pour les Nuls (Les)	J.-L. Boursin

Avec les Nuls, apprenez à mieux vivre au quotidien !

Disponibles dans la collection Pour les Nuls

Pour être informé en permanence sur notre catalogue et sur les dernières nouveautés publiées dans cette collection, consultez notre site internet www.efirst.com

Pour les Nuls **Pratique**

SBN	Code Article	Titre	Auteur
2-87691-110-7	65 4254 2	Histoire de France illustrée pour les Nuls (L')	J.-J. Julaud
2-75400-102-6	654246 8	Piano pour les Nuls (Le)	B. Neely, M. Rozenbaum
2-75400-118-2	65 425901	Claviers et Synthétiseurs pour les Nuls	C. Martin de Montaigu
2-75400-124-7	65 4265 8	Guitare pour les Nuls (La)	M. Philipps, J. Chappell
2-75400-123-9	65 4264 1	Poker pour les Nuls (Le)	R.D.Harroch, L. Krieger, F. Montmirel
2-75400-152-2	65 1119 0	Éduquer son chien pour les Nuls	J. et W. Volahrd
2-75400-137-9	65 4275 7	Tai Chi Chuan pour les Nuls (Le)	T. Iknoian
2-75400-150-6	65 1117 4	Franc-maçonnerie pour les Nuls (La)	C. Hodapp, P. Benhamou
2-75400-151-4	65 1118 2	Musique classique pour les Nuls (La)	D. Pogue, C. Delamarche
2-75400-168-9	65 1134 9	Paris pour les Nuls	D. Chadych, D. Leborgne
2-75400-169-7	65 1135 6	PLN pour les Nuls (La)	R. Ready, K. Burton
2-75400-182-4	65 1147 1	Catholicisme pour les Nuls (Le)	Révérend J. Trigilio
2-75400-184-0	65 1148 9	Napoléon pour les Nuls	J. David Markham, B. Miquel
2-75400-185-9	65 1149 7	Dessin pour les Nuls (Le)	Brenda Hoddinot
2-75400-193-X	65 1170 3	Couture pour les Nuls (La)	Janice Saunders Maresh

Pour les Nuls **Bac**

ISBN	Code Article	Titre	Auteur
2-75400-172-7	65 1138 0	Le Bac Philosophie 2006	C. Roche
2-75400-173-6	65 1139 8	Le Bac Français 2006	G. Guilleron
2-75400-171-9	65 1137 2	Le Bac Histoire 2006	H. Vessemont
2-75400-170-0	65 1136 4	Le Bac Géographie 2006	N. Arnaud